THE WORLD'S MUST-SEE PLACES

世界歴史建築
大図鑑

ドーリング・キンダースリー ❖ 編
DORLING KINDERSLEY

金子務 ❖ 日本版監修　坂崎竜 ❖ 訳
TSUTOMU KANEKO　RYU SAKASAKI

原書房

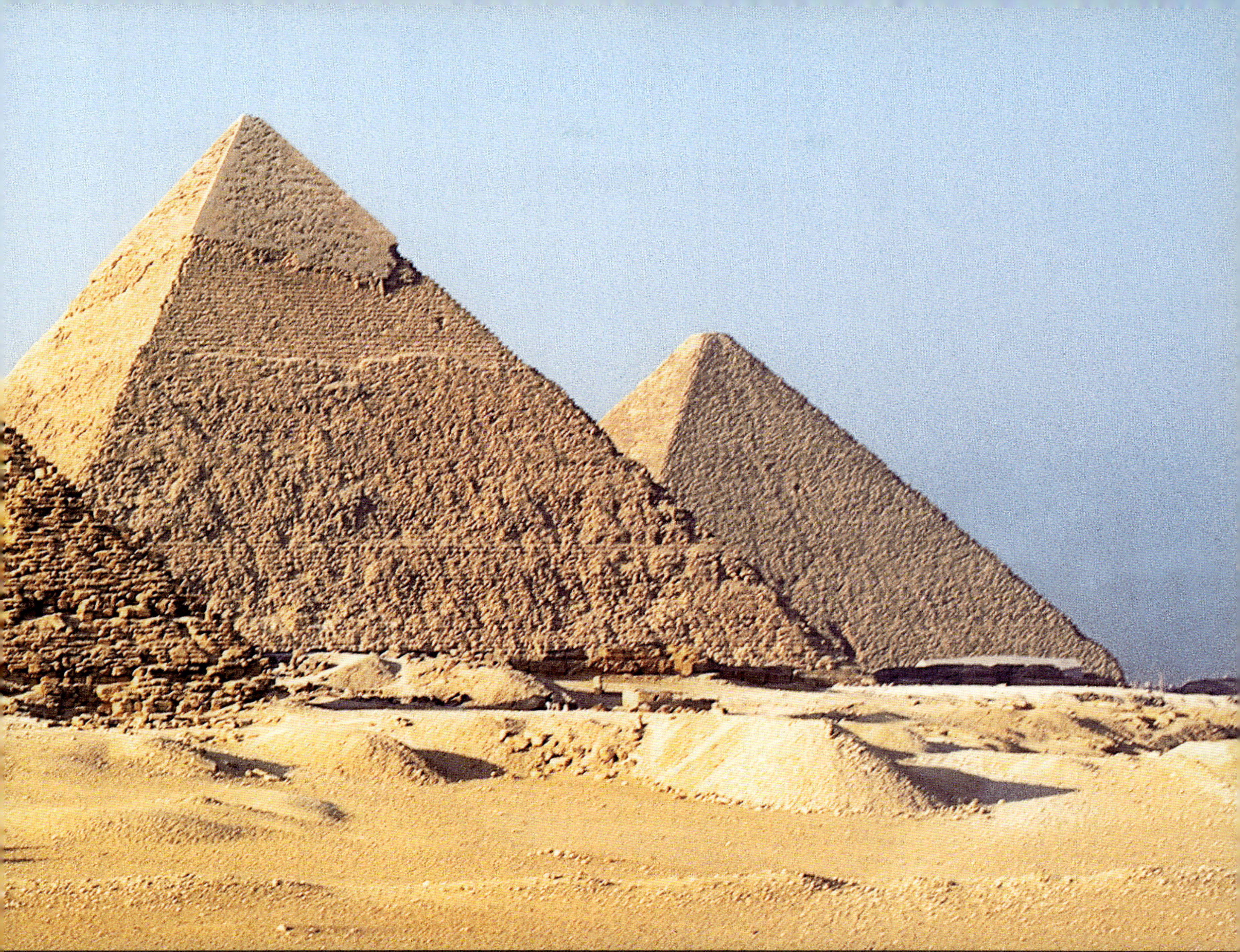

THE WORLD'S MUST-SEE PLACES

世界歴史建築大図鑑

原書房

A DORLING KINDERSLEY BOOK

www.dk.com

Original Title:
THE WORLD'S MUST-SEE PLACES

Copyright © Dorling Kindersley Limited,
2005, 2011

Japanese translation rights arranged with
Dorling Kindersley Limited, London through
Tuttle-Mori Agency. Inc., Tokyo
For sale in Japanese territory only.

世界歴史建築大図鑑
せ か い れ き し けんちくだい ず かん

2013年5月30日　初版第1刷

編著……ドーリング・キンダースリー
日本版監修者……金子　務
かね こ つとむ
訳者……坂崎　竜
さかさきりゆう
発行者……成瀬雅人
発行所……原書房

〒160-0022東京都新宿区新宿1-25-13
電話・代表03（3354）0685
http://www.harashobo.co.jp
振替・00150-6-151594

装幀……小沼宏之

本文組版・カバー印刷……シナノ印刷株式会社

©Tsutomu Kaneko, BABEL K.K., 2013
ISBN978-4-562-04874-8
Printed and bound in China

目次

序文 6

ヨーロッパ

ノルウェー
ボルグン・スターヴ教会 12

スウェーデン
ヴァーサ博物館［ストックホルム］......... 14

アイルランド
ニューグレンジ 16
トリニティ・カレッジ［ダブリン］......... 18
ロック・オブ・キャシェル 20

イギリス
スターリング城 22
エディンバラ城 24
ヨーク・ミンスター 28
ウエストミンスター寺院［ロンドン］......... 30
セント・ポール大聖堂［ロンドン］......... 32
ロンドン塔 34
ハンプトンコート宮殿［ロンドン］......... 36
ストーンヘンジ 38
カンタベリー大聖堂 42

ベルギー
ルーベンスの家［アントワープ］......... 44

オランダ
ヘットロー宮殿［アペルドールン］......... 46

フランス
アミアン大聖堂 48
モン＝サン＝ミシェル 50
ノートルダム寺院［パリ］......... 54
凱旋門［パリ］......... 56
ヴェルサイユ宮殿 58
シャルトル大聖堂 60
シュノンソー城 62
ロカマドゥール 66

ドイツ
ブレーメン市庁舎 68
ケルン大聖堂 70
ヴュルツブルク司教館 72
ハイデルベルク城 74
ノイシュヴァンシュタイン城 76

スイス
ザンクト・ガレン修道院 80

オーストリア
シュテファン大聖堂［ウィーン］......... 82
シェーンブルン宮殿［ウィーン］......... 84

ポーランド
王宮［ワルシャワ］......... 86

チェコ共和国
旧新シナゴーグ［プラハ］......... 88
カレル橋［プラハ］......... 92

ハンガリー
国会議事堂［ブダペスト］......... 94

ロシア
冬宮［サンクト・ペテルブルク］......... 96
聖ワシリー聖堂［モスクワ］......... 98

ポルトガル
ペーナ宮殿［シントラ］......... 102

スペイン
サンティアゴ・デ・コンポステーラ大聖堂 104
グッゲンハイム美術館［ビルバオ］......... 106
サグラダ・ファミリア教会［バルセロナ］......... 110
エル・エスコリアル［マドリード］......... 112
アルハンブラ宮殿［グラナダ］......... 114

▼ イタリア、アッシジの聖フランチェスコ聖堂にある
ジョットのフレスコ画

▼ ペルー、マチュピチュの遺跡

イタリア
- サン・マルコ大聖堂 ［ヴェネツィア］ ... 116
- ドゥカーレ宮殿 ［ヴェネツィア］ ... 120
- 奇跡の広場 ［ピサ］ ... 122
- 大聖堂と洗礼堂 ［フィレンツェ］ ... 124
- 聖フランチェスコ聖堂 ［アッシジ］ ... 126
- コロッセオ ［ローマ］ ... 128
- サン・ピエトロ大聖堂 ［ローマ］ ... 130
- ポンペイ ... 132

クロアチア
- エウフラシウス聖堂 ［ポレッチ］ ... 134

ギリシア
- アクロポリス ［アテネ］ ... 136
- 聖ヨハネ修道院 ［パトモス島］ ... 140
- 騎士団長の宮殿 ［ロードス島］ ... 142

トルコ
- トプカプ宮殿 ［イスタンブール］ ... 144
- アヤソフィア ［イスタンブール］ ... 148
- エフェソス ... 150

アフリカ

モロッコ
- ハッサン2世モスク ［カサブランカ］ ... 154

チュニジア
- グラン・モスク ［カイルアン］ ... 156

リビア
- レプティス・マグナ ... 158

エジプト
- 大ピラミッド ［ギザ］ ... 160
- アブ・シンベル ... 162

マリ共和国
- ジェンネのモスク ... 166

南アフリカ共和国
- キャッスル・オブ・グッド・ホープ ［ケープタウン］ ... 168

アジア

シリア
- クラック・デ・シュバリエ ... 172

イスラエル
- 聖墳墓教会 ［エルサレム］ ... 174
- 岩のドーム ［エルサレム］ ... 178
- マサダ ... 180

ヨルダン
- ペトラ ... 182

ウズベキスタン
- レギスタン広場 ［サマルカンド］ ... 184

中国
- ポタラ宮 ［ラサ］ ... 186
- 万里の長城 ... 188
- 紫禁城 ［北京］ ... 192
- 天壇 ［北京］ ... 194

日本
- 東照宮 ［日光］ ... 196
- 東大寺 ［奈良］ ... 198

インド
- 黄金寺院 ［アムリトサル］ ... 202
- タージ・マハル ［アーグラ］ ... 204
- ファテープル・スィークリー ... 206
- 大ストゥーパ ［サーンチー］ ... 208

タイ
- 王宮とワット・プラケーオ ［バンコク］ ... 210
- ワット・アルン ［バンコク］ ... 212

カンボジア
- アンコール・ワット ... 216

インドネシア
- ボロブドゥール寺院 ［ジャワ島］ ... 218
- ウルン・ダヌ・バトゥール寺院 ［バリ島］ ... 220

オーストラレーシア

オーストラリア
- シドニー・オペラハウス ... 224

ニュージーランド
- ダニーデン鉄道駅 ... 226

南北アメリカ

カナダ
- サンタンヌ・ド・ボープレ大聖堂 ... 230
- CNタワー ［トロント］ ... 232

アメリカ合衆国
- 旧州議事堂 ［ボストン］ ... 234
- ソロモン・R・グッゲンハイム美術館 ［ニューヨーク］ ... 236
- エンパイアステート・ビル ［ニューヨーク］ ... 238
- 自由の女神 ［ニューヨーク］ ... 242
- ホワイトハウス ［ワシントンDC］ ... 244
- 連邦議会議事堂 ［ワシントンDC］ ... 246
- ゴールデンゲート・ブリッジ ［サンフランシスコ］ ... 248
- チャコ文化国立歴史公園 ... 250

メキシコ
- チチェン・イッツァ ... 252
- メトロポリタン大聖堂 ［メキシコ・シティ］ ... 256

ペルー
- マチュピチュ ... 258

ブラジル
- ブラジリア ... 260

- 索引 ... 262
- 謝辞 ... 264

▼ フランス、シュノンソー城

オーストラリア、シドニー・オペラハウス ▶

序文

古代ギリシアやローマの時代にも、人々は現代と同じように旅を楽しんでいたが、訪ねる先はごくかぎられていた。このため、ギリシアの著述家たちが最高の名所を7つだけ選び、これを「世界の不思議」としたのもさほど難しいことではなかった。それから長い時代を経て文明は発達し、交通手段の高速化によって世界が狭くなったが、建造欲は今なおとどまるところを知らない。今日、世界でもっとも驚異的な建造物を7つだけ選べと言われても、とうてい無理な話だ。本書では、見逃したくない103の名所をとり上げることにする。

◀ 色彩豊かなドームをいただくモスクワの聖ワシリー聖堂

こうしたぜひ見ておきたい建造物とは、先見の明と才能をもつ人々が自らのため、あるいは神々とその力をたたえるために造ったものであり、人類がたどってきた道や、人が達成可能なレベルを教えてくれるランドマークでもある。つぶさに観察して、背景、構造、様式、装飾を評価する必要がある。これらの宮殿や城、宗教的建造物や娯楽の場には、芸術家や職人たちが装飾を施してきた。建物の内外では、石工、大工、木彫師、陶芸家、彫刻家、ガラス職人、画家、金属細工師、木製家具職人、刺繍師、タペストリー職人、それに造園師らがなんらかの形で完璧さを追求してきたのである。なかには著名な人物もいるが、多くは名もなき渡り職人たちだった。建造物が生まれるときに、職人たちは当時の栄光をとらえ、それを永久に建物にとどめて世界に披露しようとしたのだ。

こうした建造物のなかに、長い年月をもちこたえてきたものが存在する点には驚かされる。ノルウェーのスターヴ教会や日本の東大寺のような例外はあるが、建造当時のままの木造建築物はほとんど現存しないのである。石造りの建築物でさえ、多くは地震や戦争、火災、洪水で失われている。その結果、現存する建築物の多くは、繰り返し消しては書いた羊皮紙のパリンプセストのようなものなのだ。ヨーロッパでは、ひとつの建物に半ダースもの文化の痕跡が見つかり、2000年以上も時をさかのぼれる場合もある。さらに建物の使用法も、城から宮殿、教会から砦へと変化し、そして多くは今日博物館として活用されている。

ユネスコの世界遺産

エジプトのギザの大ピラミッドは、古代世界の七不思議で唯一現存するものだ。ここは、1945年に国際連合が設置した国連教育科学文化機関（UNESCO、ユネスコ）によって、1979年に世界遺産に登録された。世界の文化、自然遺産保存のための基金設立というアイデアが生まれたのは1959年のことで、エジプトのアスワン・ハイ・ダム建設により、アブ・シンベル大神殿がナセル湖に水没する危機に見舞われたことがきっかけだった。エジプトおよびスーダン政府の要請に応え、ユネスコはラムセス2世とネフェルタリの神殿を水没回避のために、60メートルあまり上方へ移築する資金を8000万ドル計上した。この作業は1968年に完了し、この成功を機に、ユネスコは国際記念物遺跡会議（ICOMOS、イコモス）とともに新たな条例を起草した。これに国際自然保護連合（IUCN）の案もくわわって、文化および自然遺産の保護条例が、1972年のユネスコ総会で正式に採択されたのである。

今日ではユネスコの世界遺産は800ほどあり、うち600以上が文化遺産で、自然遺産の数を大きく上回っている。イタリアとスペインが最多であり、フランスとドイツがこれに次ぐ。毎年、12個程度の遺産がリストにくわわっている。条約締結国であり、ユネスコ分担金の1パーセントを基金に拠出していれば、世界遺産候補の推薦が可能だ。基金には年に約350万ドルの寄付も集まっている。この資金は遺産の保存に使われ、一部は人為的、あるいは自然災害で危機に瀕している遺産に向けられている。

観光

何千人もの観光客に踏まれれば遺産は損傷の危機にさらされるため、多くの遺産が立ち入りを制限している。とはいえ観光によって入場料が入れば、これが遺産保存を支援することにもつながる。

▲ スコットランド、エディンバラ城の堂々たるファサード

クメール帝国が12世紀に建造した
カンボジアの壮大なアンコール・ワット ▶

▲ 観光の目玉であり中国の力を誇示するシンボル、万里の長城

▼ エジプト、アブ・シンベル大神殿のカルトゥーシュ

▲ ムーア人による官能的建築の典型、スペイン、アルハンブラ宮殿のライオンの中庭

◀ ワシントンDC、アメリカ合衆国大統領官邸ホワイトハウス

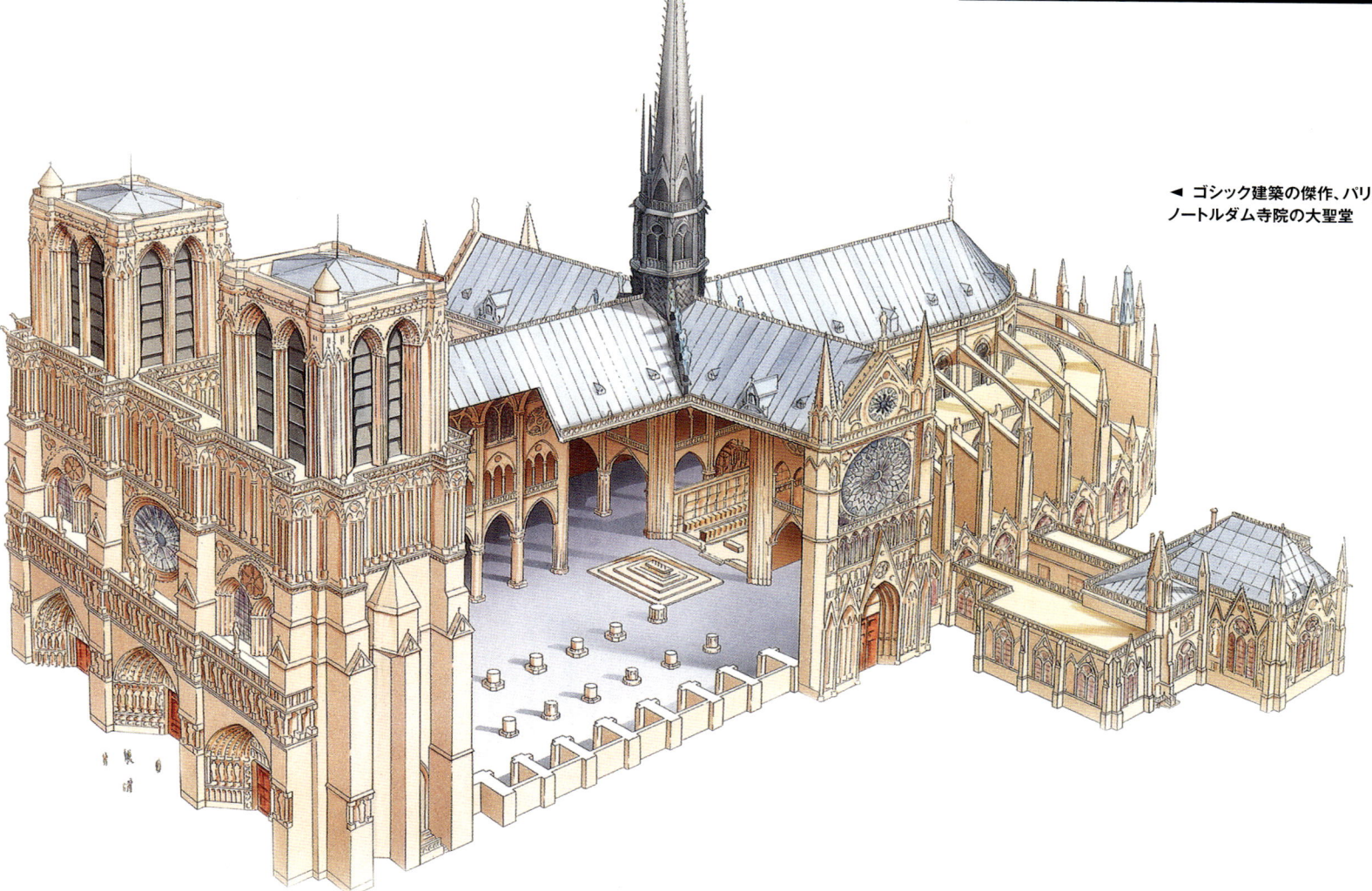

◀ ゴシック建築の傑作、パリ、ノートルダム寺院の大聖堂

私たちは機会さえあれば世界でもっとも壮大な建造物に分け入って、その回廊や広場を巡ったりして、好奇心を満たすことが可能だ。本書で紹介する名所の多くは週末の休みに行けるような地にあり、展示や講演、会議やコンサートを行っているところもあれば、多彩な儀式や伝統を維持している場所もある。とはいえ、こうした建造物のすべてが簡単に入れるとはかぎらない。敬虔な信者は人里離れた地に黙想の場を求めることが多いし、戦略的理由から辺鄙な地に置かれたものもある。たとえばペルーにあるインカ帝国の遺跡マチュピチュは、発見が非常に困難な地に建設され、何世紀も人の目に触れることがなかった。

古代や先史時代の遺跡の多くは太陽や月、惑星、星の動きをもとに配置されており、夜明けや夏至、冬至にそこに立てば、不思議な力が感じとれる。また、特別な催しを行う場所もある。歌や音楽が教会を満たすこともあれば、祭にはその建造物の全盛期もしのばれる。タージ・マハルは上空に浮かぶ満月との組み合わせ、サンフランシスコのゴールデンゲート・ブリッジは日没が美しい。雪が舞うサンクト・ペテルブルクの冬宮は格別だ。特別な日には無料入館できる博物館もあるし、早朝に訪れれば人ごみを避けることもできる。雨季やうだるように暑い季節は避けたほうがよいし、建造物やその一部が改修のために閉鎖されている場合もあるだろう。しかし、春のマリ共和国には足を運んでほしい。ジェンネのモスクの補修が行われ、4000人もの住人が協力して日干しレンガ造りの建物を塗りなおす光景は、壮大な祭にほかならない。

人材と建材

遺跡や建築物の保存には卓越した技術をもつ職人を必要とし、今日の石工にも中世の職人と同様の腕が要求される。材料が適している点も重要だ。さらに、忠実に再現することを求められるのにくわえ、さまざまな制約のなかで作業を行わなければならない。石を高く積み上げるにはかぎりがあるし、147メートルのギザの大ピラミッドを超す建造物が誕生したのは、ようやく19世紀のことだったのだ。

19世紀には発見が相次いだ。蒸気機関によって旅が容易になり、遺跡などの人工遺物が次々と発見されることになった時代だ。過去の建築理念が再び注目され、多くの様式がよみがえった時代でもある。フランスの凱旋門は新古典主義、ブダペストの国会議事堂はゴシック様式で建てられた。ドイツのノイシュヴァンシュタイン城では、夢想家で奔放なルートヴィヒ王が壮大な築城を復活させた。そしてポルトガルのペーナ宮殿では、さまざまな様式が組み合わされて荘厳な建築物が生まれた。

20世紀になると鉄筋コンクリートの使用で新たな形態が可能になり、なかでもオスカー・ニーマイヤーによるブラジリアの建築物や、1959年完成のフランク・ロイド・ライトのソロモン・R・グッゲンハイム美術館は、ひときわ目を引く存在だ。また同年には、ヨーン・ウッツォンがシドニー・オペラハウスの建設に着手した。これらは初めてコンピュータ・テクノロジーを利用した建物でもあった。50年もしないうちに、このテクノロジーは驚嘆すべき作品を生みだすことになり、フランク・O・ゲーリーが建造したスペインのビルバオ・グッゲンハイム美術館では、屋根にチタンの波がうねっている。

建築物はパトロンと建築家の記念碑でもあり、建築物を介して彼らは今日まで名を残している。古代の遺跡では、考古学者の名も記憶されている。彼らは、何世紀もの間眠っていた宝物を最初に目にしたいという野心に突き動かされたのだ。エジプトのアブ・シンベル大神殿を発見した探検家は、感無量だったはずだ。

自由の女神、レギスタン広場、アンコール・ワット、タージ・マハル。こうした建造物は国の象徴ともなっている。ロマンティックで異国情緒にあふれた魅惑的な建造物は、その名だけで多くを語る。同じく教会や修道院、モスク、寺院や神殿はそれぞれの信仰の明確なシンボルとなっており、その内部空間に身を置くことで心の平和が生まれる。もう少し身近な話をすれば、建築物からはそこに住んだ人々の生活をうかがい知ることができる。アンベルス（アントワープ）のルーベンスの家に見る芸術家のすまいや、中国王朝の歴代皇帝が住んだ北京の紫禁城といった統治者の宮殿がそうだろう。

建造物の形態や機能、またその時代や状態にかかわらず、そこにはつねに多くの物語がある。本書の各ページでは、壁をとりさり内部を紹介し、歴史の層をあらわにする。きっと建物のなかに足を踏み入れた気分を味わい、想像力をかきたてられることだろう。

ヴェルサイユ宮殿庭園の見事なアポロンの泉水

ヨーロッパ
EUROPE

ヨーロッパ

ボルグン・スターヴ教会

中世から姿を変えずに残る唯一の木造教会が、ノルウェー西部ラルダールにあるボルグン・スターヴ教会だ。使徒聖アンドレアスにささげたこの教会は1150年頃の建造であり、およそ2000個もの精巧に加工した木材で造られている。内部はごく簡素な造りで、会衆席や装飾はなく、明かりとりは壁面高くにとられた数個の開口部のみだ。外部は豊富な彫刻装飾が施されており、命がけで戦うドラゴンと思しき動物や、ドラゴンの頭部、ルーン文字の碑文が見える。なかには16世紀の説教壇が置かれ、中世の鐘を備えた独立した鐘楼もある。

●建造方法
11世紀建造の初期の木造教会は、地面に直接打ちこんだ木壁を柱にして支えた。地面の湿気で柱の基部が腐食するため、こうした造りの教会は100年もつのがせいぜいだった。だが建造技術が発達すると、石の基礎の上に置いた土台に木造の骨組を設置したため、木造部が地面より上にきて、建物は湿気から護られるようになった。12世紀建造の教会が現存するのも、この方法が非常に効果を上げたためである。

●木造教会の設計
ボルグン・スターヴ教会は、ノルウェーに残るおよそ30の木造教会のなかでも最大で、凝った装飾をもつ教会のひとつだ。通常木造教会は簡素で、身廊と狭い内陣を備えたかなり小規模な構造である。だがボルグン教会の内陣には半円形の後陣もあり、木の柱でふたつは明確に分かれている。明かりは、小塔をいただく三層屋根の下の小さな丸い窓から入ってくるだけで、内部は暗い。そして木造教会を囲むように周廊が置かれている。

●装飾
1000年頃ノルウェーにキリスト教が伝わり、異教とキリスト教の文化と信仰が混ざり合った。木造教会の大半は、キリスト教の伝来によって破壊された古い神殿の跡に建てられており、木造教会の豊かな装飾彫刻にはこの名残が見られる。キリスト教以前の宗教とキリスト教のシンボリズムが継ぎ合わされ、異教の神々が姿を変えて、中世のキリスト教の聖人たちと並んでいるのだ。西扉の扉枠はとくに凝った装飾であり、上から下まで入念な彫刻を施した職人技が光っている。建材には、通常は、入手が簡単な松材が使用された。松の木から枝や皮をとり、よく乾燥させてから製材することで、木材は風雨に強くなり耐久性が増すのである。

▼ 身廊

▲ 主屋根の複雑な造りの木枠

► 木造教会の立地
木造教会の多くは人里離れた場所にある。人目につく高地が多いが、これは劇的な視覚的効果を狙ったものだ。

▲ 西扉
教会外部には豊富な装飾が施されている。ロマネスク様式の西扉にはブドウのつるのような装飾が見られ、ドラゴンの戦いが描かれている。

略年譜

1150年頃	1300年代	1500-1620年	1870年
既存の朽ちた教会に代わってボルグン・スターヴ教会が建造される。	教会に内陣と後陣がくわわる。	説教壇が制作され、祭壇画がくわわる。	付近に大規模な教会が建造されたため、ボルグン教会では通常の教会業務が行われなくなる。

ノルウェー 13

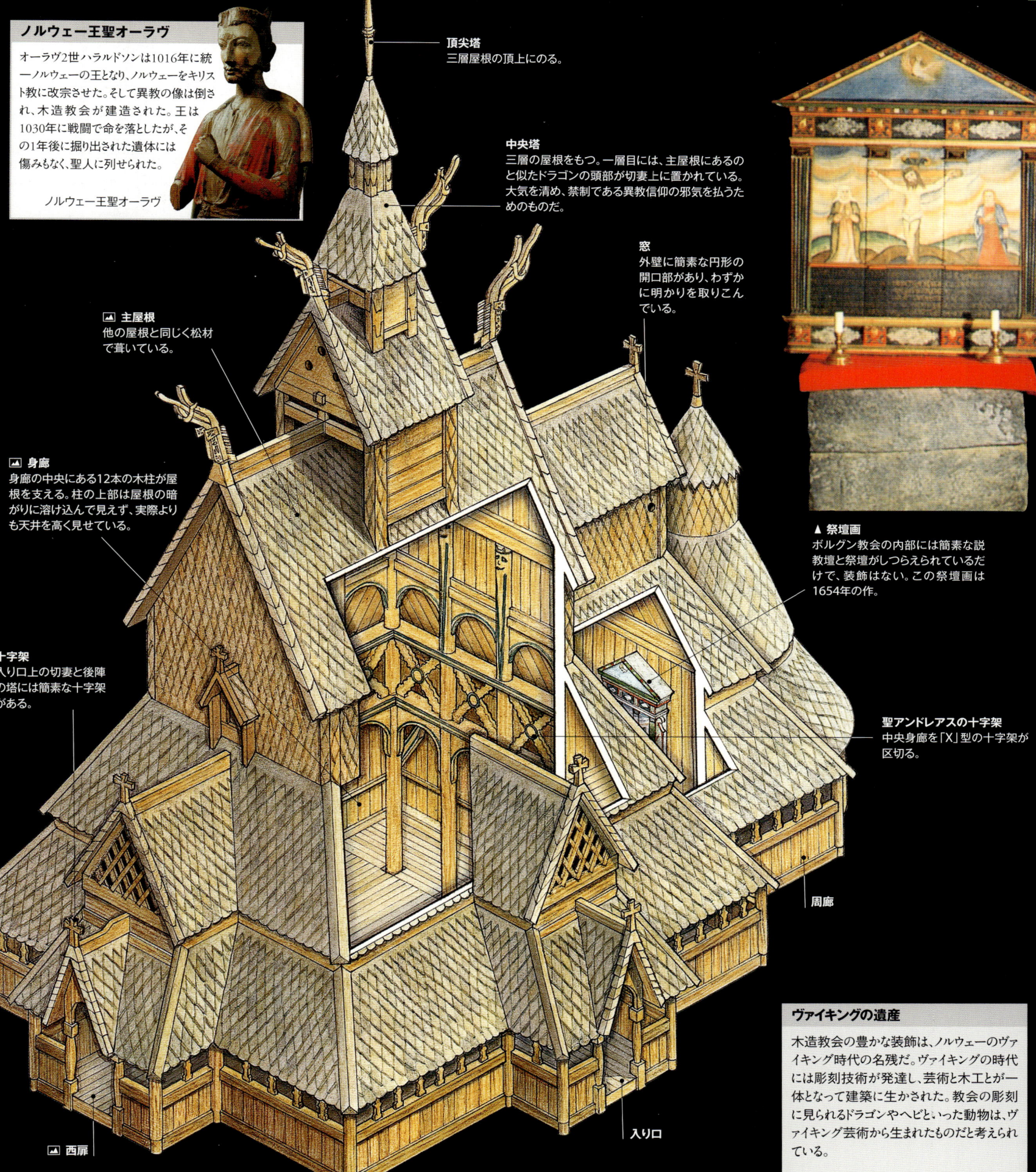

ノルウェー王聖オーラヴ
オーラヴ2世ハラルドソンは1016年に統一ノルウェーの王となり、ノルウェーをキリスト教に改宗させた。そして異教の像は倒され、木造教会が建造された。王は1030年に戦闘で命を落としたが、その1年後に掘り出された遺体には傷みもなく、聖人に列せられた。

ノルウェー王聖オーラヴ

頂尖塔
三層屋根の頂上にのる。

中央塔
三層の屋根をもつ。一層目には、主屋根にあるのと似たドラゴンの頭部が切妻上に置かれている。大気を清め、禁制である異教信仰の邪気を払うためのものだ。

窓
外壁に簡素な円形の開口部があり、わずかに明かりを取りこんでいる。

主屋根
他の屋根と同じく松材で葺いている。

身廊
身廊の中央にある12本の木柱が屋根を支える。柱の上部は屋根の暗がりに溶け込んで見えず、実際よりも天井を高く見せている。

祭壇画
ボルグン教会の内部には簡素な説教壇と祭壇がしつらえられているだけで、装飾はない。この祭壇画は1654年の作。

十字架
入り口上の切妻と後陣の塔には簡素な十字架がある。

聖アンドレアスの十字架
中央身廊を「X」型の十字架が区切る。

周廊

入り口

西扉

ヴァイキングの遺産
木造教会の豊かな装飾は、ノルウェーのヴァイキング時代の名残だ。ヴァイキングの時代には彫刻技術が発達し、芸術と木工とが一体となって建築に生かされた。教会の彫刻に見られるドラゴンやヘビといった動物は、ヴァイキング芸術から生まれたものだと考えられている。

14　ヨーロッパ

ヴァーサ博物館 ［ストックホルム］

スウェーデンで絶大な人気を誇る博物館には戦艦ヴァーサ号が展示されている。ヴァーサ号は、1628年8月10日に、穏やかな天候のなかストックホルムの港を出たものの転覆し、わずか1300メートルで処女航海を終えた艦船だ。スウェーデン海軍の威信をかけて建造された艦とともに、約50名の乗員が沈んだ。17世紀に引き揚げられたのは大砲類のみで、ヴァーサ号本体は、海洋考古学者の辛抱強い探索によって1956年にようやく発見された。複雑な引き揚げ作戦後、17年におよぶ保存計画がすすめられ、ヴァーサ博物館は1990年6月に開館した。沈没地点から1.5キロあまりの場所に建っている。

▼ ライオンの船首像
ヴァーサ号を建造したスウェーデン王グスタフ2世アドルフは、「北方の獅子」の異名をとった。4メートルもの船首像にふさわしい跳躍するライオンの像だ。

▲ 上甲板
◀ 砲門のライオン

▲ 砲門
◀ 青銅製の大砲

◀ 皇帝ティトゥス
ヴァーサ号にはローマ帝国皇帝の彫像が20体ある。

▲ 上砲列甲板
戦艦内部は見学できないが、上砲列甲板の実寸の模型があり、乗員の木製人形も置かれているので艦上のようすがよくわかる。

再建された索具

🖼 ライオンの船首像

🖼 青銅製の大砲
ヴァーサ号の64門の大砲のうち50門以上が17世紀に引き揚げられた。博物館には重さ11キロの青銅の大砲3門が展示されている。

北海
スウェーデン
フィンランド
ノルウェー
ロシア連邦
ヴァーサ博物館、ストックホルム
エストニア
イェーテボリ
ラトヴィア
デンマーク
バルト海
リトアニア

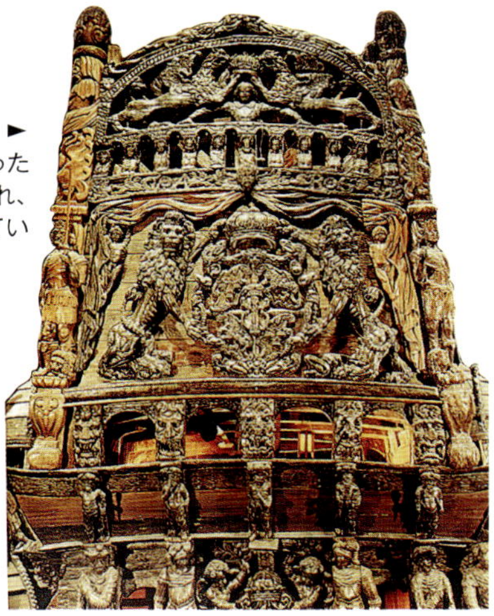

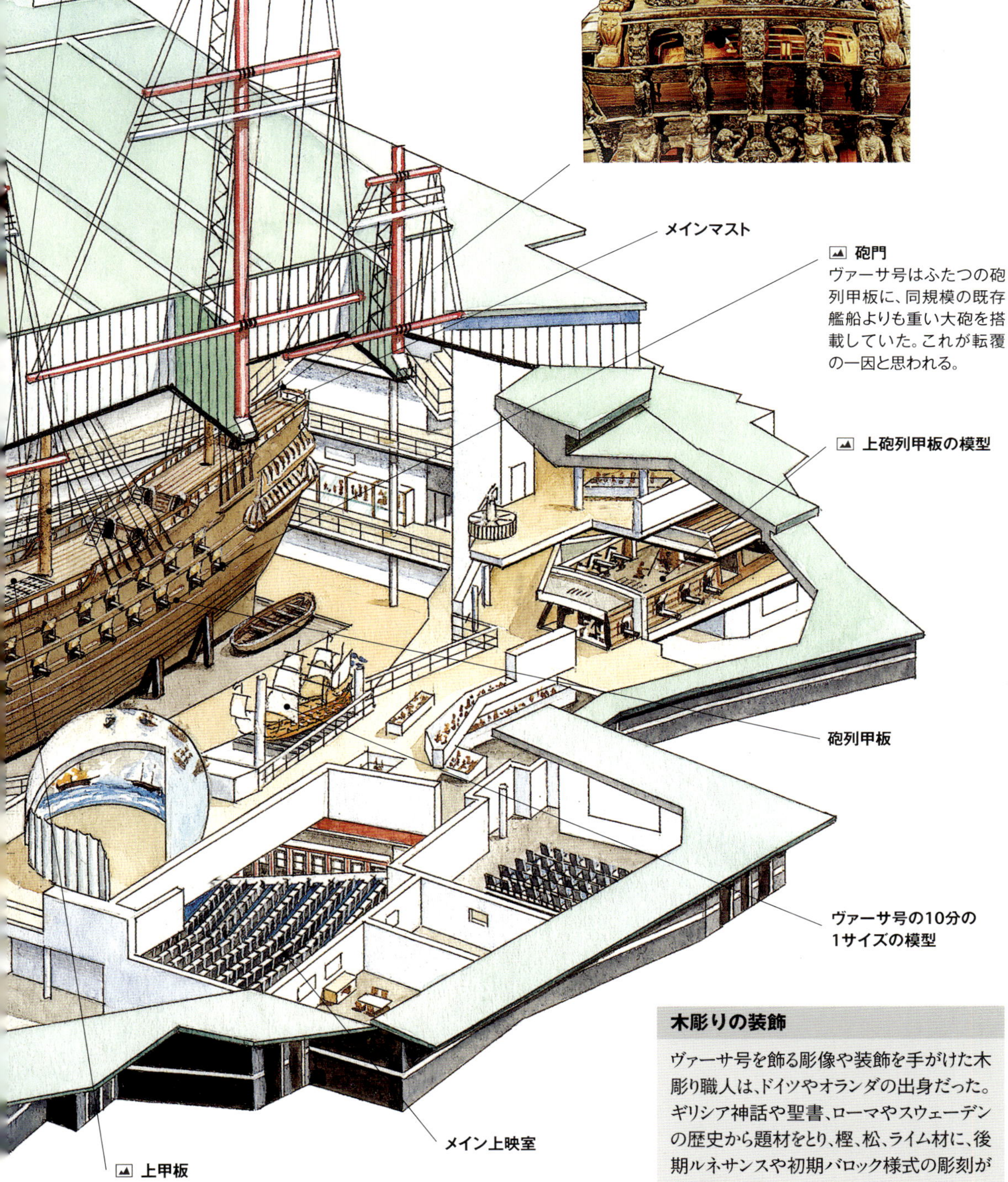
砲門のライオン
およそ200の彫刻と500体の影像がヴァーサ号を飾る。
艦尾 ►
艦尾は損傷が激しかったが時間をかけて修復され、豪奢な装飾を再現している。
メインマスト
砲門
ヴァーサ号はふたつの砲列甲板に、同規模の既存艦船よりも重い大砲を搭載していた。これが転覆の一因と思われる。
上砲列甲板の模型
砲列甲板
ヴァーサ号の10分の1サイズの模型
メイン上映室
上甲板
船室への入り口は艦尾に向いている。この区域は艦内で一番広く、上級将校用のものだった。

木彫りの装飾

ヴァーサ号を飾る彫像や装飾を手がけた木彫り職人は、ドイツやオランダの出身だった。ギリシア神話や聖書、ローマやスウェーデンの歴史から題材をとり、樫、松、ライム材に、後期ルネサンスや初期バロック様式の彫刻が施された。

略年譜

1625年	1628年	1956年	1961年	1990年
スウェーデン王グスタフ2世アドルフがヴァーサ号をはじめとする新しい戦艦の建造を命じる。	ヴァーサ号の処女航海の準備が整うが、ストックホルムの港で沈没する。	考古学者アンダース・フランツェンがヴァーサ号の沈没地点を突き止め、引き揚げに参加する。	ヴァーサ号が333年ぶりに水中から姿を現す。	ヴァーサ博物館が常設館として開館。修復したヴァーサ号と貴重な工芸品を展示する。

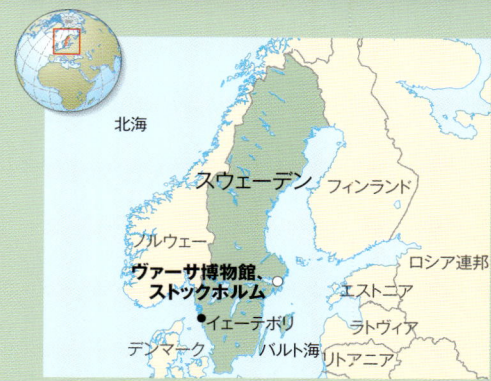

◉戦艦

ヴァーサ号は、スウェーデン王グスタフ2世アドルフによってスウェーデンの国力の象徴として建造された。グスタフ2世は、ポーランドと戦争中の1620年代に、バルト海地方へのスウェーデンの影響力を着々と増大させていた。ヴァーサ号はスウェーデン史上最大の艦船であり、64門の大砲と445名の乗員を搭載できた。**艦尾**は52メートルもの高さがあり、小型船艇が相手なら上からの砲撃が可能だった。ヴァーサ号には従来の近接戦闘にも砲撃戦に対しても備えがあった。マスケット銃の射手には射撃練習場があり、**上甲板**には「弾片よけ」が立ってマスケット銃による銃撃を防いでいた。

◉艦上の生活

ヴァーサ号の処女航海の目的地はストックホルム湾南部にあるエルヴスナッベン海軍基地であり、ここでさらに船員が乗り込む予定だった。艦上の生活は階級によって区別され、将校たちは寝棚、提督は船室で休んだ。また将校たちとくらべると下級船員の食事は貧しく、豆類、ポリッジ（かゆ）、塩漬けの魚、ビールというごく質素な内容だった。甲板は混み合い、**砲列甲板**の大砲2門の間の狭いスペースで7人の船員が生活し睡眠をとった。新鮮な食糧はなく、壊血病になって、戦闘以前にビタミンC欠乏症で命を落としていた船員も多かったと思われる。

◉引き揚げ作戦

海洋考古学者アンダース・フランツェンは長年ヴァーサ号を探していた。1956年8月25日にフランツェンの辛抱強い探索は報われ、側鉛線が水深30メートルにあるヴァーサ号の黒い樫材の破片をひっかけた。1957年秋に、潜水夫が船体の下に引き揚げ用ケーブルを通す穴を掘る作業が始まり、これには2年を要した。6本のケーブルを使った第1回の引き揚げ作業は成功し、ヴァーサ号は16段階を経て浅瀬に運ばれた。その後、錆びた鉄製ボルトが抜けてできた何千もの穴を埋め、ついに1961年4月24日の朝に引き揚げの最終工程が始まった。5月4日、ヴァーサ号は実に333年ぶりに、水中から乾ドックに引き揚げられたのだった。

ニューグレンジ

ヨーロッパ

埋葬室の石に彫った3つの渦巻き模様

ヨーロッパでもきわめて重要な羨道墓であるニューグレンジの起源は、謎に包まれている。ケルトの伝承によると、伝説のタラの諸王がここに眠っているというが、ニューグレンジはケルト伝承よりも時代が古いのである。墓は手つかずのまま残っていたが、一度だけ、9世紀にデーン人が埋葬室を荒らしている。そして1699年に、この地域の領主であるチャールズ・キャンベル・スコットがニューグレンジを再発見した。1960年代にニューグレンジを発掘した考古学者M・J・オケリー教授は、12月21日の冬至に日光が墓に差し込み、埋葬室を照らすことに気づいた。ここは世界最古の太陽観測所だったのである。

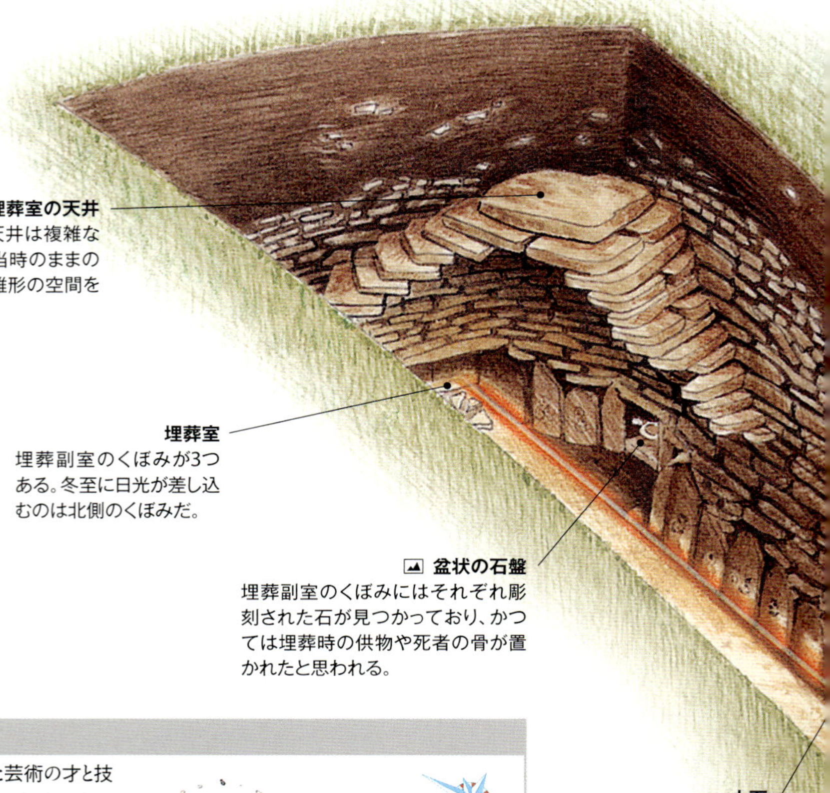

●タラと諸王

神話の舞台であるタラは、ケルト民族の住むアイルランドの政治と宗教の中心であり、11世紀まではここにハイ・キング(上王)が座していた。タラを治める者はみな、国全体を支配した。タラの王の多くは、異教の儀式によってニューグレンジに埋葬されたと考えられている。しかしキリスト教が栄えるにつれ、タラの宗教的中心としての重要性は失われていった。伝説によると、もっとも有名なタラ王で3世紀に統治したコーマック・マックアートは、異教の王たちと一緒にニューグレンジに埋葬されるのを望まなかったという。王の遺志をおろそかにした親族は、ボイン川を渡ってニューグレンジに行こうとしたものの大波に阻まれ、王はほかの地に埋葬された。

●ニューグレンジの冬至

毎年12月21日の冬至には、昼が最短に、夜は最長になる。ニューグレンジでは12月21日の朝、日光が羨道墓の**ルーフボックス**(明かり窓)に差し込んで**羨道**を照らし、十字形の**埋葬室**の北側のくぼみが明るくなる。しかしこの日以外は1年中、墓は闇に包まれている。ニューグレンジは、現在発掘済みの羨道墓としては唯一こうした特徴をもつ。この種の儀式には神殿が使われることが多いのである。このため専門家の多くが、ニューグレンジは本来祈りの場として使用され、異教の王の埋葬の場となったのはのちの時代だと考えている。

●ノウスとダウス

「アイルランド文化のゆりかご」と表現されるボイン渓谷には、ニューグレンジのほど近くにほかにも先史時代の埋葬地が2ヶ所ある。最寄りにあるのがノウスで、ここは1.5キロほどしか離れていない。この遺跡の発掘は1962年に始まり、ふたつの羨道が見つかっている。またここにはヨーロッパ一巨石芸術が集中している。さらに考古学者は、この遺跡が新石器時代から使われ、1400年頃までは埋葬のほか住居に使用された証拠も発見している。ニューグレンジから3キロほどにある羨道墓、ダウスはほかのふたつほど壮観ではない。ダウスの墓は小さく、工芸品の多くはヴィクトリア時代のトレジャーハンターたちにもち去られている。

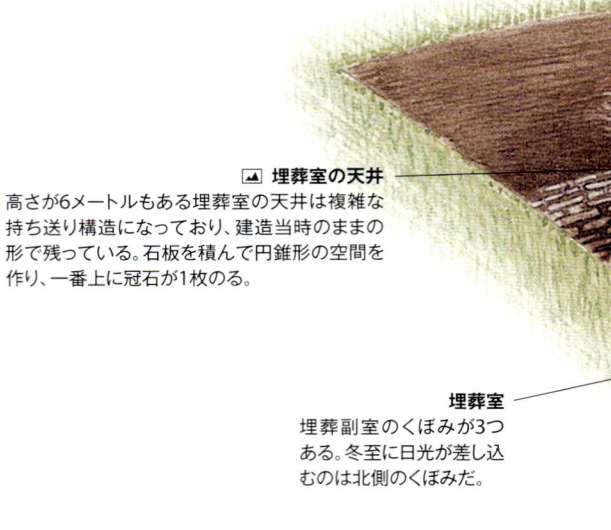

埋葬室の天井
高さが6メートルもある埋葬室の天井は複雑な持ち送り構造になっており、建造当時のままの形で残っている。石板を積んで円錐形の空間を作り、一番上に冠石が1枚のる。

埋葬室
埋葬副室のくぼみが3つある。冬至に日光が差し込むのは北側のくぼみだ。

盆状の石盤
埋葬副室のくぼみにはそれぞれ彫刻された石が見つかっており、かつては埋葬時の供物や死者の骨が置かれたと思われる。

立石
羨道には付近で集めたと思われる石板が並んで立つ。

ニューグレンジの建造

ニューグレンジを設計したのは、卓越した芸術の才と技術の腕をもつ人々だった点は間違いない。車輪や金属製工具も使用せずに、20万トンものすわりの悪い石を運び、羨道墓を護る塚(ケルン)を建造したのだ。大型の石板は塚を囲み(石は35個あったと思われるが現存するのは12個)、また縁石や墓自体に使用された。多数の縁石と石板が羨道に並び、埋葬室と埋葬副室はジグザグや渦巻きその他の模様で装飾されている。持ち送り式の天井には、小型の装飾のない石板が使われている。

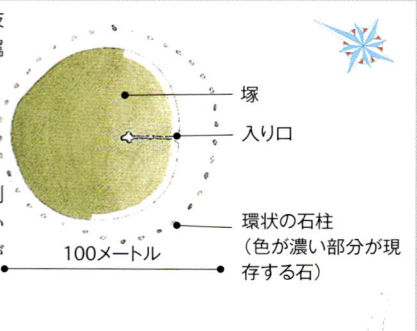

塚 / 入り口 / 環状の石柱(色が濃い部分が現存する石) / 100メートル

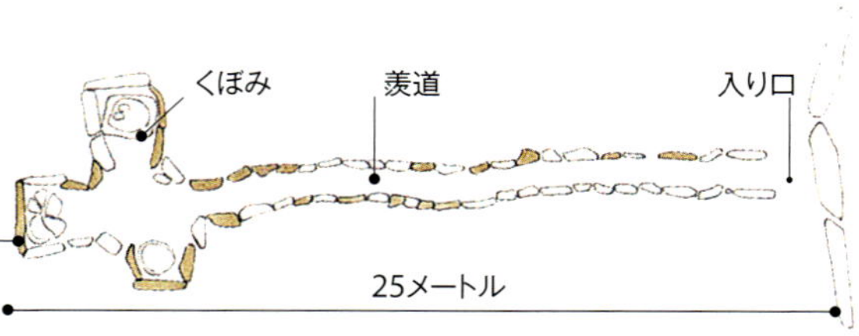

羨道と埋葬室の平面図
くぼみ / 羨道 / 入り口
装飾用の石(色が濃い部分が現存する石) / 25メートル

略年譜

紀元前3200年頃	860年頃	1140年頃	1962-75年	1967年	1993年
新石器時代の農耕者がニューグレンジに墓を建造する。	デーン人が侵攻して埋葬室を襲い、宝物の多くをもち去る。	ニューグレンジは14世紀まで放牧地に使用される。	ニューグレンジが修復され、ルーフボックスが発見される。	考古学者が、12月21日の冬至に日光が埋葬室に達することを発見する。	ニューグレンジがユネスコの世界遺産に登録される。

アイルランド 17

▲ ニューグレンジの壁を飾る巨石の模様

▲ ニューグレンジの復元
ボイン川北の低い丘陵地に位置するニューグレンジは、建造に70年以上を要した。1962年から1975年にかけて、羨道墓や塚は可能なかぎり本来の状態に近く復元された。

▼ 埋葬室の天井

羨道 ▶
12月21日の夜明け、一筋の日光がルーフボックス（ニューグレンジ特有の造り）に差し込み、19メートルの羨道を進んで埋葬室の中央部にとどく。

盆状の石盤 ▶

入り口 ▶
開口部は、もとは右手に立つ石板でふさがれていた。正面に置かれた縁石には、ニューグレンジでもっとも複雑な彫刻が施されている。この石は、塚を囲む巨石の縁石のひとつだ。

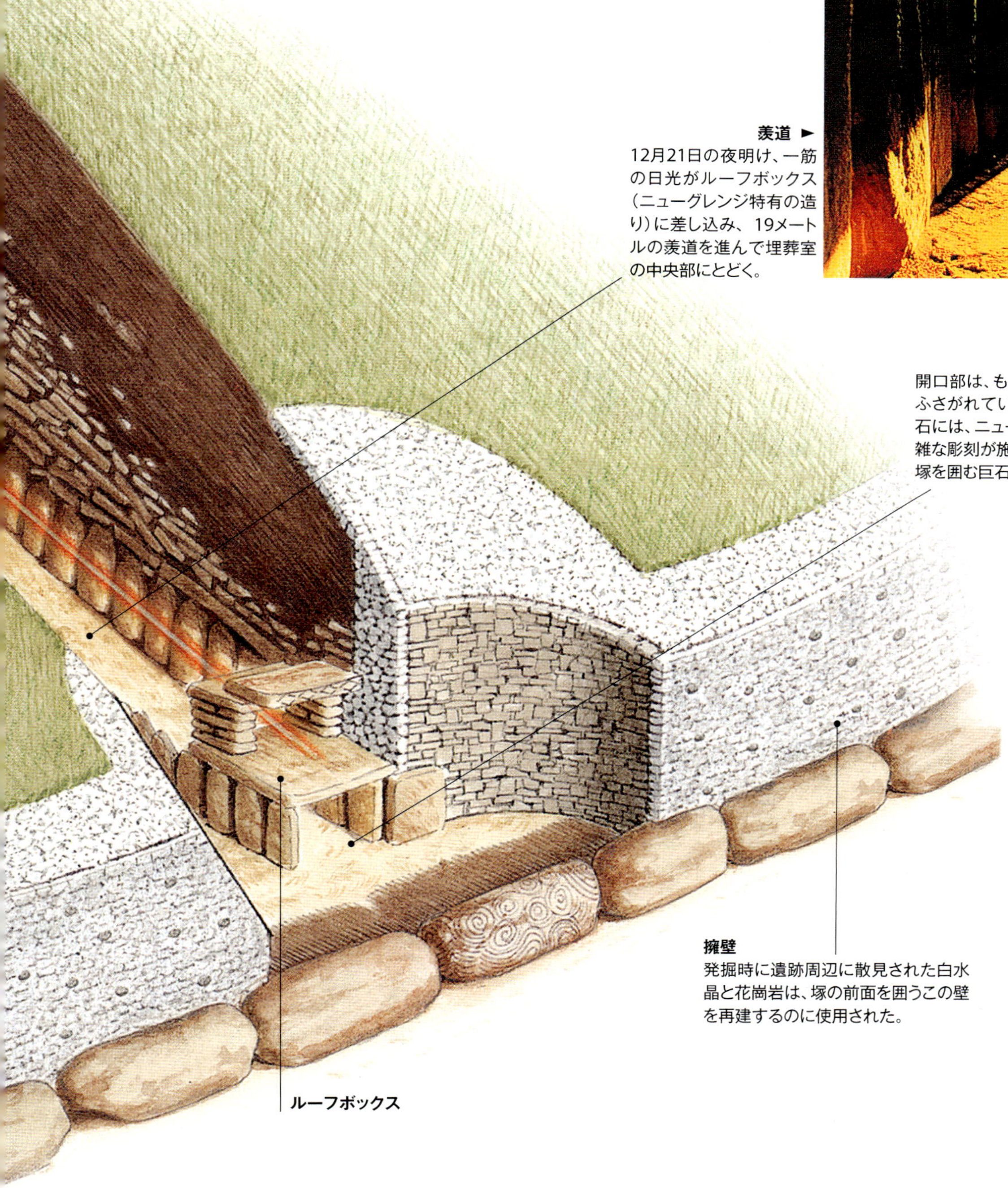

擁壁
発掘時に遺跡周辺に散見された白水晶と花崗岩は、塚の前面を囲うこの壁を再建するのに使用された。

ルーフボックス

神話の物語
アイルランド神話の愛の神オィングス・マクィノグは、ニューグレンジをだまし取ったとされている。アイルランドの魔力をもつ土地が分配されたのは、オィングスが不在のおりだった。もどったオィングスは、ニューグレンジを「昼と夜の間」貸してくれるよう頼んだ。そして、「昼と夜」とは永遠という意味だといって返すことを拒み、自分のものにしたというのである。

イギリス
(北アイルランド)
アイルランド海
トリニティ・カレッジ、
ダブリン
大西洋
アイルランド
イギリス
コーク

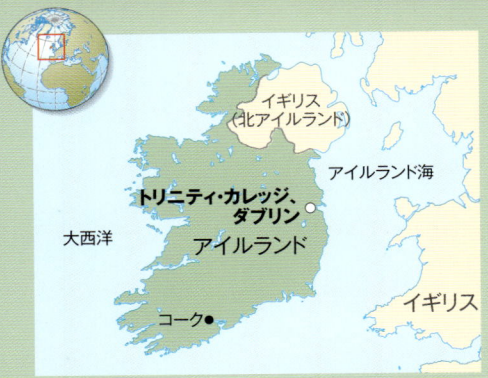

トリニティ・カレッジ [ダブリン]

イングランド女王エリザベス1世が1592年に創設した大学が、アイルランド最古でもっとも有名な教育機関であるトリニティ・カレッジだ。本来はプロテスタントのためのカレッジであり、カトリック教徒を大勢受け入れるようになったのは1970年以降のことだ。この頃になるとようやく、カトリック教会が信者の入学に反対する声も小さくなったのである。トリニティ・カレッジは、劇作家のオリバー・ゴールドスミス、サミュエル・ベケット、文筆家・政治家のエドマンド・バークはじめ、多くの著名人を輩出している。カレッジの芝生と石の小道は、この街の中心に位置するここちよい癒しの場でもある。カレッジで特筆すべきは、旧図書館と、その特別室に置かれた「ケルズの書」である。

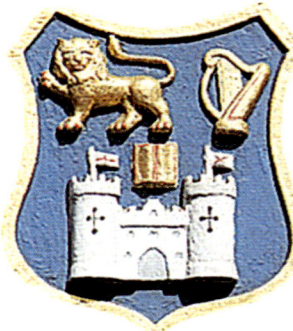

トリニティ・カレッジの校章

◉「ケルズの書」

アイルランドの中世の装飾写本のなかでもひときわ見事な装飾が施された「ケルズの書」は、スコットランド、アイオーナ島出身の修道士の作とされている。ヴァイキングの襲撃を受けたため、806年に修道士はミース県ケルズに逃れたのだ。ラテン語で4つの福音書が書かれたこの書は、17世紀にトリニティ・カレッジに移され、のちに**旧図書館特別室**に置かれた。この書の製作者は、複雑で絡み合った渦巻き模様のほか、人や動物の姿も用いて文字を飾っている。写本に使用された染料の一部は、はるか中東からもち込まれたものだった。モノグラムのページはとくに緻密なデザインが用いられ、キリスト誕生について書いた、マタイによる福音書冒頭の3つの文字(XPI)も見事だ。

◉著名な卒業生たち

創設以来、トリニティ・カレッジは多くの傑出した歴史的人物を輩出してきた。トリニティ・カレッジで学んだ日々は卒業生の人生に大きな影響をおよぼしたのである。なかでも特筆すべきが、作家・劇作家のジョナサン・スウィフト、オリバー・ゴールドスミス、オスカー・ワイルド、ブラム・ストーカー、ウィリアム・コングリーヴ、サミュエル・ベケット、哲学者ジョージ・バークリー、政治家・政治思想家のエドマンド・バーク、ノーベル賞受賞の物理学者アーネスト・ウォルトン、アイルランド初代大統領ダグラス・ハイド、そしてアイルランド初の女性大統領メアリー・ロビンソンである。カレッジ内には著名な学者の像も散見される。

◉パーラメント・スクエア

トリニティ・カレッジは、かつてのオール・ホロウズ修道院の敷地にある。中央入り口から延びる木製タイル敷きのアーチ道は、トリニティ中央の中庭、**パーラメント・スクエア**に通じている。丸石を敷き詰めたこの広場では、手入れの行きとどいた芝生と18世紀から19世紀建造の壮麗な建築群が目を引く。広場の中央に建つ堂々とした**鐘楼**に、ここが本来は修道院の敷地だったことがうかがえる。**礼拝堂**は、1798年にサー・ウィリアム・チェンバースが設計したものだ。そのとなりにあるのは、1742年にリチャード・キャッスルが建造した**食堂**で、ここでトリニティの学生たちは食事をとる。この建物は250年の間にかなり改築されており、とくに1984年の火災で激しく損傷したために、大きく手をくわえられた。壁にはカレッジ関係者の大きな肖像画がかかっている。

ダグラス・ハイド・ギャラリー

トリニティ・カレッジの敷地内にあり、現代芸術の展示ではアイルランドでも第一級のギャラリーである。映画、絵画、インスタレーション、彫刻作品など、知名度の高い芸術家にくわえ、新進芸術家の作品も展示されている。

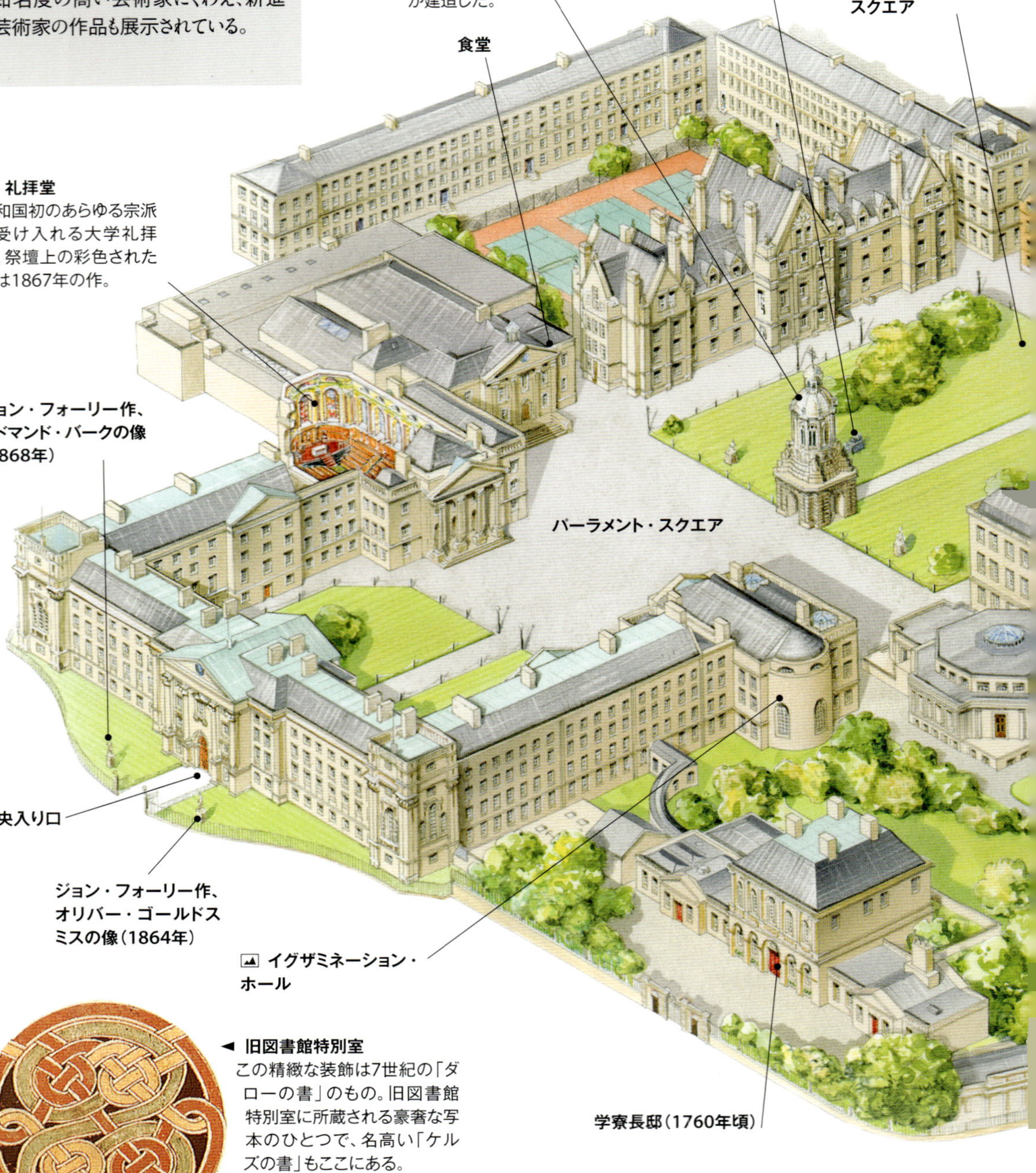
鐘楼
高さ30メートルの鐘楼は、1853年に、ベルファストのクィーンズ大学の建築家サー・チャールズ・ラニヨンが建造した。
ヘンリー・ムーア作「横たわる連結像(Reclining Connected Forms)」(1969年)
ライブラリー・スクエア
食堂
礼拝堂
共和国初のあらゆる宗派を受け入れる大学礼拝堂。祭壇上の彩色された窓は1867年の作。
ジョン・フォーリー作、エドマンド・バークの像(1868年)
パーラメント・スクエア
中央入り口
ジョン・フォーリー作、オリバー・ゴールドスミスの像(1864年)
イグザミネーション・ホール
学寮長邸(1760年頃)

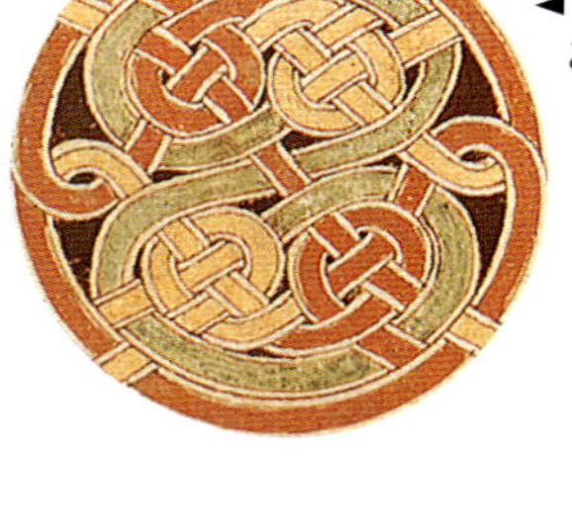
◀ 旧図書館特別室
この精緻な装飾は7世紀の「ダローの書」のもの。旧図書館特別室に所蔵される豪奢な写本のひとつで、名高い「ケルズの書」もここにある。

アイルランド 19

▲ イグザミネーション・ホール

▲ 礼拝堂の窓

博物館棟
1857年に完成したこの建物はヴェネツィア風の外観で有名であり、荘厳で多彩なホールと二重ドームの屋根をもつ。

ライブラリー・スクエア
広場の東側にある赤レンガの棟（ルブリックと呼ばれる）は1700年頃の建造で、カレッジに現存する最古の建物だ。

▲ 旧図書館

鐘楼 ▶

旧図書館にある作家ジョナサン・スウィフトの大理石胸像 ▶

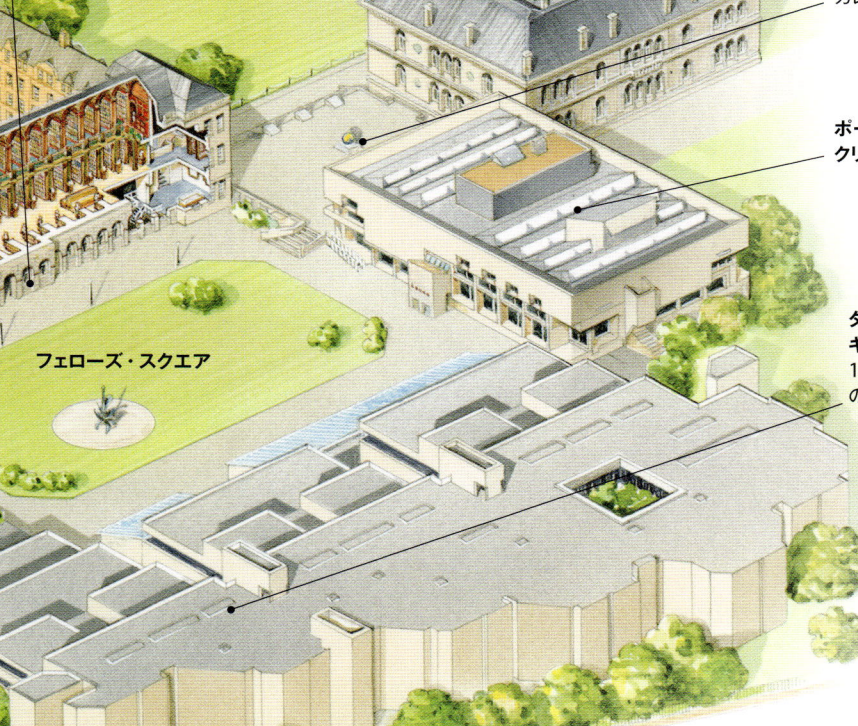

旧図書館入り口

ニュー・スクエア

フェローズ・スクエア

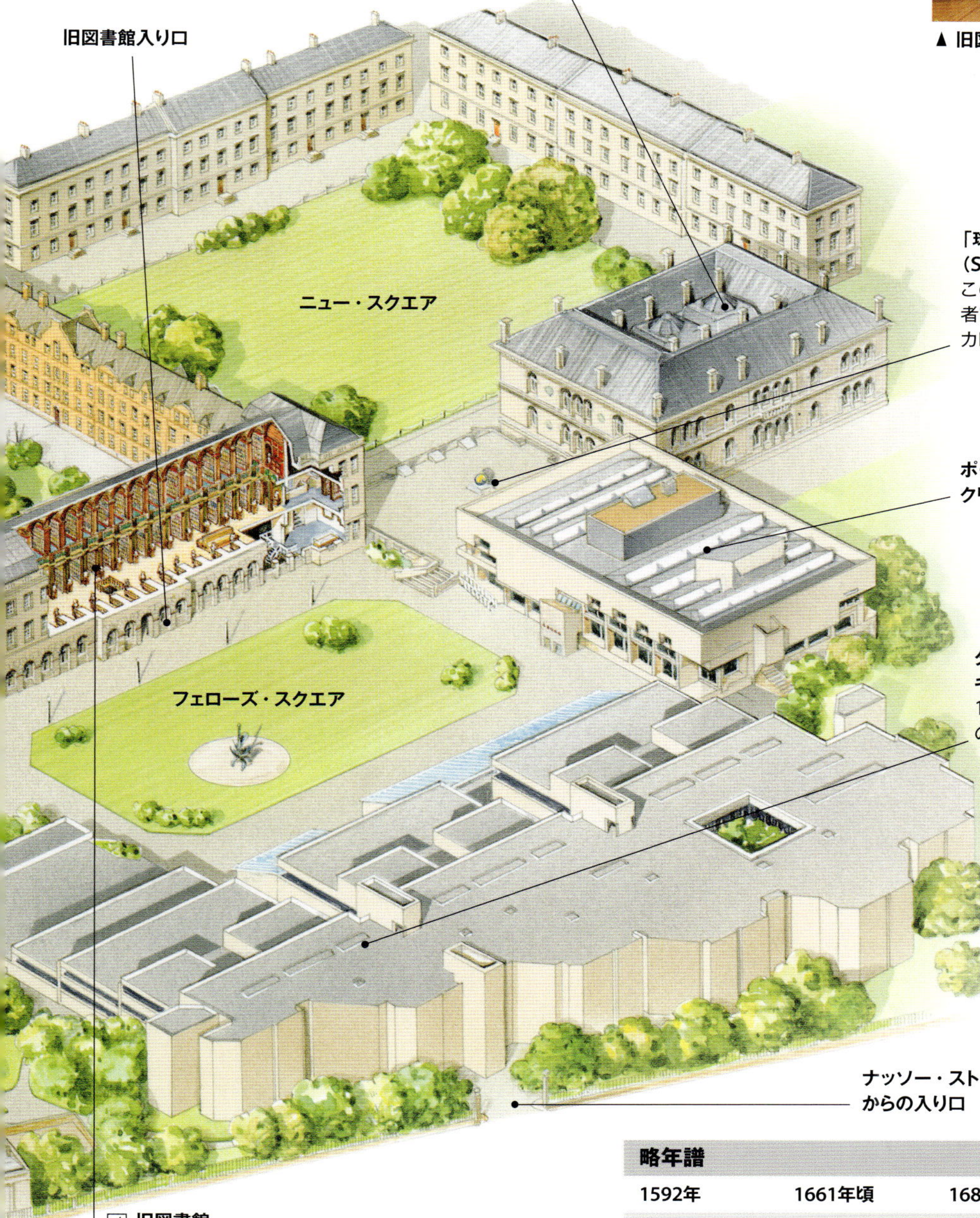

「球体のなかの球体（Sphere within Sphere）」
この彫刻（1982年作）は製作者アーナルド・ポモドーロからカレッジに寄贈された。

ポール・コラレク建造のバークリー図書館（1967年）

ダグラス・ハイド・ギャラリー
1970年代に現代芸術の展示用に建設した。

ナッソー・ストリートからの入り口

旧図書館
図書館の主室である壮大なロング・ルーム（1732年）は奥行64メートルもある。20万冊の古書や、学者の大理石胸像、アイルランド最古のハープを所蔵する。

サミュエル・ベケット（1906-89年）

ノーベル賞受賞者であるサミュエル・ベケットは、ダブリンの南に位置するフォックスロックに生まれた。1923年にトリニティ・カレッジに入学し、現代言語学で首席となり、ゴールド・メダルを授与され卒業。またカレッジのクリケット・チームの中心メンバーでもあった。アイルランドに失望したベケットは、1930年代初めにフランスに渡る。『ゴドーを待ちながら』（1951年）はじめ、ベケットの主要作品の多くはフランス語で書かれ、のちに著者自身によって英語に翻訳された。

略年譜

1592年	1661年頃	1689年	1712-61年	1793年	1853年	1987年
トリニティ・カレッジがオール・ホロウズ修道院跡地に建造される。	ミースの司教が中世の「ケルズの書」をトリニティ・カレッジに寄贈。	カレッジが一時兵舎になる。	建物の建設ラッシュで旧図書館と食堂が誕生する。	入学に際する宗教上の禁止事項が撤廃される。	鐘楼が建造され、トリニティ・カレッジのシンボルとなる。	1984年の火災で損傷した食堂の修復作業が行われる。

ロック・オブ・キャシェル

1000年以上にわたり王と聖職者のシンボルであったロック・オブ・キャシェルは、考古学遺跡としてアイルランドでは並ぶものがないほど壮大な外観をもつ。5世紀以降、ここにはアイルランド南部の大半に広がるマンスター王国の玉座が置かれていた。1101年にマンスター王国がキャシェルを教会に渡して以降は宗教の中心として栄えたが、1647年にイングランド軍が包囲して3000人の居住者を虐殺し、キャシェルは滅びた。18世紀後半には大聖堂も放棄された。中世建築部分の大半が今も残り、コーマック礼拝堂は、アイルランドのロマネスク様式建築物のなかではぬきんでたすばらしさである（ロマネスク様式、p.122参照）。

ヴィカーズ・コーラル館にある天使のコーベル

●キャシェル博物館
15世紀建造、2階建てのヴィカーズ・コーラル館は、かつては大聖堂の聖歌隊員の居住区であり、現在では中世の工芸品や調度類の複製が展示されている。下階にキャシェル博物館が置かれ、希少な銀器や石の彫刻、さらに聖パトリックの十字架が展示されている。これは片側に磔刑の場面、もう一方に動物が刻まれた12世紀の支柱つき十字架だ。十字架は4世紀の戴冠用の石の台に建っており、キャシェルの王はこの十字架の台座で戴冠する伝統があった。

●コーマック礼拝堂
教会の支援のおかげでロック・オブ・キャシェルはユージニア族による侵略を免れ、その返礼に、マンスター王コーマック・マッカーシーが1134年に教会に献じたのがこの礼拝堂だ。ロマネスク様式の礼拝堂は砂岩造りで、石屋根と、身廊と内陣の両側に塔をもつ。内部はさまざまな模様で装飾が施され、ドラゴンや人の頭部も見られる。礼拝堂の西端にはヘビが彫刻された石棺があり、ここにコーマック・マッカーシーの遺体が収められていたとされる。内陣を飾るフレスコ画は、アイルランドに唯一現存するロマネスク様式のもので、キリストの洗礼の場面も描かれている。

●聖パトリックの生涯
385年にウェールズで生まれた聖パトリックは、少年時代は異教徒だった。そして16歳のときに捕まって売られ、アイルランドで奴隷として働いた。この時期に聖パトリックはキリスト教に改宗し、神に生涯をささげたのである。パトリックは逃亡してフランスに渡り、そこでサンマルタン修道院に入って、オーセールのサンジェルマンの指導のもと写字を学んだ。聖パトリックは432年にアイルランドの司教に任命され、およそ300の教会を置き、12万もの人々の洗礼を行った。450年にキャシェルを訪れたさいには、オィングス王の洗礼も執り行った。今日では、アイルランドの守護聖人、聖パトリックの生涯を、3月17日に世界中で祝い、特別な礼拝が行われる。この日に身に着ける3枚葉のクローバー、シャムロックは、アイルランドの国の象徴だ。

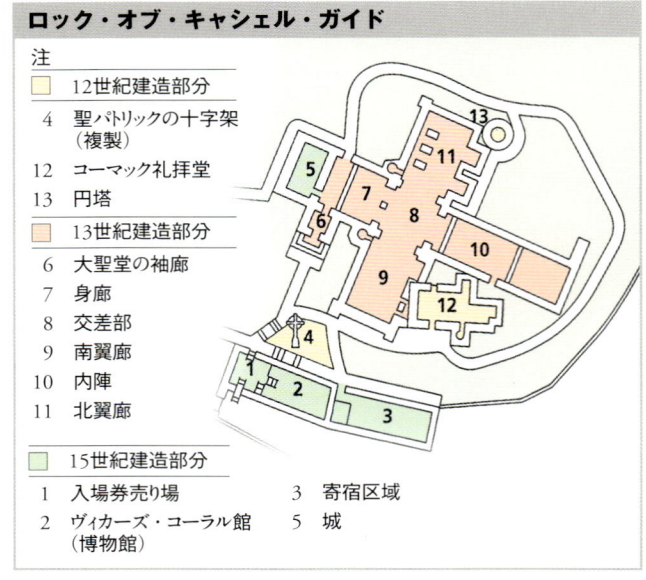

ロック・オブ・キャシェル・ガイド

注
- 12世紀建造部分
  - 4 聖パトリックの十字架（複製）
  - 12 コーマック礼拝堂
  - 13 円塔
- 13世紀建造部分
  - 6 大聖堂の袖廊
  - 7 身廊
  - 8 交差部
  - 9 南翼廊
  - 10 内陣
  - 11 北翼廊
- 15世紀建造部分
  - 1 入場券売り場
  - 2 ヴィカーズ・コーラル館（博物館）
  - 3 寄宿区域
  - 5 城

▲ コーマック礼拝堂
ロマネスク様式の見事な彫刻が飾るこの礼拝堂はキャシェルの至宝だ。北扉上のティンパヌムには、かぶとをかぶった名騎手が、ライオンに向けて弓に矢をつがえるようすが描かれている。

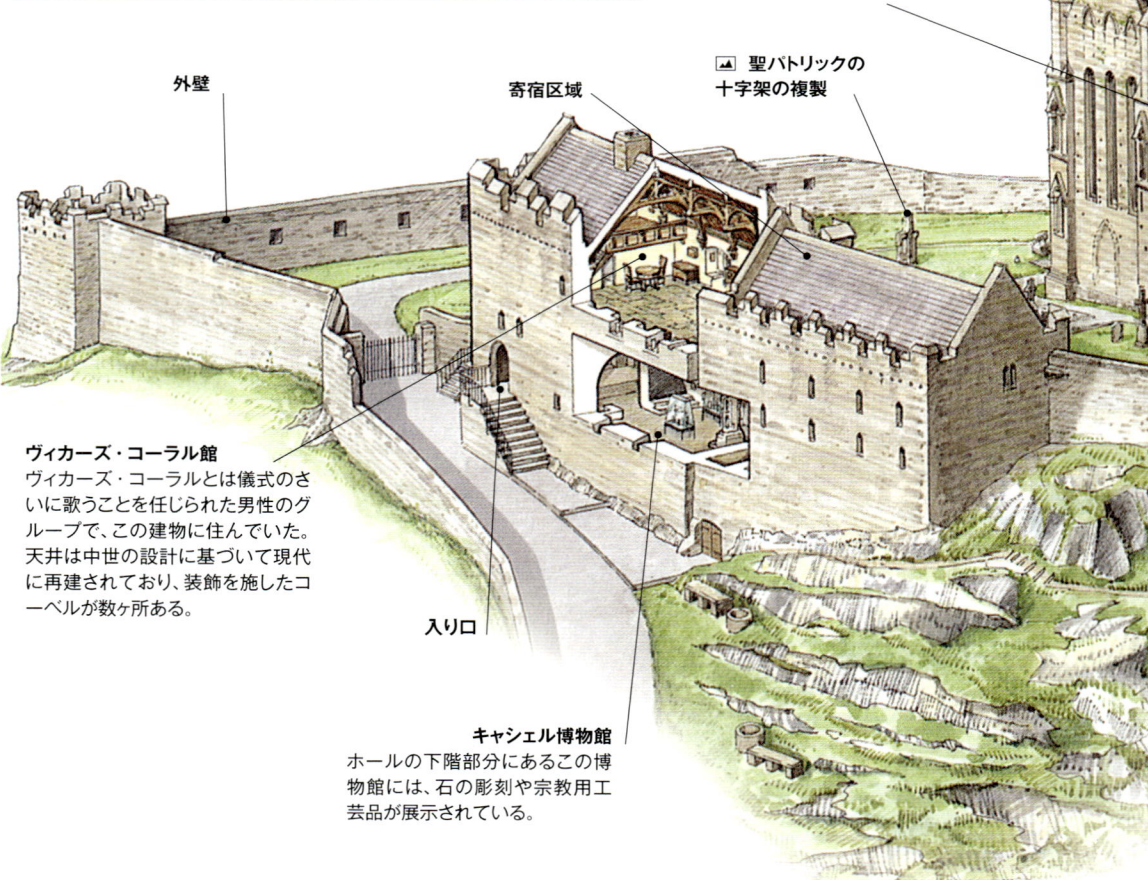

聖パトリックの十字架の複製

外壁

寄宿区域

ヴィカーズ・コーラル館
ヴィカーズ・コーラルとは儀式のさいに歌うことを任じられた男性のグループで、この建物に住んでいた。天井は中世の設計に基づいて現代に再建されており、装飾を施したコーベルが数ヶ所ある。

入り口

キャシェル博物館
ホールの下階部分にあるこの博物館には、石の彫刻や宗教用工芸品が展示されている。

アイルランド

▲ 北翼廊
ここには16世紀の墓が3つあり、斬新で複雑な彫刻が飾る。写真は北壁のもので、ブドウの葉の模様と不思議な動物のデザインが描かれている。

聖パトリックとオィングス王
オィングス王の洗礼の儀式のさいに、聖パトリックは誤って司教杖で王の足を刺してしまったが、王はそれも洗礼の一部かと思い、痛みをこらえて声を上げなかった。

▲ 12世紀造聖パトリックの十字架の複製
（原物は博物館に展示）

円塔 ▶
ロック・オブ・キャシェルに現存する最古の建物。高さ28メートルの独立した鐘楼から住人が周囲の平原を見渡し、攻撃される危険がないか見張った。

聖パトリック大聖堂 ▶

オスカリー・モニュメント
装飾が施されたこの碑は、1870年にこの地方の領主の一族が建てたもので、1976年の嵐で破損した。

交差部

円塔

内陣
17世紀造のミラー・マグレイスの墓がある。マグレイスは同時にプロテスタントの大主教とカトリックの大司教になるという醜聞を引き起こした。

墓地

北翼廊

石灰岩

聖パトリック大聖堂
屋根のないこのゴシック様式の大聖堂の厚い壁には通路が隠されている。北翼廊の窓の基部に、この通路が現れる。

略年譜

450年	1101年	1127-34年	1230-70年	1647年	1975年
聖パトリックがキャシェルを訪れてオィングス王をキリスト教に改宗させる。	オブライエン王がキャシェルを教会に譲る。	マンスター王コーマック・マッカーシーがコーマック礼拝堂を建造し、教会に献堂する。	十字型で側廊をもたない、巨大な聖パトリック大聖堂が建造される。	キャシェルがインチキン卿率いるイングランド軍に包囲され侵略される。	ヴィカーズ・コーラル館が修復される。

スターリング城

ヨーロッパ

岩地にそびえるこの壮大な城は、何世紀にもわたりスコットランド史にその名をとどろかせ、イギリスに残るルネサンス様式（ルネサンス様式、p.131参照）の建築物のなかでもきわだつ存在だ。伝説ではアーサー王がサクソン人からこの地の城を奪いとったとされるが、1124年以前にここに城があったという歴史的証拠は存在しない。現存する建物は15、16世紀のものだ。1746年には、大半がカトリック教徒高地人であり、スチュアート朝再興を目指すジャコバイトの攻撃を受け、これを防いだのが最後の戦いとなった。1881年から1964年にかけて、城はアーガイル＆サザーランド・ハイランダー連隊の新兵宿舎として使用されたが、現在では軍用施設としての利用は行われていない。

▲「スチュアート朝期のスターリング城（Stirling Castle in the Times of the Stuarts）」ヨハネス・フォルステルマン（1643-99年）作

ダグラス伯

第8代ダグラス伯は裏切りを疑われ、1452年にジェームズ2世に殺害された。ジェームズ2世は、拷問をくわえたダグラス伯の遺体を窓から庭園に投げ捨てた。その場所は、現在ではダグラス・ガーデンと呼ばれている。

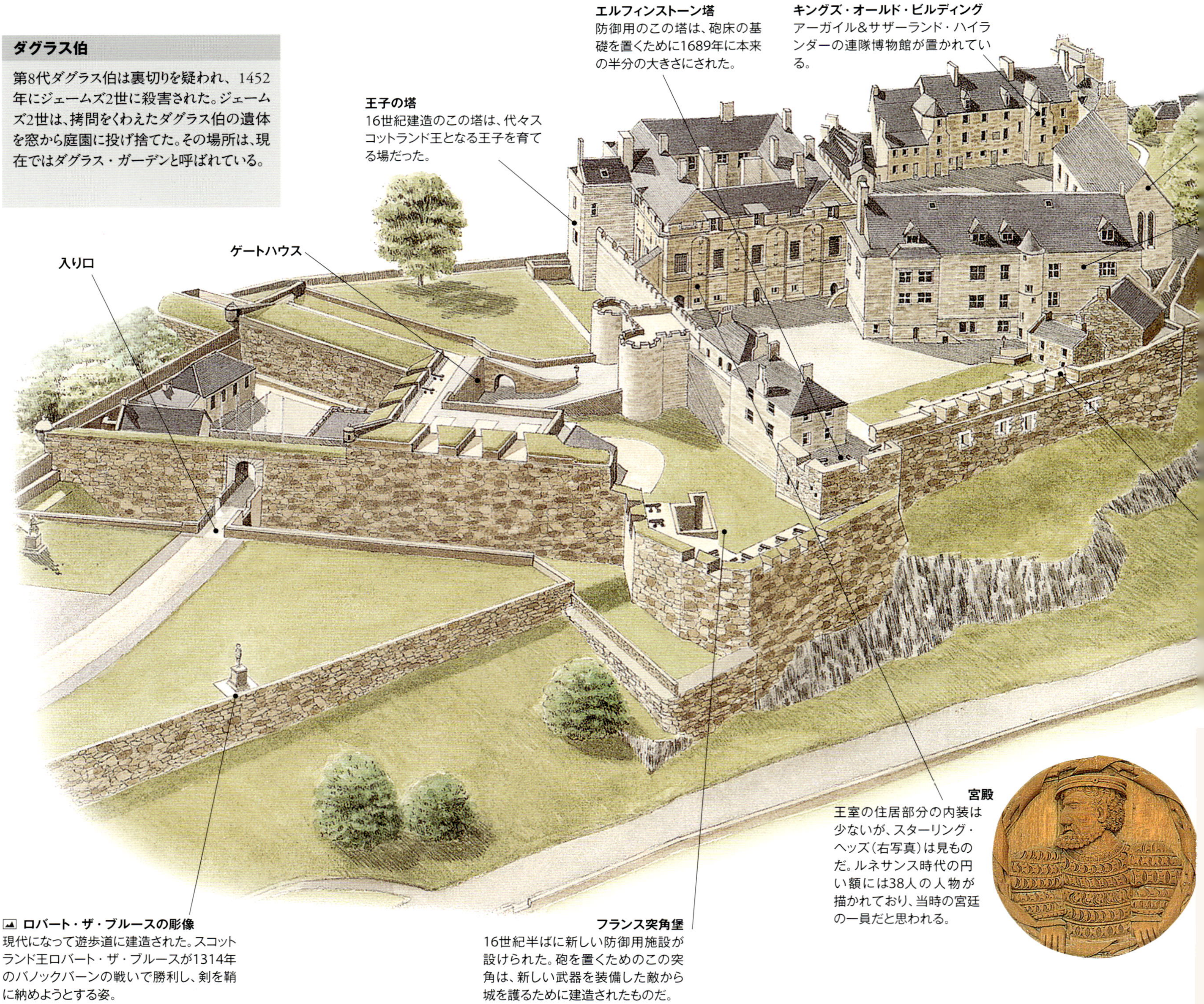

エルフィンストーン塔
防御用のこの塔は、砲床の基礎を置くために1689年に本来の半分の大きさにされた。

キングズ・オールド・ビルディング
アーガイル＆サザーランド・ハイランダーの連隊博物館が置かれている。

王子の塔
16世紀建造のこの塔は、代々スコットランド王となる王子を育てる場だった。

入り口

ゲートハウス

■ ロバート・ザ・ブルースの彫像
現代になって遊歩道に建造された。スコットランド王ロバート・ザ・ブルースが1314年のバノックバーンの戦いで勝利し、剣を鞘に納めようとする姿。

フランス突角堡
16世紀半ばに新しい防御用施設が設けられた。砲を置くためのこの突角は、新しい武器を装備した敵から城を護るために建造されたものだ。

宮殿
王室の住居部分の内装は少ないが、スターリング・ヘッズ（右写真）は見ものだ。ルネサンス時代の円い額には38人の人物が描かれており、当時の宮廷の一員だと思われる。

イギリス

▲ 城壁のガーゴイル

▲ 大砲台

王室礼拝堂 ▲
1594年建造の四角形の礼拝堂。17世紀にヴァレンタイン・ジェンキンスがフレスコ画を描いた。

◉バノックバーンの戦い
スターリング城は、スコットランドがイングランドに対する軍事的抵抗を行ううえで戦略的要衝であったために、包囲されることも多かった。1296年には、イングランドのエドワード1世が大軍を率いて侵攻しスコットランド軍を破ったが、ウィリアム・ウォレスが反乱軍を組織し、1297年に城を奪還した。しかし、わずか1年後には再度イングランド軍に敗れた。そして1314年6月23日、**ロバート・ド・ブルース**（ロバート1世）率いるスコットランド軍は、バノックバーンで独立を勝ち取った。だがイングランドとの戦いはその後300年も続く。城が最後に戦いに使用されたのは、1746年にジャコバイトが攻撃をしかけてきたときだった。その後、イングランド軍が1964年まで城に兵舎を置いた。

◉グレートホール
城の堂々としたホールはスコットランド最大の広間であり、ジェームズ4世が1501年から1504年にかけて、豪奢な宴や国事を催すために造った。1603年の王位統一後に王政の中心がロンドンに移り、スコットランド王ジェームズ6世がイングランド王ジェームズ1世となると、**グレートホール**が国事に使用されることはなくなった。18世紀には、ホールに城の防御を強化するための改修が行われ、兵舎も置かれた。30年あまりの修復作業でほぼ本来の姿を取りもどし、1999年11月30日に、エリザベス2世の手で再びホールとして扉が開かれた。

◉キングズ・オールド・ビルディング
1496年頃、ジェームズ4世の居室として城内に建設された**キングズ・オールド・ビルディング**は、火山岩の上に建つ城の最上部にあり、ここからは広く遠くまで見晴らすことができる。1540年代に**宮殿**が完成すると、ここは王の住居としては使われなくなり、さまざまに利用された。1790年代には床や壁を増築して駐屯部隊の施設となった。19世紀半ばには、火災で損壊し再建されてもいる。この建物は現在ではアーガイル&サザーランド・ハイランダー連隊司令部の博物館になっており、メダルや制服、武器をはじめとする記念の品々を収蔵している。

グレートホール
1500年代初頭の建造時の姿を再現すべく、宮殿の大広間には慎重な修復作業が行われてきた。

ネザー・ベイリー

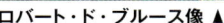
ロバート・ド・ブルース像 ▲

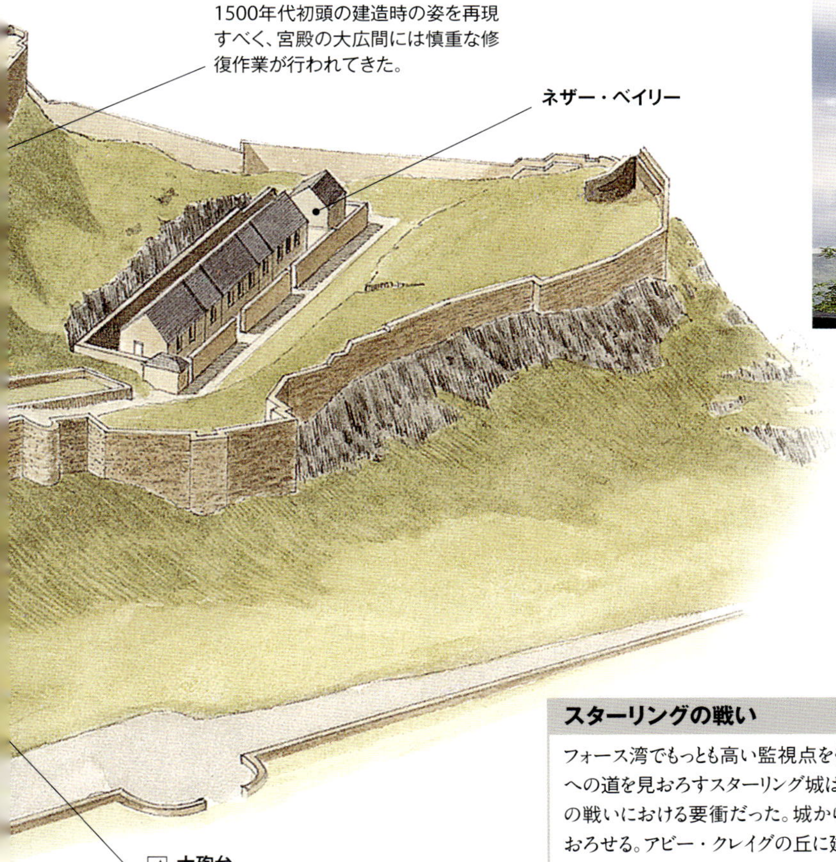

大砲台
スターリングの街を見おろす胸壁には7門の大砲が置かれている。防御を強化中の1708年に建造された。

スターリングの戦い
フォース湾でもっとも高い監視点をもち、ハイランド地方への道を見おろすスターリング城は、スコットランド独立の戦いにおける要衝だった。城からは7つの戦場を見おろせる。アビー・クレイグの丘に建つウォレス記念碑に目をやれば、1297年にウィリアム・ウォレスがスターリング橋でイングランド軍を破り、1314年には再びロバート・ド・ブルースが勝利したことを思う。

ヴィクトリア朝期のウォレス記念碑

略年譜

1296年	1297年	1314年	1496年	1501年	1503年	1855年	1964年
イングランド王エドワード1世がスターリング城を奪取する。	スターリング橋の戦い後、城はスコットランドに返還される。	ロバート・ド・ブルースがバノックバーンの戦いでイングランド軍を撃破する。	ジェームズ4世が大規模な建造工事に着手する。	グレートホールの建造が開始される。	ゲートハウスの建築が開始される。	キングズ・オールド・ビルディングが火災で激しく損傷する。	城の兵舎としての使用が終わる。

ヨーロッパ

エディンバラ城

死火山の玄武岩の上に建つエディンバラ城は、12世紀から20世紀までの建築群であり、城塞から王宮、軍の駐屯地、国の監獄と役割を変えてきた。青銅器時代にここに居住していた証拠も残っており、ノーサンブリア王オズワルドが7世紀に占領したケルトの城塞、ダン・エイディンがこの城の名の由来である。エディンバラ城は、1603年の王位統一までは王室の住居として好んで使われていたが、それ以降、王はイングランドに住んだ。1707年の議会の統一後は、スコットランドの戴冠用宝器(宝冠)が、100年あまりにわたって宮殿に掲げられた。現在は、エディンバラ城がかの「運命の石」を手厚く保管している。この古代スコットランド王の遺物である石は、イングランドに奪われ、1996年になってようやく返還された。

グレートホールの梁支え

●運命の石
有名な石だが、その起源は神話と伝説でしかない。この石を枕にしたヤコブが、神の使いの天使が、天から地上に降りてくる夢を見たのだといわれている。847年に王位についたケネス1世以降、スコットランド王は戴冠式でこの石に座した。この石はパースのスクーンに置かれていたため、スクーンの石とも呼ばれた。石は1296年、エドワード1世のスコットランド侵攻時に奪われ、ウェストミンスター寺院にその後700年にわたって置かれた。1326年のノーサンプトン条約で石の返還が約束されたものの、それが実現したのは、ようやく1996年のことだった。イングランドとスコットランドの境界で返還式典が催され、石はエディンバラ城に移されて現在にいたる。

●火山の上の城
エディンバラ城は、スコットランドのミッドランド・ヴァレーに建つ。エディンバラの街を見おろすのは、火山噴火でできたアーサーズ・シート(251メートル)の岩地とソールズベリー・クラッグ(122メートル)の丘だ。ソールズベリー・クラッグは、この地域の岩地の崩壊と氷河の浸食によって生まれた火成岩の丘だ。アーサーズ・シートは石炭紀の火山の名残で、一部は氷河の動きに浸食されている。この火山の噴火口をふさぐ岩の上にあるのがエディンバラ城だ。城が建つ玄武岩の「岩地」は、最後の氷河期に浸食されずに残った部分だ。このとき、硬度が低い堆積岩の「尾」が岩地の後方に残り、これがエディンバラのメイン・ストリートであるロイヤル・マイルとなっている。

●ミリタリー・タトゥー
1947年以降、夏の3週間、エディンバラは世界でも名だたる芸術祭を主催し、利用できる場所はすべて(劇場から街路にいたるまで)、世界的な芸術家やパフォーマーであふれかえる。この芸術祭では、映画、音楽、演劇、ダンス、喜劇、文学など多彩なジャンルが披露される。一番の人気は、毎晩エスプラネードで催されるエディンバラ・ミリタリー・タトゥーだ。スコットランド連隊のバグパイプとドラム奏者が、正装で極上のミリタリー・バンドの演奏を披露する。ライトアップされたエディンバラ城を背景に繰り広げられる音楽とマーチングの見事なパフォーマンスに、観客からは感嘆の声が上がる。

◀ スコットランド宝冠
現在は宮殿に展示されている。王冠は1540年にスコットランド王ジェームズ5世によって作り直された。

▣ ガバナーズ・ハウス
フランドル様式のいらか段のある切妻をもつ。18世紀半ば建造のこの建物は、現在城の駐屯隊の将校用食堂に使用されている。

軍の牢

盗まれた石
運命の石がスコットランドに返還される何十年も前の1950年、スコットランド人学生のグループが、石をウエストミンスター寺院から盗みだした。国による捜査が行われ、ようやく1年後に、スコットランドのアーブロース修道院で発見された。

▣ 地下牢
18、19世紀のフランスとの戦争中には、フランス人囚人がここに投獄された。囚人たちが製作した物のほか、落書きも今に残る。

▣ グレートホール

イギリス 25

▲ プリンスィズ通りから見たエディンバラ城

◀ 宮殿
15世紀建造のこの宮殿でスコットランド女王メアリー（1542-87）がジェームズ6世を生み、スコットランド宝冠もそこに展示されている。

▼ アーガイル砲台

🖼 アーガイル砲台
城の北面を護る砲台からはエディンバラの新市街を見晴らせる。

🖼 モンス・メグ

モンス・メグ
セント・マーガレット礼拝堂近くにある攻城砲モンス・メグは、1449年にブルゴーニュ公のために建造された。公は1457年にこれを甥のスコットランド王ジェームズ2世（在位1437-60年）に贈った。この砲は、ジェームズ4世（在位1488-1513年）が1497年にイングランドのノラム城と戦ったときに使用されている。1682年にヨーク公に礼砲を撃った後はロンドン塔に置かれ、1829年になってエディンバラにもどった。

▲ 地下牢の落書き

グレートホール ▶
15世紀建造の広間で、梁が露出する天井は修復されたもの。1639年までスコットランド議会の議場だった。

🖼 宮殿

ロイヤル・マイルへ →

▲ ガバナーズ・ハウス

エスプラネード
ここでミリタリー・タトゥーが開催される。

入り口

ハーフムーン砲台
1570年代、城の北東翼の防衛に砲台として建造された。

◀ セント・マーガレット礼拝堂
写真のステンドグラスの窓に描かれているのは、マルカム3世の列聖された王妃。礼拝堂はこの王妃にささげたもので、その息子、デイヴィッド1世が12世紀初頭に建てたと思われる。礼拝堂は城で現存する最古の建築物だ。

略年譜

638年	1296年	1496-1511年	1573年	1650年	1995年
ノーサンブリア王オズワルドの軍がこの地を占領し城塞を建造する。	イングランド王エドワード1世が8日間包囲して城を奪い、347名の兵を駐屯させる。	ジェームズ4世が城に増築を行い、宮殿などができる。	スコットランド女王メアリーによる攻城が失敗したのち、城に手をくわえハーフムーン砲台が建造される。	将校用宿舎、兵舎、倉庫を造り城を城塞化する。	エディンバラの街と城がユネスコの世界遺産に登録される。

エディンバラ城で行われるミリタリー・タトゥーの見応えのあるパフォーマンス

ヨーロッパ

ヨーク・ミンスター

ヨーロッパ北部で最大のゴシック様式聖堂であるヨーク・ミンスターは、奥行158メートル、交差廊の差し渡しは76メートルにもおよび、中世のステンドグラスはイギリス最大の量を誇る(ゴシック様式、p.54参照)。「ミンスター」という言葉は修道士が務める聖堂を意味するのがふつうだが、ヨークには司祭が常駐している。627年にノーサンブリア王エドウィンの洗礼に用いるための木造礼拝堂が造られたのが最初で、それ以降この地やこの付近には、11世紀のノルマン建築のものなどいくつかの聖堂が建造された。現在のミンスターは1220年に建造が始まり、250年かけて完成したものだ。1984年7月に火災で南翼廊の屋根を焼失し、修復には225万ポンドを要した。

バラ窓中央のひまわり

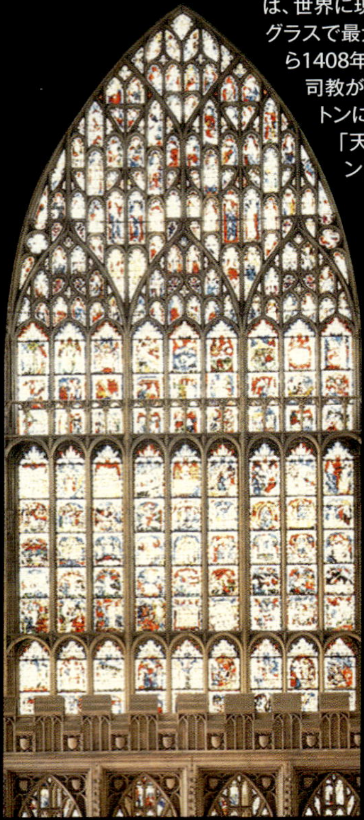

● ステンドグラス

ヨーク・ミンスターでは、中世のすばらしいステンドグラスの数々を見ることができる。ステンドグラスの彩色はガラスを作るときに行うのが一般的で、金属酸化を利用して望む色を出す。それから職人がそのガラスに作業を施していく。デザインが決まると、まずガラスをカットし、デザインの形に整える。細かい部分は酸化鉄を利用した顔料で彩色し、窯で焼いてガラスに溶かしつける。そして各ピースを鉛線に組み合わせて窓の形に仕上げる。ミンスターのステンドグラスの魅力は、その題材の多様さにある。また、**グレート・イースト・ウィンドウ**のように、平信徒が寄付をして特別な題材をとりあげてもらったものや、教会の援助を受けて制作されたものがある。

● 装飾ゴシック様式

イギリスにおけるゴシック建築の第2波(1275-1380年頃)である装飾ゴシック様式が見られるのが、**チャプター・ハウス**だ。ここはヨーク・ミンスターを背にした、優雅で輝かんばかりの建物だ。細かな彫刻、見事なステンドグラスの窓、入念に計算された狭間飾り、実験的なヴォールト天井は、装飾ゴシック様式の典型だ。会衆席頭上には葉や動物、人物の彫刻が見える。**身廊**内には、全体に複雑なトレサリーが施されている。

● ヨーク・ミステリー・プレイ

神の創世から最後の審判にいたる世界の歴史を題材とした、ミステリー・プレイといわれる中世の劇が48作品あり、14世紀から16世紀にかけて、本来は聖体の祝日の祝祭に演じられていた。ヨーク・ミステリー・プレイ(サイクル劇)は、わずか4作品のみ現存する完全な英語のミステリー・プレイのひとつだ。短いエピソードに分かれ、ワゴン(山車)上に立つ俳優が演じる。俳優はワゴンで通りを行き、さまざまな場所で止まっては演じるのだ。ギルドごとに、多くは仕事に関連のある作品を選ぶのがならわしだった。たとえば、造船職人はノアの方舟を、パン屋は最後の晩餐、肉屋はキリストの死を演じるといった具合だ。このサイクル劇の伝統は1951年のフェスティバル・オブ・ブリテンで復活し、それ以降3〜4年に1度演じられている。

▼ **グレート・イースト・ウィンドウ**
テニスコートの大きさがあるこの窓は、世界に現存する中世のステンドグラスで最大のものだ。1405年から1408年にかけて、ダーラムの司教がガラス工ジョン・ソーントンに週4シリング払い続け、「天地創造」を描いたステンドグラスが完成した。

東翼廊

内陣
入り口はヴォールト天井で、15世紀作の「聖母被昇天」の辻飾り(ボス)がある。

🖼 **チャプター・ハウス**

5人姉妹の窓

北翼廊にある5人姉妹の窓(1260年頃)は、シルバーグレイのガラスを使いグリザイユの技法で作られている。ここには5つのランセットアーチがあり、それぞれ高さ15メートル、幅1.5メートルで10万個以上のガラスのピースが使われている。

5人姉妹の窓

略年譜

1220年	1472年	1730-6年	1840年	1985年
数軒の教会が建った跡地にヨーク・ミンスターの建設が始まる。	聖堂が完成し献堂される。	ヨーク・ミンスターの補修が行われ、床にはすべて模様つきの大理石が敷かれる。	火災で身廊が損傷し、4年後に修復が完了。	1984年に火災があったため、南翼廊の屋根が再建される。

イギリス 29

▲ **チャプター・ハウス**
八角形のリブ・ヴォールト式天井をもつ参事会会議場（1260-85年）入り口付近には、「花といえばバラであるように、この場こそが家」という意味のラテン語が刻まれている。

▲ **中央塔**
1407年に一部崩壊したため、石工親方ウィリアム・コルチェスターの設計で1420年から1465年にかけて再建された。高さは70メートル、幾何学模様の屋根の中央には頂塔がある。

▲ **身廊**

西塔 ▶
15世紀作の装飾を施した羽目板と凝った頂尖塔は、北交差廊の簡素な設計とは対照的だ。

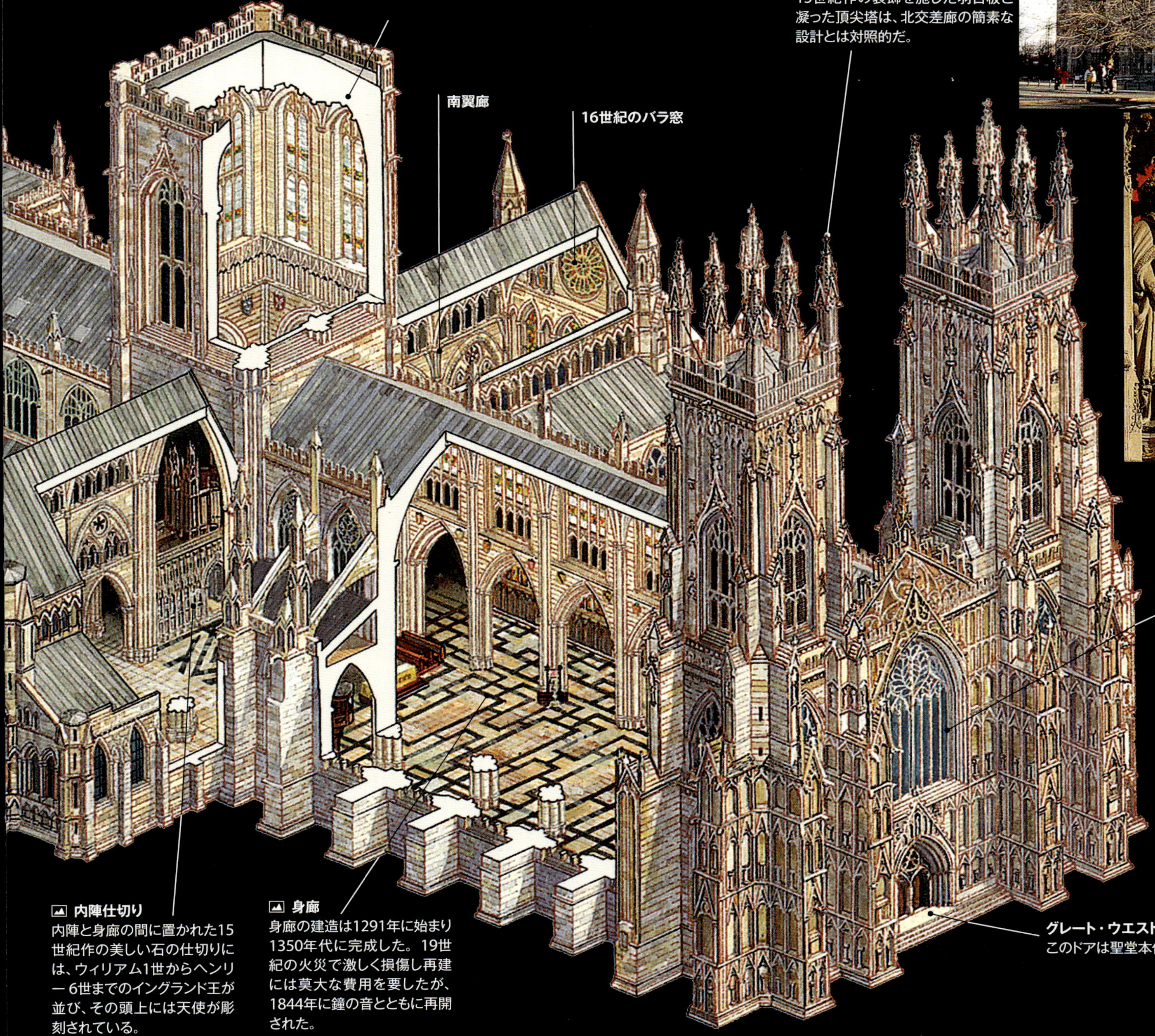

南翼廊

16世紀のバラ窓

内陣仕切り ▲

グレート・ウエスト・ウィンドウ
1338年から1339年にかけて石工親方イーヴォ・デ・ラフトンがくわえた。ハート型のトレサリーがイエスの聖心を表しているため「ヨークシャーのハート」といわれることも多い。

🖼 **内陣仕切り**
内陣と身廊の間に置かれた15世紀作の美しい石の仕切りには、ウィリアム1世からヘンリー6世までのイングランド王が並び、その頭上には天使が彫刻されている。

🖼 **身廊**
身廊の建造は1291年に始まり1350年代に完成した。19世紀の火災で激しく損傷し再建には莫大な費用を要したが、1844年に鐘の音とともに再開された。

グレート・ウエスト・ドア
このドアは聖堂本体に通じる。

ウエストミンスター寺院 [ロンドン]

13世紀以降、ウエストミンスター寺院はイギリス王室の埋葬の場であり、また戴冠式や王室の婚礼が数多く行われてきた。ここはロンドンでも屈指の美しさを誇る建築物であり、身廊に見られるフランス・ゴシック様式から驚くほど精緻な聖母マリア礼拝堂まで、非常に多くの建築様式が用いられている。国の教会と博物館の役割をあわせもったようなこの寺院の側廊と交差廊には、政治家から詩人にいたるまで、イギリスの偉大な著名人をたたえる記念像や墓がところせましと置かれている。

●有名な墓と記念像

ウエストミンスター寺院には多くの国王とその妃が眠っており、ごく簡素な墓があるかと思うと、豪奢に飾りたてたものもある。寺院の中心部には、**エドワード懺悔王礼拝堂**があり、サクソン王エドワード懺悔王(1042-66年)の廟と中世の王たちのさまざまな墓が置かれている。**身廊**にある無名戦士の墓は、第一次世界大戦で戦死し、葬られる場のなかった兵士をしのんだものであり、ひとりの無名の兵が埋葬されている。側廊には、イギリスの偉大な著名人たちの記念碑が多数置かれている。チョーサーやシェークスピア、ディケンズといった文学の巨匠の記念像は、南翼廊の**詩人のコーナー**で見ることができる。

●聖母マリア礼拝堂

この礼拝堂の建設は、ヘンリー7世の命によって1503年に始まった。ヘンリー6世の埋葬のためのものだったが、ヘンリー7世自身がここにしつらえた凝った造りの墓に眠ることになった。1519年に完成したこの礼拝堂の見どころはヴォールト天井であり、見事な垂直様式を見ることができる。聖歌隊席(1512年)の裏面には、エキゾチックで幻想的な生き物が彫刻されて美しい。礼拝堂には、1558年から1603年まで統治した女王エリザベス1世と、その異母姉で1553年から1558年まで在位したメアリー1世の立派な墓もある。

●戴冠式

エドワード5世とエドワード8世をのぞき、征服王ウィリアム以降すべての王が、ウエストミンスター寺院で戴冠した。この荘厳で神秘的な儀式のしきたりの多くが、エドワード[懺悔王]が統治した時代からのものだ。王や女王は、戴冠用宝器である王冠や笏、宝珠、宝剣を伴い寺院内を進む。宝石がちりばめられた国剣は世界でもきわめて貴重な剣であり、王の剣を象徴するものだ。王や女王は、聖油を塗り聖別されて神の承認を受け、飾りと王のローブをかけてもらう。聖エドワード王冠を王の頭にのせたときに儀式はクライマックスを迎え、「国王(女王)陛下ばんざい」の声が上がり、トランペットが鳴り、ロンドン塔では祝砲が撃たれる。

▼ ルビヤック作、北交差廊の「レディ・ナイチンゲール記念像」(1761年)

詩人のコーナーのシェークスピアの記念像

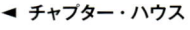

◀ チャプター・ハウス

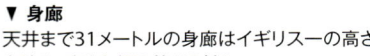

▼ 身廊
天井まで31メートルの身廊はイギリス一の高さを誇る。高さと幅の比は3対1。

◀ フライング・バトレス
巨大なフライング・バトレスは、身廊の上にそびえたつ屋根の大きな重量をちらす役割をもつ。

◀ 聖母マリア礼拝堂
1503年から1512年にかけて建造されたこの礼拝堂は、後期垂直様式の見事なヴォールト天井をもつ。聖歌隊席は1512年の作。

イギリス　31

◀ 北入り口
正面入り口にある中世を模した石の彫刻は、ヴィクトリア朝期のもの。

🖼 北翼廊
翼廊の東側にある3つの礼拝堂には、寺院のなかでもすばらしさがきわだつ記念碑がいくつか置かれている。

至聖所
ヘンリー3世が建造。ここで戴冠式が38回行われた。

🖼 詩人のコーナー
シェークスピア、チョーサー、T・S・エリオットはじめ偉大な詩人たちをたたえる像が多数ある。

🖼 聖母マリア礼拝堂

🖼 チャプター・ハウス
八角形の美しい部屋。13世紀のタイル張りの床は有名で、大きなステンドグラスの窓が6つあり、題材は寺院の歴史からとられている。

博物館
展示された貴重品にまじり、木や石膏、ロウでできた王の人形もある。

宝物庫
中世には、純度を調べる前の硬貨がここに保管された。

エドワード懺悔王礼拝堂 ▶
戴冠用椅子が置かれ、中世の大勢の王の墓がある。

🖼 フライング・バトレス

🖼 身廊

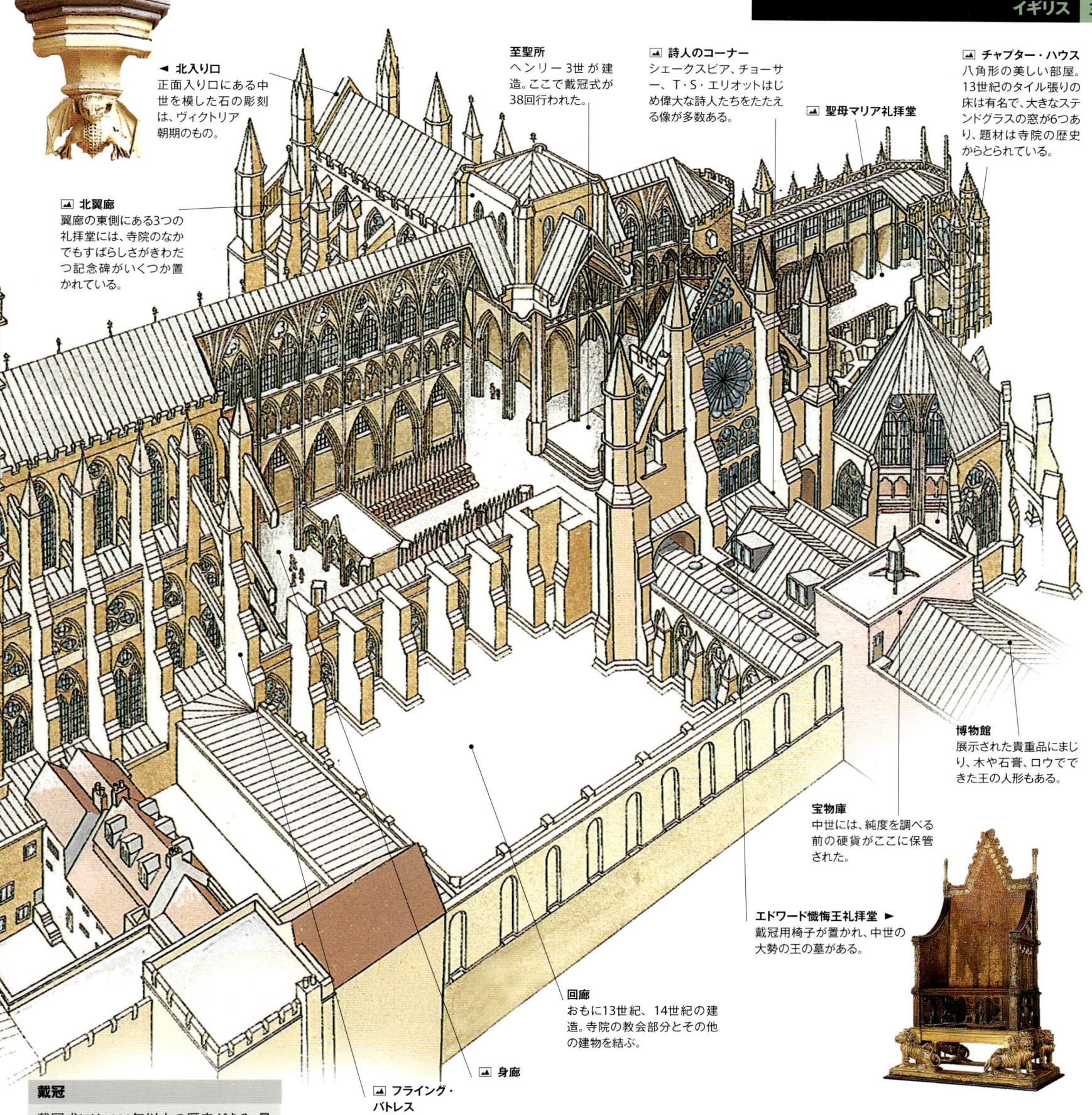

回廊
おもに13世紀、14世紀の建造。寺院の教会部分とその他の建物を結ぶ。

戴冠
戴冠式には1000年以上の歴史がある。最後に戴冠椅子に座ったのは、現王室の女王エリザベス2世だ。1953年6月2日にカンタベリー大主教の手で戴冠され、そのようすは初めてテレビで放映された。

略年譜

1065年	1245年	1503年	1745年	1953年
エドワード懺悔王が寺院を建造し、戴冠教会となる。	ヘンリー3世が旧寺院を廃し、現在のウエストミンスター寺院建造を開始。	目を見張るように美しい聖母マリア礼拝堂の建造に着手。	ポートランド石を使った西塔が完成する。	エリザベス2世の戴冠は寺院の歴史上最多の観衆が見守った。

32　ヨーロッパ

セント・ポール大聖堂 [ロンドン]

1666年に起きたロンドン大火で、セント・ポール寺院の中世の大聖堂は焼け落ちた。建築家クリストファー・レンが再建を任されたものの、ギリシア十字形(4本の腕がすべて同じ長さの十字架)の設計は大きな抵抗にぶつかった。会衆の注意を祭壇にひきつけたい教会当局は、長い身廊と短い翼廊をもつ、従来どおりのラテン十字形の教会にこだわった。しかし意見の相違を乗り越え、レンは世界的にもよく知られた壮大なバロック様式(バロック様式、p.80参照)の大聖堂を生み出した。1675年から1710年にかけて建造されたこの大聖堂では、さまざまな国事が執り行われた。

▲ 西正面と西塔
レンが1707年に増築した部分。塔の設計は、バロック様式のイタリア人建築家ボロミニに触発されたもの。

ポートランド石
レンはセント・ポール大聖堂に、ドーセットの採石場で採った耐久性のあるポートランド石を用いた。ロンドンの気候に耐える最高の建材とされた石だ。300年以上も使用され、大気汚染の影響もあって傷みは激しいが、技術の発達によって石造物の表面を洗うことが可能になり、本来のクリーム色を取りもどしている。

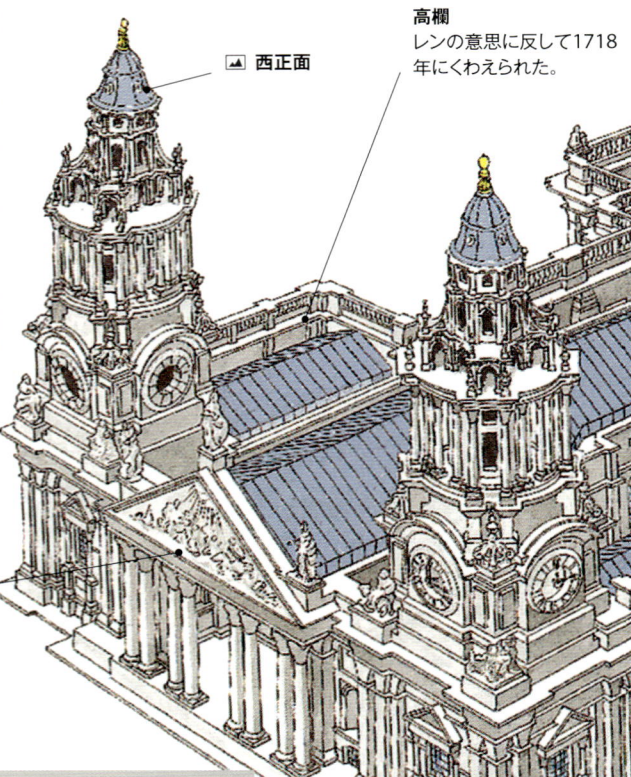

🔲 ドーム
高さ113メートルの精緻な造りで、世界でもっとも高いドームのひとつ。

石の回廊

🔲 西正面

高欄
レンの意思に反して1718年にくわえられた。

・身廊
大聖堂のメインドーム下の広大な空間に連なる、巨大なアーチやソーサー（皿状）ドームに目を奪われる。

・西ポルティコ
2本組2段のコリント式の柱の上には、聖パウロの改宗を描いたレリーフを施したペディメントがある。

西ポーチ

正面入り口、ラドゲート・ヒルから入る

略年譜

1675-1710年	1723年	1810年	1940年
レンが設計したセント・ポール寺院の大聖堂が建造される。この地に建つ4番目の教会となる。	レンはセント・ポールの地下納骨堂に埋葬された最初の人物となる。	大規模な盗難で多くの貴重な工芸品が失われる。	第二次世界大戦中、ロンドン大空襲の爆撃で一部損傷する。

◀ ささやきの回廊

◀ ドーム

◀ 聖歌隊席

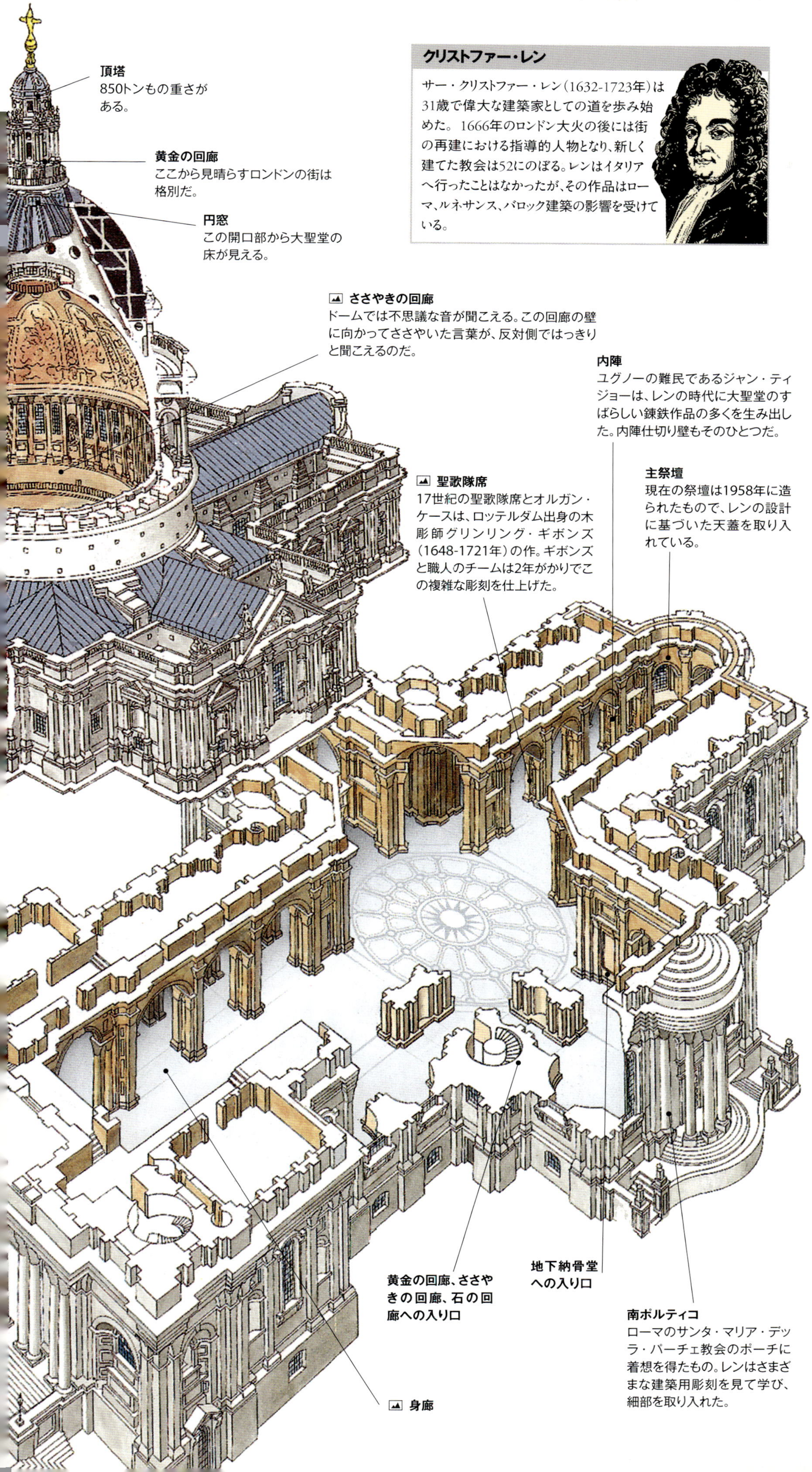

頂塔
850トンもの重さがある。
黄金の回廊
ここから見晴らすロンドンの街は格別だ。
円窓
この開口部から大聖堂の床が見える。
ささやきの回廊
ドームでは不思議な音が聞こえる。この回廊の壁に向かってささやいた言葉が、反対側ではっきりと聞こえるのだ。
内陣
ユグノーの難民であるジャン・ティジョーは、レンの時代に大聖堂のすばらしい錬鉄作品の多くを生み出した。内陣仕切り壁もそのひとつだ。
聖歌隊席
17世紀の聖歌隊席とオルガン・ケースは、ロッテルダム出身の木彫師グリンリング・ギボンズ(1648-1721年)の作。ギボンズと職人のチームは2年がかりでこの複雑な彫刻を仕上げた。
主祭壇
現在の祭壇は1958年に造られたもので、レンの設計に基づいた天蓋を取り入れている。
黄金の回廊、ささやきの回廊、石の回廊への入り口
地下納骨堂への入り口
南ポルティコ
ローマのサンタ・マリア・デッラ・パーチェ教会のポーチに着想を得たもの。レンはさまざまな建築用彫刻を見て学び、細部を取り入れた。
身廊

クリストファー・レン

サー・クリストファー・レン(1632-1723年)は31歳で偉大な建築家としての道を歩み始めた。1666年のロンドン大火の後には街の再建における指導的人物となり、新しく建てた教会は52にのぼる。レンはイタリアへ行ったことはなかったが、その作品はローマ、ルネサンス、バロック建築の影響を受けている。

大西洋
エディンバラ
北海
イギリス
アイルランド
バーミンガム
セント・ポール大聖堂、ロンドン
オランダ
ベルギー
フランス

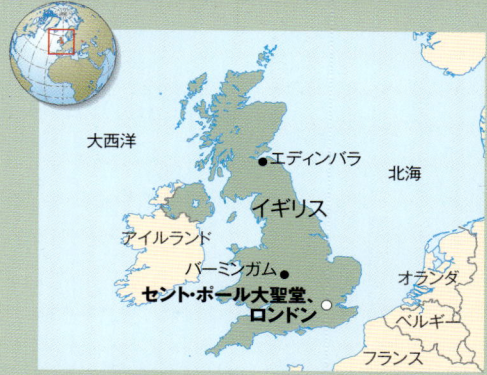

◉有名な墓

セント・ポール大聖堂はサー・クリストファー・レンが眠りにつく場所であり、墓には目印の石板が置かれている。その碑文には、「レンの記念物を探している者は周りを見よ」とある。トラファルガーの戦い(1805年)における海軍の英雄ネルソン、ウォータールーの戦い(1815年)で活躍したウェリントン公など、著名人や人気の高い英雄のおよそ200もの墓が**地下納骨堂**にはある。また、作曲家サー・アーサー・サリヴァン、彫刻家サー・ヘンリー・ムーア、芸術家サー・ジョン・エヴァレット・ミレイ、ジョシュア・レイノルズなどの墓や記念碑も置かれている。看護師の先駆者として貢献し、女性初のメリット勲章受章者のフロレンス・ナイチンゲール、ペニシリンの発見者アレクサンダー・フレミングもここに眠る。

◉内部

大聖堂内部は落ち着きがあり、均整がとれて美しく、装飾が施された広い空間に一歩足を踏み入れただけで、圧倒されるようだ。**身廊**、**回廊**および**内陣**は中世の大聖堂と同じような十字形に配置されてはいるが、教会当局が強いたこの伝統的配置のすべてに、レンの古典主義的手法が光っている。内部で大きなスペースを占めるのが巨大なキューポラ[**ドーム**]であり、サー・ジェームズ・ソーンヒルによる単彩のフレスコ画がこれを飾っている。木彫刻師親方のグリンリング・ギボンズは、**聖歌隊席**に天使、果物、花輪の精緻な彫刻を施し、フランス人ユグノーで錬鉄製造の天才、ジャン・ティジョーが至聖所のゲートを手がけた。

◉特別な式典

当時の腕利きの職人たちの手を借り、クリストファー・レンは荘厳でバロックの華麗さをもつ内観に仕上げ、ここで執り行われた数多くの大きな儀式にふさわしい背景を生み出した。提督ネルソン卿(1806年)、ウェリントン公(1852年)、サー・ウィンストン・チャーチル(1965年)の葬儀もここで営まれた。チャールズ皇太子とレディ・ダイアナ・スペンサーの婚礼(1981年)、エリザベス2世の金婚式(2002年)をはじめとする王室の祝賀が行われたのもここだ。そして大聖堂は、2001年9月11日の合衆国へのテロによる犠牲者追悼礼拝の場も提供した。

ロンドン塔

1066年に王位につくとすぐに、征服王ウィリアムは、テムズ川河口域からロンドンへの入り口を護るために城を建造した。1097年に堅牢な石造りのホワイト・タワーが完成し、これが現在では建築群の中央に建つ。それから数百年かけて堂々たる建築物がくわわっていき、ヨーロッパでもひときわ強力で堅固な城塞が生まれた。ロンドン塔は王室の住居や武器庫、宝物庫として使用されてきたが、王の敵を投獄する場であったことはよく知られている。投獄された者の多くが拷問を受けた。この塔で命を落とした者のなかには、エドワード4世の息子たちで王位継承者でもある「幽閉の二王子」がいる。現在ロンドン塔は人気の観光ポイントであり、戴冠用宝器はじめ、王室の権力と富を物語る貴重な展示品を所蔵している。

戴冠用宝器

戴冠式その他の国の行事に使われる王冠、王笏、宝珠、剣は、世界に知られた貴重品のコレクションだ。チャールズ1世の処刑後に議会が宝器を破壊したため、大半は、1661年にチャールズ2世が代わりに作らせたものだ。それより古い品は、1660年の王政復古まで隠されていたものが数点しか残っておらず、現在は王冠に組み込まれているエドワード懺悔王（在位1327-77年）のサファイアリングもそのひとつだ。この王冠はヴィクトリア女王のために作り替えられたもので、それ以降の戴冠式に用いられてきた。

黄金の中空の球体に宝石がちりばめられた君主の宝珠（1661年）

君主のリング（1831年）

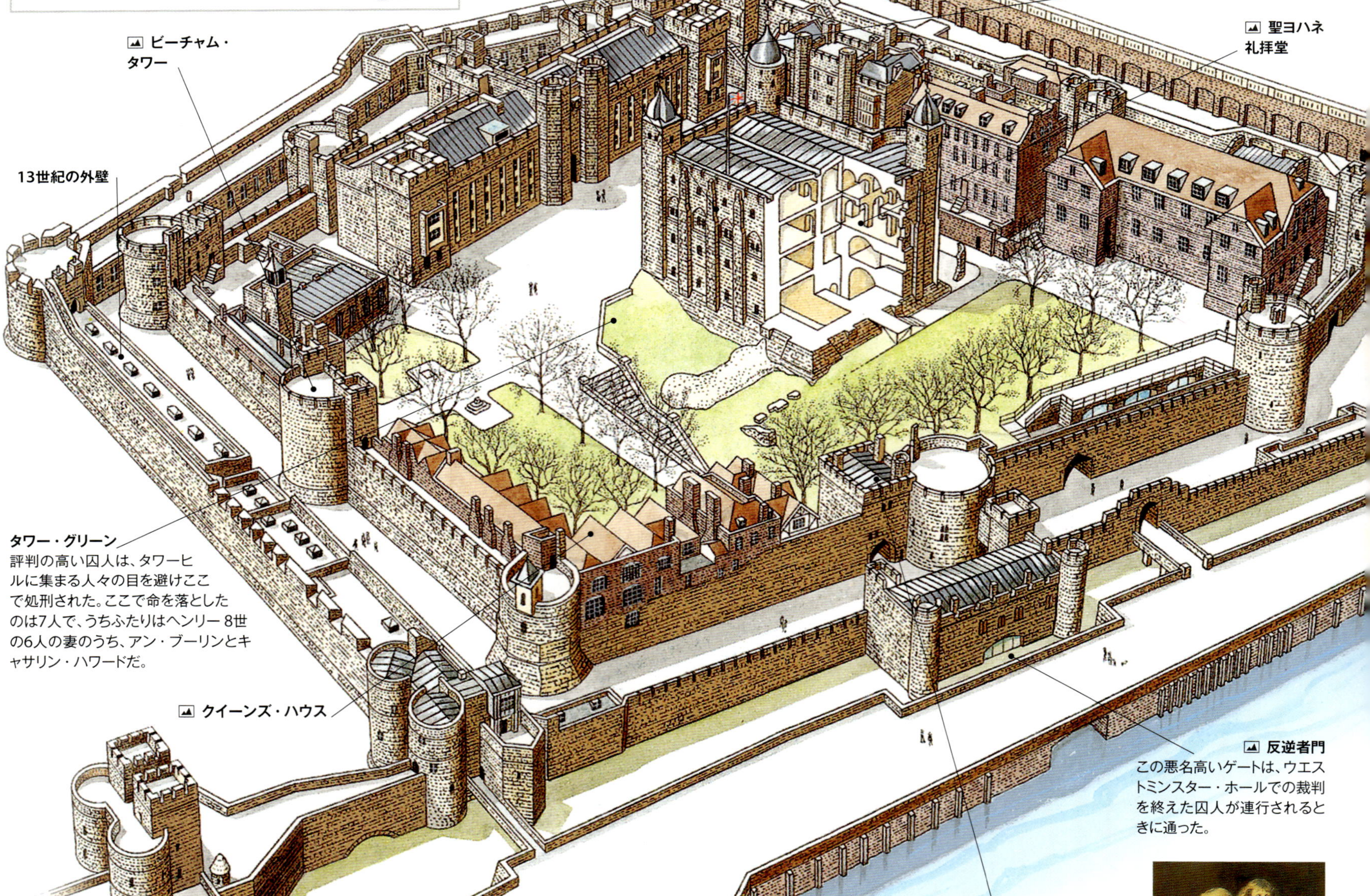

ジュエルハウス ▲
1660年作の十字架つき王笏（上）は、すばらしい戴冠用宝器のなかでもひときわ見事で、世界最大のダイヤモンドが使われている。

- ホワイト・タワー
- ビーチャム・タワー
- 13世紀の外壁
- 聖ヨハネ礼拝堂

タワー・グリーン
評判の高い囚人は、タワーヒルに集まる人々の目を避けここで処刑された。ここで命を落としたのは7人で、うちふたりはヘンリー8世の6人の妻のうち、アン・ブーリンとキャサリン・ハワードだ。

- クイーンズ・ハウス
- タワーヒルからの正面入り口
- テムズ川

反逆者門
この悪名高いゲートは、ウエストミンスター・ホールでの裁判を終えた囚人が連行されるときに通った。

ブラディ（血の）・タワー ▶
エドワード4世のふたりの息子は、1483年に父が亡くなると、叔父のグロスター公リチャード（のちのリチャード3世）によってこの塔に幽閉された。ジョン・ミレイ（1829-96年）が描いたこの王子たちはいつの間にか姿を消し、その年のうちにリチャードが王位についた。1674年に、こどもふたり分の骸骨がこの付近で発見された。

イギリス

ホワイト・タワー ▶
1097年に高さ27メートルのこの塔が完成した当時は、ロンドンでもっとも高い建物だった。

ロンドン塔を見おろす19世紀建造のタワーブリッジ ▶

ビーチャム・タワー ▶
エドワード1世が1281年頃建造したこの塔には、多数の高位の人々が、多くは従者の一団とともに投獄された。

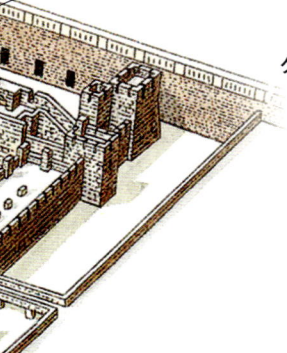

ソルト・タワー
この塔のふたつの住居用の部屋には囚人の落書きが彫られている。チューダー朝期に囚人用の房として使用されていた。

クイーンズ・ハウス ▶
チューダー朝期のこの建物はロンドン塔における王の公邸だ。

反逆者門 ▶

「ロンドン塔の衛士」▶
37人の国王衛士がロンドン塔を護り、ここに住んでいる。制服のデザインはチューダー朝期からのものだ。

▲ 聖ヨハネ礼拝堂
この簡素で美しいロマネスク様式の礼拝堂は、ノルマン建築のなかでも格段にすばらしい。

拷問と死
ロンドン塔に初期に投獄され処刑の宣告を受けた囚人たちには、苦しみぬいた末の死が待ちうけていたはずだ。14、15世紀には多くの囚人が、絞首刑にかけられ、内臓を抜かれて体を四つ裂きにされたり、火あぶりにされたりした。まず責め具で手足を引き伸ばすこともあった。そうでなくとも、内臓を抜かれるか、ばらばらに切り刻まれたのである。

略年譜

1078年	1533年	1601年	1841年
ホワイト・タワーの建造が開始される。	ヘンリー8世がロンドン塔でアン・ブーリンと結婚する。	タワー・グリーンで斧による最後の斬首刑が行われる。	火災でホワイト・タワーの一部が焼失する。

●ワタリガラスの伝説
ロンドン塔一有名な住居といえば「7羽のカラスの巣」だ。ここに住みついたのがいつかは不明だが、腐肉をあさる7羽のカラスは、城が建造されて間もなく、ゴミを餌にしようと飛んできたのだろう。カラスが塔を去ると王国は崩壊するという言い伝えがあるため、カラスのすみかは護られてきた。とはいえ現実には、片方の羽を折って飛べないようにしてあるのだ。ロンドン塔の衛士の一員であるレイヴンマスターは、カラスに似た装束をまとう。

●名のある囚人たち
ロンドン塔は長い歴史のなかで、数々の王や女王、著名人を幽閉してきた。ヘンリー6世は初期に投獄された王のひとりだが、1471年、祈祷中に命を奪われている。エドワード4世の弟のクラレンス公は反逆罪で有罪とされ、1478年にワイン樽で溺死させられた。ヘンリー8世のふたりの妻と元大法官のサー・トマス・モアは、塔で斬首された。エリザベス1世でさえ2ヶ月ここに幽閉されたことがあり、また1603年の崩御のさいには、女王の寵愛を受けた探検家サー・ウォルター・ローリーが、投獄されたのちに処刑されている。1941年にクイーンズ・ハウスに投獄された最後の人物は、ナチ党総統代理ルドルフ・ヘスだった。

●ホワイト・タワー
ロンドン塔に現存する最古の建物であるホワイト・タワーは、1078年に着工された。ここは、王と駐屯隊指揮官である塔司令官が入る、宮殿の要塞として造られていた。それぞれに専用の部屋をもち、そのなかには公的行事のための広間や、間仕切りした会議室や礼拝堂もあった。だが1世紀のちに要塞が拡張されると、王と司令官は新しい住居に移った。その後ホワイト・タワー上部のふたつの階にあった王の優雅な続き部屋は、身分の高い囚人を幽閉するのに使われた。当時の儀式用の間は、どれも現在の高さの2倍もあった。2階分のスペースを使って造った聖ヨハネ礼拝堂は、非常に美しい初期ノルマン建築の教会だ。ここはかつては多数の調度類や彩色された石細工、ステンドグラスの窓で飾られていたが、イギリス宗教改革中の1550年に撤去された。1600年代には、ホワイト・タワーは倉庫と武器庫として使われた。

ハンプトンコート宮殿 [ロンドン]

ヘンリー8世の治世に影響力をもったヨーク大司教のウルジー枢機卿は、16世紀初頭にハンプトンコートの建造を開始した。ここは本来は王宮ではなく、ウルジーの河岸のカントリーハウスとして建設された邸宅だった。のちにウルジーは王の寵愛を失い、ハンプトンコートは1528年に王に召し上げられた。建物と庭園はその後2度、ヘンリー8世本人と、1690年代にはウィリアム3世とメアリー2世によって建て替えと拡張が行われ、広大な宮殿となった。2度目の増改築のさいに雇われた建築家、クリストファー・レンが設計した古典主義の王の住居と、周囲のチューダー様式の小塔や切妻、煙突との対比はすばらしい。レンはウィリアムとメアリーのために広大で形式的なバロック様式の庭園を生み出し、現在の庭園の設計はほぼ当時のものをもとにしている。ライムの木と異国のさまざまな草木を植えた通りが放射線状に延びる様は見事だ。

クイーンズ・ドローイングルームの天井の装飾

ロイヤル・テニスコートと迷路園

ヘンリー8世はテニスの試合が大のお気に入りで、16世紀に**ロイヤル・テニスコート**を造らせた。2番目の妻のアン・ブーリンが処刑されているときにも、王はハンプトンコートでテニスを楽しんでいたともいわれている。ウィリアム3世は、1689年にここに移ると庭園と建物を改築し、レンは庭園の設計に**ファウンテン・ガーデン**と**迷路園**をくわえた。迷路園には18世紀まではシデが植えられていたが、イチイとヒイラギに植え替えらえている。

王室礼拝堂とグレートホール

ウルジーは、ハンプトンコートに住んだ時期に**王室礼拝堂**を造らせた。ヘンリー8世はここに移り住むとすぐに礼拝堂を改装し、1535年から1536年にかけて見事なヴォールト天井につけかえた。礼拝堂では、ヘンリー8世の生涯における重大なできごとが次々と起きた。5番目の妻であるキャサリン・ハワードの不貞を見つけたのも、最後の妻、キャサリン・パーと婚礼したのもここだった。**グレートホール**は美しい水平はねだし梁の天井とゴシック様式の暖炉を備えており、ここもヘンリー8世が改築した部分だ。美しいホールにくわわったステンドグラスの窓には、王の姿と、その脇に6人の妻の紋章が描かれている。

ウルジー枢機卿とヘンリー8世

イングランドの政治家でもあるトマス・ウルジー枢機卿(1475-1530年頃)は、国内で王に次ぐ絶大な権力をもつ人物だとみなされていた。1509年から始まるヘンリー8世の治世において、ウルジーはイングランドの外交任務を与えられ、また王の相談役ともなった。重要な地位はウルジーに大きな富をもたらしたが、敵も作った。そしてアン・ブーリンとの結婚を望むヘンリー8世が、最初の妻キャサリン・オブ・アラゴンとの婚姻無効宣告を教会から引き出そうとしたときに、ウルジーの転落が始まった。ウルジーは、王の要求をかなえなければ自分の命が危ないことをわかっていたため、教皇への陳情を行いはしたものの、その動きは遅々としていた。これが王を怒らせ、同じく立腹したアンは、影響力を使ってウルジーを宮廷から追い出したのである。数年後、ウルジーは、反逆罪の裁判に向かう途中で突然命を落とした。

◀ **ロング・ウォーター**
テムズ川とほぼ並行する人造湖。ファウンテン・ガーデンからホームパークを横切って流れる。

◀ **迷路園**

▼ **ファウンテン・ガーデン**

▲ **東正面**

▲ **ボンド・ガーデン**
一段低く造られたこの池のある庭園は、ヘンリー8世による凝った設計の一部だ。

▲ **クロックコート**
有名なアン・ブーリン門はクロックコートへの入り口にある。1540年作のヘンリー8世の天文時計もここにある。

▼ **マンテーニャ・ギャラリー**
ここにはアンドレア・マンテーニャの9点の絵画「カエサルの凱旋」(1480年代)が置かれている。

イギリス 37

迷路園
イチイとヒイラギの生垣は高さ約2メートル、幅0.9メートル。

王室礼拝堂

ロイヤル・テニスコート

▲ ブロードウォーク
ジョージ2世(在位1727-60年)の時代の東正面とブロードウォークのようすを描いた当時の絵画。

ロング・ウォーター

ファウンテン・ガーデン
刈り込まれたイチイの一部はウィリアム3世とメアリー2世の治世に植えられたもの。

東正面
レンが設計したクイーンズ・ドローイングルームの窓がファウンテン・ガーデンの中央通路を見おろす。

グレートホール

マンテーニャ・ギャラリー

ポンド・ガーデン

テムズ川

プリヴィー・ガーデン

ハンプトンコートのフラワーショー
ハンプトンコートの巨大な装飾庭園では、毎夏、イギリスで非常に人気の高い園芸のイベントが開催される。全国から選りすぐりの造園師たちが集まり、自ら設計した花や異国の植物で囲った庭園を披露する。もっとも魅惑的な庭園を設計した者にはメダルが贈られる。

略年譜

1236年頃	1514年	1532年	1838年
エルサレムの聖ヨハネ(ホスピタル)騎士団がハンプトンの荘園を手に入れ、付属農場として使い始める。	トマス・ウルジー枢機卿がホスピタル騎士団からハンプトンコートの借地権を得る。	ヘンリー8世がハンプトンコートを改築し、グレートホールの建造が始まる。	ヴィクトリア女王が初めてハンプトンコート宮殿を一般に開放する。

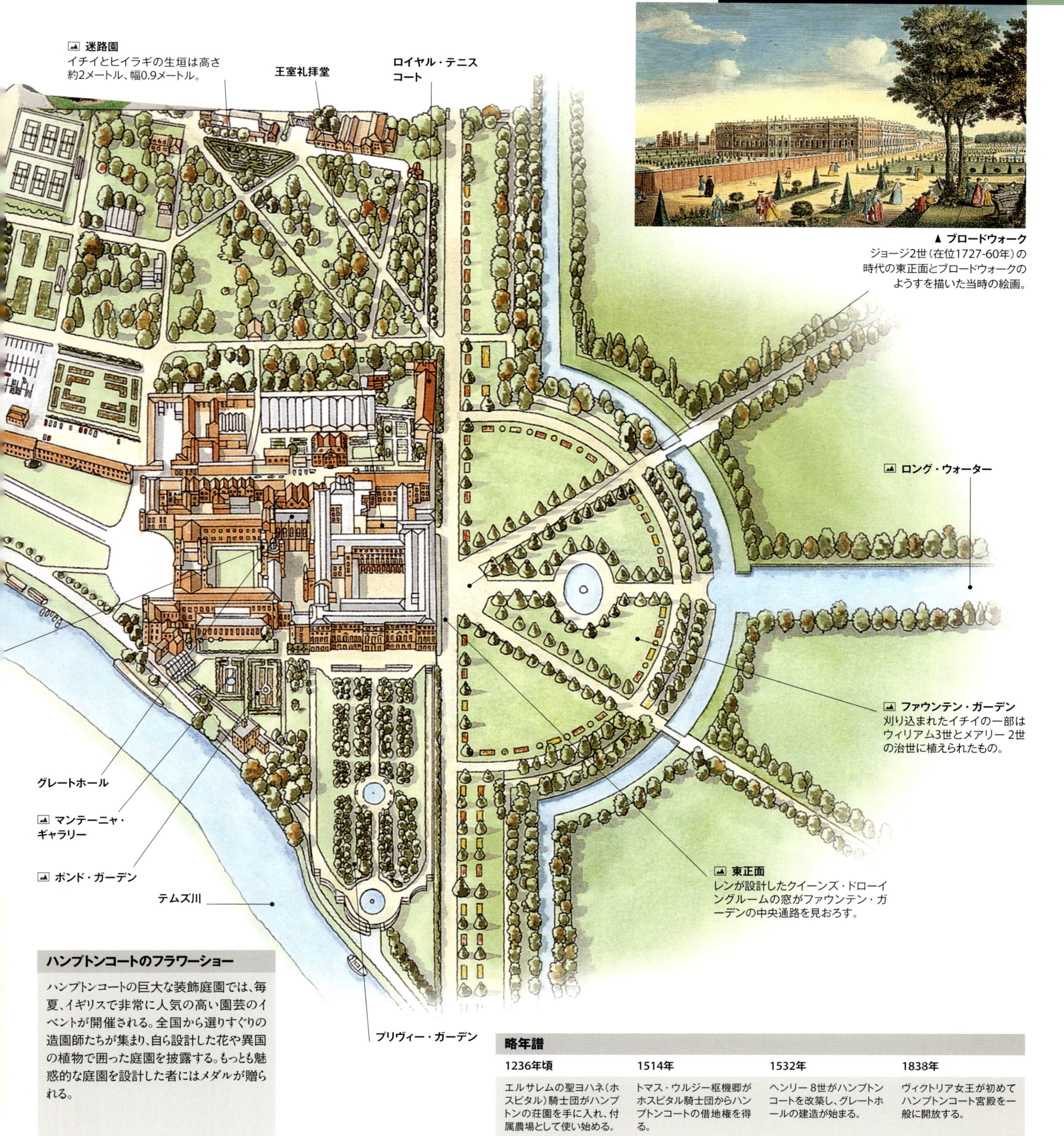

ストーンヘンジ

紀元前3000年頃からいくつかの段階に分けて建造されたストーンヘンジは、ヨーロッパ一有名な先史時代のモニュメントだ。ここで行われた儀式は推測するしかないが、石の配置を見れば、サークルは太陽と季節の移り変わりと関連があり、またこれを建造した人々が数学と天文学に関する高度な知識を備えていた点はほぼ間違いない。一般に考えられているのとは違い、サークルはドルイドによって造られたものではない。祭司が行うこの鉄器時代の祭儀がイギリスでさかんになったのは紀元前250年頃からであり、ストーンヘンジの完成よりも1000年以上ものちの時代のことなのである。

先史時代の遺跡の再現イメージ

●ベルビーカー（鐘状ビーカー）文化

ビーカー文化をもつ人々は、紀元前2200年頃にイギリスに現れたと考えられている。その名は、埋葬用の塚から特徴のある鐘形（広口杯状）の土器の杯が見つかったことに由来する。彼らはストーンヘンジでブルーストーンのサークルを建造したとされる。同心円はこの文化の特徴であり、またこの周辺では鐘形の土器が多数発掘されているからだ。その高度な建造テクニックからは、ビーカー文化の人々が太陽を崇拝し、非常によく組織され、スキルをもつ職人集団だったことがうかがえる。彼らは夏至の太陽に向かってのびる**アヴェニュー**を造り、ヘンジへの入り口を広げて、夏至の日の出に正確に合わせているのである。

●ストーンヘンジの遺跡

何百年もの間、ストーンヘンジがもつ考古学や宗教上の意味や、その神秘性に関心が寄せられてきたが、遺跡本来の目的はいまだに解明されていない。これまでに、ギリシア、フェニキア、ドルイド、アトランティスなど、さまざまな文化がこの謎めいた先史時代の巨石と関連があるといわれてきた。この遺跡の建造理由にしても、生贄の儀式から天文暦まで、多様な推論が出されている。発掘された埋葬品から、ここでは人を生贄にしていたことがうかがえ、ストーンヘンジに宗教的要素がある点は多くの専門家が認めている。また、石の配置を根拠に、天文学的目的があったとする意見も根強い。使われている石が付近のものではなく、はるかウェールズから運ばれていることからも、この遺跡が重要な存在であった点は間違いないだろう。

●ドルイド

考古学者はかつて、ストーンヘンジはドルイドによって建造されたと主張していた。ドルイドとは古代ケルトの祭司で、ここで宗教儀式を行い、生贄をささげていた。現在もドルイドとの関連は言われてはいるが、放射性炭素年代測定法により、ドルイドがこの地方に根づく1000年以上も前にストーンヘンジが造られた点ははっきりしており、ドルイドは、既存の遺跡を神殿として使用したのではないかと思われる。近年では、ストーンヘンジにおいて現代のドルイドの儀式と祭が行われることはよく知られている。この遺跡を管理するイングリッシュ・ヘリテージは、ドルイドが毎年、夏至と冬至、秋分、春分にサークル内に集まることを許可している。しかし、観光客の増加による傷みを防ぐため、通常は、遺跡は柵で囲まれてなかには入れない。

ストーンヘンジの復元
ストーンヘンジの4000年前の姿はこのイラストのようなものだった。現存する石から推測する遺跡本来の姿は驚異的だ。

アヴェニュー
ビーカー文化の人々が造ったこの泥の道は、遺跡で儀式をするさいに通るものだ。

ヒール・ストーン
マールボローのダウンズ丘陵で採った巨大なサラセン石が遺跡の入り口に立つ。夏至には、この石が内円の中心にまっすぐに影を伸ばす。

スローター・ストーン
ここが人間を生贄にする場だったと信じる好古家が、17世紀にこう名づけた。実際には入り口となる対の石のひとつ。

周堤
紀元前3000年頃掘られたもので、遺跡内でも最古の部分のひとつ。

ステーション・ストーン
堤の内側には4本の石柱が立っていた。2本が対角線上に配置され、塚と溝をもつ。

先史時代のウィルトシャー

ストーンヘンジの周辺には丸い丘が囲むように存在する。これは埋葬用の塚の集まりで、支配者層の人々をたたえ、神殿に近い場に埋葬したものだ。儀式用の青銅製武器、宝石その他の遺物がストーンヘンジ周辺で発掘されており、現在はソールズベリーとデヴィゼスの博物館に展示されている。

略年譜

紀元前3000-1000年	1648年	1900年	1978年	1984年
3つの段階を経てストーンヘンジが建造される。	ストーンヘンジは先史時代の宗教の場だったとされる。	大晦日にサラセン石のサークルのうちふたつの石が倒れる。	イギリス政府が、観光客のストーン・サークル内への立ち入りを禁止する。	ストーンヘンジがユネスコの世界遺産に登録される。

ストーンヘンジの建造

石や木材、骨でできた道具しか利用できなかったことを考えると、ストーンヘンジのスケールは驚異的だ。巨石を採石し、運搬し、直立させるために必要な作業は並大抵のものではなく、建造者は大勢の人々を指揮しなければならなかったはずだ。作業法のひとつをここに図解する。

- サラセン石をころに乗せて動かし、掘っておいた穴にテコを使っておろす。
- 木材を積みあげてテコを支え、200人の力で石を徐々にもち上げる。 
- 石の下の穴に石や石灰石の粉末をきつく詰める。  
- 楣石（リンテル）の両端をテコでもち上げる。 
- 木材を台座にして楣石を支える。 
- 楣石をテコで横に動かし直立した石の上部にのせる。 

ブルーストーンのサークル
紀元前2000年頃、ウェールズで採った80個ほどの石板で造られるが未完成。

馬蹄型に配置されたサラセン石のトリリトン
本来はサラセン石（固い砂岩）とブルーストーンのサークルのなかに5つのトリリトン（三石塔）があり、そのどれもが2本のサラセン石が立ち、上に水平に楣石を渡した構造だった。

サラセン石のサークル
遺跡の中心部には石が造る4つの同心円があり、サークルがふたつ、馬蹄形のものがふたつからなる。この30個の石はサークルの一番外側部分だ。

馬蹄型のブルーストーン
この石はウェールズからそりと筏で運ばれたと思われる。

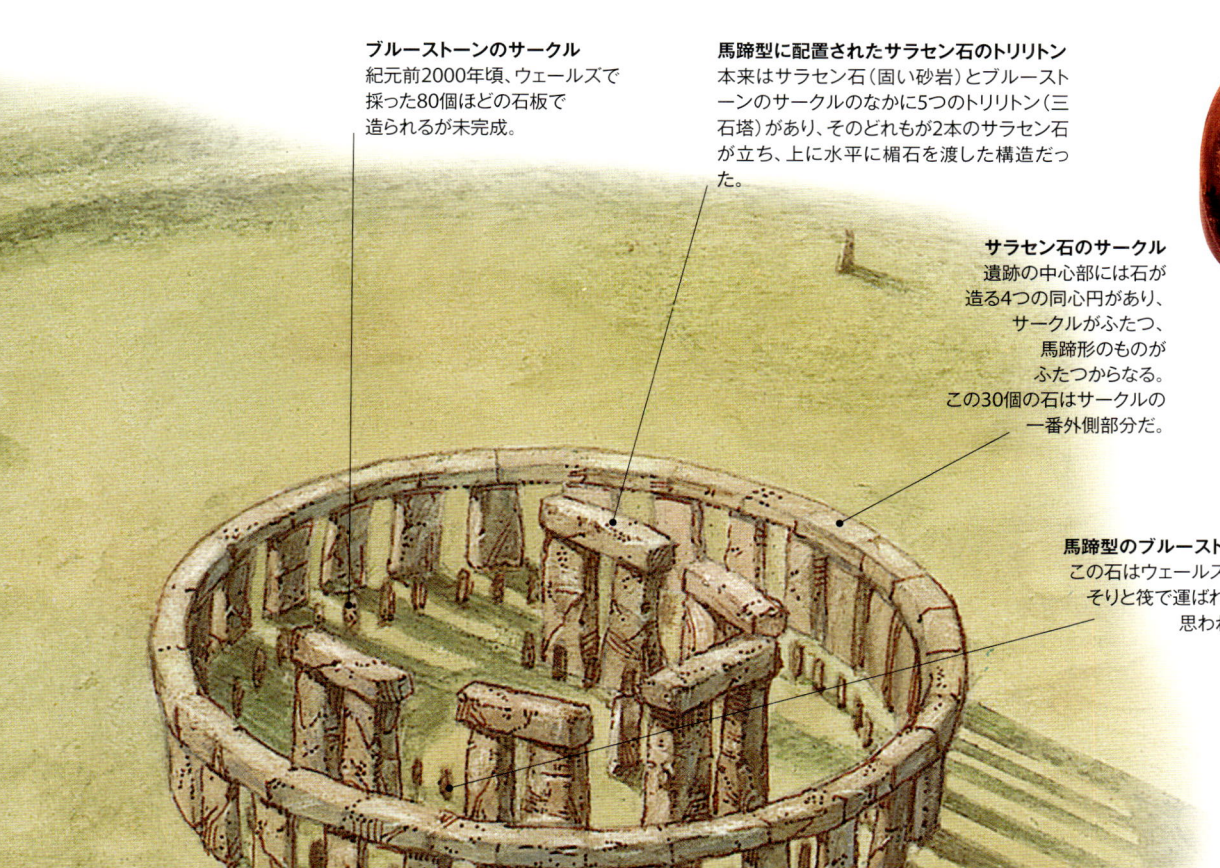

▲ **遺物**
ストーンヘンジ付近の埋葬塚から出てきたこうした先史時代の出土品は、現在ではデヴィゼスの博物館の特別コレクションに収められている。

冬至 ▼
月と太陽の並び方は多数あるが、内側の馬蹄形は冬至の日の出の方を向いている。

ストーンヘンジの補修 ▶
遺跡の正式な発掘と補修作業が始まったのはようやく20世紀に入ってからのことだ。

▼ **先史時代の遺跡**
ここは豊穣、出産、死の儀式のための区域だったと思われる。サークル内とその付近には埋葬と火葬の証拠も見つかっている。

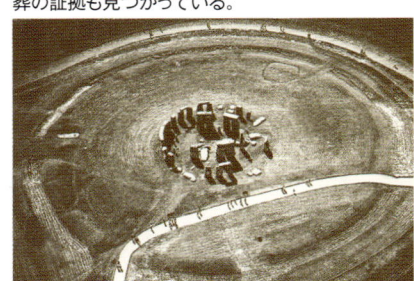

▲ **現在のストーンヘンジ**
ストーンヘンジの遺跡は、4000年前に存在した巨大建築物を今に伝えている。天候や人間による破壊のせいで、現存するのは本来のわずか半分の石だ。

ストーンヘンジを前景に昇る夏至の太陽

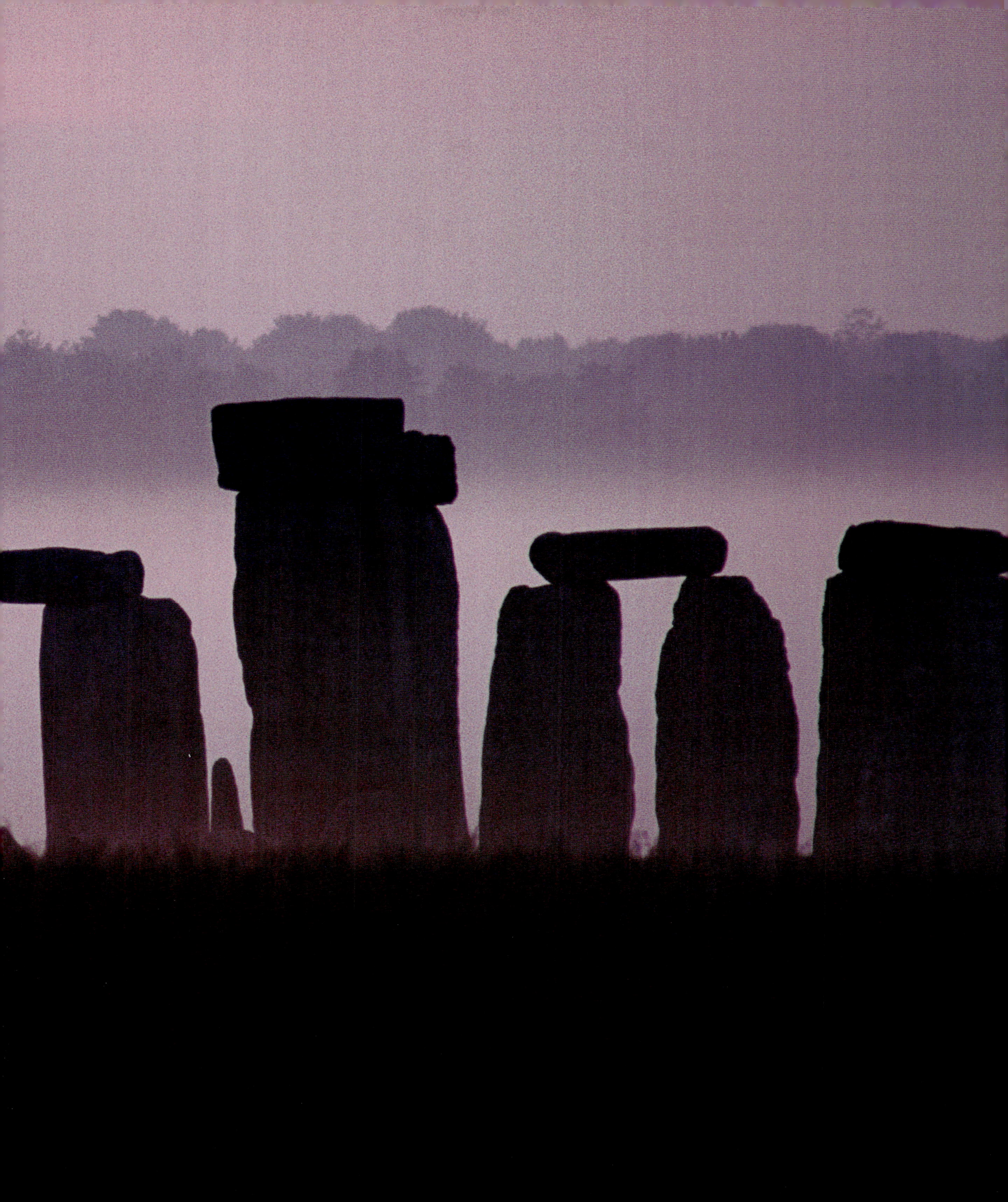

カンタベリー大聖堂

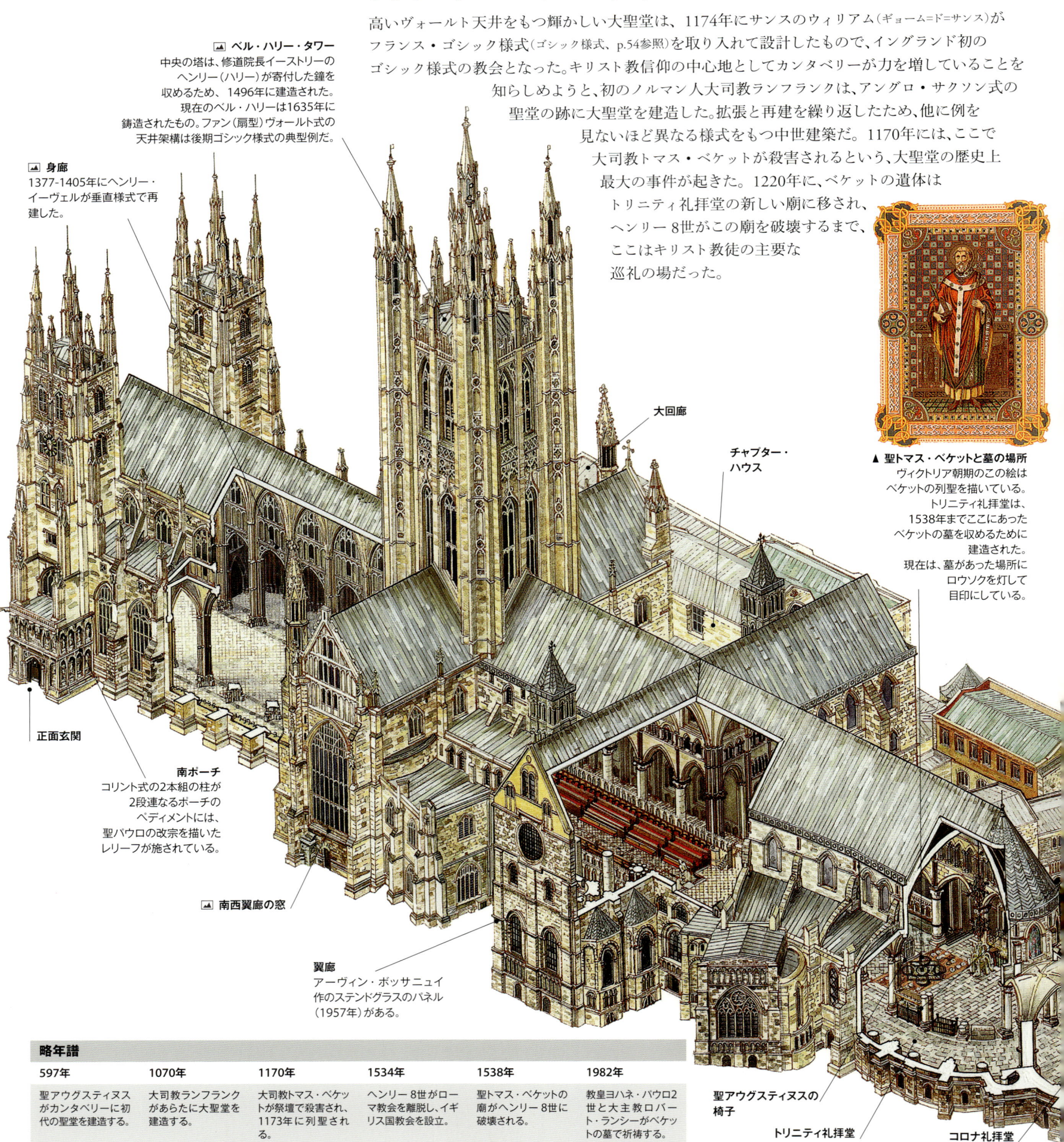

高いヴォールト天井をもつ輝かしい大聖堂は、1174年にサンスのウィリアム(ギョーム=ド=サンス)がフランス・ゴシック様式(ゴシック様式、p.54参照)を取り入れて設計したもので、イングランド初のゴシック様式の教会となった。キリスト教信仰の中心地としてカンタベリーが力を増していることを知らしめようと、初のノルマン人大司教ランフランクは、アングロ・サクソン式の聖堂の跡に大聖堂を建造した。拡張と再建を繰り返したため、他に例を見ないほど異なる様式をもつ中世建築だ。1170年には、ここで大司教トマス・ベケットが殺害されるという、大聖堂の歴史上最大の事件が起きた。1220年に、ベケットの遺体はトリニティ礼拝堂の新しい廟に移され、ヘンリー8世がこの廟を破壊するまで、ここはキリスト教徒の主要な巡礼の場だった。

ベル・ハリー・タワー
中央の塔は、修道院長イーストリーのヘンリー(ハリー)が寄付した鐘を収めるため、1496年に建造された。現在のベル・ハリーは1635年に鋳造されたもの。ファン(扇型)ヴォールト式の天井架構は後期ゴシック様式の典型例だ。

身廊
1377-1405年にヘンリー・イーヴェルが垂直様式で再建した。

正面玄関

南ポーチ
コリント式の2本組の柱が2段連なるポーチのペディメントには、聖パウロの改宗を描いたレリーフが施されている。

南西翼廊の窓

翼廊
アーヴィン・ボッサニュイ作のステンドグラスのパネル(1957年)がある。

大回廊

チャプター・ハウス

▲ **聖トマス・ベケットと墓の場所**
ヴィクトリア朝期のこの絵はベケットの列聖を描いている。トリニティ礼拝堂は、1538年までここにあったベケットの墓を収めるために建造された。現在は、墓があった場所にロウソクを灯して目印にしている。

聖アウグスティヌスの椅子

トリニティ礼拝堂

コロナ礼拝堂

略年譜

597年	1070年	1170年	1534年	1538年	1982年
聖アウグスティヌスがカンタベリーに初代の聖堂を建造する。	大司教ランフランクがあらたに大聖堂を建造する。	大司教トマス・ベケットが祭壇で殺害され、1173年に列聖される。	ヘンリー8世がローマ教会を離脱し、イギリス国教会を設立。	聖トマス・ベケットの廟がヘンリー8世に破壊される。	教皇ヨハネ・パウロ2世と大主教ロバート・ランシーがベケットの墓で祈祷する。

『カンタベリー物語』

初めて英語による詩を書いたとされるジェフリー・チョーサー（1345-1400年頃）の作品のなかでも、『カンタベリー物語』はとくに有名だ。これはロンドンからベケットの墓へ巡礼する一団の騒々しくもウィットに富んだ長編物語だ。巡礼者たちは14世紀のイギリス社会の縮図であり、物語は初期イギリス文学でも非常に娯楽性の高い作品だ。

バースの女房、『カンタベリー物語』より

聖アウグスティヌス

597年、ローマ教皇グレゴリウス1世は、イギリスをキリスト教に改宗させるためアウグスティヌスを派遣した。アウグスティヌスは現在のカンタベリー大聖堂の敷地に教会を建て、初代大司教となった。

▶ 大聖堂内のクライストチャーチ門

▶ 南西翼廊の窓
大聖堂独特のステンドグラスからは、中世の信仰や習慣がうかがえて貴重である。写真のステンドグラスにある1000年生きたメトシェラは、南西交差廊の窓に描かれている。

▼ 身廊
身廊は100メートルあり、カンタベリー大聖堂は中世の教会ではヨーロッパ一の奥行を誇る。1984年に、身廊の下にアングロ・サクソン式の聖堂の一部が発見された。

黒太子の墓 ▲
1376年に亡くなったプリンス・オブ・ウェールズ、エドワードの墓の上にある銅像。

▼ ベル・ハリー・タワー

イギリス　43

●聖トマス・ベケット

大司教テオバルドが1161年に亡くなると、イングランド王ヘンリー2世に教会への影響力を増大させるチャンスが訪れた。自身の忠実な大法官であるトマス・ベケットを、王国内の聖職者として絶大な権力をもつカンタベリー大司教に任命したのだ。王は、この措置によって教会に圧力をかけるつもりだったのだが、それは誤算に終わる。ベケットの忠誠心は教会に移り、教会と王は権力争いを繰り広げた。そして1170年12月29日、王の恩寵を得ようとした4人の騎士が、ベケットを殺害する事態にまで発展した。民衆は集まってベケットを悼み、3日後にはベケットにまつわる一連の奇跡が起きた。1173年にベケットが列聖されると、カンタベリー大聖堂は巡礼の中心地となった。

●イギリス宗教改革

1534年、ヘンリー8世はキャサリン・オブ・アラゴンとの離婚が承認されなかったため、ローマ教会と断絶した。ローマ教皇に代わって王の離婚を認めるよう命じられたのが、カンタベリー大司教トマス・クランマーだ。こうしてイギリス国教会が誕生してヘンリー8世がその首長となり、カンタベリー大主教を最高位聖職者とした。そしてクランマーが作成した「イギリス国教会祈禱書」が、国教会の礎石となったのである。

●黒太子

「黒太子」として知られるプリンス・オブ・ウェールズ、エドワード（1330-76年）は、1346年の対フランス、クレシーの戦いで、輝かしいイングランド軍の指導者として人気を博した。1356年にはポワティエの戦いで再び勝利し、捕虜となったフランスのジャン善良王は、カンタベリー大聖堂に移送されて聖トマスの墓に祈祷した。王位継承者であるエドワードは地下聖堂に埋葬されることを望んでいたが、英雄として、**トリニティ礼拝堂**の聖トマスの墓と並んで眠るのがふさわしいと判断された。**黒太子の墓の上の銅像**は、大聖堂でもっとも心打たれるもののひとつだ。黒太子は父親のエドワード3世よりも短命に終わったが、1377年に、息子がリチャード2世として10歳で王位についた。

ルーベンスの家 [アントベルス]

アンベルス（アントワープ）のワッパー広場には、ペーテル・パウル・ルーベンスが1610年から1640年まで、晩年の30年を過ごした家とアトリエがある。市は第二次世界大戦直前にこの建物を購入したものの荒れはてており、今日見ることができるのは慎重に修復を施した家だ。
「ルーベンスの家」はふたつの区域に分かれ、この芸術家がいかに暮らし、創作活動を行っていたのかを見せてくれる魅力的な場だ。
入り口の左にはルーベンスが生活していた狭い部屋がいくつかあり、当時の家具が置かれている。この生活区域の奥にはクンストカマー（美術ギャラリー）がある。ルーベンスはここに自身や他の芸術家の作品を展示し、友人たちや、アルベルト大公や王女イザベラといった裕福なパトロンたちを楽しませていた。
入り口の右にはメイン・アトリエがあり、この広間でルーベンスは絵を描き、披露していた。

●ペーテル・パウル・ルーベンス（1577-1640年）

ルーベンスは早い時期からの著名な芸術家に弟子入りし、1600年には発奮してイタリアへ渡り、イタリア・ルネサンスの巨匠たちの作品を学んだ。1608年にもどると、高い評判を得ていたルーベンスはアルベルト大公とその妻、王女イザベラの宮廷画家に任じられた。ルーベンスはフランドル派の現実主義とイタリア・ルネサンスの古典的なテーマを組み合わせ、バロック様式の画家としてヨーロッパの名声を得た。1626年以降は外交任務も担い、イングランドのチャールズ1世、フランスのマリー・ド・メディシス、スペインのフェリペ4世の宮廷に派遣された。イングランドとスペイン間の条約締結の橋渡しをしたルーベンスに対して、和平のための尽力をねぎらい、チャールズ1世は1630年にナイトの称号を与えた。晩年のアンベルスは、再び絵画制作に集中した。

●アントワープのルーベンス

1608年にもどると、貴族や教会、国から注文が殺到し、ルーベンスは教会の祭壇画制作、エッチング、彫刻、タペストリーのデザイン、野外劇の構想まで手がけた。ルーベンスがイタリアのものをモデルにして運営した**アトリエ**はうまく機能し、客の注文をこなし、またルーベンスの指導のもと、すばらしい芸術家たちの一団が育った。

●ルーベンスの家の設計

ルーベンスのイタリア逗留（1600-08年）は、絵画だけではなく建築に対する考えにも影響を与えた。ルーベンスの家の装飾は、彼のイタリア・ルネサンス（ルネサンス様式、p.131参照）の表現形式への傾倒を反映しており、古典的アーチと彫刻が取り入れられている。ルーベンスの様式は当時の伝統的建築とは大胆なほど対照的で、さらにルーベンスの旺盛な創造意欲もうかがえる。そしてルーベンスが生涯著名な客を迎えたのもここだった。人はルーベンスの思惑どおりにこの家に入ることになる。正面玄関を入ると中庭が続き、そこを囲んで置かれた品々に心奪われるのだ。中庭と**フォーマル・ガーデン**の間にある豪奢な**バロック様式のポルティコ**（バロック様式、p.80参照）は、ルーベンスの設計によるものだ。1946年に終わった修復作業は、ルーベンスが描いた平面図をもとに行われた。

中庭のネプチューン像

◀ クンストカマー
この美術ギャラリーにはルーベンスの彩色スケッチの連作がある。部屋の奥は、ローマのパンテオンをモデルにした半円のドームになっており、多数の大理石の胸像が展示されている。

◀ 寝室

宗教画

敬虔なローマ・カトリック教徒だったルーベンスは、荘厳な宗教画や寓意的な絵画の傑作を多数描いた。ルーベンスの作品は、イエズス会の聖カロルス・ボロメウス教会の美しい天井画、聖母大聖堂の三連祭壇画など、かつてアンベルスでもいくつか見ることができたが、消失したものもある。

◀ ルーベンスのアトリエ
広く天井の高いこの部屋で、ルーベンスはおよそ2500点の絵画を描いたとされる。膨大な数の注文をこなすために、ルーベンスが下絵を描き、それをアトリエに雇った画家に渡して完成させることも多かった。

▼ ダイニング・ルーム

▼ バロック様式のポルティコ

ベルギー　45

家族の部屋
ワッパー広場を見渡す家族の居間は心地よく、床は小さなタイル張りだ。

寝室
ルーベンスの家族は、この家のフランドル風の区域に住んだ。小さな部屋がいくつかと狭い廊下がある。

ダイニング・ルーム
部屋の壁には精緻な革のパネルが並び、フランス・スナイデルスの有名な作品も置かれている。

クンストカマー（美術ギャラリー）

格子柄のモザイクタイル張りの床

ルーベンスのアトリエ

▼ フォーマル・ガーデン
小さな庭のデザインは均整がとれており、かわいらしい東屋はルーベンスの時代のものだ。

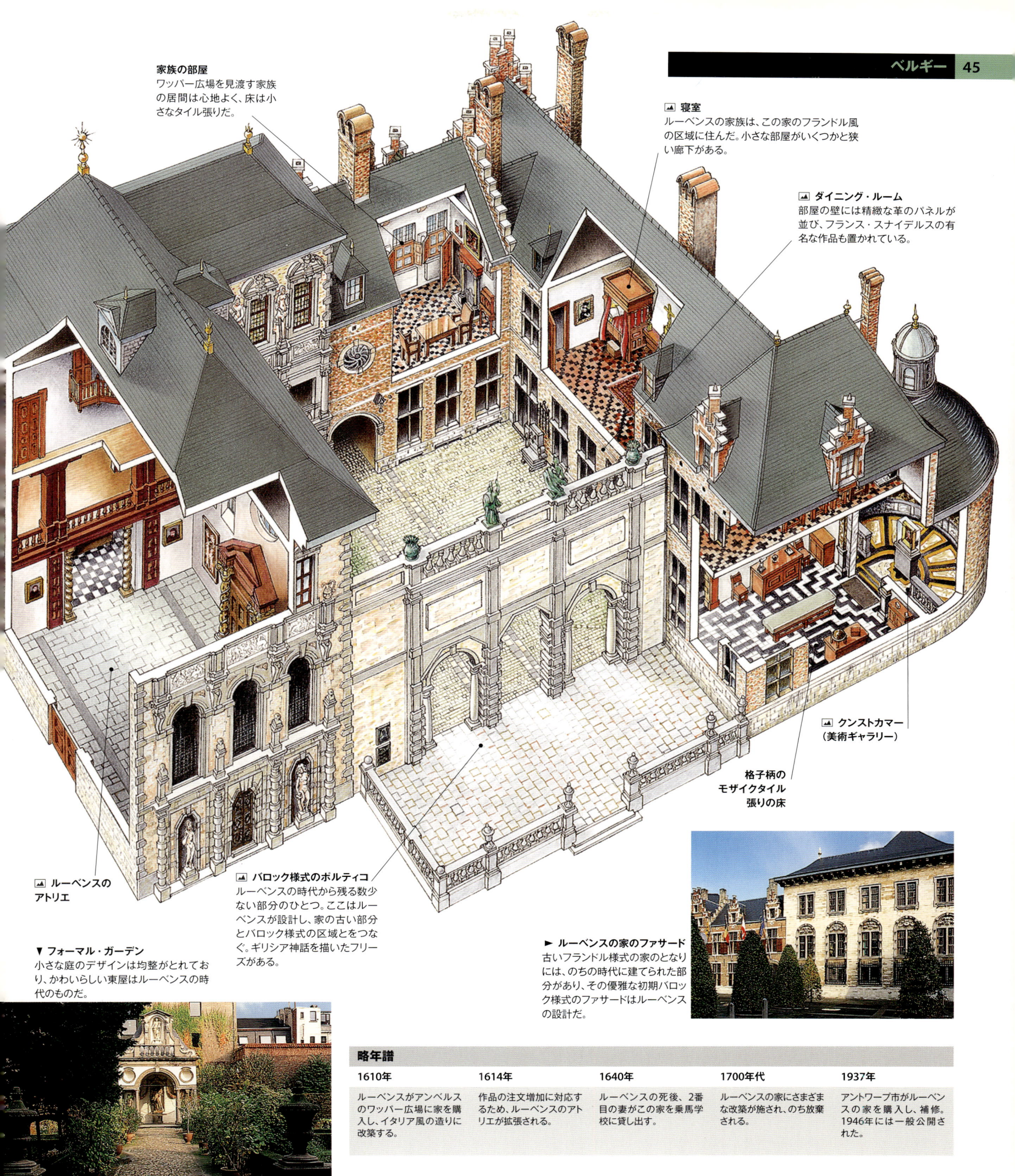

バロック様式のポルティコ
ルーベンスの時代から残る数少ない部分のひとつ。ここはルーベンスが設計し、家の古い部分とバロック様式の区域とをつなぐ。ギリシア神話を描いたフリーズがある。

▶ ルーベンスの家のファサード
古いフランドル様式の家のとなりには、のちの時代に建てられた部分があり、その優雅な初期バロック様式のファサードはルーベンスの設計だ。

略年譜

1610年	1614年	1640年	1700年代	1937年
ルーベンスがアンベルスのワッパー広場に家を購入し、イタリア風の造りに改築する。	作品の注文増加に対応するため、ルーベンスのアトリエが拡張される。	ルーベンスの死後、2番目の妻がこの家を乗馬学校に貸し出す。	ルーベンスの家にさまざまな改築が施され、のち放棄される。	アントワープ市がルーベンスの家を購入し、補修。1946年には一般公開された。

46　ヨーロッパ

ヘットロー宮殿　[アペルドールン]

のちにイングランド王となる総督ウィレム3世は、17世紀に、「ネーデルラントのヴェルサイユ」と評されるこの壮大な宮殿を建造し、王室の狩猟用宿泊所とした。オラニエ(オレンジ)家は代々この建物を夏の離宮として使用した。この宮殿は、ヤコブ・ローマン(1640-1716年)が中心となって建築し、内装と庭園の設計はダニエル・マロが手がけている。城の古典主義のファサード(古典主義、p.137参照)から一転して、内部は豪奢な造りだ。どちらも大規模な修復作業が1984年に終了した。

オラニエ公ウィレム3世
(オレンジ公ウィリアム3世)
(1650-1702年)の版画

ウィルヘルミナ女王
オランダ王ウィレム3世(在位1848-90年)の死後、娘のウィルヘルミナが女王の座につき(在位1890-1948年)、女性初の統治者となった。その治世に、ウィルヘルミナはヘットロー宮殿を夏の離宮として使用した。

●オラニエ(オレンジ)=ナッサウ家
ナッサウ=ブレダ家のヘンドリック3世とシャロン=オラニエ家のクローディアとの婚姻により、1515年にオラニエ=ナッサウ家が創設された。それ以降、この一族はオランダの政治において中心的役割を果たしてきた。またオラニエ家はイギリス史においても重要な地位にあった。1677年に、オラニエ家のウィレム3世は従妹であるイングランド王女、メアリー(メアリー2世)と結婚し、1689年にメアリーの父親ジェームズ2世がフランスに亡命すると、ウィレムとメアリーがイングランドの王と女王になり、夫婦で共同統治した。

●ヘットロー宮殿内部
オラニエ=ナッサウ家は、1975年までヘットロー宮殿を王室の夏の離宮として使い続けた。城は現在は博物館となっており、丹念な修復で17世紀の外観を取りもどしている。内部は贅を凝らした品々で豪華に装飾されており、また左右対称の配置で、グレートホールの東西に王室の住居が置かれている。宮殿の翼部分には宮中服のほか、オラニエ=ナッサウ家に関わる文書類、絵画、銀器や陶磁器が展示されている。

●庭園と噴水
1686年にヘットロー宮殿を囲むフォーマル・ガーデンが建造され、まもなく世に知られるようになった。設計はダニエル・マロ(1661-1752年)が手がけ、鍛鉄製の欄干や飾り壺など、こまごまとした魅力的な要素を多数くわえた。庭園にはクイーンズ・ガーデンとキングズ・ガーデンがあり、厳密に幾何学模様を作るよう設計されていた。規則的に置かれた花壇が庭園を飾り、噴水や縁取り花壇、美しく刈り込んだ植木や滝が配され、庭園のあちこちには彫像も置かれていた。現在、キングズ・ガーデンには刈り込んだツゲの木とピラミッド形のビャクシンの木が植えられている。中央には、トリトンと金めっきのシードラゴンが水を噴き上げる、八角形の白い大理石の水盤がある。少し高い位置にある、アパー・ガーデンのキングズ・ファウンテンは見事だ。この噴水は天然の泉から水を引き、24時間稼働している。宮殿の庭園のなかでもとくに目を楽しませてくれる場所である。

女王メアリー2世の寝室

🖼 王室の寝室
豪奢な調度の寝室(1713年)のおおいや掛け布には、濃いオレンジ色のダマスク(織)と紫色のシルクが使われている。

🖼 総督ウィレム3世の私室
ウィレム3世の私用書斎(1690年)の壁は、浮き出し模様の真っ赤なダマスクがおおう。ウィレムが好んだ絵画とデルフト陶器が展示されている。

キングズ・ガーデン

王ウィリアム(ウィレム)3世の寝室

正面入り口

オランダ 47

フォーマル・ガーデン

古い文書や記録、設計図をもとに、ヘットロー宮殿の背後にある広大なフォーマル・ガーデンが再建された。壁を巡らせた庭園やノットガーデンの場所には18世紀に芝生が敷かれていたため、1975年に取りのぞかれた。1983年には花で作った複雑な模様を再現し、草木の植え替えも進められた。さらに、古典主義の噴水を修復し、すべてに水の供給も済ませた。庭園には、17世紀後半の、芸術と自然は調和すべきだという理念が反映されている。

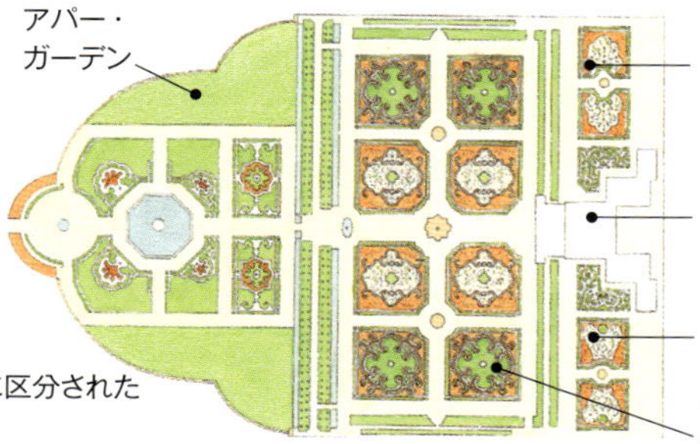

アパー・ガーデン
クイーンズ・ガーデン
ヘットロー宮殿
キングズ・ガーデン
ローワー・ガーデン
明確に区分された庭園

▲ フォーマル・ガーデン
植物、彫像、噴水を取り入れた古典主義の庭園。「天球の噴水（the Fountain of the Celestial Sphere）」（上）はローワー・ガーデンにある。

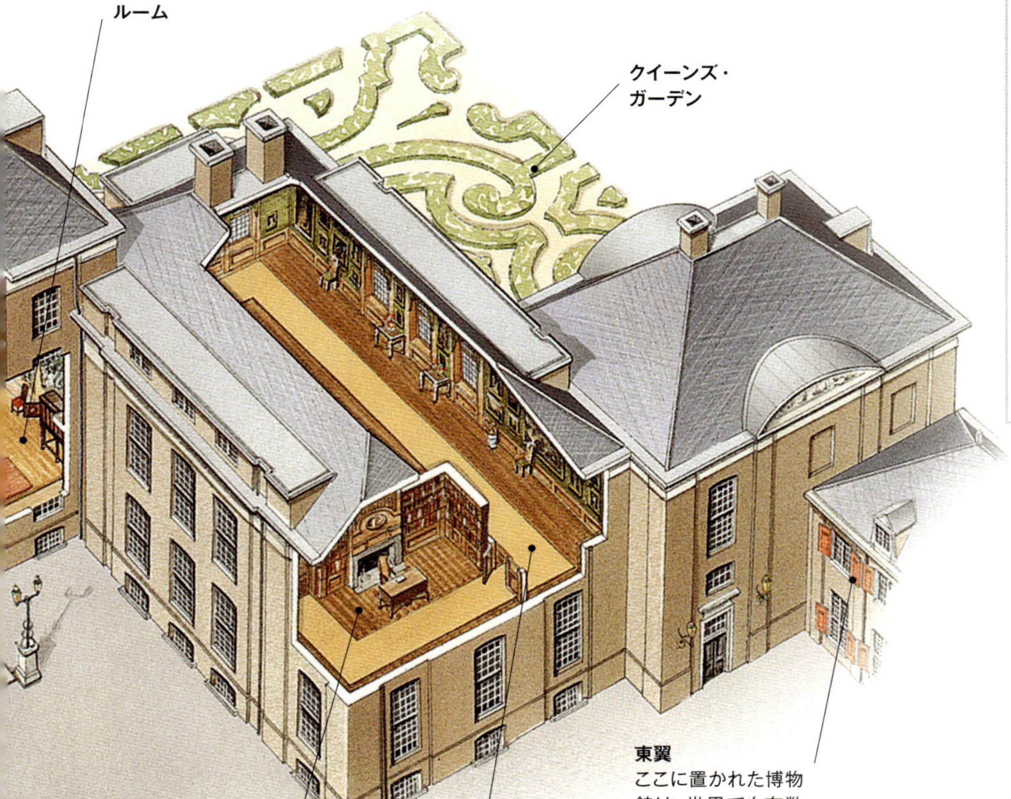

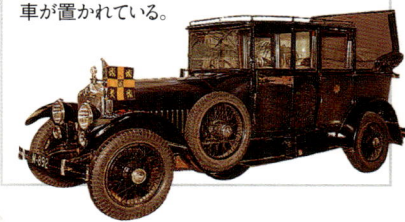

▼ 紋章
ウィレムとメアリーの紋章（1690年）。

厩舎と馬車置き場

ヘットロー宮殿の正面玄関近くの厩舎の区域と馬車置き場には、ヴィンテージ・カーや馬車、ソリなどが展示され、その一部は現在もオランダ王室で使われている。厩舎区域の展示で輝きを放っているのが、ミネルヴァというニックネームの1925年製ベントレーだ。これはウィルヘルミナ女王の夫であるヘンドリック殿下が所有していた車だ。馬車置き場には国王用の大型四輪馬車、軽量四輪馬車、19世紀前半から20世紀初頭までのスポーツ、射撃、儀式用馬車が置かれている。

オールド・ダイニング・ルーム
クイーンズ・ガーデン
東翼　ここに置かれた博物館は、世界でも有数の国際的な勲章のコレクションを所蔵する。装飾品や宮中服も展示されている。
図書館
絵画ギャラリー

総督ウィレム3世の私室 ▶ 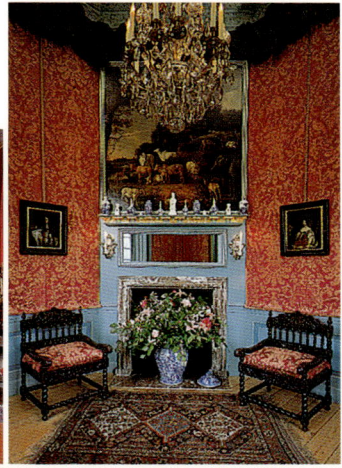
王室の寝室 ▼

オールド・ダイニング・ルーム ▶
1686年建造のこの部屋の大理石の壁は、1984年に6層の塗料がはがされ、現在はオウイディウスの詩の場面を描いたタペストリーがかけられている。

略年譜

1684-6年	1691-4年	1814年	1984年
オラニエ公ウィレム3世と王女メアリーのために、ヘットロー宮殿が建造される。	王となったウィリアム（ウィレム）3世がヘットロー宮殿に新たな建築工事を命じる。	ヘットロー宮殿がオランダの国有財産となる。	居住区と庭園の修復が完了する。

アミアン大聖堂

大胆なまでのゴシック建築であり（ゴシック様式、p.54参照）、この様式の最高傑作といわれるアミアンのノートルダム大聖堂は、フランス最大の聖堂でもある。建設作業は1220年頃始まり、ちょうど50年を要した。資金は、青い染料がとれるホソバタイセイの栽培から得た利益でまかなわれた。十字軍の遠征からもどってきた洗礼者聖ヨハネの頭部を収めるために建造された大聖堂は、多くの巡礼者を引きつけ、ここには現在もこの遺物が展示されている。19世紀半ばに建築家ヴィオレ=ル=デュクが修復し、またふたつの世界大戦でも奇跡的に損傷を免れ、大聖堂は豊富な彫像やレリーフでもよく知られている。

▲ 嘆きの天使
ニコラ・ブラッセの1628年の作。周歩廊に置かれたこの悲しげな像は、第一次世界大戦中に人気を呼んだ。

略年譜

1220年	1279年	1849年	1981年
司教エヴラール・ド・フイイが大聖堂の基礎を置く作業を開始する。	聖フィルマンと聖ウルフィアの遺物が寄贈され、フランスとイングランドの王が列席する。	建築家ヴィオレ=ル=デュクの指揮のもと大聖堂の修復が行われる。	アミアン大聖堂がユネスコの世界遺産に登録される。

◀ バラ窓

◀ 内陣仕切り壁
通路を飾る彫刻は15-16世紀の作。聖フィルマンと聖ヨハネの生涯は真に迫っている。

▲ 塔
高さの異なる2基の塔が大聖堂の西正面をはさんでいる。南塔は1366年に、北塔は1402年に完成した。頂尖塔は1627年と1887年の2度取り替えられた。

◀ 聖歌隊席

▲ 西正面
西正面には諸王のギャラリーがあり、フランス王の22体の巨大な彫像が並ぶ。この彫像はユダヤの王を象徴するともいわれる。

◀ 身廊

●ゴシック装飾
ゴシック教会の例にもれず、アミアン大聖堂には豊富な装飾が施され、構造の特徴よりも彫像に目を奪われてしまう。必要以上と思えるほど装飾に力を入れており、たとえば、樋口かくしのグロテスクなガーゴイルや、柱を飾る自然物の彫刻にもそれは言える。よく見えない場所でさえ、技術を駆使して細心な彫刻が施されているのだ。大聖堂の聖歌隊席だけでも4000体もの木彫の像で飾られ、その多くはこの地方の当時の職業や、アミアンの人々、聖書の登場人物をとりあげたものだ。

●ヴィオレ=ル=デュク
名声を得た建築家であり理論家でもあるウジェーヌ・エマニュエル・ヴィオレ=ル=デュク（1814-79年）は、1850年代に大聖堂の修復作業を手がけた。建築と中世の考古学を学んだヴィオレ=ル=デュクは、フランスの歴史建造物委員会の指導者的人物となった。この組織はパリのノートルダム寺院をはじめ、フランスを代表する建築物の初期の修復作業を多数行っている。今日、ヴィオレ=ル=デュクは、フランスの建築と設計に関する百科事典的な書を著したことがよく知られており、とくに『中世建築事典（Analytical Dictionary of French Architecture from the 11th-16th Centuries）』（1854-68年）の評価は高い。

●アミアン大聖堂の建造
大聖堂は、フランス人建築家ロベール・ド・リュザルシュが、これもフランスにあるランスの大聖堂に着想を得て設計した。建設作業は1220年に始まり、1236年にはファサード、**バラ窓**、扉口が完成した。この頃には、建築家トマ・ド・コルモンが、1222年頃に早世したド・リュザルシュを引き継いでおり、内陣と後陣の建設を指揮した。大聖堂建設は1270年には完了した。ひとつの様式のみが用いられ建物に統一性があるのは、おそらくはこの完成までの工期の短さのためだろう。調査によって、美しい西正面扉口の像は本来は鮮やかに彩色されていたことがわかっている。専門家が現代のレーザー技術で調べた結果、元の色も判明しており、扉口をライトアップするショーが定期的に開かれて、700年以上も前の姿を再現している。

フランス 49

聖フィルマン
アミアンの守護聖人である聖フィルマンは、272年頃スペインのパンプロナで生まれた。叙階式を終えると北フランスに派遣され、迫害を恐れずに思い切った伝道をつらぬき、間もなくアミアンに落ち着いた。説得力のある説教を続けた結果、303年頃ローマ人に首をはねられた。

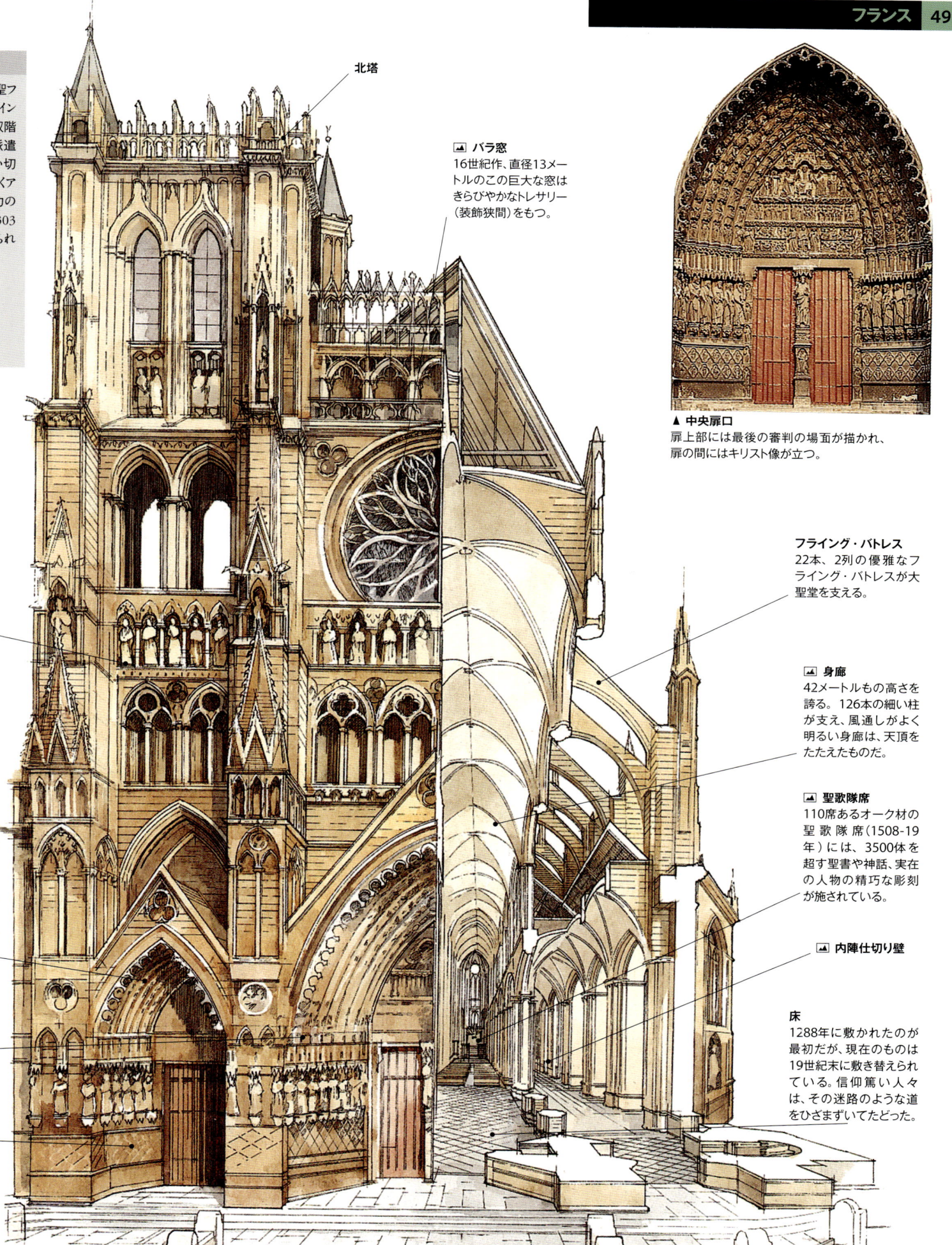

北塔

バラ窓
16世紀作、直径13メートルのこの巨大な窓はきらびやかなトレサリー(装飾狭間)をもつ。

▲ 中央扉口
扉上部には最後の審判の場面が描かれ、扉の間にはキリスト像が立つ。

西正面

フライング・バトレス
22本、2列の優雅なフライング・バトレスが大聖堂を支える。

身廊
42メートルもの高さを誇る。126本の細い柱が支え、風通しがよく明るい身廊は、天頂をたたえたものだ。

聖歌隊席
110席あるオーク材の聖歌隊席(1508-19年)には、3500体を超す聖書や神話、実在の人物の精巧な彫刻が施されている。

聖フィルマンの扉口
聖フィルマンの生涯に登場する人物と場面で装飾されている。聖フィルマンはキリスト教をピカルディにもち込んだ人物で、殉教者である。またアミアンの初代司教を務めた。

内陣仕切り壁

床
1288年に敷かれたのが最初だが、現在のものは19世紀末に敷き替えられている。信仰篤い人々は、その迷路のような道をひざまずいてたどった。

中央扉口

暦
北扉口の彫像は黄道帯と、種まきからブドウ踏みまでそれに対応する月々の労働を描いており、13世紀の日常生活がうかがえる。

モン＝サン＝ミシェル

50　ヨーロッパ

海に囲まれ霧に包まれたモン＝サン＝ミシェルは、輝く砂の上に誇らしげにそびえ、その姿は非常に魅惑的だ。現在は堤防道路で本土とつながるモン＝トンブ（丘の墓）の島はクエノン川の河口にあり、高さが島のほぼ2倍の修道院をいただく。要塞化されたこのすばらしい修道院は、キリスト教徒の巡礼地としてきわめて重要である。8世紀にはみすぼらしい小さな礼拝堂にすぎなかったモン＝サン＝ミシェルは、ブルターニュとノルマンディの境界という戦略的な位置にあって、強大な影響力をもつベネディクト会修道院に成長した。「ミクロ」と呼ばれる巡礼者たちは、聖ミカエルをあがめて遠路ここに詣で、修道院は中世の学問の中心としても名を馳せた。しかしフランス革命後には、修道院は牢獄とされていた。現在では年に100万人もの観光客が訪れるフランスの国有モニュメントだ。

時の経過

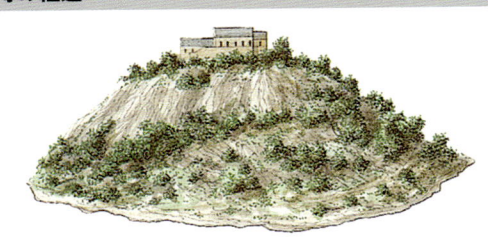

10世紀の修道院
ノルマンディ公リチャード1世が、966年に巨大なベネディクト会修道院を建設。

11世紀の修道院
ロマネスク様式（ロマネスク様式、p.122参照）の教会が、1017年から1144年にかけて建造される。

18世紀の修道院
修道士の数は徐々に減少していった。1790年には修道院が解体され、政治犯を入れる牢獄となった。

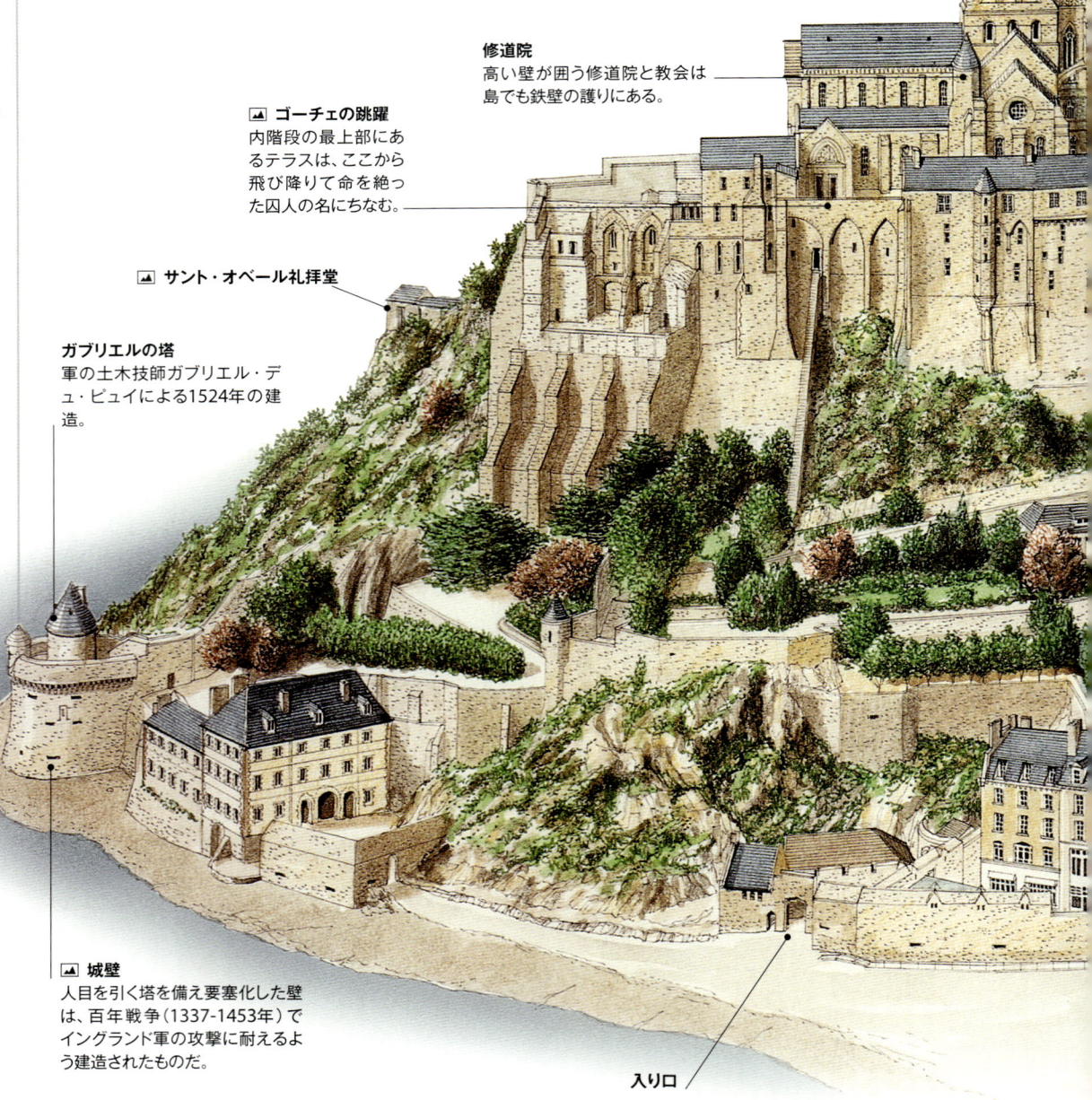

要塞化

15世紀の百年戦争において、モン＝サン＝ミシェルの堅牢な防壁は激しい砲撃をはねかえし、ここは国の威信の発揚の地となった。ノルマンディ全域がイングランドに占領されたが、この鉄壁の護りの島だけは残ったのである。

修道院
高い壁が囲う修道院と教会は島でも鉄壁の護りにある。

ゴーチェの跳躍
内階段の最上部にあるテラスは、ここから飛び降りて命を絶った囚人の名にちなむ。

サント・オベール礼拝堂

ガブリエルの塔
軍の土木技師ガブリエル・デュ・ピュイによる1524年の建造。

城壁
人目を引く塔を備え要塞化した壁は、百年戦争（1337-1453年）でイングランド軍の攻撃に耐えるよう建造されたものだ。

入り口

略年譜

708年	966年	1446-1521年	1863-74年	1877-9年	1895-7年	1922年	1979年
聖オベールがモン＝トンブに聖ミカエルに献じる小礼拝堂を建立。	ノルマンディ公リチャード1世がベネディクト会修道院を建設する。	修道院の教会にあったロマネスク様式の内陣が、フランボワイヤン（火炎式）・ゴシック様式のものに替えられる。	牢獄が閉鎖され、修道院はフランスの国有モニュメントとなる。	堤防道路でモン＝サン＝ミッシェルとフランス本土とを結ぶ。	鐘楼、頂尖塔、聖ミカエルの像がくわわる。	修道院の教会で礼拝が再開される。	モン＝サン＝ミシェルがユネスコの世界遺産に登録される。

フランス　51

▲ モン=サン=ミシェルの潮
モン=サン=ミシェル湾の干満の差の激しさが自然の防壁となる。月の暦で満ち引きする潮は、春にはそのスピードが時速10キロにも達する。

▲ サント・オベール礼拝堂
岩地の上に建つ15世紀のこの小さな礼拝堂は、モン=サン=ミシェルの創設者である聖オベールに献じたものだ。

▲ ゴーチェの跳躍

城壁

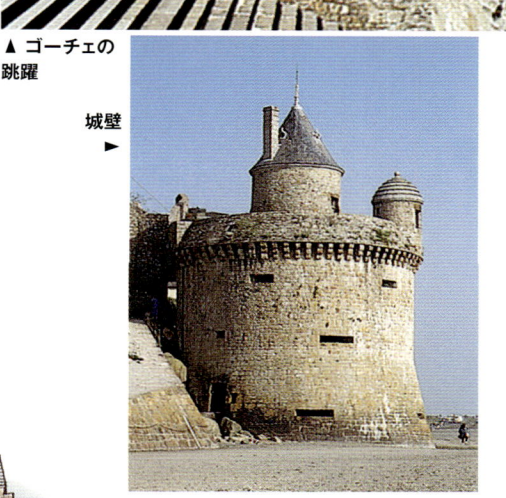

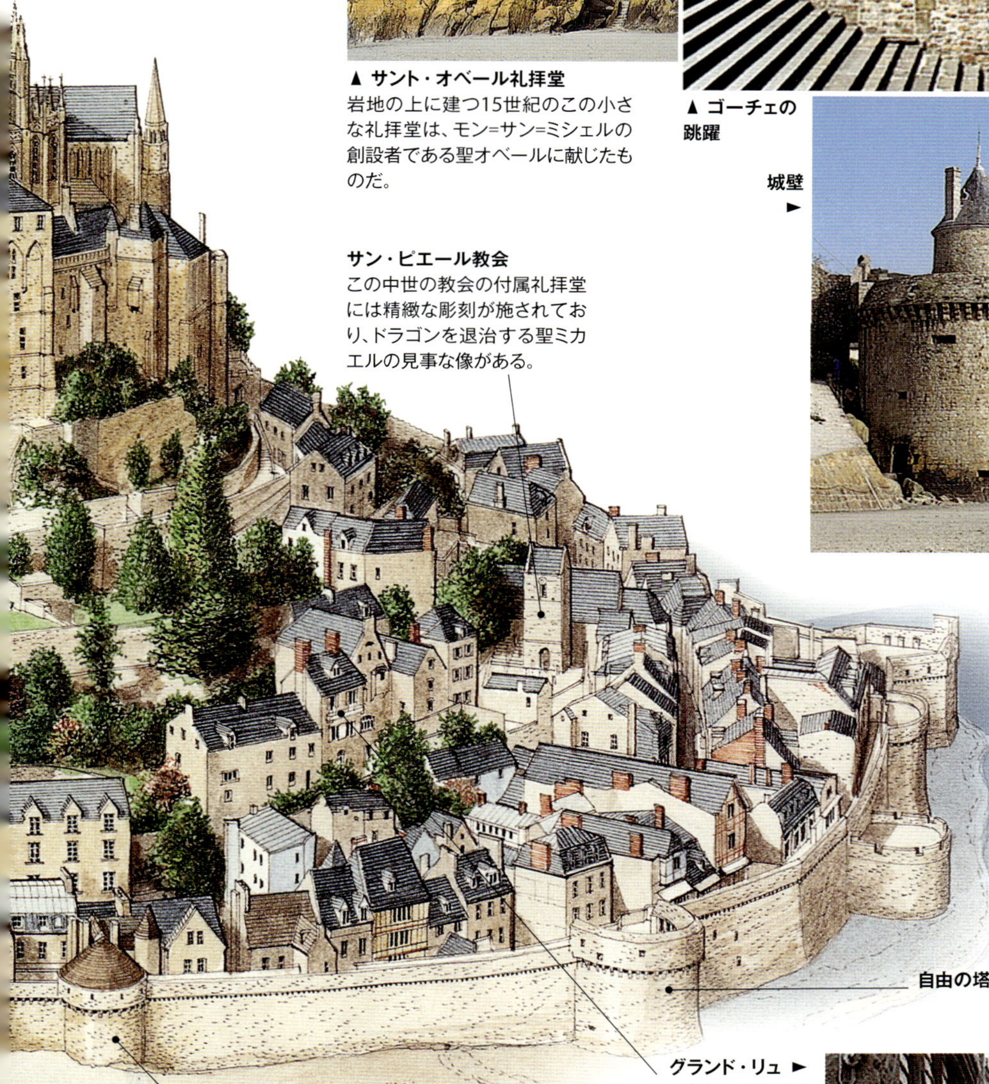

サン・ピエール教会
この中世の教会の付属礼拝堂には精緻な彫刻が施されており、ドラゴンを退治する聖ミカエルの見事な像がある。

自由の塔

グランド・リュ ▶
現在はレストランが並ぶこの場所は、12世紀からある巡礼路だ。サン・ピエール教会の前を通り、修道院の門へとのぼっていく。

王の塔

アーケードの塔
大修道院長の兵士の宿泊所。

修道院の回廊 ▶
修道院に入ると、13世紀建造のアングロ・ノルマン様式の屋根つき回廊がある。なかには開放的な庭園があり、修道士たちはここで瞑想したのだろう。

● オベール司教（聖オベール）
何百年もの間、このモン（山）は信仰の地とされ、ドルイドやローマ人が敬いあがめていた。708年に、付近のアヴランシェの町の司教であるオベールの夢に大天使ミカエルが現れ、モン=サン=ミシェルに礼拝堂を建てて献じるよう告げたという。オベール司教はこのお告げに従い、丘の頂上に小礼拝堂を建てた。キリスト教最大の聖地のひとつは、オベールの信仰心から生まれたのである。信仰篤い人々が大天使の加護を願ってこの地を訪れ、モン=サン=ミシェルは間もなく巡礼地の要所となった。オベール司教が建てた礼拝堂はなにも残ってはいないが、岩地の西側の、現在サント・オベール礼拝堂が建つ場所にあったと思われる。

● 修道院
修道院の3つの階は、修道士の階級に応じたものだ。修道士は最上階の、教会のなかの閉ざされた世界に住んだ。ここには食堂と、柱が連なる優雅な回廊がある。1776年には教会身廊の柱間3区画を壊して西テラスが造られており、ここから眺める海岸線の景観はすばらしい。修道士は、高い窓から明かりを取り入れる、細長い食堂で食事をとった。真ん中の階では、大修道院長が貴賓をもてなした。兵士や社会的身分がはるかに低い巡礼者たちは、修道院の1階にある施物分配室に入れられた。13世紀初頭に北側に増築されたこの3階建ての修道院は、ゴシック建築の傑作であり（ゴシック様式、p.54参照）、ラ・メルヴェイユ（驚異）といわれる。

● モンの牢獄
15世紀のルイ11世の治世下では、修道院は牢獄として使われた。王の政敵がここに投獄され、劣悪な環境に置かれたことはよく知られている。フランス革命中にも修道士はここから追われ、修道院は再び監獄となって、貴族や聖職者、政治犯が投獄された。作家のシャトーブリアンやヴィクトル・ユゴーといった著名人たちが監獄への転用に反対の声を上げたものの、モン=サン=ミシェルは73年間国の監獄として使われ続け、ようやく修道院を神聖な礼拝の場にもどす法令が通ったのは、1863年10月20日のことだった。

フランス・ゴシック様式の見事な建築例である、パリ、ノートルダム寺院にそびえたつ頂尖塔

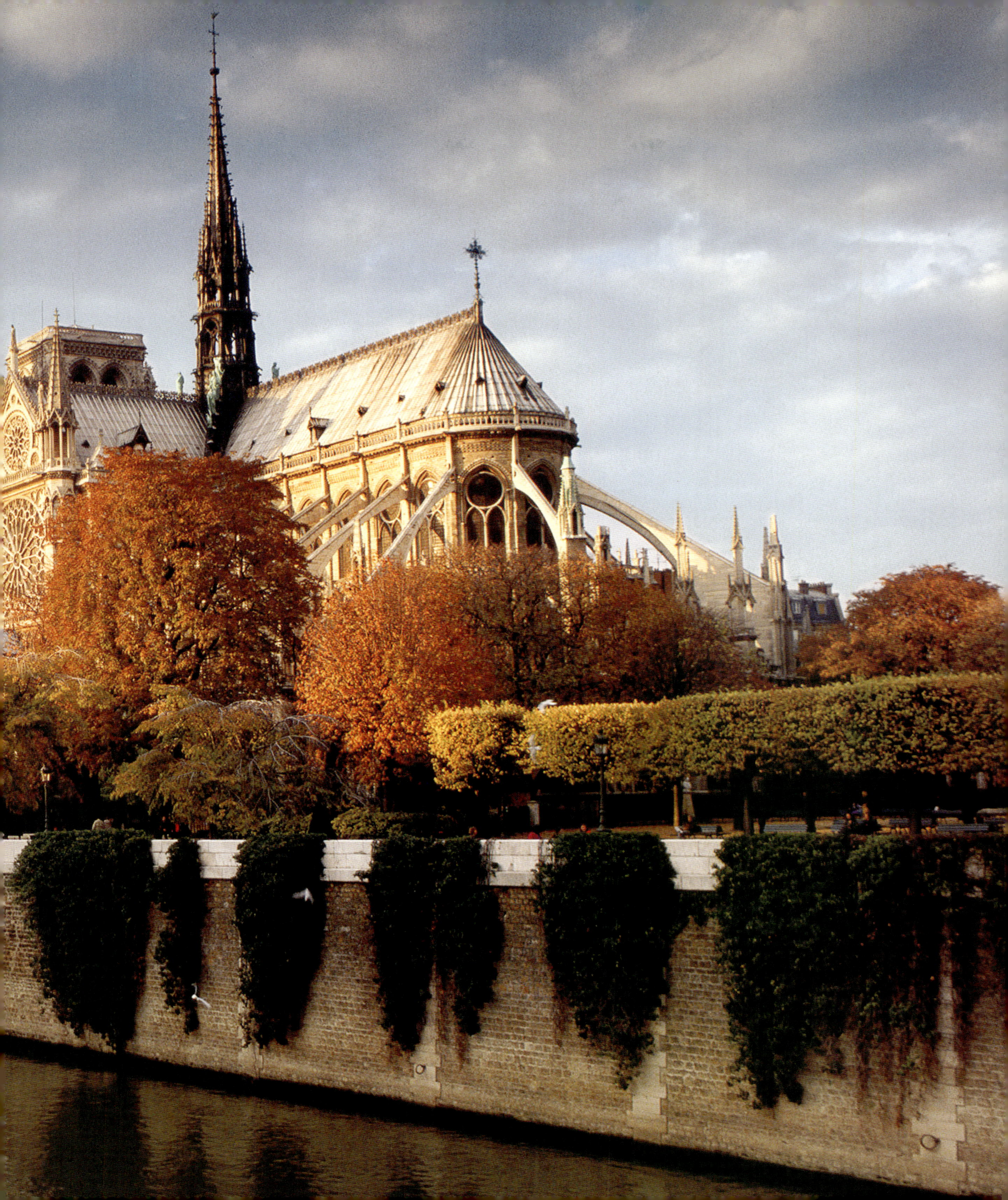

ノートルダム寺院 [パリ]

ノートルダム寺院の大聖堂ほどパリの歴史に関わりの深い建物はない。この寺院は、パリの中心地、シテ島に堂々とそびえたつ。1163年に礎石が置かれ、中世の大勢の建築家や職人の170年におよぶ奮闘が始まった。そしてそれ以降、ここでは戴冠式や王室の婚礼がいく度も行われてきた。ローマ時代の神殿の上に建てられた大聖堂は、ゴシック建築の傑作である。1330年頃に、フライング・バトレスと巨大な翼廊、奥深くに位置する内陣と高さ69メートルの塔をもつ、奥行が130メートルにもおよぶ大聖堂が完成した。

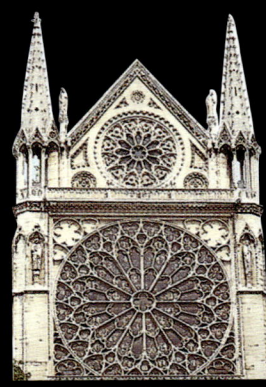

南のバラ窓

●『ノートルダムのせむし男』

小説『ノートルダム・ド・パリ』（1831年）（英語版は『ノートルダムのせむし男』）は、ロマン派のフランス人小説家ヴィクトル・ユゴー（1802–85年）の作である。タイトルにあるせむし男とは、大聖堂で養われている鐘つき男のカジモドであり、小説では踊り子エスメラルダへの悲恋が描かれている。作中にはノートルダム寺院が大きくとりあげられている。ユゴーはこの作品を利用して、ノートルダム寺院が軽んじられていることを非難し、中世においては「石の聖書」であった大聖堂を尊ぶべきだと訴えたのだ。そしてこの小説のおかげで、大聖堂の修復に広く関心が寄せられるようになった。

●内部

ノートルダム寺院内部の壮麗さがよく表れているのが、高いヴォールト天井をもつ主廊部だ。巨大な**翼廊**で分かれ、どちらの端にも直径13メートルの中世の**バラ窓**がある。著名な彫刻家の作品が大聖堂を飾り、ジャン・ラヴィによる内陣席仕切り壁の彫刻、フランソワ・ジラルドンが彫った金箔張りの台に立つニコラ・クストゥ作の「ピエタ」像、アントワーヌ・コワズヴォのルイ14世像などを見ることができる。**北のバラ窓**の13世紀のステンドグラスは、旧約聖書の登場人物に囲まれた聖母マリアを描いている。また、交差廊の南東の柱を背に立つのは、14世紀の聖母子像だ。

●ゴシック様式

ゴシック様式がフランスに登場したのは12世紀末頃で、パリの北にあり、フランス王の大半が埋葬されているサン=ドニのバシリカ大聖堂に用いられた（1137–1281年）。サン=ドニですばらしい効果を生んでいる尖ったアーチや、リブ・ヴォールト、トレサリーやバラ窓はみな、ゴシック様式の重要な要素だった。その後、さらに高く、より壮大で光に満ちた教会を建てたいという欲望は膨らんでいく。そして、高い壁を支え、その重みを分散させる**フライング・バトレス**（飛び梁）が使用されるようになり、これもゴシック様式の大きな特徴となった。ノートルダム寺院では、高い天井がつくる内部空間に、巨大なバラ窓のステンドグラスが光を通す。この大聖堂はゴシック建築のなかでもひときわ名高く、堂々たる建物だ。ヨーロッパ中の多くの国々で、建築家たちは熱心にこの様式を取り入れたのである。

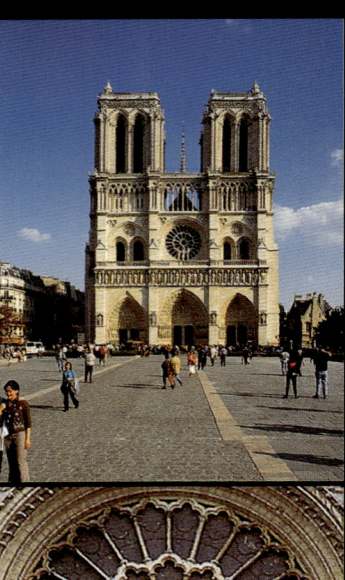

◀ **西ファサードと扉口**
巨大なふたつの塔と3つの正面扉、見事な彫像、中央のバラ窓、透かし彫りのギャラリーは、大聖堂西ファサードの見どころだ。

◀ **西のバラ窓**
濃い赤と青で彩ったメダイヨンに聖母マリアの姿がある。

◀ **シメールのギャラリー**
大聖堂の名物でもある19世紀作のガーゴイル（シメール）は、塔の間の巨大な上部ギャラリーに隠れている。

◀ **フライング・バトレス**
大聖堂東端の、ジャン・ラヴィによる壮観なフライング・バトレスは15メートルもの大きさだ。

西ファサードと扉口

シメールのギャラリー

西のバラ窓

聖母の扉口
聖人と王たちに囲まれた聖母。構図が見事な13世紀の像だ。

諸王のギャラリー
ユダとイスラエルの28人の王の像が並ぶ。

フランス 55

戴冠式
長い歴史をもつノートルダム寺院では、多数の戴冠式が行われた。イングランドのヘンリー6世は1430年にここで戴冠し、フランソワ2世と1558年に結婚したメアリー・スチュアートは、翌年フランスの王妃となった。1804年にはナポレオンがフランス皇帝となり、初めて自身の手で戴冠し、さらに妻のジョセフィーヌもここで戴冠させた。

頂尖塔
ヴィオレ＝ル＝デュクの設計で高さ90メートル。

南塔
大聖堂の有名な大鐘、エマニュエルはこの塔にある。

▲ 「5月」の絵画

▲ 内観
正面入り口からヴォールト天井をもつ主廊、内陣、主祭壇と続き、その高さと壮麗さに圧倒される。

🖼 フライング・バトレス

🖼 南のバラ窓
南ファサードの窓には84枚のガラスが使用されており、中心に描かれたキリストからふたつの円が放射状に広がっている。

交差廊
13世紀のフィリップ＝アウグストの治世初期に建造された。

宝物館
古代の写本や聖遺物箱など大聖堂の神聖な工芸品が展示されている。

🖼 「5月」の絵画
シャルル・ル・ブラン、ル・シュウールほかによるすばらしい宗教画は、1630年から1707年まで、毎年5月1日にパリのギルドから贈られたものだ。

略年譜

1163年	1793年	1845年	1991年
教皇アレクサンデル3世が礎石を置いて建造が始まる。	革命家たちが大聖堂を略奪し、「理性の殿堂」と改称する。	建築家ヴィオレ＝ル＝デュクが大聖堂の修復作業を行う。	ノートルダム寺院がユネスコの世界遺産に登録される。

凱旋門 [パリ]

1805年のアウステルリッツの戦いで大勝を収めると、ナポレオンは兵士たちに、「母国にもどり凱旋門をくぐる」ことを約束した。そして翌年、世界最大で、世界一有名な凱旋門となる建造物の礎石が置かれた。しかし、建築家ジャン・シャルグランの建築計画の破たんとナポレオンの権勢が終焉を迎えたことで、この門の完成は1836年までずれ込んだ。高さ50メートルの凱旋門は、現在では祝勝の式典やパレードの起点となっている。

「ナポレオンの勝利」

◀ **凱旋門の東ファサード**

◀ **「1792年の義勇軍の出陣」**
フランソワ・リュードの作品は、国を護るために出発するフランス市民を描く。この愛国的レリーフは「ラ・マルセイエーズ」として知られる。

ヴェルダンの戦い
1916年、第一次世界大戦におけるヴェルダンの戦いが始まった当日、フランスを象徴する人物によって運ばれた剣が、「1792年の義勇軍の出陣」のレリーフから外れた。これを見て国民が凶事の兆しと解釈しないように、このレリーフにはおおいがかけられた。

▼ **「マルソー将軍の葬儀」**
マルソーは1795年にオーストリア軍を破ったが、翌年の戦いで命を落とした。

フリーズ
凱旋門を囲むのはリュード、ル・ブラン、ジャケ、レテ、カイユエット、スールが制作したフリーズだ。東ファサードには、新たな戦争へと出発するフランス軍が描かれている。西側はその凱旋だ。

「アブキールの戦い」
スール作のバス・レリーフが描くのは、1799年のトルコ軍に対するナポレオンの勝利の一場面だ。

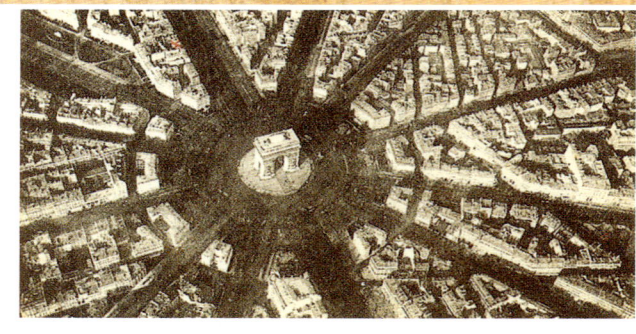

◀ **シャルル・ド・ゴール広場**
交通量の多い交差点の中心に位置する凱旋門から、12本の通りが放射線状に延びる。一部にはフランス軍の重要人物の名がつけられている。ナポレオン3世のもとで都市計画を担ったオスマン男爵は、星形の街を造った。

「ナポレオンの勝利」
J・P・コルトーのハイ・レリーフ（高浮き彫り）は、1810年のウィーン講和条約締結を祝うもの。ナポレオンを勝利、歴史、名声の像が囲んでいる。

無名戦士の墓 ▼
第一次世界大戦で犠牲となったフランス兵の墓の上では、象徴的な「永遠の炎」が燃える。

略年譜

1806年	1815年	1836年	1885年	1920年
ナポレオンがジャン・シャルグランに凱旋門の建造を命じる。	ナポレオンの失脚で建設作業が中止となる。	凱旋門が完成する。ナポレオンの死後15年が経過していた。	フランス人詩人・小説家のヴィクトル・ユーゴーの棺が正式に凱旋門の下に安置される。	第一次世界大戦の無名兵士が凱旋門の中央に埋葬される。

フランス 57

ナポレオンの結婚式のパレード

ナポレオンは、子ができないことを理由に、1809年にジョセフィーヌと離婚した。そして1810年に、オーストリアの皇女、マリー＝ルイーズとの政略結婚が調った。ナポレオンは、凱旋門を通って結婚式を挙げるルーブルまで行くことを望んでいたが、建築作業はまだほとんど始まっていなかった。このため、シャルグランが実物大の模型を敷地に造り、ナポレオンとマリー＝ルイーズはその下を歩いた。

ナポレオンと新しい妻

30枚の盾
凱旋門の頂上のすぐ下には30枚の盾が並び、それぞれにナポレオンが勝利した戦いの名が記されている。

東ファサード

展望台
エレベーターか284段の階段でのぼる凱旋門の屋上は、パリを一望にできる場所のひとつだ。

「アウステルリッツの戦い」
凱旋門の北側のフリーズにも連合軍に勝利した戦いが描かれ、ナポレオンの軍がザッチャン湖の氷を割っている。何千もの敵部隊を溺れさせた戦術だ。

「マルソー将軍の葬儀」

将校の名
フランス帝国陸軍の558名のフランス人将軍の名が、アーチの内面に刻まれている。

博物館への入り口

「1792年の義勇軍の出陣」

●レリーフ

巨大なレリーフが凱旋門の西ファサードを飾る。右手にあるのは「1814年の抵抗」。兵士が家族を護り、未来を具現化した像がこれを勇気づけている。左手の「1815年の平和」では、知恵の女神ミネルヴァに護られた男が剣を鞘にもどしている。このふたつのレリーフは、彫刻家アントワーヌ・エテックスの作だ。その上には、ふたつのバス・レリーフ（浅浮き彫り）がある。左側は「アレクサンドリア占領」（1798年）で、クレベール将軍が部隊を前へと急がせているようす。右側は、オーストリア軍に向かって進軍するナポレオンを描いた「アルコレ橋のナポレオン」（1796年）だ。南ファサードには、「ジェマップの戦い」（1792年）を描いた精緻なバス・レリーフがある。

●アウステルリッツの戦い

1806年にナポレオンが凱旋門の建造を命じたのは、1805年のアウステルリッツの戦いで、奇跡的勝利を成しとげた兵士たちをたたえるためだった。軍勢で大きく劣るナポレオンは、敵連合軍にフランス軍を侮らせ、攻撃を受けやすい位置に追い込むことに成功した。激闘の末、連合軍はオーストリアにあるザッチャン湖の凍った湖面を渡って退却した。ナポレオンの軍は氷に銃撃し、逃げる敵を溺れさせたといわれている。ナポレオン戦争における第3次対仏大同盟の同盟国、ロシアとオーストリア軍は、撃破されたのである。

●新古典主義

18世紀から19世紀前半にかけて、西ヨーロッパがもつ強大な勢力や権力、学問が、古代ギリシアやローマをモデルにした建築によって表現された。古代世界の文化が研究、解明されて広く知られるようになると、古典主義の伝統的原則がもてはやされ、取り入れられるようになったのだ。この新しい古典主義は、独裁国家と民主主義の誕生過程にある国という違いには関係なく、野望を抱くヨーロッパの強力な国家と、建国したばかりのアメリカ合衆国には理想的なスタイルだと考えられた。新古典主義は、細部に凝った造りと洗練された建築比率を特徴とする。つまり、これは古代の古典主義建築の特徴であり、ありとあらゆる建築になじむ様式だったのである。

ヴェルサイユ宮殿

豪奢な内装と広大な庭園を備えた壮大なヴェルサイユ宮殿は、ルイ14世(1638-1715)の輝かしい治世を具現した建造物だ。父親が簡素な狩猟小屋を建てた場所に、ルイ14世は1668年に、部屋数700、67の階段室と730ヘクタールの景観のよい庭園をもつヨーロッパ最大の宮殿の建造を命じた。建築家ルイ・ル・ヴォーは、拡張した中庭に延びる翼を次々と建設し、そこは大理石の胸像や古い戦利品、金箔張りの屋根で飾りたてられた。1678年にジュール・アルドゥアン=マンサールが建築を引き継ぎ、南北にふたつの巨大な翼を増築した。さらに礼拝堂も設計し、1710年に完成した。シャルル・ル・ブランは内装を手がけ、アンドレ・ル・ノートルが庭園の設計に手を入れた。

プティ・トリアノンの黄金の棟飾り

◉ヴェルサイユ宮殿の住人たち

1682年、ルイ14世はフランス政府と宮廷を正式にヴェルサイユに置くことを宣言した。ルイ14世の治世下、この豪奢なバロック様式(バロック様式、p.80参照)の宮殿での生活は、厳密な宮廷作法に従っていた。ルイ15世(1715-74年)の時代には、王の愛人であるポンパドゥール夫人の影響もあり、宮殿の生活はますます贅沢になっていく。そして夫人が好んだ優雅なスタイルは、すぐにヨーロッパ中で流行となった。1789年には、革命を求めるパリの群集が宮殿になだれこみ、ルイ16世(1754-93)はそこを去らねばならなかった。宮殿は略奪を受けて放置され、ルイ=フィリップ(1830-48年)の時代に、宮殿の一部はフランス史に関する博物館となった。

◉庭園

アンドレ・ル・ノートル(1613-1700年)はフランスきっての造園師であり、宮殿のすばらしい庭園を造営した。建築物の配置や、古典的視点と左右対称の用い方には目を見張るものがあり、ヴェルサイユの広大な敷地を見渡せば、その手法が見事に成功しているのがわかる。庭園には花壇とツゲの生垣、通路と果樹園、装飾的な池と噴水が規則的に置かれ、幾何学的に配置された通路と低木の生垣が典型的なフォーマル・ガーデンを形成している。庭園のなかには、ルイ15世の離宮として造られた、**プティ・トリアノン**がある。

◉宮殿内部

豪奢な住居部分のうちおもだったものは、広大な宮殿の2階にある。**大理石の中庭**の周囲には王や王妃の私的な住居が配されている。庭園のそばには公邸があって、公の宮廷生活が営まれた。ここには、シャルル・ル・ブランが、彩色した大理石や、石や木の彫刻、天井画、ヴェルヴェットや銀、金箔張りの家具でふんだんな装飾を施している。**ヘラクレスの間**をはじめとする大広間はオリュンポスの神に献じている。アポロ神に献じた**アポロンの間**は、ルイ14世の謁見室だった。最大の見どころは**鏡の間**であり、西ファサードに沿って70メートルものびる。さまざまな国家行事が行われたこの広間では、17個もの鏡が、アーチ状の高い窓と向き合っている。さらに**王室礼拝堂**もすばらしく、2階は王の家族用、1階は宮廷用に使われた。

◀ **南翼**
本来は高位の貴族用住居が置かれていたが、1837年にルイ=フィリップがフランス史の博物館に変えた。

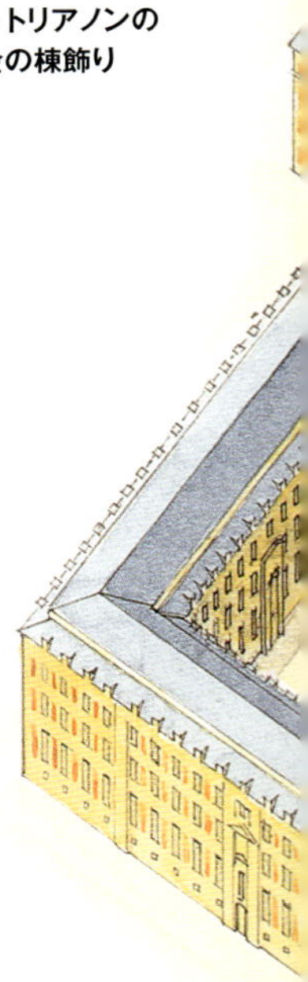

ルイ14世の像
1837年にルイ=フィリップが建造。太陽王の青銅製騎馬像がある場所には、かつては王の中庭への入り口を示す金箔張りの門があった。

時計 ▼
ヘラクレスとマルスを両側に配した時計が大理石の中庭を見おろす。

▲ **大理石の中庭**

王室礼拝堂 ▶

▼ **北翼**

フランス　59

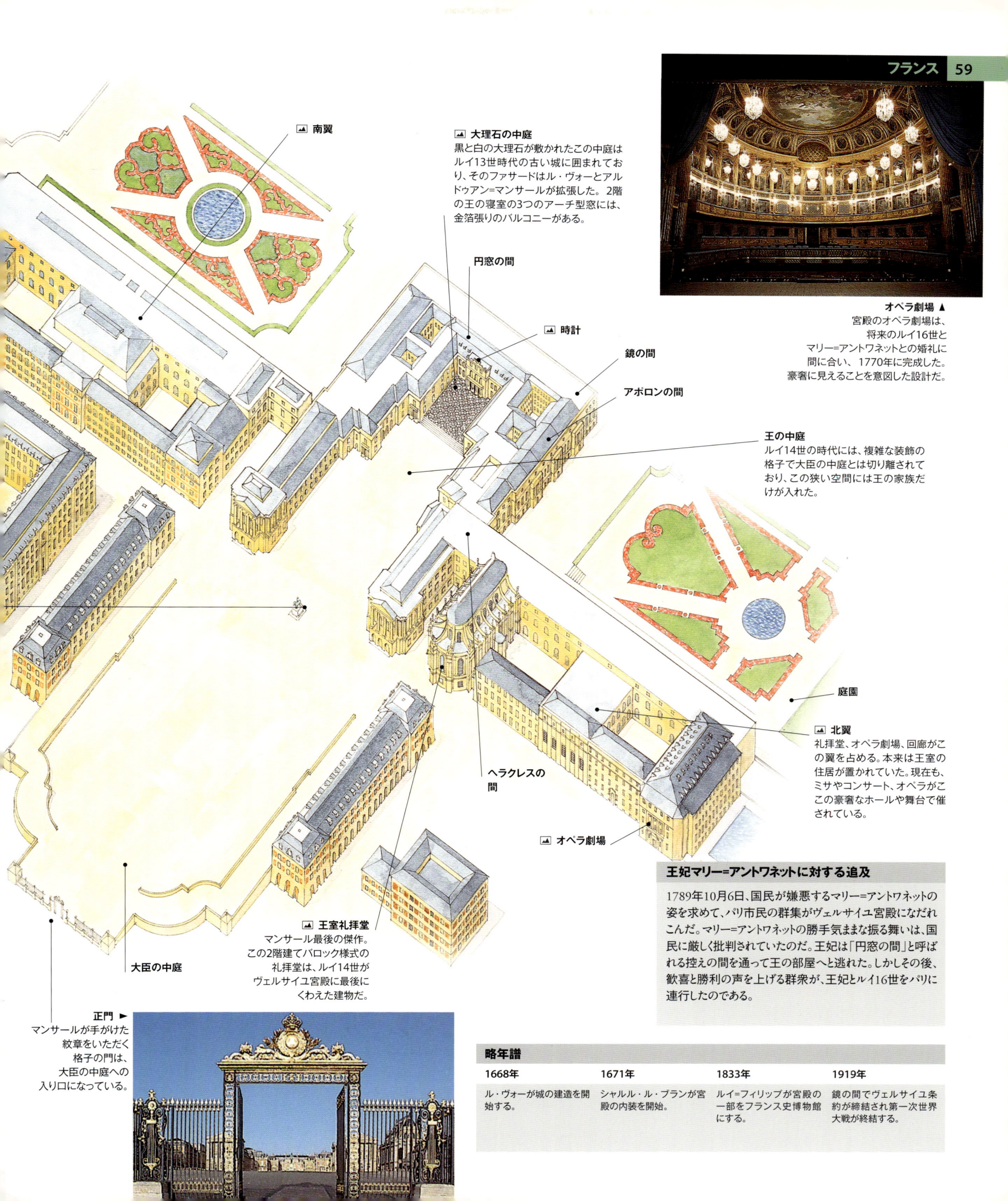

南翼

大理石の中庭
黒と白の大理石が敷かれたこの中庭は、ルイ13世時代の古い城に囲まれており、そのファサードはル・ヴォーとアルドゥアン＝マンサールが拡張した。2階の王の寝室の3つのアーチ型窓には、金箔張りのバルコニーがある。

円窓の間

時計

鏡の間

アポロンの間

オペラ劇場 ▲
宮殿のオペラ劇場は、将来のルイ16世とマリー＝アントワネットとの婚礼に間に合い、1770年に完成した。豪奢に見えることを意図した設計だ。

王の中庭
ルイ14世の時代には、複雑な装飾の格子で大臣の中庭とは切り離されており、この狭い空間には王の家族だけが入れた。

庭園

北翼
礼拝堂、オペラ劇場、回廊がこの翼を占める。本来は王室の住居が置かれていた。現在も、ミサやコンサート、オペラがここの豪奢なホールや舞台で催されている。

ヘラクレスの間

オペラ劇場

王室礼拝堂
マンサール最後の傑作。この2階建てバロック様式の礼拝堂は、ルイ14世がヴェルサイユ宮殿に最後にくわえた建物だ。

大臣の中庭

王妃マリー＝アントワネットに対する追及
1789年10月6日、国民が嫌悪するマリー＝アントワネットの姿を求めて、パリ市民の群集がヴェルサイユ宮殿になだれこんだ。マリー＝アントワネットの勝手気ままな振る舞いは、国民に厳しく批判されていたのだ。王妃は「円窓の間」と呼ばれる控えの間を通って王の部屋へと逃れた。しかしその後、歓喜と勝利の声を上げる群衆が、王妃とルイ16世をパリに連行したのである。

正門 ▶
マンサールが手がけた紋章をいただく格子の門は、大臣の中庭への入り口になっている。

略年譜

1668年	1671年	1833年	1919年
ル・ヴォーが城の建造を開始する。	シャルル・ル・ブランが宮殿の内装を開始。	ルイ＝フィリップが宮殿の一部をフランス史博物館にする。	鏡の間でヴェルサイユ条約が締結され第一次世界大戦が終結する。

シャルトル大聖堂

フランス・ゴシック様式建築（ゴシック様式、p.54参照）の最高傑作のひとつに数えられるシャルトル大聖堂は、火災で一部焼失したロマネスク様式教会の跡に再建されたものだ。本来あった北と南の塔、南尖塔、西扉口と地下聖堂に、そびえたつゴシック様式の建築がくわわり、複数の様式をもつ建物が完成した。教会の25年におよぶ再建には、小作農も領主も力を出し合った。1250年以降に手がくわえられた部分はわずかしかなく、またシャルトル大聖堂は宗教戦争もフランス革命も無傷でくぐり抜けた。

ヴァンドーム礼拝堂の窓の一部

◀ 王の扉口
王の扉口の中央ティンパヌム（1145-55年）にあるのはマエスタ（玉座）のキリスト。

尖塔
北塔の尖塔は16世紀初頭の作。フランボワイヤン・ゴシック様式で、ロマネスク様式の荘厳な南塔のものとは対照的だ。

◀ ステンドグラスの窓

▼ ヴォールト天井

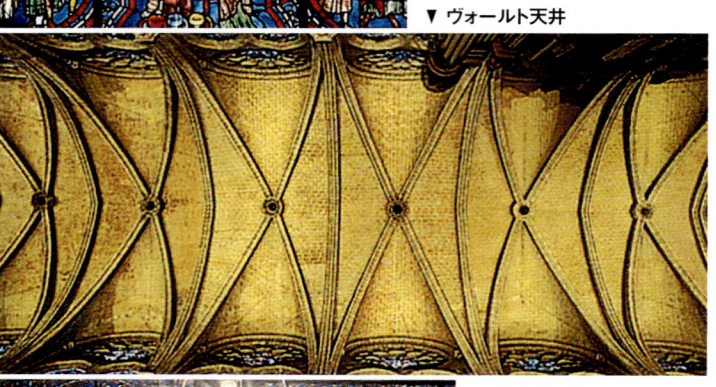

◀ 後陣礼拝堂

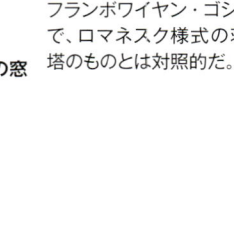

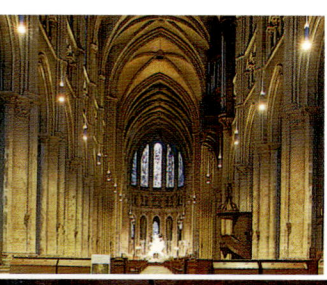

◀ 王の扉口

◀ 身廊

◀ 地下聖堂

●王の扉口
1194年の大火ののち、重厚で荘厳な、西の**王の扉口**を残す決定が下された。ここは以前にあったロマネスク様式（ロマネスク様式、p.122参照）の教会の残存部だった。その結果建築様式に統一性がなくなりはしたが、中世初期の見事な彫刻の一部が残ることになり、賢明な判断だったといえる。王の扉口は1145年から1155年にかけて彫刻が施され、大聖堂に3つある扉口のなかでも一番装飾が豊かだ。扉口の像はロマネスク様式の典型例で細長く、旧約聖書の登場人物を題材にしている。扉口は、キリストの栄光をたたえるものだ。

●シャルトル大聖堂のステンドグラス
1210年から1240年にかけて、上流階級や商人の友愛組合、王族がシャルトル大聖堂に設置した豪奢な**ステンドグラスの窓**は、世界的に有名だ。150を超す窓は、聖書の物語や13世紀の日常生活を描いている。どの窓もパネルに分かれ、左から右へ、下から上へ（地上から天上へ）と「読む」ようになっている。「美しきガラス窓の聖母」の最下部のパネルには、水をワインに変えるキリストが描かれている。ふたつの大戦中は、窓を小さく解体して運び出し、破損を防いだ。1970年代からステンドグラスの修復計画が進められている。

●ゴシック様式の像
シャルトル大聖堂にはおよそ4000体の彫像がある。さいわい、13世紀に制作されて以降ほぼ無傷で残っており、すばらしい保存状態だ。とりわけ目を引くのが南北の扉口周辺に配された彫像群であり、ここではゴシック様式の発展をたどることができる。北ポーチには、ヨセフ、ソロモン、シバの女王、イザヤ、エレミヤといった旧約聖書の登場人物が見られ、キリストの子ども時代や天地創造の場面も描かれている。**南ポーチ**は、最後の審判、聖人の生涯のエピソードなどを題材としている。南北の扉口を飾る何百もの彫像は、本来は鮮やかに彩色されていた。

フランス | 61

聖母マリアの着衣
1194年の火災で奇跡的に損傷を免れたこの聖遺物のおかげで、シャルトル大聖堂は巡礼の地となり、莫大な寄付が集まるようになった。この聖遺物は、聖母マリアがイエスを産んだときに身に着けていたものだといわれている。

迷路
身廊の石の床には、ゴシック教会によく見られる迷路（13世紀）が組み込まれている。キリストが十字架を背負ってゴルゴダの丘まで歩いたいわゆる「苦難の道」にならい、巡礼者たちはひざをついて苦労しながら進むのだ。分断した11個の同心円からなる262メートルの迷路を回るのには、1時間あまりを要した。

ヴォールト天井
リブを張り巡らせてヴォールト天井を支える。

身廊
この下には身廊と同じ幅のロマネスク様式の地下聖堂がある。ゴシック様式の身廊は37メートルもの高さがある。

後陣礼拝堂
このサン・ピア礼拝堂には、大聖堂が所有する最古の聖遺物である貴重な「聖母マリアの着衣」を収めている。ここにはほかにも工芸品が展示されており、その下階はかつてはチャプター・ハウスだった。

ステンドグラスの窓
シャルトル大聖堂では、窓が占める面積が2600平方メートルを超える。

南ポーチ
南ポーチ（1197-1209年）の彫像には新約聖書の教えを取り入れている。

迷路

西正面
西ファサードの下半分は以前にあったロマネスク様式教会の現存部分だ。

地下聖堂
フランス最大の地下聖堂で、その大半が11世紀初頭のもの。ふたつの平行する回廊があり、礼拝堂が並び、9世紀のサン・リュバンの廟も置かれている。

略年譜

1020年	1194年	1220年代	1260年	1507年	1836年	1974年
巨大な地下聖堂をもつロマネスク様式の教会堂の建造が始まる。	火災でロマネスク様式の聖堂の一部が焼失。	聖堂が再建され、新しい部分は初期ゴシック様式となる。	大聖堂が正式に献堂される。	フランボワイヤン・ゴシック様式の尖塔が北塔にくわわる。	大聖堂の板葺屋根が火災で損傷する。	大聖堂がユネスコの世界遺産に登録される。

シュノンソー城

シェール川にかかるこのロマンティックなフランス・ルネサンス様式の城（ルネサンス様式、p.131参照）は、カトリーヌ・ド・メディシスやディアーヌ・ド・ポワティエをはじめ、王妃や王の愛人の住居だった。つつましい荘と製粉所があったこの場所は何百年もかけて、楽しみだけを求めて設計した、フォーマル・ガーデンと樹木の茂る庭が囲む優雅な城へと姿を変えた。城内の部屋は本来の様式に修復され、小さな蝋人形博物館がこの建物の歴史を物語る。敷地には、美しい並木道にくわえ、既舎やレストランが数軒ある。

初めての花火

夫アンリ2世の死後の1559年にカトリーヌ・ド・メディシスはシュノンソー城に移り、夫の愛人ディアーヌ・ド・ポワティエをしのぐ豪華な舞踏会を催した。1560年の、息子フランソワ2世とその妻メアリー・スチュアートのための宴では、祝いの会をフォーマル・ガーデンに移し、客はフランス初の花火でもてなされた。

▲ フォーマル・ガーデン

▲「三美神」
シャルル＝アンドレ・ファン・ロー（1705-65年）作「三美神」は、マイイ＝ネール家の美しい姉妹を描いている。みな王の愛人だった。

🖼 緑の書斎

🖼 礼拝堂
ヴォールト天井をもち、ピラスターにはアカンサス（ハアザミ）の葉とザルガイの貝殻が彫刻されている。1944年の爆撃で破損したステンドグラスは、1953年に取り替えられた。

🖼 フォーマル・ガーデンへ

ルイーズ・ド・ロレーヌの部屋
1589年に夫であるアンリ3世が暗殺されると、王妃ルイーズはこの部屋を黒く塗らせ、白で王のモノグラムと涙、ノットを描かせた。

マルクの塔
この塔は15世紀にあったマルク家の城の唯一の現存部。

略年譜

1521年	1526年	1547年	1559年	1789年	1913年
中世のシュノンソー城をトマ・ボイエが購入。その妻カトリーヌ・ブリソネが再建を監督する。	フランソワ1世が王室への未払いの借金の代わりにボイエ家から城を獲得する。	フランス王アンリ2世の生涯の愛人ディアーヌ・ド・ポワティエが城に移り住み、庭園を造る。	アンリ2世の死に伴い、カトリーヌ・ド・メディシスが城をディアーヌ・ド・ポワティエからとりあげる。	城はその主でリベラルなデュパン夫人のおかげで、フランス革命中も破損を免れることができた。	メニエ家がシュノンソー城を購入し、現在も所有する。

フランス 63

グランド・ギャラリー ▶
フィレンツェ様式のグランド・ギャラリーはシェル川の上にかかり、60メートルにわたってのびる。

礼拝堂 ▶

グランド・ギャラリーの内観 ▼

🖼 グランド・ギャラリー
フィリベール・ド・ロルムが1556-9年にディアーヌ・ド・ポワティエのために設計した橋に、カトリーヌ・ド・メディシスがこの優雅なギャラリーをくわえた。

緑の書斎 ▶
カトリーヌ・ド・メディシスの書斎の壁は、本来は緑のヴェルヴェットでおおわれていた。

シュノンソー城ガイド

主な生活区域は、シェル川のなかほどにある小塔つきの棟にある。4つの主室は1階の玄関ホールに面している。衛兵室とディアーヌ・ド・ポワティエの寝室には、どちらにも16世紀のタペストリーがかかる。ファン・ローの絵画があるのがフランソワ1世の寝室、そしてルイ14世の居室もここにはある。カトリーヌ・ド・メディシスの寝室やヴァンドーム公の寝室は2階にあり、豪奢だ。

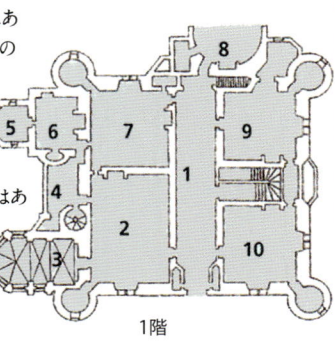

部屋割

1. 玄関ホール
2. 衛兵室
3. 礼拝堂
4. テラス
5. カトリーヌ・ド・メディシスの図書館
6. 緑の書斎
7. ディアーヌ・ド・ポワティエの寝室
8. グランド・ギャラリー
9. フランソワ1世の寝室
10. ルイ14世の居室
11. 5人の王妃の寝室
12. 版画展示室
13. カトリーヌ・ド・メディシスの寝室
14. ヴァンドーム公の寝室
15. ガブリエル・デストレの寝室

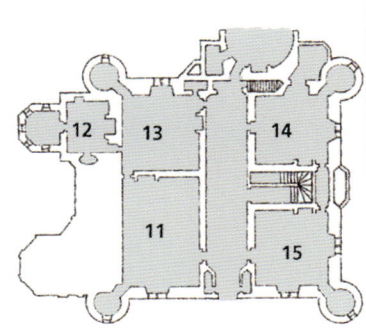

タペストリー ▲
16世紀のならいで、シュノンソー城にはフランドル派のタペストリーがかけられている。調度の調った部屋を飾るタペストリーは保温効果ももたらす。

● フォーマル・ガーデン

アンリ2世の愛人ディアーヌ・ド・ポワティエは、王にふさわしい城にすべく、シェル川の堤防沿いに壮大な**フォーマル・ガーデン**の造営を始めた。4つの三角形に分かれ、積み上げた石のテラスで洪水から護られたこの庭園には、いく種類もの花や野菜、果樹が植えられた。その後カトリーヌ・ド・メディシスがシュノンソー城に入ると、ベルナール・パリシーが『美しい庭園の設計 (Drawings of a Delectable Garden)』(1563年) で紹介した設計案をもとに、自身の庭園を造った。庭園には毎年4000本以上の花が植えられる。

● シュノンソー城の創作

シュノンソー城には多くの女性が手をくわえたが、先陣を切ったのが、宮廷の財務官の妻カトリーヌ・ブリソネだ。そしてアンリ2世が、その統治期(1547-59年)に愛人のディアーヌ・ド・ポワティエに城を与えると、ディアーヌは大幅に手をくわえて、内装を変え、シェル川に橋をかけ、フォーマル・ガーデンを造った。王が亡くなると、王妃のカトリーヌ・ド・メディシスはこの城をディアーヌから取りもどし、ディアーヌの痕跡を消していった。カトリーヌは城の設計を改め、シェル川にかかる橋に**グランド・ギャラリー**を建造した。その後も何世紀にもわたり、シュノンソー城の設計と運命は女性たちの手にゆだねられてきた。この城に関わった女性には、1589年に城を遺贈されたルイーズ・ド・ロレーヌや、18世紀、ヴォルテールやルソーといった啓蒙主義の作家たちと交流をもったルイーズ・デュパン、19世紀のプルーズ夫人などがいる。

● 内部

カトリーヌ・ド・メディシスが饗宴を催すために設計した優雅なグランド・ギャラリーは、シュノンソー城のなかでも大きなスペースを占める。小梁がむき出しの天井までとどく18個の窓からは、陽光が降りそそぐ。そしてエナメル・タイルの床は、ディアーヌ・ド・ポワティエの寝室はじめ王家の寝室へと続き、そこにはフランドル派の**タペストリー**がかかっている。2階のホールの小さなタイルには、フラ・ダ・リと短剣がクロスする王室の紋章が刻印されている。カトリーヌ・ド・メディシスの寝室をはじめ各部屋には、カトリーヌ自身がイタリアから取り寄せた、大理石のメダイヨンがドアの上にかかる。カトリーヌの寝室は、16世紀の調度や聖書の物語を描いたタペストリーであふれんばかりだ。

シュノンソー城、カトリーヌ・ド・メディシスが造った優雅なグランド・ギャラリー

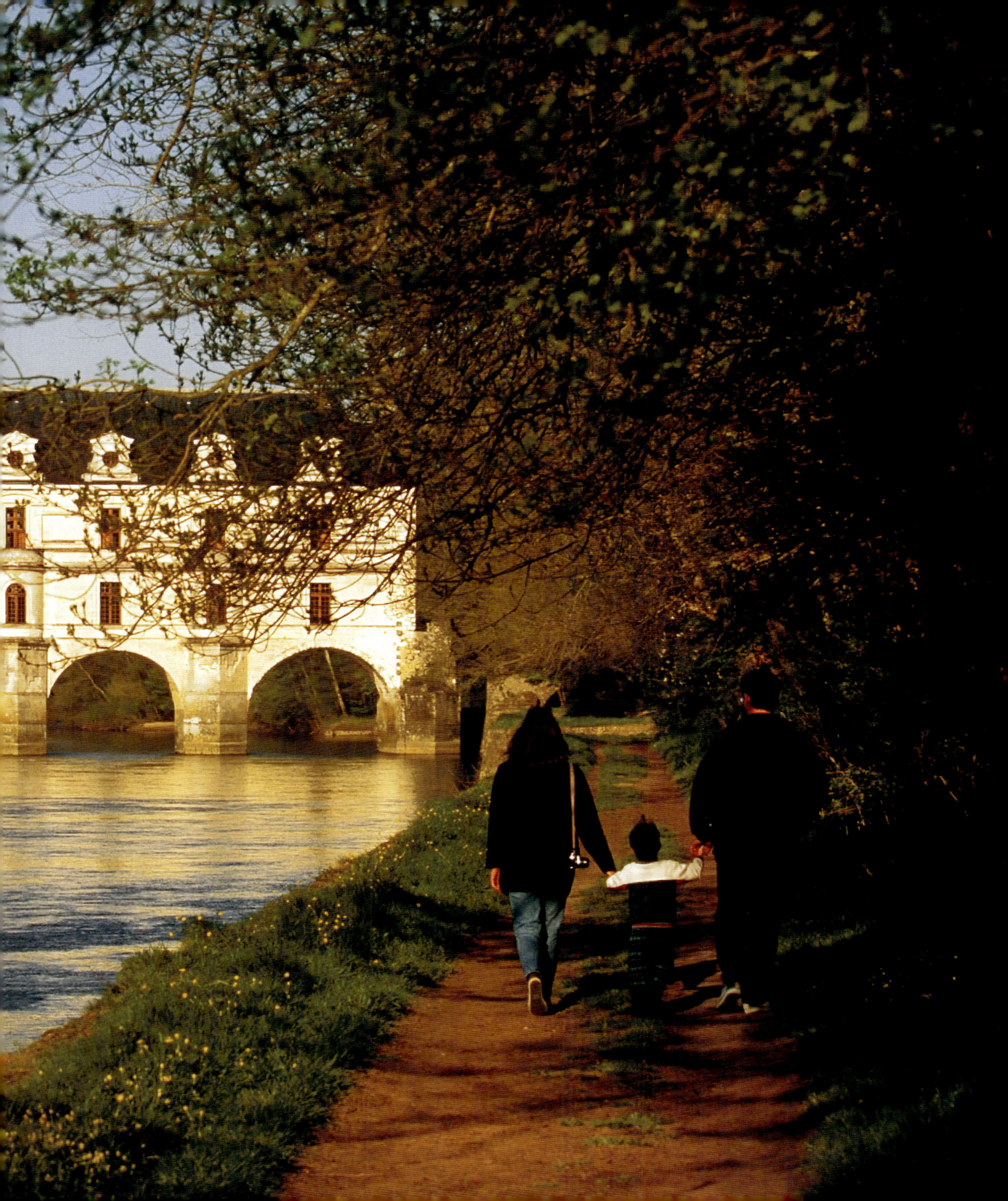

ロカマドゥール

1166年に、古代の墓と、埋葬された傷みのない遺体が発見されて以降、ロカマドゥールは多くの巡礼者たちを引きつけてきた。遺体は初期キリスト教の隠者、聖アマドゥールといわれている。この地を訪れた大勢の人々のなかにはルイ9世、聖ベルナール、聖ドミニコもいる。ロカマドゥールのノートルダム礼拝堂にある黒い聖母子像の上の鐘は、数多くの奇跡を予告したとされる。17世紀と18世紀には巡礼者が減少したものの、19世紀には大きく回復した。神聖な廟もそうだが、アルズー渓谷上にある建築群のすばらしさには目を見張るものがあり、観光客の人気を呼んでいる。ロスピタレの小屋から眺める町の景観はとりわけ見事だ。

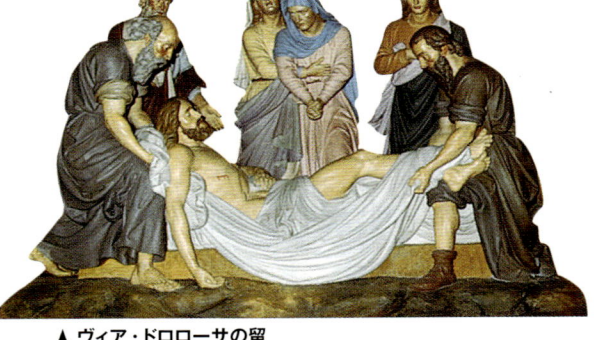

▲ ヴィア・ドロローサの留
巡礼者たちは丘をのぼって城へと向かう途中で、「ゴルゴダの丘の十字架」と、イエスが磔刑にいたる道行きの14の留（ステーション）と出会う。

▲ ロカマドゥールの町
町の目ぬき通りは現在は歩行者専用になっており、土産物屋が並んで大勢の巡礼者や観光客の気を引く。

◀ 大階段

スポルテル
スポルテルとは、聖母子像を彫った鉛、青銅、スズ、銀あるいは金製のメダルで、ロカマドゥールを訪れた巡礼者たちがもったもの。中世には護符として身に着けたり、帽子や上着に縫いつけたり、戦争で荒れた地域を通るときの通行証となることも多かった。

◀ 全景
ロカマドゥールは早朝の陽を浴びたときが一番美しく、その光景には息をのむ。中世の家々や塔、狭間胸壁が崖の下からいっせいに伸び上ってくるようだ。

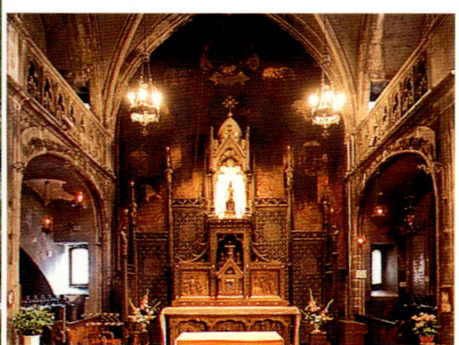

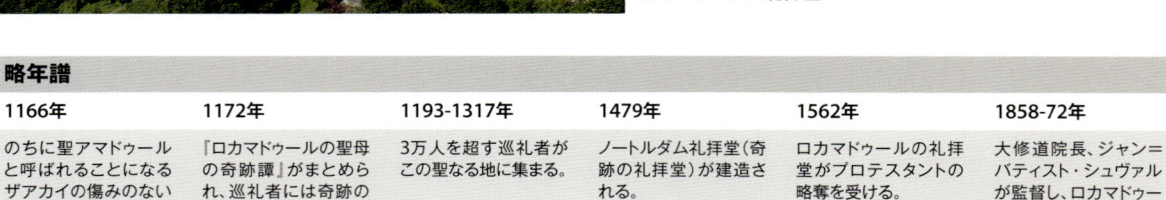

▲ ノートルダム礼拝堂

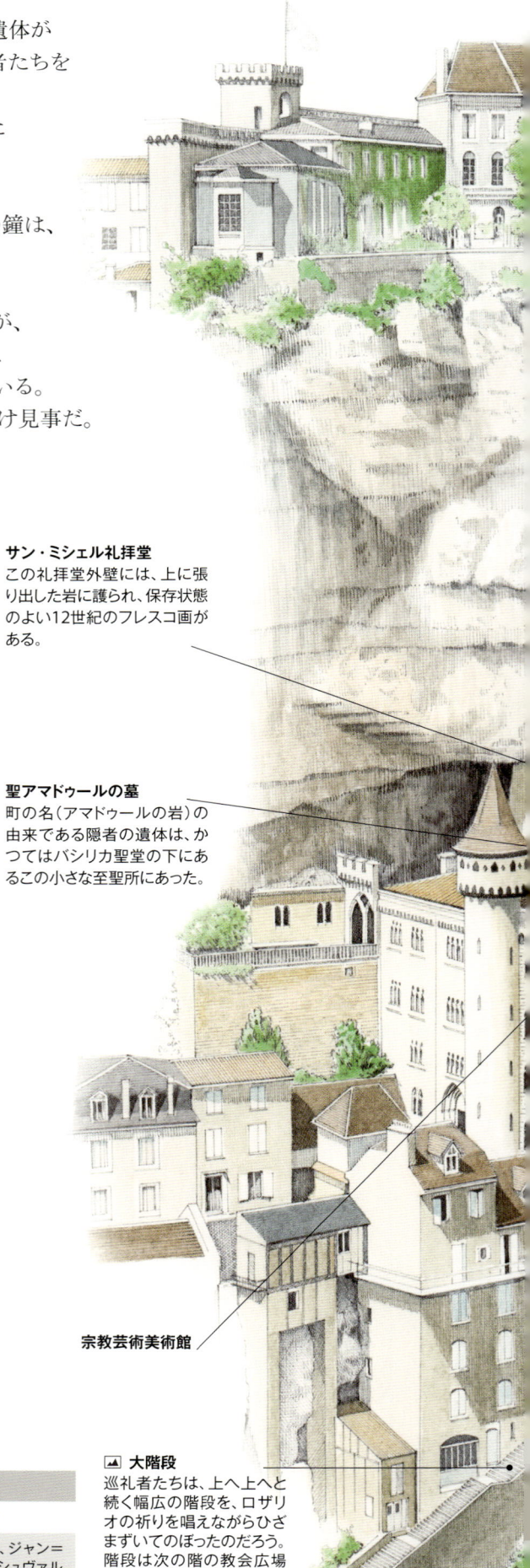

サン・ミシェル礼拝堂
この礼拝堂外壁には、上に張り出した岩に護られ、保存状態のよい12世紀のフレスコ画がある。

聖アマドゥールの墓
町の名（アマドゥールの岩）の由来である隠者の遺体は、かつてはバシリカ聖堂の下にあるこの小さな至聖所にあった。

宗教芸術美術館

🖻 大階段
巡礼者たちは、上へ上へと続く幅広の階段を、ロザリオの祈りを唱えながらひざまずいてのぼったのだろう。階段は次の階の教会広場へと続き、その周辺には7つの主要な巡礼礼拝堂が集まっている。

略年譜

1166年	1172年	1193-1317年	1479年	1562年	1858-72年
のちに聖アマドゥールと呼ばれることになるザアカイの傷みのない遺体が発見される。	『ロカマドゥールの聖母の奇跡譚』がまとめられ、巡礼者には奇跡の証となる。	3万人を超す巡礼者がこの聖なる地に集まる。	ノートルダム礼拝堂（奇跡の礼拝堂）が建造される。	ロカマドゥールの礼拝堂がプロテスタントの略奪を受ける。	大修道院長、ジャン＝バティスト・シュヴァルが監督し、ロカマドゥールの修復が行われる。

フランス 67

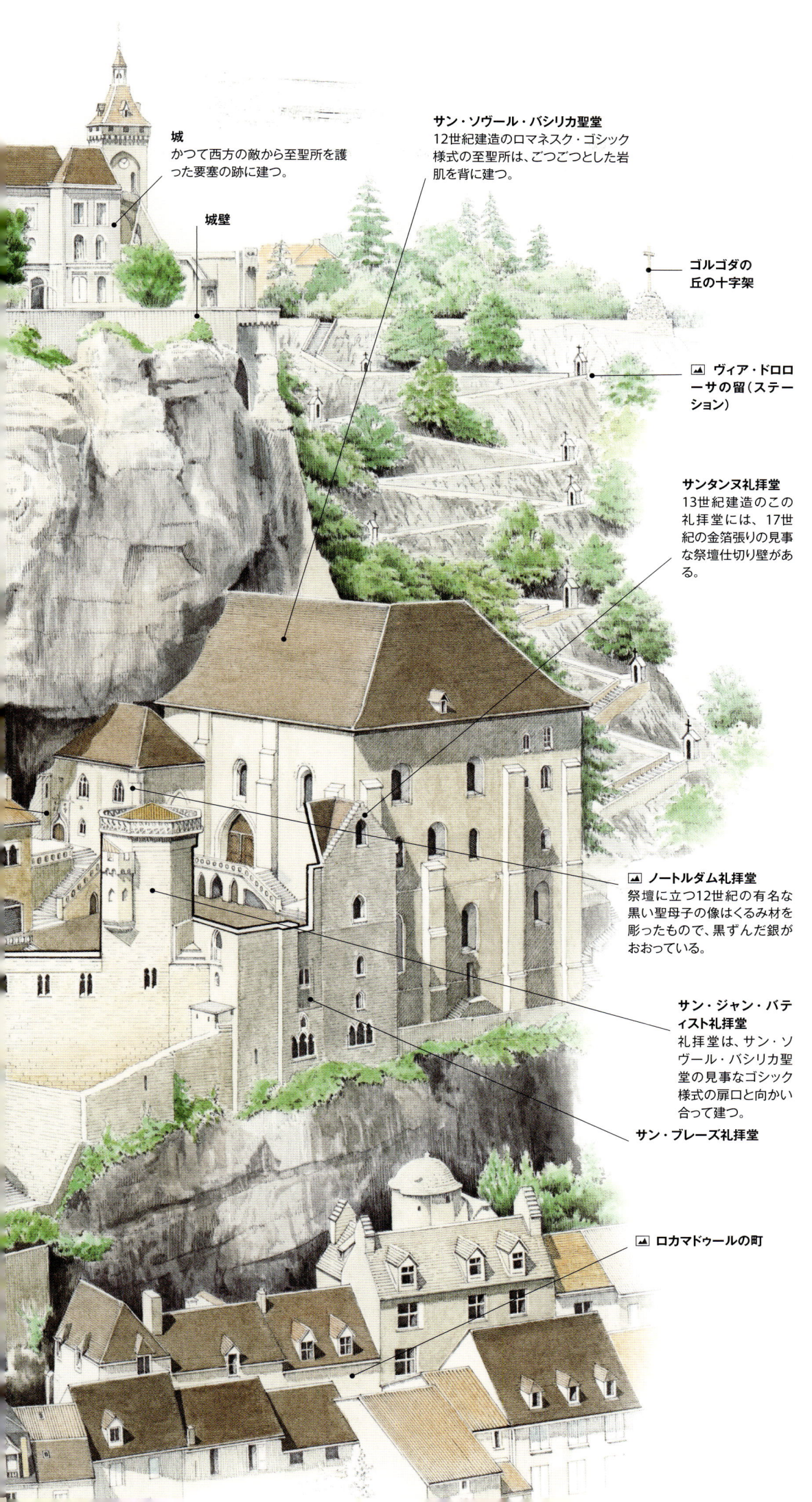

聖アマドゥール

聖アマドゥールの生涯については諸説あり、アマドゥールとはエリコのザアカイで、イエスとはその生前に知り合い親しくなったという言い伝えもある。イエスがカルヴァリの丘へ向かう途中、顔をふくようにと布を手渡した聖ヴェロニカが、ザアカイの妻だ。イエスの磔刑ののち、ザアカイと妻は、宗教的迫害から逃れようとパレスティナを離れた。旅の途中、この夫婦はフランスのアキテーヌで、福音を説くリモージュ司教聖マルシアルと出会った。ふたりはさらにローマへ向かい、そこでは聖ペトロと聖パウロの殉教に立ち会った。妻の死後ザアカイはフランスにもどり、のちに自身の名がつけられる場所で、紀元70年の死まで過ごしたという。

ノートルダム礼拝堂

ロマネスク様式の**礼拝堂**（ロマネスク様式、p.122参照）は、聖アマドゥールの遺体が発見された場所の近くに15世紀に建てられた。ロカマドゥールの礼拝堂のなかでも一番神聖な場とされており、有名な**黒い聖母子像**がある。この像のことを聞きつけた巡礼者たちは礼拝堂をめざし、犯した罪の許しを請い、その多くは**大階段**をひざまずいてのぼった。礼拝堂の天井にかかる9世紀の鐘は、奇跡が起こるときに鳴るといわれている。聖人や王たちも礼拝堂へとはるばる足を運んだ。イングランド王ヘンリー2世もそのひとりだ。ヘンリー2世が黒い聖母子像の前で祈っていると、病が治癒したのだという。

ロカマドゥールの美術館

宗教芸能美術館は、13世紀にテュールの大修道院長が建てた司教の城館にある。1996年に修復された美術館は、フランス人作曲家フランシス・プーランク（1899-1963年）に献じられている。プーランクはロカマドゥールを訪れてインスピレーションを得、「黒い聖母像への連祷」を作曲した。美術館の像や絵画、宗教関連の工芸品のコレクションは、ロカマドゥール周辺の別の場所から集められている。とくに目を引くのが、17世紀作の預言者ヨナの木像と、見事なランタンや壺、ロカマドゥールでは現在もさまざまな宗教儀式で使用されているカリス（聖杯）だ。

城 — かつて西方の敵から至聖所を護った要塞の跡に建つ。

城壁

サン・ソヴール・バシリカ聖堂 — 12世紀建造のロマネスク・ゴシック様式の至聖所は、ごつごつとした岩肌を背に建つ。

ゴルゴダの丘の十字架

ヴィア・ドロローサの留（ステーション）

サンタンヌ礼拝堂 — 13世紀建造のこの礼拝堂には、17世紀の金箔張りの見事な祭壇仕切り壁がある。

ノートルダム礼拝堂 — 祭壇に立つ12世紀の有名な黒い聖母子の像はくるみ材を彫ったもので、黒ずんだ銀がおおっている。

サン・ジャン・バティスト礼拝堂 — 礼拝堂は、サン・ソヴール・バシリカ聖堂の見事なゴシック様式の扉口と向かい合って建つ。

サン・ブレーズ礼拝堂

ロカマドゥールの町

ブレーメン市庁舎

ヴェーザー・ルネサンス様式のレンガ造りファサードをもつブレーメン市庁舎は、ヨーロッパ大陸最北にあるルネサンス様式（ルネサンス様式、p.131参照）建築の傑作のひとつだ。またファサードの背後の壮大な後期ゴシック様式（ゴシック様式、p.54参照）部分は、市民の誇りである。四角形の建物は中世の像で飾られ、カール（シャルルマーニュ）大帝と7人の選帝侯の等身大の砂岩の像や、4人の預言者と4人の賢者の像などが置かれている。建物のアーケード上のフリーズには、人類の歴史を物語る寓話が描かれている。

ラーツケラーの
ワイン樽

●ローラント像
高さ10メートルのローラント（ローラン）像は、ブレーメンのマルクト広場に600年近くにわたって立つ。キリスト教徒の騎士で、神聖ローマ帝国皇帝シャルルマーニュ（在位800-14年）の甥であるローラントは、ブレーメンの独立を象徴している。ローラントの目はまっすぐに大聖堂に向けられている。そこに住む司教が、ブレーメンの自治を奪おうとすることもたびたびだったからだ。ローラントの正義の剣は司法の独立を象徴し、そこには、皇帝が発した、ブレーメンに自治権を認める勅命が刻まれている。建築家・彫刻家として有名なパルラー家の一員が1404年にこの像を彫り、これをモデルにした像が、ドイツのほかの町にも35体置かれている。

●ヴェーザー・ルネサンス
ブレーメンのゴシック様式市庁舎のすばらしさは、なんといってもその荘厳な**ファサード**にある。建築家リューダー・フォン・ベントハイムが、1595年から1612年にかけて全面的に改修したこのファサードは、ヴェーザー・ルネサンス様式建築の傑作とされている。この様式は、1520年から1630年にかけて、北ドイツのヴェーザー地方で主流となったものだ。イタリアを旅し、そこで見たルネサンス建築に感銘を受けた貴族たちは、帰国するとそれを模倣して自分たちの設計に取り入れようとした。**装飾用切妻**とアーケードに沿わせたフリーズがこの様式の特徴であり、また張り出し窓は豊富な像で飾られている。

●ラーツケラー
市庁舎の西面には**ラーツケラー**の入り口がある。ドイツ最古のワインセラーのひとつで、1405年からワインを供している。現在650種類を超すワインがここで味わえ、そのすべてがドイツのワイン生産地のものであり、一部は装飾彫刻が施された**ワイン樽**に保管されている。ラーツケラーに漂う雰囲気は多くの芸術家や作家を刺激した。ヴィルヘルム・ハウフの書、『ブレーメン市庁舎ラーツケラーでの空想（Fantasies in the Bremer Ratskeller）』（1827年）はラーツケラーを舞台に書かれた。また、ドイツ印象派の画家マックス・スレフォークトはここからインスピレーションを得て、ハウフ・ルームにユーモラスなフレスコ画を描いた。

上院会議場
荘厳な上院会議場で新しい法律が通過した。2階はこの会議場が占める。

大型帆船の模型
天井から吊られた模型の船は、ブレーメンが大きな港町であることを思い出させる。

正面入り口

ラーツケラー
ゴシック様式のワインセラーには数百種のワインが保管されている。マックス・スレフォークト作のフレスコ画（1927年）がハウフ・ルームを飾る。

略年譜

1251年	1405-10年	1595-1612年	1620年	1905年	1909-13年	1927年
ブレーメン初の公共建築である市庁舎が落成する。	老朽化した市庁舎をゴシック様式で建て替える。	市庁舎が改築され、マルクト広場を見おろす新しいファサードが建設される。	ワイン保管のため、「バッカス」と、現在は「ハウフ・ルーム」となっている部屋が建造される。	ドイツ風アールヌーヴォー様式による黄金の間が完成する。	建物の東側に新市庁舎が建設される。	ハウフ・ルームにフレスコ画が完成する。

ドイツ 69

▲ ブレーメンのマルクト広場にあるローラント像

▲ ファサード
もとからあるゴシック様式の建物に、リューダー・フォン・ベントハイムが1595-1612年にヴェーザー・ルネサンス様式の荘厳なファサードをくわえた。

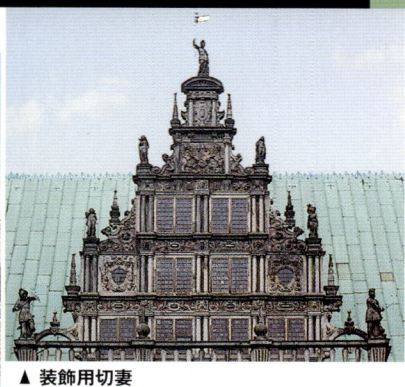

▲ 装飾用切妻

- 暖炉の間
- ゴブラン織りの間
- 「ソロモンの審判」

「ソロモンの審判」▶
上院会議場にあるソロモンの法廷を描いた16世紀の絵画は、この部屋がもつ議会と法廷というふたつの機能を表現したもの。

ブレーメンの音楽隊
市庁舎の北側には、グリム兄弟の童話『ブレーメンの音楽隊』で不朽のキャラクターとなった、ロバ、犬、猫、鶏の4匹の動物の青銅製の像がある。1951年にゲアハルト・マルクスが制作した。

黄金の間 ▶

上院会議場 ▶

暖炉の間 ▼
ゴブラン織りの間に隣接する優雅な暖炉の間。フランス産大理石の背の高い暖炉があるためこう呼ばれる。

- 装飾用切妻
建築家リューダー・フォン・ベントハイムが、市庁舎のファサードにフランドル様式の5段の階段状装飾用切妻をくわえて地方色を出した。

- 黄金の間
2階構成の黄金の間の下階には、修復時の1905年に画家ハインリヒ・フォゲラー（1872-1942年）が制作した、ユーゲント様式（ドイツのアールヌーヴォー）の典型的作品が見られる。金箔張りの革製壁紙は17世紀のものだ。

ゴブラン織りの間 ▶
この部屋では、見事な織りの巨大なタペストリーに目を奪われる。17世紀にパリのゴブラン織り工房で制作された作品だ。

ケルン大聖堂

ドイツ最大のゴシック様式（ゴシック様式、p.54参照）の聖堂は、類を見ないほど長く複雑な歴史をもつ。現在の大聖堂の礎石が置かれたのは1248年8月15日であり、1322年に内陣が献堂された。大聖堂の建造は1520年頃まで少しずつ進みはしたものの、19世紀まで完成することはなかった。見つかったゴシック様式の原設計図から判断すると、建物が完成したのは1842年から1880年にかけてのようだ。かつては世界一高い建物だったケルン大聖堂は、今日も世界最大の教会ファサードを誇る。

◀ ライン川から眺める大聖堂

大聖堂以前の教会

870年にこの地に最初の聖堂が完成する以前に、数軒の教会が建造されては壊された。現在のような巨大なゴシック様式の大聖堂が必要とされたのは、東方三博士の棺を見たいと訪れる巡礼者がひきもきらなかったからだ。

◀ 頂尖塔

▼ ゴシック様式の会衆席
樫の木の立派な会衆席は1308-11年の制作でドイツ最大のものだ。

▲ 東方三博士の棺
この巨大なロマネスク様式の聖骨箱は、ニコラス・フォン・ヴェルダンの1181-1220年の作で、東方三博士の遺骨を収めるためのものだ。12世紀に大聖堂が手に入れた三博士の遺骨によって、ケルンは巡礼の地となった。

◀ ミラノの聖母
初期ゴシック様式の見事な彫像であるミラノの聖母子像は1290年頃の作。現在は聖母マリア教会（マリエンカペレ）に展示されている。

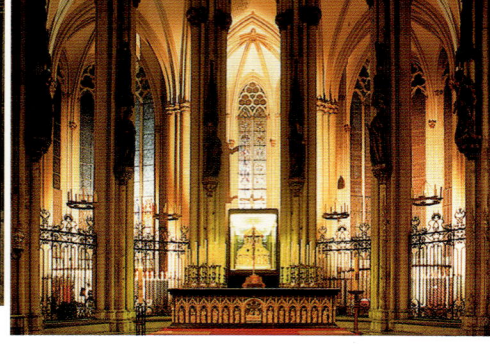

◀ 主祭壇
ゴシック様式の祭台は内陣献堂の頃のもので、聖母マリアの戴冠とそばに従う12使徒が描かれている。

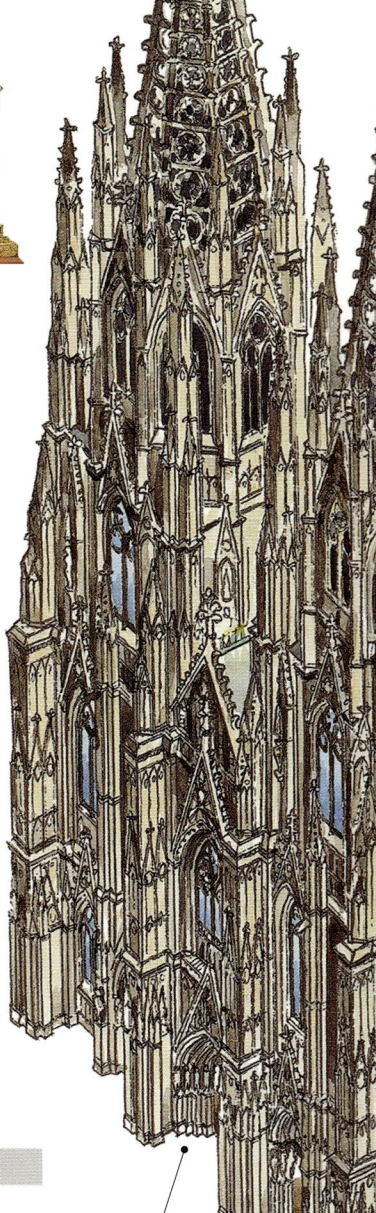

▲ 大聖堂内観

正面入り口

略年譜

1248年	1265年	1530年頃	1794年	1801年	1842-80年	1996年
東方三博士の遺骸を収めるための新しい大聖堂の建造が始まる。	内陣と隣接する礼拝堂の外壁が完成。	大聖堂の建造が高さ58メートルの南塔で休止する。	フランス革命戦争中、フランス軍が大聖堂を倉庫と厩舎として使用する。	大聖堂が再度献堂され、ケルン市民は大聖堂の完成を求める。	大聖堂の建設が中世の図面に従い再開され、完成する。	ケルン大聖堂がユネスコの世界遺産に登録される。

ドイツ 71

◀ 東方三博士の祭壇

▲ 宝物庫
大聖堂の13世紀の石造りの地下納骨堂に置かれた宝物庫には、金製品の膨大なコレクションが収められており、上の写真の大司教エンゲルベルトの聖骨箱（1630年頃）もそのひとつだ。

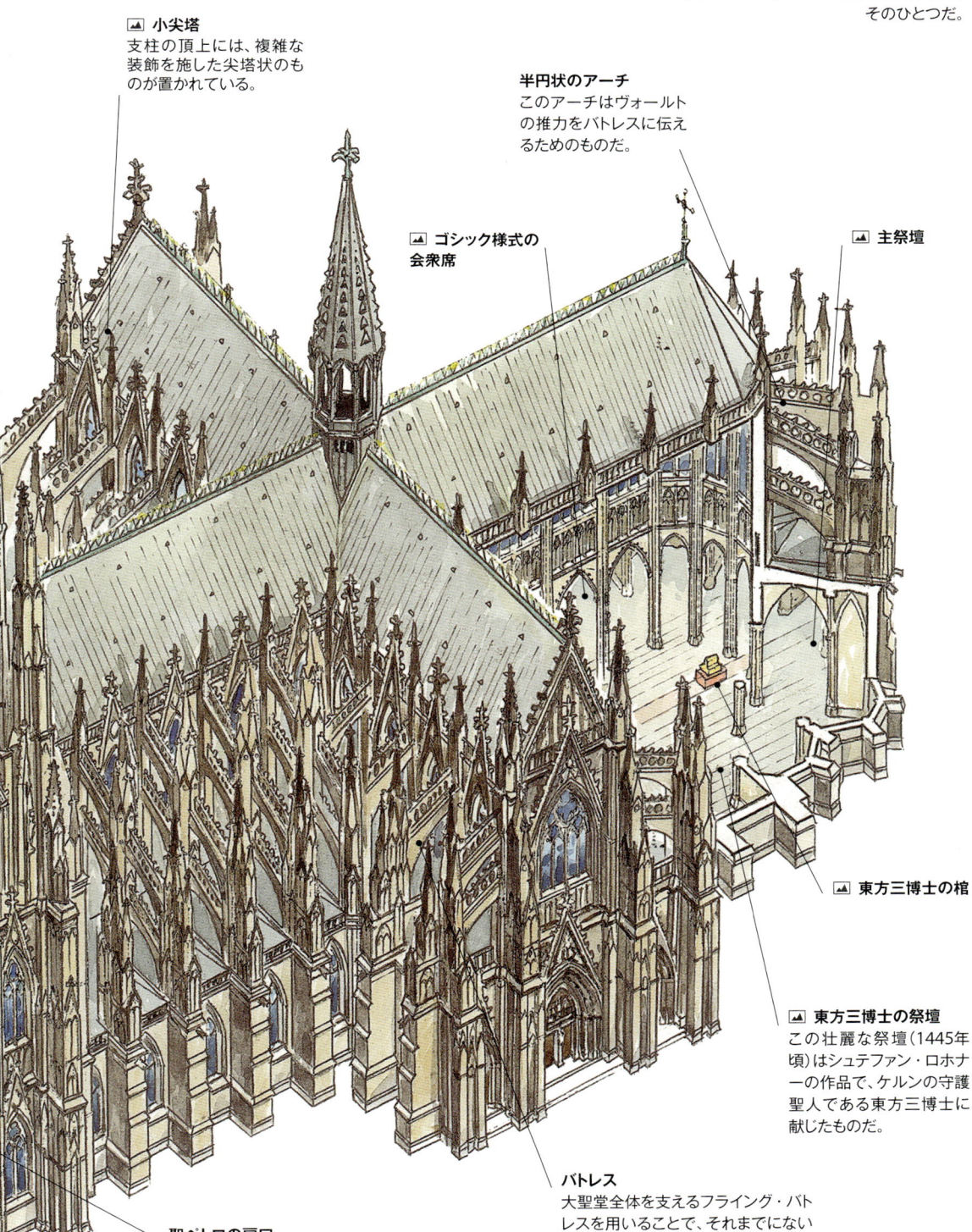

●大聖堂の鐘
1418年に東方三博士をたたえて鋳造された3.4トンの鐘は、「B」音に設定されている。大聖堂に隣接する鐘楼にかかっていたが、1437年には南塔に移された。11年後、これにヨーロッパ最大で重さ10トンの「プレシオーサ（貴い鐘）」がくわわった。この鐘は「G」音で、同時に鳴り始めると鐘はGメジャーの和音を奏でた。1449年には4.3トンの「スペシオーサ（美しい鐘）」もくわわった。この鐘は「A」音に設定され、ケルン大聖堂は、鐘が和音ではなくメロディを奏でる初の教会となった。初代の鐘は取り替えられている。

●内陣
大聖堂の礎石が置かれて30年ほどしてから、内陣の柱が、初期ゴシック様式のキリスト、聖母マリア、12使徒の像で飾られた。これらの大きな像は荘厳なローブをまとっている。像の頭上では天使の聖歌隊が楽器を奏で、聖母マリアの天界での戴冠を祝う天上の音楽を表している。戴冠自体は聖母子像に描かれており、1248年当時のこうした表現法は、パリのサント・シャペル教会にも見られるものだ。また、内陣の建物を支える12本の柱は12使徒を象徴するもので、キリスト教会でもっとも重要な柱である。

●東方三博士の棺
東方三博士の棺は西ヨーロッパ最大の聖骨箱であり、**主祭壇**付近に置かれている。貴石や半貴石がちりばめられたこの蓋つきの棺は、中世の金細工の傑作だ。側面は預言者と使徒の像や、三博士の礼拝とキリストの洗礼のようすで装飾されている。背面には、ケルンの大司教ライナルト・フォン・ダッセル（1159-67年）の肖像が描かれている。皇帝フリードリヒ1世（赤髭王）（在位1152-90年）の宰相である大司教は、1164年に、三博士の遺骸をミラノからケルンに運んだといわれている。毎年1月6日には、黄金の冠をかぶった三博士の頭蓋骨を収める棺が開かれる。

小尖塔
支柱の頂上には、複雑な装飾を施した尖塔状のものが置かれている。

半円状のアーチ
このアーチはヴォールトの推力をバトレスに伝えるためのものだ。

ゴシック様式の会衆席

主祭壇

東方三博士の棺

東方三博士の祭壇
この壮麗な祭壇（1445年頃）はシュテファン・ロホナーの作品で、ケルンの守護聖人である東方三博士に献じたものだ。

バトレス
大聖堂全体を支えるフライング・バトレスを用いることで、それまでにない高さをもった構造が可能になった。

聖ペトロの扉口
唯一14世紀後半の建造部である聖ペトロの扉口には、5体のゴシック様式の像がある。

ヴュルツブルク司教館

ドイツ・ロココ様式の傑作であるこの建物は、ふたりの領主司教、シェーンボルン家のヨハン・フィリップ・フランツとフリードリヒ・カールの兄弟が司教館として建造した。1720年から1744年にかけて建てられ、ヨハン・ルーカス・フォン・ヒルデブラントやマクシミリアン・フォン・ヴェルシュなど数人の建築家が監督した。しかし現在では、ヴュルツブルク司教館といえば、当時は若く無名だったが、バロック様式（バロック様式、p.80参照）のすばらしい階段室を造ったバルタザール・ノイマンの名があげられることが多い。

司教館庭園の彫像

●ティエポロ
ヴェネツィア生まれのイタリア人画家ジョヴァンニ・バッティスタ・ティエポロ（1696-1770年）は、ヴェネツィア派芸術最後の巨匠といわれる。ティエポロは、イタリアやドイツの教会や城、宮殿、別荘に多数の祭壇画やフレスコ画を制作した。ヴュルツブルク司教館の内装は、すべてティエポロの作といっても過言ではない。**皇帝の間**や**トレッペンハウス**（階段室）の天井の荘厳なフレスコ画も、1751年から1753年にかけてティエポロが描いたものだ。

●ロココ様式
司教館はドイツ・ロココ様式を代表する建築であり、その名にちなんだヴュルツブルク・ロココという様式さえある。天井一面に描かれたトロンプ・ルイユ（だまし絵）や巨大なドーム型の部屋がこの様式の特徴だ。ロココという言葉はフランス語の「ロカイユ」からきたもので、「岩石の作品」を意味する。この様式では、内部とファサードに抽象的な貝のような模様や曲線を用いる。絵画の題材では、木や花、中国の景色が一番人気が高かった。漆喰職人や木彫り職人は質の高いすばらしい作品を生み出し、建築家や画家と同等の敬意を払われていた。

●パトロン
ヴュルツブルク司教館の建造に関わった者の多くは、18世紀にマイン、ライン、モーゼル川流域を治め、有力な領主や選帝侯を輩出したシェーンボルン家の人々だった。1719年にヴュルツブルクの領主司教となった、ヨハン・フィリップ・フォン・シェーンボルンもそのひとりだ。ヨハン・フィリップのあとは、ヴュルツブルク司教館建造計画の立役者のひとりである、弟のフリードリヒ・カールが継いだ。ふたりはヨーロッパ中の名だたる建築家や画家と契約し、さまざまな芸術の要素をまとめてひとつとする独特な芸術を生み出し、これがのちに「総合芸術」となる。司教館は第二次世界大戦の戦火で荒廃し、1950年から1987年にかけて、2000万ユーロもの費用をかけた大がかりな再建計画が実行された。今日、40の部屋が一般公開され、18世紀の見事な家具やフレスコ画、タペストリーなど、すばらしい作品の数々を目にすることができる。

◀ 皇帝の間

フレスコ画の細部
ティエポロはユーモアのセンスももち合わせていたらしく、階段室のフレスコ画のなかには、建築家バルタザール・ノイマンが砲兵隊将校の制服を着て、横に飼い犬を連れている姿もある。

▼ ヴェネツィアの間
ヴェネツィア・カーニバルを描いたタペストリーから名をとった部屋。装飾用パネルの絵はルドルフ・ビスの弟子であるヨハン・タールホファーは描いた。

▼ トレッペンハウス
ヴェネツィア派の画家、ジョヴァンニ・バッティスタ・ティエポロによる世界最大のフレスコ画が階段室の天井を飾る。4大陸を寓意的に描いている。

▲ 庭園の間
低いヴォールト天井を細い大理石の円柱が支える部屋。アントニオ・ボッシが1749年にロココ様式の漆喰細工を施した。天井画は、1750年にヨハン・ツィックが描いた「神々の食膳」と「女神ディアナの休息」。

宮廷礼拝堂 ▶

略年譜

1720-44年	1732-92年	1751-53年	1765年	1945年	1981年	2003年
ヴュルツブルク司教館が建造される。	司教館の庭園が造営され景観整備が行われる。	司教館の天井にティエポロがフレスコ画を描く。	ルドヴィコ・ボッシが階段室の漆喰細工の装飾を監督。	司教館が第二次世界大戦中の爆撃によって損傷を受ける。	司教館がユネスコの世界遺産に登録される。	階段室にあるティエポロのフレスコ画の修復が始まる。

ドイツ 73

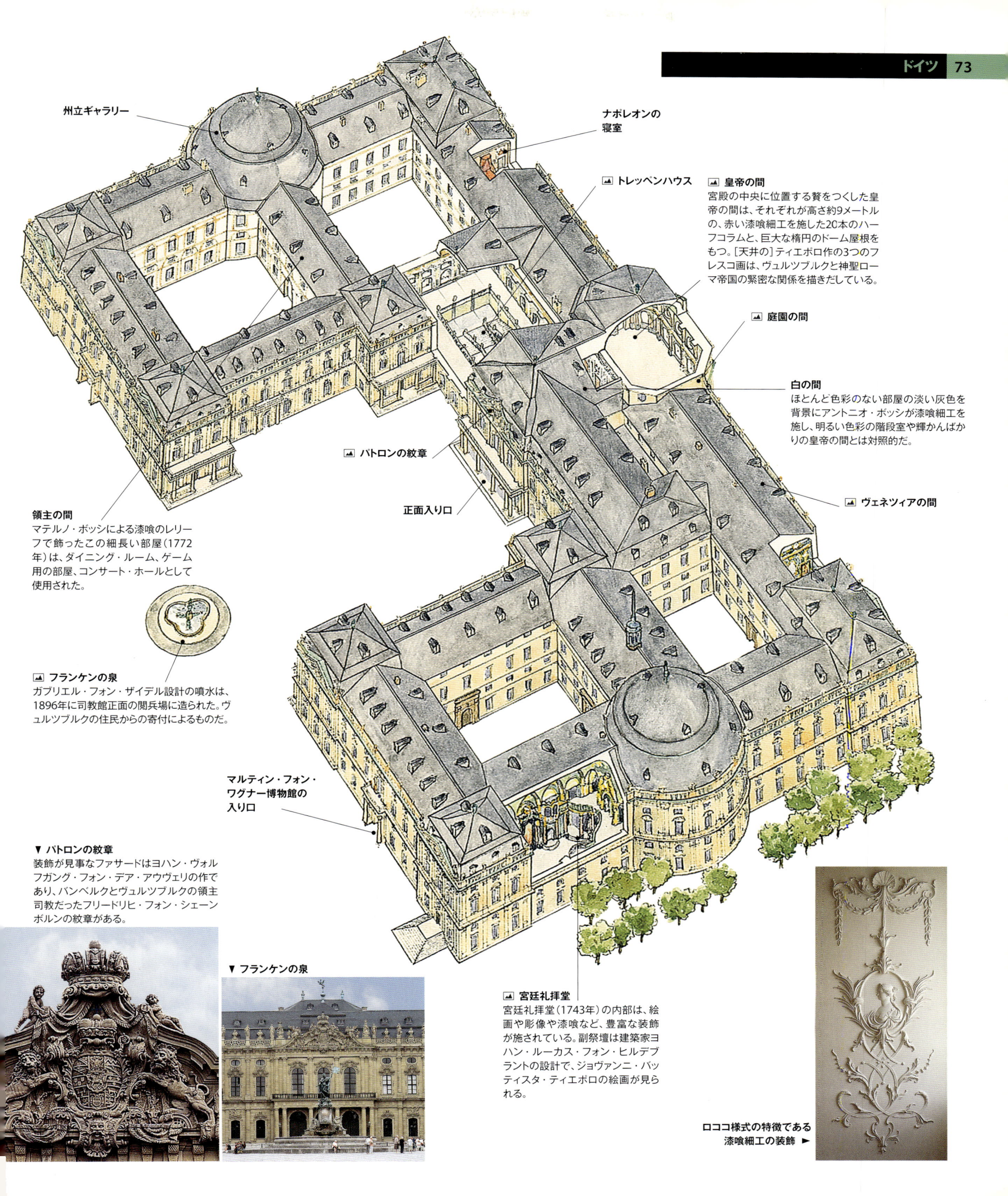

州立ギャラリー

ナポレオンの寝室

トレッペンハウス

皇帝の間
宮殿の中央に位置する贅をつくした皇帝の間は、それぞれが高さ約9メートルの、赤い漆喰細工を施した20本のハーフコラムと、巨大な楕円のドーム屋根をもつ。[天井の]ティエポロ作の3つのフレスコ画は、ヴュルツブルクと神聖ローマ帝国の緊密な関係を描きだしている。

庭園の間

白の間
ほとんど色彩のない部屋の淡い灰色を背景にアントニオ・ボッシが漆喰細工を施し、明るい色彩の階段室や輝かんばかりの皇帝の間とは対照的だ。

パトロンの紋章

正面入り口

ヴェネツィアの間

領主の間
マテルノ・ボッシによる漆喰のレリーフで飾ったこの細長い部屋(1772年)は、ダイニング・ルーム、ゲーム用の部屋、コンサート・ホールとして使用された。

フランケンの泉
ガブリエル・フォン・ザイデル設計の噴水は、1896年に司教館正面の閲兵場に造られた。ヴュルツブルクの住民からの寄付によるものだ。

マルティン・フォン・ワグナー博物館の入り口

▼ **パトロンの紋章**
装飾が見事なファサードはヨハン・ヴォルフガング・フォン・デア・アウヴェリの作であり、バンベルクとヴュルツブルクの領主司教だったフリードリヒ・フォン・シェーンボルンの紋章がある。

▼ **フランケンの泉**

宮廷礼拝堂
宮廷礼拝堂(1743年)の内部は、絵画や彫像や漆喰など、豊富な装飾が施されている。副祭壇は建築家ヨハン・ルーカス・フォン・ヒルデブラントの設計で、ジョヴァンニ・バッティスタ・ティエポロの絵画が見られる。

▶ ロココ様式の特徴である漆喰細工の装飾

ヨーロッパ

ハイデルベルク城

街を見おろす赤い砂岩の壮大な建物は、12世紀から17世紀にかけて建造された広大な住居施設だ。本来はきわめて堅牢なゴシック様式（ゴシック様式、p.54参照）の城だったもので、現在はほぼ廃墟になっているものの、ここは宮中伯ヴィッテルスバッハ家の居城だった。16世紀の改築を経て、城はドイツでも並ぶものがないほど美しいルネサンス様式（ルネサンス様式、p.131参照）の住居となった。しかしその壮麗さは30年戦争（1618-48年）と1689年のフランスとの戦争で失われ、城の大半は破壊された。

ルプレヒト3世の紋章

● ハイデルベルクのロマン主義
ハイデルベルクはドイツきってのロマン主義の街として広く知られる。ハイデルベルク城は、19世紀初頭の、過去を見直そうとする気運には恰好のシンボルとなり、アヒム・フォン・アルニム、クレメンス・ブレンターノ、ルートヴィヒ・ゲレス、ヨーゼフ・フォン・アイヒェンドルフといった詩人たちは、ここをドイツ・ロマン主義の揺籃の地に見立てた。この廃城は、ドイツの芸術、知識、政治の原点回帰を象徴するものとなり、また詩人たちが目にしたいと願う場となった。シャルル・ド・グライムベルク伯が、これ以上城の石が盗まれるのを防ぎ、廃墟を保存しようと行動を起こしたのもちょうどこの頃だ。廃墟となった今でさえ、不規則に広がる城の眺めは非常に壮観だ。かつては王の住む重要な城だったこの建築群は、17世紀にフランス軍に破壊されて以降廃墟とはなったものの、ドイツ一堂々たる外観を誇っている。

● ルプレヒト3世
ハイデルベルク城の歴史における最重要人物のひとりが、ヴィッテルスバッハ家の一員である選帝侯ルプレヒト3世だ。1352年にアンベルクで生まれたルプレヒトは1398年にプファルツ選帝侯となり、1400年の神聖ローマ帝国皇帝ヴェンツェルとの戦争では、先鋒となり勝利した。ルプレヒトは領地で皇帝に選ばれたものの、神聖ローマ帝国全土でそれが認められたわけではなかった。皇帝の座にかつての栄光をとりもどせぬまま、1410年にオッペンハイムで亡くなった。

● 様式の変化
ゴシック様式の**ルプレヒト館**内部には城の模型がふたつあり、年月の経過とともに城にくわわったさまざまな変化を見せてくれる。1524年、ルートヴィヒ5世は、ルートヴィヒ館として有名な住居用の棟を増築した。ガラスの広間館（1549年）の名はこの館にある鏡の間にちなんでおり、ここでは建築様式がゴシックからルネサンスへと移ったことがうかがえる。**オットハインリッヒ館**はドイツの初期ルネサンス建築の傑作であり、**フリードリヒ館**のファサードは、後期ルネサンス様式の典型だ。その先には**イギリス館**があり、ここではなにをおいてもフリードリヒ5世（在位1613-19年）の庭園が一番美しく、かつては世界8番目の不思議ともいわれていた。

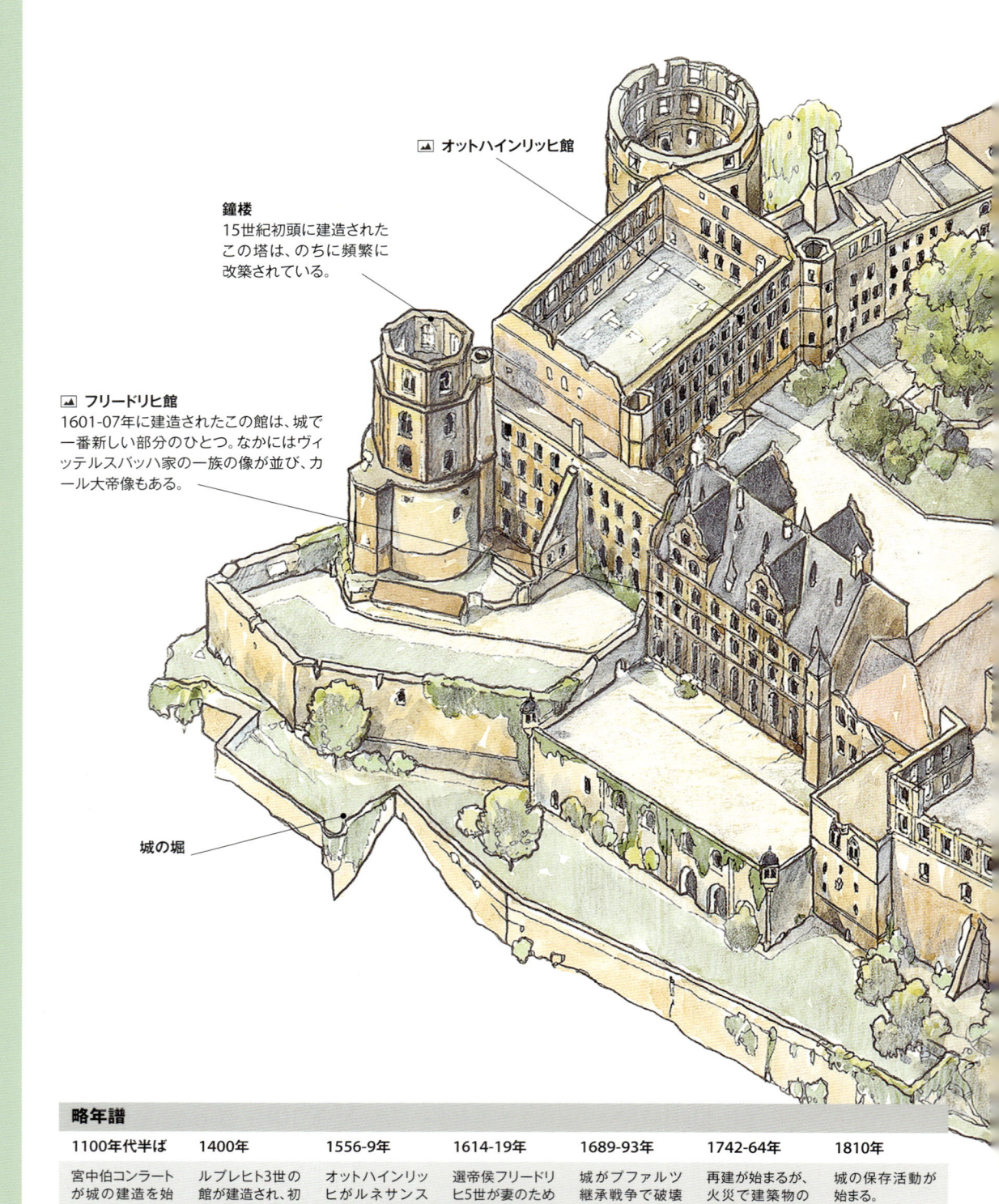

オットハインリッヒ館

鐘楼
15世紀初頭に建造されたこの塔は、のちに頻繁に改築されている。

フリードリヒ館
1601-07年に建造されたこの館は、城で一番新しい部分のひとつ。なかにはヴィッテルスバッハ家の一族の像が並び、カール大帝像もある。

城の堀

略年譜

1100年代半ば	1400年	1556-9年	1614-19年	1689-93年	1742-64年	1810年
宮中伯コンラートが城の建造を始める。	ルプレヒト3世の館が建造され、初めて王宮として使用されることになる。	オットハインリッヒがルネサンス様式の館を建造する。	選帝侯フリードリヒ5世が妻のために庭園を造営。	城がプファルツ継承戦争で破壊される。	再建が始まるが、火災で建築物のいくつかが焼失する。	城の保存活動が始まる。

ドイツ 75

火薬塔
14世紀、ルプレヒト選帝侯時代に建造されたこの塔は、かつては城の護りに使われた。1764年に落雷で損壊し、その後街の人々がここから石をもち去り建材とした。

▲ フリードリヒ館

井戸の棟
このゴシック様式の開廊の柱は初期ロマネスク様式だが、これはインゲルハイムのカール大帝の宮殿からもってきたものだ。

▲ オットハインリッヒ館
ドイツ薬事博物館はこのルネサンス様式の建物のなかにある。バロックとロココ様式の調剤室を見ることができる。

城門塔

正面入り口

ルプレヒト館
1400年頃フランクフルトの大工親方が建造。城で現存する最古の部分だ。

◀ 火薬塔

▼ ルプレヒト館

▲ 全景
ハイデルベルク城の廃墟はまるで絵を見るようだ。その堂々たる建物は町を一望する位置にあり、テラスに立てば、中世のハイデルベルクの面影を残す旧市街の美しい眺めが広がる。

イギリス館 ▶

ワインの大樽
フリードリヒ館の左手にある階段をのぼるとワインセラーがあり、そこにはワインの大樽が保管してある。歴代の選帝侯は優れたワインに並々ならぬ愛情を注いだ。1750年建造のこのワインセラーも、22万1000リットルのワインを貯蔵する。ワインは樽から王の間まで引かれた管で運ばれた。

イギリス館
廃城内でもひときわ立派な建物は、17世紀にフリードリヒ5世が妻エリザベス・スチュアートのために建造した館だ。

聖霊教会 ▶
ハイデルベルクの旧市街にある15世紀初頭の教会には、プファルツ選帝侯の墓が置かれている。

ノイシュヴァンシュタイン城

シュヴァンゼー(白鳥湖)湖岸の山の上に建つ、おとぎ話に出てくるようなノイシュヴァンシュタイン城は、1869-91年に変わり者のバイエルン王ルートヴィヒ2世が建造した城であり、劇場設計士のクリスチャン・ヤンクが設計を手がけた。王は、1867年に訪れたチューリンゲンのワルトブルク城に刺激を受けて、この堂々とした居城の建造を決めたと思われる。しかしノイシュヴァンシュタイン城はありきたりの城ではない。淡い灰色の花崗岩の外壁のなかには多様な様式が用いられ、19世紀後半の革新的テクノロジーがいくつも備わっているのである。

玉座の間
玉座の間の金箔張りの内装は、ビザンティン様式の聖堂や、ミュンヘンのレジデンツに隣接する諸聖人宮廷教会を思い起こさせる。

玄関ホール
玄関ホールと城内の部屋の壁は、ドイツの神話や伝説を題材とした絵画でおおわれ贅がつくされている。

歌人の間

王の書斎

白鳥のモティーフ
ルートヴィヒは白鳥に魅了されていた(このため早くから、白鳥の騎士、ローエングリンに自らを重ね合わせていた)。白鳥を純潔のシンボルとし、さらには自身を、紋章を白鳥としたシュヴァンガウ卿の継承者とみなしたためでもあった。その結果、城内部の装飾のいたるところに白鳥のモティーフが用いられたのである。

ケメナーテ
ルートヴィヒの死後完成した。いわゆる「婦人用の間」で、アーチ状の窓と列柱を配したバルコニーがある。

騎士の間
この3階建ての建物はゲートハウスと本館とをつなぐ。大広間や配膳室として造られた。

ダイニング・ルーム

ルートヴィヒの子ども時代の居城
1832年に、ルートヴィヒの父親がバイエルン地方のシュヴァンガウの村にあった12世紀の要塞の廃墟を買い取り、ネオ・ゴシック様式(ゴシック様式、p.54参照)で再建した。このホーエンシュヴァンガウ城にはさまざまな伝説を描いたフレスコ画があり、子ども時代のルートヴィヒはすっかりこれに魅了されたのである。
ホーエンシュヴァンガウ城

拱廊
2階建ての拱廊が城を囲む。

中庭

ゲートハウス
1872年に完成。一時は王の宿泊所として使われ、3階に王の居室があった。

ドイツ 77

◉ルートヴィヒの建築熱
バイエルン王ルートヴィヒ2世（1845-86年）は、ノイシュヴァンシュタイン城近くのリンダーホーフの離宮やバイエルン東部にあるヘレンキームゼー宮殿はじめ、度胆をぬくような建物を建造したことでよく知られている。ノイシュヴァンシュタイン城では中世の城の建築様式を再現しようとした一方で、ヘレンキームゼーはフランスのヴェルサイユ宮殿に影響を受けている［**城外観**］。本来は狩猟館だったリンダーホーフは、1869年以降繰り返し改築され、内部はほぼルートヴィヒのファンタジーの世界といえる。ヘレンキームゼー同様、ルイ14世のフランス・ロココ様式（ロココ様式、p.72参照）に受けた影響が一番大きく、それは**タペストリーの間**を飾るゴブラン織りのタペストリーによく表れている。

◉現代的な城
ノイシュヴァンシュタインの「中世の城」というイメージは外観だけであり、ファサードの背後にあるのは、当時の最先端テクノロジーだ。たとえば、王室の居室はセントラルヒーティング完備であり、どの階にも水道が引かれ、厨房には温水と冷水が供給されている。**ダイニング・ルーム**には、料理などを運ぶ小型エレベーターつきの厨房がある。城の4階と5階には電話の差込口と電動ベルのシステムもあり、これはルートヴィヒが従者や補佐官を呼ぶために使ったものだろう。

◉城内の絵画
ルートヴィヒが選ぶ内装は、ドイツ人作曲家リヒャルト・ワーグナー（1813-83年）のオペラに影響を受けていた。とはいえ、ルートヴィヒは舞台背景画家クリスチャン・ヤンクに内装を命じはしたが、大半の天井画はオペラの場面ではなく、ワーグナー自身が題材とした中世の北欧伝説からとられたものだった。そこにはタンホイザーや詩人、ローエングリン、白鳥の騎士、パルシファル、聖杯王などが描かれている。**歌人の間**の天井に描かれているのは、13世紀にワルトブルク城で開催された伝説的な歌合戦のようだ。そして王の部屋を、ワーグナーのオペラ「ローエングリン」（1846-48年）の場面が飾る。ヨーゼフ・アイグナーやフェルディナント・ピロティをはじめとする画家たちが腕をふるった。

城外観 ▶
ノイシュヴァンシュタイン城はおとぎ話の城そのものだ。模型や本のイラスト、映画のセットのモデルになったことも数えきれない。

玉座の間 ▶

▼ 玄関ホール

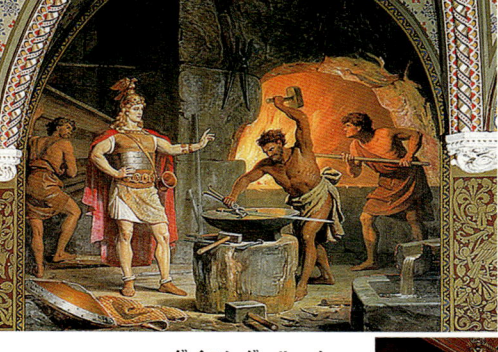

▲ 中庭
城の中心には、高さ90メートルもの塔をもつゴシック様式の教会が建造される予定だった。それは実現しなかったが、1988年にその場所が白い石で印された。

ダイニング・ルーム ▶
宮殿部分のほかの多くの部屋と同じく、ダイニング・ルームにも見事な絵画や、精緻な彫刻が施されたパネル、美しい装飾の家具が置かれている。そのどれもが19世紀の職人たちの腕と芸術的才能を証明するものだ。

▲ 歌人の間
この部屋は、アイゼナハのワルトブルク城の歌人の間をモデルにしている。

◀ ルートヴィヒのもうひとつの宮殿、リンダーホーフにあるタペストリーの間

正面入り口

略年譜

1868年	1869年	1873年	1880年	1884年	1886年	1891年
ルートヴィヒが新しい城の建造計画を発表する。	礎石が置かれ、王は城の建造が3年で完了することを希望する。	ゲートハウスが建造され、王は何年もここに住んだ。	城の5階部分が完成し記念の式典が行われる。	ルートヴィヒは城に住むが、まもなく不審な状況で死を迎える。	ルートヴィヒ2世の死から7週後、城は観光客に公開される。	城が完成するが、多くの部屋は家具も装飾もないままである。

おとぎ話に出てくるような
ノイシュヴァンシュタイン城の壮大な眺め

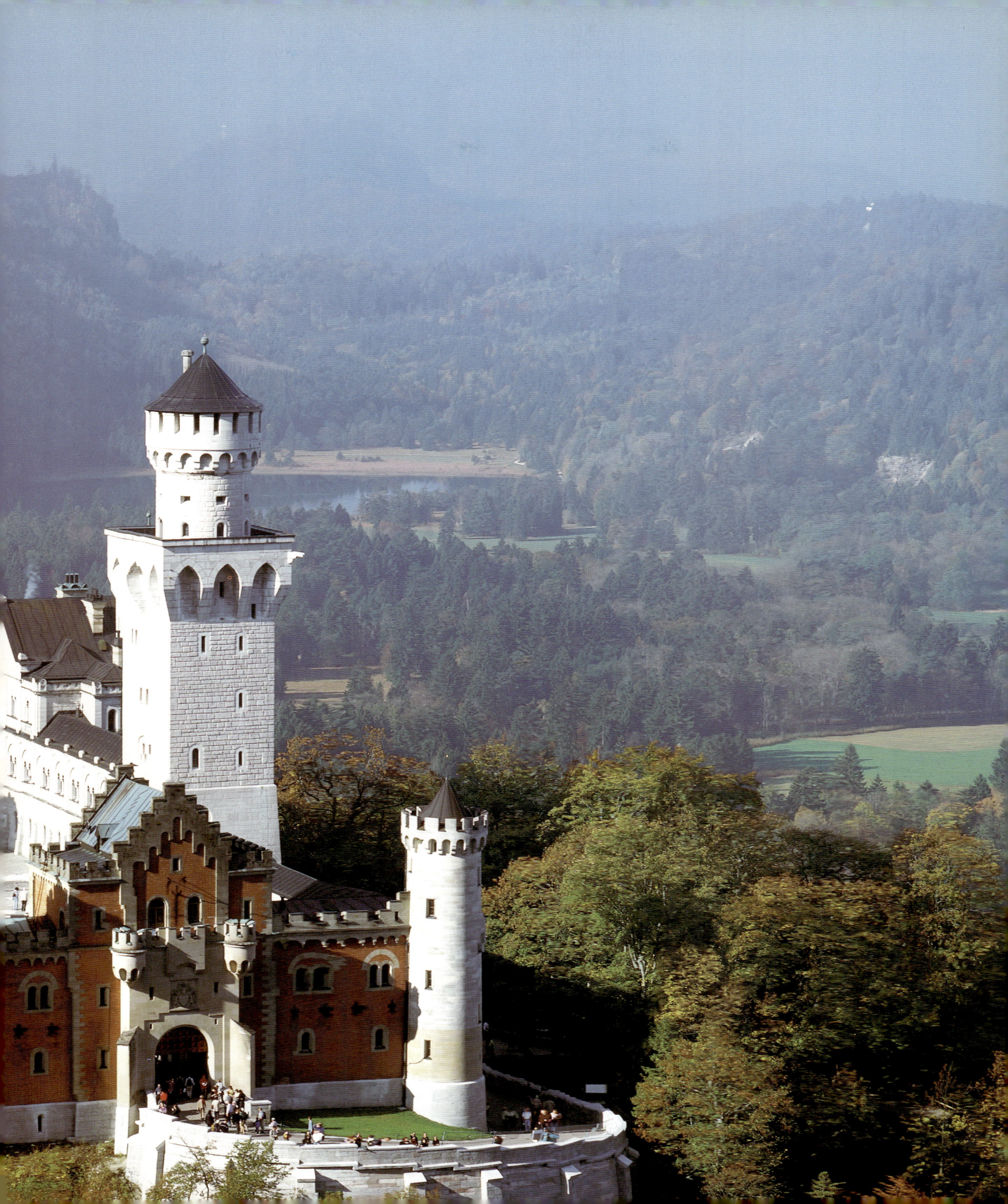

80　ヨーロッパ

ザンクト・ガレン修道院

720年創設のザンクト・ガレンのベネディクト会修道院はヨーロッパでもきわめて重要な修道院のひとつであり、また芸術や文学、科学の中心でもあった。計り知れないほど貴重な図書が集められ、写本をするために修道士たちが広く遠くから訪れた。その書の多くは現存する。9世紀建造のロマネスク様式の教会と修道院は、地下聖堂だけが残っている。現在のバロック様式の大聖堂と修道院は、建築家ペーター・トゥンプとヨハン・ミヒャエル・ベーアによって1766年に完成したもので、ロココ様式(ロココ様式、p.72参照)の装飾が非常に美しい。

バロック様式の告解室

●地下聖堂
現在ザンクト・ガレン修道院がある場所には、830年から837年にかけてロマネスク様式の修道院聖堂が建設されたが、数度の大火でその大半が焼失した。この建物のうち損壊を免れ唯一現存するのが、9世紀から10世紀にかけて建造された**地下聖堂**であり、ここを取り込む形でバロック様式の大聖堂が建っている。大聖堂の司教たちはこの地下聖堂に永眠の場を求め、これは現在まで続く伝統となっている。大聖堂の埋葬者のなかには、修道院の創設者である大修道院長オトマールがいる。彼は死後10年の769年に、現在の西回廊の地下にある聖オトマールの地下聖堂に埋葬された。ここには2003年に亡くなったオトマール・メーダー司教も葬られている。

●修道院の図書館
18世紀後半に建造された修道院の図書館は、天井のフレスコ画や複雑な漆喰細工、木彫刻や象眼細工など、非常に豊富な装飾が施されている。クルミとサクラの木の書架が天井までとどく、2階建ての読書室はとりわけ圧巻であり、約13万冊もの革装丁の書と2000冊の写本が収蔵されている。そのなかには『ニーベルンゲンの歌』の写本や、ドイツに現存する最古の書物とされる対訳表『アブロガンス』(紀元790年)といった貴重な書がある。なかでもよく知られているのが「ザンクト・ガレン修道院平面図」であり、ベネディクト会修道院の理想的配置を示す平面図だ。9世紀初頭に、それ以前に書かれた図を修道士が写したもので、この平面図がザンクト・ガレン修道院建設の青写真とされたと考えられている。

●バロック様式
バロックは、17世紀の大半と18世紀初期に主流となった様式だ。イタリアでは、1630年から1680年にかけての盛期バロックがこの様式の黄金時代だったが、ドイツでは、1700年代に入ってからもかなり長く後期バロック様式が栄えた。バロック様式建築では、ダイナミックで曲線が美しい形や、変形切妻を用いるのが特徴だ。そしてさまざまな芸術を融合させた「総合芸術」によってひとつの豊かな建築を生み出し、装飾や彫刻も自由に用いられた。

聖ガルス
ヴァラフリート・ストラボの『ガルスの生涯』(835年)によると、聖オトマールの修道院は、ガルス(560-650年頃)という名の修道士(のちに列聖され聖ガルスとなる)が612年に僧坊を建てた場所に建造されたという。

🔺 **主祭壇**
主祭壇上の「聖母被昇天」の絵はフランチェスコ・ロマネッリの作。1645年に描かれたが、のちに大きく手がくわえられた。

🔺 **玉座**
聖歌隊席には、フランツ・ヨーゼフ・アントン・フォイヒトマイヤーが制作し、フランツ・ヨーゼフ・ステールツァーが絵画装飾を施したふたつの玉座が置かれている。

スイス 81

聖歌隊席 ▶
クルミの木が使われたバロック様式の聖歌隊席（1763-70年）は、絵画と金箔で装飾されている。フランツ・ヨーゼフ・アントン・フォイヒトマイヤーとフランツ・ヨーゼフ・ステールツァーの作。

▲ 地下聖堂
大聖堂の下には初期教会の地下聖堂がある。祭壇上の壁には10世紀のフレスコ画の一部が残る。

告解室
身廊にある11室のバロック様式の告解室は、1761-3年にフランツ・ヨーゼフ・アントン・フォイヒトマイヤーとアントン・ディルが制作した円形浮き彫りをいただく。

主祭壇 ▶

天井のフレスコ画 ▶
天井を飾るのはヨーゼフ・ヴァーネンマッヒャーのフレスコ画。

説教壇

正面入り口

天井のフレスコ画

聖歌隊席

説教壇 ▶
ロココ様式の見事な説教壇。福音書記者や天使の像で飾った、アントン・ディルの1786年の作品だ。

▲ 玉座

略年譜

720年頃	816-37年	1529年	1755-67年	1758-67年	1805年	1824年	1983年
修道士オトマールが、聖ガルスの聖遺物を収める修道院を建造する。	バシリカ聖堂をもつベネディクト会修道院が建造される。	ザンクト・ガレンの人々が修道士たちを追い出すが、修道士は1532年にもどる。	豪奢な身廊をもち漆喰細工が施されたバロック様式の修道院聖堂が建造される。	修道院の図書館が建造され、彩色写本の貴重なコレクションを収蔵する。	ナポレオンの影響下、修道院が解体される。	修道院聖堂が司教座聖堂となる。	ザンクト・ガレン修道院がユネスコの世界遺産に登録される。

ヨーロッパ

シュテファン大聖堂 [ウィーン]

ウィーンの中世の街の中心に位置するシュテファン大聖堂はウィーンの魂そのものだ。この大聖堂が主祭壇下の納骨堂に、絶大な権力を有したハプスブルク家の人々の内臓を埋葬しているのも偶然ではない。教会は800年以上もこの場所に建っているが、13世紀建造のロマネスク様式部分で現存するのは、巨人の門と異教の塔のみだ。ゴシック様式の身廊と内陣、付属礼拝堂は、14、15世紀に行われた大規模な改築によるものである（ゴシック様式、p.54参照）。高いヴォールト天井の聖堂内には、数世紀におよぶ芸術作品のコレクションがあり、圧倒される。

◉建設公ルドルフ

1359年に、のちに建設公ルドルフとして知られることになるオーストリア公ルドルフ4世が、当時ロマネスク様式（ロマネスク様式、p.122参照）の教会があったところに、それより大規模なゴシック様式（ゴシック様式、p.54参照）教会建造のための礎石を置いた。1339年生まれのルドルフは1358年にオーストリア公となり、シュテファン教会をパッサウの司教区から独立させて司教座聖堂とするために、根気強い戦いを続けた。しかしウィーンが独立した教区となるのは、フリードリヒ3世治世下の1469年のことだった。1365年のルドルフの死にさいして、ルドルフの記念碑が主祭壇の前に置かれたが、1945年にこれは女性聖歌隊席に移された。ルドルフは、オーストリア公用納骨堂の、妻カタリナのとなりに眠っている。

◉カタコンベ

大聖堂地下の巨大なカタコンベは、1470年頃に、ウィーンの墓地が手狭になったために掘られたものだ。それ以降、1783年に皇帝ヨーゼフ2世がこの習慣をやめさせるまで、300年の間ウィーン市民はカタコンベに葬られ、およそ1万人の市民がここに眠っている。この中央には、1363年にルドルフ4世が建造したハプスブルク家の納骨堂がある。ここには、ハプスブルク家初期の人々の15個の石棺と、56個の壺が置かれている。壺に納められているのは、1633年以降カプチン教会の皇室納骨堂に埋葬された、ハプスブルク家後期の人々の内臓だ。ウィーンの大司教は、1953年に建造された、使徒の聖歌隊席下の司教用納骨堂に埋葬されている。

◉アントン・ピルグラム

大聖堂建造に関わった職人の中心的人物が、ブリューン出身の大工親方アントン・ピルグラム（1460-1515年頃）だ。身廊にあるピルグラム作の砂岩製説教壇（1514-5年）は、教会の4人の教父の肖像が彫られており（4人の神学者に4つの性格を表現している）、後期ゴシック様式の石彫刻の傑作とされている。ピルグラムは、説教壇の階段下に「窓の監視者」として自身の顔を彫りつけている。大聖堂にはほかにもピルグラムの肖像がある。建設と彫刻に関わったピルグラムが、窓から教会をのぞきこんでいるのだ。ピルグラムは、この作品に「MAP 1513」というモノグラムのサインを残している。

カピストラノの聖ヨハネ

内陣外壁にある説教壇は、1456年にベオグラードでキリスト教徒がトルコに勝利した後に建造されたものだ。イタリア人フランシスコ会修道士、カピストラノのヨハネ（1386-1456年）が1451年にオーストリアを訪問したさいに、侵攻するトルコ軍に説教したのがこの場所だといわれている。カピストラノはペルージアの市長に任命されたが、和平交渉のさいに投獄された人物だ。聖フランチェスコの夢を見たためフランシスコ修道会に入り、1425年に司祭となって、1454年には対トルコ十字軍を招集した。説教壇の上の彫像は、この逸話をもとに、トルコ軍を踏みちらすカピストラノを表現している。カピストラノは1690年に列聖された。

カピストラノの聖ヨハネの16世紀の彫像

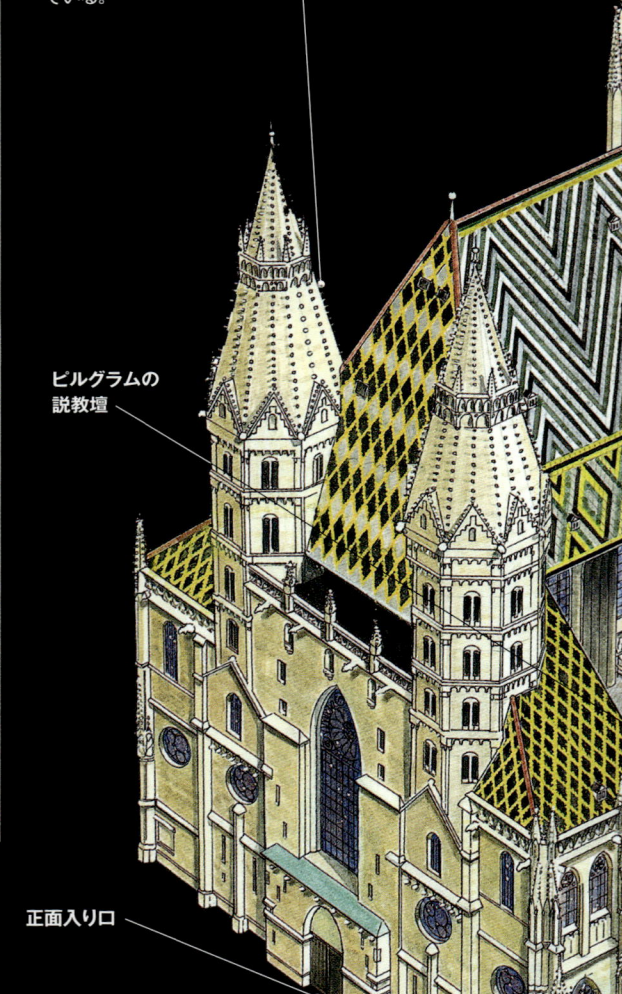

ルドルフ4世の彫像

異教の塔
この塔は巨大な巨人の門とともにロマネスク様式教会の一部で、以前にあった異教の神殿跡に建っている。

ピルグラムの説教壇

正面入り口

シンボル・ナンバーの「05」
1945年に刻まれたオーストリアのレジスタンス活動のマーク。

オーストリア 83

歯痛のキリスト像
苦悶の表情を浮かべた「歯痛のキリスト像」は、自分をからかった者を、歯痛を与えて罰するのだという。罪をあがなわなければ痛みは治らない。このキリスト像は北塔の下にある。

◀ 頂尖塔

北塔
言い伝えによると、職人親方のハンス・プクスバウムが神の御名を口にして悪魔との契約を破ったために、「ワシ」の塔は完成することがなかったという。悪魔はプクスバウムを突き落して殺した。

◀ ピルグラムの肖像

◀ カタコンベ入り口

ピルグラムの肖像 ▶
大工親方のアントン・ピルグラムは自身の肖像を残している。本来のオルガン台の下に定規とコンパスをもつ姿がある。

「シュテッフェル」（頂尖塔）▶
高さ137メートルのゴシック様式の頂尖塔は有名なランドマークだ。展望台まで階段でのぼることができる。

ウィーナー・ノイシュタットの祭壇 ▶
フリードリヒ3世が1447年に、北身廊の先端にこの精緻な彫刻を施した祭壇の制作を命じた。絵が描かれた扉のなかには、それ以前の時代に彫られたキリストの生涯が見える。写真は「東方三博士の礼拝」(1420年)。

▲ タイル張りの屋根
25万枚近くもある光沢のあるタイルが屋根をおおう。タイルは第二次世界大戦末期に損傷を受けたため、綿密な修復が施された。

主祭壇
黒大理石製で1640-60年に制作された。聖シュテファンの殉教を描いたトビアス・ポックの祭壇画が飾る。

カタコンベ ▲

聖歌隊門 ▶

下階聖具室

◀ 聖歌隊門
かつては男性用の入り口だった。扉上のレリーフは聖パウロの生涯を詳細に描いている。

略年譜

1137-47年	1300年代	1433年	1556-78年	1722年	1945-60年	2001年
初代のロマネスク様式の教会が建造される。	内陣をはじめ、ゴシック様式の増築部分の建造が始まる。	南塔の頂尖塔「シュテッフェル」が完成。	北塔にドームが増築される。	教会が司教座聖堂に昇格する。	第二次世界大戦中に損壊したため大聖堂が修復される。	大聖堂がユネスコの世界遺産に登録される。

シェーンブルン宮殿 ［ウィーン］

ここはハプスブルク家の夏の離宮であり、敷地内にある美しい泉にちなんだ名がつけられている。レオポルド1世は1695年に、バロック様式の建築家ヨハン・ベルンハート・フィッシャー・フォン・エアラッハに、ここに住居の設計を依頼した。しかしこの宮殿が完成したのは、18世紀半ばに、女帝マリア・テレジアがロココ様式（ロココ様式、p.72参照）の建築家ニコラウス・パカッシを雇ってからのことだった。見事な庭園がこの宮殿をひきたてている。

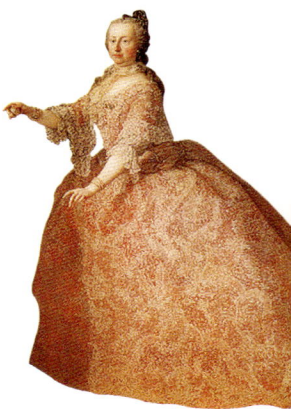

女帝マリア・テレジア

▲ 大ローザの間

シェーンブルン宮殿ガイド

青の階段室の右にある続き部屋は、かつてはフランツ・ヨーゼフ1世とエリザベートが使用していた。東翼には、マリア・テレジアの寝室とカール大公の部屋もある。

注
- 皇妃エリザベートの居室
- フランツ・ヨーゼフ1世の住居
- 儀式および迎賓の間
- マリア・テレジアの部屋
- カール大公の部屋
- 観光客の立ち入り禁止区域

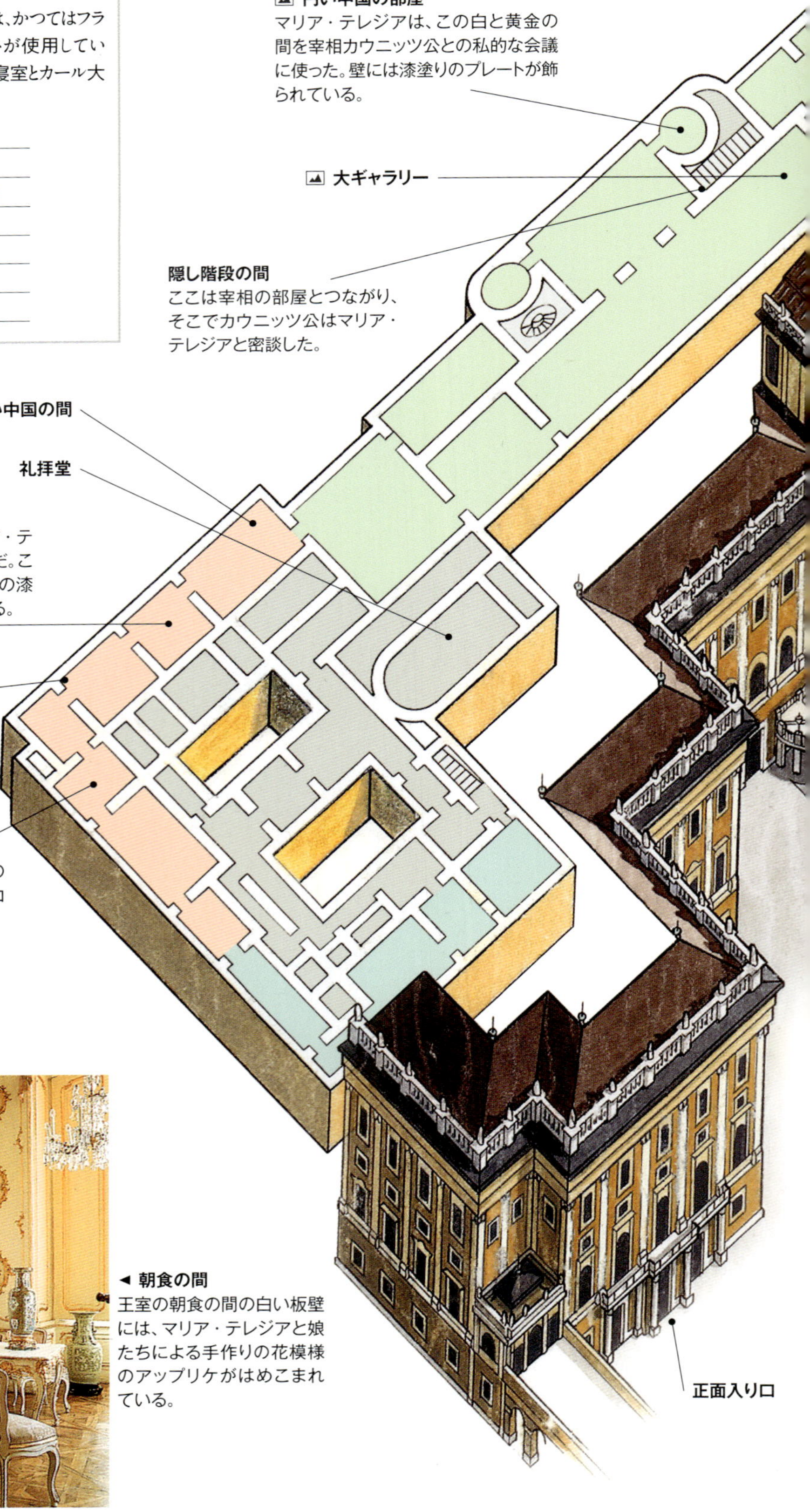

◀ 円い中国の部屋

◀ 漆の間

▼ 大ギャラリー
宮廷の饗宴に使われた大広間は、グレゴリオ・グリエルミ作の美しいフレスコ画が天井を飾る。

◀ 朝食の間
王室の朝食の間の白い板壁には、マリア・テレジアと娘たちによる手作りの花模様のアップリケがはめこまれている。

■ 円い中国の部屋
マリア・テレジアは、この白と黄金の間を宰相カウニッツ公との私的な会議に使った。壁には漆塗りのプレートが飾られている。

■ 大ギャラリー

隠し階段の間
ここは宰相の部屋とつながり、そこでカウニッツ公はマリア・テレジアと密談した。

■ 青い中国の間

礼拝堂

■ 漆の間
夫を亡くしてから、マリア・テレジアはこの部屋に住んだ。ここは非常に美しい東洋風の漆塗りパネルが飾られている。

ナポレオンの部屋

百万の間
マリア・テレジアの会議の間で、装飾は荘厳なロココ様式だ。

正面入り口

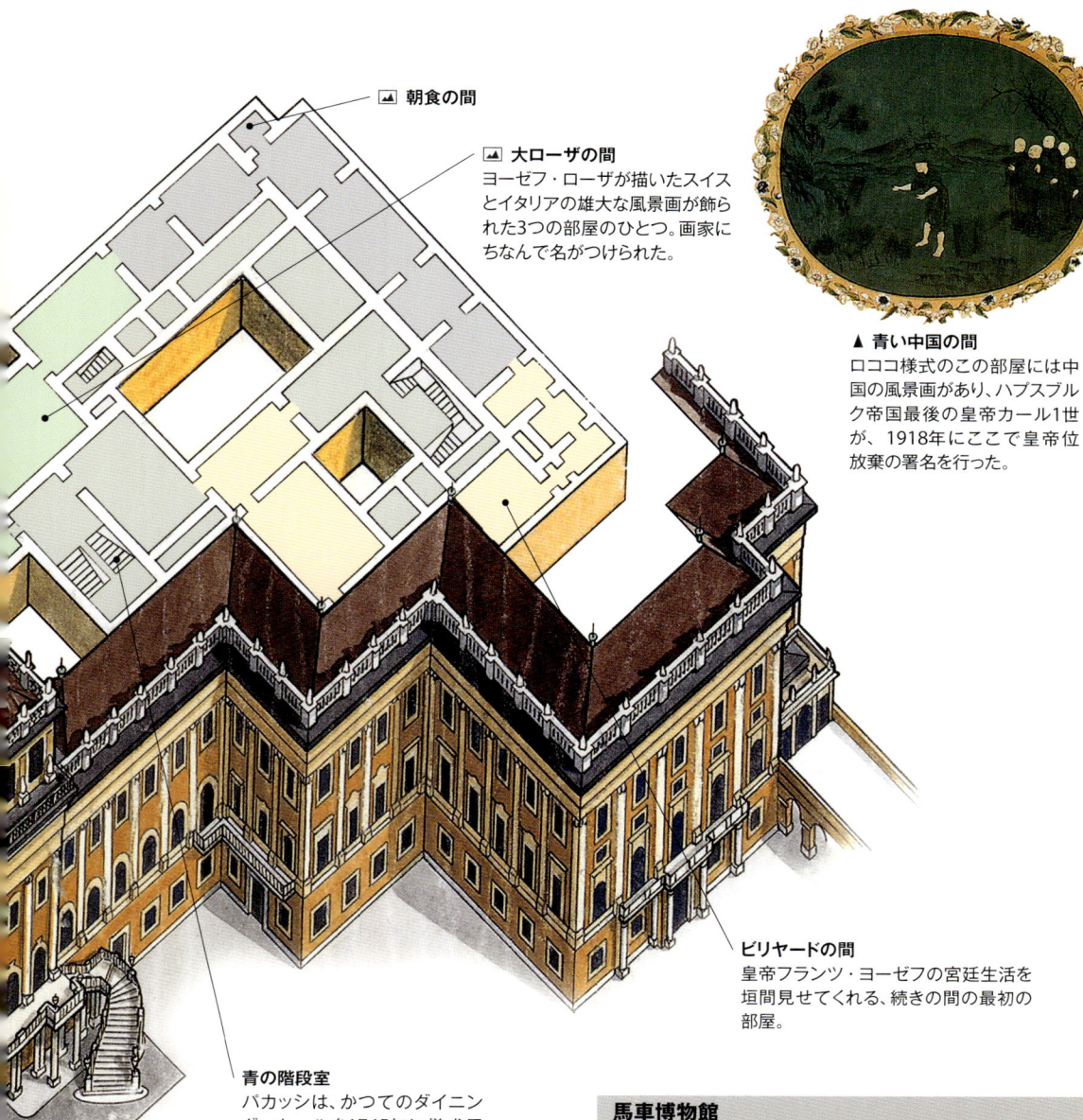

オーストリア 85

- 朝食の間

- 大ローザの間
ヨーゼフ・ローザが描いたスイスとイタリアの雄大な風景画が飾られた3つの部屋のひとつ。画家にちなんで名がつけられた。

▲ 青い中国の間
ロココ様式のこの部屋には中国の風景画があり、ハプスブルク帝国最後の皇帝カール1世が、1918年にここで皇帝位放棄の署名を行った。

ビリヤードの間
皇帝フランツ・ヨーゼフの宮廷生活を垣間見せてくれる、続きの間の最初の部屋。

青の階段室
パカッシは、かつてのダイニング・ホールを1745年に儀式用階段室に改築した。

馬車博物館
宮殿の翼のひとつで以前には「冬の乗馬学校」が置かれた場所に、現在は王室とウィーンの宮廷で使用したすばらしい馬車のコレクションを収めている。なかには17世紀の60台あまりの4輪馬車や、乗馬服、馬具、鞍、御者の制服や、馬や馬車の絵などが置かれている。展示の目玉は、皇帝カール6世の、豪華な飾りと彫刻が施された戴冠用馬車だ。

カール6世の戴冠用馬車

軍人
皇帝フランツ・ヨーゼフ1世は戦場を主たる居場所とし、シェーンブルンにいるときには簡素な鉄製ベッドで休んだ。フランツ・ヨーゼフ1世は在位68年ののち、1916年に宮殿で死去した。

略年譜

1696年	1728年	1743-63年	1775-80年	1918年	1996年
フィッシャー・フォン・エアラッハが皇帝レオポルト1世の新しい住居の建造を開始する。	皇帝カール6世がシェーンブルンを購入し、のちに娘のマリア・テレジアに贈る。	ニコラウス・パカッシがシェーンブルンを拡張して、ロココ様式の宮殿と王室の住居にする。	宮廷建築家のヨハン・フェルディナント・ヘッツェンドルフ・フォン・ホーヘンベルクが庭園の設計の手直しをする。	ハプスブルク帝国が終焉し、宮殿はオーストリア国家に渡る。	シェーンブルン宮殿がユネスコの世界遺産に登録される。

●マリア・テレジア
皇帝カール6世の娘マリア・テレジア(1717-80年)は、1740年の父親の死去により、オーストリア大公、ハンガリーおよびボヘミア女王となった。5年後には、夫のロートリンゲン公フランツ・シュテファンが神聖ローマ帝国皇帝となる。マリア・テレジアは啓蒙思想を掲げ、次から次へと改革に打って出た。国が支援する小学校を置き、新しい刑法典を導入し、減税を行った。さらに帝国の統治を中央集権化し、ハプスブルク帝国領土の統一をめざした。16人の子どものなかには、フランスのルイ16世と結婚したマリー=アントワネットがいる。

●シェーンブルン以前の宮殿
シェーンブルン宮殿は、ノイブルク修道院に属した14世紀の城、カッターブルクの跡に建っている。皇帝マクシミリアン2世が1569年にこの地を購入した頃には、邸宅と製粉所、厩舎があった。マクシミリアンはここを娯楽の宮殿と動物園にするつもりだったが、実際には皇帝フェルディナント2世亡きあとの17世紀半ばに、ようやく皇妃が城を建造した。敷地内には、1612年に狩猟中の皇帝マティアス2世が見つけた「美しい泉(Schönen Brunnen)」があり、皇妃はそれにちなみ、ここを「シェーンブルン」と名づけた。この最初の宮殿は、1683年にトルコ軍がウィーンを包囲したさいに破壊された。1686年にここを手に入れた皇帝レオポルト1世が、今日の宮殿の建造を命じたのである。

●国事の間
女帝マリア・テレジアの宮廷建築家ニコラウス・パカッシは、シェーンブルン宮殿の拡張と設計の手直しを監督した。アルベール・ボッラやグレゴリオ・グリエルミ、イシドル・カネヴァレ、タデウス・アダム・カーナーらロココ様式の芸術家や職人たちと協力し、パカッシは国事用の間と私的区域の内装を請け負った。たとえば**大ローザの間**と**百万の間**には、マリア・テレジア直々の要望で、ロココ様式のフレスコ画と漆喰細工を取り入れている。シェーンブルン宮殿は、金箔を使った精緻な漆喰細工と、優雅な鏡張りのギャラリー、異国情緒のある中国風の装飾様式がよく知られている。

86 ヨーロッパ

王宮 ［ワルシャワ］

旧王宮はバロック様式の典型ともいえる建築物だ。1596年に、ポーランド王ズィグムント3世ヴァーザがクラクフからワルシャワへの遷都を決断したときに、マゾフシェの要塞があった地に王宮の建造が計画された。1598年から1619年にかけて、イタリア人建築家ジョヴァンニ・トレヴァーノ、ジャコモ・ロドンド、マッテオ・カステッリが初期バロック様式（バロック様式、p.80参照）で設計し、その後の統治者たちがこの城をいく度も改築した。第二次世界大戦で破壊されたが、1971年から1984年にかけて再建され、本来の調度の多くは復元された。この膨大な作業は、多くがポーランド国民の寄付によって行われた。

1777年作のテーブル上面板

▲ カナレットの間
部屋の壁にはベルナルド・ベロット（1720-80年）が描いた23点のワルシャワの景観図が飾られている。ヴェネツィア出身のベロットは、ポーランドでは著名な伯父の名（カナレット）で通っていた。

◀ 王太子の部屋

◀ 議員の間
5月3日憲法は1791年にここで正式に採択された。共和国のすべての行政区と領土の紋章が壁に描かれ、玉座も展示されている。

◀ スタニスワフ・ポニャトフスキ王の居室

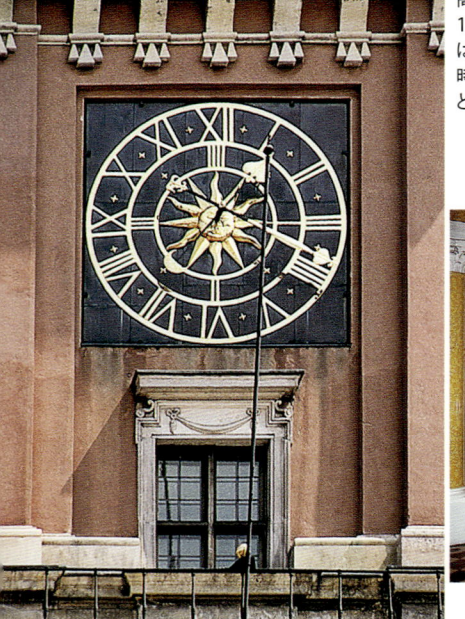

◀ ズィグムント塔
高さ60メートルのこの塔は1619年の建造。キューポラには頂尖塔がのる。1622年に時計が取りつけられ、時計塔としても知られる。

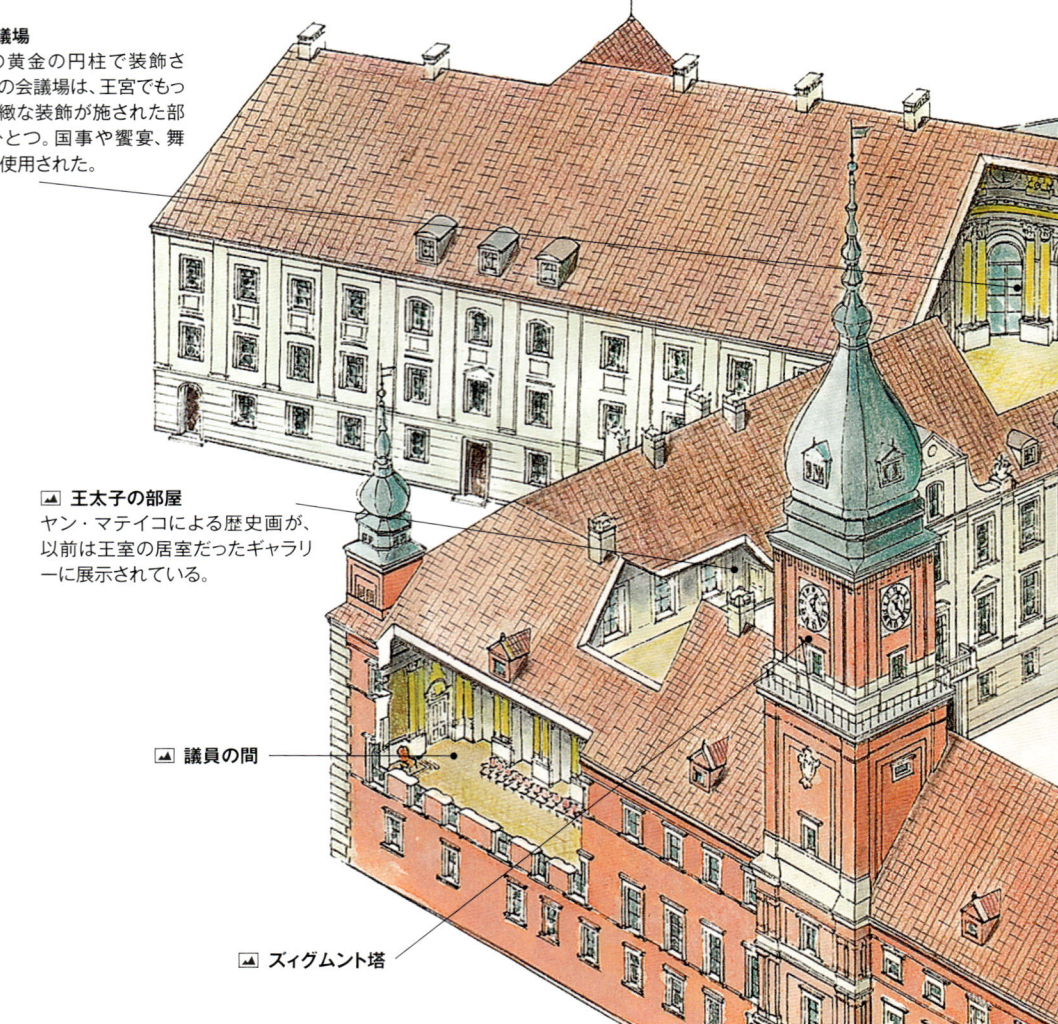

■ 大議場
17組の黄金の円柱で装飾されたこの会議場は、王宮でもっとも精緻な装飾が施された部屋のひとつ。国事や饗宴、舞踏会に使用された。

■ 王太子の部屋
ヤン・マテイコによる歴史画が、以前は王室の居室だったギャラリーに展示されている。

■ 議員の間

■ ズィグムント塔

大議場 ▼

正面入り口

◀ 大理石の間
16世紀様式の彩色大理石とトロンプ・ルイユ（だまし絵）で装飾されたこの部屋には、マルチェロ・バッチャレッリによるポーランド王22人の荘厳な肖像画もかかっている。

略年譜

1300年代初頭
マゾフシェ公が王宮になる場所に要塞を建造する。

1598年
バロック様式で増築が始まる。

1939-44年
王宮が第二次世界大戦で破壊される。

1980年
旧市街と王宮がユネスコの世界遺産に登録される。

1984年
修復された王宮が一般公開される。

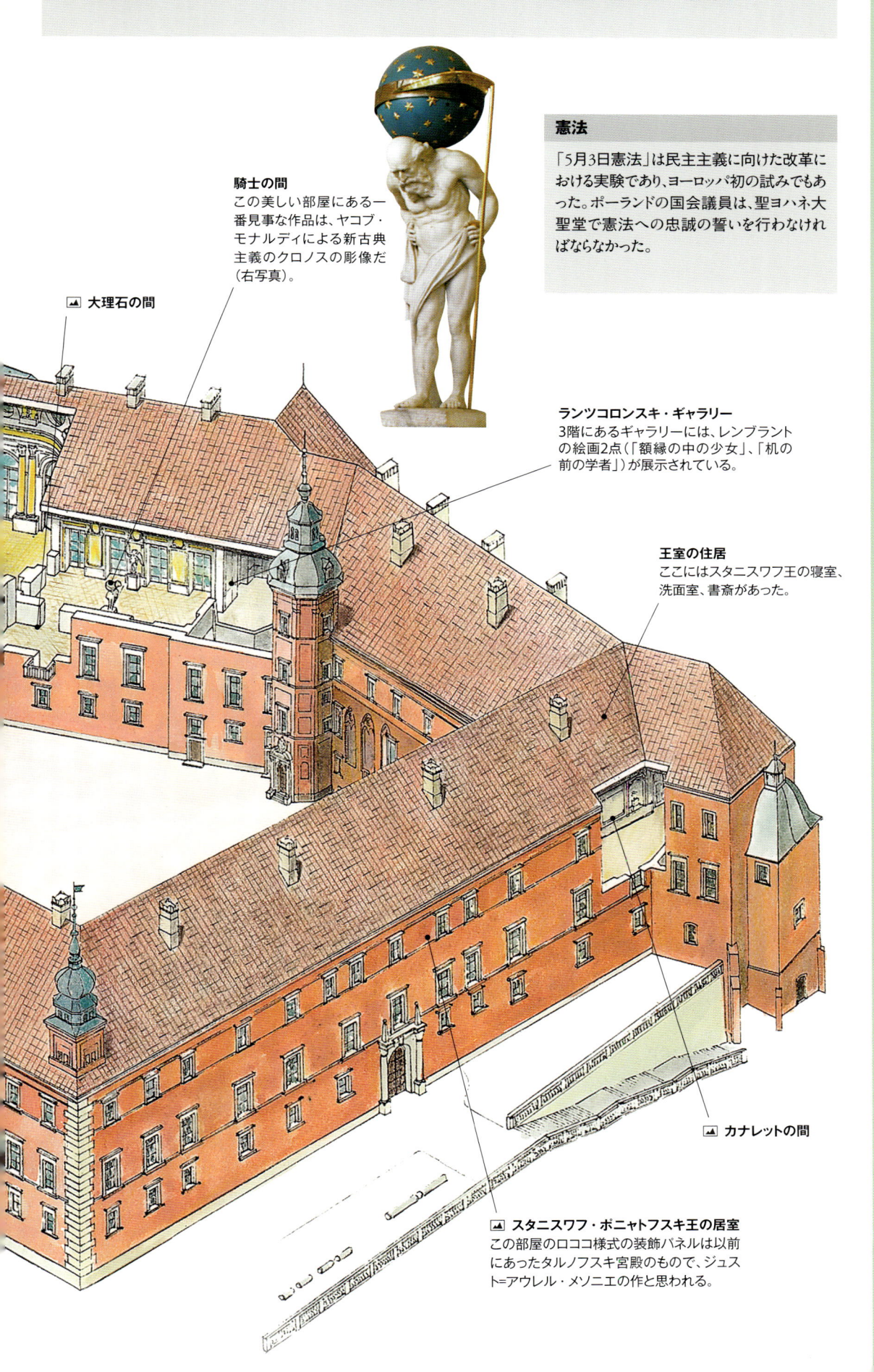

憲法
「5月3日憲法」は民主主義に向けた改革における実験であり、ヨーロッパ初の試みでもあった。ポーランドの国会議員は、聖ヨハネ大聖堂で憲法への忠誠の誓いを行わなければならなかった。

騎士の間
この美しい部屋にある一番見事な作品は、ヤコブ・モナルディによる新古典主義のクロノスの彫像だ（右写真）。

大理石の間

ランツコロンスキ・ギャラリー
3階にあるギャラリーには、レンブラントの絵画2点（「額縁の中の少女」、「机の前の学者」）が展示されている。

王室の住居
ここにはスタニスワフ王の寝室、洗面室、書斎があった。

カナレットの間

スタニスワフ・ポニャトフスキ王の居室
この部屋のロココ様式の装飾パネルは以前にあったタルノフスキ宮殿のもので、ジュスト=アウレル・メソニエの作と思われる。

ポーランド　87

●王宮内
王宮内部の魅力は、**王室の住居とセイム（議会）**としてのふたつの役割があったことから生じたものだ。王宮巡りでは、豪奢な王室の居住部と**議員の間**、上院の間をまわる。各部屋は18世紀の様式が細部まで再現されており、調度と骨董品の多くは城に本来あったものだ。ここには、第二次世界大戦中に建物からもち出し隠して救った彫像や絵画、また木工品や漆喰装飾の破片などまである。**カナレットの間**には、18世紀のイタリア人画家によるワルシャワの風景画が展示されており、これらが王宮再建の資料とされた。

●ギャラリー
王宮の多くの常設展示物のなかでも、ふたつのギャラリーはとくに目を引く。装飾芸術品のギャラリーでは、17-18世紀の陶器、ガラス、家具、織物、青銅器、銀器、宝石を展示している。およそ200点におよぶ展示物のなかには、旧王宮から救ったエトルリアの壺もある。**ランツコロンスキ・ギャラリー**には、スタニスワフ・アウグスト・ポニャトフスキ王の旧王宮ギャラリー収蔵の絵画も置かれている。1994年にランツコロンスキ家から寄付されたものだ。レンブラント、ダフィット・テニールス（子）、アントン・フォン・マロンの作品も見ることができる。

●ポーランド最後の王
1732年生まれのスタニスワフ・アウグスト・ポニャトフスキ王（在位1764-95年）は、マゾフシェの宮中伯の息子である。スタニスワフは若い頃にサンクト・ペテルブルクに滞在し、ここで将来の女帝エカテリーナ2世に引き合わされ、その愛人となった。ロシアはポーランドを帝国領にくわえたがっていたので、そのための関係だったのだろう。エカテリーナはポニャトフスキにポーランド王位を約束した。そしてポニャトフスキが寵愛を失いワルシャワに送り返されると、エカテリーナは選挙工作をし、1764年にポーランド王にすえた。ポニャトフスキは経済改革を実行し、芸術と科学を振興し、1791年5月3日に憲法の採択を行った。しかしポニャトフスキは強大な周辺国の干渉をはねのけることはできず、1795年には国家の独立を失い、退位を余儀なくされた。

88　ヨーロッパ

旧新シナゴーグ［プラハ］

ここは、1270年頃に建造のヨーロッパに現存する最古の
シナゴーグであり、プラハ最古のゴシック様式（ゴシック様式、p.54参照）の
建造物でもある。旧新シナゴーグは、火災や19世紀のスラムの撤去、
それにいく度かのユダヤ人大虐殺をくぐりぬけ残った。過去には、
プラハのユダヤ人地区（ヨゼフォフ）の住人がシナゴーグの壁のなかに
逃げ込まなければならないこともたびたびあり、また今日においても、
ここはプラハのユダヤ人コミュニティの宗教の中心にある。
付近に別のシナゴーグが建造されるまでは「新シナゴーグ」
と呼ばれていたが、ここはのちに取り壊された。

▲ 東側から見た旧新シナゴーグ

チェルヴェナー通りの
ダヴィデの星

5本リブのヴォールト天井

右手身廊

14世紀造、レンガ造り
の階段状切妻

ティンパヌム
聖櫃の上にあるティン
パヌムは13世紀の葉の
彫刻で装飾されてい
る。

ユダヤ紋章旗
プラハのユダヤ人の歴史を映
す紋章旗。ダヴィデの星が描
かれ、星のなかには14世紀に
ユダヤ人がかぶらされた帽子
がある。

ラビ・レーヴの
椅子

聖櫃

窓
18世紀の拡張部分の一部で、
女性はここから礼拝を見た。

講壇
講壇と聖書台を鍛鉄製のゴシ
ック様式の格子が囲う。

ロウソク立て

シナゴーグへの入り口

◀ 玄関扉口
南玄関扉上のティンパヌムをブド
ウの房とツタの葉が飾る。ふたつ
の枝が絡み合いのびている。

チェコ共和国 | 89

▲ 聖櫃
この祭壇はシナゴーグでもっとも聖なる場所であり、トーラーの神聖な巻物が収められている。

ユダヤ紋章旗 ▲

ラビ・レーヴとゴーレム

偉大な学者であるラビ・レーヴは、16世紀後期のタルムード学校（トーラーを学ぶ場）の校長だった。伝説によると、レーヴは粘土からゴーレムを作り出し、その口のなかに魔法の石を入れて命を与えたという。ゴーレムは巨人となったため、レーヴは石を取り出して、旧新シナゴーグの天井にゴーレムを隠した。

ラビ・レーヴのエッチング

右手身廊 ▶
壁に並ぶ座席につく礼拝者を、青銅製シャンデリアの明かりが照らす。

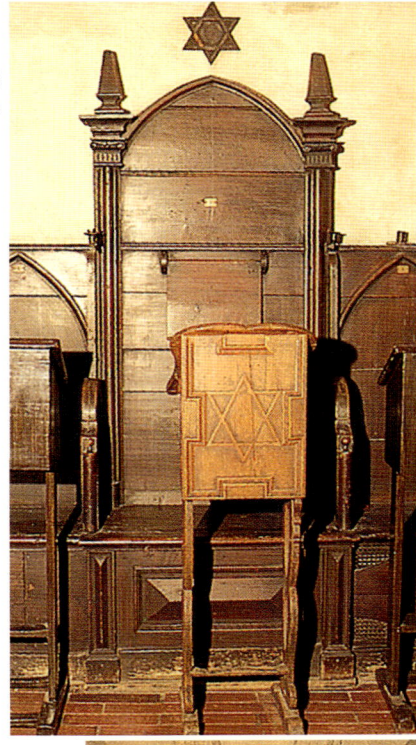

ラビ・レーヴの椅子 ▶
ダヴィデの星が首席ラビ、レーヴの椅子の印だ。16世紀の著名な神学者であるレーヴがここに座った。

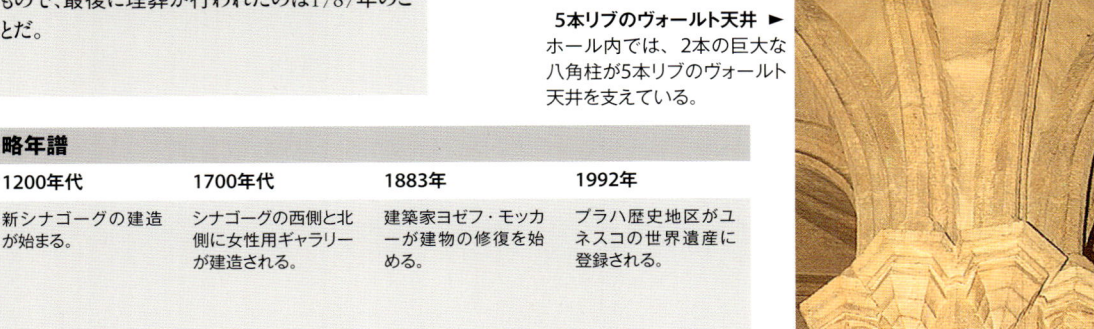

5本リブのヴォールト天井 ▶
ホール内では、2本の巨大な八角柱が5本リブのヴォールト天井を支えている。

旧ユダヤ人墓地

旧新シナゴーグのそばに旧ユダヤ人墓地がある。300年以上もの間、ここはユダヤ人に許された唯一の埋葬の場だった。ここに眠る人は10万を超えると推定される。最古の墓石は1439年のもので、最後に埋葬が行われたのは1787年のことだ。

略年譜

1200年代	1700年代	1883年	1992年
新シナゴーグの建造が始まる。	シナゴーグの西側と北側に女性用ギャラリーが建造される。	建築家ヨゼフ・モッカーが建物の修復を始める。	プラハ歴史地区がユネスコの世界遺産に登録される。

●シナゴーグ内部

階段状の切妻屋根が特徴のゴシック様式のホールでは、700年以上にもわたり人々が祈ってきた。対の身廊はリブで支えたヴォールト天井だ。十字にならないように5番目のリブをくわえた**5本リブのヴォールト天井**であり、肥沃な大地を象徴するブドウの葉とツタの装飾が施されている。2階建てのシナゴーグでは、女性用ギャラリーは上階にあるものだが、ここではロビーに置かれている。シナゴーグのいたるところに用いられている「12」という数字は、イスラエルの12の部族を表していると思われる。

●ユダヤ人ゲットー

旧新シナゴーグは、かつてプラハのユダヤ人ゲットーだったヨゼフォフに建つ。ヨゼフォフとは、皇帝ヨーゼフ2世にちなんだ名だ。ヨーゼフ2世は18世紀の治世下、ユダヤ人への差別を一部緩めた皇帝である。プラハのユダヤ人は抑圧的な法律に何世紀も苦しめられ、16世紀には不名誉の証として黄色の印を身に着けなければならなかった。1890年代には、ゲットーのスラムが襲われたものの一部の建物は破損を免れ、ユダヤ人集会所と多数のシナゴーグも残ったのである。第二次世界大戦中はナチスがプラハを占領し、街のユダヤ人人口のおよそ3分の2がホロコーストで命を落としている。その多くは、プラハの北西に位置するテレジーン強制収容所に送られた。

●シナゴーグ

旧新シナゴーグは、プラハで今日も礼拝が行われている3つのシナゴーグのひとつだ。シナゴーグに礼拝にやって来る人々への警句が、**玄関扉口**にこう刻まれている。「神を畏れ、そのいましめを守れ。これはすべての人の本分なり」。シナゴーグ内では、宗教上のしきたりで男性と女性は分けられる。礼拝は中央祈祷ホールで行われ、ここに入るのは男性だけで、頭をおおわなければならない。女性は隣接する女性用ギャラリーから礼拝を見る。ここに立ち、小さな窓からようすを見ることができるのである。ホール中央には、鍛鉄製の檻のような「ビーマー」があって聖書台が置かれており、この講壇から毎日トーラーが読まれる。この上には赤い**ユダヤ紋章旗**が掲げられている。これは1716年製作の旗の複製だ。

プラハの夜明け、カレル橋に浮かぶ
彫像のシルエット

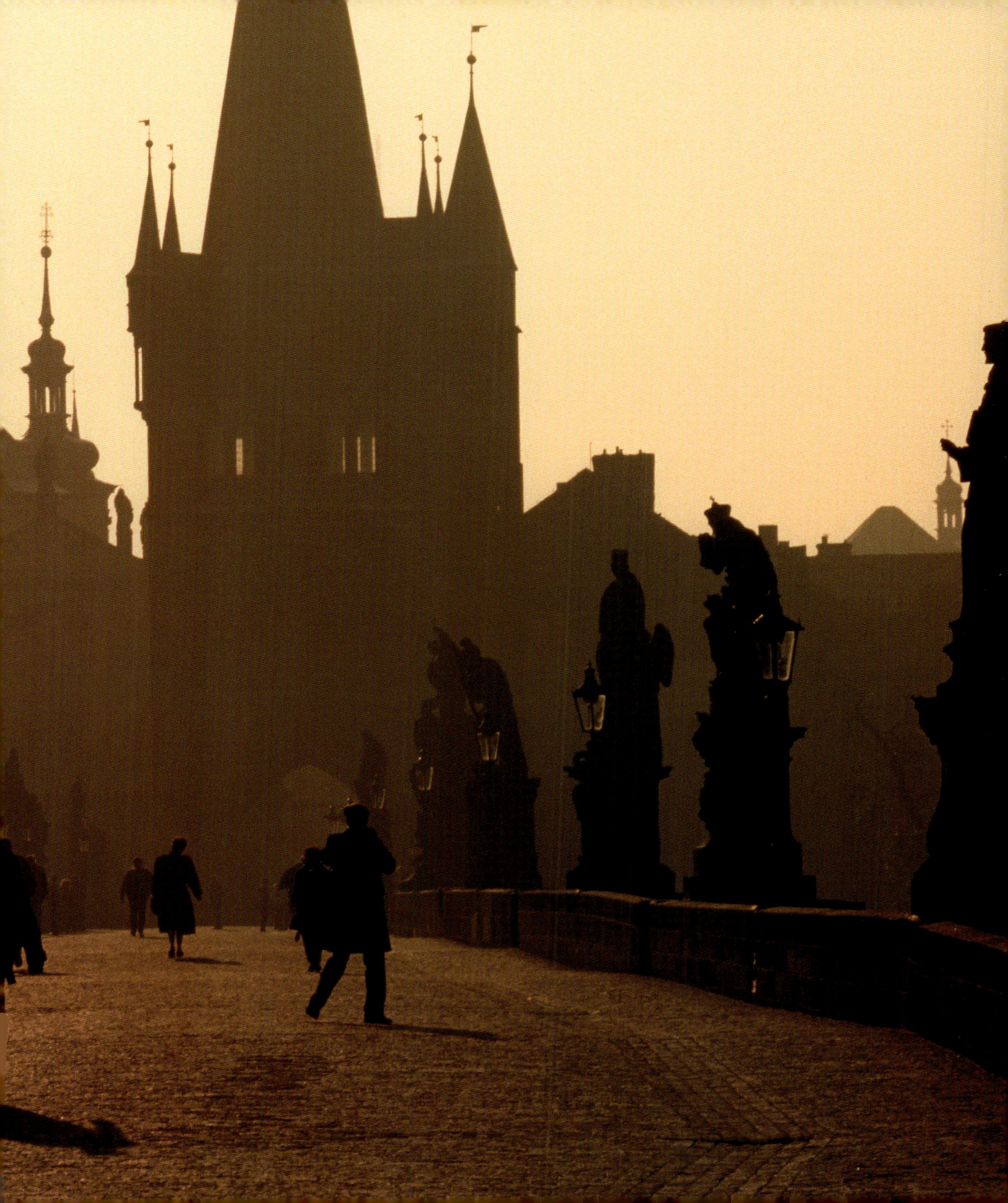

ヨーロッパ

カレル橋 ［プラハ］

プラハで一番親しまれている建造物といえば、旧市街と小地区を結び、1741年まではヴルタヴァ川に唯一かかっていたこの橋だ。長さ520メートル、砂岩ブロック造りの橋は現在では歩行者専用となっているが、かつては4輪馬車も行き来していた。傷みが激しかったため、現在カレル橋で見られる像の多くが複製だ。ゴシック様式（ゴシック様式、p.54参照）の旧市街側橋塔は、このタイプの建築では最高傑作のひとつである。

◉ 橋の彫像

インスブルック付近出身の彫刻家マティアス・ブラウン（1684-1738年）はオーストリアとイタリアで技術を学び、1710年にプラハにやって来た。最初の作品である**聖ルトガルディス**の像を制作したのは、弱冠26歳のときだった。橋の彫像を手がけた彫刻家には、ドイツ出身のヤン・ブロコフ（1652-1718年）と、その息子のミカエルとフェルディナントもいる。フェルディナントは**聖アダルベルト**や**聖フランシスコ・ザビエル**像といった、カレル橋の彫像のなかでも非常に躍動感のある作品を制作している。ザビエル像では、3人のムーア人とふたりの東洋人の改宗者が、イエズス会の伝道者を支える。

◉ ローマに倣う

カレル橋の名は、1355年に神聖ローマ帝国皇帝の座についたカレル（カール）4世にちなんだものだ。皇帝は、橋にカエサル時代の古代ローマを再現したかったのだが、ここにローマ時代の彫刻をモデルとした彫像が置かれるのは、17世紀後半になってからのことだった。彫像は、橋の守護聖人である**聖ヴィトゥス**像をはじめ、聖人のものが多い。**聖ベルナルドを抱く聖母**の像には、天使とサイコロ、百人隊長の装甲手袋も添えられている。付近には、ドミニコ会修道士が修道会の象徴のイヌとともに、聖母マリアにはべる像もある［**聖ドミニコ、聖トマスを抱く聖母**］。

◉ 聖ヤン・ネポムツキー

1729年に列聖された聖ヤン・ネポムツキーへの信仰は、崇敬を集めていたチェコの殉教者ヤン・フスに対抗して、イエズス会が高めたものだ。ヤン・フスは15世紀初頭に、改革的な説教で信奉者を急増させた人物だった。一方、プラハ大司教管区司教総代理ヤン・ネポムツキーは、大修道院長の選挙で王であるヴァーツラフ4世の機嫌をそこね、同志の人々とともに1393年に捕らえられた。ネポムツキーは拷問で命を落とし、その遺体は縛られたままカレル橋から投げ捨てられた。カレル橋には**聖ヤン・ネポムツキー**の像と橋から捨てられるようすを描いた青銅製レリーフが制作され、ネポムツキーをしのんでいる。聖ヤン・ネポムツキーの人気は高く、聖ヤンをモデルにした像は中央ヨーロッパの国々ではよく見られ、とくに橋に置かれていることが多い。

ドイツ
ポーランド
カレル橋、プラハ
プルゼニ
チェコ共和国
ブルノ
オーストリア
スロヴァキア共和国

小地区側

小地区側橋塔

ユディト橋の塔、1158年

塔入り口

聖ヴァーツラフ、1858年

▲ 聖アダルベルト、1709年
プラハの司教アダルベルトは、991年に聖ヴァヴジネツ教会をプラハのペトシーンの丘に創設した。チェコではヴォイティエフとして知られる。

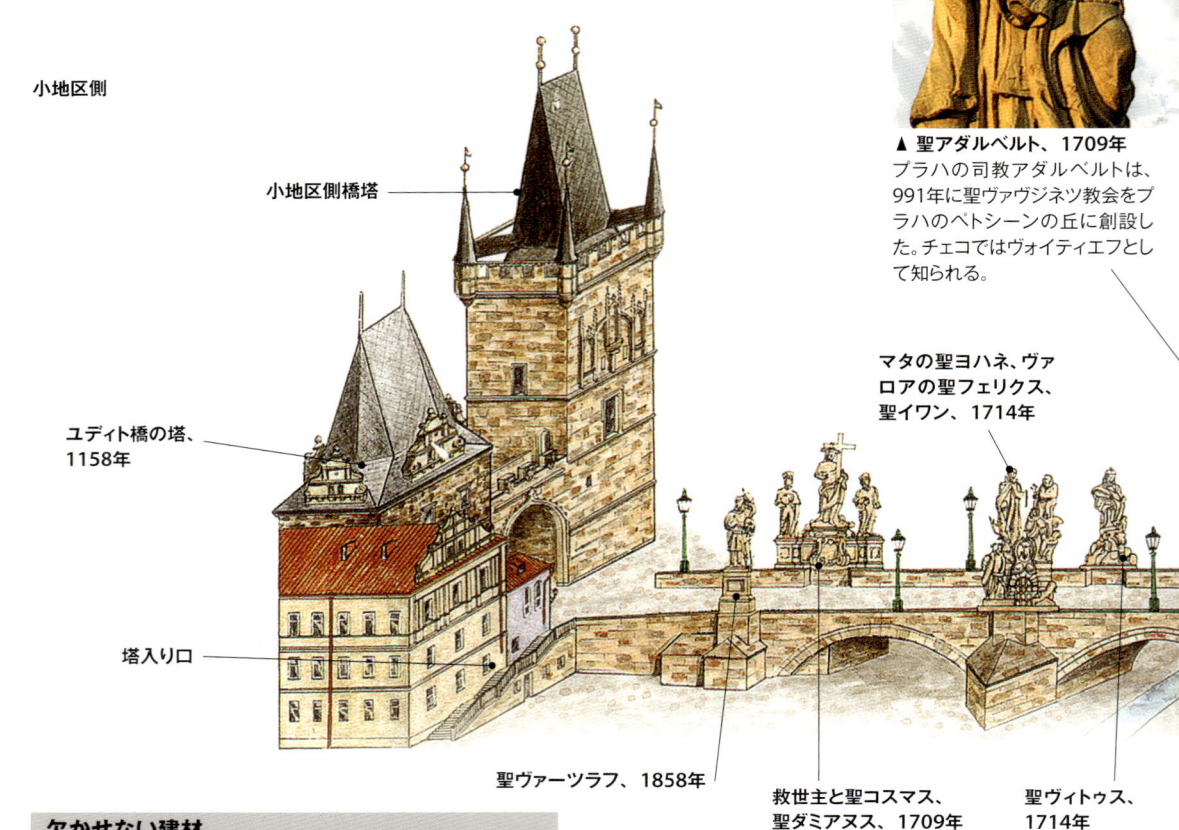

マタの聖ヨハネ、ヴァロアの聖フェリクス、聖イワン、1714年

救世主と聖コスマス、聖ダミアヌス、1709年

聖ヴィトゥス、1714年

欠かせない建材

橋の建造時には、漆喰の補強材として大量の卵白が必要だったため、カレル4世は、鶏を飼っている人々に建材用の卵を提供するよう呼びかけた。ある村ではよくわからないまま、なんの役にも立たない荷馬車数台分の固ゆで卵を送ったという話も残っている。

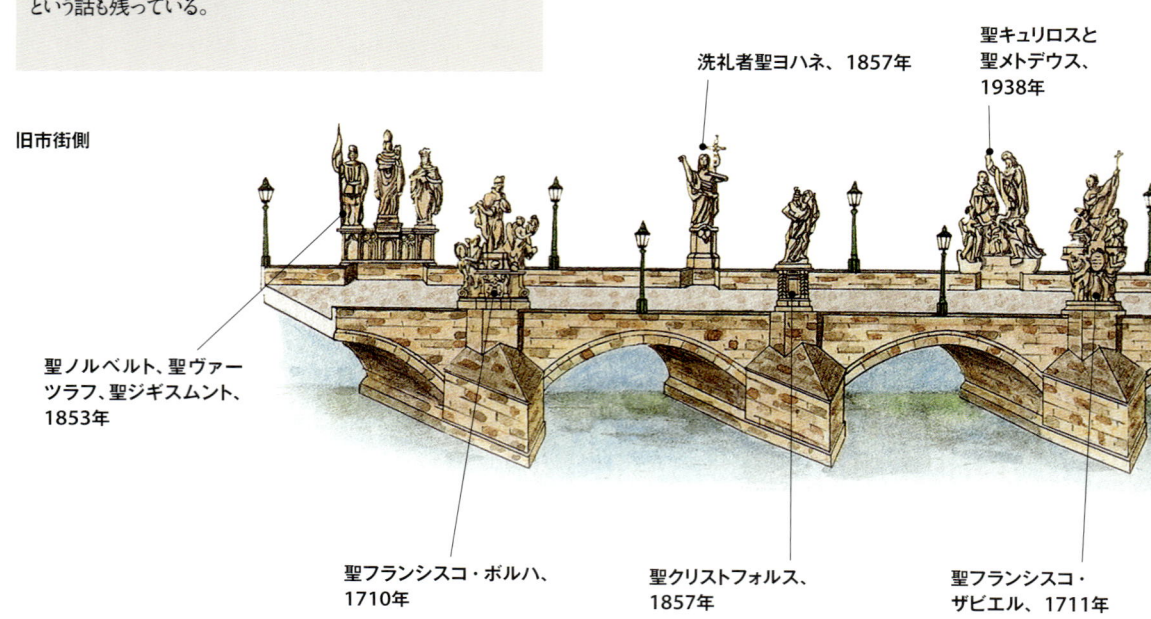

洗礼者聖ヨハネ、1857年

聖キュリロスと聖メトデウス、1938年

旧市街側

聖ノルベルト、聖ヴァーツラフ、聖ジギスムント、1853年

聖フランシスコ・ボルハ、1710年

聖クリストフォルス、1857年

聖フランシスコ・ザビエル、1711年

チェコ共和国　93

▲ 小地区側橋塔からの眺め
高い小尖塔のあるV字の塔からは「百塔の街」プラハの眺めがすばらしい。

▲ 聖ルトガルディス、1710年
マティアス・ブラウン作。シトー修道会の盲目の修道女の夢にキリストが現れ、傷への接吻を許したという話をもとに制作された。

▲ 聖ヤン・ネポムツキー

▲ 橋塔の彫像
ペーター・パルラー作。橋の守護聖人である聖ヴィトゥスやカレル4世、ヴァーツラフ4世などの像がある。

▲ 三十年戦争
この戦争の末期、旧市街はスウェーデン軍の侵攻を免れた。橋の中央で1648年に停戦協定が締結された。

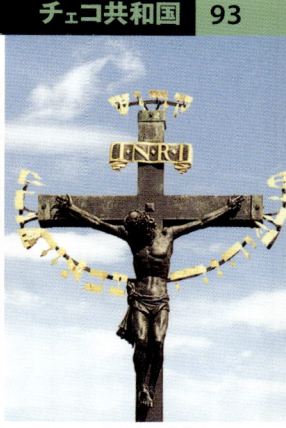

▲ キリスト磔刑（17世紀）

聖カイェタヌス、1709年

聖アウグスティヌス、1708年

聖ウィンケンティウス・フェレリウスと聖プロコプ、1712年

聖ユダ・タダイ、1708年

パドゥアの聖アントニウス、1707年

聖ヤン・ネポムツキー、1683年
橋の上のレリーフには聖ヤン・ネポムツキーの殉教が描かれており、人々が幸運を祈って触るためにこの部分はぴかぴかに光っている。

聖フィリポ・ベニーツィ、1714年

カンパ島へ下りる階段

聖ニコラス・トレンティーノ、1708年

ふたりの天使とアッシジの聖フランチェスコ、1855年

聖ルドミラ、1710年

キリスト磔刑（17世紀）
200年にわたり、木製の磔刑の十字架だけが橋の上に建っていた。金箔張りのキリストは1629年の作。「聖なる、聖なる、聖なる神よ」というヘブライ語の部分は、あるユダヤ人が不敬な行いを償うために制作したものだ。

聖ドミニコ、聖トマスを抱く聖母、1708年

聖バルバラ、聖マルガリータ、聖エリザベート、1707年

聖ベルナルドを抱く聖母、1709年

旧市街側橋塔

塔入り口

橋塔の彫像

聖アンナ、1707年

聖ヨゼフ、1854年

ピエタ、1859年

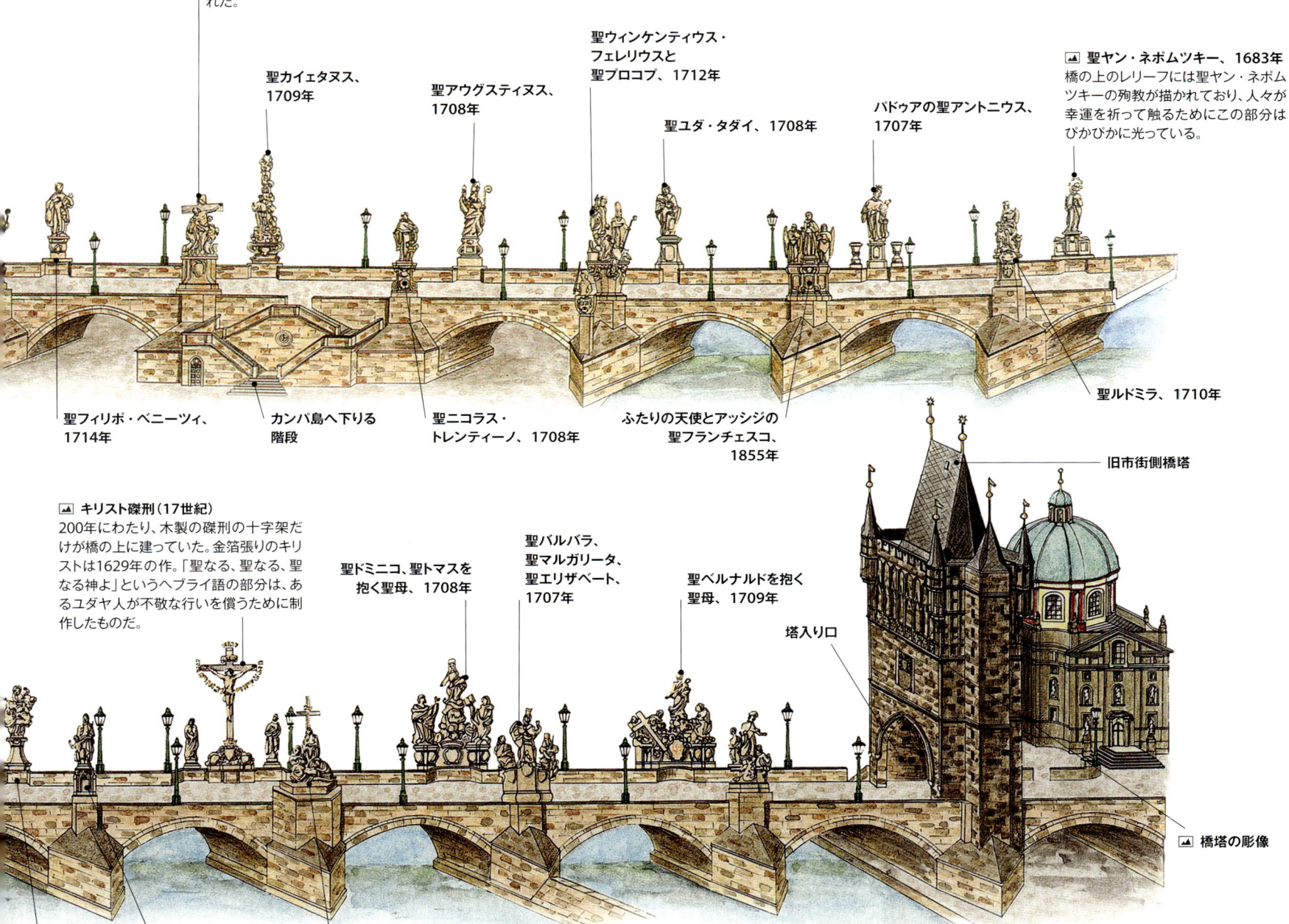

略年譜

1357年	1683年	1683-1720年	1974年	1992年
カレル4世がペーター・パルラーにユディト橋に代わる新しい橋の建造を命じる。	聖ヤン・ネポムツキーの彫像が橋の中央に設置される。これが最初の像である。	ブロコフ親子とブラウン作の彫像が橋上に立つ。	橋が歩行者専用になり、街の観光の中心となる。	プラハ歴史地区がユネスコの世界遺産に登録。

ヨーロッパ

国会議事堂 [ブダペスト]

シュテインドル・イムレによるネオ・ゴシック様式(ゴシック様式、p.54参照)のすばらしい国会議事堂は、ハンガリー最大の建造物であり、ブダペストの象徴だ。ドナウ川沿いに建つこの議事堂の建造には、ハンガリー産の建材と、さまざまな技術や職人の親方たちの労力がつぎ込まれた。議事堂の奥行は268メートル、高さは96メートル。北翼にはハンガリー首相の執務室、南翼には共和国大統領の執務室が置かれている。

正面入り口の対のライオン像の1体

●シュテインドル・イムレ
ハンガリーの工科大学建築学教授シュテインドル・イムレ(1839-1902年)は、ハンガリー国会議事堂設計のコンペを勝ち取った。この議事堂の設計には、ハンガリーにおける民主主義繁栄の象徴にするという意図が込められていた。シュテインドルは、チャールズ・バリーやA・W・ピュージンが手がけた、ネオ・ゴシック様式のロンドンの国会議事堂をモデルにした。しかし、堂々たる**キューポラ・ホール**をはじめ、内部空間にはバロック様式(バロック様式、p.80参照)とルネサンス様式(ルネサンス様式、p.131参照)も取り入れている。

●聖イシュトヴァーン1世の聖なる王冠
ハンガリー初代国王聖イシュトヴァーン1世(975-1038年頃)は、1000年に教皇シルヴェステル2世から王冠を賜った。この王冠はキリスト教信仰の象徴となり、イシュトヴァーン1世以降のハンガリー王はみなこの王冠をいただいた。もっとも、現在の王冠はもとの王冠とは別物だとされている。何世紀もたつうちに、なくなったり盗まれたりしているからだ。王冠の所有をめぐる争いや戦いもあった。そして第二次世界大戦終結時にはアメリカが保管の名目でもち去り、鳴り物入りで返却されたのは1978年のことだった。王冠は、現在はハンガリー国会議事堂に保管されている。

●国会議事堂の彫像
国会議事堂の外部ファサードの周囲には、90体の彫像がある。うち何体かはハンガリーの過去の王や首相、作家、革命家たちである。トランシルヴァニア君主、ラコーツィ・フェレンツ2世(1676-1735年)はハンガリーの自由を勝ち取るためにハプスブルク家と戦った人物であり、南端に像が置かれている。そのそばにはハンガリー人作家ヨーゼフ・アッティラ(1905-37年)の座像がある。アッティラの処女詩集が刊行されたのは17歳のときだった。**北翼**を飾るのはコッシュート・ラヨシュ(1802-94年)像だ。1849年に半年にわたってハンガリー独立のために戦い、追放された人物だ。そのとなりには、民主主義者の首相であり革命家のカーロイ・ミハーイ(1875-1955年)像が立つ。1919年にハンガリーを5ヶ月間治めたものの、共産主義者が政府を転覆させ、カーロイは追放された。

国会議事堂の飾り壺
1954年に、ヘレンド磁器製作所が国会議事堂の初代の壺を制作した。この壺は10年間キューポラ・ホールに置かれ、その後ヘレンド博物館に移された。新しい壺はハンガリー王国建国1000年を記念し、2000年に制作されたものだ。

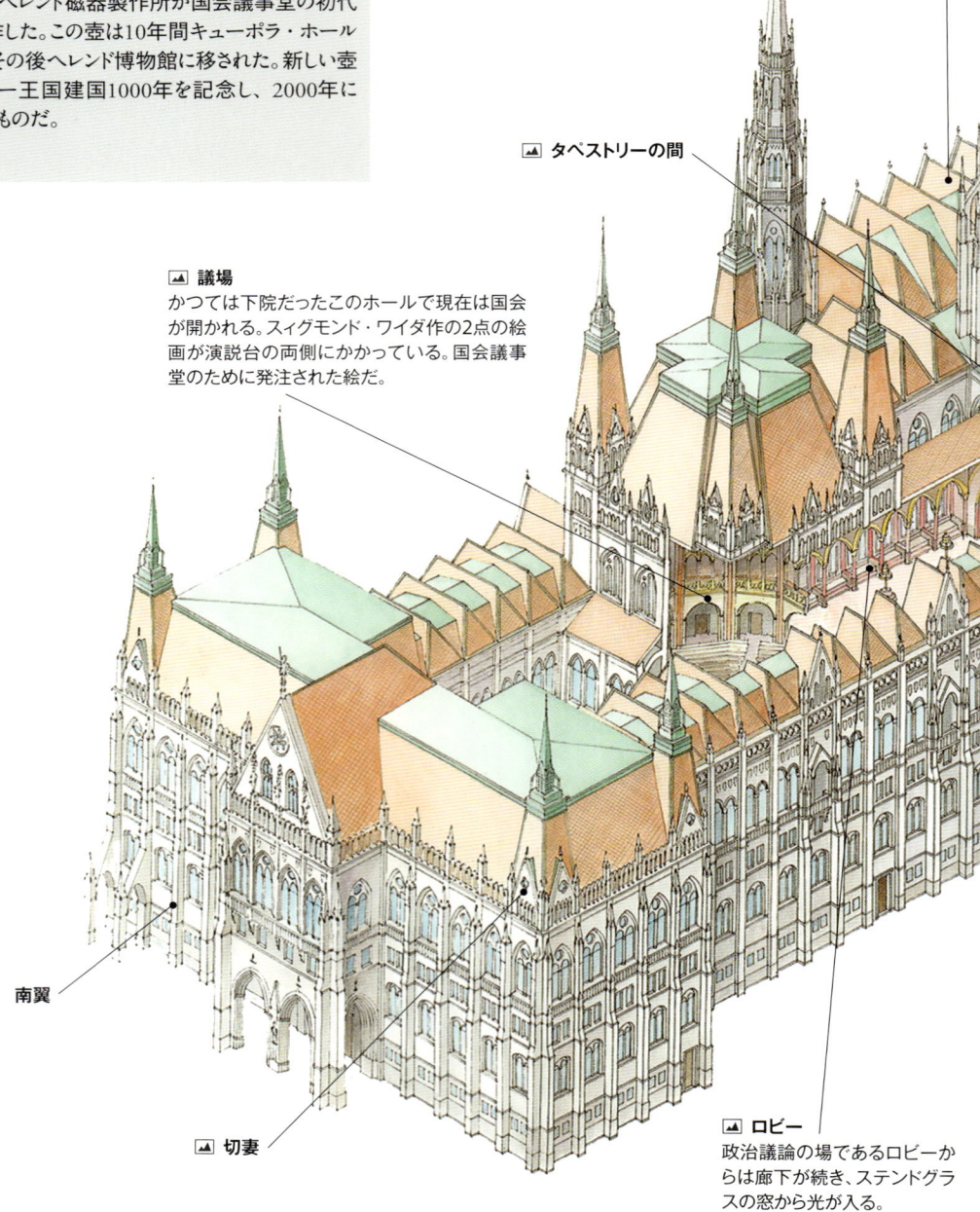

ドナウ川に面したファサード

タペストリーの間

議場
かつては下院だったこのホールで現在は国会が開かれる。スィグモンド・ワイダ作の2点の絵画が演説台の両側にかかっている。国会議事堂のために発注された絵だ。

南翼

切妻

ロビー
政治議論の場であるロビーからは廊下が続き、ステンドグラスの窓から光が入る。

略年譜

1882年	1885年	1902年	1987年
国会議事堂建造のコンペでシュテインドル・イムレが選ばれる。	ドナウ川沿いの敷地に礎石が置かれる。	国会議事堂の建設作業が完了。	国会議事堂の建物を含むブダペスト、ドナウ河岸とブダ城地区がユネスコの世界遺産に登録。

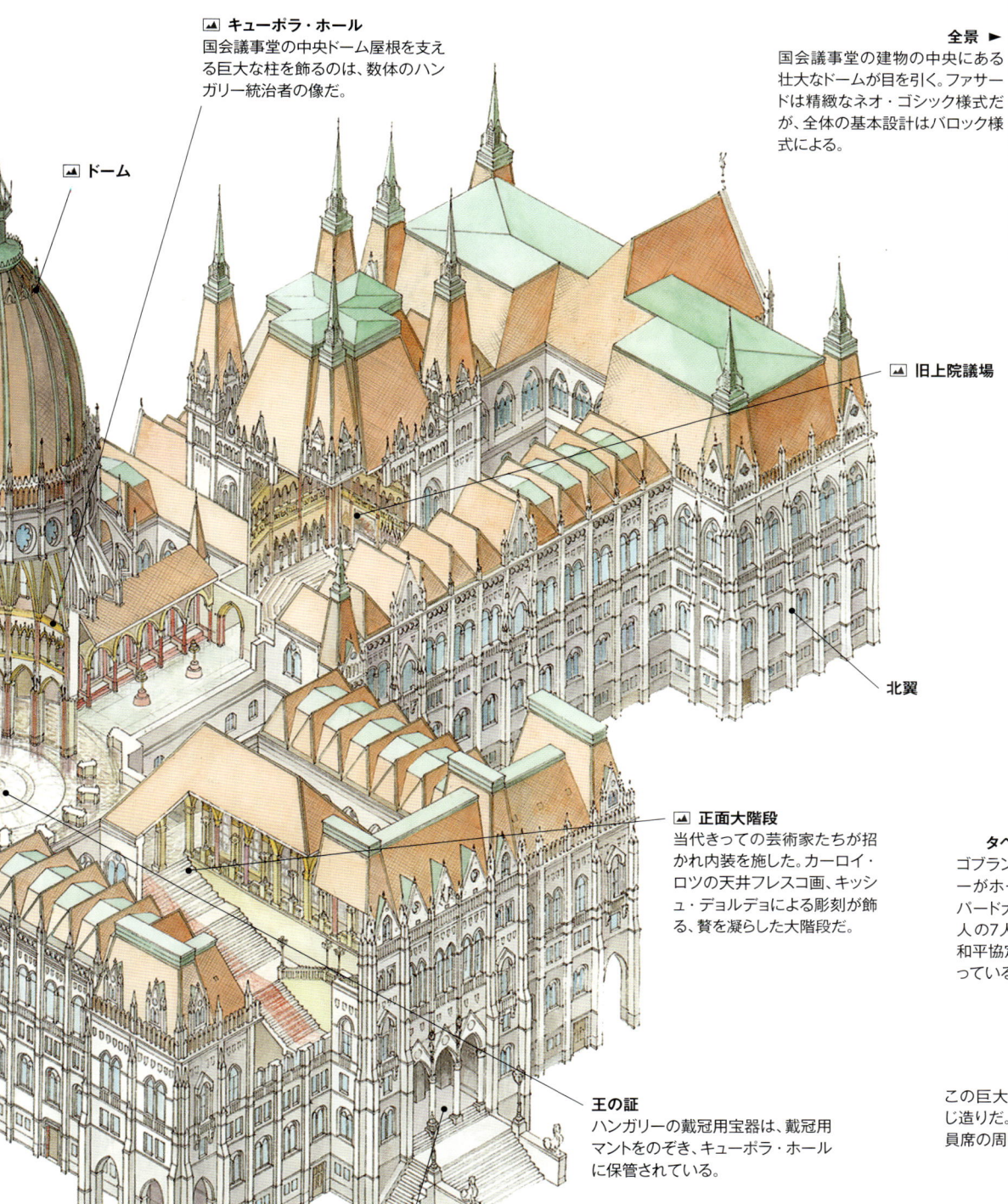

ハンガリー 95

キューポラ・ホール
国会議事堂の中央ドーム屋根を支える巨大な柱を飾るのは、数体のハンガリー統治者の像だ。

ドーム

旧上院議場

北翼

正面大階段
当代きっての芸術家たちが招かれ内装を施した。カーロイ・ロツの天井フレスコ画、キッシュ・デョルデョによる彫刻が飾る、贅を凝らした大階段だ。

王の証
ハンガリーの戴冠用宝器は、戴冠用マントをのぞき、キューポラ・ホールに保管されている。

正面入り口

全景 ▶
国会議事堂の建物の中央にある壮大なドームが目を引く。ファサードは精緻なネオ・ゴシック様式だが、全体の基本設計はバロック様式による。

▼ 彫刻を施した石
50万個を超す石に彫刻して外部装飾を施した。

▲ 切妻
国会議事堂の角部分のほぼすべてが切妻になっており、ゴシック様式の彫刻とレースのような小尖塔が飾る。

タペストリーの間 ▶
ゴブラン織りのタペストリーがホールを飾る。アルパード大公がマジャール人の7人の首長を従え、和平協定と血の誓いを行っている場面だ。

旧上院議場
この巨大なホールは議場とほぼ同じ造りだ。どちらも馬蹄型に並ぶ議員席の周囲に一般傍聴席がある。

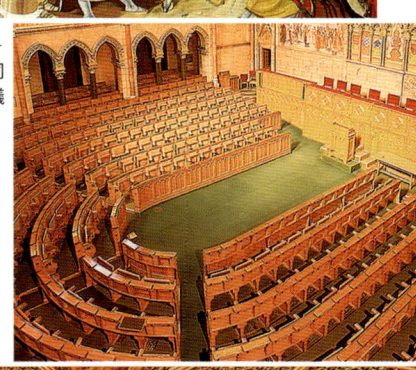

▼ ドーム
高さ96メートルに及ぶドームの天井は、金箔と紋章を組み合わせた複雑なネオ・ゴシック様式のデザインでおおわれている。

▼ 議場 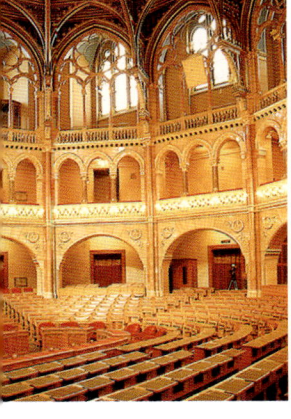　　▼ 正面大階段 　　▼ ロビー 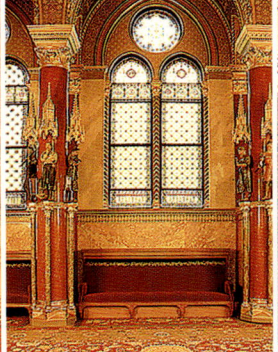　　▼ キューポラ・ホール

ヨーロッパ

冬宮 [サンクト・ペテルブルク]

この壮大なバロック様式建築(バロック様式、p.80参照)には、18世紀後期以降、エカテリーナ2世はじめ、ロシアの皇帝や女帝の住居が置かれた。女帝エリザベータ(在位1741-62年)のために建造されたきらびやかな冬宮は、イタリア人建築家バルトロメオ・ラストレッリの最高傑作だ。外部はほとんど手をくわえられていないが、内部は多くの建築家が次々と変更をくわえ、さらに1837年に宮殿が火災に見舞われたのち、大規模な修復が行われた。1881年にアレクサンドル2世が暗殺されて以降は、皇帝の家族がここに住むことはほとんどなかった。1917年7月、臨時政府が宮殿を占領して本部とし、その後ボルシェヴィキがここを襲撃することになる。

1763年まで宮廷建築家を務めたバルトロメオ・ラストレッリの肖像

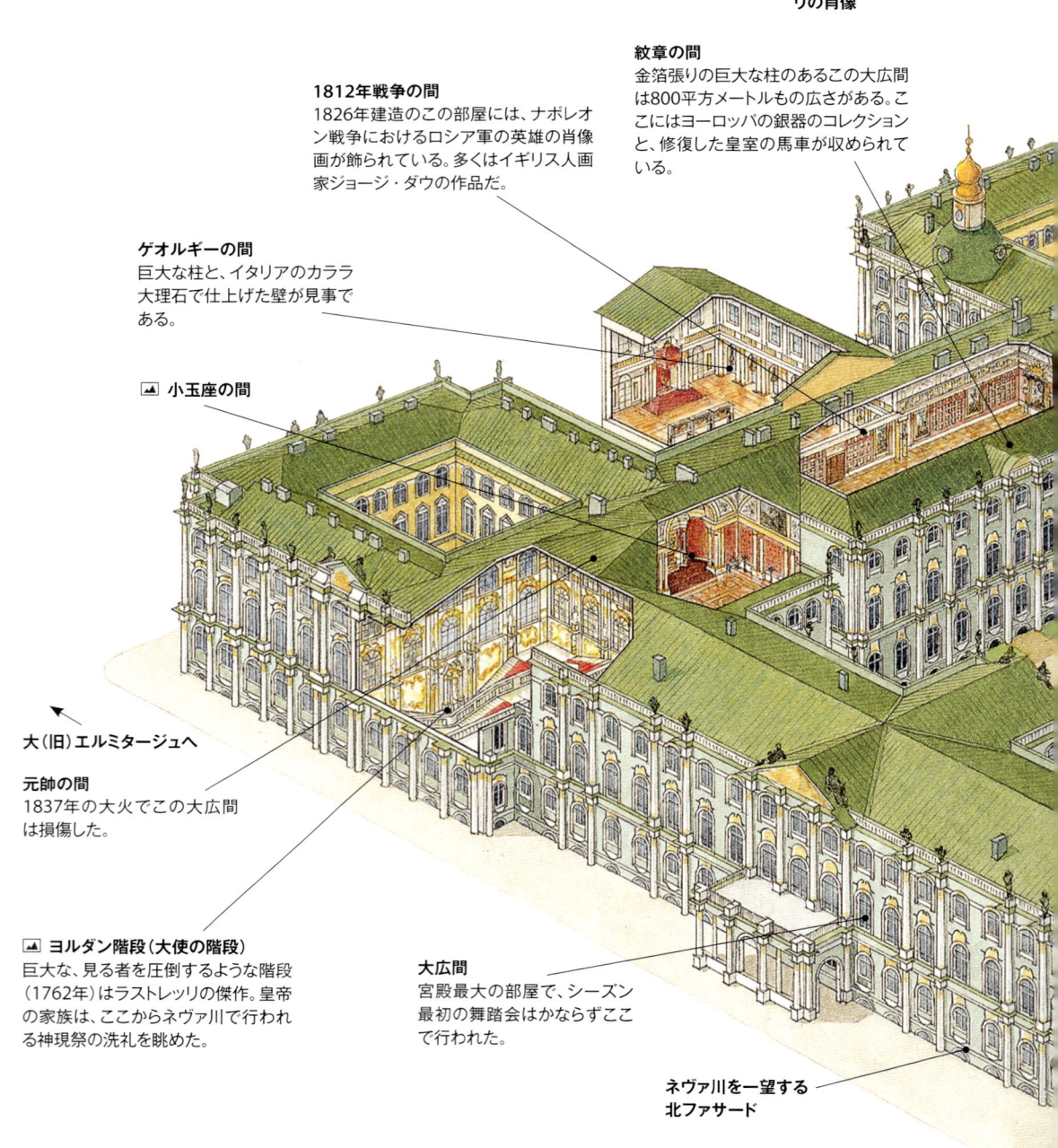

◉ 小・大エルミタージュ
エカテリーナ2世は、宮廷でごく親しい友人たちと内輪の楽しみをもつために小エルミタージュの建造を思い立ち、建築家ユーリ・フェルテンを雇った。小エルミタージュは、ラストレッリのバロック様式の冬宮と調和するように、バロック様式で設計され古典主義の要素も取り入れられた。小エルミタージュが完成すると、エカテリーナは新しく手にいれた255点を超す絵画コレクションをここに収めることにした。そして数年後には**大(旧)エルミタージュ**が、女帝の膨大な図書と美術品を収めるために建設された。エカテリーナが保有していたコレクションは数世紀の間に増え続け、現在では300万点以上もの美術品が、小・大エルミタージュと、冬宮をはじめとするいくつもの建物に展示されている。こうした展示物は石器時代から20世紀の作品にまでおよび、マティスやレンブラント、セザンヌの作品も見ることができる。

◉ バルトロメオ・ラストレッリ
イタリア人建築家ラストレッリ(1700-71年)は父親のもとで建築を学び、皇帝ピョートル1世の建築家である父の助手を務めた。1722年には、モスクワとサンクト・ペテルブルクで自身の仕事を担当し、バロック様式の建築家としてゆるぎない名声を確立した。女帝エリザベータの統治期にラストレッリは宮廷建築家主任に任命され、冬宮をはじめいくつかの建物を建造した。しかし、その後帝位についたエカテリーナが厳格な古典主義を好んだため、ラストレッリは宮廷建築家を退いた。

◉ エカテリーナ2世
女帝エリザベータは、ドイツ生まれの公女エカテリーナ(1729-96年、のちのエカテリーナ2世)を、皇太子ピョートル3世の妻に選んだ。1762年にピョートル3世が帝位についたときには、エカテリーナがロシアに住んで18年がたち、すっかりロシア文化になじんでいた。ピョートルが皇帝となって半年後、エカテリーナと近衛連隊の支持者は皇帝を殺し、エカテリーナは1763年にロシアの女帝となった。その統治期、エカテリーナは多くの改革を実行し、ロシア領土を拡張した。芸術と貿易は栄え、新しくアカデミーも作られた。ロシア科学アカデミーと芸術アカデミーは、この時代に設立されたものだ。

1812年戦争の間
1826年建造のこの部屋には、ナポレオン戦争におけるロシア軍の英雄の肖像画が飾られている。多くはイギリス人画家ジョージ・ダウの作品だ。

紋章の間
金箔張りの巨大な柱のあるこの大広間は800平方メートルもの広さがある。ここにはヨーロッパの銀器のコレクションと、修復した皇室の馬車が収められている。

ゲオルギーの間
巨大な柱と、イタリアのカララ大理石で仕上げた壁が見事である。

小玉座の間

大(旧)エルミタージュへ

元帥の間
1837年の大火でこの大広間は損傷した。

ヨルダン階段(大使の階段)
巨大な、見る者を圧倒するような階段(1762年)はラストレッリの傑作。皇帝の家族は、ここからネヴァ川で行われる神現祭の洗礼を眺めた。

大広間
宮殿最大の部屋で、シーズン最初の舞踏会はかならずここで行われた。

ネヴァ川を一望する北ファサード

略年譜

1754-62年	1764-75年	1771-87年	1917年	1990年
冬宮がイタリア人建築家バルトロメオ・ラストレッリによって建造される。	エカテリーナ2世の美術品コレクション収蔵のために、ユーリ・フェルテン設計の小エルミタージュが建造される。	エカテリーナの美術品のコレクションは増え、さらに大エルミタージュが、これもユーリ・フェルテンの設計で増築される。	ソヴィエト政府のアナトリー・ルナチャルスキーが冬宮とエルミタージュを国有美術館にする。	冬宮とエルミタージュを含むサンクト・ペテルブルクの街がユネスコの世界遺産に登録される。

ロシア 97

▲ ヨルダン階段（大使の階段）

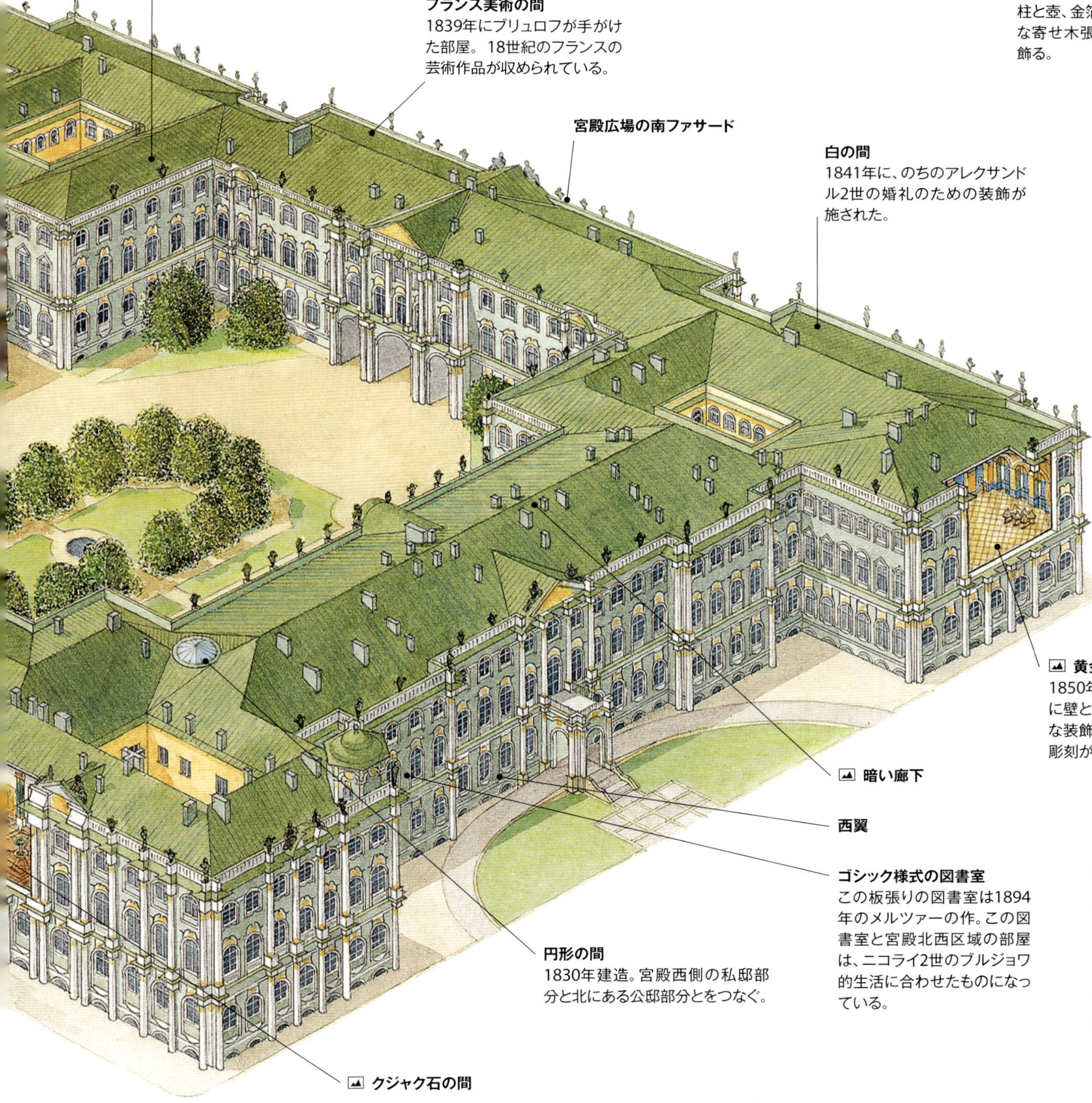

🖼 アレクサンドルの間
建築家アレクサンドル・ブリュロフは、1837年建造のこの大広間に、ゴシック様式のヴォールト天井と、軍事的題材を描いた新古典主義の漆喰のバス・レリーフを組み合わせた。

▲ 小玉座の間
1833年にピョートル大帝に献じた部屋。ここには1731年にイギリスで作られた銀の玉座が置かれている。

▲ アレクサンドルの間

クジャク石の間 ▲
この豪奢な部屋には装飾用に2トンを超える石が使われている（1839年）。孔雀石の柱と壺、金箔張りの扉と贅沢な寄せ木張りの床が部屋を飾る。

フランス美術の間
1839年にブリュロフが手がけた部屋。18世紀のフランスの芸術作品が収められている。

宮殿広場の南ファサード

白の間
1841年に、のちのアレクサンドル2世の婚礼のための装飾が施された。

黄金の客間 ▶

▲ 暗い廊下
ここに飾られたフランスとフランドル産タペストリーのなかには、17世紀にパリで制作された「コンスタンティヌスの結婚」がある。ルーベンスの絵画デザインをもとにした作品だ。

🖼 黄金の客間
1850年代の建造。この部屋は1870年代に壁と天井をすべて金箔張りにし、派手な装飾が施された。西ヨーロッパの宝石彫刻が展示されている。

🖼 暗い廊下

西翼

ゴシック様式の図書室
この板張りの図書室は1894年のメルツァーの作。この図書室と宮殿北西区域の部屋は、ニコライ2世のブルジョワ的生活に合わせたものになっている。

円形の間
1830年建造。宮殿西側の私邸部分と北にある公邸部分とをつなぐ。

🖼 クジャク石の間

宮殿の襲撃

1917年10月25日の夕方、ボルシェヴィキは、冬宮にむかって撃った数発の空砲を合図にここを襲撃し、宮殿に本部を置いた臨時政府を押さえた。共産主義者たちが権力を掌握し、ここにロシア革命が成ったのである。

聖ワシリー聖堂 ［モスクワ］

ロシア正教教会でもっとも美しいとされる聖ワシリー聖堂は、世界にむけてモスクワとロシアを代表する建造物でもある。1552年、イワン雷帝がカザンのモンゴル要塞の占領を祝って建造を命じたこの聖堂は、1561年に完成した。建築家ポスニク・ヤーコブレフによる設計といわれている。言い伝えによると、イワンはヤーコブレフの作品の美しさに感銘を受け、以後これよりすばらしい作品を作れないように、ヤーコブレフを失明させたという。教会は、カザンの最終包囲攻撃が生神女庇護祭の日に始まったため、正式には生神女庇護大聖堂という名である。しかし、「聖愚者」ワシリーにちなんだ聖ワシリー聖堂という呼び方のほうが一般的だ。ワシリーの遺骨は、ここの9番目の聖堂に収められている。

▲ エルサレム入城聖堂の一部

◀ 聖キプリアン聖堂
8つの聖堂のひとつで、モスクワの東にあるカザンに対するイワン雷帝の戦争を記念したもの。この戦いの最後の攻撃の翌日である、10月2日を祭日とする聖キプリアンに献じている。

赤の広場
聖ワシリー聖堂はモスクワの中心部、赤の広場にある。広場の名の由来であるロシア語の「krasny」は、本来は「美しい」という意味だったのだが、のちには「赤」を表すようになった。

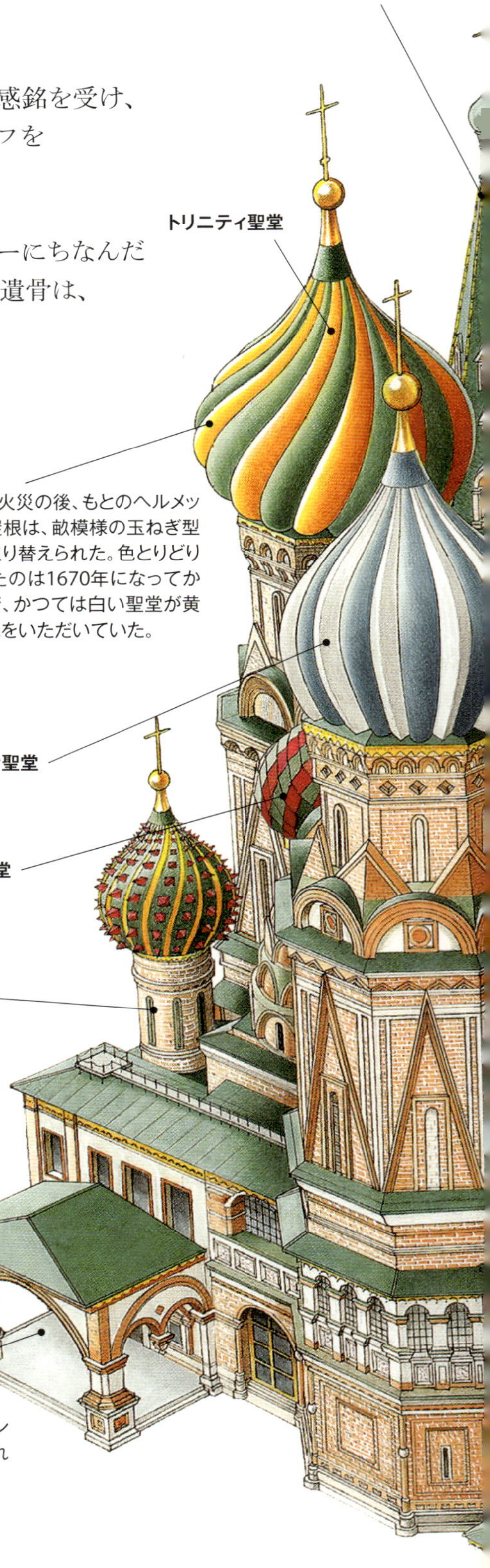

◀ エルサレム入城聖堂

◀ 主聖堂のイコノスタシス（聖障）

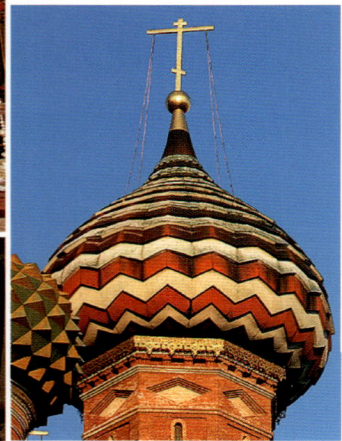

▼ 聖ワシリー聖堂のファサードの一部である色鮮やかな玉ねぎ型ドーム

▲ 生神女庇護堂（主聖堂）
主聖堂のテント型屋根の窓から明るい光が入ってくる。この屋根は61メートルもの高さがある。

鐘楼

トリニティ聖堂

ドーム
1583年の火災の後、もとのヘルメット型の円屋根は、畝模様の玉ねぎ型ドームに取り替えられた。色とりどりに塗られたのは1670年になってからのことで、かつては白い聖堂が黄金のドームをいただいていた。

聖キプリアン聖堂

三司教聖堂

聖ワシリー聖堂
9番目の聖堂が1588年にくわわり、「聖愚者」ワシリーの遺骨を収める。

入り口
聖堂の歴史に関する展示とイワン雷帝時代の甲冑や武器が置かれている。

略年譜

1555年	1583年	1812年	1918年	1929年	1990年代
聖ワシリー聖堂の建造が始まり、6年後に完成する。	もとあった円屋根が火災で焼け、玉ねぎ型ドームに替えられる。	ナポレオンのロシア遠征中、ナポレオン軍の騎兵が聖ワシリー聖堂を厩舎にする。	共産主義当局が聖堂を閉鎖し鐘を溶かす。	聖ワシリー聖堂がロシアのカザン占領を記念する博物館になる。	1990年、聖ワシリー聖堂がユネスコの世界遺産に登録され、1991年にロシア正教会に返還される。

ロシア　99

図の注記

- 主聖堂のテント型の屋根
- 生神女庇護聖堂（主聖堂）
- 聖ニコライ聖堂
- フティニの聖ヴァルラアム聖堂
- エルサレム入城聖堂　　この聖堂は毎年行われる聖枝祭の行列の入場口となる。この日、総主教がクレムリンから聖ワシリー聖堂までロバに似せた馬に乗ってくる。
- 層になった切妻
- 主聖堂のイコノスタシス（聖障）　主聖堂のバロック様式のイコノスタシスは19世紀の制作だ。しかし、ここにあるイコンにはそれよりずっと以前に描かれたものもある。
- 回廊　主聖堂を囲む回廊は、ほかの8つの聖堂とつながっている。17世紀末に屋根がつけられ、壁と天井は18世紀後半に花模様のタイルで飾られた。
- 聖グレゴリー聖堂

ミーニンとポジャルスキー公の像

イワン・マルトスが制作した青銅像は、大動乱期（1598-1613年）のふたりの英雄、肉屋のクズマ・ミーニンとドミートリー・ポジャルスキー公のものだ。ふたりは義勇軍を組織してポーランドの侵攻軍と戦い、1612年にポーランド軍をクレムリンから追い払って、自軍を勝利に導いた。像は1818年に赤の広場の中央に建てられ、ソヴィエト連邦時代に、現在置かれているワシリー聖堂前に移された。

ミーニンとポジャルスキー公の記念像

●「聖愚者」ワシリー

1464年にモスクワ付近の村の小作農の家に生まれたワシリーは、靴職人の弟子として働いた。しかし、まもなく将来を予言する力を備えていることがわかり、16歳のときにモスクワへと出る。ワシリーは街の通りを裸足で歩くという苦行を自らに課し、モスクワの人々に神の教えを説いた。ワシリーは説教のさいに嘲笑され、ぶたれることもたびたびだったが、1547年に転機が訪れた。モスクワの火事を予言し街の壊滅を防いだことで、人々の信用を得たのである。ワシリーが88歳で亡くなると、イワン雷帝は遺体を聖堂に運んで埋葬した。ワシリーは1579年に聖人に列せられた。

●聖堂の設計

聖ワシリー聖堂は、それぞれ異なる聖人にささげた9つの聖堂からなる。生神女庇護聖堂（主聖堂）以外の聖堂は、それぞれがカザンの8つの攻撃を象徴し、多彩なドームをいただく。聖堂はすべて独特の装飾を施され、大きさも異なっているが、全体を見れば不思議なバランスが生まれている。聖堂はさまざまな角度から眺めるように設計されているため、ここが正面ファサードだというものはない。8つの聖堂は、八角の星を形作っている。主聖堂を中心に4つの大きなドームが想像上の十字架の先端となり、その間に小さい聖堂が置かれているのである。

●ロシアのイコン画

ロシア正教会は礼拝と説教にイコンを使用し、聖像を描くときには厳密な規定がある。イコン画は象徴的芸術であり、線と色で教会の教えを表現するものだ。イコンとは描かれている聖人の力を吹き込んだものと考えられ、戦時には護符とすることも多かった。ロシアのイコンは、ビザンティウム（イスタンブールの古名）からもち込まれたのを起源とする。現在のウクライナの首都キエフは、モンゴル人が1240年に占領するまで、ロシアのイコン画制作の中心にあった。15世紀後半には、イワン雷帝が芸術家たちにクレムリンに住むよう命じ、モスクワ派が創設された。偉大なイコン画家であるディオニシとアンドレイ・ルブリョフも、この名高いモスクワ派の一員だった。

モスクワの聖ワシリー聖堂の玉ねぎ型ドーム

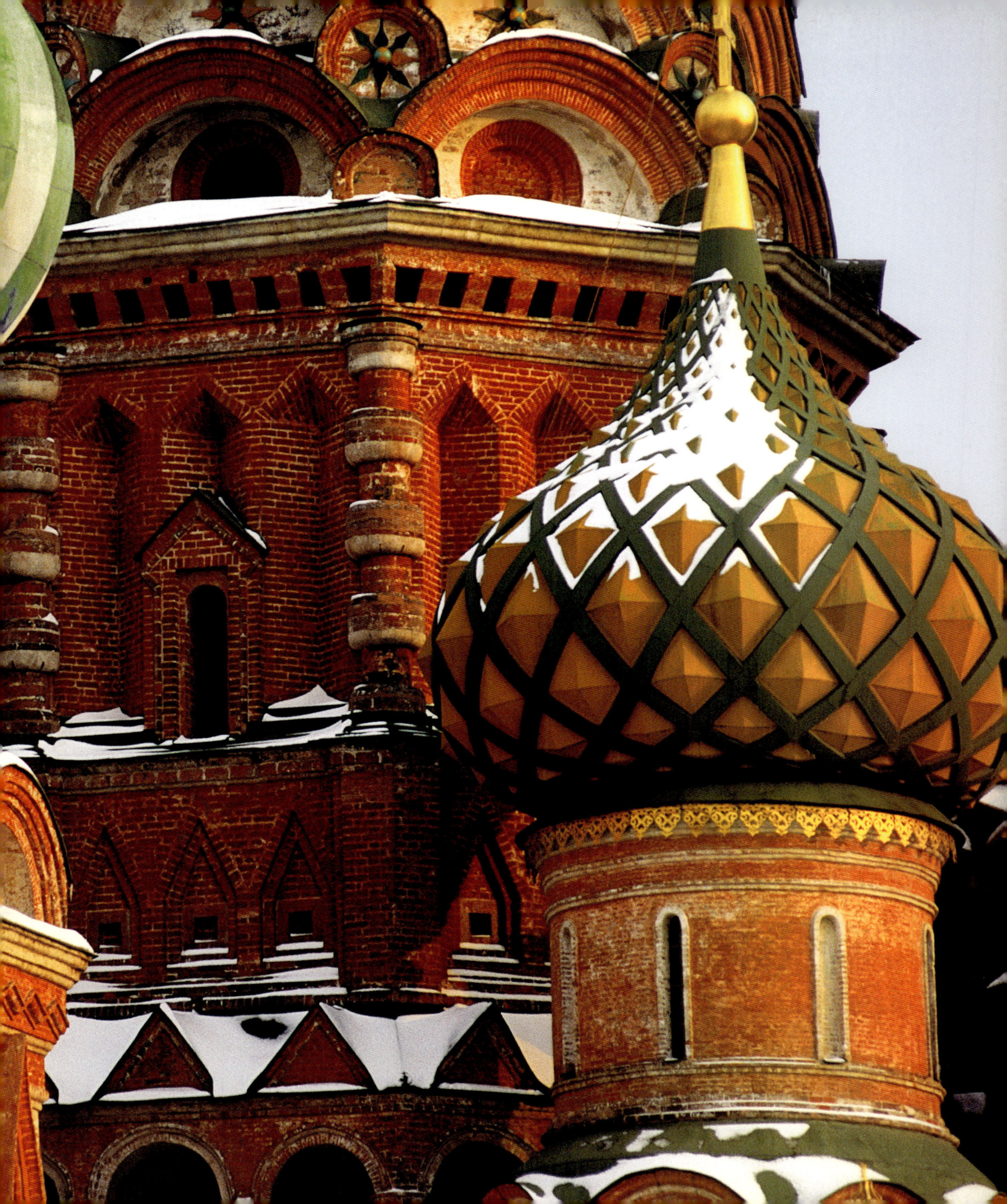

ヨーロッパ

ペーナ宮殿 [シントラ]

シントラ山脈の山頂に、荘厳なペーナ宮殿は建つ。さまざまな建築様式が組み合わされたこの異国風の建物は、19世紀に、若き女王マリア2世（在位1834-53年）の夫であるザクセン＝コーブルク＝ゴータ公国のフェルディナント、つまりポルトガルのフェルナンド2世のために建造された。この宮殿が建つのは、かつてペーナの聖母礼拝堂があり、15世紀にはジェロニモス修道院が置かれた場所だ。魅惑的な夏の離宮の風変わりな部屋はどれも、世界各地の珍品であふれている。1910年の共和国宣言で王制は廃止され、宮殿は博物館となって、王室がここに住んでいた往時の名残をとどめている。

◉バロン・フォン・エシュヴェーケ

1839年、ザクセン＝コーブルク＝ゴータ公国のフェルディナントは、以前修道院があった立地のよい場所を手に入れ、ドイツ人建築家、バロン・フォン・エシュヴェーケ（1777-1855年）に比類のない夏の離宮を建造するよう命じた。エシュヴェーケはフェルディナントの壮大な夢を現実のものとし、10年以上かけて修道院の廃墟を修復し、その周囲におとぎ話に出てくるような宮殿を建てた。そそり立つ岩のそばにある戦士の像は、まるで宮殿を護っているようだ。巨大な石像の土台には、エシュヴェーケの紋章が彫刻されている。

◉宮殿の設計

芸術に情熱を注ぎ、科学の進歩にも目を向けたフェルディナントは、ペーナ宮殿に複数の建築様式を組み合わせ、ゴシック（ゴシック様式、p.54参照）、ルネサンス（ルネサンス様式、p.131参照）、マヌエル（ポルトガル後期ゴシック様式）の各様式の要素を取り入れている。濃淡のあるピンク、青、黄色で塗られた外壁には豪奢な彫刻が施され、またアズレージョ（青い装飾タイル）が配されて、黄金のドームや、銃眼で囲った小塔、ガーゴイルが飾る。宮殿内部で一番の見どころは、彫刻家ニコラウ・シャンテレネが制作したルネサンス様式のレタブルム［礼拝堂の祭壇飾壁］であり、異国風の家具も耽美的雰囲気を漂わせている。

◉ロマン主義

ひときわ美しく魅惑的な地として、シントラは長年、国内外を問わず王や貴族、芸術家たちの崇拝を集めてきた。イギリスの詩人バイロン卿は1809年に、その木々が満ちあふれた美しさを「輝かしいエデンの園」と表現し、16世紀にはルイス・ヴァス・デ・カモンイスも、ポルトガルの有名な叙事詩『ウス・ルジーアダス』でこの地を称賛している。異国風のゴシック様式の要素をはじめ、複数の様式の組み合わせで生まれた華美な宮殿は、ヨーロッパのロマン主義の先駆的存在となった。バイエルンの宮殿から着想を得たうえに、アラブ、ポルトガル、ドイツ、それに古典主義とロマン主義の影響が組み合わさって、独特の、ときには突飛とも思える効果が生まれている。周囲のペーナ公園にも世界各地からもち込まれた異国の木々や灌木が植えられ、ロマンティックな美しさが人々を魅了する。

王配フェルナンド

フェルナンドはポルトガルでは「芸術王」として知られる。イギリスのヴィクトリア女王と結婚したいとこのアルベールも同様だったが、フェルナンドは自然と芸術、当時の新しい発明に情熱を注いだ。フェルナンドは新しい国に溶け込もうと努力し、生涯を芸術にささげたのである。マリア2世の死から16年後の1869年、フェルナンドは愛人のオペラ歌手（エドラ伯となる）と再婚した。ペーナに宮殿を建てるという生涯の夢は、フェルナンドが亡くなった1885年に実現した。

フェルナンド

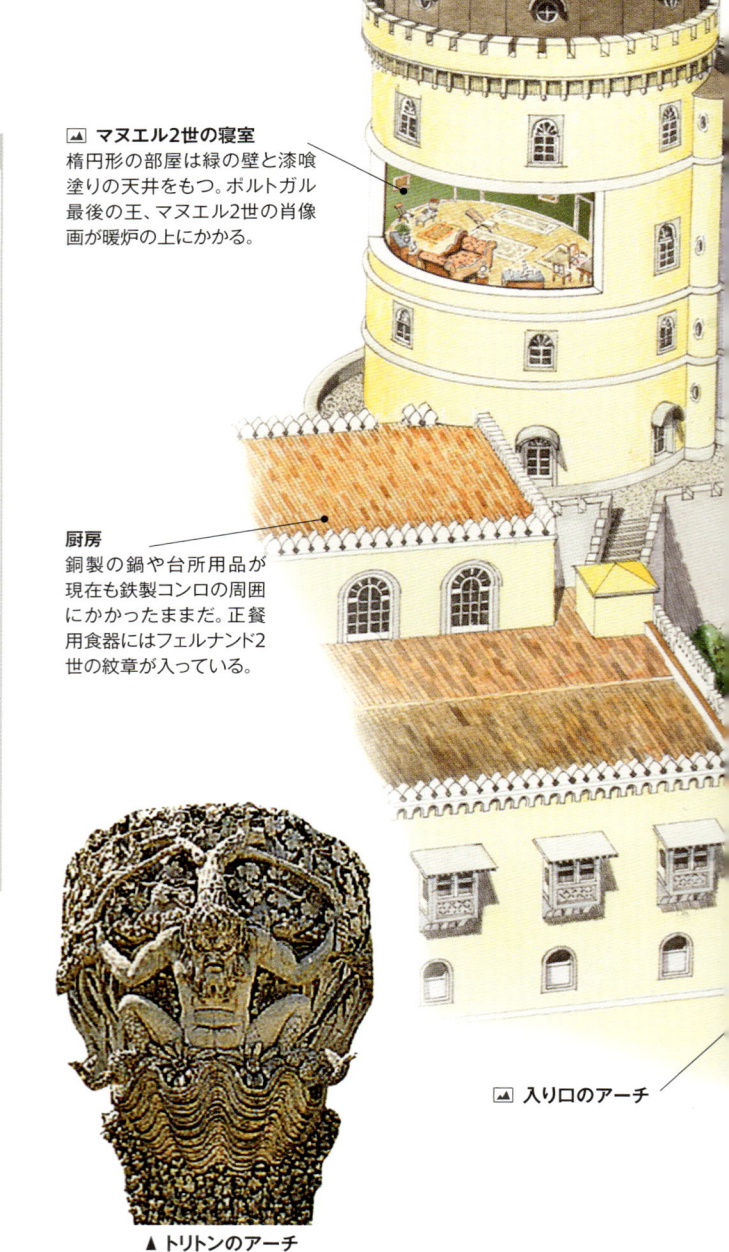

娯楽

ペーナ宮殿では、1年を通してさまざまな行事が催される。世界的に有名な芸術家によるクラシック音楽のコンサート、展示会、バレエや歴史劇も上演されている。

マヌエル2世の寝室
楕円形の部屋は緑の壁と漆喰塗りの天井をもつ。ポルトガル最後の王、マヌエル2世の肖像画が暖炉の上にかかる。

厨房
銅製の鍋や台所用品が現在も鉄製コンロの周囲にかかったままだ。正餐用食器にはフェルナンド2世の紋章が入っている。

▲ トリトンのアーチ

▲ 入り口のアーチ

略年譜

1400年代	1839年	1840年代	1910年	1995年
ペーナの聖母礼拝堂跡にジェロニモス修道院が置かれる。	ザクセン＝コーブルク＝ゴータ公国のフェルディナントが、宮殿にするため修道院の廃墟を購入する。	バロン・フォン・エシュヴェーケが、修道院の回廊と礼拝堂を残しつつ、フェルディナントのアイデアを実現させる。	宮殿が国定史跡とされ、博物館として一般公開される。	シントラの街とともにペーナ宮殿がユネスコの世界遺産に登録される。

ポルトガル　103

舞踏会用ホール
贅を凝らした大広間。ドイツ製ステンドグラスの窓や東洋の高価な陶磁器があり、ターバンを巻いた等身大の4体のたいまつ持ちの像が、巨大な枝つき燭台を掲げている。

礼拝堂の祭飾壁
アラバスターと大理石製の見事なレタブルムは、ニコラウ・シャンテレネが彫刻を施した16世紀の作品。壁龕には、飼い葉おけから昇天にいたるまでのキリストの生涯が描かれている。

回廊
色鮮やかな模様つきタイルを張った、本来の修道院の建物の一部。

アラブの間
壁と天井をおおうトロンプ・ルイユ（だまし絵）のフレスコ画に圧倒される。宮殿で一番美しい部屋のひとつ。ロマン主義は「オリエント」から大いなる着想を得ている。

トリトンのアーチ
ネオ・マヌエル様式の装飾が施されている。獰猛な海の怪物がここを護っている。

▼ アラブの間

ペーナ宮殿からのぞむ ペーナ公園 ▶

▼ 舞踏会用ホール

▼ マヌエル2世の寝室

▼ 入り口のアーチ
宮殿の入り口は飾り鋲が打たれ、銃眼が囲む小塔をもつ。建物は、本来は鮮やかな黄色と濃いピンクで塗られていた。

104 | ヨーロッパ

サンティアゴ・デ・コンポステーラ大聖堂

キリスト教における重要な廟にふさわしく、聖ヤコブに献じたこの聖堂は壮大な外観をもち、バロック様式（バロック様式、p.80参照）の双塔がそびえたつ。聖ヤコブの廟は、9世紀のアルフォンソ2世の時代のバシリカ聖堂跡に置かれているが、大聖堂のそのほかの部分は11世紀から13世紀にかけて建造された。有名な栄光の門を通ってなかに入ると、大聖堂が、中世に巡礼者たちを迎えたときと同じ姿を見せてくれる。巨匠マテオが設計した内陣は、当時のままに修復されている。

巨大なボタフメイロ

●聖ヤコブ（サンティアゴ）

言い伝えによれば、ヤコブはスペインで伝道したのちにエルサレムにもどり、殉教した最初の使徒だという。不思議にも、その遺体はガリシア（スペイン西北端）の埋葬の地に運ばれたのだとされている。およそ750年後の819年に、ある司教が神のお告げに導かれ聖なる遺骸を発見したという。その神聖な場所に、ヤコブに献じる教会が建造された。997年にはムーア人がサンティアゴの街を破壊したが、**地下聖堂**にある聖人の墓はそれを免れた。この一件と、のちのキリスト教の勝利によって聖ヤコブはスペインの守護聖人となり、大聖堂はキリスト教徒最大の巡礼地のひとつとなった。

●サンティアゴへの道

中世には、年間50万人もの巡礼者がヨーロッパ中から大聖堂へと集まってきた。サンティアゴ・デ・コンポステーラへは、数本の巡礼道が通じていた。教会や聖堂、旅館などが建ち、それぞれ趣の異なる道は現在も旅行者に利用され、ピレネー山脈からの巡礼路は「フランスの道」として知られる。巡礼の証書をもらうためには、スタンプが押され巡礼の日付が書かれた通行証を作り、最後の100キロメートルを徒歩か馬、または最後の200キロメートルを自転車で行く必要がある。

●栄光の門

この門のロマネスク様式の柱や尖ったアーチ、リブが支えるヴォールト天井（ロマネスク様式、p.122参照）の一部は、巨匠マテオが彫刻を施した（中央アーチの横架材にはマテオのサインと1188年の日付がある）。3つのアーチには200人近い聖書の登場人物の彫刻があり、見る者の心を打つ。中央にはキリストが傷をあらわにして座り、両脇に使徒と黙示録の24人の長老が従い、楽器を手にしている。キリストの下では、聖ヤコブが、見事な彫刻が施された中央柱に座っている。この「エッサイの樹」（ダヴィデの父エッサイからキリストまでの系統樹）が描かれた柱にはへこみも目につく。それは何百万もの巡礼者がここに手を触れて、無事に旅を終えたことを感謝したしるしなのである。その反対側では、知恵を授かるようにと、巡礼者が身体を折って、**こぶのある聖人像**に額をつける。

双塔
大聖堂でもっとも高い建造物で、高さは74メートル。

聖ヤコブの彫像

🖼 **西ファサード**
多数の彫像が飾るバロック様式のオブラドイロのファサードは18世紀にくわわった。

🖼 **栄光の門**
使徒と預言者の彫像が、聖堂への入り口だった12世紀造の「栄光の門」を飾る。

こぶのある聖人
12世紀の頃から巡礼者を迎えてきた聖人像。この像に額をつけると、幸運と知恵を授かるといわれる。

ホタテガイの貝殻

ホタテガイの貝殻は聖ヤコブのシンボルであり、中世においては巡礼者が身に着け、聖ヤコブの墓へと旅していることを表した。道筋で巡礼者を受け入れてくれる家々は、ドアの上に貝殻を吊るした。

🖼 **タペストリー美術館**
チャプター・ハウスと図書館上の美術館には、16世紀初頭のタペストリーが展示されている。もっとのちの時代のタペストリーには、ゴヤの作品をもとにしたものがある。

略年譜

1075年	1750年	1879年	1985年
ムーア人が破壊した教会の上に大聖堂の建造が始まる。	バロック様式の西ファサードが完成する。	1700年に紛失していた聖ヤコブの遺骸が建設作業中に見つかる。	サンティアゴ旧市街がユネスコの世界遺産に登録される。

スペイン

ボタフメイロ
重要な礼拝のさいには、この巨大なつり香炉を祭壇の上高く8人で揺り動かす。

主祭壇

モンドラゴン礼拝堂
1521年建造のこの礼拝堂は、鍛鉄性の繊細な格子とヴォールト天井をもつ。

時計塔

地下聖堂

プラテリアス門

主祭壇
ここを訪れた人は主祭壇の装飾の背後に回って、13世紀の聖ヤコブ像の銀のマントを抱く。

西ファサード

プラテリアス門
12世紀の「金銀細工師の門」には聖書の場面を描いたバス・レリーフが多数施されている。

タペストリー美術館

地下聖堂
聖ヤコブとふたりの弟子の遺骸が、主祭壇下の9世紀のバシリカ聖堂の土台部分にある、地下聖堂の墓に眠っているといわれている。

回廊

チャプター・ハウス

巡礼者の通行証
巡礼の旅の証となるもの。

栄光の門

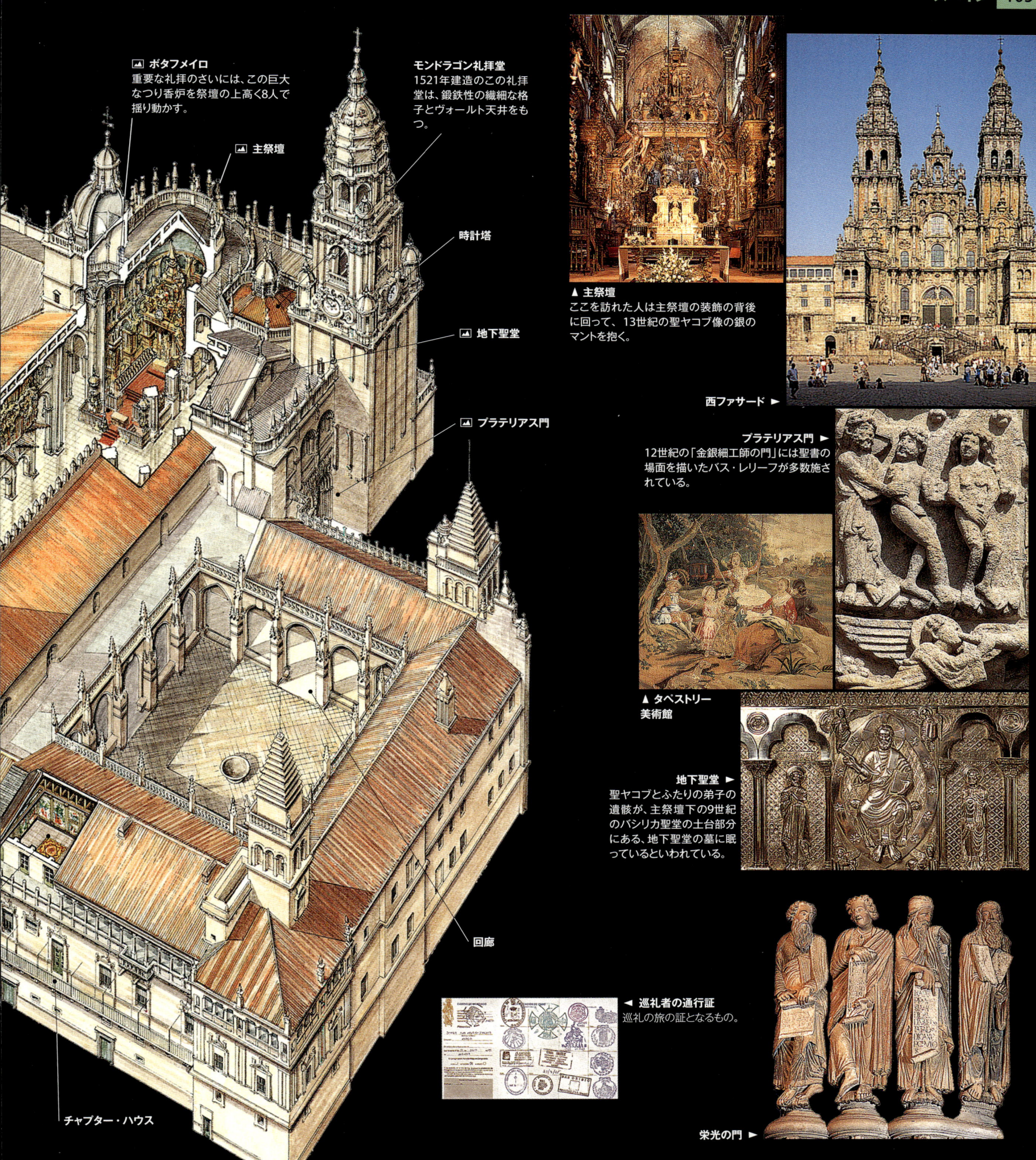

グッゲンハイム美術館 [ビルバオ]

ヨーロッパ

ビルバオの再活性化計画において輝かしい成功を収めたのが、芸術と建築を融合させたグッゲンハイム美術館だ。美術館の建物自体がアトラクションの目玉といえる。度胆をぬくような銀色の波の連なりは建築家フランク・O・ゲーリーの作品であり、船にも花にも見える。グッゲンハイム美術館はモダン・アートとコンテンポラリー・アートの魅力的な作品を幅広く集め、ヴィレム・デ・クーニング、マーク・ロコスといった抽象表現主義派の作品も見られる。この美術館の展示作品の大半は次々と替わり、大きな回顧展も催される。作品の一部はニューヨーク、ヴェネツィア、ベルリンのグッゲンハイム美術館にも展示されている。

建築家フランク・O・ゲーリー

●フランク・O・ゲーリー
カナダ生まれの建築家フランク・O・ゲーリーは、南カリフォルニア大学で建築学を、ハーヴァード大学で都市計画を学んだのち、1962年に建築事務所を構えた。初期の作品は、金網やトタン板などほかではあまり使わない建材を使用していることで知られる。のちにはコンピュータによって可能になった、彫刻といえるほどの作品を制作し、それまでにはなかった独特のランドマークを生み出した。ゲーリーには、合衆国、日本、ヨーロッパから公共のもの、私的なものを問わず大きな仕事の依頼が相次いでいる。

●建物
グッゲンハイム美術館は、曲線の断片の連なり、石灰岩のブロック、建物のなかに日光を取り入れるガラスの壁の組み合わせという、目を見張る外観だ。そのなかでも新奇なデザインの中央空間、**アトリウム**は、金属製のドームと天窓をいただく。この広い空間には、曲線を描く吊り歩道、ガラスのエレベーター、19のギャラリーへと続くそびえたつ階段が見え、未来的な光景だ。ギャラリーのうち10個は従来どおりの四角形であり、石壁で区切られ外からもそれとわかる。ほかの9個は風変わりな形をしており、外壁がチタンのパネルという特徴をもつ(**チタンのファサード**)。展示品の数と配置は、彫刻のような全体デザインと周囲の風景とが調和することも考慮したうえで調整がなされており、美術館自体がビルバオの産業史を反映させたものでもある。

●コレクション
コレクションはアトリウムの周囲に3層に配置されている。マーク・ロスコの「Untitled」(1952年)に始まる20世紀後半の重要な芸術家の作品が展示され、さらに、ここに並ぶ作品はアヴァンギャルド運動初期から今日のジャンルにまでおよぶ。ここでは、エドゥアルド・チリーダ、イヴ・クライン、ヴィレム・デ・クーニング、ロバート・マザーウェル、クリフォード・スティル、アントニ・タピエス、アンディ・ウォーホールといった芸術家たちの作品を見ることができる。また、バスク地方およびスペインの新進芸術家たちの作品も置かれている。美術館独自の常設コレクションを、ニューヨークのソロモン・R・グッゲンハイム美術館とヴェネツィアのペギー・グッゲンハイム・コレクションの貴重な作品が補っている。

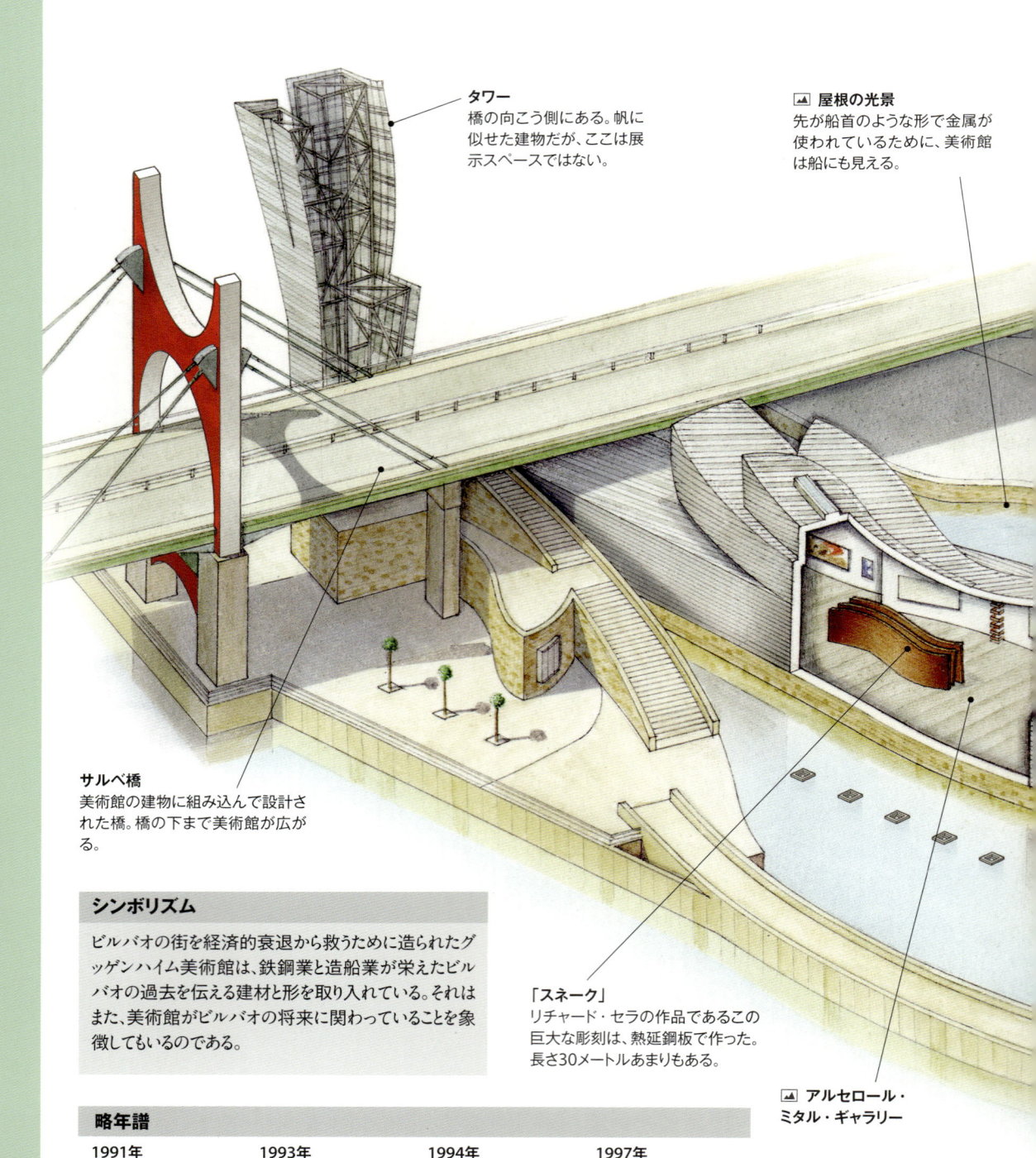

タワー
橋の向こう側にある。帆に似せた建物だが、ここは展示スペースではない。

屋根の光景
先が船首のような形で金属が使われているために、美術館は船にも見える。

サルベ橋
美術館の建物に組み込んで設計された橋。橋の下まで美術館が広がる。

シンボリズム
ビルバオの街を経済的衰退から救うために造られたグッゲンハイム美術館は、鉄鋼業と造船業が栄えたビルバオの過去を伝える建材と形を取り入れている。それはまた、美術館がビルバオの将来に関わっていることを象徴してもいるのである。

「スネーク」
リチャード・セラの作品であるこの巨大な彫刻は、熱延鋼板で作った。長さ30メートルあまりもある。

アルセロール・ミタル・ギャラリー

略年譜

1991年	1993年	1994年	1997年
美術館の建設が承認される。	フランク・O・ゲーリーが美術館の設計計画を提示する。	美術館が着工される。	グッゲンハイム美術館が一般公開される。

スペイン 107

アルセロール・ミタル・ギャラリー ▶
以前は流れるような、魚に似た形からフィッシュ・ギャラリーと呼ばれていた。美術館最大のギャラリーで、リチャード・セラの「スネーク」や「The Matter of Time」（右写真）など鉄の彫刻作品群が置かれている。

▲ アトリウム

アトリウム
美術館に入って最初に目に入るのが、高さ60メートルもあるアトリウムだ。ここは位置判断の場所となり、高さがあるので巨大な作品を展示する場として非常に印象的な舞台だ。

3階バルコニー

「パピー」
アメリカ人芸術家ジェフ・クーンズ作のこの犬の像は花におおわれ、内部システムで水を与えている。本来は一時的な展示だったが、人気があり常設展示になった。

▼ 街からの眺め
イバラギーレ通りを近づいていくと、ごく普通の建物が並ぶ通りの先に美術館が現れる。

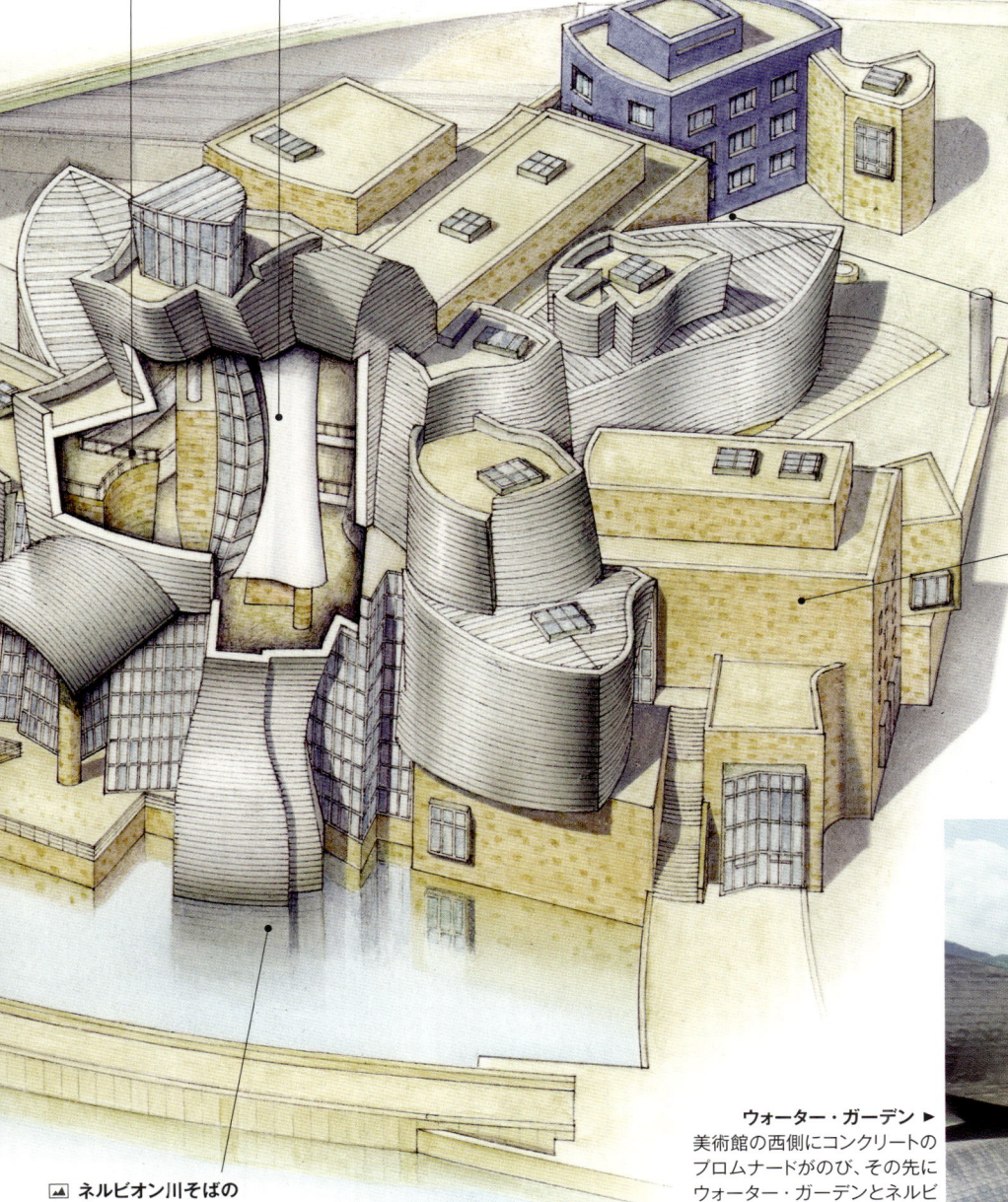

正面入り口

レストラン
人気シェフのマルティン・ベラサテギがオーナーで自身が設計したレストラン。ビルバオオリジナルのメニューが出される。

屋根の光景 ▶

チタンのファサード ▶
チタンは航空機の部品に使われ、建物に使用されることは珍しい。計60トンのチタンが使用されているが、わずか3ミリという薄さだ。

ネルビオン川そばのウォーター・ガーデン

ウォーター・ガーデン ▶
美術館の西側にコンクリートのプロムナードがのび、その先にウォーター・ガーデンとネルビオン川がある。

ビルバオ、グッゲンハイム美術館のチタンが波打つファサード

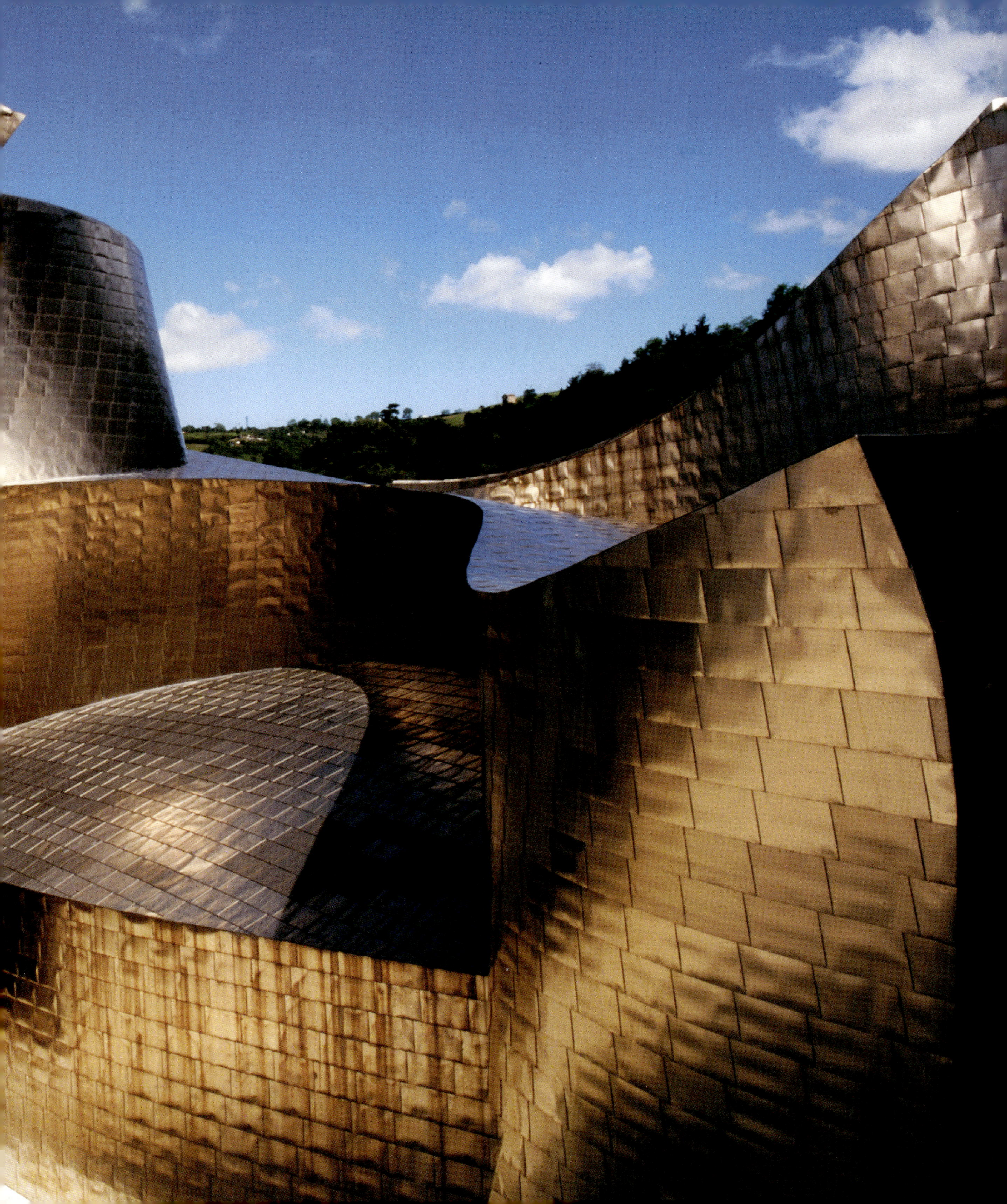

ヨーロッパ

モデルニスモ

19世紀末になる頃バルセロナでは、アールヌーヴォーから芸術と建築の新しい様式が生まれた。この「モデルニスモ」はカタルーニャのナショナリズムを表現する手段となり、マドリードを中心とするカスティーリャの支配下で徐々に衰えたこの地方のアイデンティティを、再度確立しようとする試みが行われた。この様式は曲線のラインと、彩色タイル、モザイクタイルを惜しげもなく使用することを特徴とした。モデルニスモを代表する芸術家にはジョセップ・プッチ・イ・カダファルク、ルイス・ドメネク・イ・モンタネールがおり、そして傑出する人物がアントニ・ガウディだ。この様式の過激な外観は、今日バルセロナが人々をひきつける要因のひとつでもある。

アントニ・ガウディ

伝統工芸職人の子に生まれたアントニ・ガウディ（1852-1926年）は、バルセロナ建築学校で学んだ。ナショナリスト的立場からロマンティックな中世を探求し、それに触発されたガウディ作品は、非常に独自性あふれるものだった。サグラダ・ファミリア教会はガウディの最高傑作であり、彼は1883年以降、生活のすべてをこの教会にささげた。家々を回って資金を請うことも多く、それは路面電車にはねられた数日後に命を落とすまで続いた。ここに表現されたものはほぼすべて、ガウディの設計か、共同で設計を行ったものだ。ガウディは、材木や荒削りした石、粗石やレンガといった手をかけないそのままの建材を、鍛鉄やステンドグラスの凝った工芸品と組み合わせる手法をとった。

シンボリズム

ガウディはサグラダ・ファミリア教会に自然と宗教を融合させ、シンボリックな外観を与えている。教会は3つの記念碑的ファサードをもつ。東正面**生誕のファサード**は日の出の方向を向き、キリストの誕生にささげたものだ。動植物、春と夏のシンボル、果物と鳥、花がこのファサードを飾る。西正面の**受難のファサード**はキリストの受難と死を意味し、骨を思わせる不気味な柱には装飾を施さず、死がもたらす喪失感を表現している。南の栄光のファサードはまだ建造されていないが、最大のものとなる予定だ。ガウディは、教会内部の**身廊**を、森林を思わせるものにするつもりだった。柱はまるで木の幹のように「植えられ」、天窓から入った光がこもれびのようにとどくのだ。

サグラダ・ファミリア教会 ［バルセロナ］

ヨーロッパでひときわ異彩を放つ聖家族贖罪教会は、独自性を重視するこの街の象徴だ。自然に着想を得たシンボリズムが詰め込まれ、オリジナリティを追求するこの教会は、アントニ・ガウディの最高傑作である。この場所にネオ・ゴシック様式（ゴシック様式、p.54参照）の教会建設が始まった1年後の1883年に、教会を完成させる仕事を任されると、ガウディは一切を変更し思いつくままに設計を進めた。この教会建築はガウディの生涯をかけた仕事となり、16年間この場に隠遁者のように住み着き、地下聖堂に埋葬された。亡くなったときに完成していたのは生誕のファサードにある1基の塔だけだったが、スペイン内戦後に建設が再開され、ガウディの設計プランに沿っていくつかの建設作業が完了している。建設は現在も続いており、一般からの寄付で資金がまかなわれている。

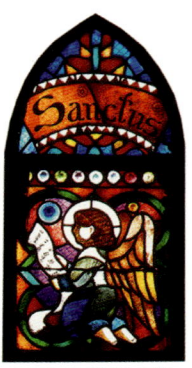

ステンドグラスの窓

教会完成図

ガウディが温めていた計画は年月とともに縮小されたが、それでも完成後の建物の姿は威容だ。まだ中央の塔が建設予定で、これを福音書記者を表す4つの巨大な塔が囲む。栄光のファサード（南）上の4つの塔は、受難のファサード（西）と生誕の塔（東）にある4つの塔と同じものになる予定だ。回廊を外につけたような周歩廊が建物の外を囲むことになる。

スペイン内戦

教会はスペイン内戦中（1936-9年）の1936年に攻撃を受け、地下聖堂とガウディの工房が火災で破損した。黒焦げになった教会の模型の残骸と図面が、地下博物館に展示されている。

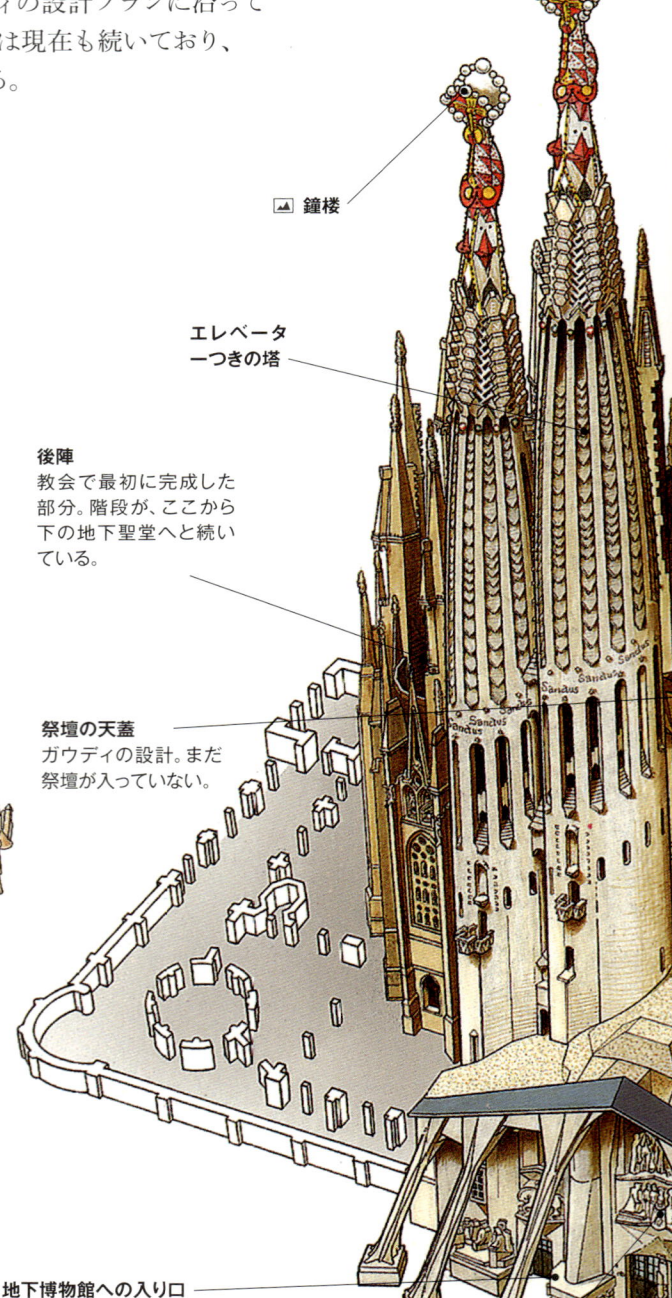

略年譜

1882年	1883年	1893年	1954年
伝統的なネオ・ゴシック様式で教会の建設が始まる。	ガウディが前任者から建築を引き継ぎ、すぐに計画を変更する。	ガウディが生誕のファサードの建造を開始する。ここにはガウディの自然への愛が反映されている。	スペイン内戦後に建設作業が再開され、今日も続く。

鐘楼

エレベーター つきの塔

後陣
教会で最初に完成した部分。階段が、ここから下の地下聖堂へと続いている。

祭壇の天蓋
ガウディの設計。まだ祭壇が入っていない。

地下博物館への入り口

受難のファサード
この暗い雰囲気のファサードは、1980年代後半に芸術家ジョセップ・マリア・スビラクスが完成させた。ここに彫刻された像はキリストの苦痛と犠牲を表現しているが、やせこけて不気味なものが多く、論争を呼ぶ作品だ。

スペイン 111

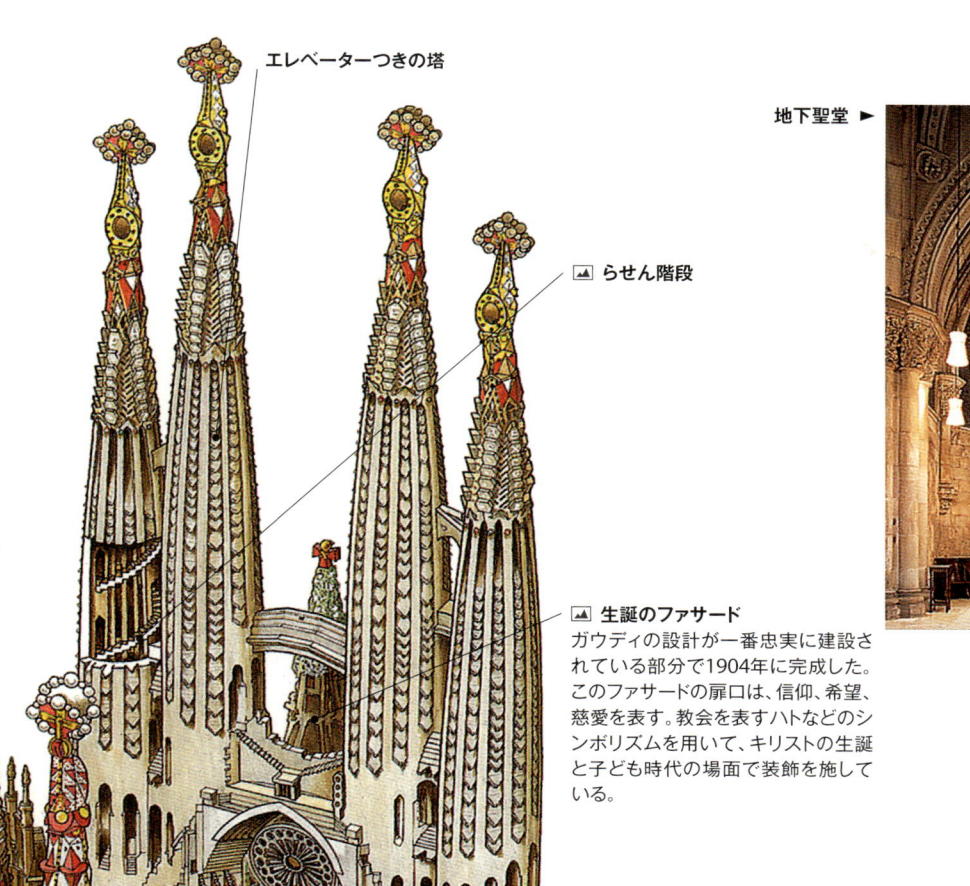

エレベーターつきの塔

らせん階段

地下聖堂 ▶

生誕のファサード
ガウディの設計が一番忠実に建設されている部分で1904年に完成した。このファサードの扉口は、信仰、希望、慈愛を表す。教会を表すハトなどのシンボリズムを用いて、キリストの生誕と子ども時代の場面で装飾を施している。

らせん階段 ▶
頂上からの眺め。このらせんの石階段はカタツムリの殻のようだ。鐘楼と上階のギャラリーに通じている。

地下聖堂
ガウディが埋葬されている地下聖堂は、着工当初の建築家であるフランシスコ・デ・パウラ・ビリャール・イ・ロサーノが1882年に造ったものだ。下階にはガウディとロサーノの仕事と教会の歴史をたどる博物館がある。

身廊 ▶

▲ 生誕のファサード

受難のファサード ▶

身廊
身廊は現在も建設中で、縦溝のある柱が側廊上の4つの回廊を支え、天窓から自然光が入る予定だ。

鐘楼 ▶
それぞれが使徒を表す12基の頂尖塔のうち8基が建設済みである。頂上にはヴェネツィア・モザイクをいただく。

正面入り口

エル・エスコリアル ［マドリード］

フェリペ2世の堂々たる灰色の城、サン・ロレンソ・デル・エスコリアルはマドリードの北西、グアダラマ山脈の麓に建つ。
1563年から1584年にかけて、聖ロレンソをたたえて建てられたこの城の、装飾のない厳格なたたずまいは新しい建築様式を生み、それがスペインで大きな影響力をもつ様式となった。
内部は、壮麗な住居というより霊廟と瞑想のための隠遁所といった趣だ。美術館やチャプター・ハウス、教会堂、王家の霊廟や図書館に収められた美術品には、ハプスブルク王室のコレクションのなかでも至宝といえる作品もある。王室の住居部分は非常に質素である。

◀ 美術館
2階にある美術館にはフランドル、イタリア、スペインの絵画が展示されている。見どころのひとつが15世紀のフランドル派の画家、ロヒール・ファン・デル・ウェイデンの作品「キリスト磔刑」だ。

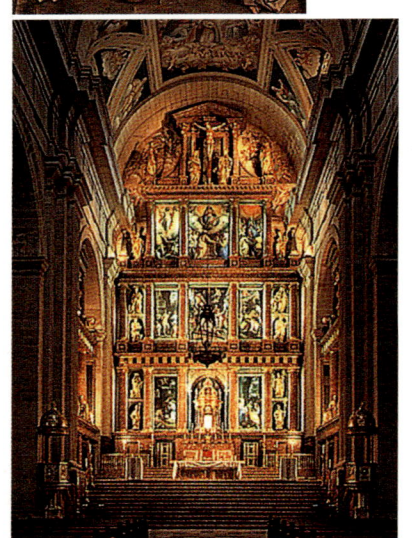

ルーカ・ジョルダノのフレスコ画

◀ 教会堂

聖ロレンソ
王フェリペ2世が戦いでフランス軍を破ったのは、1557年8月10日の聖ロレンソの日であり、王はさっそく修道院を建造し聖人に奉献することを誓った。エル・エスコリアルは格子の形をもとに設計されており、この形は聖ロレンソの殉教をしのぶものだといわれている。

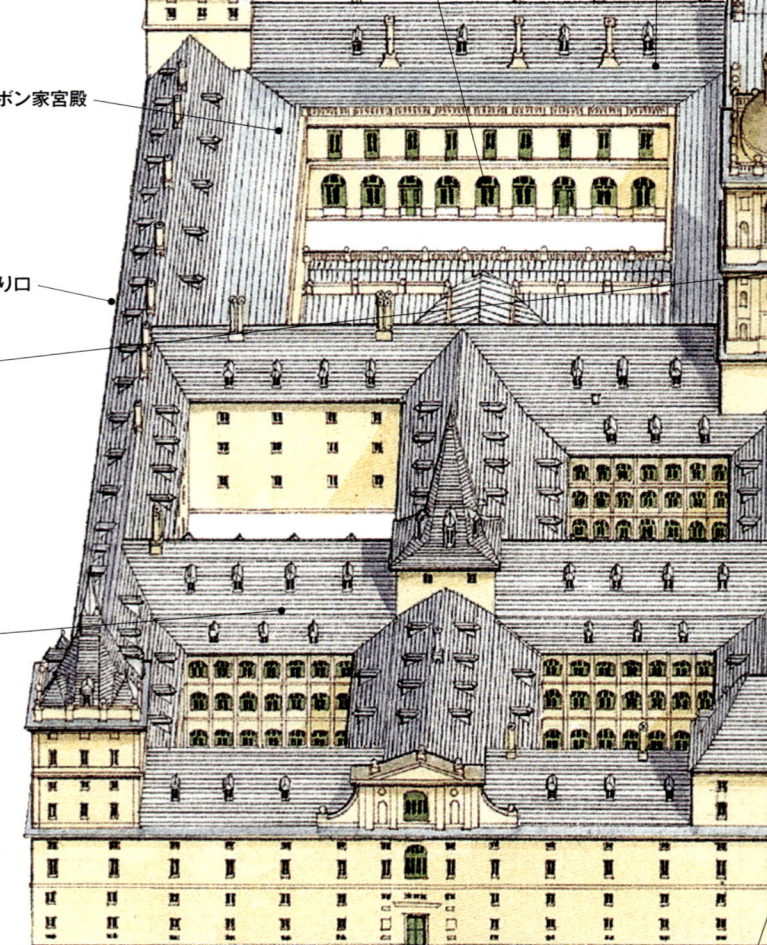

◀ 図書館

▼ チャプター・ハウス

🖼 教会堂
装飾が施された巨大な教会の見どころは豪奢な祭壇画だ。礼拝堂には、チェリーニ作の見事な大理石の磔刑像がある。

◀ 王家の霊廟
八角形の大理石の廟にはスペイン王室の納骨壺が並ぶ。

建築博物館
戦闘の間
ブルボン家宮殿
正面入り口

アルフォンソ12世学院
修道士が1875年に寄宿学校として設立した。

🖼 図書館
図書館に並ぶ4万冊もの書物には、スペイン王フェリペ2世の個人所有のコレクションも含まれる。賢王アルフォンソ10世の詩をはじめ、貴重な写本も展示されている。16世紀の天井フレスコ画はペレグリーノ・ティバルディ（1527-96年）の作。

ルーカ・ジョルダノ作「スペイン王家の栄光」

スペイン

エル・エスコリアルの城
主席建築家フアン・バウティスタ・デ・トレドが1567年に亡くなると、フアン・デ・エレーラが現場監理を引き継いだ。エル・エスコリアルの簡素な建築様式は、「飾り気のない」という意味の「デソルナメンタード」と呼ばれた。

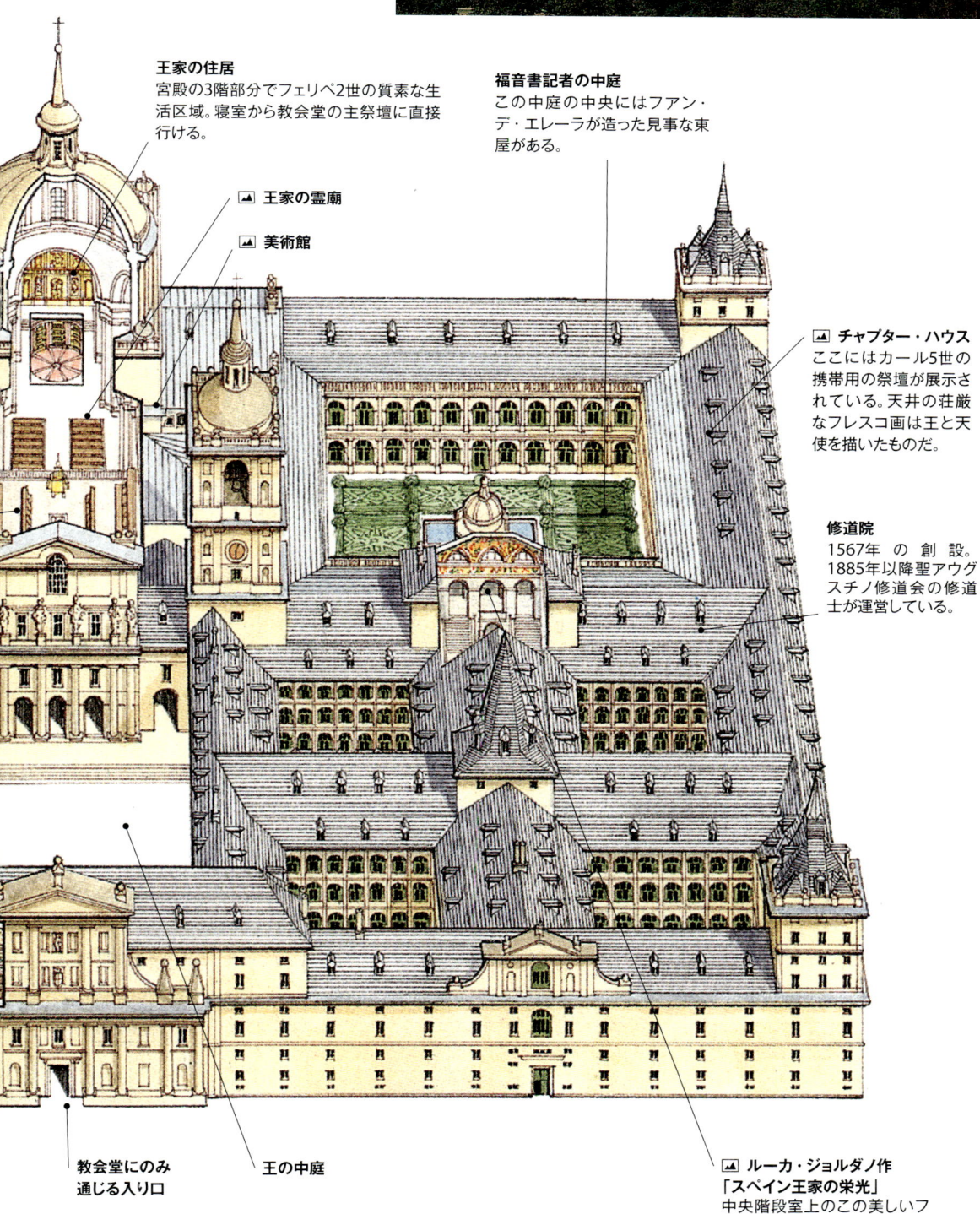

王家の住居
宮殿の3階部分でフェリペ2世の質素な生活区域。寝室から教会堂の主祭壇に直接行ける。

王家の霊廟

美術館

福音書記者の中庭
この中庭の中央にはフアン・デ・エレーラが造った見事な東屋がある。

チャプター・ハウス
ここにはカール5世の携帯用の祭壇が展示されている。天井の荘厳なフレスコ画は王と天使を描いたものだ。

修道院
1567年の創設。1885年以降聖アウグスチノ修道会の修道士が運営している。

教会堂にのみ通じる入り口

王の中庭

ルーカ・ジョルダノ作「スペイン王家の栄光」
中央階段室上のこの美しいフレスコ画は、カール5世とフェリペ2世、修道院の建設場面を描く。

略年譜

1563年	1581年	1654年	1984年
修道院の礎石が置かれる。	教会堂の建設が完了する。	王家の霊廟が完成。	エル・エスコリアルがユネスコの世界遺産に登録される。

●図書館

フェリペ2世(在位1556-98年)が造った**図書館**は、スペイン初の公的図書館だ。1619年には、新たに印刷された書物は1部をこの図書館に送るようにという要請が出され、最大で約4万冊の書物と写本を所蔵していた。細長い蔵書室の床は大理石造り、天井はアーチ形だ。天井には、哲学、文法、修辞法、論理学、音楽、幾何学、天文学、神学を描いたフレスコ画がある。木製の書架はフアン・デ・エレーラ(1530-97年)が設計した。4本の主柱には、ハプスブルク家の王、カルロス1世(神聖ローマ帝国皇帝カール5世)、フェリペ2世、フェリペ3世、カルロス2世の肖像がかかる。

●王家の霊廟

教会堂の主祭壇の真下に**王家の霊廟**があり、そこにはカルロス1世以降のほぼすべてのスペイン王が埋葬されている。黒大理石や赤いジャスパーを用い、イタリアの青銅製金箔仕上げのこの霊廟は、1654年に完成した。祭壇の左手には王たちが、右手には王妃たちが眠る。霊廟に最後にくわわったのはフアン・カルロス1世の母君で、2000年のことだ。ほかの8つの霊廟のうち、フェリペ2世の異母弟であるフアン・デ・アウストリアのものが一番有名だ。1571年にレバントの海戦でトルコ軍を破った英雄である。ケーキにも見える多角形の白大理石の墓、ラ・タルタも一見の価値はある。ここには王家の子どもたちが眠っている。

●教会堂

過去には教会堂に入れるのは貴族階級のみで、町の人々は玄関ホールまでにかぎられていた。教会堂には45の祭壇がある。見逃せないのが「キリスト磔刑」像(1562年)であり、カララ大理石の作品は、イタリア人彫刻家ベンヴェヌート・チェリーニによるものだ。入り口の左手にある階段をのぼった礼拝堂で見ることができる。**王家の住居**に続く扉の上、主祭壇の両側には見事な青銅製金箔仕上げの慰霊碑があり、カール5世とフェリペ2世が家族と祈る姿がある。巨大な祭壇画はフアン・デ・エレーラによるもので、このほか彩色大理石やジャスパー、金箔張りの青銅像や絵画もここを飾る。ここは完成に7年を要した。

ヨーロッパ

アルハンブラ宮殿 ［グラナダ］

ムーア人は、空間、光、水、装飾を魔法のように組み合わせ、このきわめて官能的な宮殿を築いた。イスラム教徒のムーア人がスペインに到達したのは710年。13世紀後半には、ムーア人の支配下にあるのはグラナダのナスル王国のみになってしまったが、この時代に建てられたアルハンブラ宮殿は、今なお傑出した美しさを誇る。衰えゆく国力から目を背けるように、ムーア人はこの城塞に自分たちの地上の楽園を造り出した。使用されている建材は質素だが、その用い方は見事だ。略奪を受け何世紀も放置されたのち、1800年代後半に修復された。アルハンブラ宮殿の精緻な職人技は見る者を圧倒する。

諸王の間

●ナスル朝
スペイン北部のキリスト教王国は、711年以降にムーア人が奪った国土を奪回する運動を始め、このレコンキスタは、1212年にキリスト教徒が勝利したことで、アンダルシア地方にまで広がった。キリスト教徒はムーア人の帝国を侵食していき、グラナダはスペインにおけるイスラム教徒のよりどころとなる。1236年にグラナダの王国の統治者となったナスル朝は、平和と繁栄の時代を導き、それは長く続いた。ナスル朝創設者のムハンマド1世は、1238年にアルハンブラ宮殿とヘネラリーフェ離宮を造営した。城塞でありながら非常に美しい建築群であり、ここにナスル朝の王の公邸が置かれた。しかし1492年に、グラナダも、ついにカトリック教徒の王と女王、フェルディナントとイザベラに屈したのである。

●ヘネラリーフェ
アルハンブラ宮殿の西に位置するヘネラリーフェは、ナスル朝の王の離宮だった。王たちは宮殿の陰謀策略から逃れ、街の喧騒を下に置き、ここで静けさを楽しんだ。ヘネラリーフェという名にはさまざまな解釈があるが、「優雅な楽園のような庭園」というものが一番ふさわしいようだ。13世紀造営の庭園には、長年にわたり手がくわえられている。本来はここに果樹園と牧場も置かれていた。

●ムーア様式の建築
ムーア人の宮殿は優雅な生活と文化、学びを念頭に設計されていた。空間、光、水、そして装飾が組み合わされ、それが調和して美しさが生まれた。アルハンブラ宮殿は、アーチ、漆喰細工、文字を使用した装飾など、ムーア人の建築がもつおもな特徴をすべて備えている。**アベンセラヘスの間**の複雑な漆喰細工は、ナスル様式の典型といえる。1日の光の動きと水面の反射光とが組み合わされているのも、もうひとつの大きな特徴だ。水は宮殿のはるか下からくみ上げなければならないことが多かった［**ライオンの中庭**］。ムーア人は技術を導入して見事なモザイクタイルで洗練された幾何学模様を作り出し、宮殿の壁を飾った。アルハンブラ宮殿のいたるところで目にする「アズレージョ」は、アラビア語の「小さな石」という言葉から生まれた名だ。単色の石でできたアズレージョは非常に美しく魅惑的である。

夜のアルハンブラ宮殿
夜に訪れると、アルハンブラ宮殿の魔法のような眺めが広がる。おぼろげな間接照明は、明るい街の灯と対照的だ。夜間の観光はナスル朝宮殿のみ見学できる。

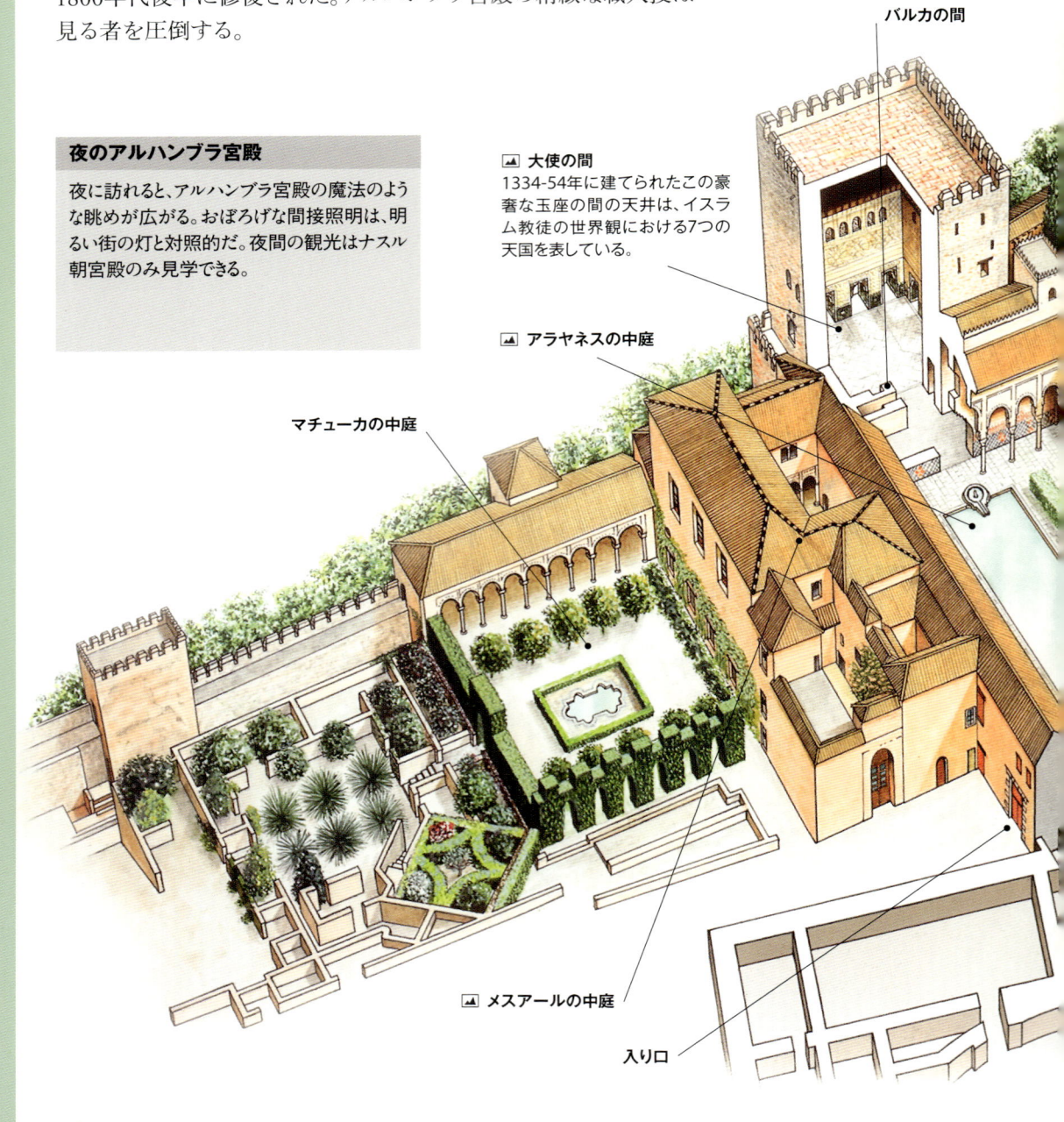

バルカの間

大使の間
1334-54年に建てられたこの豪奢な玉座の間の天井は、イスラム教徒の世界観における7つの天国を表している。

アラヤネスの中庭

マチューカの中庭

メスアールの中庭

入り口

略年譜

1236年	1238年	1492年	1984年
ナスル朝が、スペインに唯一残るイスラム国家、グラナダ王国を統治。	ナスル朝初代王のもとアルハンブラ宮殿の建造が始まる。	レコンキスタにおいて、ナスル朝がカトリック教徒の王に降伏する。	アルハンブラ宮殿とヘネラリーフェがユネスコの世界遺産に登録。

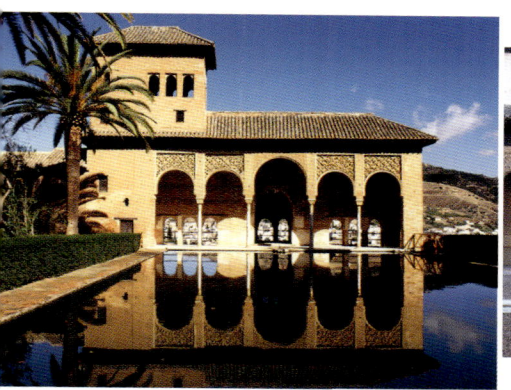

スペイン 115

▲ パルタル宮
パルタル宮はナスル朝宮殿で最古の建物であり、そこに唯一現存するのが、アーチつきポルティコと塔のある東屋だ。

▲ ライオンの中庭
ムハンマド5世（1354-91年）が建造。124本の細い大理石の柱が支える回廊がこの中庭を囲む。中央には12頭の大理石のライオンがおり、噴水がのる。

▲ ヘネラリーフェのアセキアの中庭

▼ アラヤネスの中庭
ギンバイカの生垣と優雅なアーケードが囲む池に光が反射し、周囲の部屋に入る。

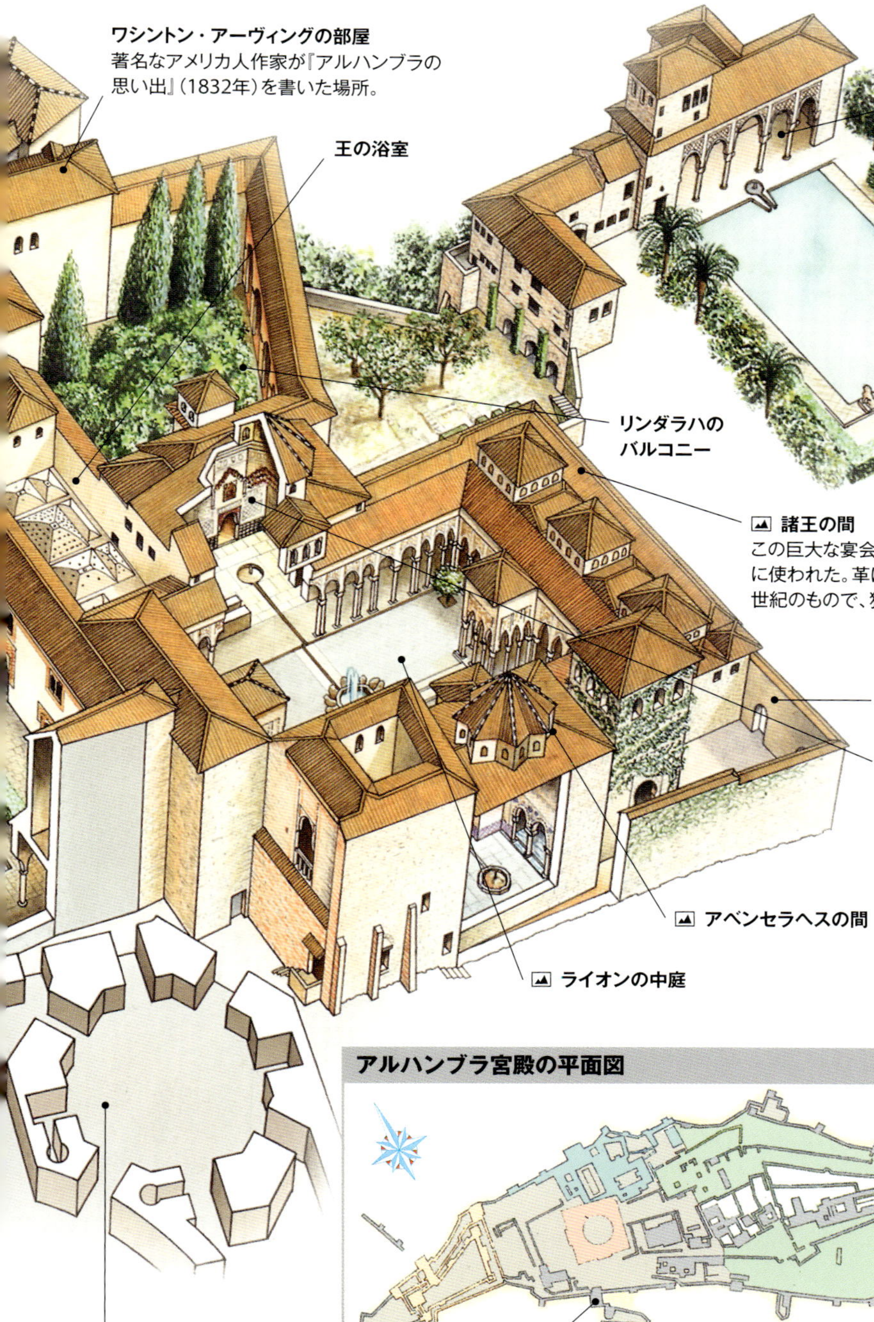

ワシントン・アーヴィングの部屋
著名なアメリカ人作家が『アルハンブラの思い出』（1832年）を書いた場所。

王の浴室

パルタル宮

リンダラハのバルコニー

諸王の間
この巨大な宴会の間は大規模なパーティーや正餐に使われた。革に描かれた美しい天井の絵画は14世紀のもので、狩猟と騎士の物語を題材とする。

庭園の門

二姉妹の間
蜂の巣状のドームをもつ「二姉妹の間」はスペイン・イスラム様式建築の典型とされている。

アベンセラヘスの間

ライオンの中庭

アベンセラヘスの間 ▶
この部屋の名は、ナスル朝の王ボアブディルの政敵である貴族の家名にちなんでいる。ボアブディルは、敵がこの部屋で宴に興じているときに皆殺しにしたという。幾何学模様の天井はピタゴラスの定理にヒントを得たものだ。

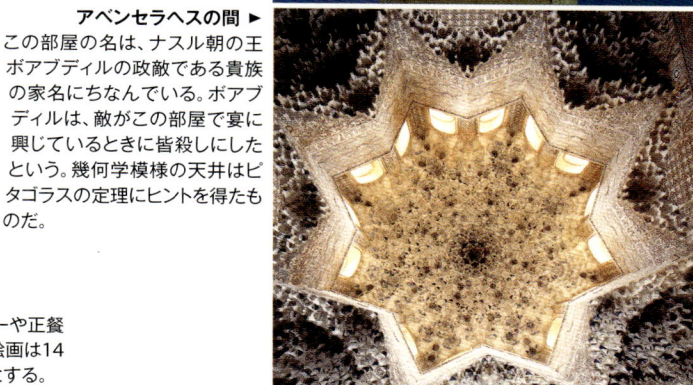

カルロス5世宮殿
1526年の建造。スペイン・イスラム芸術のコレクションが収められている。見どころは「アルハンブラの壺」だ。

アルハンブラ宮殿の平面図

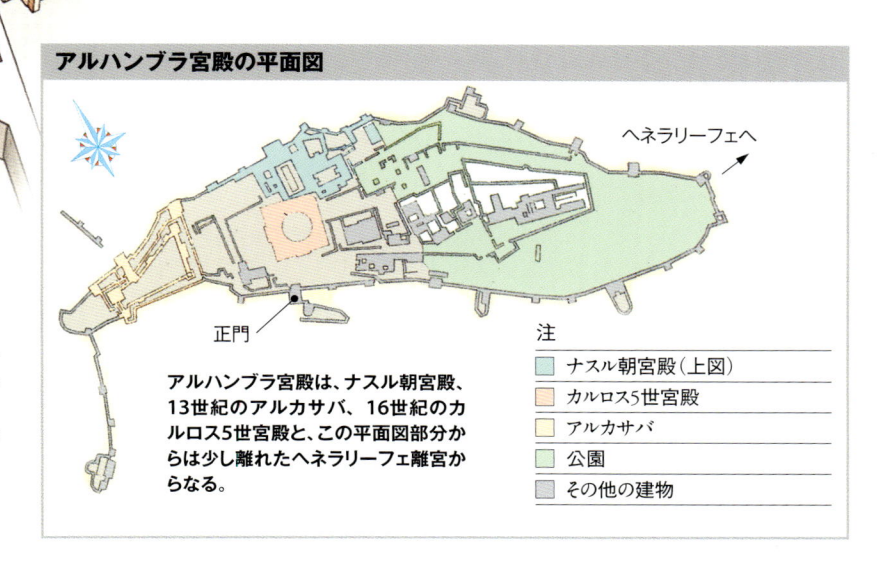

ヘネラリーフェへ

正門

アルハンブラ宮殿は、ナスル朝宮殿、13世紀のアルカサバ、16世紀のカルロス5世宮殿と、この平面図部分からは少し離れたヘネラリーフェ離宮からなる。

注
- ナスル朝宮殿（上図）
- カルロス5世宮殿
- アルカサバ
- 公園
- その他の建物

大使の間 ▶

メスアールの中庭 ▶
この執務室は1365年に完成した。ナスル朝の王が民の陳情を聞き、大臣たちと会議を行った。

サン・マルコ大聖堂 ［ヴェネツィア］

この目の覚めるようなバシリカ聖堂はギリシア十字の平面上に建ち、5つの巨大なドームをいただく。ヴェネツィアがもつ、遠く東方まで伸びるネットワークを経由してもたらされたビザンティン建築（ビザンティン様式、p.148参照）の影響が、ここにははっきりと見てとれる。現在のバシリカ聖堂は、この場所に建てられた3番目の教会だ。初代の、聖マルコ（サン・マルコ）の遺体を祀った教会は火災で焼失した。2番目の教会は、ヴェネツィア共和国の隆盛を反映させたより壮大な教会を建てるため、11世紀に取り壊された。サン・マルコは大聖堂ドージェ（総督）が公式行事に使用する礼拝堂だったが、1807年にはサン・ピエトロ大聖堂を引き継ぎ、カステッロ自治区におけるヴェネツィアの司教座聖堂となった。

▲ 聖マルコと天使
中央アーチの上に建つ彫像は15世紀初頭にくわわった。

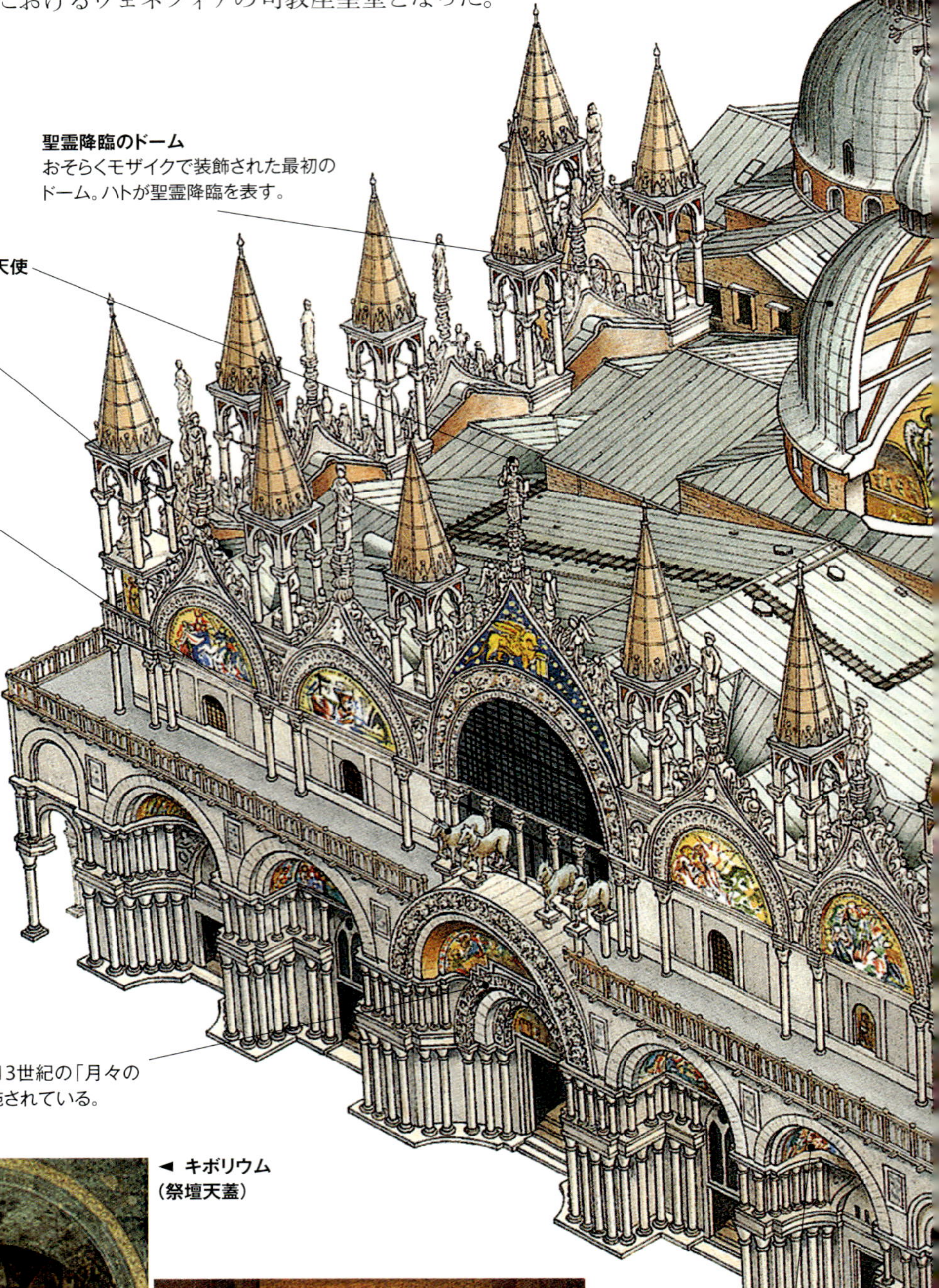

◀ 聖マルコの馬

▼ 洗礼堂のモザイク画
「ヘロデ王の饗宴」(1343-54年)は洗礼者聖ヨハネの生涯を描いたモザイク群のひとつ。

▼ 宝石をちりばめたパラ・ドーロのパネルの一部

聖霊降臨のドーム
おそらくモザイクで装飾された最初のドーム。ハトが聖霊降臨を表す。

聖マルコと天使

教会付属美術館

聖マルコの馬
4頭の馬は金箔仕上げの青銅像の複製。原物は教会付属美術館に保管されている。

▲ 中央門の彫刻
中央アーチには13世紀の「月々の労働」の彫刻が施されている。

◀ キボリウム（祭壇天蓋）

◀ ファサードのモザイク画
17世紀作のモザイク画は、聖マルコの遺骸をアレクサンドリアからひそかに運び出すようすを描いている。ムスリムの護衛を出し抜くために、豚肉を上にのせて運んだといわれている。

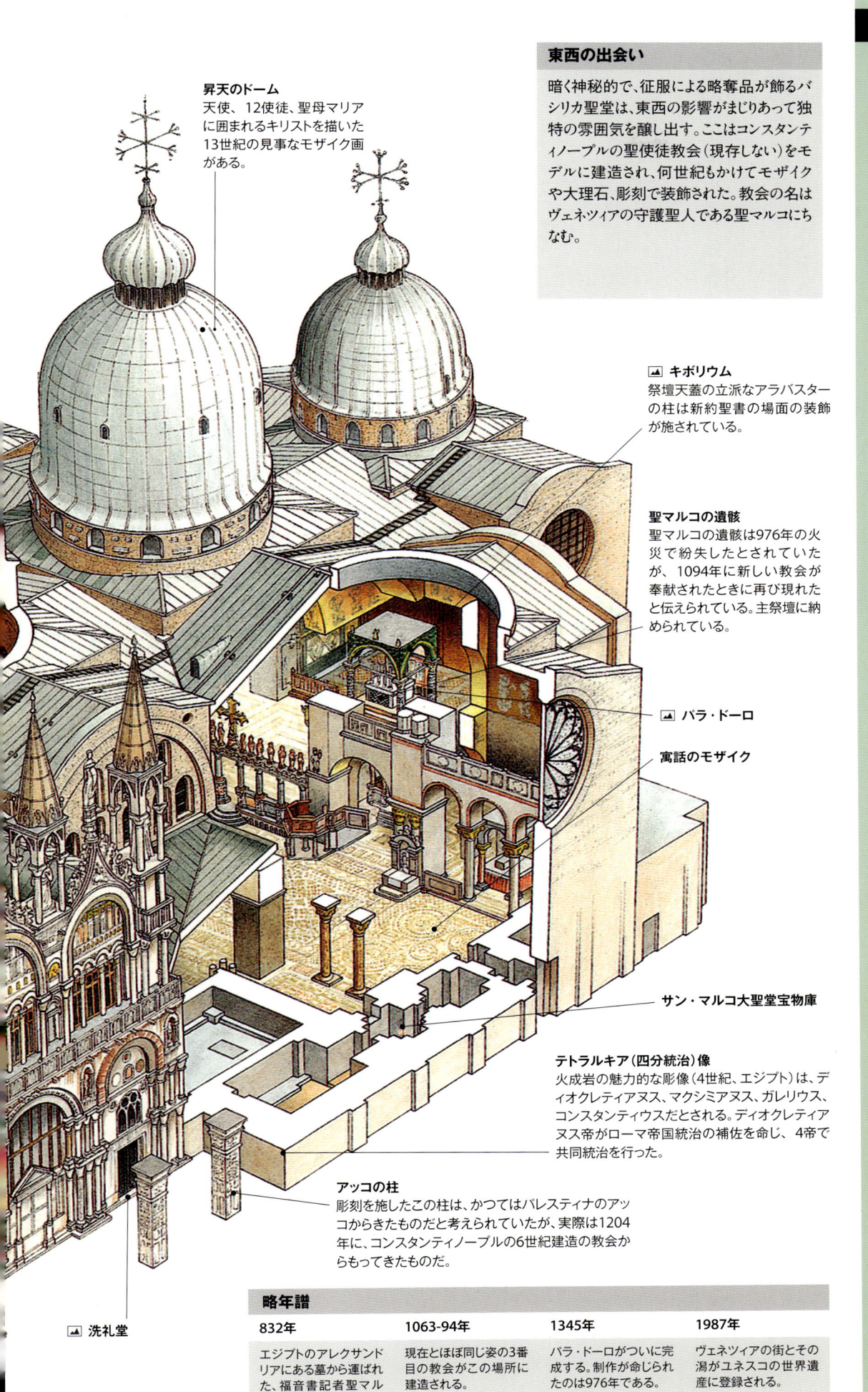

イタリア　117

昇天のドーム
天使、12使徒、聖母マリアに囲まれるキリストを描いた13世紀の見事なモザイク画がある。

東西の出会い
暗く神秘的で、征服による略奪品が飾るバシリカ聖堂は、東西の影響がまじりあって独特の雰囲気を醸し出す。ここはコンスタンティノープルの聖使徒教会（現存しない）をモデルに建造され、何世紀もかけてモザイクや大理石、彫刻で装飾された。教会の名はヴェネツィアの守護聖人である聖マルコにちなむ。

キボリウム
祭壇天蓋の立派なアラバスターの柱は新約聖書の場面の装飾が施されている。

聖マルコの遺骸
聖マルコの遺骸は976年の火災で紛失したとされていたが、1094年に新しい教会が奉献されたときに再び現れたと伝えられている。主祭壇に納められている。

パラ・ドーロ

寓話のモザイク

サン・マルコ大聖堂宝物庫

テトラルキア（四分統治）像
火成岩の魅力的な彫像（4世紀、エジプト）は、ディオクレティアヌス、マクシミアヌス、ガレリウス、コンスタンティウスだとされる。ディオクレティアヌス帝がローマ帝国統治の補佐を命じ、4帝で共同統治を行った。

アッコの柱
彫刻を施したこの柱は、かつてはパレスティナのアッコからきたものだと考えられていたが、実際は1204年に、コンスタンティノープルの6世紀建造の教会からもってきたものだ。

洗礼堂

略年譜

832年	1063-94年	1345年	1987年
エジプトのアレクサンドリアにある墓から運ばれた、福音書記者聖マルコの遺骸を納める廟が建造される。	現在とほぼ同じ姿の3番目の教会がこの場所に建造される。	パラ・ドーロがついに完成する。制作が命じられたのは976年である。	ヴェネツィアの街とその潟がユネスコの世界遺産に登録される。

サン・マルコ大聖堂、ヴェネツィア

●パラ・ドーロ
サン・マルコ大聖堂の至宝が**パラ・ドーロ**（黄金の祭壇衝立）だ。この宝石がちりばめられた祭壇画は、サン・クレメンテ礼拝堂奥の主祭壇背後にある。ゴシック様式の銀めっきの枠に、金箔の上にキリストや聖マルコの生涯を七宝で描いた、250もの画が収められている。976年にビザンティウムで制作が始まったこの祭壇画は、何世紀もかけて大きくなり、装飾も増えていった。1797年にヴェネツィア共和国が崩壊したのち、ナポレオンが貴石の一部をもち去ったものの、真珠やルビー、サファイアやアメジストが飾るパラ・ドーロは今も輝きを放っている。

●サン・マルコ大聖堂宝物庫
サン・マルコ大聖堂宝物庫は、18世紀末のナポレオンの侵攻によって略奪を受け、さらに19世紀初頭には、現金を得るため宝石が売り払われて激減した。しかし、それでもなお、ビザンティンの銀や金、ガラス細工の貴重なコレクションを所蔵する。今日宝物は計283個あり、本来は9世紀のドゥカーレ宮の塔だったと思われる、ぶ厚い壁の部屋に大半が収められている。ビザンティウムとヴェネツィアの職人の手による目もくらむような宝物のなかには、聖杯やゴブレット、聖骨箱、大天使ミカエルの精緻なイコンが2点、11世紀作の、5つのドームをもつバシリカ聖堂の形をした銀箔張りの聖骨箱などがある。

●サン・マルコ美術館
バシリカ聖堂のアトリウムから始まる階段室は、**教会付属美術館**に続く。何世紀にもわたりバシリカ聖堂のファサードに立ち、現在では複製に置き換えられている**サン・マルコの馬**の原物は、ここに収められている。1204年にコンスタンティノープル（現在のイスタンブール）のヒッポドローム（馬術演習場・競馬場）から盗まれたもので、ローマのものかギリシアのものなのか、その出自は謎のままだ。また展示のなかには、パオロ・ヴェネツィアーノの14世紀の絵画で、聖マルコの生涯から題材を得た「（平日用）祭壇画」や、中世の彩色写本、古代のモザイクの断片、骨董品のタペストリーなどがある。美術館のギャラリーから眺める聖堂内部はすばらしく、外の柱廊からはサン・マルコ広場が見える。

ヴェネツィア、サン・マルコ大聖堂の装飾が見事な外観

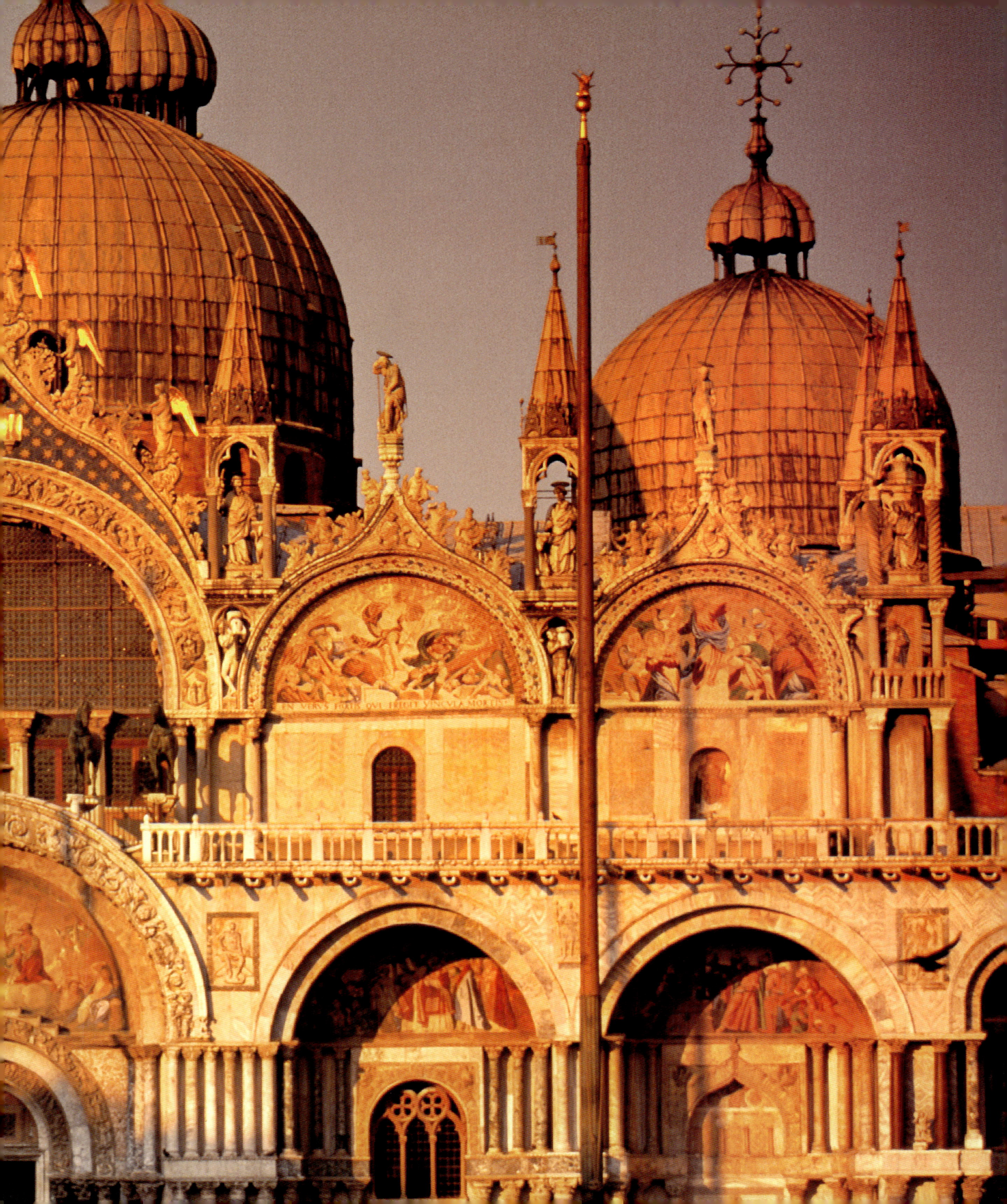

120　ヨーロッパ

ドゥカーレ宮殿 [ヴェネツィア]

強大なヴェネツィア共和国の中心に建つ壮大なドゥカーレ宮殿は、ドージェ(総督)の公邸だった。9世紀に建造されたのが最初だが、現在の建物は14世紀および15世紀初頭のものであり、すばらしい絵画や彫像が飾る。この宮殿を建造した人々は、宮殿の本体(ピンクのヴェローナ産大理石造り)を透かし彫りのロッジア(柱廊)とアーケード(イストリア産の白い石造り)の上にのせ、ゴシック様式(ゴシック様式、p.54参照)の優美な傑作を生みだした。

サンソヴィーノ作、マルス像

◉十人委員会の間
ここは、強力な権限をもつ十人委員会の会議室だ。この委員会は、国の治安に関わる罪を犯した人々を取り調べ起訴するために、1310年に置かれた。ナポレオンがこの部屋の天井からパオロ・ヴェロネーゼの絵画を数点もち去ってしまったが、なかでも傑作とされる2作品、「青年と老人」、「ヴェネツィアへ贈り物をささげるユノー」(どちらも1553-4年)は1920年にもどっている。被告はそばのブッソラの間で判決を待った。この部屋には秘密の告発書を投函するための「ライオンの口」があり、これは宮中に数ヶ所置かれていた。有罪宣告を受けた者は、**ため息の橋**を渡って投獄された。

◉ため息の橋
ため息の橋は、1600年にドゥカーレ宮殿と新しい牢獄を結んで建造された。恐ろしい尋問官が待つ部屋へと向かう囚人たちの嘆きにちなんでこの名がつけられたようだ。ドゥカーレ宮殿の鉛葺きの屋根の真下にあるのは、ピオンビの独房だ。そしてここよりさらに悲惨な環境にあたのが、階下の地下牢にあるポッツォの独房だった。囚人のなかには著名人もいる。ヴェネツィアの名だたる放蕩者カサノヴァは1755年に投獄されたが、大胆不敵にも、ピオンビの独房の屋根に穴をあけて脱獄した。

◉ドージェ(総督)の選任
ドゥカーレ宮殿はヴェネツィア共和国の権力の座であり、ヴェネツィアの統治者が住む場だった。新しいドージェは投票の間で推挙され、ヴェネツィアの最高議会である大評議会のなかから選出された。ドージェの選挙には長く複雑な制度を採用し、候補者が賄賂で権力を握ることがないよう考慮されていた。ドージェに選ばれると生涯その地位にとどまることができるが、地位を利用しないようにさまざまな禁止事項も定められていた。とはいえ予防措置はあっても、国家に背く企てなどをとがめられ、執務室で死を迎えたり、追放されたりしたドージェも多かったのである。しかしなかには長年その地位にとどまるドージェもおり、外交を担ったレオナルド・ロレダンは20年もドージェを務めた。

▼ため息の橋、向こうに見えるのはパリア橋

▼柱廊

◧ 巨人の階段
15世紀建造の巨大な階段室はヤコポ・サンソヴィーノ作の2体の巨像をいただく。マルス像とネプチューン像はヴェネツィアがもつ権力の象徴である。

フォスカリ家の凱旋門
この凱旋門には、アントニオ・リッツォが15世紀に制作したアダムとイヴの大理石像の複製が置かれている。

◀巨人の階段

◧ カルタ門
15世紀のゴシック様式の門は宮殿の正面玄関。ここからアーチ天井の通路がフォスカリ家の凱旋門と奥の中庭まで延びる。

正面入り口

▼大評議会の間
この大きな広間はヴェネツィアの最高議会議員の会議場として使われた。ティントレットの巨大な絵画「天国」(1590年)が奥の壁を占める。

カルタ門▶

▲尋問室

イタリア 121

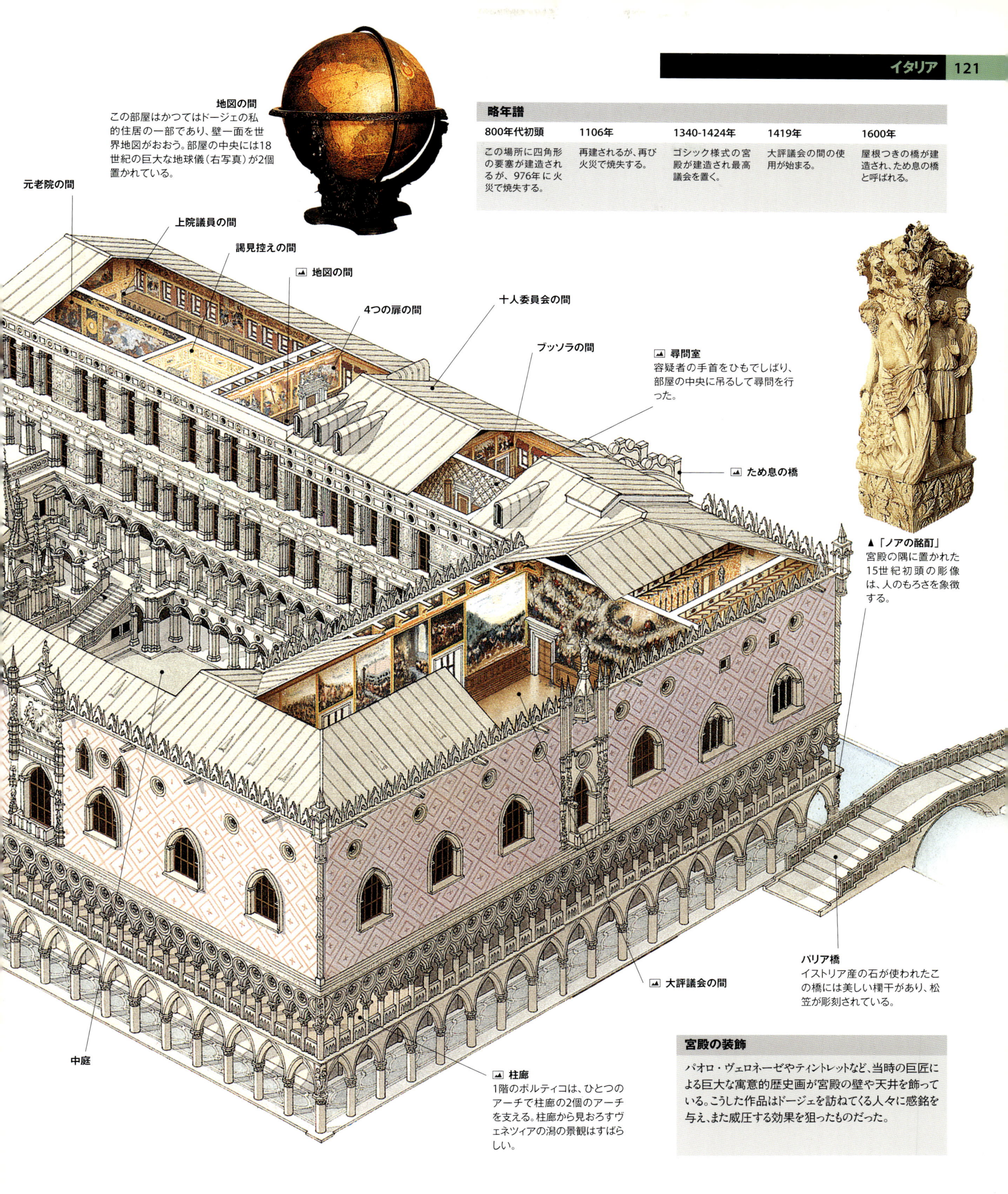

略年譜

800年代初頭
この場所に四角形の要塞が建造されるが、976年に火災で焼失する。

1106年
再建されるが、再び火災で焼失する。

1340-1424年
ゴシック様式の宮殿が建造され最高議会を置く。

1419年
大評議会の間の使用が始まる。

1600年
屋根つきの橋が建造され、ため息の橋と呼ばれる。

地図の間
この部屋はかつてはドージェの私的住居の一部であり、壁一面を世界地図がおおう。部屋の中央には18世紀の巨大な地球儀（右写真）が2個置かれている。

- 元老院の間
- 上院議員の間
- 謁見控えの間
- 地図の間
- 4つの扉の間
- 十人委員会の間
- ブッソラの間
- 尋問室
- ため息の橋
- バリア橋
- 大評議会の間
- 柱廊
- 中庭

尋問室
容疑者の手首をひもでしばり、部屋の中央に吊るして尋問を行った。

▲「ノアの酩酊」
宮殿の隅に置かれた15世紀初頭の彫像は、人のもろさを象徴する。

バリア橋
イストリア産の石が使われたこの橋には美しい欄干があり、松笠が彫刻されている。

柱廊
1階のポルティコは、ひとつのアーチで柱廊の2個のアーチを支える。柱廊から見おろすヴェネツィアの潟の景観はすばらしい。

宮殿の装飾
パオロ・ヴェロネーゼやティントレットなど、当時の巨匠による巨大な寓意的歴史画が宮殿の壁や天井を飾っている。こうした作品はドージェを訪ねてくる人々に感銘を与え、また威圧する効果を狙ったものだった。

奇跡の広場 [ピサ]

ピサの斜塔は世界的に有名ではあるが、「奇跡の広場」の芝生に建つ壮大な建築群のひとつにすぎない。ここには、大理石装飾の逸品ドゥオモ、内部の音響効果に優れたイタリア最大の洗礼堂、そしてローマの石棺や彫刻が置かれた納骨堂であるカンポサントもある。

建物には、幾何学模様（アラベスク）の大理石象眼といったムーア的要素や、繊細なロマネスク様式のコロネード（列柱廊）、先の尖ったゴシック様式（ゴシック様式、p.54参照）の壁龕や小尖塔などが見られる。

ピサ風の建築物
大理石を用いて開廊を重ね、アーケードを取り入れたピサ風ロマネスク様式の建築スタイルは広く流布し、イタリア全土と、遠くクロアチアのザダルにまでこの建築例を見ることができる。

台座に彫刻が施されたドゥオモの説教壇

●ロマネスク様式
シャルルマーニュは800年に神聖ローマ帝国皇帝の座につくと、西ヨーロッパ中に教会の建築を熱心に奨励した。そして古代ローマの建築物の特徴である巨大なドームとアーチが、ビザンティウムや中東、またゲルマンやケルトなど西ヨーロッパの北方民族の要素と組み合わされていった。この融合が、ロマネスク、つまり「ローマ風の様式」として知られる、多数の地域的な様式を生み出した。ロマネスク様式の建物はその大きさ、頑丈なピア（大基柱）、半円のアーチを特徴とする。また絵画ではなく、建物自体に彫刻して装飾を施している。木造から石造りへと変わった点は重要な進歩であり、それによって建造物は火災に強くなったのである。

●カラーラ大理石
トスカナ州のマッサ、カラーラ地方で採石されるきめの細かい真っ白な大理石を、ルネサンス期のイタリア人彫刻家や建築家たちの多くは好んだ。**カラーラ大理石**はミケランジェロがとくに多用し、世界的に有名な作品の多くがこの大理石で制作されている。カラーラの街近くの300あまりの採石場はローマ時代からあり、長年使用された世界最古の産業遺跡である。現在カラーラの街には、ショールームや、大理石を石板や装飾品に加工する工房がある。ミケランジェロが大理石を購入するときに滞在した家には、飾り板の目印がある。

●ピサの斜塔
この広場で傾斜して建つのはこの塔だけではない。建物の基礎が浅く、また下層土はさらさらとした微砂から成るため、周囲の建築物にも問題は生じている。とはいえ、**ピサの斜塔**ほど有名なものはない。この塔が一方に傾き始めたのは、まだ3階部分の建築中のことだった。それでも建設は続行されて1350年に塔は完成し、鐘楼がくわわって高さは54.5メートルに達した。近年の土木技術の進歩のおかげで、傾斜は38センチ是正されている。このときの傾斜の測定には、平衡錘と10個のアンカーが用いられた。塔の公開は2001年に再開されている。

ポッツォ礼拝堂
このドーム型の礼拝堂は1594年にくわわったもの。

カンポサント
聖地からもち帰った土の上に1278年に建造された墓地。かつては膨大なフレスコ画で装飾されており、何百年にもわたりピサの裕福な人々の埋葬所だった。

「死の勝利」
14世紀後半のこのフレスコ画は、開いた棺の死臭にひるむ騎士と婦人など、さまざまな寓話的場面を描いている。

洗礼堂

上階のギャラリー

ニコラ・ピサーノ作、洗礼堂の説教壇
巨大な大理石の説教壇は1260年に完成した。キリストの生涯が鮮やかに彫刻されている。

イタリア 123

略年譜

1064年	1152年	1173年	1260年	1311年	1987年
ドゥオモの礎石が置かれる。	洗礼堂の建造が始まる。	大聖堂の鐘楼として斜塔の建造が始まる。	ニコラ・ピサーノが洗礼堂の説教壇を完成させる。	ジョヴァンニ・ピサーノがドゥオモの説教壇の彫刻を完成させる。	奇跡の広場がユネスコの世界遺産に登録される。

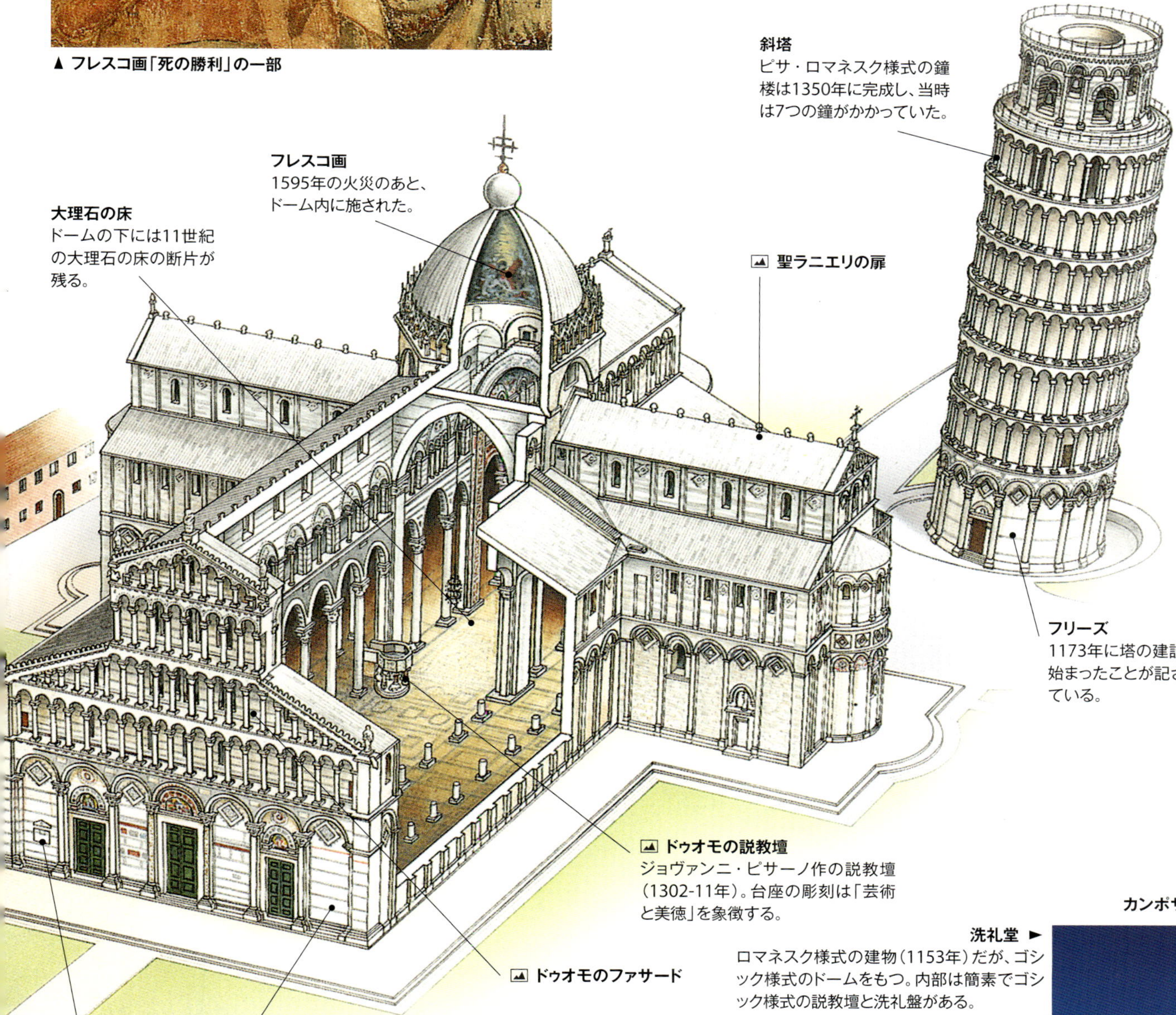

▲ フレスコ画「死の勝利」の一部

斜塔
ピサ・ロマネスク様式の鐘楼は1350年に完成し、当時は7つの鐘がかかっていた。

ドゥオモのファサード ▼
彩色砂岩、ガラス、マジョリカ焼のプレートがロンバルディア様式の12世紀のファサードを飾る。その表面には、ノットや花、動物の模様を作る大理石の象眼が見える。

大理石の床
ドームの下には11世紀の大理石の床の断片が残る。

フレスコ画
1595年の火災のあと、ドーム内に施された。

聖ラニエリの扉

フリーズ
1173年に塔の建設が始まったことが記されている。

ドゥオモの説教壇
ジョヴァンニ・ピサーノ作の説教壇（1302-11年）。台座の彫刻は「芸術と美徳」を象徴する。

ドゥオモのファサード

カラーラ大理石
ドゥオモの壁には白と灰色の大理石の横板が連なる。

壁にしつらえた12世紀の墓
ドゥオモの初代建築家ブスケットは、ファサードの左端のブラインド・アーチに埋葬されている。

洗礼堂 ▶
ロマネスク様式の建物（1153年）だが、ゴシック様式のドームをもつ。内部は簡素でゴシック様式の説教壇と洗礼盤がある。

カンポサント ▶

カンポサントの記念盤 ▶

聖ラニエリの扉 ▶
ドゥオモの南翼廊扉にはボナノ・ピサーノ作の青銅製パネルがあり、キリストの生涯を描く。ヤシの木とムーア風の建物にアラブの影響が見てとれる。

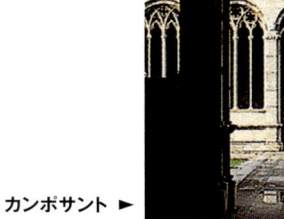

大聖堂と洗礼堂　［フィレンツェ］

街の中心にそびえたつ装飾豊かな大聖堂（花の聖母大聖堂）と
その巨大なドームは、フィレンツェ一有名なシンボルである。
なにごとにも先頭に立とうとするフィレンツェ気質の象徴でもある
大聖堂は、トスカナ地方でもっとも高い建物で、ヨーロッパでも
4番目に大きな教会だ。洗礼堂には見事な青銅製の門扉があり、
内部をモザイク画がおおう。ここはフィレンツェ最古の
建物のひとつだ。ジョットが1334年に設計した鐘楼は、
その死後25年の1359年にようやく完成した。

大聖堂にあるパオロ・ウッチェロ作、「サー・ジョン・ホークウッド」像

◀ **東端の礼拝堂**
3つの後陣は小さなドームをいただき、それぞれに5つの礼拝堂をもつ。15世紀のステンドグラスはギベルティの作。

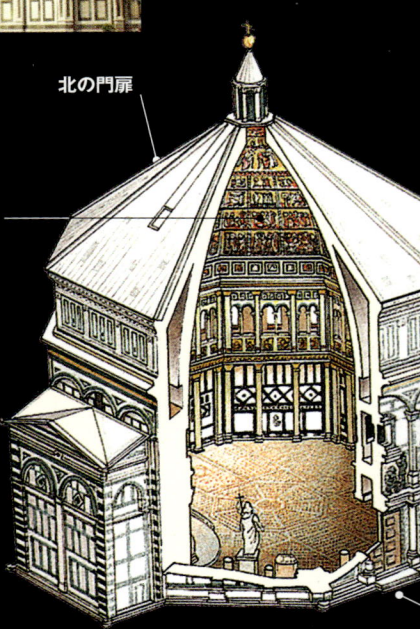

● 大聖堂付属美術館
さまざまな品が展示されているこの美術館には、大聖堂の歴史を語る一連の部屋がある。1階のメインの展示室には、アルノルフォ・ディ・カンビオの工房で制作された像がある。この像はかつては大聖堂の壁龕に置かれていた。その近くの階段室にあるのは、ドナテッロの「聖ヨハネ」とミケランジェロの「ピエタ」像だ。上階には、1430年代にルーカ・デラ・ロッビアとドナテッロが制作したふたつの聖歌壇が置かれている。心に残る「マグダラのマリア」像もドナテッロの作品だ。

● 洗礼堂の東の門扉
洗礼堂の有名な青銅製門扉は、1401年にフィレンツェが疫病から立ち直ったことを記念して設置が決まり、ロレンツォ・ギベルティが制作した。ドナテッロ、ヤコポ・デラ・クエルキア、フィリポ・ブルネレスキといった、当時のそうそうたる7人の芸術家が公募に参加し、ギベルティが選ばれたのである。ギベルティとブルネレスキが制作した応募用の作品は、当時のフィレンツェ・ゴシック様式とは大きく異なり、とくに遠近法を取り入れ人物に個性をもたせている点において、ルネサンス嚆矢の作品と目されることも多い。ミケランジェロは東の門扉を、称賛を込めて「天国の門」と呼んだ。ギベルティは北の門扉の制作に21年もかけたのち、1424年から1452年まで東の門扉を制作した。レリーフを施した扉板の原物は、大聖堂付属美術館に展示されている。

● ブルネレスキのドーム
驚くべき技術と芸術性の賜物である大聖堂のドームは、フィレンツェ・ルネサンスの代表作だ（ルネサンス様式、p.131参照）。建築計画と模型の制作に長期間かけたうえに、建設には14年以上も要した。その間、ドーム建造を担う建築家、フィリポ・ブルネレスキ（1377-1446年）は、計画の実現をあやぶむ懐疑派を納得させるために、身を粉にして働いた。ドームが技術的に建築可能であると実証するために、川のそばに大縮尺の模型を建てたことさえある。直径43メートルのドームを補強するバトレスはなく、石の鎖（リング）を用いて、らせん状に積み重ねたレンガの二重壁を補強した。技術者、建築家として優秀だったにもかかわらず、ブルネレスキが建築主任になったのは、死の1年前の1445年のことだった。

▲ **鐘楼**
ドームより6メートル低い、高さ85メートルの鐘楼。白、緑、ピンクのトスカナ産大理石をまとっている。

北の門扉

洗礼堂 ▶
八角形の洗礼盤の上の天井には、色彩豊かな13世紀のモザイクで「最後の審判」が描かれている。ダンテをはじめとする著名なフィレンツェの住民が、大勢ここで洗礼を受けた。門扉はアンドレア・ピサーノ（南）とロレンツォ・ギベルティ（北と東）の作。

略年譜

1059-1150年頃	1294-1302年	1334-59年	1875-87年	1982年
現在の洗礼堂がフィレンツェ・ロマネスク様式で建造される。	アルノルフォ・ディ・カンビオの設計で大聖堂の建造が始まる。	鐘楼が建造される。ジョット、アンドレア・ピサーノ、フランチェスコ・タレンティが監督する。	ネオ・ゴシック様式のファサードがくわわる。エミリオ・デ・ファブリスとアウグスティノ・コンティの設計による。	大聖堂と洗礼堂がユネスコの世界遺産に登録。

イタリア

古典から得た着想
ブルネレスキはローマの古典主義の（古典主義、p.137参照）建築物の純粋さ、単純さにインスピレーションを得た。最初に手がけたフィレンツェの孤児養育院にある優雅なアーチ状の外廊も、この様式を取り入れたものだ。

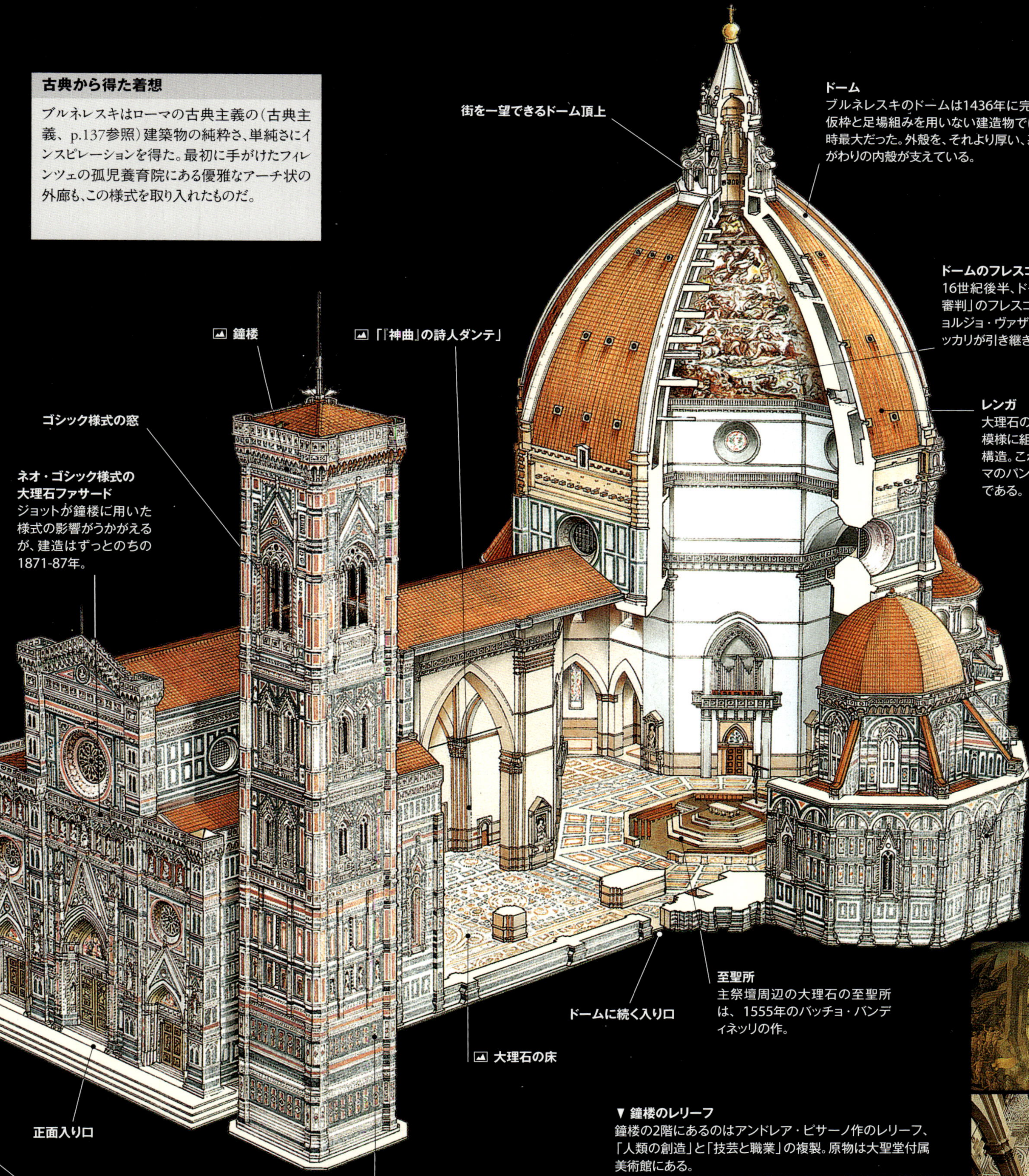

鐘楼

「『神曲』の詩人ダンテ」

街を一望できるドーム頂上

ドーム
ブルネレスキのドームは1436年に完成。仮枠と足場組みを用いない建造物では当時最大だった。外殻を、それより厚い、基盤がわりの内殻が支えている。

ゴシック様式の窓

ネオ・ゴシック様式の大理石ファサード
ジョットが鐘楼に用いた様式の影響がうかがえるが、建造はずっとのちの1871-87年。

ドームのフレスコ画
16世紀後半、ドーム内部は「最後の審判」のフレスコ画でおおわれた。ジョルジョ・ヴァザーリをフェデリコ・ズッカリが引き継ぎ完成させた。

レンガ
大理石のリブの間にヘリンボーン模様に組まれたレンガが支えあう構造。これはブルネレスキがローマのパンテオンを参考にした技術である。

東端の礼拝堂

「『神曲』の詩人ダンテ」▶
ドメニコ・ディ・ミケリーノの絵画（1465年）。フィレンツェの街の外で、ダンテが煉獄、地獄、天国を背景に立つ。

至聖所
主祭壇周辺の大理石の至聖所は、1555年のバッチョ・バンディネッリの作。

ドームに続く入り口

大理石の床

正面入り口

東の門扉

南の門扉

鐘楼のレリーフ

▼ 鐘楼のレリーフ
鐘楼の2階にあるのはアンドレア・ピサーノ作のレリーフ、「人類の創造」と「技芸と職業」の複製。原物は大聖堂付属美術館にある。

「アブラハムとイサク」▶を描いた扉板

▲ 大理石の床
色彩豊かで精緻な象眼の床（16世紀）は、バッチョ・ダニョロとフランチェスコ・ダ・サンガリッロが一部設計したものだ。

聖フランチェスコ聖堂 ［アッシジ］

キリスト教において世界でもきわめて重要な廟のひとつである聖フランチェスコ聖堂には、1年を通して膨大な数の巡礼者が訪れる。ここは聖フランチェスコの埋葬の場である。1226年に聖人が亡くなり、その2年後に建造が始まった。それ以降14世紀にかけて、上堂と下堂に当時の一流の芸術家たちが装飾を施し、チマブーエ、シモーネ・マルティーニ、ピエトロ・ロレンツェッティらが腕をふるった。とくにジョットのフレスコ画「聖フランチェスコの生涯」は、イタリアではだれもが知る作品のひとつだ。

▲ **聖堂と修道院の眺め**
何世紀にもわたり、アッシジの町はつつましい聖フランチェスコの教えを守ってきた。信者は、この中世の美しい丘の町に教会や修道院、廟を建てている。

◀ **ファサード**
ファサードとそのバラ窓は初期イタリア・ゴシック様式建築の代表例だ。

◀ **下堂**
増加する巡礼者を収容するために、13世紀にここに付属礼拝堂が建てられた。

◀ **サン・マルティーノ礼拝堂**
礼拝堂のフレスコ画「聖マルティヌスの生涯」(1315年)は、シエナ派の画家シモーネ・マルティーニの作品だ。写真は「聖マルティヌスの死」の一部。マルティーニは礼拝堂の美しいステンドグラスも制作した。

◀ **上堂**

◀ **ロレンツェッティのフレスコ画**
ピエトロ・ロレンツェッティ作「キリスト降架」(1323年)は、上部のない十字架の根本に人物を描いた大胆な構図だ。見る者は、キリストのねじれた身体にひきつけられる。

鐘楼
1239年の建造。

🖼 **上堂**
13世紀建造、ゴシック様式(ゴシック様式、p.54参照)のそびえたつ上堂は、聖フランチェスコの天上での栄光を表すものだ。この様式は、これよりのちに建造されたフランシスコ会の教会にも影響を与えた。

内陣
1501年建造。13世紀の教皇用の石の玉座がある。

🖼 **ロレンツェッティのフレスコ画**

宝物館への階段

🖼 **下堂**

地下聖堂
聖フランチェスコの墓が置かれている。1230年にここに埋葬された。

🖼 **聖フランチェスコ**
チマブーエの飾り気のない絵(1280年頃)は、敬愛される聖人のつつましさをとらえた作品だ。

聖フランチェスコの詩

聖フランチェスコはローマ教会のラテン語聖書を使うのではなく、イタリア語で説教し、書き、幅広い人々に教えがとどくよう心を砕いた。だれもが理解できるように、神を賛美する簡単な歌も書いた。イタリア語詩の画期的作品とされる「太陽の讃歌」では、神の創りしものすべてをたたえている。

ジョットのフレスコ画 ▲
「聖フランチェスコの法悦」は、ジョットが描いた28の絵からなる「聖フランチェスコの生涯」(1290-95年頃)のひとつ。

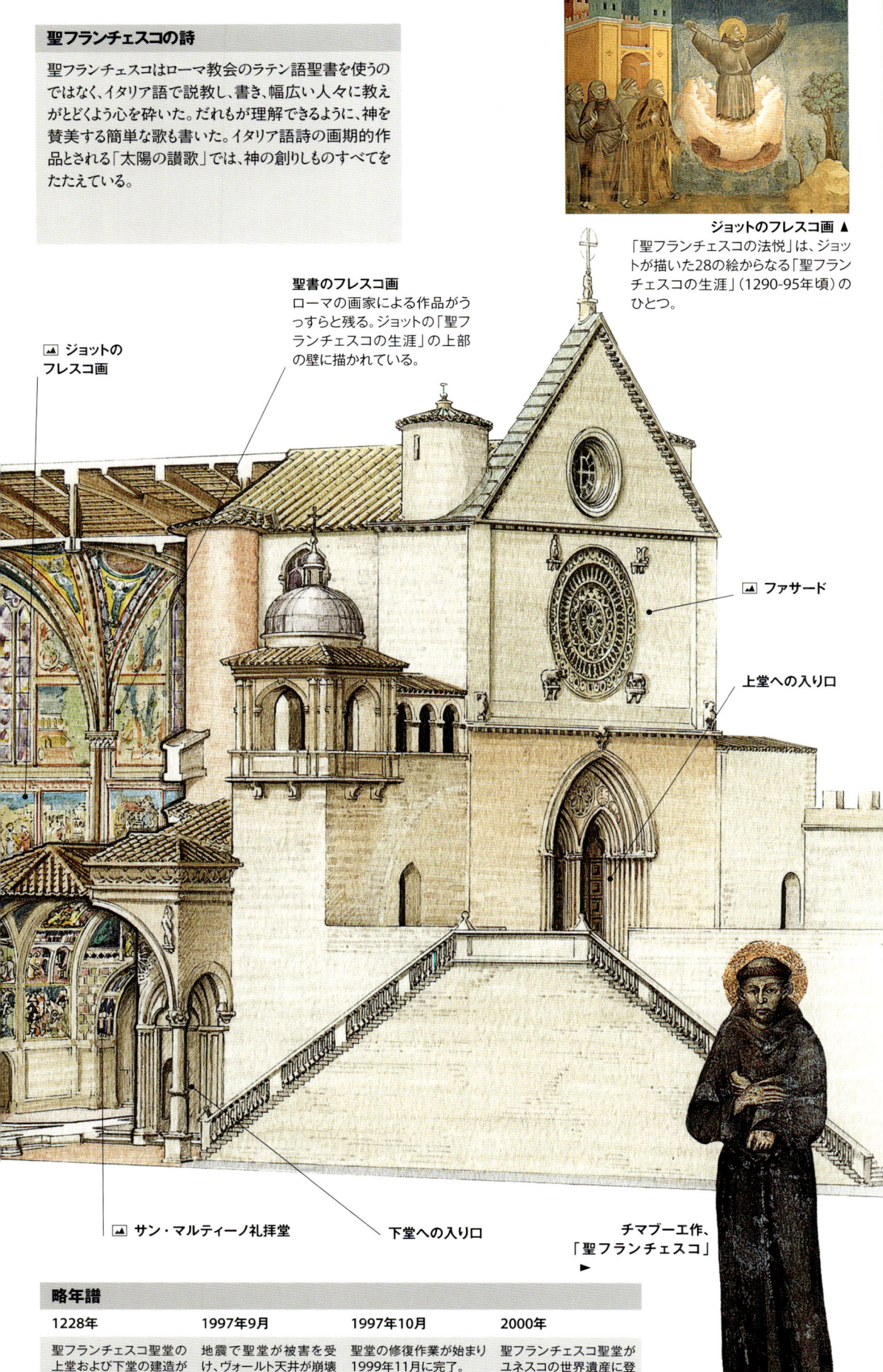

- ジョットのフレスコ画
- 聖書のフレスコ画：ローマの画家による作品がうっすらと残る。ジョットの「聖フランチェスコの生涯」の上部の壁に描かれている。
- ファサード
- 上堂への入り口
- サン・マルティーノ礼拝堂
- 下堂への入り口
- チマブーエ作、「聖フランチェスコ」▶

略年譜

1228年	1997年9月	1997年10月	2000年
聖フランチェスコ聖堂の上堂および下堂の建造が始まる。	地震で聖堂が被害を受け、ヴォールト天井が崩壊して上堂のフレスコ画が損壊する。	聖堂の修復作業が始まり1999年11月に完了。	聖フランチェスコ聖堂がユネスコの世界遺産に登録される。

イタリア 127

●聖フランチェスコ

大きな信仰を集める聖フランチェスコは、1182年にアッシジの裕福な家庭に生まれ、20代半ばで家の富を捨て、清貧、純潔、瞑想、祈りに生きることを決意した。病める人々の世話をし、鳥や動物にまでも手を差し伸べたつつましいフランチェスコのもとには、まもなく多数の信奉者が集まり、1209年にフランシスコ会という修道会が創設された。同年、教皇インノケンティウス3世が口頭でこの修道会を認め、1223年には教皇ホノリウス3世が公式に承認した。1215年にはフランシスコ女子修道会クララ会も創設された。聖フランチェスコは1226年にアッシジで亡くなり、2年後に列聖され、1939年にはイタリアの守護聖人となった。

●1997年の地震

1997年、2度の強い地震がウンブリア州を襲った。11人が命を落とし、何万人もの人々が家を失い、何世紀もの歴史をもつ建築物も多数損壊した。州東部が一番被害が大きく、アッシジの聖堂も構造に関わる甚大な損傷を受けた。上堂ではふたつの柱間のヴォールト天井が崩壊し、チマブーエの古いフレスコ画やジョットの作品が粉々になってしまった。しかし、**ジョットのフレスコ画**である、聖フランチェスコの生涯を描いた見事な連作と、ステンドグラスは損傷を免れた。骨の折れる修復作業が行われ、教会は1999年11月に再公開された。

●ジョットのフレスコ画

トスカナ地方出身の偉大な建築家・画家であるジョット・ディ・ボンドーネ(1267-1337年)の作品は、西洋絵画が着想を得る原点だとみなされることが多い。ジョットは、装飾性はあるが非常に形式的なビザンティン様式を打破した。明快な背景のなかに立体的な人物像を置き、自然らしく、また人間の感情までも描いたのである。聖フランチェスコの生涯を描いた連作は、「フレスコ画法」で描かれている。これは薄く塗り、まだ湿った石膏の上に絵具をのばす手法だ。表面張力によって顔料は石膏の内部に染み、石膏が乾くにつれ色は固まる。そして顔料が石膏の石灰分に反応して、色合いは鮮やかで豊かになる。このテクニックは湿気の多い気候には適していないが、暑く乾燥したイタリアでは、何世紀にもわたって使われ続けた。

ヨーロッパ

コロッセオ ［ローマ］

ローマの巨大な円形闘技場は、ウェスパシアヌス帝が紀元72年に建造を命じたものだ。この場所は、ネロの宮殿であるドムス・アウレア（黄金宮殿）が建っていた敷地内の、もとは湖の湿地だった。ここでは生死をかけた剣闘士たちの戦いや野生動物の死闘がくり広げられ、それを皇帝や裕福な市民が無料で見物した。コロッセオは実用的な設計がなされ、80個のアーチ状の入り口が設けられて5万5000人もの観衆がスムーズに入場できたが、それだけではなく、古典主義（古典主義、p.137参照）の美しさをおおいに備えた建築物でもあった。ここに掲載したイラストを見ても、落成当時の威容は想像できるだろう。ローマ帝国には同じような円形闘技場がほかにもいくつか建造され、北アフリカのエル・ジェム、フランスのニームとアルル、北イタリアのヴェローナにも現存する。長年放棄されたり略奪を受けたりして荒れ果ててはいるが、それでも壮大なたたずまいであることには違いない。

▲ コロッセオの外観

▲ コロッセオの建造者、ウェスパシアヌス帝

◀ 内部通路

◀ アリーナ下

▲ ローマ、古代のフォロ越しに見るコロッセオ

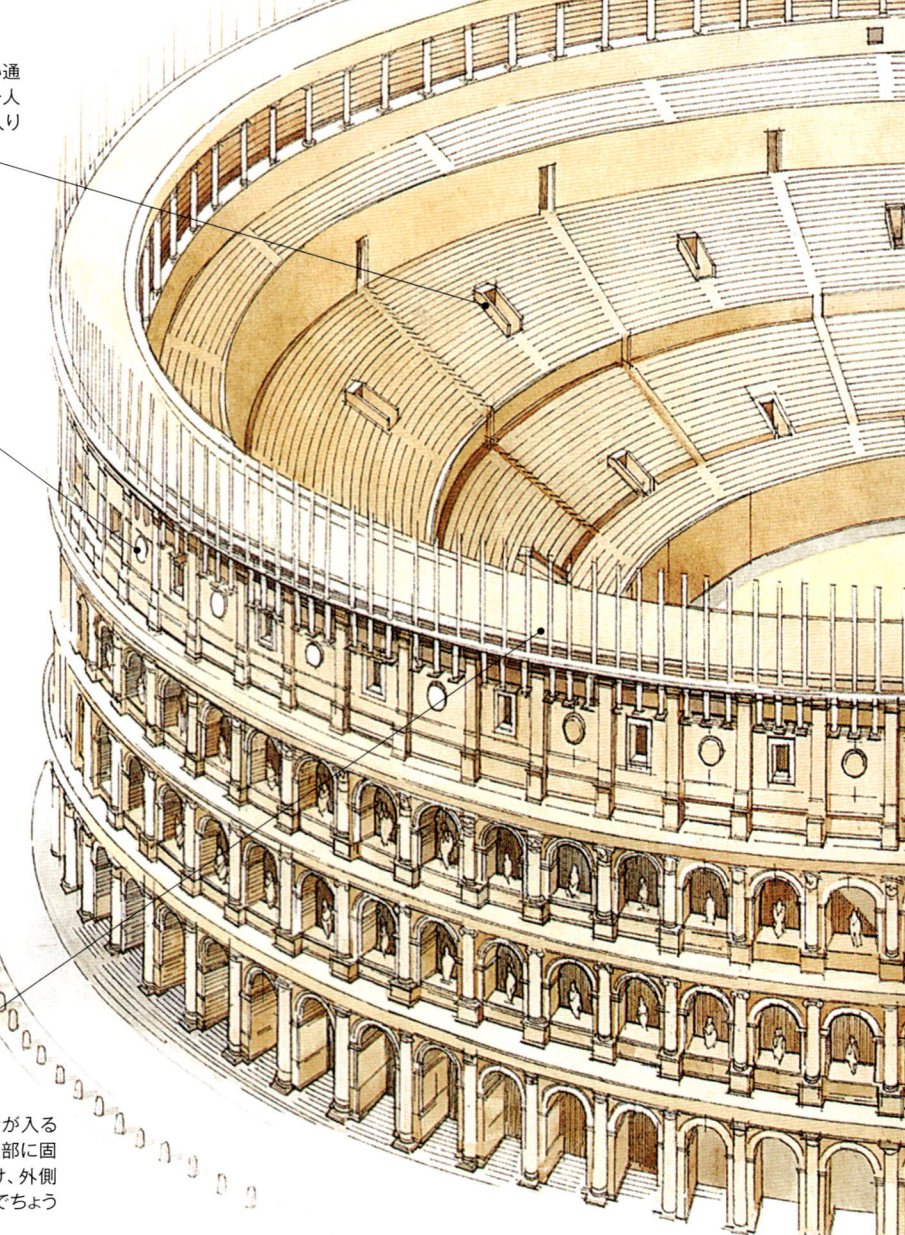

◀ ネロの巨像（コロッスス）
コロッセオという名は、円形闘技場のそばに立っていた、この巨大な金箔張りの青銅像からとったとされる。

出入り口
階段席の下や背後には広い通路があり、ここを通って何千人もの観衆がスムーズに出入りすることができた。

外壁
ルネサンス期にファサードからもち去られた石は、宮殿や橋、サン・ピエトロ大聖堂の建造にも一部使用された。

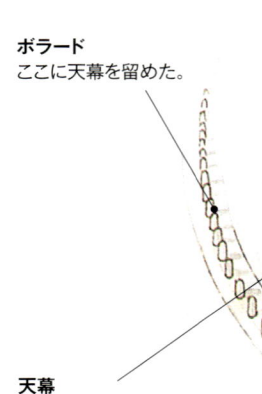

ボラード
ここに天幕を留めた。

天幕
巨大な日よけを張って観衆が入る日陰を作った。コロッセオ上部に固定したポールに天幕をかけ、外側のボラードに留めたロープでちょうどよい位置まで引き上げた。

略年譜

72年
ウェスパシアヌス帝がコロッセオの建造を命じる。

81-96年
円形闘技場がドミティアヌス帝の統治期に落成。

248年
ローマ建国1000年を祝う試合が開催。

1980年
ローマ歴史地区がユネスコの世界遺産に登録される。

剣闘士の生活

剣闘士の試合はただのけんか騒ぎではなく、訓練を受けた者同士の職業としての戦いだった。剣闘士は養成所で生活、訓練し、戦いのスタイルにはさまざまなものがあり、そのすべてに専門のコーチがいた。規模の大きい養成所には、騒々しい観衆の前で戦うことに慣れるように、訓練用のアリーナもあった。

剣闘士の落書き
コロッセオで発見されたこの落書きにあるように、剣闘士は1対1で戦った。短剣をもつ剣闘士「セクトル」が、網と三叉の槍をもつ剣闘士「レティアリィ」と戦っている。

内部通路
膨大な人数の、多くは気ままな観衆がコロッセオに到着してから、自由に移動して10分以内には席につけるように設計されていた。

内壁
レンガ造り。

入場路
観衆が席につくときに使われた。各階の入場路に通じる階段があった。

ポディウム
この巨大なテラスには皇帝と裕福な上流階級の人々の専用席があった。

コリント式の柱

イオニア式の柱

ドリス式の柱

アーチ状の入り口
入り口は全部で80あった。観衆はみな、入り口の番号が押されたテッセラ(小さな四角いタイル)をもっていた。

コロッセオの植物

19世紀にはすでにコロッセオの損傷具合は激しく、廃墟内の場所によって小さな環境の違いが生じ、驚くほど多様なハーブや雑草、野生の花々が育っていた。植物学者が数人、コロッセオの植物を研究、分類し、2冊の本も出版されている。その一冊には420種もの植物が収められている。

薬草

イタリア 129

◉闘技場での剣闘士の戦い

ローマ皇帝が催す強烈なショーは、動物がサーカスの演技を披露して始まることが多かった。それから剣闘士が登場し、どちらかが死ぬまで戦う。剣闘士となるのは奴隷や、有罪判決を受けた者、戦争捕虜などだった。一方が死ぬと、神話のなかで死者を船にのせて渡すというカロンの衣装を着た者たちが、その遺骸を担架に乗せて運び出し、流れた血には砂をかけて次の試合に備える。重傷の剣闘士の生死は観衆にゆだねられた。皇帝が「親指を上げる」と剣闘士は生きてもどれるが、「親指を下げる」と、命を奪われるのである。戦いに勝つと、剣闘士はにわかに英雄となり、自由の身になるという報酬を得る場合もあった。

◉皇帝ウェスパシアヌス

コロッセオの建造者であるティトゥス・フラウィウス・ウェスパシアヌスは、紀元69年からの10年間皇帝の座にあった。皇帝就任当時のローマは、皇帝ネロの負の遺産であるまったくの無秩序状態にあった。ウェスパシアヌスの統治は、帝国に安定と比較的平和な時期をもたらしたことで知られる。次々と建物の建設を計画し、チェリオの丘にはクラウディウスにささげる神殿を、フォロ(公共広場)付近には平和の神殿を建て、なにより、コロッセオを建造した。79年に皇帝が亡くなったときにはこの円形闘技場は未完成で、後を継いだ息子たち、ティトゥス帝とドミティアヌス帝が完成させた。

◉コロッセオ内部

スタジアムは楕円で、大きな中央アリーナを階段席が囲んでいた。身分によって座席は分けられ、執政官と皇帝には専用の入り口とボックス席があった。**アリーナ下**の地下区域にはいくつもの部屋や通路、リフトがあり、剣闘士たちや動物、装置類はここを移動する。アリーナの床板が張られた部分の地下最下階には動物の檻が置かれ、動物が必要な場合には、ウィンチで檻をアリーナまで引き上げて放った。動物は、スロープと跳ね上げ戸を通ってアリーナに入る仕組みになっていた。

サン・ピエトロ大聖堂 [ローマ]

カトリックでもっとも神聖な廟であり、贅をつくし、大理石がおおうサン・ピエトロ大聖堂は、世界中から巡礼者と観光客を集めている。ここには、4世紀にコンスタンティヌス帝が建てたバシリカ聖堂から発掘されたものや、ルネサンスやバロック期の芸術家が制作した作品など、何百点もの貴重な美術品もある。この大聖堂が漂わせる雰囲気に大きく貢献しているのがベルニーニの作品だ。ベルニーニは、ミケランジェロ作の巨大なドームの下に、ねじれ柱が支えるバルダッキーノを制作し、さらに後陣に司教座を造った。ここでは4人の教会博士が玉座を支え、そのなかには、聖ペトロが初めての説教で座った椅子の遺物だとされた破片が収められている。

▲ サン・ピエトロ広場
日曜と宗教的な祭日、列聖式など特別な日には、サン・ピエトロ大聖堂前の、ベルニーニが手がけた柱廊のある広場を見おろすバルコニーから、教皇が観衆に祝福を与える。

◀ 教皇アレクサンデル7世の記念像
サン・ピエトロ大聖堂におけるベルニーニ最後の作品は、1678年に完成した。真理、正義、慈愛、分別を表す寓意像のなかにキージ家出身の教皇が立つ。

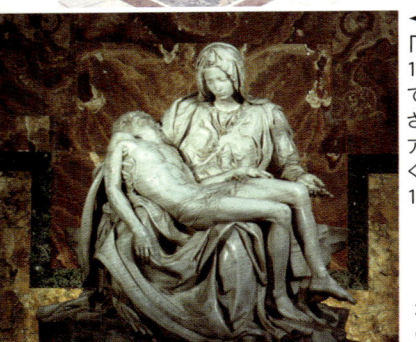

◀ ミケランジェロの「ピエタ」像
1972年に攻撃を受けて以降、ガラスで防護されている。聖母マリアが死者キリストを抱く美しい大理石像は1499年の作品だ。

▼ グロッタ（地下墓地）にあるピウス11世の墓

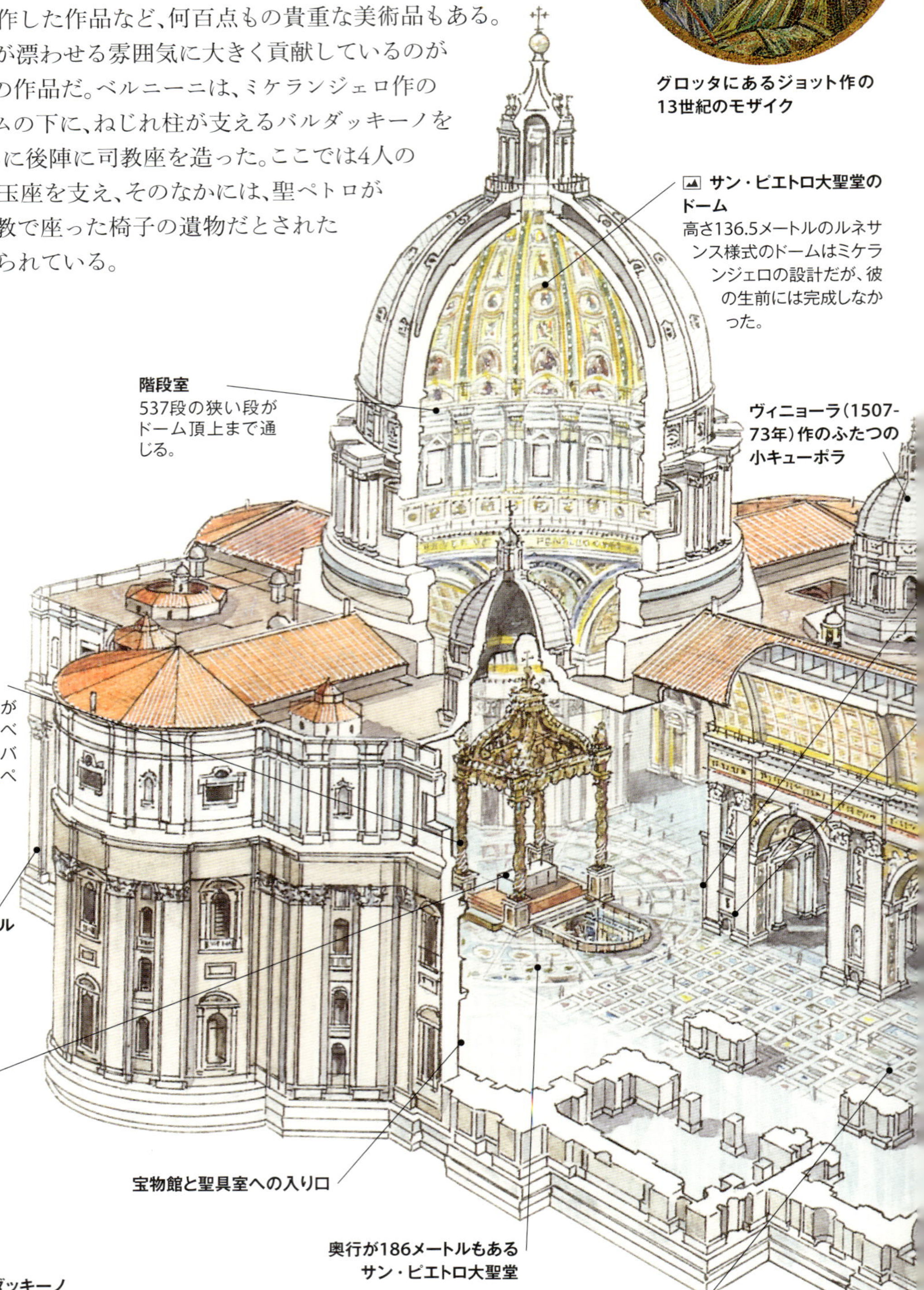

▼ サン・ピエトロ大聖堂のドーム

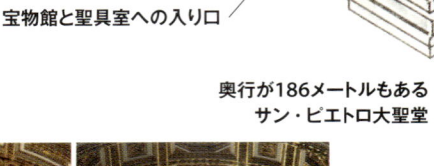

バルダッキーノ

◀ 教皇の祭壇
聖ペトロが埋葬されているとされる地下聖堂の上にある。

グロッタにあるジョット作の13世紀のモザイク

サン・ピエトロ大聖堂のドーム
高さ136.5メートルのルネサンス様式のドームはミケランジェロの設計だが、彼の生前には完成しなかった。

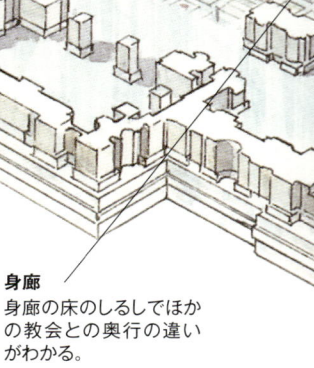

ヴィニョーラ(1507-73年)作のふたつの小キューポラ

階段室
537段の狭い段がドーム頂上まで通じる。

バルダッキーノ
教皇ウルバヌス8世が1624年に依頼した。ベルニーニ作の豪奢なバロック様式の天蓋が聖ペトロの墓の上に建つ。

教皇アレクサンデル7世の記念像

教皇の祭壇

宝物館と聖具室への入り口

奥行が186メートルもあるサン・ピエトロ大聖堂

身廊
身廊の床のしるしでほかの教会との奥行の違いがわかる。

イタリア

聖ペトロ
きわめて重要な聖人であり大きな崇敬を集めるペトロは、キリストが初めてもったふたりの弟子のひとりだ。ペトロは使徒として紀元44年にローマに赴き、ここでローマ教会を設立した。聖ペトロはつねにふたつの鍵を伴うが、ひとつは地上、ひとつは天上の鍵を表している。

略年譜

紀元64年	324年	1506年	1546年	1980年
聖ペトロが磔刑にかけられ、ローマに埋葬される。	ローマ皇帝コンスタンティヌスが聖ペトロの墓の上に聖堂を建造する。	教皇ユリウス2世が新しい聖堂の礎石を置く。	ミケランジェロが主任建築家に任命される。	教皇領がユネスコの世界遺産に登録される。

サン・ピエトロ大聖堂建造の歴史
聖ペトロは紀元64年に、磔刑の地であるネロのキルクスそばのネクロポリス（共同墓地）に埋葬された。324年にコンスタンティヌス帝が埋葬の場に聖堂を建造したが、15世紀には古い教会が危険であると判明し取り壊されることになった。教会は16世紀から17世紀にかけて再建され、1614年にはファサードができ、1626年に新しい教会が献堂された。

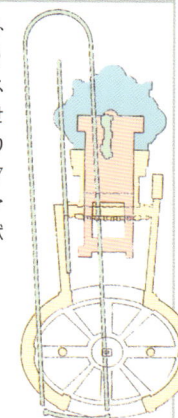

- ネロのキルクス
- コンスタンティヌス帝の時代
- ルネサンス期
- バロック期

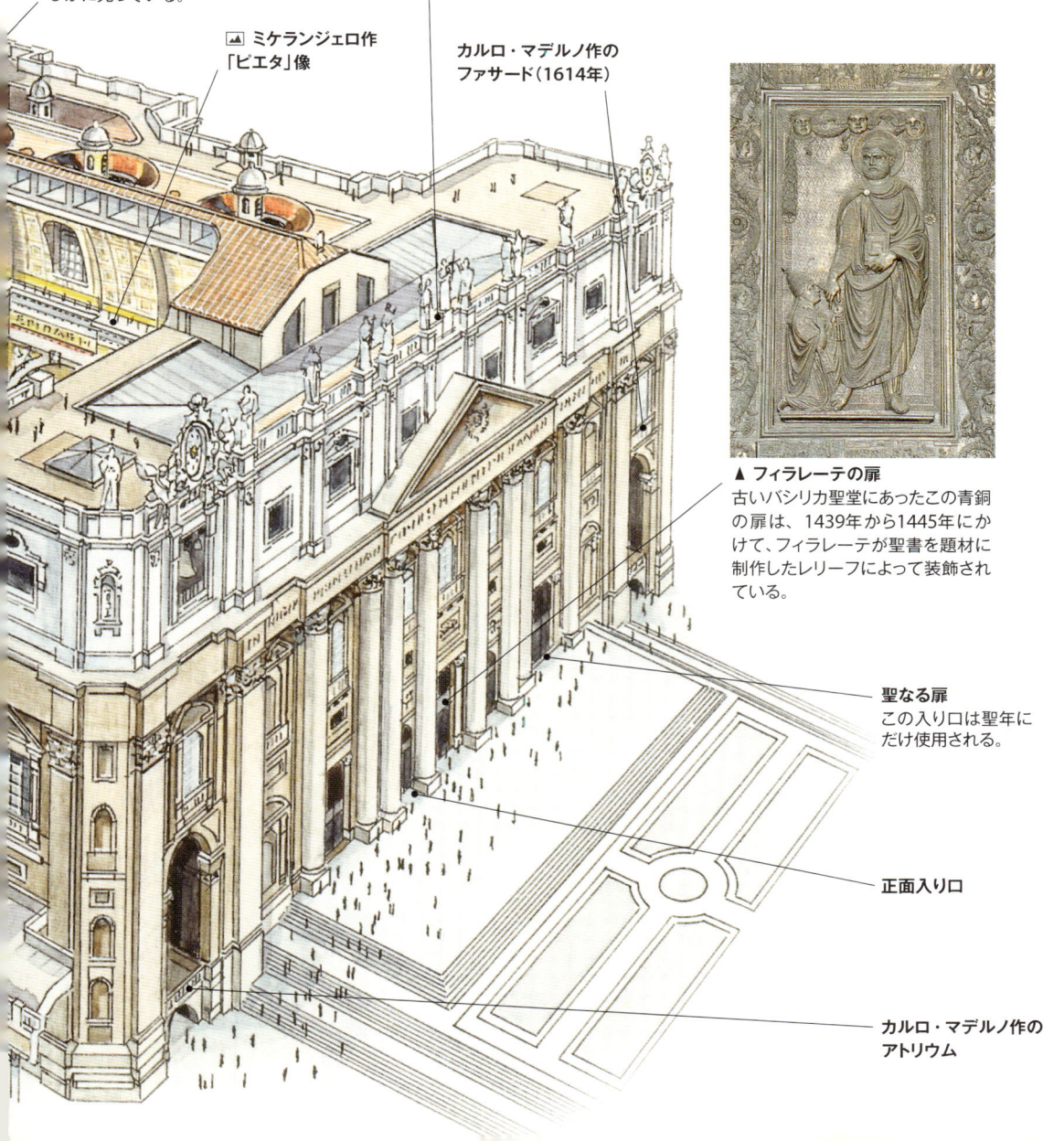

グロッタ
古い聖堂から発掘されたジョット作の13世紀のモザイクの断片をここで見ることができる。多くの教皇が埋葬されている場である。

聖ペトロの彫像
13世紀の青銅像が伸ばした足は、何世紀にもわたり巡礼者が触れたために細くなり、ぴかぴかに光っている。

ファサードの彫像
ファサードは、キリスト、洗礼者ヨハネと11人の使徒の13体のトラバーチン石の彫像をいただく。

ミケランジェロ作「ピエタ」像

カルロ・マデルノ作のファサード（1614年）

フィラレーテの扉
古いバシリカ聖堂にあったこの青銅の扉は、1439年から1445年にかけて、フィラレーテが聖書を題材に制作したレリーフによって装飾されている。

聖なる扉
この入り口は聖年にだけ使用される。

正面入り口

カルロ・マデルノ作のアトリウム

ミケランジェロ
フィレンツェの偉大な画家、彫刻家、建築家、詩人、技術者でもあるミケランジェロ・ブオナローティ（1475-1564年）は、ルネサンス期に燦然と輝く異才の人物だ。サン・ピエトロ大聖堂に置かれたピエタ像は25歳のときのごく初期の作品だが、技術的に完成度の高い傑作である。ミケランジェロは、当初は彫刻家のつもりでいたのだが、1508年には、教皇ユリウス2世の依頼を受けてヴァチカンのシスティーナ礼拝堂の天井画を描いている。1512年にこの作品が完成すると、当代の傑作だと評判を呼んだ。1546年にはサン・ピエトロ大聖堂の主任建築家に任命され、人生最後の10年を大聖堂の建造にささげた。

ジャン・ロレンツォ・ベルニーニ
彫刻家、建築家、舞台設計士であり画家でもあるベルニーニ（ジョヴァンニ・ロレンツォ・ベルニーニとも）は、イタリアのバロック時代における傑出した人物だった。ベルニーニは1598年にナポリで彫刻家の息子に生まれ、ごく早い時期に、大理石を扱うすばらしい才能を認められた。建築家、彫刻家として人気を博し、そして3代の教皇に都市計画者として仕え、自分の建てた教会や宮殿、広場、彫像や噴水でローマの景観を変えた。ベルニーニは57年あまりにわたって、サン・ピエトロ大聖堂のさまざまな部分の建造に携わった。

ルネサンス様式
ブルネレスキがフィレンツェの孤児養育院（1419-24年）のために設計した、古典主義にヒントを得た細い柱と半円のアーチは、イタリア建築の新しい時代の先駆けとなった。それから数十年、ルネサンス様式はイタリアの各都市へと広がっていく。ローマにそれが初めて到達したのが15世紀末から16世紀初頭にかけてのことだった。この時点で、ルネサンス様式は、ヴェネツィアを経由してヨーロッパのほぼ全土と、モスクワにまで広まっていた。建築設計におけるルネサンス（「再生」）とは、合理的かつ人間味のあるものをめざしていた。四角形、立方体、円や球といった建築の基本要素をもとに、建築家たちは数学的比率に従い建物を設計することを始めた。通りは広くなり、都市計画によって記念碑や噴水が多数建造された。

ポンペイ

紀元79年にヴェスヴィオ火山が噴火し、現在のナポリ付近にあったポンペイの街は、6メートルもの軽石と火山灰にすっかり埋もれてしまった。16世紀に発見されたものの、本格的な発掘が始まったのはようやく1748年のことだった。姿を現したのは当時のままの化石のような街で、大きな驚きをもたらした。家々や寺院、芸術品や日用品。発掘されたすべては非常に保存状態がよく、ローマ帝国全盛期の日常生活を、これほど詳細に教えてくれる遺跡はほかにはない。

ナポリ国立考古学博物館所蔵のポンペイの壺

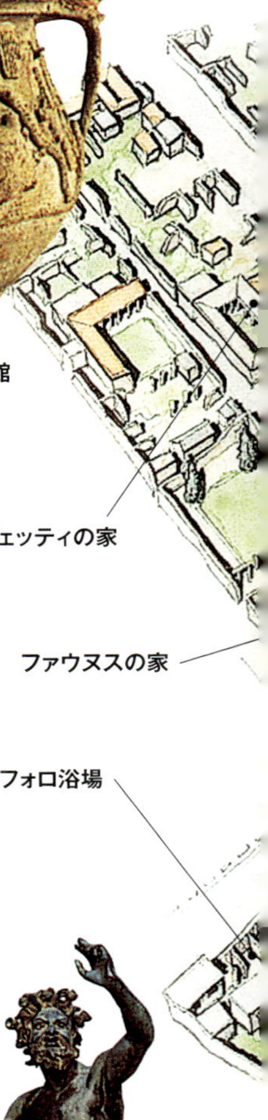

ヴェスヴィオ火山とカンパニア州の街

ヴェスヴィオ火山の噴火からほぼ2000年後の現在も、山の麓にあるローマ時代の街では、ここを埋めつくした火砕流からの発掘が続いている。ナポリと火山の南東にあるポンペイとスタビエ（カステラマーレ・ディ・スタビア）は熱い灰と軽石に埋もれ、建物の屋根は噴火による堆積物の重みで崩壊した。西ではエルコラーノが泥流に飲み込まれた。ここには膨大な数の建物が現存している。屋根はそのまま残って、泥のなかには家庭用品も多数埋まっていた。ポンペイではおよそ2000人の住人が命を落としたが、エルコラーノの住人に犠牲者はほとんどいなかった。

古代ローマの日常生活にかんして私たちがもつ知識の多くは、ポンペイとエルコラーノの発掘から得たものだ。発掘した品の多くは現在ナポリ国立考古学博物館に所蔵され、考古学的コレクションとしては一級のものとなっている。ヴェスヴィオ火山は1944年以降噴火していないが、ときおり不気味な音を立て、小さな地震を発生させている。

ナポリ国立考古学博物館所蔵の母と子の遺体の復元（石膏）

◎ ヴェッティの家
ファウヌスの家
フォロ浴場

◀ 秘儀荘の有名なフレスコ画連作の一部

◀ 公設市場
ポンペイの市場の前には、両替商の店が2軒並ぶ柱廊があった。

◀ ラレス神殿
ウェスパシアヌス神殿のすぐそばにあるこの建物には、ポンペイの守護神ラレス神の像が置かれていた。

ファウヌスの家
裕福な名門カッシ家が所有したこの有名な別荘の名は、写真の青銅製の像（右写真）にちなむ。現在はナポリ国立考古学博物館所蔵のモザイク画「アレクサンダー大王とダリウス王の戦い」もここにあった。

◀ 円形闘技場と体育場
▼ アッボンダンツァ通り

● 秘儀荘

ポンペイの城壁の外に、紀元前2世紀初頭に建てられた巨大な別荘がある。当初は街中の住居とする予定だったが、のちに優雅なカントリーハウスとして増築されたものだ。この別荘は、内部の装飾と保存状態のよい**フレスコ画の連作**で知られる。なかでも、サロンにある、赤を背景に鮮やかに描かれた、29人の等身大の人物像はひときわ有名だ。この絵は、花嫁のディオニュソス秘教会への入信の儀式、あるいは祭司志願者のオルフェウス秘教会への入信の儀式だとされている。この題材が描かれたのは、別荘の女主人が、当時南イタリアで広がっていたカルト、ディオニュソス教の祭司だったからだとする学者もいる。

● アッボンダンツァ通りと
   スタビアーナ通り

かつてはポンペイで一番にぎやかで人の行き来も多かった**アッボンダンツァ通り**には、住宅やさまざまな商品を売る店が並んでいた。ヴェレクンドゥスの店では、フェルトやなめし革が売られていた。さらに通りを行くと、保存状態のよい洗濯屋が見える。アッセリーナの店は居酒屋のなかで一番有名で、壁の落書きには、愛想のいい外国人ウェイトレスの絵がある。この店には、いまだに紀元79年の運命の日の売り上げ（683セステルスのローマ貨幣）がそのまま残っている。スタビアーナ通りは、ポンペイと港や沿岸部を結ぶ四輪馬車が行きかう大通りであり、西側にはスタビアーナ浴場が建っていた。

● ポンペイの生活

紀元1世紀のポンペイは栄えた街だった。かつてはエトルリア、のちにギリシア領だったこの街は、79年にはローマの商業の中心となり、浴場や円形闘技場、寺院や富裕層の贅沢な別荘もあった。**ユリア・フェリクスの家**は1軒でひとつのブロックを占め、所有者の居住区と、賃貸住居と店に分かれていた。この邸宅には浴場まであり、ここは一般にも開放されていた。ポンペイで一番高い場所にあるのが四角形の舗装された**フォロ**で、かつては市場だった。ここは公的生活の中心の場であり、世俗においても宗教においても、街の一番重要な機能がここに集まっていた。円形闘技場（紀元前80年）は剣闘士の戦いに使われ、このタイプの闘技場では世界最古のものだ。

イタリア

ポンペイ西部
ポンペイ西部のイラスト。ここにはローマ時代の街がそのまま残り圧倒される。ポンペイ東部には名家の広壮な別荘が数軒あり、裕福な住人の家も残るが、この区域の発掘調査はまだ多くが終わっていない。

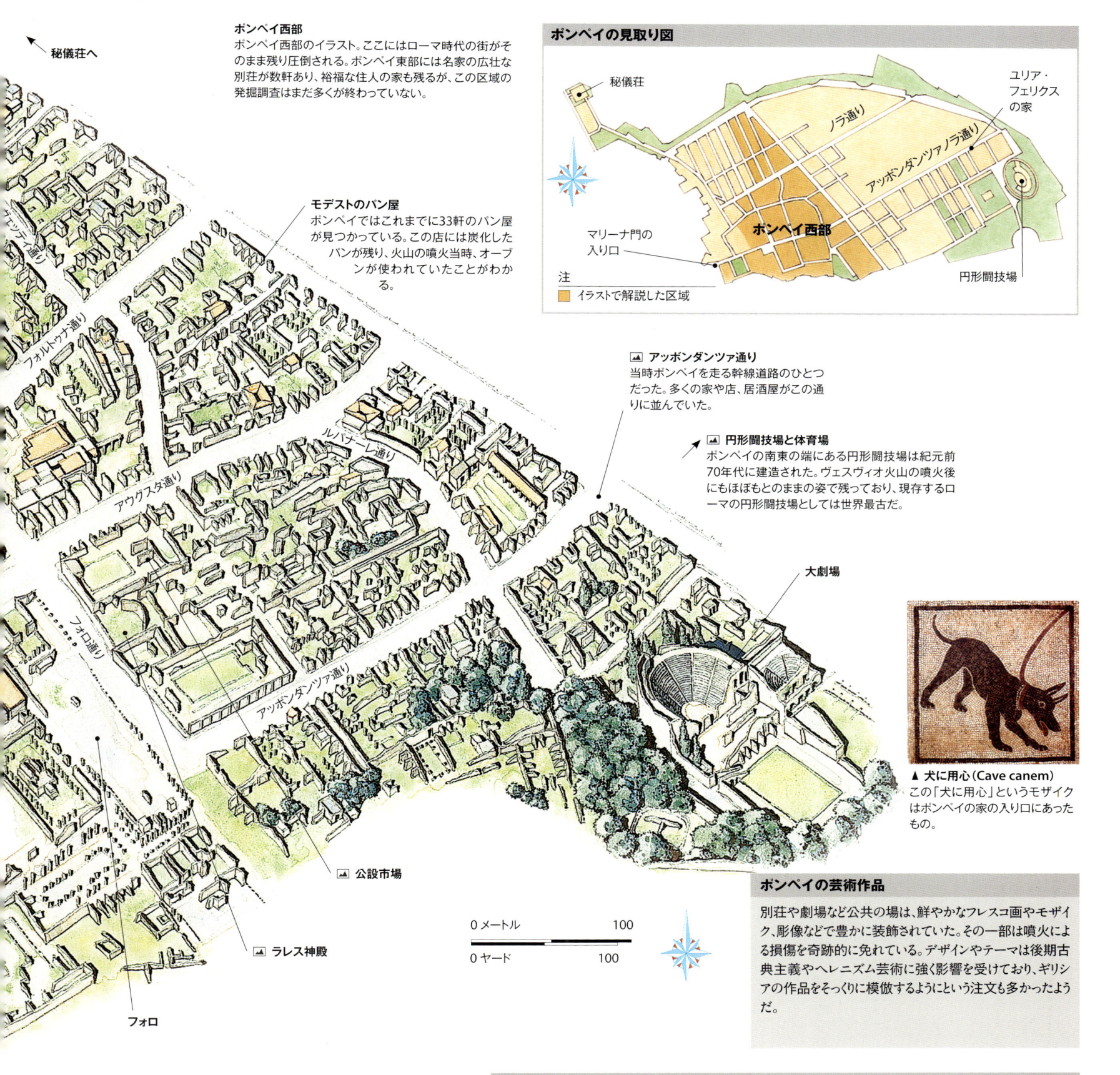

ポンペイの見取り図

注：イラストで解説した区域

モデストのパン屋
ポンペイではこれまでに33軒のパン屋が見つかっている。この店には炭化したパンが残り、火山の噴火当時、オーブンが使われていたことがわかる。

アッボンダンツァ通り
当時ポンペイを走る幹線道路のひとつだった。多くの家や店、居酒屋がこの通りに並んでいた。

円形闘技場と体育場
ポンペイの南東の端にある円形闘技場は紀元前70年代に建造された。ヴェスヴィオ火山の噴火後にもほぼもとのままの姿で残っており、現存するローマの円形闘技場としては世界最古だ。

犬に用心（Cave canem）
この「犬に用心」というモザイクはポンペイの家の入り口にあったもの。

ポンペイの芸術作品
別荘や劇場など公共の場は、鮮やかなフレスコ画やモザイク、彫像などで豊かに装飾されていた。その一部は噴火による損傷を奇跡的に免れている。デザインやテーマは後期古典主義やヘレニズム芸術に強く影響を受けており、ギリシアの作品をそっくりに模倣するようにという注文も多かったようだ。

ヴェッティの家
名門の豪商、アウロ・ヴェッティオ・コンヴォーヴァとアウロ・ヴェッティオ・レスティトゥートが所有していた別荘は一部修復されており、すばらしいフレスコ画がある。

略年譜

紀元前8世紀頃	紀元79年8月	1594年	1860年	1997年
イタリア中央部の人々が、重要な交差路にポンペイの街を建設する。	ヴェスヴィオ火山が噴火してポンペイとスタビエは火砕流を浴び、何世紀も完全に埋もれた状態が続く。	チヴィタという地域で排水溝を掘っていた労働者が古代の街の痕跡を発見する。	ジュゼッペ・フィオレッリが発掘監督となり、考古学者による街の発掘がしだいに進む。	ポンペイをはじめとする遺跡地域がユネスコの世界遺産に登録される。

エウフラシウス聖堂 ［ポレッチ］

6世紀建造のこの教会はビザンティン様式の傑作であり（ビザンティン様式、p.148参照）、金色を背景にした見事なモザイク装飾が施されている。エウフラシウス聖堂は、世界最古のキリスト教遺跡に数えられる、4世紀建造の聖マウルス礼拝堂を増築する形で、539年から553年にかけてエウフラシウス司教が建造した。それ以降、何世紀もの間に建物には数度の改築が行われた。初代聖堂の床のモザイクの一部が、19世紀の修復作業で発見され、現存する。

後陣のモザイク画

●聖マウルスとエウフラシウス司教
初代ポレッチ司教である聖マウルスとエウフラシウス司教の生涯については、詳細は不明だ。聖マウルスは4世紀に、初期キリスト教徒がひそかに祈祷に使うための小礼拝堂を建造した。ローマ帝国皇帝ディオクレティアヌスによるキリスト教徒迫害の時代に、マウルスは殉教したといわれている。6世紀にその遺骸は聖堂近くの墓から移され、**奉納礼拝堂**に安置された。大きな影響力をもつエウフラシウス司教は腕利きの職人を求め、当時の建築群としては最高峰のひとつに数えられた聖堂を建造したのである。

●ビザンティン様式のモザイク技術
とくに教会におけるモザイク芸術は、ビザンティン様式の時代に全盛期を迎えた。小さな彩色ガラスを壁にはめ込み、床にはもっと固い天然石や大理石を埋め込んでいく装飾技術だ。6世紀になるとモザイク職人は、できるだけ多くの光を反射するように、モザイク装飾に金色や銀色のガラス小片（テッセラ）を使い始めた。モザイクの大半は聖書の場面や聖人を描いたものだが、なかには建物の建造者の像もある。エウフラシウス司教は、自分が建てた聖堂にすばらしいモザイク装飾を施すように命じた。ひときわ目を引くのが**後陣の聖母子のモザイク画**であり、その脇には聖マウルスとエウフラシウスが立っている。

●内部
聖堂に入るときに通る**アトリウム**には、19世紀に修復されたビザンティン様式のモザイクが残り、そばには**洗礼堂**がある。5世紀造の板葺屋根の洗礼堂は、エウフラシウス聖堂を建造するさいに改築されている。15世紀までは、キリスト教に改宗する人々の洗礼が中央の**洗礼盤**で行われていた。聖堂内には、半貴石と真珠層でできた美しいモザイク画があって現在も見ることができ、とくに後陣と**キボリウム**（祭壇天蓋）のものはすばらしい。何世紀もの間に数度の火災と地震に見舞われ、建物の形は当初のものとは変わっている。中央身廊の南壁は15世紀に壊れ、のちに再建されてゴシック様式の窓（ゴシック様式、p.54参照）がついた。聖堂の西側には聖十字礼拝堂があり、15世紀にアントニオ・ヴィヴァリーニが制作したポリプティク（多翼祭壇画）が飾られている。

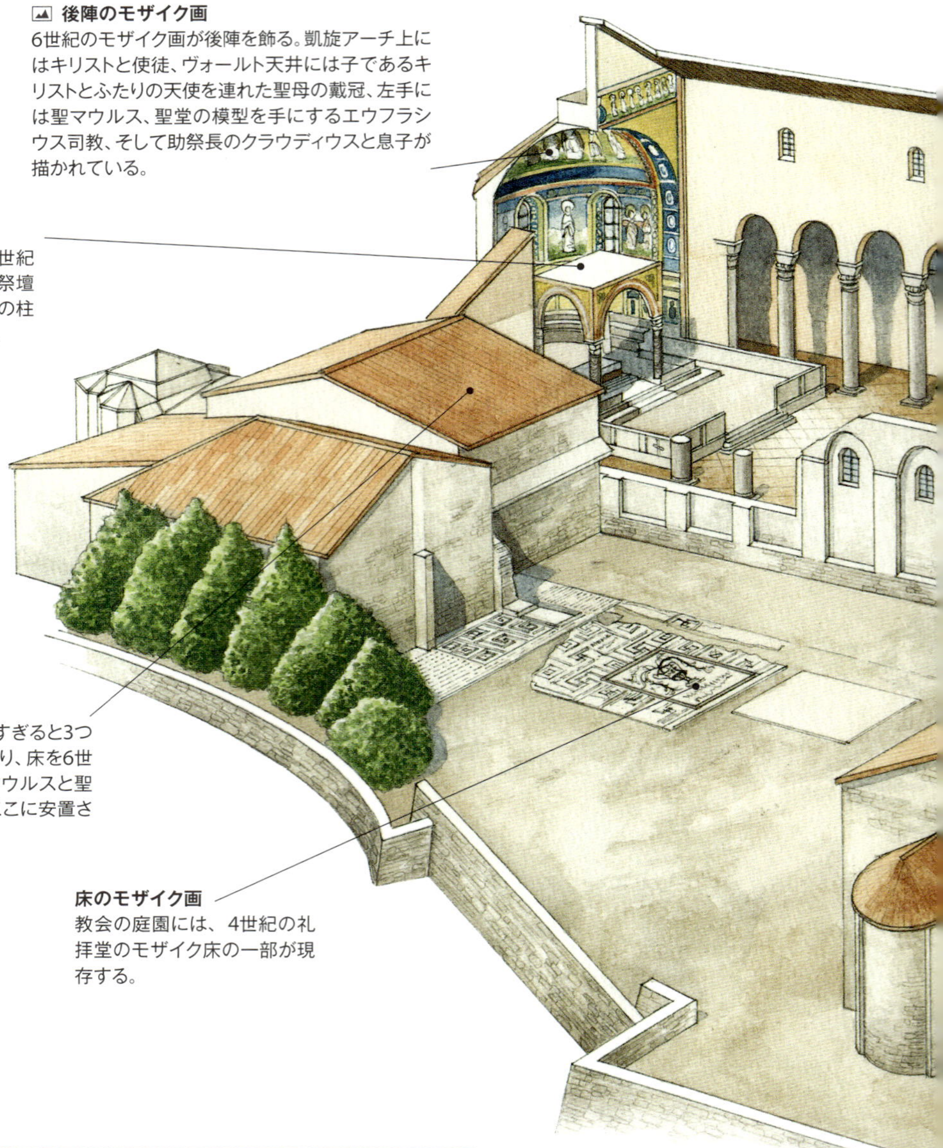

後陣のモザイク画
6世紀のモザイク画が後陣を飾る。凱旋アーチ上にはキリストと使徒、ヴォールト天井には子であるキリストとふたりの天使を連れた聖母の戴冠、左手には聖マウルス、聖堂の模型を手にするエウフラシウス司教、そして助祭長のクラウディウスと息子が描かれている。

キボリウム
聖堂内陣を飾るのは13世紀作の美しいキボリウム（祭壇天蓋）だ。4本の大理石の柱が支え、モザイクが飾る。

聖具室と奉納礼拝堂
聖具室の左側の壁を通りすぎると3つの後陣をもつ礼拝堂があり、床を6世紀のモザイクが飾る。聖マウルスと聖エレウテリウスの遺骸がここに安置されている。

床のモザイク画
教会の庭園には、4世紀の礼拝堂のモザイク床の一部が現存する。

▼ 後陣のモザイク画

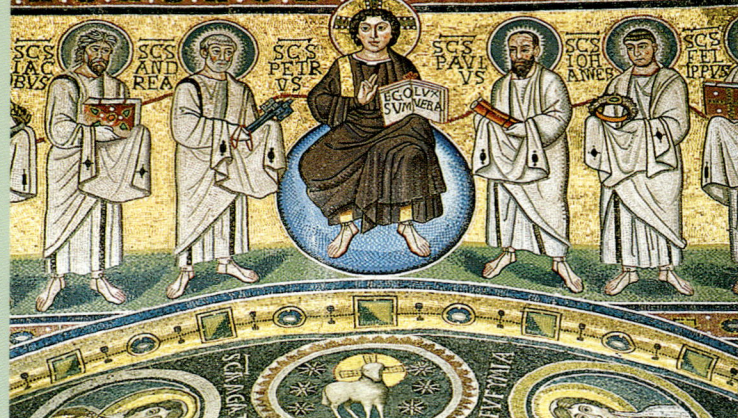

▼ 後陣の聖母子のモザイク画

クロアチア　135

略年譜

539 - 53年
エウフラシウス聖堂が聖マウルスの小礼拝堂の敷地に建造される。

1277年
ポレッチの司教オットーの命で巨大な大理石のキボリウムが制作される。

1800年代
聖堂が何百年もの間にうけた損傷の補修作業が行われる。

1997年
エウフラシウス聖堂がユネスコの世界遺産に登録される。

ポレッチ博物館

エウフラシウス聖堂のそばには、1884年に開館したこの地方の博物館がある。2000点を超す展示品があり、3世紀のモザイク画や十字架、祭壇、聖歌隊席などを見ることができる。

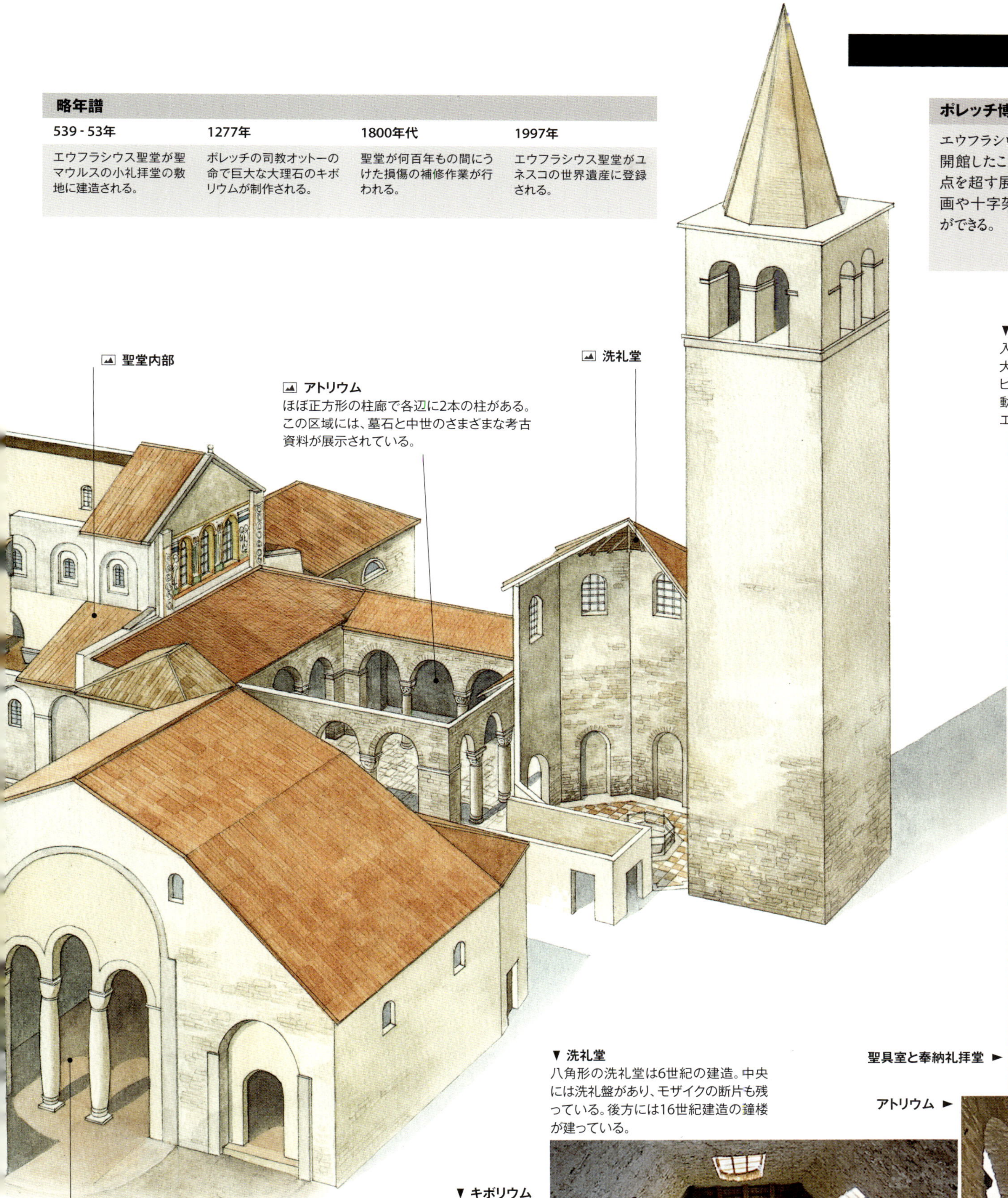

聖堂内部

アトリウム
ほぼ正方形の柱廊で各辺に2本の柱がある。この区域には、墓石と中世のさまざまな考古資料が展示されている。

洗礼堂

▼ 聖堂内部
入り口を入ると中央身廊と2本の側廊がある大きな教会に通じる。18本の大理石の柱は、ビザンティン様式とロマネスク様式の柱頭に動物の装飾が彫刻されている。柱のすべてにエウフラシウスのモノグラムが見える。

▼ 洗礼堂
八角形の洗礼堂は6世紀の建造。中央には洗礼盤があり、モザイクの断片も残っている。後方には16世紀建造の鐘楼が建っている。

聖具室と奉納礼拝堂 ▶

アトリウム ▶

司教館
3廊式の建物で6世紀の建造。ここには現在、アントニオ・ダ・バッサーノの絵画数点と、アントニオ・ヴィヴァリーニのポリプティク、パルマ・イル・ジョヴァーネの絵画1点が収められている。

▼ キボリウム

アクロポリス［アテネ］

紀元前5世紀半ば、アテネの政治家ペリクレスはアテネ市民を説き伏せ、古代ギリシアの政治的、文化的偉業の象徴となる建造計画に着手した。アクロポリスに対照的な3つの新しい神殿が建造され、堂々たる門も置かれた。紀元前4世紀には南斜面のディオニュソス劇場、紀元2世紀にヘロデス・アッティコスの劇場がくわわった。

▲ 現在のアクロポリス
現代のアテネの街の背後に堂々とした姿で控えるアクロポリスは、ギリシアでもっとも観光客の多い地だ。2500年以上もの間地震や火災、戦争をくぐりぬけてきたが、今日では環境汚染の脅威にさらされ、徐々にではあるが大理石が軟化している。

アクロポリス博物館蔵の「モスコフォロス」像

◀ カリアティードの柱廊

▼ プロピレア

◀ アテナ・ニケ神殿
勝利の女神アテナに奉じたこの神殿はプロピレアの西側にある。紀元前426-421年の建造。

◀ ディオニュソス劇場にある好色な森の神シレノスのコミカルな像

▼ パルテノンの東側ペディメントの彫像

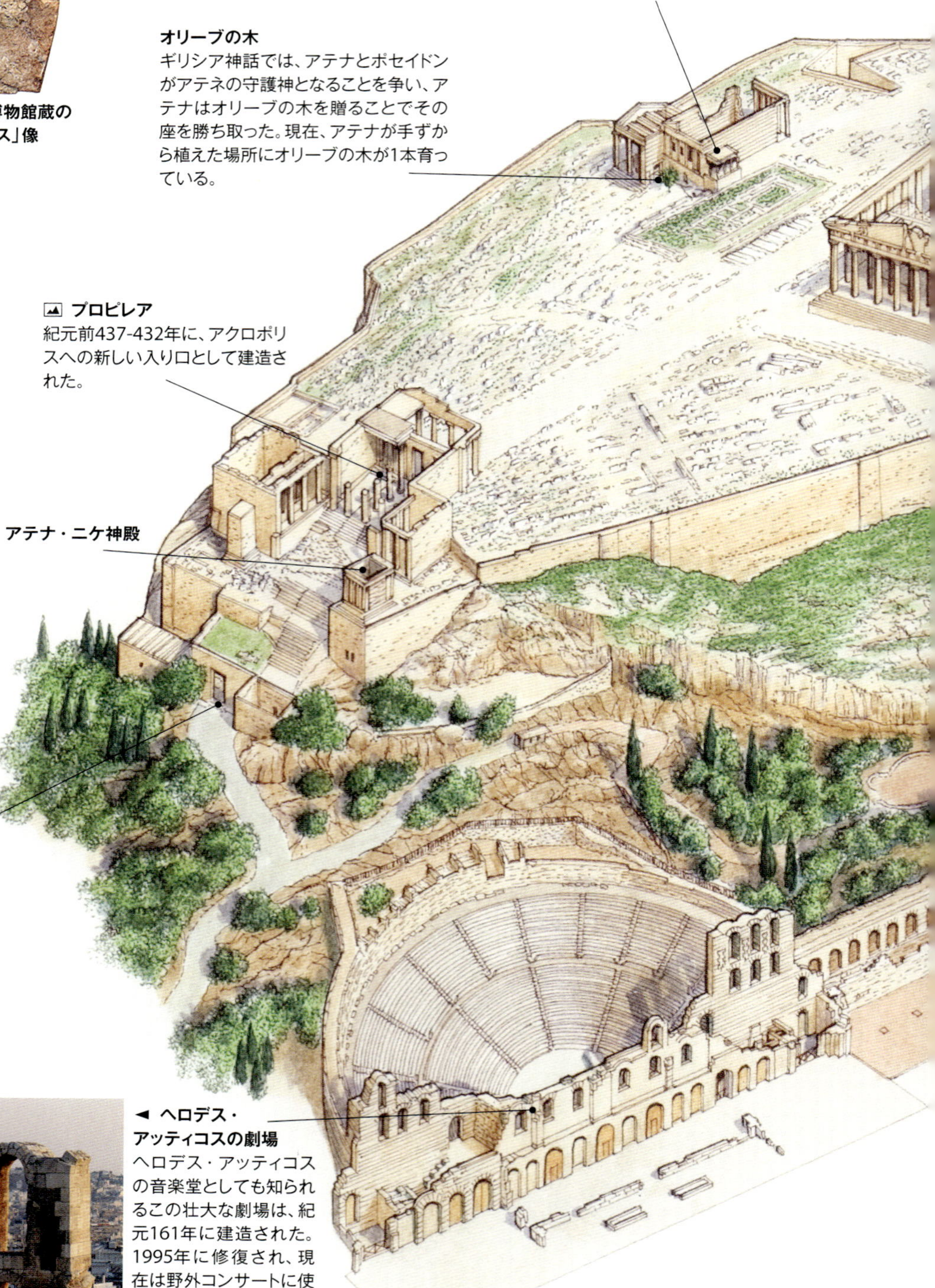

カリアティードの柱廊
エレクテイオンの南柱廊では女性像が柱として用いられた。4体の像の原物は現在アクロポリス博物館に収蔵され、ここには複製が置かれている。

オリーブの木
ギリシア神話では、アテナとポセイドンがアテネの守護神となることを争い、アテナはオリーブの木を贈ることでその座を勝ち取った。現在、アテナが手ずから植えた場所にオリーブの木が1本育っている。

プロピレア
紀元前437-432年に、アクロポリスへの新しい入り口として建造された。

アテナ・ニケ神殿

ブーレの門
アクロポリスに入る最初の門。

◀ ヘロデス・アッティコスの劇場
ヘロデス・アッティコスの音楽堂としても知られるこの壮大な劇場は、紀元161年に建造された。1995年に修復され、現在は野外コンサートに使用されている。

ギリシア　137

周辺地図

（地図：ニレオス通り、古代アゴラ、アポストルパブロウ通り、プニクスの丘、ディオニシウアレオパギトウ通り、ニンフの丘、ロヴェルトゥーガッリ通り、フィロパポスの丘、パナイトウ通り、ヴェイゴウ通り、アクロポリス、アクロポリ駅、新アクロポリス博物館）

注
■ 下図の区域

エルギン・マーブルズ

エルギン伯は、1801-5年にパルテノン神殿の建造物から目ぼしい彫刻をもち出し、イギリスに売却した。こうしたいわゆる「エルギン・マーブルズ」は論争の的となっている。現在ロンドンの大英博物館に収蔵されているが、アテネのものだと譲らない人々もいるのである。

（地図：ブルガリア、マケドニア、テッサロニキ、アルバニア、ギリシア、エーゲ海、トルコ、パトラ、アクロポリス、アテネ、地中海）

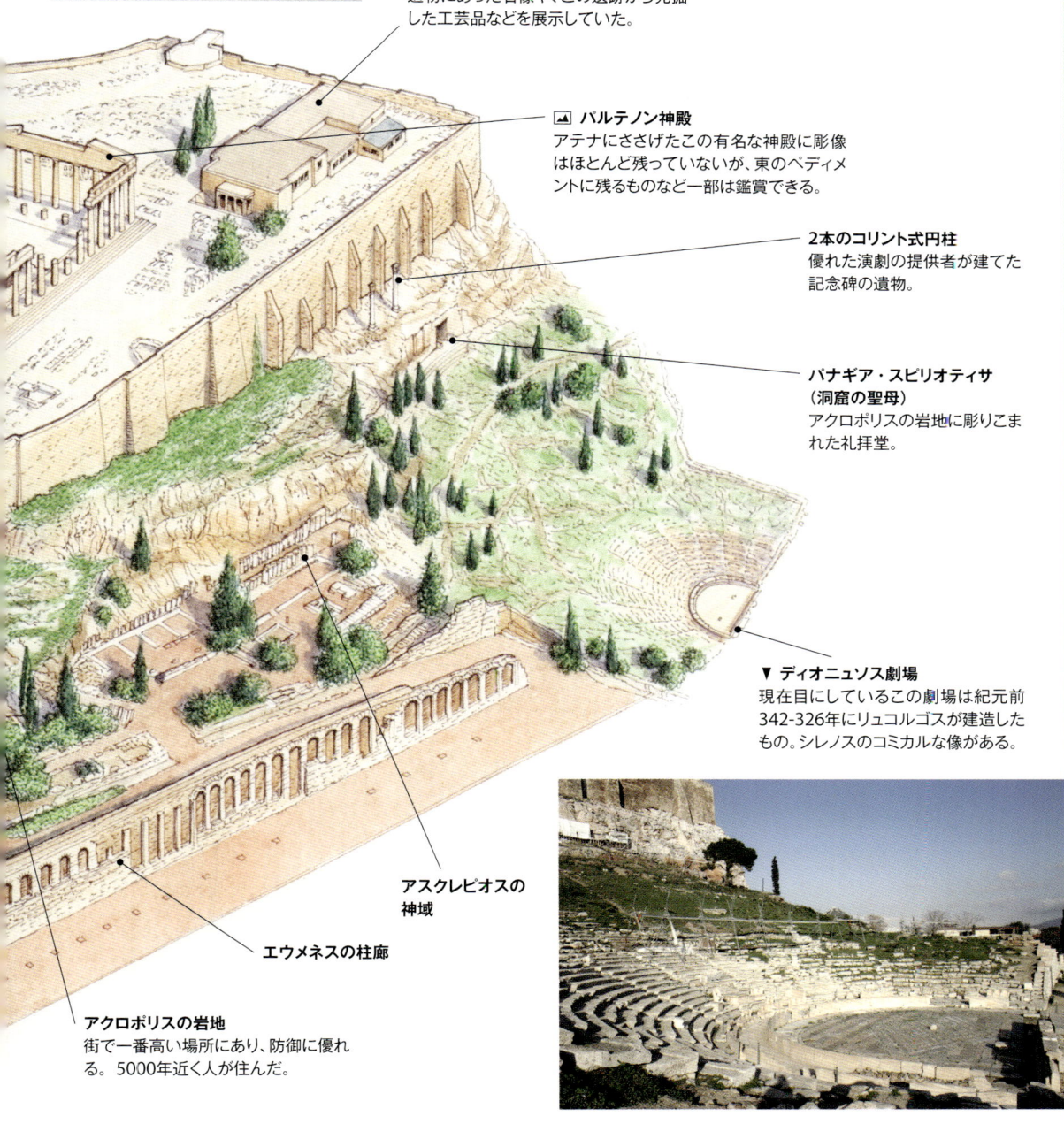

アクロポリス博物館（旧館）
1878年建造の博物館はアクロポリスの南東の隅に位置する。アクロポリスの建造物にあった石像や、この遺跡から発掘した工芸品などを展示していた。

パルテノン神殿
アテナにささげたこの有名な神殿に彫像はほとんど残っていないが、東のペディメントに残るものなど一部は鑑賞できる。

2本のコリント式円柱
優れた演劇の提供者が建てた記念碑の遺物。

パナギア・スピリオティサ（洞窟の聖母）
アクロポリスの岩地に彫りこまれた礼拝堂。

ディオニュソス劇場
現在目にしているこの劇場は紀元前342-326年にリュコルゴスが建造したもの。シレノスのコミカルな像がある。

アスクレピオスの神域

エウメネスの柱廊

アクロポリスの岩地
街で一番高い場所にあり、防御に優れる。5000年近く人が住んだ。

略年譜

紀元前3000年	紀元前510年	紀元前451-429年	紀元267年	1987年
アクロポリスに最初の居住地が建設される。	デルフォイの神託がアクロポリスを神々の聖地とする。	ペリクレスが豪奢な建造計画に着手する。	アクロポリスの大半がゲルマン人のヘルリ族によって破壊される。	アクロポリスがユネスコの世界遺産に登録される。

●アクロポリス博物館（旧館）

アクロポリスで発見された品々を展示した博物館。時代ごとに分かれ、紀元前6世紀以降の、ペディメントを飾る彩色像の断片などが収められ、牛を担ぐ若者の牛飼い、「モスコフォロス」（紀元前570年頃）の像もここで見ることができた。ふたつの部屋には、紀元前500年頃の独特なコレー（女神アテナにささげた乙女の奉納像）の一群も展示されていた。コレーは、ペプロスを着用した形式的な少女像から、より自然な身体の動きを表現した、アーモンド形の目をした少女像へと変化しており、古代ギリシア芸術の進歩のようすがうかがえる。博物館のコレクションの最後には、エレクテイオン神殿の南柱廊（**カリアティードの柱廊**）にあった4体のカリアティード（女像柱）の原物が置かれていた。（現在は新アクロポリス博物館に所蔵品等を移し展示している）

●パルテノン神殿

アテネの栄光を表現して建造されたこの**パルテノン神殿**は、フェイディアスが彫った女神アテナ・パルテノスの高さ12メートルの像を収めるよう設計された。完成まで9年かかり、紀元前438年にようやく女神に奉献された。奥行70メートル、幅30メートルもの神殿は、エンタブラチュアが鮮やかな赤、青、金に塗られていた。フェイディアスはじめ彫刻家たちは、遠近法の向こうをはった視覚的トリックを使い、完璧に対称的な建物に見せている。何世紀もの間、この建物は教会やモスク、そして兵器庫として使われてきた。

●古典主義

ギリシア建築の中心にあるのが古典主義の「オーダー」であり、円柱の形式と、円柱に付随する構造物の形状や装飾をいう。オーダーのなかではドリス式が最古で、柱は柱基をもたず、柱身には縦溝があり柱頭は簡素だ。イオニア式はドリス式からやや発展し、縦溝のある柱身には柱基があり、渦巻きのような柱頭をもつ。コリント式はイオニア式から派生し、柱身には縦溝と柱基があり、柱頭には豊富な装飾をもつ。柱頭には、イオニア式の牡羊のツノやコリント式のアカンサスの葉のように、自然にある物で装飾を施している。建築の特徴としてはこのほか、ペディメント（神殿の正面上部の三角形の構造）、女像柱（カリアティード）（柱として用いられる彫像）、レリーフを施したフリーズがあり、これらはみな外部の装飾に用いられた。

アテネ、アクロポリスのエレクテイオンの
南柱廊を飾る彫像

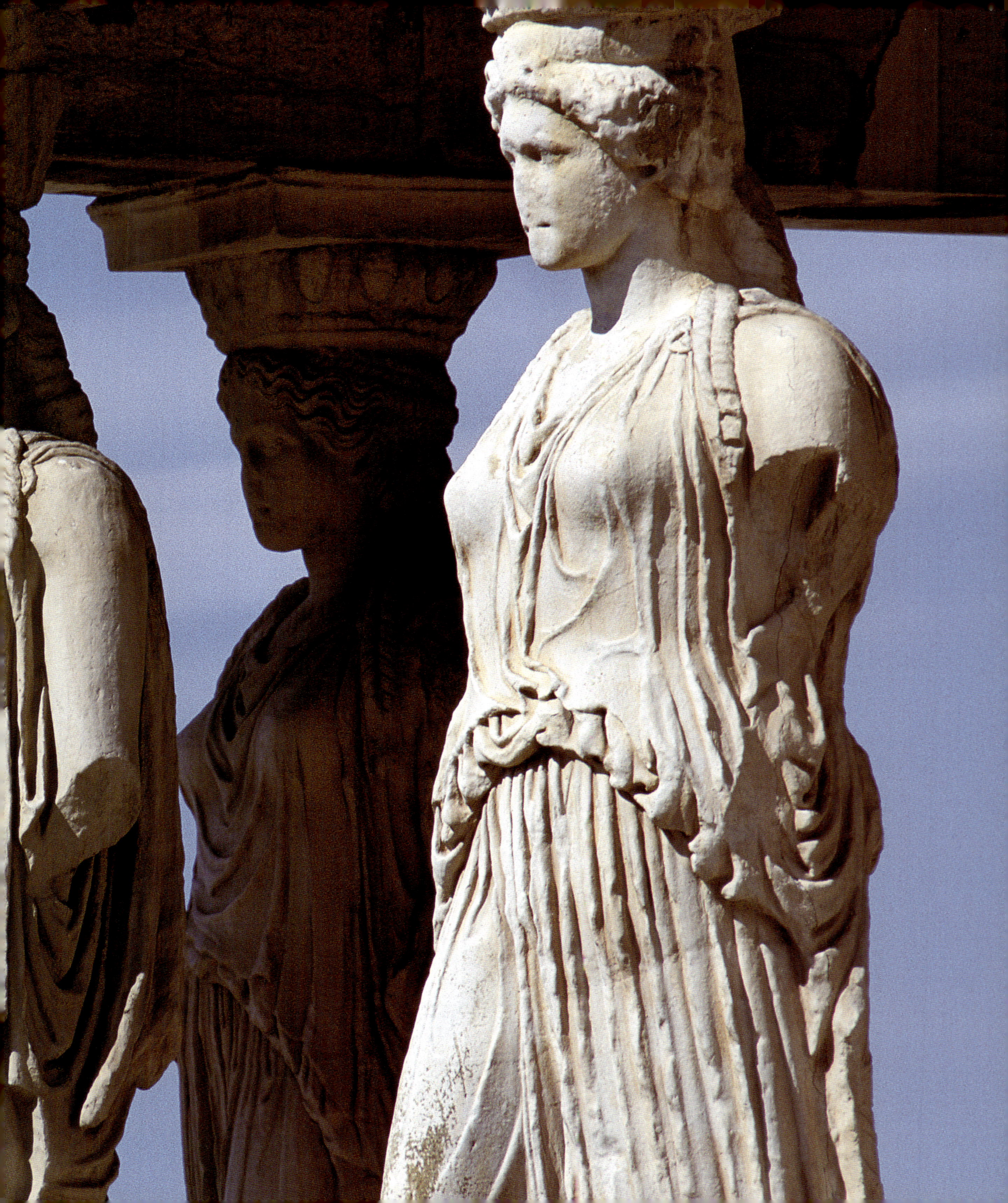

聖ヨハネ修道院 [パトモス島]

聖ヨハネ修道院は、正教会および西方教会にとってきわめて重要な信仰の場である。1088年に、修道士であるクリストドゥロスが、聖書の「黙示録」を書いた神学者聖ヨハネに献じて建てたものだ。ギリシアで非常に豊かで影響力の大きい修道院のひとつである。塔とバトレスをもつ外観はまるでおとぎ話の城のようだが、それは修道院にあるキリスト教の宝物を護るための造りであり、毎年何千人もの巡礼者や観光客がその宝を目当てに足を運ぶ。

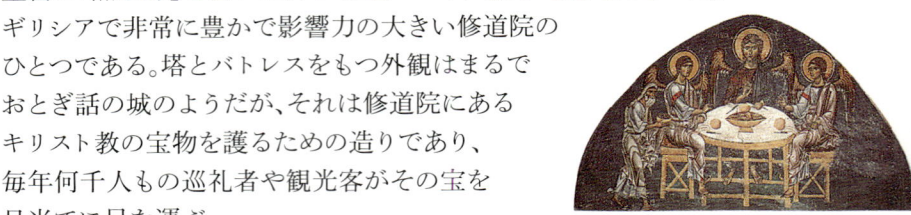

▲「アブラハムの歓待」
12世紀のフレスコ画のなかでもきわめて重要な作品。聖母(パナギア)礼拝堂で発見された。

◀ 聖ヨハネが暮らし、執筆した黙示録の洞窟

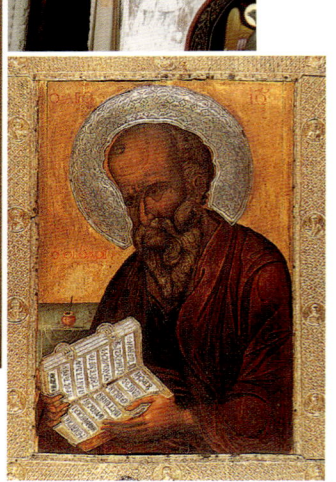

▲ 金印勅書

▼ 中央中庭

▲ 聖ヨハネのイコン
12世紀作のこのイコンは修道院のなかでも大きな崇敬を集めているもので、主聖堂の「カトリコン」に収められている。

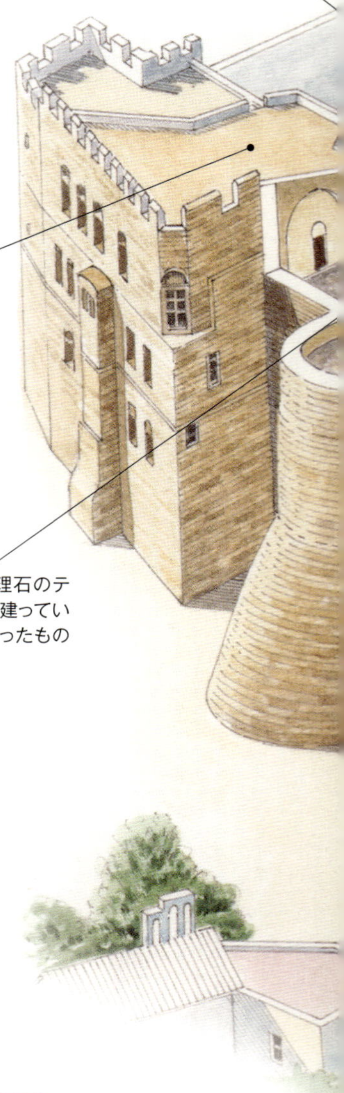

厨房

修道士の食堂
この部屋には2脚の大理石のテーブルがある。この地に建っていたアルテミス神殿にあったものである。

▼ ホーラの村を見おろす聖ヨハネ修道院

▼ 聖十字礼拝堂

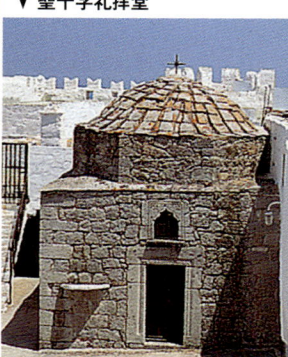

● 聖ヨハネと聖なる洞窟

聖ヨハネ修道院近くの聖アンナ教会内に、**黙示録の洞窟**がある。聖ヨハネが、新約聖書の「黙示録」を書くきっかけとなる、神の怒りの啓示を受けたを見たのがこの場所だ。洞窟には、聖ヨハネが啓示を弟子のプロコロスに書き取らせた岩と、毎夜この聖人が頭をのせて休んだというくぼみがある。さらに、そこから神の声がヨハネに語りかけたとされる岩の裂け目も見える。洞窟には12世紀の壁画と、1596年にクレタ島の画家トマス・ヴァタスが描いた、聖ヨハネとクリストドゥロスのイコンもある。

● 聖クリストドゥロス

キリスト教の修道士クリストドゥロス(神のしもべ)は1020年頃小アジアで生まれ、その生涯の大半を、ギリシアの島々での修道院建造に費やした。クリストドゥロスは、東ローマ帝国皇帝アレクシオス1世コムネノス(在位1081-1118年)から、パトモス島に使徒への奉納神殿を建造する許しをもらった。しかし、聖ヨハネ修道院の礎石を置いたものの、完成を待たず1093年に亡くなった。パトモス島では毎年3月16日と10月21日に、クリストドゥロスを記念する祭が行われる。

● 資料館

図書室としても知られる**資料館**は、神学に関するものやビザンティン様式の工芸品など、重要な品々を大量に所蔵する。中央の部屋には石柱が支える漆喰のアーチがあり、そこから宗教用工芸品が展示されている部屋に入る。展示室では、貴重なイコンや、祭服やカリス、聖体降福式の十字架をはじめとする、神聖な美術品を見ることができる。壁に造りつけた床から天井までとどく書架には、多くは羊皮紙に書かれた、宗教に関する写本や伝記資料などが並んでいる。写本には「ヨブ記」や聖ゲオルギウスの説教、紫の写本(Purple Codex)などがある。また14世紀の書には、「四福音書」と題され福音書記者の肖像が描かれている。資料館にはさらに、15世紀から18世紀に造られた刺繍を施した司教座やモザイク、17世紀の美しい調度類も置かれている。また、過去の司教がまとった衣類も展示され、なかには金糸が織り込まれたものもある。

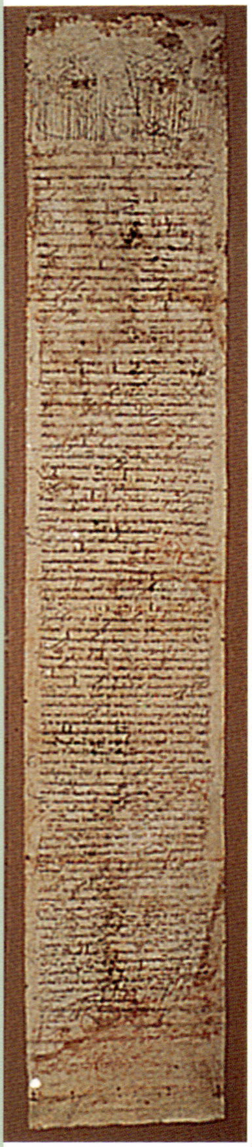

ギリシア 141

石の船
パトモス島のすぐそばに、船が転覆したような形の岩がある。パトモス島に接近する海賊船を見つけたクリストドゥロスが、神学者聖ヨハネのイコンを探してそれを船に向けると、海賊船が石に変わったのだといわれている。

クリストドゥロス礼拝堂
聖クリストドゥロスの墓と銀の聖骨箱が置かれている。

内庭

洗礼者聖ヨハネ礼拝堂

聖十字礼拝堂
修道院に10ある礼拝堂のひとつ。教会法により、ひとつの礼拝堂で1日に複数回のミサが禁止されたために建造された。

金印勅書
資料館にある1088年の巻物は修道院の創設許可証文であり、東ローマ帝国皇帝アレクシオス1世コムネノスの金の封印がある。

資料館
200あまりのイコンや300個の銀器、目のくらむような宝石のコレクションが収められている。

中央中庭
18世紀作の聖ヨハネのフレスコ画がカトリコンの外部拝廊を飾る。そのアーケードも中庭の景観に組み込まれている。

聖使徒礼拝堂
修道院の門のすぐ外に位置する。

聖ヨハネのイコン

略年譜

1088年
聖ヨハネ修道院が建造され、外部を厳重に要塞化する。

1999年
聖ヨハネ修道院と黙示録の洞窟がユネスコの世界遺産に登録される。

正面入り口
17世紀の玄関口は小石を敷いた中央中庭に続く。壁には襲撃者に煮えたぎった油を注ぐための細い穴が開けられている。

洗足式
パトモス島で行われる正教会のイースターの祝いは、ギリシアでも非常に重要な儀式だ。洗足木曜日には、何百人もの人々が洗足式を見にホーラを訪れる。キリストが最後の晩餐の前に弟子の足を洗った場面を再現し、聖ヨハネの大修道院長が、12人の修道士の足を観衆の前で洗う。これは、かつては東ローマ帝国皇帝が謙遜の行為として行う儀式だった。

弟子の足を洗うキリストを描いた刺繍

騎士団長の宮殿 [ロードス島]

この城塞都市のなかの要塞は、1309年から1522年までロードス島に拠点を置いたロードス騎士団が14世紀に建造した。ここは19人の騎士団長が座した宮殿であると同時にコラシウム(騎士団居住区)の中枢であり、また危機のさいには、ロードス島住民の最後の避難の場でもあった。1856年に爆発事故で崩壊し、20世紀初頭に、ムッソリーニとイタリア王ヴィットリオ・エマヌエレ3世の住居としてイタリアが修復した。宮殿にはコス島の遺跡で出土した貴重なモザイクが数点あり、部屋の一部にはそのモザイクにちなんだ名がついている。ここでは古代と中世のロードス島に関する展示を見ることもできる。

▲ **メドゥーサの部屋**
この重要な後期ヘレニズム様式のモザイク画の中央には、神話に出てくるゴルゴンのメドゥーサが描かれ、その髪にはヘビがうねる。この部屋には中国とイスラムの壺もある。

宮殿内の金箔張りの天使のロウソク立て

列柱の間
紀元5世紀の初期キリスト教時代のモザイク画がこの部屋の床を飾る。ふたつの優雅な列柱が屋根を支える。

中庭

狭間胸壁
街の城壁が破られたさいの最後の防御線として、宮殿は厳重に要塞化されていた。

テュルソスの部屋

古代ロードス島の展示へ

第2アーチ天井の部屋
総督の執務室として使われたこの部屋は、複雑な模様のモザイクで装飾されている。モザイクは紀元5世紀のコス島のもの。

第1アーチ天井の部屋

メドゥーサの部屋

ラオコーンの部屋
この部屋の目玉は、トロイの祭司ラオコーンとそのふたりの息子の死を描いた、有名な「ラオコーン」の彫像群の複製だ。ロードス島の芸術家アテノドロス、アゲサンドラ、ポリュドロスが紀元1世紀に制作した原物は、ローマのヴァチカン美術館に収蔵されている。

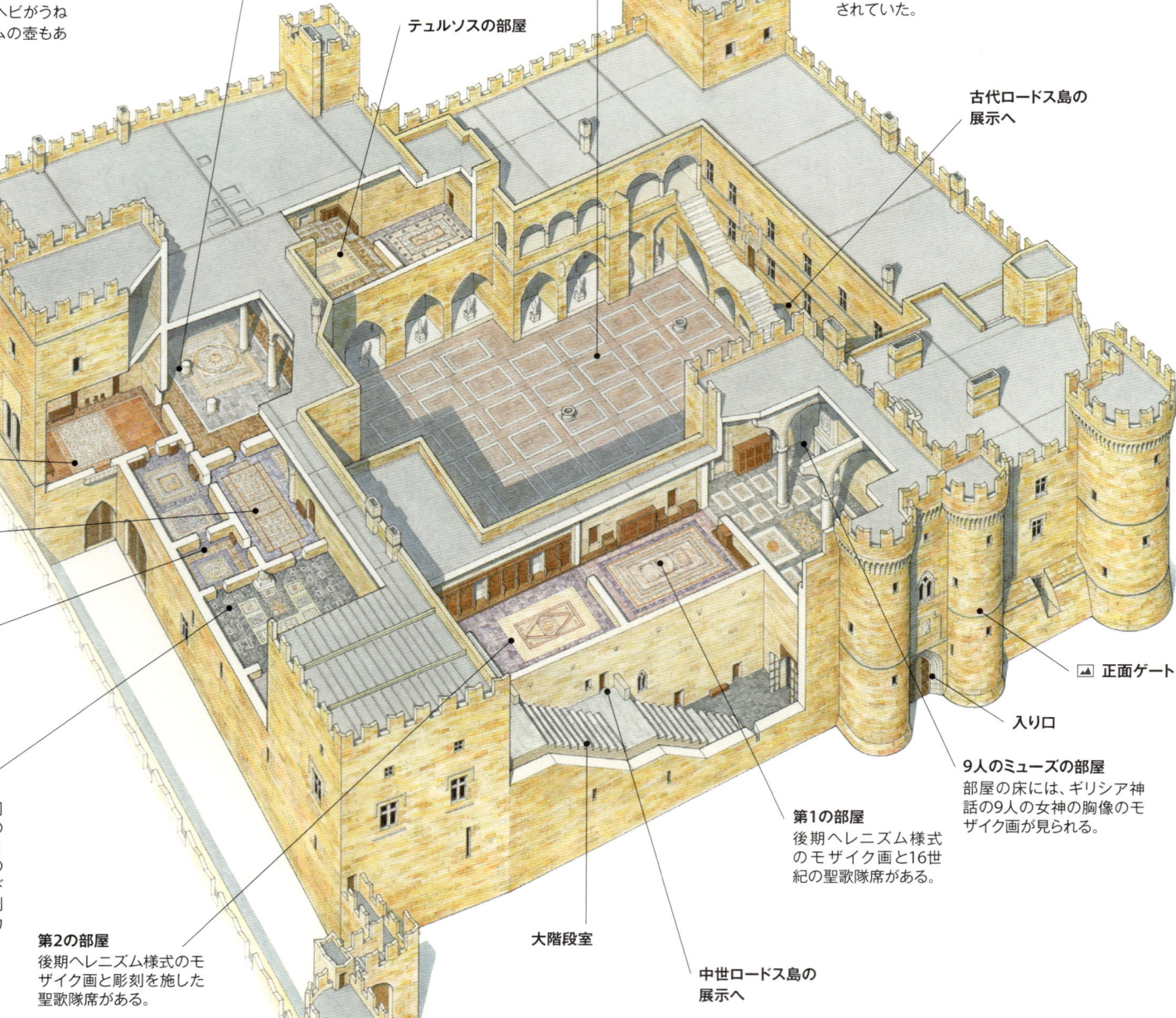

第2の部屋
後期ヘレニズム様式のモザイク画と彫刻を施した聖歌隊席がある。

大階段室

第1の部屋
後期ヘレニズム様式のモザイク画と16世紀の聖歌隊席がある。

中世ロードス島の展示へ

9人のミューズの部屋
部屋の床には、ギリシア神話の9人の女神の胸像のモザイク画が見られる。

正面ゲート

入り口

ギリシア

騎士団
ヨーロッパ全土からローマ・カトリック信者の高貴な家の男性が集まり、聖ヨハネ騎士団にくわわった。しかし、騎士の数が600人を超えた時期はなかった。騎士団に入団した者は、貞潔、服従、清貧の誓いを立てた。

正面ゲート ▶
この堂々たる門は騎士団が建造したもので、燕尾型小塔のあるふたつの馬蹄型の塔をもつ。紋章は1319-46年にここを治めた騎士団長デル・ヴィルヌーヴのものだ。

初代騎士団長
フランス人騎士フルク・ド・ヴィラレ（1305-19年）は初代騎士団長である。ドデカネス諸島を治めていたヴィニョーロ・デ・ヴィニョーリ提督と交渉して1306年にロードス島を購入し、それ以降騎士団が島を治めることになった。騎士団はロードス騎士団と呼ばれるようになり、1522年に撤退するまでこの島にとどまった。ロードス産の白ワインにヴィラレの名は残っている。

フルク・ド・ヴィラレ

▼ 狭間胸壁

中庭 ▶
コス島のオデオンから運んだヘレニズム様式の像が並ぶ。北側には幾何学模様の大理石タイルがはめ込まれている。

騎士団（イポトン）通り ▶
小石が埋め込まれた中世の通りは宮殿に続く。この通りに沿って、騎士団が造った重要な公共施設や個人の家々が建っている。

▲ 列柱の間

▲ ラオコーンの部屋

略年譜
1300年代	1856年	1937-40年	1988年
騎士団長の宮殿がロードス騎士団によって建造される。	宮殿が偶発的な火薬の爆発で損壊する。	建物がイタリア人建築家ヴィットリオ・メストリノによって修復される。	騎士団長の宮殿を含むロードス島の中世都市がユネスコの世界遺産に登録される。

●モザイクの床とコス島出土の像
宮殿の修復中に、ヘレニズム、ローマ、初期キリスト教時代の美しいモザイクが近くのコス島の建物から運ばれ、**列柱の間**や**メドゥーサの部屋**など、宮殿の床を再建するのに使われた。**中庭**に置かれた堂々とした像もコス島のものであり、ヘレニズム、ローマ時代にさかのぼる作品だ。

●ロードス騎士団
11世紀にアマルフィの商人が創設した聖ヨハネ（救護団員）騎士団は、エルサレムの聖墳墓を警護し、キリスト教徒の巡礼者を護った。騎士団は第1回十字軍遠征（1096-9年）後に軍事組織化したが、1291年にエルサレムがムスリムのマムルーク軍の手に落ちると、キプロスに避難した。その後ジェノヴァ市民からロードス島を買い取って、1309年にここを本拠とした。騎士団長は選出されると生涯にわたって騎士団を治める。騎士団は、フランス、イタリア、イギリス、ドイツ、アラゴン、カスティーリャ、プロヴァンスおよびオーヴェルニュという8つの言語あるいは国に分かれ、それぞれが、カーテンと呼ばれた城壁の一区域の防衛を分担した。騎士団は、ギリシアのドデカネス諸島の30もの城塞をはじめとする、中世のすばらしい軍事建築を残している。

●展示
古代ロードス島の展示は、宮殿北翼の**中庭**のはずれで見ることができる。すばらしいコレクションは45年にわたる島の考古学調査のたまものだ。ロードス島にあるトリアンダのミノス文明の遺跡から発掘された壺や装飾用の小立像は、先史時代から都市が建設された紀元前408-7年までの品々だ。また宝石や陶器のほか、カミロス、リンドス、イアリソスの墓地の墓石が展示されており、こちらは紀元前8世紀と紀元前9世紀のものだ。南翼と西翼には大規模な**中世ロードス島の展示**があり、紀元4世紀から、この町がオスマントルコに占領された1522年までをあつかう。ビザンティン様式のイコンや、イタリア、スペイン産の陶磁器、武器や戦争を記念する品々に、東ローマ帝国統治期と中世に、ロードス島で営まれていた日常生活と貿易を垣間見ることができる。

トプカプ宮殿 [イスタンブール]

400年以上にもわたりオスマン帝国スルタンの公邸だった壮大なトプカプ宮殿は、メフメト2世が、コンスタンティノープル(現インスタンブール)占領直後の1459年から1465年にかけて建造した。ここはひとつの建物ではなく、4つの巨大な内庭に置かれた建築群だ。遊牧民であるオスマン帝国の人々が元来住んだテントの露営地を、石造りにしたものだといえる。当初ここには政庁が置かれ、役人と兵士が訓練を受ける学校があった。しかし政府の機能は16世紀にイスタンブールの大宰相府に移り、さらにスルタンのアブデュル=メジッド1世は、ドルマバフチェ宮殿を好んで1853年にトプカプを去った。スルタン制度が廃止された2年後の1924年に、宮殿は博物館として一般公開された。

宝物館にある宝石がちりばめられた水差し(7世紀)

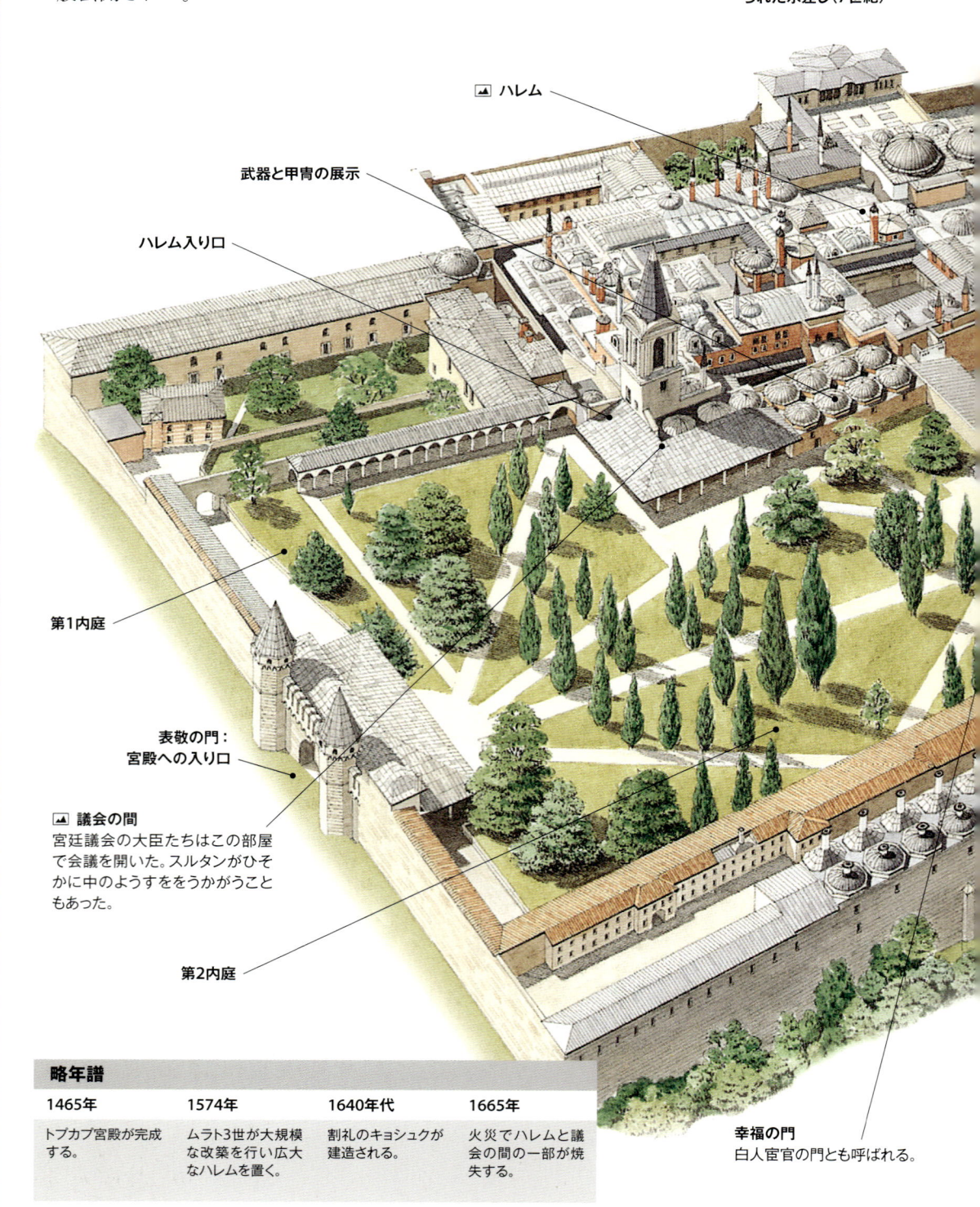

● ハレムの生活

「ハレム」とは「禁断」という意味のアラビア語から生まれた言葉だ。ここはスルタンの妻、愛人、子どもたち、母親(一番権力をもった女性)の住居であり、奴隷の黒人宦官たちが護っていた。宦官以外では、スルタンと息子たちだけがハレムに入ることを許される男性だった。愛人は、オスマン帝国全土とその外から集められた奴隷であり、スルタンの寵愛を受け、息子を生むのがその役目だった。競争は厳しく、ハレムには多いときで1000人以上もの女性がいた。トプカプ宮殿のハレムは、16世紀にムラト3世が置いたものだ。最後まで残っていた女性たちがここを去ったのは、1909年のことだった。

● メフメト2世

1453年に、戦略的要衝であるコンスタンティノープルを東ローマ帝国から奪取したことは、メフメト2世最大の功績にあげられる。これがオスマン帝国発展の転機となったのである。メフメト(1423-81年)はムラト2世と奴隷女性の間に生まれた。「征服王」と呼ばれるようになるが、これはコンスタンティノープルを奪ったばかりでなく、バルカン半島、ハンガリー、クリミア半島その他の戦いでも勝利したからだ。スルタンとしての30年間にメフメトは新しい首都を建設し、政府を再編し、法律を体系化して、数学と天文学に秀でた大学を創設した。

● 宮殿のコレクション

宮殿内には、オスマン帝国のスルタンたちが、470年におよぶ治世において収集した宝物が展示されている。外交で贈られた品や宮殿の職人に命じて作らせたもの、また、戦争からもち帰った戦利品も多数ある。厨房には、宮殿内の1万2000人分もの食事をまかなった大がまや調理器具、そして絹の道を通って運ばれてきた中国の磁器製品が置かれている。宝物館には何千という貴石や半貴石が収められ、なかでも宝石がはめこまれた「トプカプの短刀」(1741年)と86カラットの「スプーン職人のダイヤモンド」は珠玉の品だ。遠征軍の宿舎に展示された宮廷の衣装のなかには、メフメト2世の豪奢な絹のカフタンもある。聖なる外套の間には、預言者ムハンマドがまとったマントなど、イスラム世界でもきわめて神聖な聖遺物が数点収められている。

- ハレム
- 武器と甲冑の展示
- ハレム入り口
- 第1内庭
- 表敬の門:宮殿への入り口
- 議会の間
  宮廷議会の大臣たちはこの部屋で会議を開いた。スルタンがひそかに中のようすをうかがうこともあった。
- 第2内庭
- 幸福の門
  白人宦官の門とも呼ばれる。

略年譜

1465年	1574年	1640年代	1665年
トプカプ宮殿が完成する。	ムラト3世が大規模な改築を行い広大なハレムを置く。	割礼のキョシュクが建造される。	火災でハレムと議会の間の一部が焼失する。

トルコ 145

鳥かご
スルタンの座についた者は、後継者争いが起きないように自分の兄弟の処刑を命じた。17世紀以降になると、スルタンの兄弟たちは命こそ奪われなかったものの、ハレム内の「鳥かご」と呼ばれる部屋に幽閉されたことはよく知られている。

▲ イフタリエのキョシュク
1720年、スルタンのアフメト3世は、この黄金の屋根のキョシュクで息子たちの割礼の祝いを設け、おもしろい見世物を披露した者に金貨を与えた。

◀ ハレム
非常に美しい部屋が迷路のように置かれ、スルタンの妻や愛人たちが暮らした。

▼ 議会の間

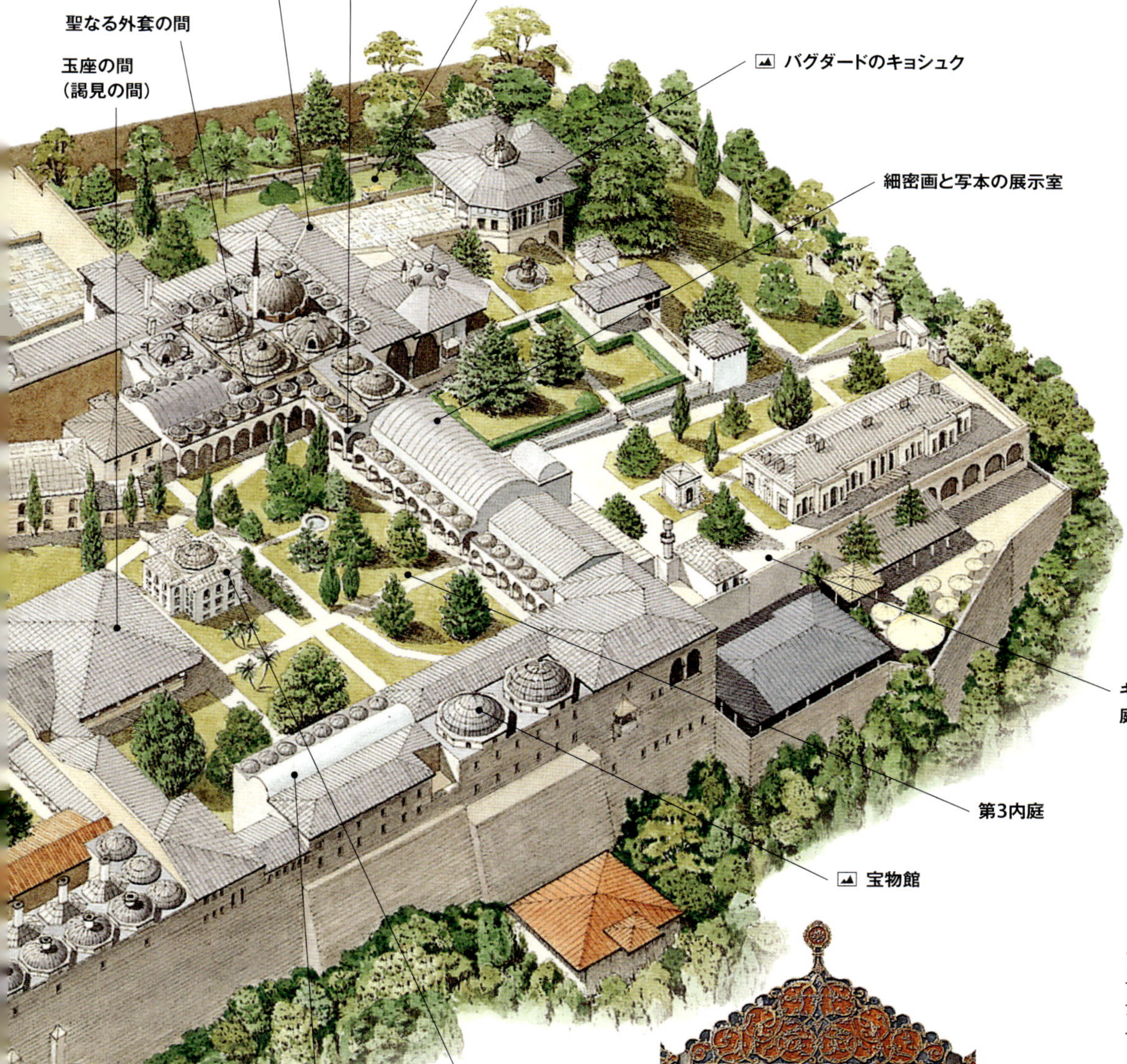

- 割礼のキョシュク
- 時計展示室
- 聖なる外套の間
- 玉座の間（謁見の間）
- バグダードのキョシュク
- 細密画と写本の展示室
- キョシュクが点在する庭園が連なる第4内庭
- 第3内庭
- 宝物館
- 遠征軍の宿舎
- 厨房
  現在は陶磁器やガラス、銀食器が展示されている。

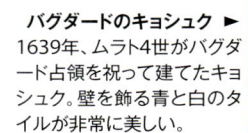

アフメト3世の図書館 ▶
1719年建造の図書館は優雅な大理石造りの建物。装飾用の泉水が正面入り口下の壁に配置されている。

バグダードのキョシュク ▶
1639年、ムラト4世がバグダード占領を祝って建てたキョシュク。壁を飾る青と白のタイルが非常に美しい。

スレイマン1世のトゥグラ（署名）▶

娯楽を行うのに使われたハレムのスルタンの間 ▶

イスタンブール、アヤソフィアの荘厳な内観

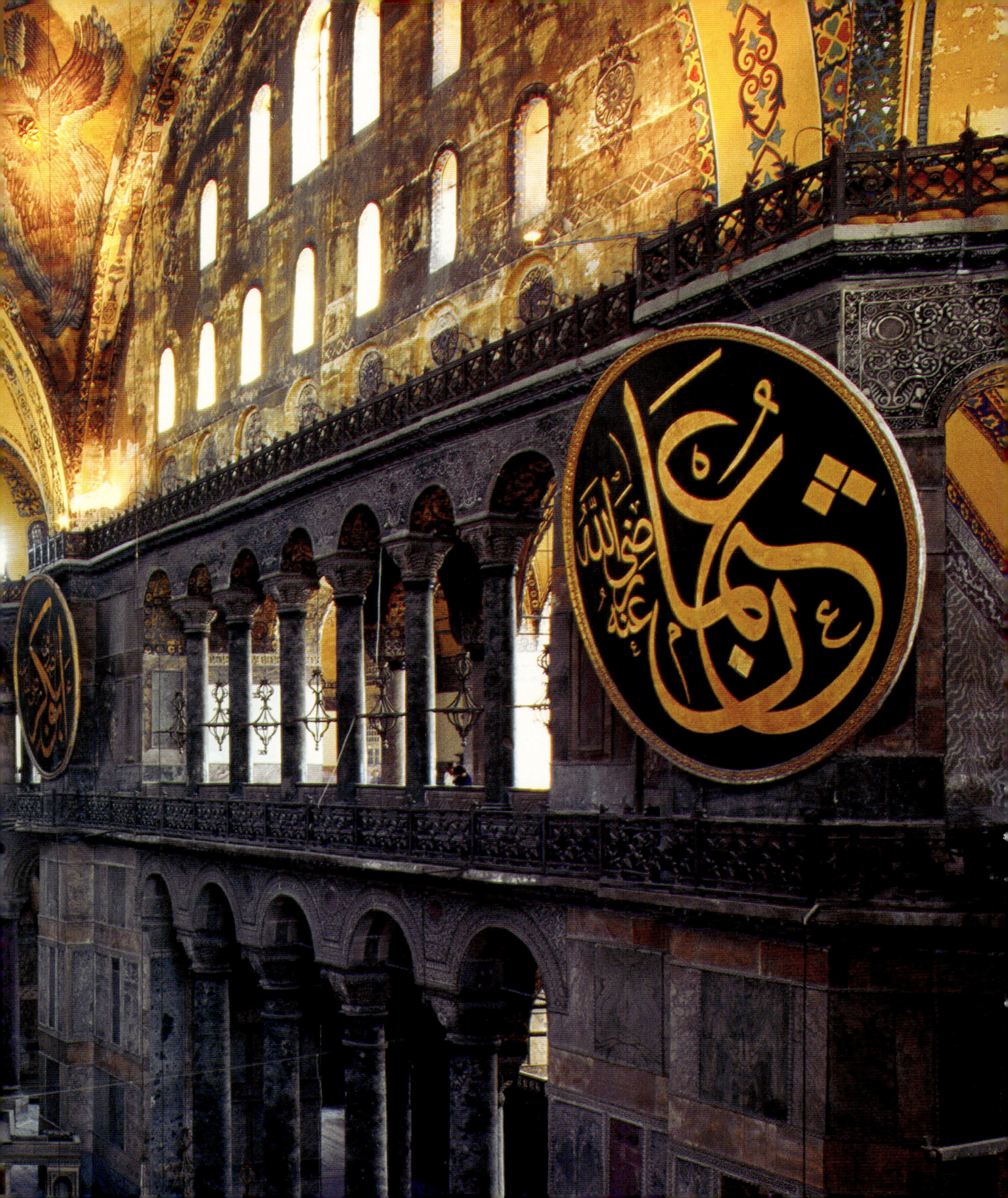
عثمان رضي الله عنه

ヨーロッパ

アヤソフィア ［イスタンブール］

19世紀半ばのアヤソフィアの絵

「聖なる叡智の教会」アヤソフィアは、建築史に残る最高傑作にあげられる。1400年以上の歴史を誇るこの建物は、6世紀のコンスタンティノープルの洗練された文化を証明するものであり、何百年にもわたり、そのあとに続く建築物に大きな影響をおよぼした。それ以前にふたつあった教会の上に巨大な聖堂が建造され、東ローマ帝国皇帝ユスティニアヌス1世が、537年に完成させた。15世紀にはオスマン帝国がモスクに変えており、ミナレットと墓や泉水はこの時代にくわわったものだ。建物の大きな重量を支えるために外部にはさまざまな形でバトレスが取りつけられているが、その一部は本来の姿が判別できなくなっている。

◉1階
アヤソフィアに足を踏み入れると、この世のものとは思えないような気分に襲われる。ひときわ目を引くのがビザンティン様式の**モザイク画**であり、多くは9世紀かそれ以降のものだ。1453年にイスタンブールを奪った後に、オスマン帝国のスルタンたちが手をくわえた箇所は、1階部分でも異彩を放っている。このとき教会はモスクに変えられ、メッカの方向を示す壁龕「**ミフラーブ**」や、イマーム（導師）の説教壇「**ミンバル**」、スルタンがひとり静かに祈る場である**スルタンのロージュ**（特別席）、イマームがコーランを朗読するさいに用いる説教席の**キュルシュ**などが置かれた。

◉壁上部とドームのモザイク画
後陣を埋める、幼子イエスを膝に抱く聖母の巨大なモザイク画は、見る者を圧倒する。ほかにもふたつ、867年に完成した大天使ガブリエルとミカエルを描いたモザイクがあるが、ミカエルのものは一部しか残っていない。北ティンパヌムの壁を飾るのは、小イグナティオス、ヨハネ・クリソストム、イグナティオス・テオフォロスといった聖人たちの肖像画だ。ドーム基部の壁には6枚の翼をもつ天使、セラビムのモザイクがある。**カリグラフィー**が描かれた円形文字盤を掲げ、コーランの題辞も飾られたドームは、かつては黄金のモザイクタイルでおおわれていた。

◉ビザンティン様式
皇帝コンスタンティヌス1世（在位306-37年）は、ビザンティウムに首都を置きそこをコンスタンティノープルと改名すると、新しい帝都建設のために芸術家や建築家、職人を呼び寄せた。その多くはローマ出身で初期キリスト教様式を携えており、これに東方の影響がくわわって、独特なビザンティン様式が発展した。縦長だった教会は、アヤソフィアのように集中式で、東側に後陣をもつ3廊式のものになった。天使や大天使、聖人を厳密なヒエラルキーで描いたモザイクが内部を埋めつくし、ドームのひとつには聖母が描かれる。人物は大きな突き刺すような目をして前を向き、背景は金色だ。彫刻を用いる場合は、彫像ではなく小ぶりなレリーフの装飾が施された。ビザンティン様式の職人たちは洗練された金属細工の技術ももち、銀の象眼を施した青銅製の教会扉を制作した。

すすり泣く柱
1階北西の端にある奇跡者聖グレゴリーの柱に人々は引き寄せられる。真鍮でおおったこの柱から出る湿気には、癒しの力があると信じられている。

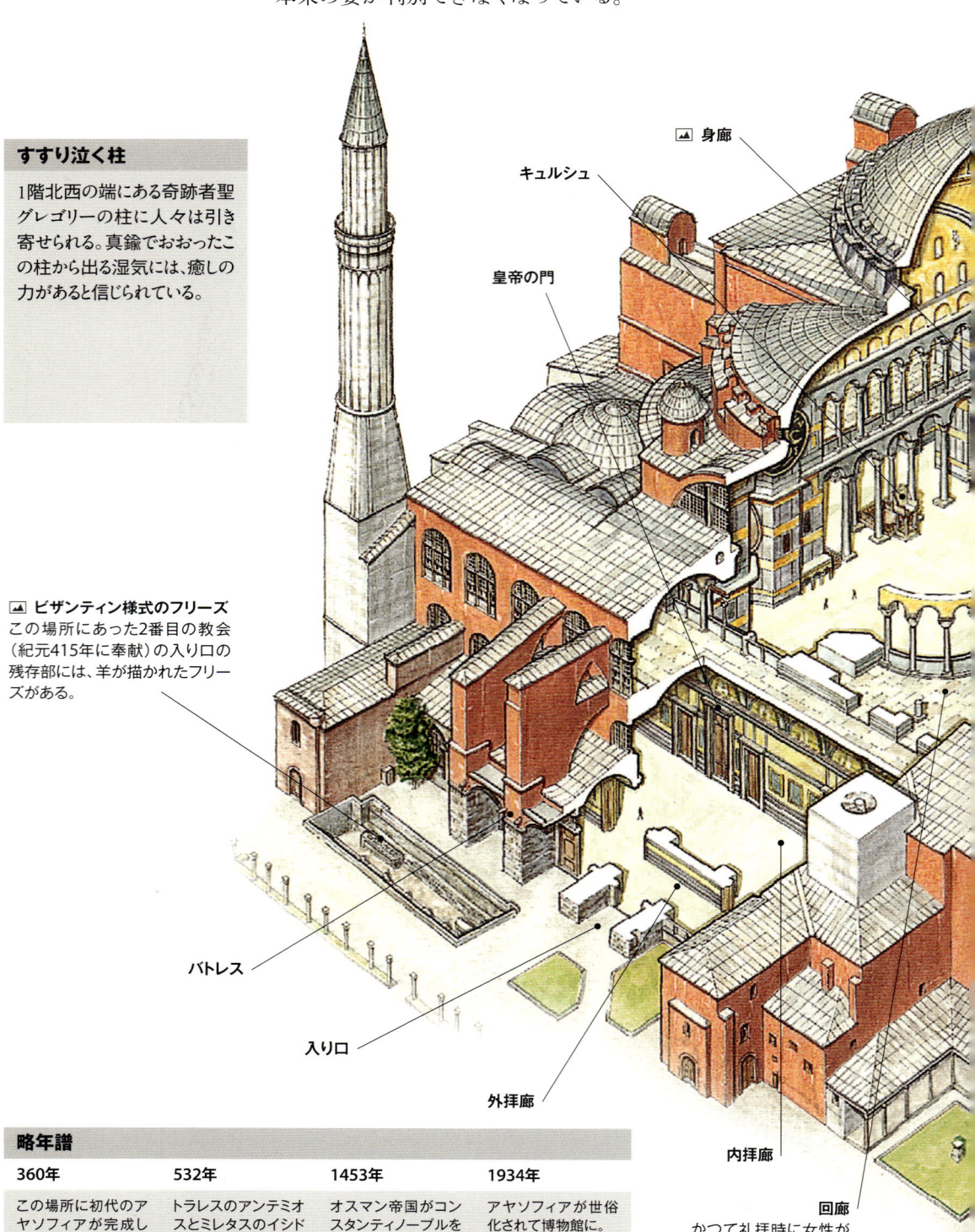

🖼 ビザンティン様式のフリーズ
この場所にあった2番目の教会（紀元415年に奉献）の入り口の残存部には、羊が描かれたフリーズがある。

身廊
キュルシュ
皇帝の門
バトレス
入り口
外拝廊
内拝廊
回廊 — かつて礼拝時に女性が使用した場所。

略年譜

360年	532年	1453年	1934年
この場所に初代のアヤソフィアが完成した。415年にこれにより大きな教会が建造されるが、532年に焼失する。	トラレスのアンテミオスとミレタスのイシドロスが新しい教会の建設を命じられる。	オスマン帝国がコンスタンティノープルを占領し、アヤソフィアをモスクに転用する。	アヤソフィアが世俗化されて博物館に。

トルコ 149

モザイク画▶
南回廊の端にも荘厳なビザンティン様式モザイクがある。キリストが皇帝コンスタンティヌス9世とその妻の女帝ゾエをそばに従えている構図。

▲セリム2世の霊廟

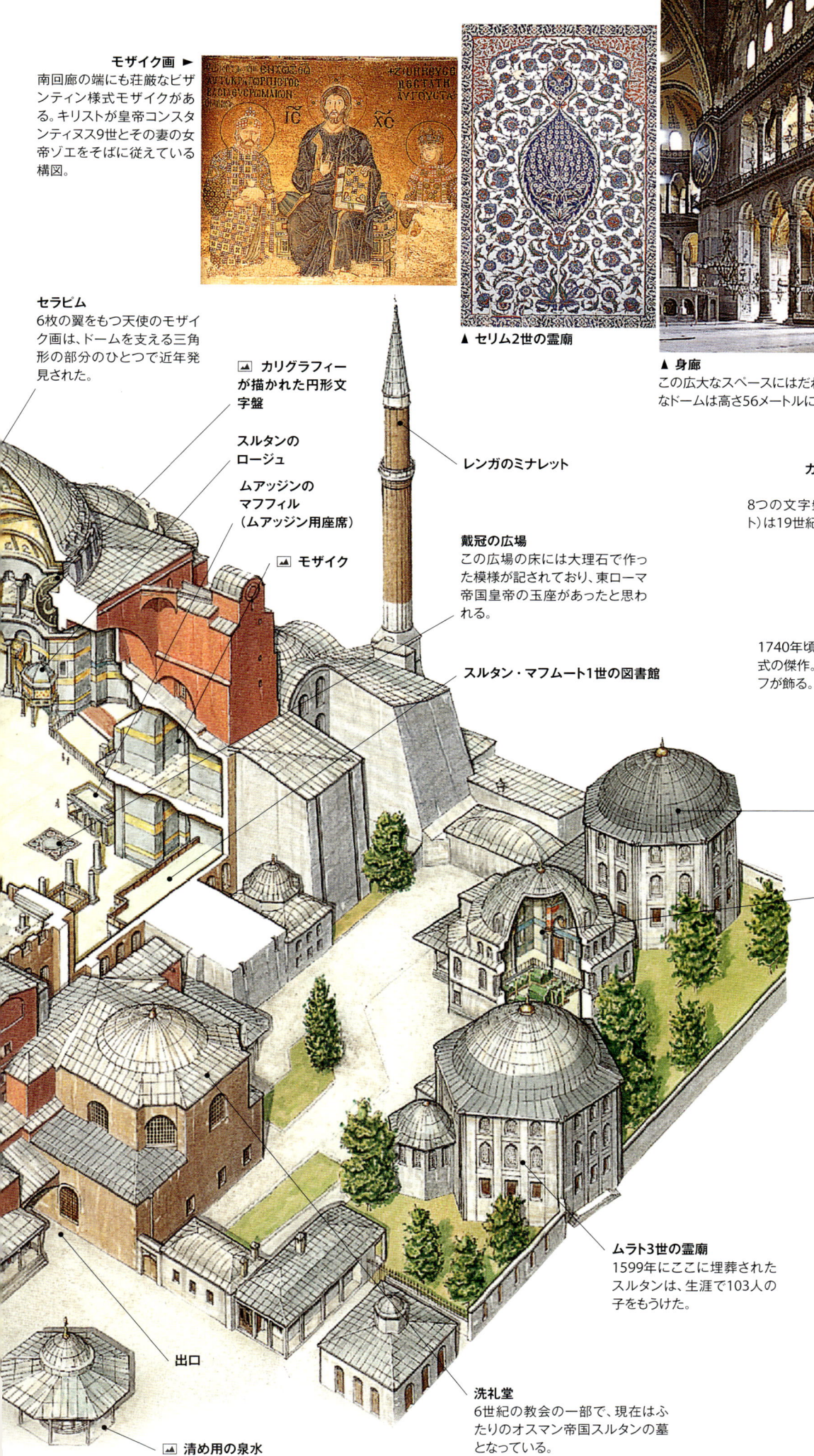

▲身廊
この広大なスペースにはだれもが圧倒される。巨大なドームは高さ56メートルにも達する。

セラビム
6枚の翼をもつ天使のモザイク画は、ドームを支える三角形の部分のひとつで近年発見された。

カリグラフィーが描かれた円形文字盤

スルタンのロージュ

ムアッジンのマフフィル（ムアッジン用座席）

モザイク

レンガのミナレット

カリグラフィーが描かれた円形文字盤▶
8つの文字盤（彩色した木のプレート）は19世紀にくわわったもの。

戴冠の広場
この広場の床には大理石で作った模様が記されており、東ローマ帝国皇帝の玉座があったと思われる。

スルタン・マフムート1世の図書館

清め用の泉水▶
1740年頃建造のトルコ・ロココ様式の傑作。広がる屋根を花のレリーフが飾る。

メフメト3世の霊廟

セリム2世の霊廟
3つある霊廟のうち最古のもので、スレイマン1世に仕えた宮廷建築家のシナンが設計し1577年に完成。内部は全体をイズニック・タイルがおおっており大変豪奢だ。

▲ビザンティン様式のフリーズ

ムラト3世の霊廟
1599年にここに埋葬されたスルタンは、生涯で103人の子をもうけた。

洗礼堂
6世紀の教会の一部で、現在はふたりのオスマン帝国スルタンの墓となっている。

出口

▲清め用の泉水

アヤソフィアの古い平面図

最初にこの敷地に建てられた4世紀の教会はなにも残っていないが、2番目の5世紀の教会は、532年に火災で焼失したものの、痕跡はある。そして3番目のアヤソフィアは地震で大きな被害を受けた。現在の建物は、補強と増築を繰り返してきたものだ。

注
- 5世紀の教会
- 6世紀の教会
- オスマン帝国による増築部分

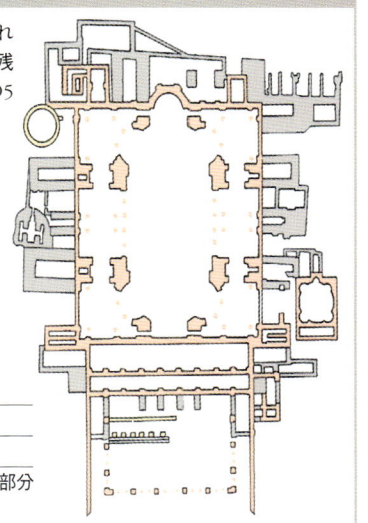

エフェソス

世界でもきわめて保存状態のよい古代都市のひとつであるエフェソスでは、すばらしい古典主義(古典主義、p.137参照)の建築を見ることができる。この地に初めてギリシアの都市が建設されたのは紀元前1000年頃であり、まもなく小アジアの大地母神であるキュベレ信仰の中心として栄えた。今日私たちが目にしているのは、アレクサンダー大王の後継者であるリュシマコスが、紀元前4世紀に建設した都市だ。しかしエフェソスがエーゲ海の主要港となったのはローマ時代であり、現存する建築物の大半はこの時代のものである。港が沈泥で浅くなると都市は斜陽化したものの、キリスト教の普及には重要な役割を果たした。聖母がこの付近で晩年を過ごし、福音書記者聖ヨハネがその世話をしたと伝えられており、また初期教会の公会議が紀元431年と449年の2度、この地で開催された。

エフェソス博物館のアルテミス像

●聖母マリア教会

エフェソスの遺跡の入り口付近には、キリスト教の発展においてひときわ重要な位置を占める聖母マリア教会があり、聖母マリアに献じた世界初の教会だとされている。紀元431年、公会議が、聖母マリアの子イエスは神の子であると認めたのは、この教会においてである。ローマ時代には倉庫として使われ、細長い建物は改築を繰り返えされて、司祭の修養所となった時代もある。4世紀には中央身廊とふたつの側廊をもつバシリカ式教会となり、のちに東の壁に後陣が造られ、教会の西側には、中央に洗礼槽がある円形の洗礼堂が建てられた。6世紀以降には、後陣ともとからある教会入り口の間に、ドーム型礼拝堂などが増築された。

●エフェソス博物館

エフェソスの遺跡発掘場から3キロメートルの、セルチュクにある考古学博物館は、トルコでもっとも重要な博物館のひとつだ。第二次世界大戦以降にエフェソスで発掘された、すばらしい工芸品を多数所蔵している。ギリシアの貞節、狩猟、月の女神アルテミスに関する展示だけが置かれた部屋もある。ほかには、大理石や青銅製の像、古代のフレスコ画や壁画、宝石、ミケーネ文化の壺、金貨、銀貨、コリント式の柱頭、墓、青銅や象牙のフリーズ、そして**ドミティアヌス神殿**の祭壇などを見ることができる。

●リュシマコス将軍

紀元前323年のアレクサンダー大王の死後、エフェソスが属するマケドニア帝国は将軍たちによって分割され、リュシマコス将軍(紀元前360-281年)はトラキアを任された。リュシマコスがまもなくこれに小アジアをくわえ、紀元前286年にはエフェソスを手に入れたことで、この都市の新しい時代が始まった。エフェソスはすでに戦略上重要な貿易港だったものの、海岸線が後退し港は沈泥で浅くなったために、活気を失い始めていた。リュシマコスはまず港を浚渫した。さらに街を現在の場所に移して巨大な壁で要塞化し、(短期間ではあったが) 3番目の妻の名にちなんでアルシノエという新しい名をつけた。まもなくエフェソスの人口は増加し、街が栄え始めたのである。

▼ 列柱のある通り

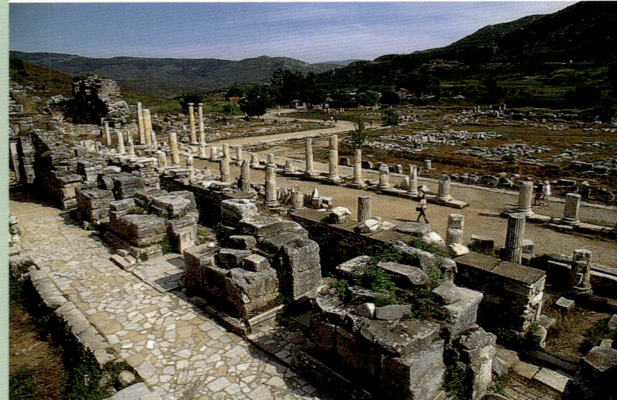

▲ 個人の住宅
ハドリアヌス神殿の向かいにある家々の壁画を見れば、裕福な人々の住居であることがわかる。

◀ ハドリアヌス神殿

▼ セルシウス図書館

▼ ヘラクレスの門
クレテス通りに入る門は、ライオンの皮をまとったヘラクレスのレリーフがふたつあることからこう呼ばれる。本来は2階建てで、紀元4世紀のものだと考えられている。巨大な中央アーチがあり、アーチ上には翼のある勝利の女神が置かれていた。クレテス通りには著名な市民の像が並んでいた。

トルコ 151

↖ 聖母マリア教会へ

商業地アゴラ
ここは街の中心的な市場だった。広場の4面のうち3面は店が並ぶ柱廊に囲まれていた。

スケーネ
舞台には手のこんだ装飾が施されている。

セルシウス図書館
紀元114-7年に、執政官ガイウス・ユリウス・アクィラが父親のために建造した。ゴート族に襲われ、その後も紀元1000年の地震によって損傷を受けた。前面の壁龕には、ソフィア（智慧）、アレーテ（徳）、エンノイア（思考と思念）、エピステーメ（知識）の像が並ぶ。

劇場
ヘレニズム時代に、ピオン山の山肌に彫りこんで造った演劇用の建物。のちにローマ人が手をくわえ、剣闘士の試合も行われるようになった。

大理石通り
この短い通り沿いにはかつては円柱が並び、巨大なふぞろいの大理石ブロックで舗装されていた。

聖母マリアの家
聖書では、イエスは自分の死後、母を福音書記者聖ヨハネに託したとされている。ヨハネは紀元37年にエフェソスにマリアを伴い、マリアは晩年をこの地の質素な石の家で過ごした。「聖母マリアの家」は、エフェソスの中心部から8キロメートルのメリエマナにある。聖母マリアの家に置かれたマリアの礼拝堂は、キリスト教徒とイスラム教徒の崇拝を受け、とくに8月15日（聖母被昇天の祝日）付近には巡礼の人々が訪れる。

売春宿
ギリシアの豊穣の神プリアプスの像が置かれていた。

ハドリアヌス神殿
紀元123年のハドリアヌス帝のエフェソス訪問を記念して建造された。ファサードの大理石レリーフは神話の神や女神を題材とする。

魚と雄豚
アンドロクロスは、どこに都市を建設すればよいかデルフォイの神託を頼ったといわれている。「魚と雄豚がその場所を示すであろう」というのがその答えだった。アンドロクロスがエーゲ海を渡り、海岸に降りて魚を調理していると、やぶに火が移って1匹の雄豚が走り出してきた。その場所に建てられたのがエフェソスである。

ヘラクレスの門

聖母マリアの家

個人の住宅

オデオン
屋根つきの小さな劇場は紀元150年の建造。会議やコンサートに使用された。

ドミティアヌス神殿
1世紀の建造。エフェソス初の、皇帝に献じた神殿である。

列柱のある通り
イオニア式とコリント式の円柱が並ぶこの通りは、ヴァリウスの浴場からドミティアヌス神殿まで続く。

◀ 劇場

ヴァリウスの浴場

略年譜

紀元前1000年	紀元前133年	4世紀	1869年
アテネのコドロス王の息子アンドロクロスによってエフェソスの街が建設される。	エフェソスがローマの支配下に置かれ、アジア属州の首都となる。	沈泥で港が浅くなって貿易量は減少し、街が斜陽化する。	エフェソスの発掘が始まる。作業は現在も続いている。

エジプト、アブ・シンベルのハトホル神殿にある
女王ネフェルタリとラムセス2世の巨像

アフリカ
Africa

ハッサン2世モスク ［カサブランカ］

2万5000人を収容可能な礼拝の間をもつハッサン2世モスクは、メッカのモスクに次ぎ世界で2番目に大きい宗教建築だ。9000平方メートルにもおよぶ施設の3分の2は海上にある。高さ200メートルのミナレットにはイスラム教の灯台の役目もあり、メッカの方角に2本のレーザーが放たれ30キロメートル先までとどいている。設計はミッシェル・パンゾーが手がけ、3万5000人もの職人が建設に携わった。漆喰彫刻やゼリージュのモザイクタイルを施し、シーダー材の天井には絵画が描かれ、大理石やオニックス、トラバーチンでおおわれたモスクは、モロッコの高度な建築技術の集大成である。

アフリカ

●ハッサン2世

ムーレイ・ハッサンは父親の死去に伴い、1961年にモロッコ国王に即位した。政治的手腕のあるハッサンは自由化政策と抑圧政策とを使い分け、1962年にモロッコ初の憲法を導入し、1963年には議会選挙を実施したが、改革への道のりは険しかった。1975年にスペインが鉱物資源に富む西サハラから撤退すると、ハッサンは「緑の行進」を開始した。35万のモロッコ国民が国境を越えて、西サハラはモロッコの領土であると主張したのだ。スペインは領有権の移譲に同意したものの、アルジェリアが支援するポリサリオ戦線のゲリラが激しい独立運動を始め、停戦が成立したのは1991年のことだった。ハッサン2世は1999年に死去した。

●モスク内部

海辺にあるハッサン2世モスクは、ハッサン王の治世における最高傑作だ。王の60歳の誕生日を祝うこのモスクの建築資金は、モロッコ国民の寄付で大半をまかなった。なかに入ると、大理石の床をもつ巨大な**礼拝の間**が、ヴェネツィアンシャンデリアの下で輝きを放っている。扉や仕切り壁、70もある円天井の羽目板には、モロッコのミドルアトラス山脈産のシーダー材を製材し彫刻を施したものが使われている。サンルーフにさえも、絵画が描かれ金箔張りだ。礼拝の間の下には**ハマム**（伝統的な浴場）がある。

●ムスリムの信仰と習慣

ムスリムは唯一神（アッラー）とその聖典であるコーランを信仰する。コーランは聖書の物語と共通する部分が多い。しかし、ムスリムにとってイエスは預言者の列に連なる者のひとりにすぎず、その最後に座るのがムハンマドであり、神の真理を告げる最高の預言者なのである。ムスリムの信仰においては、アッラーが大天使ガブリエルを通して、ムハンマドにコーランの内容を伝えたのだ。どこにいようとムスリムは1日に5回祈り、モスクからは礼拝の時間を知らせる声が流れる。モスクで祈る者は、クツを脱ぎ足、手、頭を洗ってからなかに入る。そしてモスク内では男性と女性の祈る場所は分かれ、サウジアラビアのメッカの方角を向いて祈るのである。礼拝の間では、その方角はミフラーブ（壁龕）が示している。ひざまずき頭を地面につける礼拝の姿勢は、謙遜とアッラーの神への敬意を表すものだ。

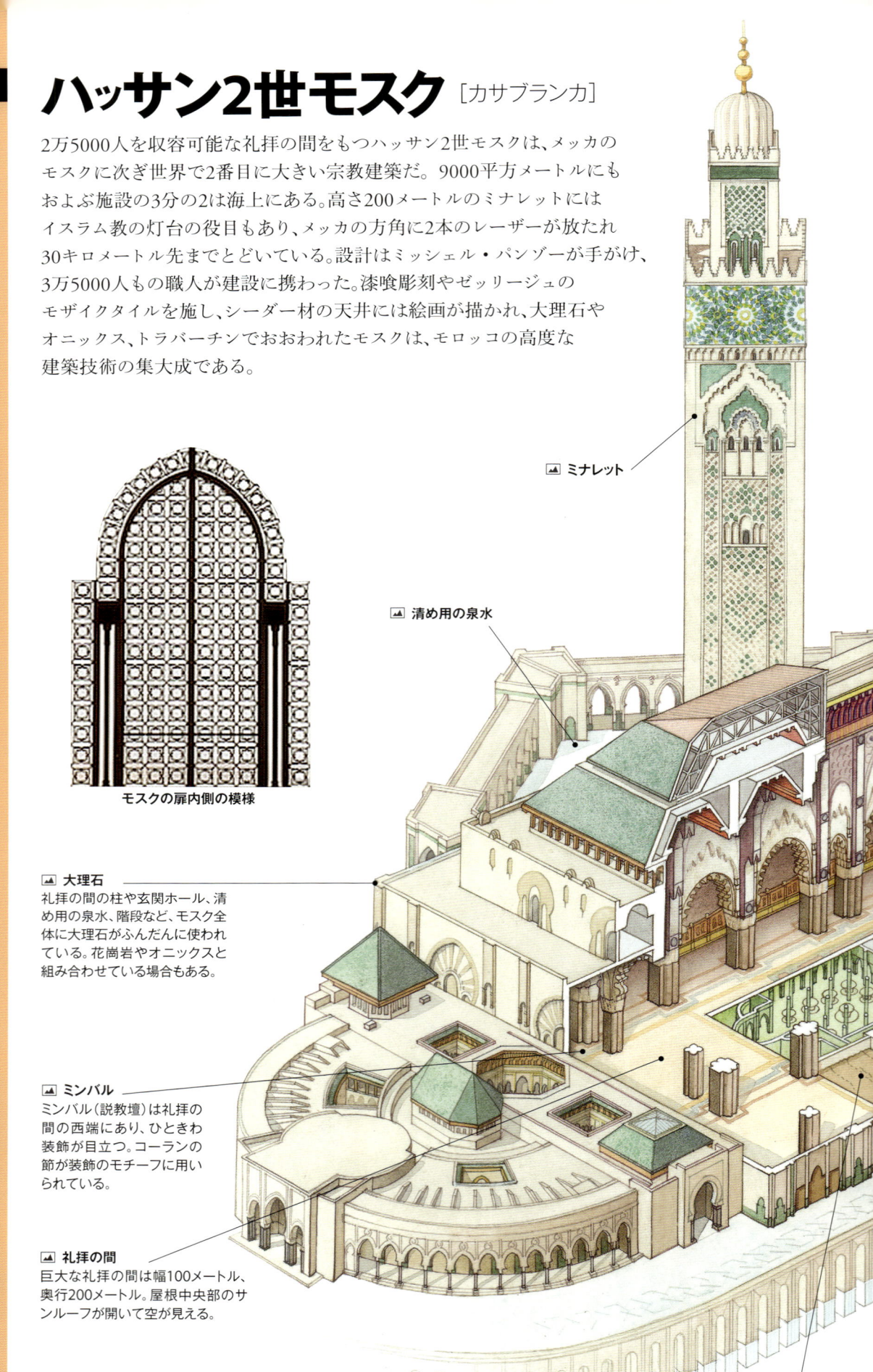

モスクの扉内側の模様

ミナレット

清め用の泉水

大理石
礼拝の間の柱や玄関ホール、清め用の泉水、階段など、モスク全体に大理石がふんだんに使われている。花崗岩やオニックスと組み合わせている場合もある。

ミンバル
ミンバル（説教壇）は礼拝の間の西端にあり、ひときわ装飾が目立つ。コーランの節が装飾のモチーフに用いられている。

礼拝の間
巨大な礼拝の間は幅100メートル、奥行200メートル。屋根中央部のサンルーフが開いて空が見える。

ハマム

略年譜

1980年	1986年	1993年
モロッコ国王ハッサン2世が国のランドマークとなるモスクの建設を表明する。	ハッサン2世モスクの建設が着工。	国王の60歳の誕生日の4年後にモスクが完成する。

モロッコ　155

モスクを訪ねる

モロッコのほかのモスクとは異なり、ハッサン2世モスクは非ムスリムにもガイドツアーが開放されている。モスクを訪ねるさいには、男女とも派手な服装をしてはならない。またクツは脱ぎ、肩やひざを露出させないこと。男性は帽子を取る必要があるし、女性はスカーフで髪をおおわなければならない。

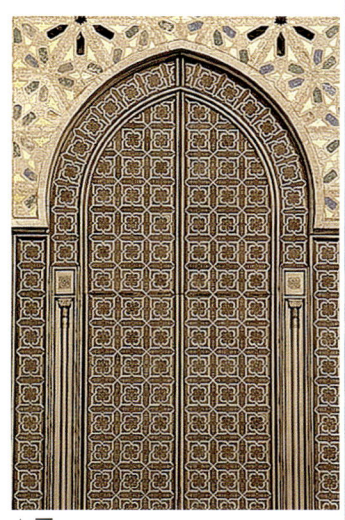

◀ ミナレット
世界一高く、豪奢な装飾が施されたほかに類を見ないミナレット。

▼ 海から見たモスク

▲ 扉
外側の模様。円柱がはさむ二枚扉で、尖ったアーチ型をしている。多くは、青銅張りに模様が刻まれている。

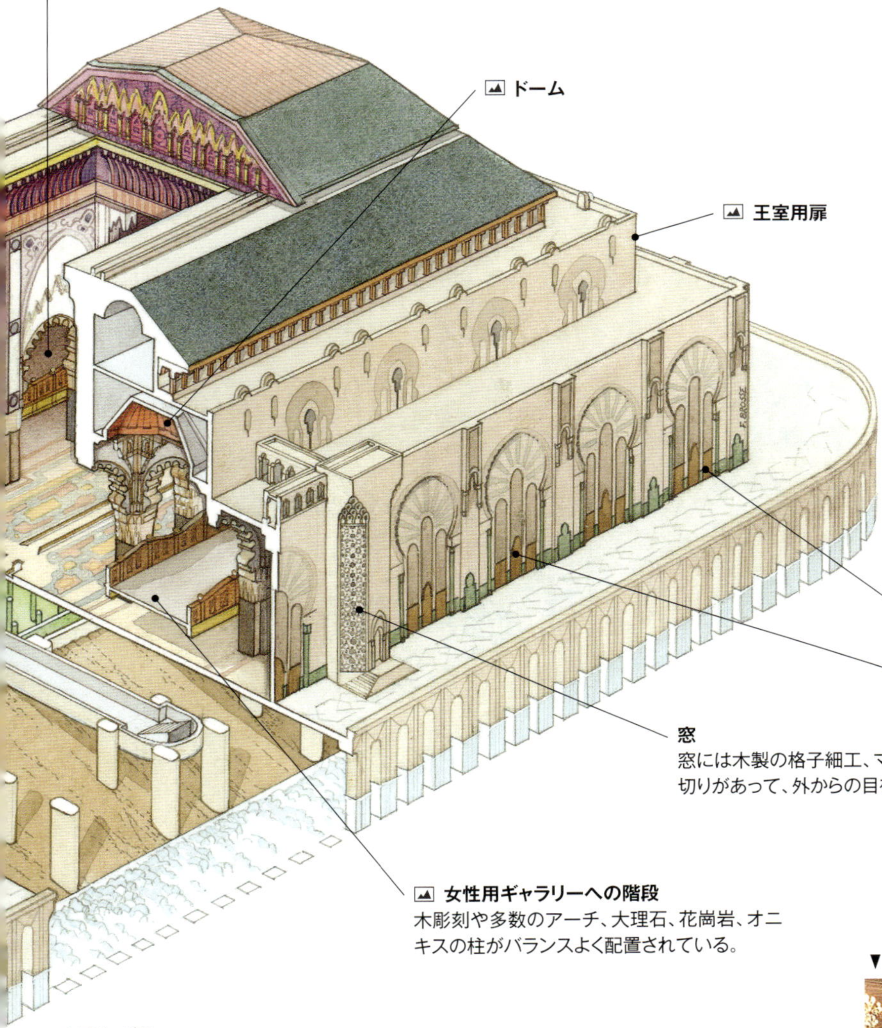

女性用ギャラリー
中2階部分を2ヶ所使って人目に触れない場所に置かれている。5300平方メートルあり、5000人の女性を収容可能だ。

▲ 清め用の泉水
ゼッリージュのモザイクタイルで装飾を施し、大理石のアーチと円柱が囲む。

ドーム

王室用扉

大理石 ▶
真鍮とチタンに伝統的なデザインが彫刻されている。

円柱

扉

王室用扉

窓
窓には木製の格子細工、マシュラビーヤの仕切りがあって、外からの目をさえぎっている。

▼ ドーム
礼拝の間がいただくドームの内部にはシーダー材が張られ、彫刻や絵画による装飾がひときわ美しい。

▲ 女性用ギャラリーへの階段
木彫刻や多数のアーチ、大理石、花崗岩、オニキスの柱がバランスよく配置されている。

▼ ミンバル

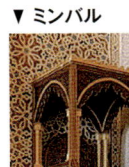

▼ 礼拝の間

▼ 女性用ギャラリーへの階段

グラン・モスク［カイルアン］

グラン・モスクとも呼ばれるシディ・ウクバ・モスクは、北アフリカにおけるムスリムの礼拝の場として最古のものであり、大きな感銘を与えるモスクだ。さらにメッカ、メディナ、エルサレムに次ぐイスラム教第4の聖地でもある。カイルアンの創設者であるウクバ・イブン・ナーフィは、670年にこの地に小さなモスクを建設した。街が栄えるにつれ、703年、774年、836年、863年と、モスクは再建と拡張が繰り返された。9世紀末には現在の規模に達していたが、レイアウトと装飾は19世紀まで手がくわえられ続けた。

礼拝の間の装飾が豪華な円柱

▲モスクへの入り口
道路から礼拝の間への入り口はふたつある。非ムスリムの入場は禁止されているが、開放された扉から中をうかがうことはできる。

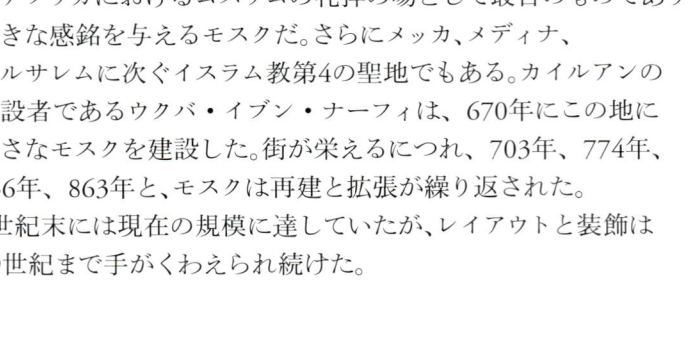

◀中庭への入り

円柱
礼拝の間の天井を支えるおよそ400本の大理石と花崗岩の円柱の大半が、ローマやビザンティン時代の遺跡からとってきたものだが、なかには地元の職人が彫ったものもある。

日時計
中庭の段つき台座の上に置かれ、礼拝の時間を知らせる。

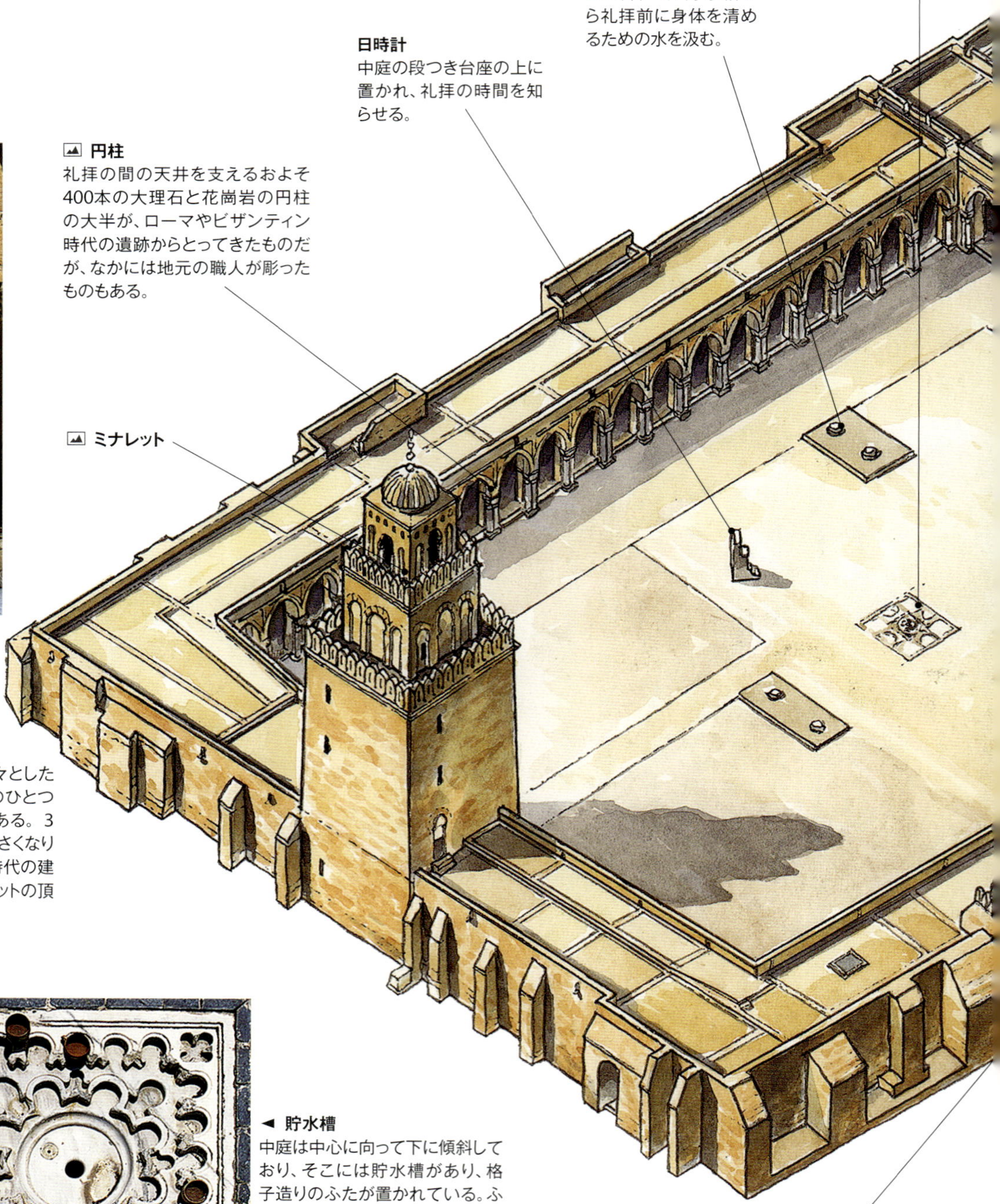

井戸
この井戸で、貯水槽から礼拝前に身体を清めるための水を汲む。

貯水槽

▲回廊
中庭の3面を囲む回廊は、風雨をよけたり、日差しをさえぎったりしてくれる。

◀ミナレット
724年から728年にかけて建造された。堂々とした四角形の塔は、現存する最古のミナレットのひとつであり、グラン・モスクで最古の部分でもある。3つの部分からなり、上にいくにしたがって小さくなり頂上にドームをいただく。下層階はローマ時代の建築物からとった角石が使われている。ミナレットの頂上まで129段の階段が続いている。

ミナレット

▼ドーム

◀貯水槽
中庭は中心に向かって下に傾斜しており、そこには貯水槽があり、格子造りのふたが置かれている。ふたの板には装飾の役割もあるが、貯水槽の水が汚れるのも防いでいる。

中庭への入り口
中庭を囲む壁には門が6つ配置されている。正面入り口はドームのあるゲートを通る。

156 アフリカ

チュニジア

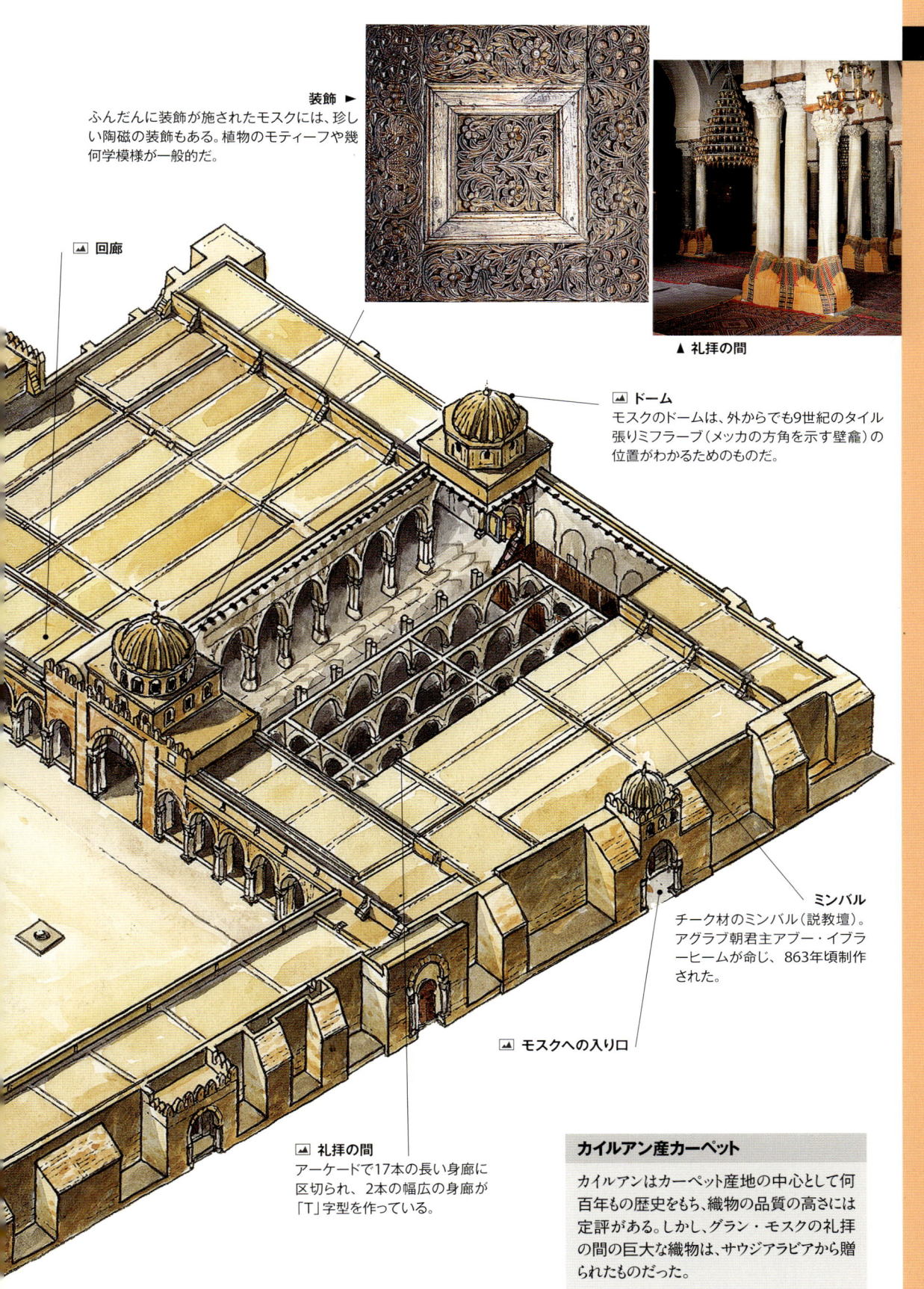

装飾
ふんだんに装飾が施されたモスクには、珍しい陶磁の装飾もある。植物のモティーフや幾何学模様が一般的だ。

回廊

ドーム
モスクのドームは、外からでも9世紀のタイル張りミフラーブ（メッカの方角を示す壁龕）の位置がわかるためのものだ。

礼拝の間

ミンバル
チーク材のミンバル（説教壇）。アグラブ朝君主アブー・イブラーヒームが命じ、863年頃制作された。

モスクへの入り口

礼拝の間
アーケードで17本の長い身廊に区切られ、2本の幅広の身廊が「T」字型を作っている。

カイルアン産カーペット
カイルアンはカーペット産地の中心として何百年もの歴史をもち、織物の品質の高さには定評がある。しかし、グラン・モスクの礼拝の間の巨大な織物は、サウジアラビアから贈られたものだった。

略年譜

670年	836年	800年代半ば	1988年
ムスリムの指導者ウクバ・イブン・ナーフィがカイルアンの街を建設し、小さなモスクを建造する。	アグラブ朝のもと、グラン・モスクが改築、拡張され、今日の姿になる。	グラン・モスクがイスラム教徒巡礼の地となる。	カイルアンがユネスコの世界遺産に登録される。

● ウクバ・イブン・ナーフィとカイルアン
632年に預言者ムハンマドが逝去したとき、ムスリムが統治しているのはアラビア半島のみだった。しかし、750年にはアラブ人ムスリムが領土を歴史上最大規模まで広げ、中東、中央アジア、北アフリカを治めるまでになった。670年に、ムスリムの指導者であるウクバ・イブン・ナーフィは、北アフリカ占領を進める途上でエジプトから砂漠を横断した。いくつか軍事拠点を置きながら進軍し、現在カイルアンがある場所でも宿営した。そのとき、砂漠のなかから黄金の杯が出てきたのだが、それは数年前にメッカから消えていたものだったという。その杯を拾い上げると大地から泉がわき出て、メッカにある聖なるザムザムの泉とつながっていることがわかった。ウクバはその地を首都に定め、モロッコ占領を進めていったのである。

● イスラム第4の聖地
カイルアンの重要性は増し、9世紀にはアグラブ朝の首都となったが、909年にファーティマ朝が政権を取ると遷都が行われた。11世紀になると、政治・経済力ではカイルアンを上回る都市もいくつか出現していたものの、カイルアンが聖地としての地位を失うことはなかった。宗教の中心地としてのカイルアンに並ぶ都市はなく、モスクには、北アフリカおよびサハラ砂漠全域のムスリム領土から巡礼者が集まった。今日、カイルアンはイスラム第4の聖地だ。聖なる泉の水を飲みに、そしてグラン・モスクを訪れに、巡礼者たちがやってくるのである。

● 礼拝の間内部
中庭の南端にある礼拝の間へは、19世紀作の、彫刻が見事な美しい木製の対の扉を通って入る。そこは、アーチつき側廊をもち、ドームをいただく四角形の広間だ。イマームが祈りを主導するときに立つミンバルはバグダッド産の木材から彫り出したもので、アラブ世界で最古の説教壇のひとつとされる。中央身廊先端のドーム下にあるミフラーブの背面は、これもバグダッド産の9世紀のタイルが、彫刻を施した大理石板を囲っている。そばには11世紀の作である木彫りの仕切り、マクスラが置かれ、カイルアン産カーペットが床をおおう。

アフリカ

レプティス・マグナ

ローマ時代の遺跡のなかでもひときわ壮観なレプティス・マグナは、北アフリカにおいて、ローマ帝国の繁栄とその地位を物語る。この地出身のセプティミウス・セウェルスが紀元193年にローマ帝国皇帝になると、レプティス・マグナは大きな恩恵に浴した。セウェルスの統治期、人口はおよそ7万人まで増加し、皇帝の威光を高めるための建造も行われた。6世紀に遊牧民の攻撃を受けて街は放棄され、その後は砂漠に埋もれて保存状態にあり、遺跡は今日も発掘が続けられている。

セウェルスのバシリカの円柱の一部

●港湾都市

ワジ・レブダの河口に、岬に護られたレプティス・マグナの港がある。ここは、フェニキア人が紀元前7世紀に定住した地だ。フェニキア人は肥沃な内陸地を開発し、カルタゴ帝国と地中海地域の全域でオリーブ油や象牙、動物の皮の交易を行った。紀元3世紀初頭にはローマ帝国のセプティミウス・セウェルス帝のもと港は再建、拡張された。長さ1キロメートルの波止場が建造され、倉庫や神殿、監視塔、それに岬には**灯台**が建設された。波止場の係留ブロックは完成後まもなく砂に埋もれたため、非常に保存状態がよい。

●皇帝セプティミウス・セウェルス

ローマ帝国の統治者ルシウス・セプティミウス・セウェルスは、ローマ帝国領北アフリカのレプティス・マグナで紀元146年に生まれた。傑出した兵士という評価を受けていたセウェルスは執政官の地位までのぼり、190年にはパンノニアのレギオンを率いていた。193年にペルティナクス帝が暗殺されるとセウェルスが皇帝に指名されたが、その座を勝ち取るためにはふたりのライバルと戦わねばならなかった。セウェルスは強硬だが人気のある統治者であり、娯楽に金を惜しまないことでも知られていた。208年、ローマ帝国北辺の、ハドリアヌスの長城を護るためのイングランド遠征が、セウェルスの最後の戦いとなった。セウェルスは、スコットランド侵攻準備中の211年に、ヨークで死去した。

●皇帝の新しい建築物

レプティス・マグナはローマ帝国支配のもと商業の中心地のひとつとして栄えたが、セプティミウス・セウェルスがローマ帝国皇帝の座につくと、街は3世紀初頭に変貌をとげた。大理石が小アジア、ギリシア、イタリアから、花崗岩の円柱がエジプトから輸入され、石灰岩の建物が建ち、壮大な街へと変身したのである。紀元200年には、セウェルスは立派な**セウェルスの公共広場**を造営し、北東の端に3廊式の**セウェルスのバシリカ**を建てた。その大理石のピラスターには、セウェルス家の守護神である、ヘラクレスとディオニュソスの生涯からとった場面が彫刻されていた。また、セウェルスがレプティス・マグナを訪れるときに通るゲートとして、4つの面をもつ、白大理石造りの堂々とした**セプティミウス・セウェルスの凱旋門**が建造された。

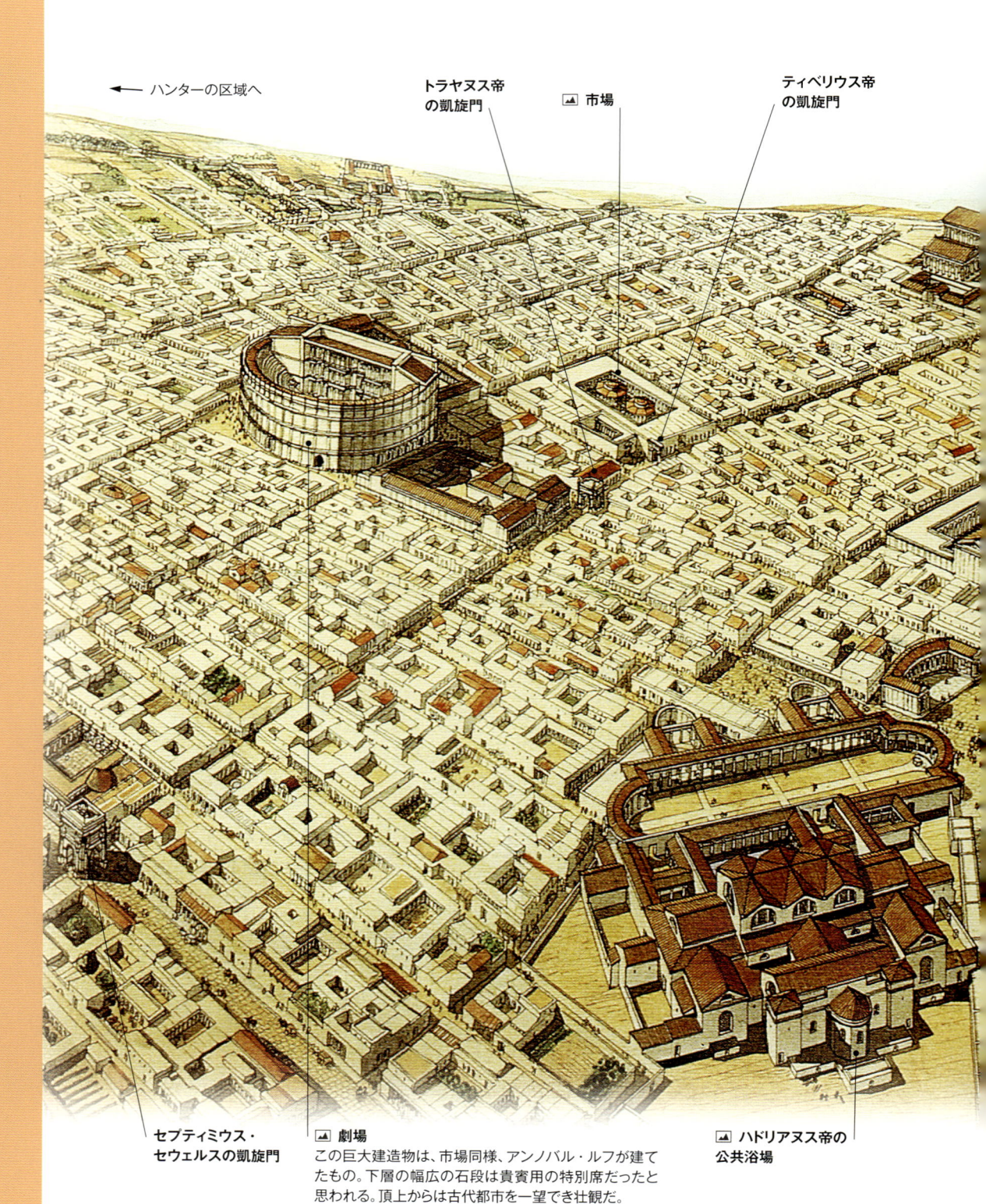

← ハンターの区域へ

トラヤヌス帝の凱旋門

市場

ティベリウス帝の凱旋門

セプティミウス・セウェルスの凱旋門

劇場 — この巨大建造物は、市場同様、アンニバル・ルフが建てたもの。下層の幅広の石段は貴賓用の特別席だったと思われる。頂上からは古代都市を一望でき壮観だ。

ハドリアヌス帝の公共浴場

リビア | 159

略年譜

紀元前600年	紀元前23年	523年	1982年	1994年
レプティス・マグナのある地にフェニキア人の交易所が置かれる。	レプティス・マグナがアフリカにおけるローマ帝国の新しい属州となる。	街がベルベル族のアラブ人に襲撃され、650年には放棄されるにいたる。	レプティス・マグナがユネスコの世界遺産に登録される。	レプティス・マグナで新しい考古学プランが実施される。

ハンターの区域

街の西には、保存状態のよい小さな丸天井の建物の一群がある。壁の絵画から、ローマ帝国の円形闘技場に野生動物を供給していたハンターのものだったことがわかる。

レプティス・マグナの復元図

セプティミウス・セウェルスにいたるまでの歴代皇帝が、統治期に壮大な建物を多数建造したことがわかる。

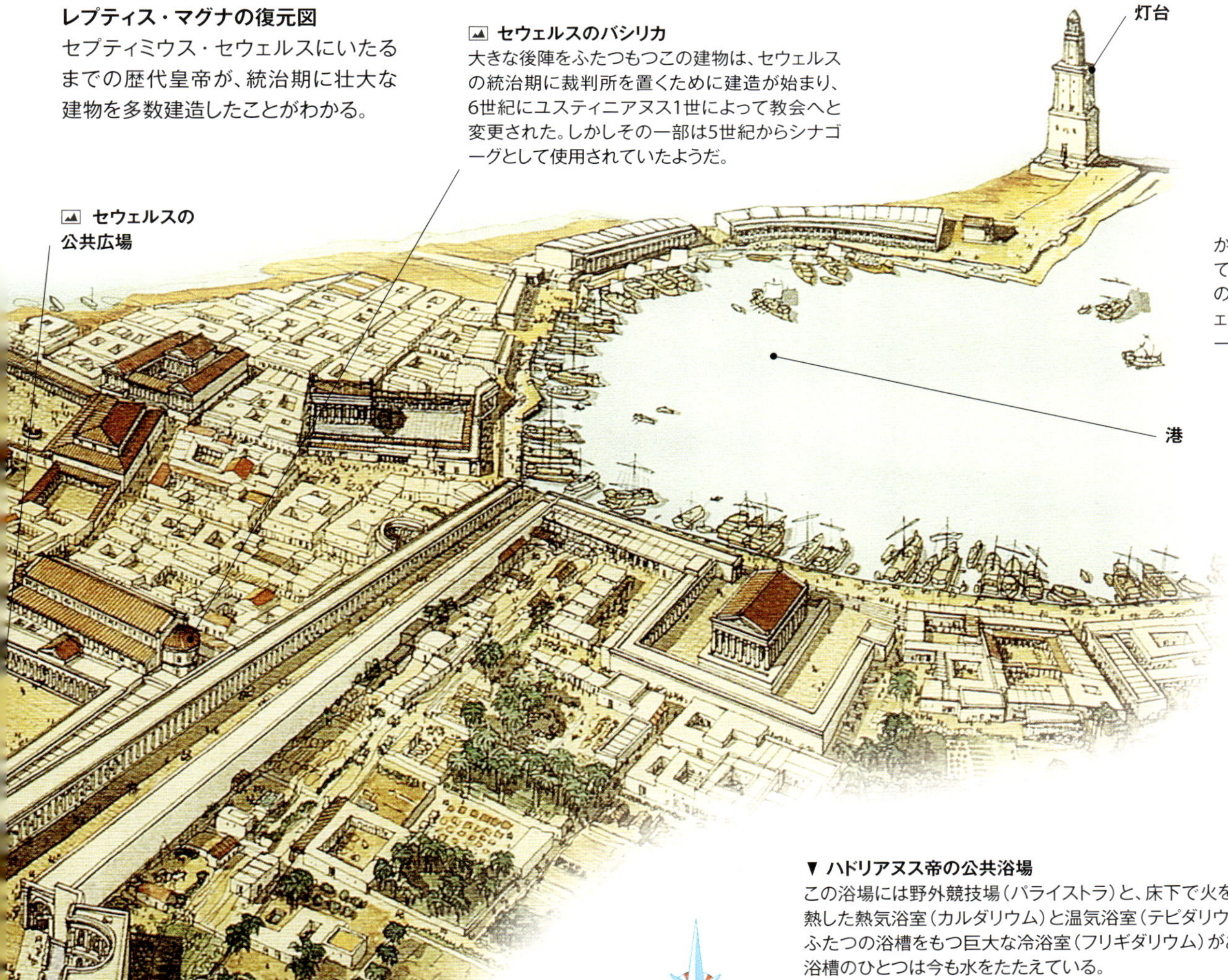

- セウェルスの公共広場
- セウェルスのバシリカ

大きな後陣をふたつもつこの建物は、セウェルスの統治期に裁判所を置くために建造が始まり、6世紀にユスティニアヌス1世によって教会へと変更された。しかしその一部は5世紀からシナゴーグとして使用されていたようだ。

灯台

港

▼ セプティミウス・セウェルス帝の胸像

セウェルスの公共広場 ▼
かつてはギリシア神話に出てくるゴルゴンのメドゥーサの見事なレリーフ群が、セウェルスの公共広場のアーケードを飾っていた。

▼ ハドリアヌス帝の公共浴場
この浴場には野外競技場(パライストラ)と、床下で火をたき熱した熱気浴室(カルダリウム)と温気浴室(テピダリウム)、ふたつの浴槽をもつ巨大な冷浴室(フリギダリウム)があり、浴槽のひとつは今も水をたたえている。

▲ 市場
かつてはアーケードが囲み、中央にふたつの美しい東屋があった。この大規模な交易所は、裕福な市民アンノバル・ルフが紀元前9-8世紀に寄付したものだ。

▼ セウェルスのバシリカ

▼ 劇場

アフリカ

大ピラミッド ［ギザ］

「大ピラミッド」と呼ばれるクフ王のピラミッドには、驚かされることばかりだ。19世紀までは世界でもっとも高い建築物であり、さらに簡単な測量具しか使っていないのにもかかわらず、その建造の正確さには驚嘆すべきものがある。底辺は230メートルであり、各辺の長さにはわずかな違いしかない。ピラミッドの玄室や孔の一部については建造方法や正確な目的がわかっていないが、それがどれほどの大工事であったかははっきりしている。ピラミッドは、平均2.5トンの石のブロック200万個超を用いていると考えられており、なかには15トンものブロックもあるのだ。

クフ王（ケオプス）の像

▲ 王の間
建造されて600年後に空になったと思われるが、ふたのない石棺しかないにもかかわらず、いく度も墓泥棒に荒らされた。

王の間の復元図
王の間を護るために建造された重量軽減の間には、大ピラミッドのなかで唯一クフ王について書いたものがある。ピラミッドを建造した職人たちが「クフの白冠は強大だ」という落書きを残しているのだ。

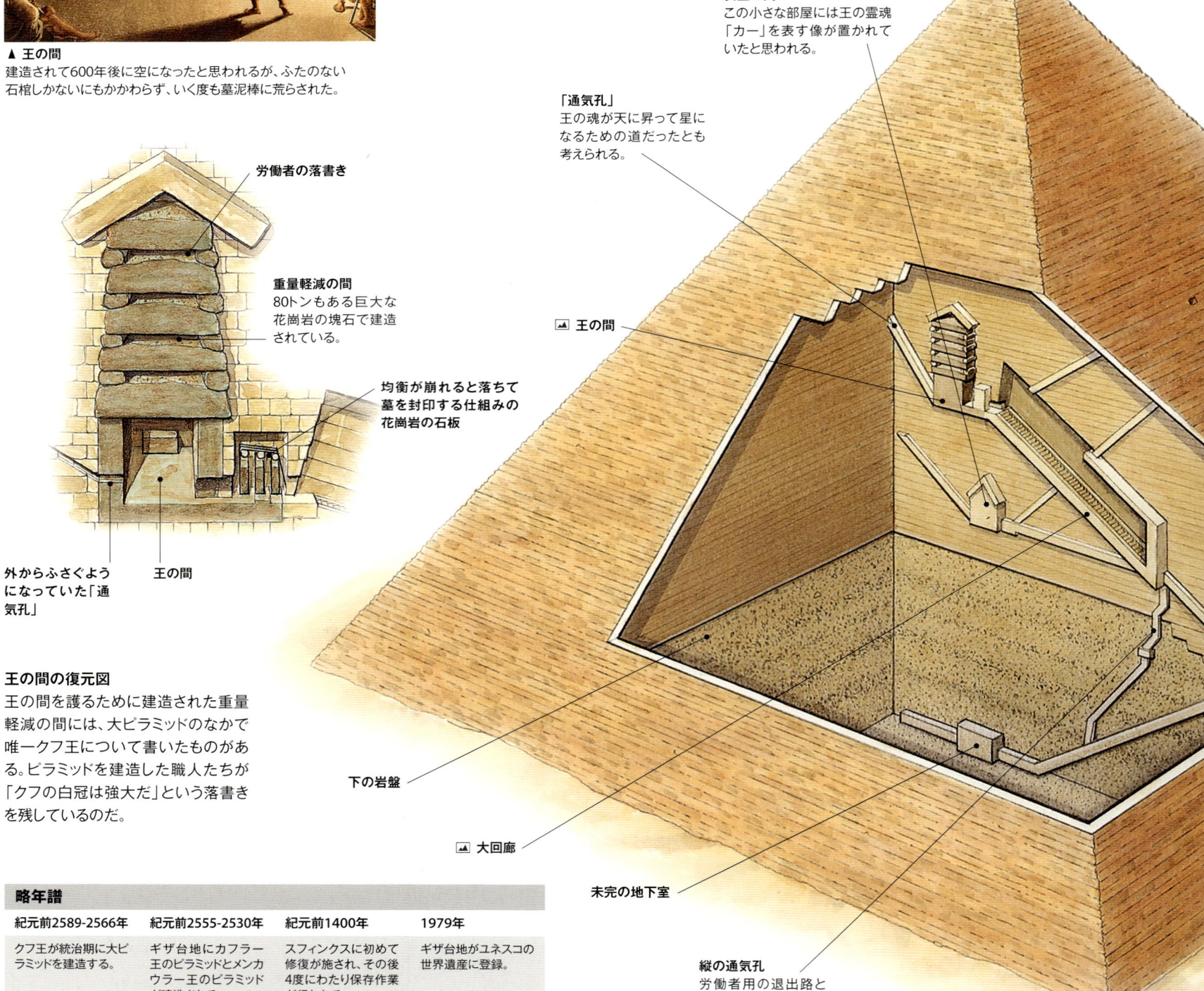

- 労働者の落書き
- 重量軽減の間：80トンもある巨大な花崗岩の塊石で建造されている。
- 均衡が崩れると落ちて墓を封印する仕組みの花崗岩の石板
- 外からふさぐようになっていた「通気孔」
- 王の間

- 女王の間：この小さな部屋には王の霊魂「カー」を表す像が置かれていたと思われる。
- 「通気孔」：王の魂が天に昇って星になるための道だったとも考えられる。
- 王の間
- 下の岩盤
- 大回廊
- 未完の地下室
- 縦の通気孔：労働者用の退出路と思われる。

略年譜

紀元前2589-2566年	紀元前2555-2530年	紀元前1400年	1979年
クフ王が統治期に大ピラミッドを建造する。	ギザ台地にカフラー王のピラミッドとメンカウラー王のピラミッドが建造される。	スフィンクスに初めて修復が施され、その後4度にわたり保存作業が行われる。	ギザ台地がユネスコの世界遺産に登録。

エジプト

▲ **女王のピラミッド**
王の家族をしのぶために建てられた3つの小型ピラミッド。実際に埋葬されている人物は不明だ。

入り口 ▶

▲ **ギザ台地から眺めるスフィンクスとカフラー王のピラミッド**

大回廊 ▶
9メートル近い高さがある。通路を封印する巨大な石塊を引き上げるための斜面と思われる。

太陽の船博物館
大ピラミッド近くにある博物館は、太陽の船を収蔵している。これはクフ王が死後の旅に出る船だと推測される。1954年に発見された1200個の船の断片を、考古学者たちが14年かけて組み立てた。

ピラミッドの発達
古代エジプト人が日干しレンガのマスタバ墳から傾斜面がなめらかなピラミッドを造るまでには、およそ400年を要した。階段ピラミッドから「真正」ピラミッド、つまり傾斜面がなめらかなピラミッドに移行する最後の段階には、65年かかっている。この期間には、ピラミッドを建てるたびに、新しい形を生むための果敢な取り組みが行われた。

マスタバ
紀元前3000年頃、上流社会の墓である砂の墳墓が、低く、箱のような形のマスタバとなった。

階段ピラミッド（紀元前2665年頃）
マスタバを6段重ねた、以前より立派な墓が造られた。

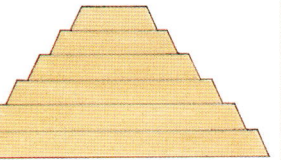

典型的なピラミッド（紀元前2605年頃）
ピラミッドの階段を埋めたことで、斜面がなめらかなピラミッドが誕生した。これ以降は、斜面に段のないピラミッドが建造された。

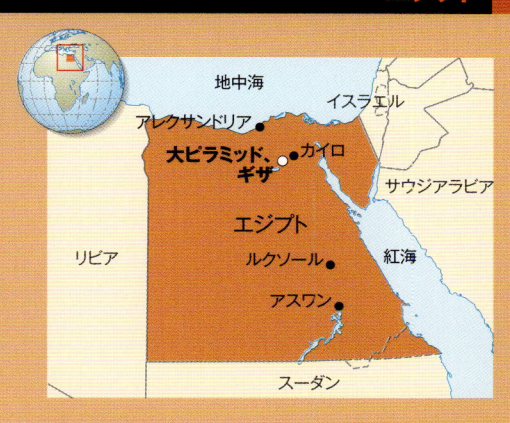

🖼 **入り口**
本来あった入り口は封鎖されており、現在使用されているのは、紀元820年に太守のマムーンが低い位置に開けたものだ。

●スフィンクス
カフラー王のピラミッドの入り口にある紀元前2500年造の**スフィンクス**は、古代エジプト最古の彫像だ。高さは20メートル、身体は細長く、頭には王の頭巾をつけ前足を伸ばしている。スフィンクスはそこにあった天然の岩を彫ったもので、いくかど補修が行われ、そのさいに、土台周辺に切り出したブロックを置いて補強している。かつては、欠けた鼻はナポレオン率いるフランス軍が撃ったためだといわれていたが、実は15世紀以前にはすでに損傷していた。

●ギザ台地
エジプト第4王朝（紀元前2613-2498年）において、ギザ台地は首都メンフィスにある王室の埋葬地となった。そして100年たらずのうちに、古代エジプト人は王の墓となる3つのピラミッドを建造した。大ピラミッド、カフラー王（在位紀元前2558-2532年）のピラミッド、メンカウラー王（在位紀元前2532-2530年）のピラミッドである。ピラミッドを護るスフィンクスが置かれ、どの王も、親族と廷臣たちは周辺にあるピラミッドや**マスタバ**の墳墓に埋葬された。そのなかでも注目に値するのが、第6王朝（紀元前2345-2181年）のカルの墓で、ギザのピラミッド管理の責任者である高官のものだ。この墓は見事なレリーフで装飾されている。

●クフ王
第4王朝の第2代ファラオ、クフ（ケオプスともいわれる）は20代で王となり、24年ほど統治したと思われる。ギリシア人歴史家ヘロドトスは、クフ王について残忍で抑圧的だと述べているが、これは王の死後、エジプトでは賢王との評判があったことと矛盾する。クフ王は、古代世界の7不思議のひとつ、大ピラミッドの建造者だとされている。一般には、この巨大ピラミッドの建造には奴隷が従事したと考えられているが、実際には労働者を集めて建造したものであるし、その規模の大きさは、クフ王に国内の物的・人的資源を利用する能力があったことを証明するものだ。クフ王の墓は考古学者が発見するずっと以前に荒らされており、王の容姿を伝えるものは、ギザの南にあるアビドスで発見された、象牙でできた小さな**クフ王の像**しか残っていない。

アブ・シンベル

紀元前13世紀に硬い崖を掘って建造されたアブ・シンベル大神殿の威容と、それより小規模ではあるが、ハトホル神殿の見事さには息をのむ。ここはエジプトの大都市の守護神、テーベのアメンとメンフィスのプタハ、ヘリオポリスのラー＝ホルアクティに献じた神殿だが、ラムセス2世をたたえたものでもある。高さ33メートルのファサードには、上エジプトと下エジプトを表す二重冠をかぶったラムセス2世の巨像が4体あり、見る者に感銘と畏怖を与えている。さらに神殿内に足を踏み入れれば、神々と王が同一化されていることがわかる。

大神殿のヒヒの彫刻

◉新しい場所
アスワン・ダムがナイル川の治水には規模が小さいことが判明すると、エジプト政府はアスワン・ハイ・ダムとダム湖のナセル湖を建造した。すると湖の水位上昇によって、アブ・シンベルは水没の危機にさらされた。神殿が消失することへの懸念から、ユネスコは国際的な支援計画を後押しした。そして、ふたつの建造物を安全な場所へと移築することになり、1964年に4年をかけた大がかりな作戦が始まった。神殿は工芸品をひとつも残さず950個のブロックに切り分けられ、人工の山を背景にした高台に移された［移築された神殿］。

◉巨像
4体の**ラムセス2世の巨像**は20メートルもの高さがあり、そのうち3体は、ファラオの難敵でさえも阻もうと南ににらみをきかせる。その巨大さは、ラムセスが最高神としての神性を備えていることを表しているのだとされる。神殿の像のなかでも、神々とラムセスの家族の像はひときわ目立つ。巨像の足元には王の母と、妻であるネフェルタリ女王、王の子どもたちが立つ。大神殿の入り口上にはハヤブサの頭をした太陽神ラー＝ホルアクティの像があり、ナイルの洪水の神で肥沃さもつかさどるハピは、上エジプトと下エジプトを表すハスとパピルスを抱えている。

◉壁の書き物
アブ・シンベル大神殿と**ハトホル神殿**では、壁に文字や絵やレリーフが発見されており、ラムセス2世を神である統治者とたたえている。そこには敵との戦いやラムセスの勝利が描かれている。またハトホル神殿には、ネフェルタリを神の女王として神格化した絵がある。絵やレリーフの周囲には複雑なヒエログリフの文字列もある。この絵のような文字は紀元前3200年頃に発達したとされており、現在見つかっているなかで世界最古の文字だ。「聖刻文字」という意味のヒエログリフがもつ、6000種類のシンボルを複雑に組み合わせ、古代エジプト人は名を記し、信仰を表した。アブ・シンベルの壁には、ラムセスとネフェルタリの生涯に関する話がヒエログリフで記されている。

ハトホル神殿
アブ・シンベルにある愛、喜び、美の女神ハトホルにささげたこの小さな神殿は、ラムセス2世が最愛の妻ネフェルタリのために建造したものだ。神殿の大列柱室には頭部がハトホルの柱があり、またラムセスがエジプトの敵を滅ぼし、それをネフェルタリが眺めている場面が描かれている。前室に描かれているのは、王と王妃が神々に供物をささげているよう。

ハトホル神殿

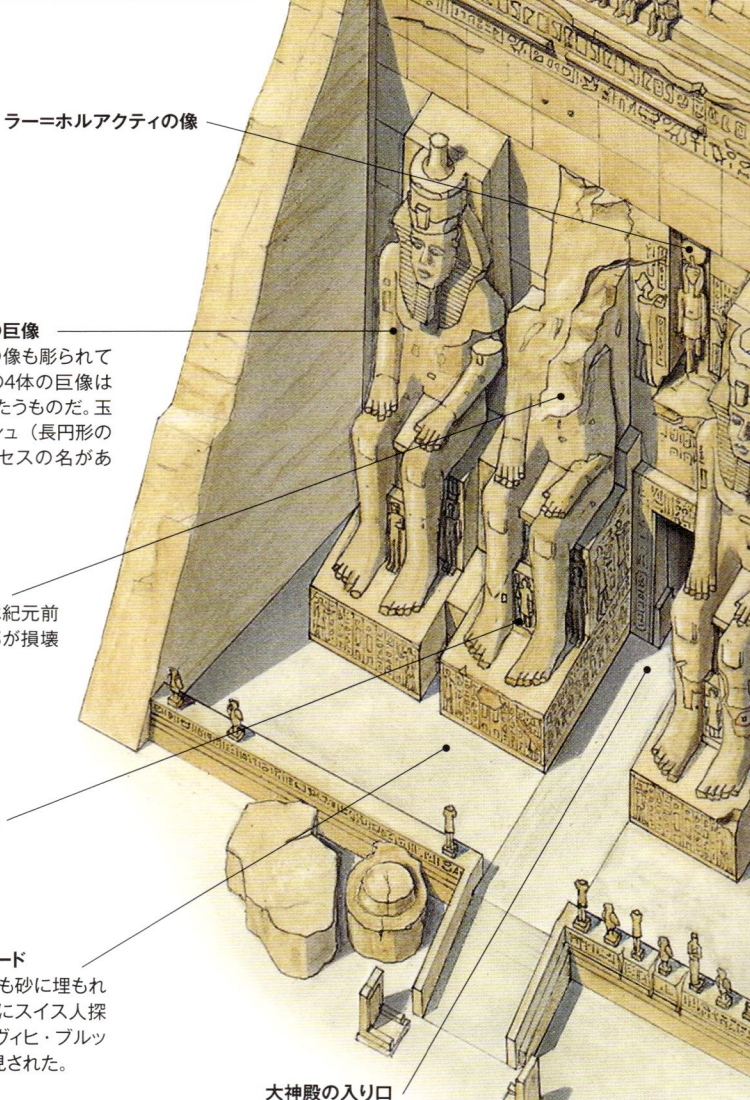

ヒヒ
ファサードの頂上には22匹のヒヒを彫ったフリーズがあり、それぞれ手を挙げているのは、昇る太陽を拝んでいるのだろう。

ラー＝ホルアクティの像

ラムセス2世の巨像
南北からの捕虜の像も彫られており、ファサードの4体の巨像はエジプト統一をうたうものだ。玉座にはカルトゥーシュ（長円形の枠）で囲ったラムセスの名がある。

破損した巨像
左から2番目の像は紀元前27年の地震で頭部が損壊した。

王の家族の像

大神殿のファサード
ファサードは何世紀も砂に埋もれていたが、1813年にスイス人探検家ヨハン・ルートヴィヒ・ブルックハルトによって発見された。

大神殿の入り口

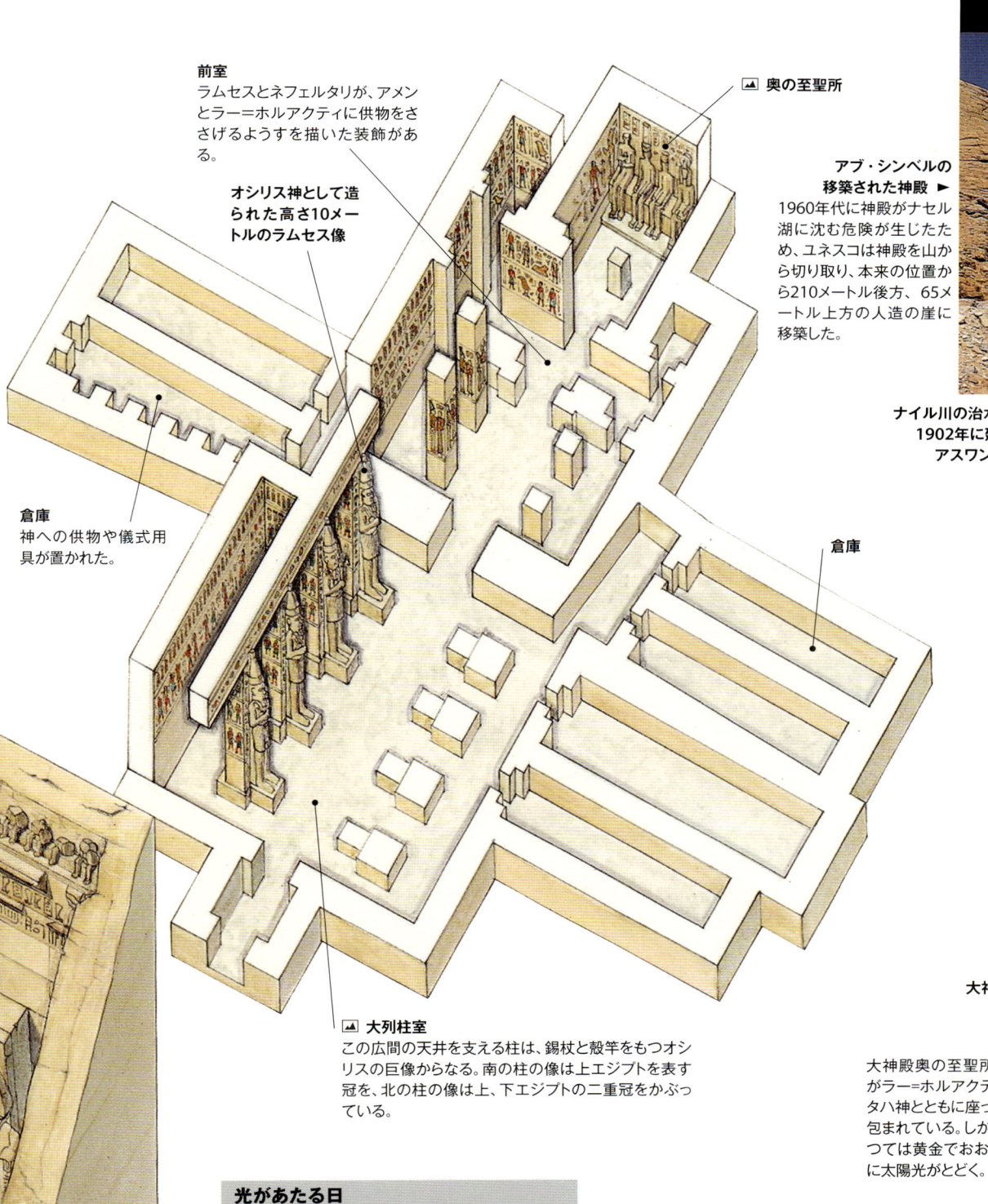

エジプト　163

前室
ラムセスとネフェルタリが、アメンとラー＝ホルアクティに供物をささげるようすを描いた装飾がある。

オシリス神として造られた高さ10メートルのラムセス像

奥の至聖所

倉庫
神への供物や儀式用具が置かれた。

倉庫

大列柱室
この広間の天井を支える柱は、錫杖と殻竿をもつオシリスの巨像からなる。南の柱の像は上エジプトを表す冠を、北の柱の像は上、下エジプトの二重冠をかぶっている。

アブ・シンベルの移築された神殿 ▶
1960年代に神殿がナセル湖に沈む危険が生じたため、ユネスコは神殿を山から切り取り、本来の位置から210メートル後方、65メートル上方の人造の崖に移築した。

ナイル川の治水のために1902年に建造されたアスワン・ダム ▶

大神殿のファサード ▲

奥の至聖所 ▶
大神殿奥の至聖所には、ラムセス2世がラー＝ホルアクティ、アメン＝ラー、プタハ神とともに座っており、普段は闇に包まれている。しかし1年に2日だけ、かつては黄金でおおわれていた像の3体に太陽光がとどく。

カデシュの戦い ▶
大列柱室のレリーフには、ラムセス2世がエジプトの敵を破ったようすが描かれている。右手の壁にあるのは、紀元前1275年頃、ヒッタイト王国を破ったというカデシュの戦いだ。

大列柱室 ▶

光があたる日
古代エジプトでは太陽はすべての生命の源だと考えられており、この神殿は、日光が奥の至聖所に年に2度入るように配置されていた。2月のラムセスの誕生日と10月の戴冠の日だったと思われるが、この日には、日光が冥界の神プタハ以外の像を照らしたのである。

略年譜

紀元前1257年	1817年	1822年	1968年	1979年
ラムセス2世が岩壁を彫って大神殿とハトホル神殿を建造する。	エジプト学者のジョヴァンニ・バッティスタ・ベルツォーニが神殿内に入る。	ジャン＝フランソワ・シャンポリオンがエジプトのヒエログリフを解読する。	アブ・シンベルの移築が完了。	アブ・シンベルがユネスコの世界遺産に登録される。

マリ共和国、要塞のような外観のジェンネのモスク

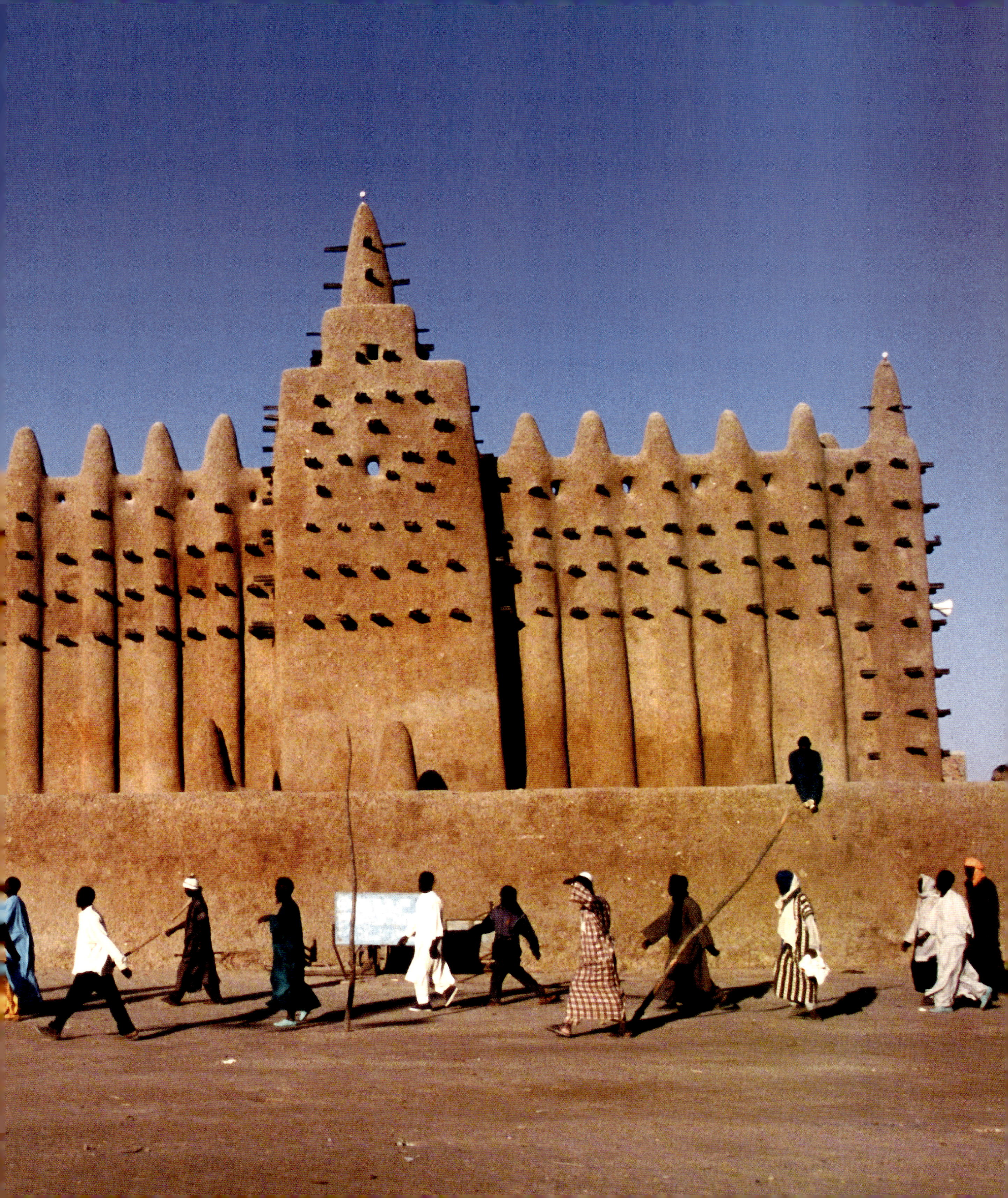

166 アフリカ

ジェンネのモスク

すばらしいファサードと独特の建築様式をもつジェンネのモスクは、世界でもひときわ珍しく美しい建築物のひとつに数えられる。この巨大な日干しレンガ造りの建物は、アフリカ大陸において、土着の文化とイスラム教が「融合した」特殊な様式の典型だ。アフリカ社会に入ってきたイスラム教を、アフリカの伝統的信仰や価値観、関心に合わせた結果生まれたものなのである。モスクの建造には通常は最上の建材が使用されるものだが、ジェンネのモスクは日干しレンガ（アドービとかピセともいう）を使い、マリの熟練の石工たちが手ずから造り上げている。そのためこのモスクは、アフリカにおいて、信仰心が生んだ建築の傑作とされるのである。

▲ モスクの堂々とした日干しレンガのファサード

モスク内部

▼ 基壇

▲ 木の骨組み

◀ 市場
色彩豊かな市場はジェンネのモスクの前で毎週月曜に開かれ、周辺地域から商人たちが集まってくる。ジェンネとその周辺は、ここで売っているボゴランという泥染め布で有名だ。

◀ 柱と屋根

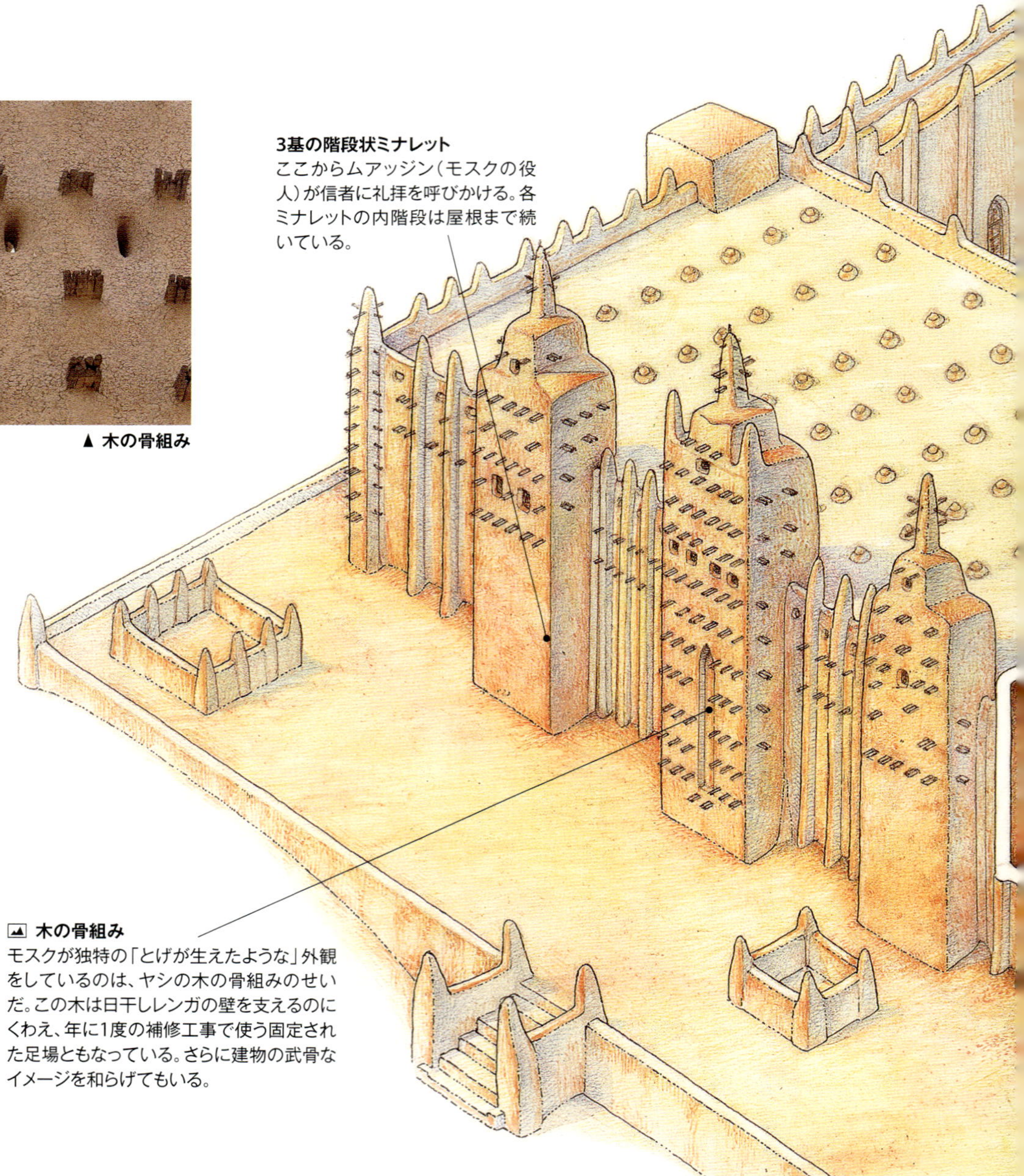

3基の階段状ミナレット
ここからムアッジン（モスクの役人）が信者に礼拝を呼びかける。各ミナレットの内階段は屋根まで続いている。

木の骨組み
モスクの独特の「とげが生えたような」外観をしているのは、ヤシの木の骨組みのせいだ。この木は日干しレンガの壁を支えるのにくわえ、年に1度の補修工事で使う固定された足場ともなっている。さらに建物の武骨なイメージを和らげてもいる。

略年譜

1250-1300年頃	1300-1468年	1468年	1591年	1819年	1907年	1988年
ジェンネの街がバニ川沿いに建設され、最初のモスクが建つ。	ジェンネがマリ帝国による攻撃に抵抗し、都市国家としての独立を守る。	アフリカ史上最大の国家のひとつソンガイ帝国がジェンネを占領し併合する。	モロッコが、ソンガイ帝国を駆逐する作戦の一環としてジェンネを征服する。	セク・アマドゥが古いモスクを廃棄し、別の場所に新しいモスクを建設する。	13世紀建造のモスクの基礎の上に3番目のモスクが建てられる。	ジェンネのモスクがユネスコの世界遺産に登録される。

マリ共和国　167

春の補修作業 ▶
年に1度のモスクの補修はこの地域の関心の的であり、4000人もの住人がこの作業に参加する。「泥職人」（15世紀から続く建築の名人）といわれる石工のスペシャリストが慎重に作業を監督する。

柱と屋根
林立する90本の柱が屋根を支える。屋根には光と空気を取り込む小さな穴が開いており、雨季には陶器のカップで穴をふさぐ。

基壇
モスクがのる巨大な基壇は市場の区域よりおよそ3メートル高く、物理的にも象徴的にも、人の行きかう市場の世俗的な活動と分けられている。

階段つきの入り口

塔

風、太陽、雨
ジェンネのモスクはさまざまな気象条件にダメージを受ける。雨が降れば壁にしみ、湿気によって構造は弱くなる。極端な気温や湿度も建物にストレスを与える。しかし、毎年漆喰を塗りなおすことで、モスクの景観は保たれているのである。

モスク内部
モスクのなかには荘厳な礼拝の間がある。床は砂で、100本近い柱が木造天井を支える。

●ジェンネのモスクの歴史
ジェンネの初代モスクは、1280年に、ジェンネの第26代王で、イスラム教に改宗したコイ・コンボロが建設した。新しい宗教への信心の篤さを見せるために、コンボロは宮殿を破壊して、その跡地にモスクを建造したのである。コンボロのモスクは19世紀初頭まで残っていたが、イスラム教徒の王で根本主義者のセク・アマドウは、この地方のイスラム教徒の宗教的習慣の強化に力を入れたため、モスクは荒れるにまかされた。アマドウはまた、もっと簡素なモスクをこの近くに建てた（現在はイスラム教の学校になっている）。この町を治めるフランス当局が、1907年にジェンネ本来のモスクを日干しレンガで再現させ、それが、私たちが今日目にしている姿である。

●モスクの設計
モスクの胸壁のようなぶあつい壁と塔、それに壁から突き出した独特の「とげのような」木の骨組みという外観のせいで、モスクは宗教建築というよりも要塞のようだ。その威圧的な外観は、高さ10メートル超の**3基の階段状ミナレット**、数本の**塔**と巨大な**基壇**からなり、基壇には**階段つきの入り口**がいくつもついている。非ムスリムはなかには入れないが、近隣の家々の屋根から内部を眺めることはできる。石工たちの芸術性とスキルは、15世紀から代々受け継がれてきたものだ。今でも石工の親方たちが泥の漆喰を足で混ぜ、手でレンガの形に整える。使うのは簡素な鉄のコテだけだ。これでレンガを切り分け、壁をならすのである。

●ジェンネの街
1250年に、サハラ砂漠を横断する古い交易ルート上の街のひとつとして建設されたジェンネは、商業の中心として急速に栄えた。アフリカ中から商人たちが集まり、織物や真鍮、陶磁器、銅器が、サヘルの金や象牙、貴重なサハラの塩と交換された。北アフリカのイスラム教徒の商人が訪れていたことから、13世紀末にはイスラム教が伝来しており、初代のモスクも建造された。14世紀のジェンネは、イスラム教の重要な学びの場であり、またサハラ砂漠以南のアフリカにおいて、非常に裕福で国際色豊かな街のひとつでもあった。

168　アフリカ

キャッスル・オブ・グッドホープ ［ケープタウン］

南アフリカ共和国に現存する最古の建築物であるキャッスル・オブ・グッドホープは、オランダ東インド会社が1666年から1679年にかけて建造した。それ以前にあった、指揮官ヤン・ファン・リーベックが1652年に建てた土と木の城塞に替えたものだ。城塞はケープタウンのグランド・パレード広場を一望し、現在は軍事博物館や美術品のコレクション、バンケット・ホールが置かれ、西ケープ陸軍司令部でもある。

オランダ東インド会社（VOC）のモノグラム

◉ウィリアム・ファー・コレクション
城には、絵画や装飾芸術や家具を集めた有名な**ウィリアム・ファー・コレクション**が収められている。ウィリアム・ファー（1892-1968年）は当地の有名な実業家であり、植民地時代の絵画や物品を、まだそうした行いが珍しい時代に収集し始めた。現在ではこのコレクションは、オランダ東インド会社（オランダ語ではVOC）統治時代の初期から19世紀末にいたるまでの、ケープの社会的、政治的生活を多方面からとらえた、他に例を見ない貴重な記録となっている。イギリス人画家トマス・ベインズとウィリアム・ハギンズの風景画にくわえ、17世紀の日本の磁器や18世紀のインドネシアの家具も置かれている。

◉指揮官ヤン・ファン・リーベック
1652年4月、オランダ人のヤン・ファン・リーベックは、約80名の男女とともに、オランダ東インド会社の中継拠点建設のためにケープに到着した。ここは、ヨーロッパ・アジア間を行き来するオランダ船が有利な交易路をとるために、食糧供給基地として欠かせない中継地だった。苦難にも見舞われたが（最初の冬に20人が死亡した）、この中継基地の運営は軌道にのり、オランダ船への肉や牛乳、野菜の供給が始まった。しかし、先住民コイ人との水と放牧をめぐるいざこざは、まもなくあからさまな敵対関係へと変わり、過酷な争いが始まった。

◉城塞
城塞の設計は、フランス人軍事技師、ヴォーバンの作品の影響を受けている。ヴォーバンはフランス王ルイ14世の宮廷建築士だった人物だ。城塞は五角形で5個の**稜堡**があり、これによって多方向からの砲火から外壁を護ることができた。**本来の入り口**は海に面していたが、1684年に現在の位置に移された。当初、城塞はケープにおけるオランダ東インド会社の拠点として建設された。しかし年月の経過とともに中庭に建物が増え、中庭を横切って高さ12メートルの防御用**内壁**が建設された。現在、この区域にはウィリアム・ファー・コレクションが収められている。城塞にはさらに、住居区域、教会、**パン屋**、オフィス、**拷問部屋**のある牢獄など、地域社会を支える施設も入っていた。1930年代には、上層階の一連の部屋を改築して、新しくバンケット・ホールが造られた。

▲ 城塞の堀
堀のある区域は大規模な修復計画の一環として1992年に再現された。

◀ イルカの泉水

◀ 古いスレート
17世紀にロッベン島で採石した粘板岩が城塞内の舗装に使われた。

▼ 城の入り口
アムステルダムで1697年に鋳造された鐘の原物が、現在も鐘楼にかかっている。ゲート上のペディメントにはネーデルラント連邦共和国の国章が見える。

ナッサウの稜堡

拷問部屋
ナッサウの稜堡の下に囚人が拷問を受ける部屋があった。判決前に自白を必要とするオランダの法律に則ったものだ。

🖼 古いスレート

カッツェネルンボーゲンの稜堡

▲ レールダムの稜堡

▼ デ・カット・バルコニー

南アフリカ共和国　16

略年譜

1652年	1666-79年	1795年	1952年
最初のオランダ人定住者がヤン・ファン・リーベックに率いられてケープに上陸する。	ファン・リーベックが建てた初期の木造の城塞に替えて、定住者が石の城塞を建造する。	オランダ東インド会社（VOC）の統治が終わり、イギリス軍がケープを占領する。	ウィリアム・ファー・コレクションの一部がキャッスル・オブ・グッドホープに移される。

ウィリアム・ファー・コレクション
デ・カット・バルコニーから入るこの部屋には歴史画や当時の家具がある。ほかにも初期の定住者の生活がうかがえる作品が置かれている。

イルカの泉水
レディ・アン・バーナードが1790年代に描いた絵やスケッチをてがかりに、200年あまりのちにイルカの泉水が再現された。

パン屋

内壁

オラニエ（オレンジ）の稜堡

▲ **入り口の切妻**
オランダ東インド会社の切妻をチーク材で複製したもの。軍のシンボルの団旗、旗、ドラム、砲弾が描かれている。

レールダムの稜堡
稜堡にはオラニエ（オレンジ）＝ナッサウ家の王ウィレム3世の称号である、レールダム、カッツェネルンボーゲン、ブレン、オラニエ、ナッサウにちなんだ名がつけられている。

城塞の堀

城塞の入り口

柱廊のあるベランダ

デ・カット・バルコニー
1695年に内壁の一部として建造された。アントン・アンレイスによるバス・レリーフがある。オランダの植民地時代には、訪問者への表敬の場であり、判決文を読み上げる場所だった。

▲ ケープタウンの建設者、指揮官ヤン・ファン・リーベック

本来の入り口
1679-82年に造られ海に面していたが、閉鎖された。

城塞
オランダ東インド会社からイギリス統治時代までのケープの武器や制服をはじめ、軍関係の品が展示されている。

ブレンの稜堡

◀ ウィリアム・ファー・コレクション

オランダの貿易商

1602年にオランダ東インド会社（VOC）がアジアとの交易のために創設され、おもにその特産品であるスパイスを扱った。大きな成功を収めて力をつけ、1669年には、商船150隻と40隻の戦艦からなる艦隊を所有するまでに成長していた。

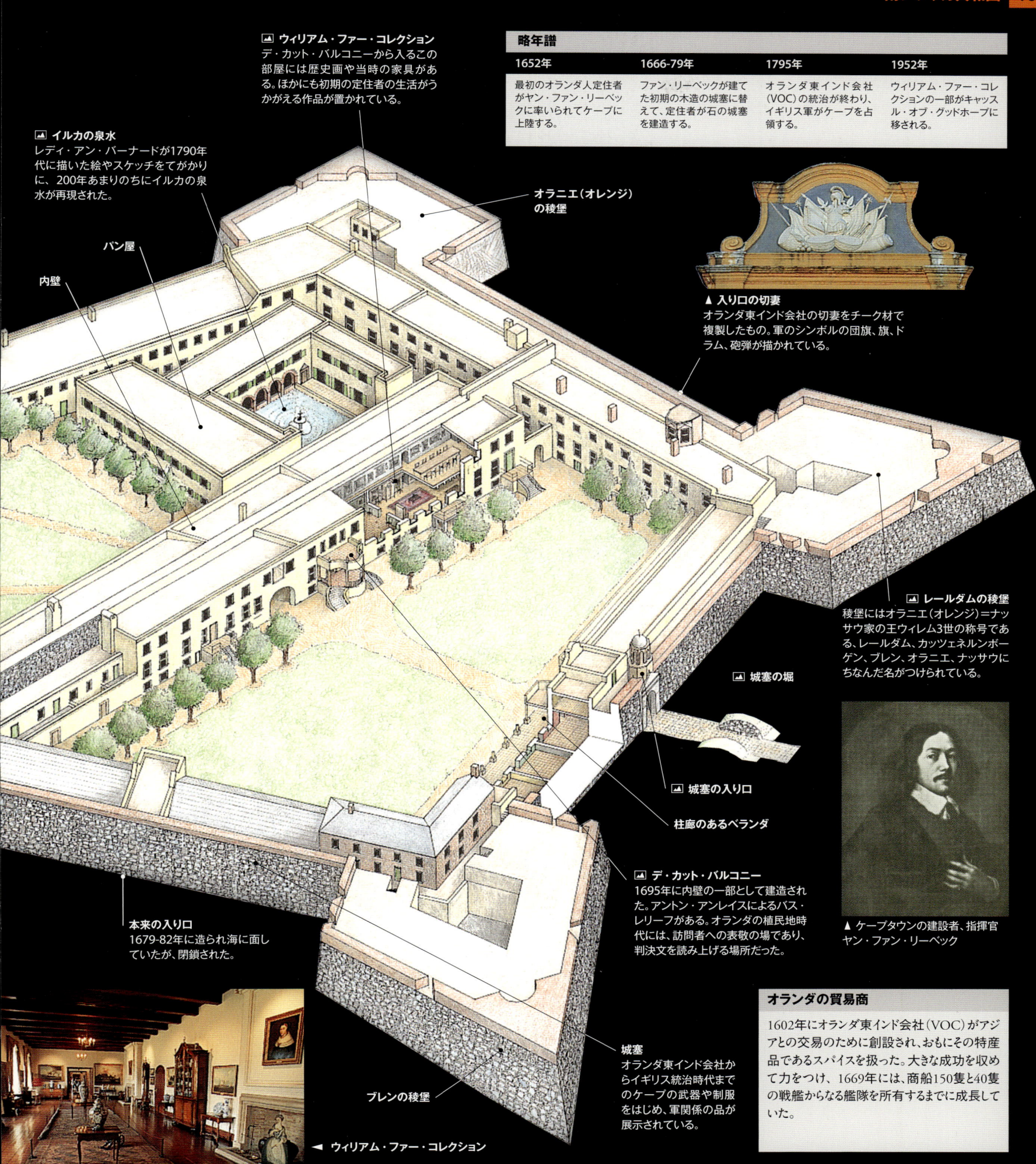

ムガール帝国建築の代表例、タージ・マハル

アジア
Asia

アジア

クラック・デ・シュバリエ

世界最大の城のひとつであるクラック・デ・シュバリエは、12世紀半ばに十字軍が建てた城だ。ムスリムから聖地エルサレムを奪回した十字軍は、新しく勝ち取った領土を護るための堅牢な基地を必要とした。こうした一連の城塞のなかでも最大のクラック・デ・シュバリエは、数えきれないほどの攻撃と包囲に耐えたものの、1271年にアラブ人に敗北すると、十字軍はこの城を捨てた。村人が城壁内に入り込み、城が清掃、修復された。1930年代まで住み着いていた。

クラック・デ・シュバリエ内の12世紀のゴシック様式教会の廃墟

●城内

クラック・デ・シュバリエ（騎士の城）は、ホムスの峠の高さ650メートルの丘の上に建ち、アンティオキアからベイルートまでのルートを眼下に収めている。十字軍遠征中のホスピタル騎士団は、12世紀半ばに大規模な拡張計画を実行し、厚さ30メートルの外壁と7つの防御用の塔、500頭の馬が入る厩舎を増築した。城内の貯水槽には水道橋で引いた水を貯め、4000人の駐屯兵の飲料をまかなった。倉庫には地元の村々でとれた食物を保存し、城内でもオリーブをしぼりパンを焼いた。のちにムスリムがここを占領すると、十字軍の礼拝堂をモスクに転用し、また浴場や泉水を造るなどの改築を行った。

●十字軍城塞の終焉

十字軍は12世紀から13世紀まで中東遠征を行い、その間クラック・デ・シュバリエはびくともしなかった。1163年に、騎士団はダマスカスのスルタン、ヌルディンを破った。1188年には、ムスリムの指導者サラディンがクラックの包囲を試みたものの、侵攻できず、自軍の要塞に撤退した。しかし1271年に、マムルークのスルタン、バイバルス1世がついに攻略法を編み出した。トリポリにいる十字軍指揮官の偽の手紙をとどけ、クラックの十字軍に降伏を勧めたのである。バイバルス率いる軍は、たいして戦闘も交えず、十字軍の稜堡を奪うことに成功した。

●アンティオキア公国摂政、タンクレッド

1096年、オートヴィルのタンクレッド（1078-1112年）は叔父であるボエモンやノルマン人領主たちと、聖地へと向かう第1回十字軍遠征に参加した。東ローマ帝国を脅かすセルジューク・トルコの進軍を阻み、エルサレムをキリスト教徒のもとに奪回するのだ。タンクレッドは、トルコからタルススを奪って名を挙げ、またアンティオキア包囲では重要な役割を果たして、エルサレムへの行軍（1099年）と占領を導いた。1年後にボエモンがトルコの捕虜になり、タンクレッドはアンティオキア公国を治めることになる。さらにタンクレッドはシリア北部を統治し、トルコと東ローマ帝国双方に攻撃を行った。そしてタンクレッドが1110年に奪取した丘の上の要塞が、のちに十字軍によってクラック・デ・シュバリエへと変えられるのである。

クラック・デ・シュバリエの復元図
城の800年前の姿。全盛期には城に4000人が駐屯していた。

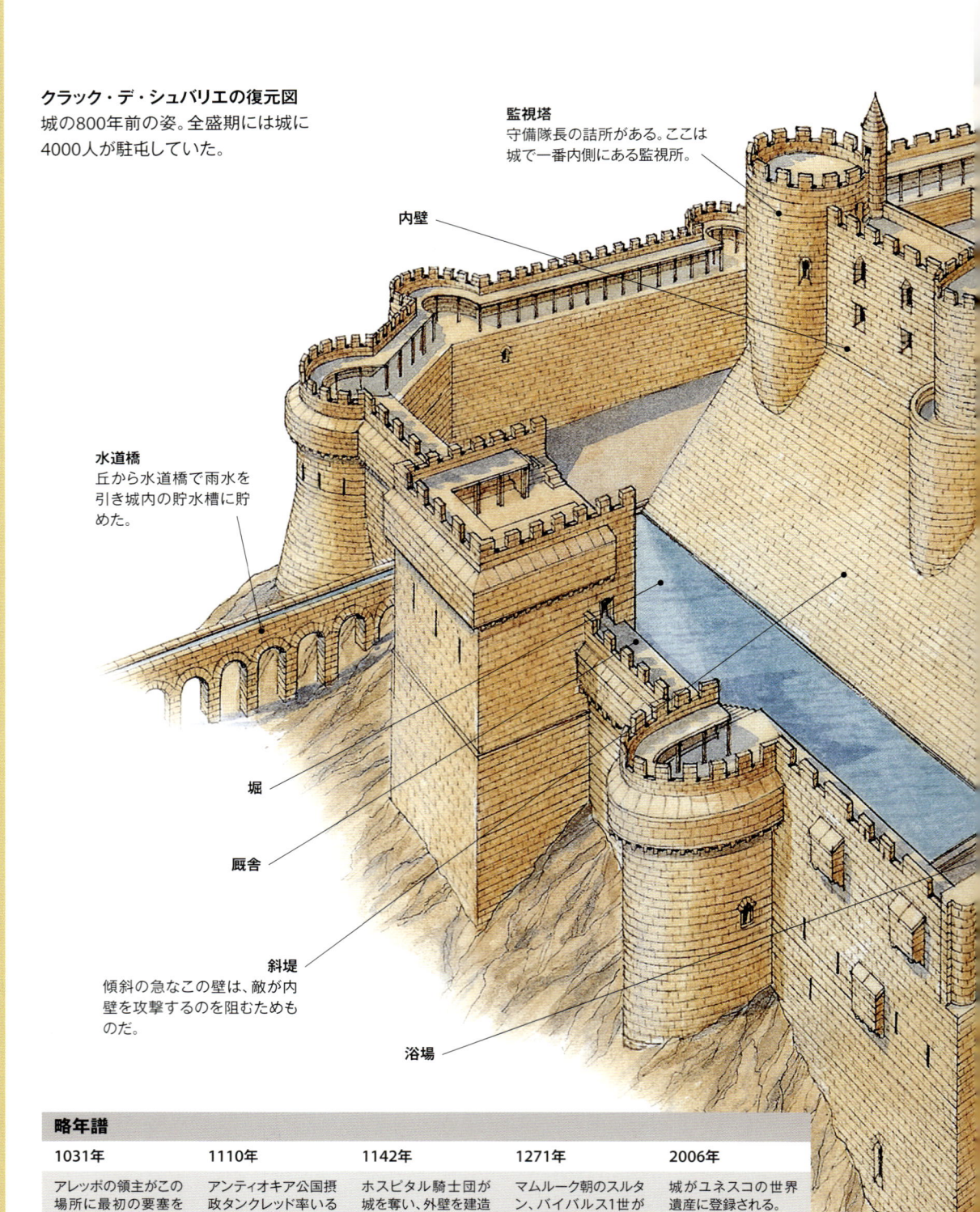

- 監視塔：守備隊長の詰所がある。ここは城で一番内側にある監視所。
- 内壁
- 水道橋：丘から水道橋で雨水を引き城内の貯水槽に貯めた。
- 堀
- 厩舎
- 斜堤：傾斜の急なこの壁は、敵が内壁を攻撃するのを阻むためのだ。
- 浴場

略年譜

1031年	1110年	1142年	1271年	2006年
アレッポの領主がこの場所に最初の要塞を建造する。	アンティオキア公国摂政タンクレッド率いる十字軍が稜堡を奪取する。	ホスピタル騎士団が城を奪い、外壁を建造する。	マムルーク朝のスルタン、バイバルス1世が城を占領しさらに要塞化を進める。	城がユネスコの世界遺産に登録される。

シリア | 173

クラック・デ・シュバリエの全貌 ▶

十字軍の壮大な城塞、クラック・デ・シュバリエ ▶

🖼 開廊（ロッジア）

城内の砦

🖼 王女の塔

外壁

王女の塔 ▶
この塔の北面には巨大な回廊が突き出し、外壁を破られても岩を投げ落とせるようになっていた。地面の高さには3つのブラインド・アーチがある。

礼拝堂
十字軍が建造し、ムスリムの占領後はモスクに変えられた。イスラム教のミンバル（説教壇）は現在も目にすることができる。

開廊 ▶
クラックの一番奥の中庭沿いにある。上品なゴシック様式（ゴシック様式、p.54参照）のアーケードはヴォールト天井をもつ。ここは花のモティーフの彫刻や動物のデザインで装飾されている。開廊の先には大広間があり、食堂として使われていた。

🖼 正面入り口通路

正面入り口通路 ▶
以前に跳ね橋があった場所から長い階段の通路を通って上層階へと行く。天井の小さな穴が日光を通すが、実際には、この穴は侵入者に煮えたぎった油を浴びせるためのものでもあった。通路は天井が高くて幅が広く、騎乗のまま通れた。

入り口通路
ここを通って城内奥深く入ろうとする侵入者を惑わすために、通路は折り返しになっている。

完璧な城
イギリス人作家T・E・ロレンス（アラビアのロレンス）は、クラック・デ・シュバリエを「世界でももっとも称賛すべき城」と書いた。実際、1272年の第9回十字軍遠征時にここを通ったイングランド王エドワード1世は、帰国すると、イングランドからウェールズにかけて、クラックを参考にした城を建造している。

城塞のなかの砦
クラック・デ・シュバリエは、堀が隔てるふたつの区域からなる。13の塔をもつ外壁と、内壁と斜堤でより高い岩盤を囲った区域だ。ここを攻撃する者は、実際にはふたつの城を破らなければならなかったのである。

注
- 浴場
- 堀
- 内壁
- 外壁

聖墳墓教会 [エルサレム]

キリスト磔刑の地であり、また埋葬と復活の地だと信じられている場所に建造されたこの複雑な教会は、キリスト教徒にとってなにより重要なものである。ローマ帝国コンスタンティヌス大帝が母君聖ヘレナのすすめに従い、326年から335年にかけて建造したのが最初のバシリカ聖堂だ。1009年にファーティマ朝スルタンのハーキムがこれを破壊したのち、東ローマ帝国皇帝コンスタンティヌス・モノマカスが1040年代に縮小して再建し、1114年から1170年にかけて、十字軍が拡張した。1808年に大火にのまれ、1927年には地震に見舞われて、広範におよぶ補修が行われた。

カトリコン（中央教会堂）のドーム

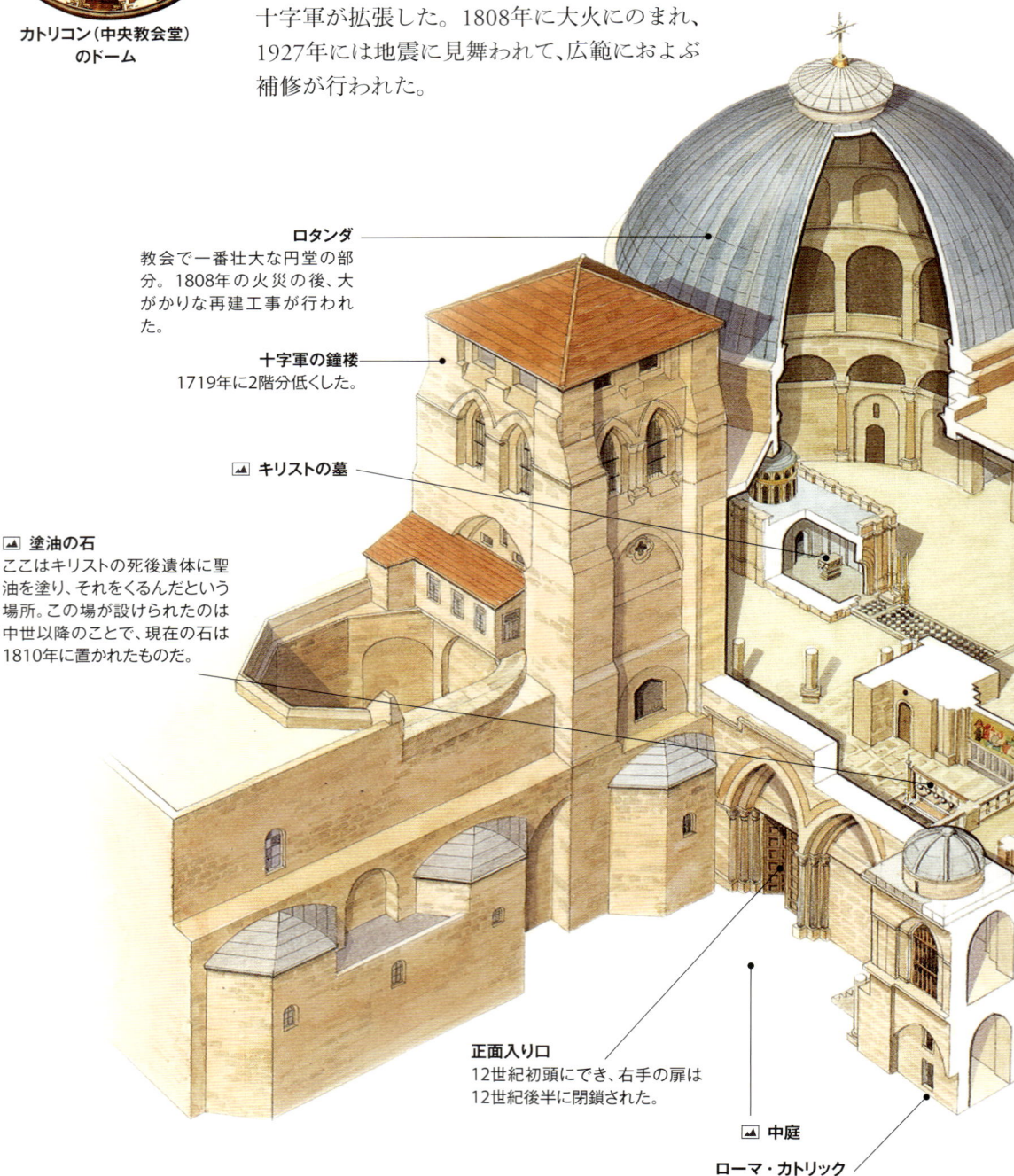

ロタンダ
教会で一番壮大な円堂の部分。1808年の火災の後、大がかりな再建工事が行われた。

十字軍の鐘楼
1719年に2階分低くした。

キリストの墓

塗油の石
ここはキリストの死後遺体に聖油を塗り、それをくるんだという場所。この場が設けられたのは中世以降のことで、現在の石は1810年に置かれたものだ。

正面入り口
12世紀初頭にでき、右手の扉は12世紀後半に閉鎖された。

中庭

ローマ・カトリックの小聖堂

---

174 アジア

●ゴルゴダ
教会内には、ヘブライ語で「頭蓋骨のある場所」を意味するゴルゴダへのぼる、ふたつの階段室がある。左手にはギリシア正教の礼拝堂があり、祭壇は、キリストの磔刑の十字架が立っていたとされる**ゴルゴダの丘の岩**の真上に置かれている。下にある**アダム礼拝堂**の後陣から見えるゴルゴダの丘の亀裂は、キリストの死後起きた地震によってできたものだとされている。右手にはローマ・カトリック教会の礼拝堂があり、枢機卿フェルディナンド・デ・メディチが奉献した、1558年作の銀と青銅の祭壇が置かれている。左右の祭壇の間にはスターバト・マーテルがある。これは、十字架の足元で悲しむ聖母をしのぶ祭壇だ。

●ステイタス・クオ
過去に分裂を繰り返した結果、エルサレムには17もの教会が存在する。聖墳墓教会の所有権をめぐるキリスト教徒間の長く激しい論争は、1852年のオスマン帝国スルタンの勅令によってほぼ収まった。それが今も効力をもち、現在では「ステイタス・クオ」といわれる状態にあって、ギリシア正教会、アルメニア教会、コプト教会、ローマ・カトリック教会、エチオピア教会、シリア教会の各教会で聖墳墓教会の管理を分担している。一部は地域の管理下にあり、毎日教会の鍵を開けるのは、「中立」の立場にあるムスリムの鍵番だ。この儀式めいた仕事は、ある家族が代々引き継いでいる。

●キリストの墓
最初の教会を建設するさい、山麓を掘って**キリストの墓**だとされている場所をほかから切り離し、その周囲に教会を建てるスペースを十分にとろうとした。この作業を行うためには古い神殿をこの場から撤去しなければならず、そのとき、キリストが十字架にかけられた場所だといわれるゴルゴダの丘の岩が発見されたのである。4世紀にキリストの墓に建てられた初代聖堂の跡には、いくども聖堂が建てられてきた。現在の聖堂は火災後の1809-10年に再建されたもので、ふたつの礼拝堂をもつ。外側の天使の礼拝堂には低いピラスターがあり、そこについている1個の石は、キリストの墓の入り口から天使がとってきたものだという。低い扉は奥の聖墳墓の礼拝堂に通じている。ここにはキリストの遺骸が横たわっていたという場所がある。

初期の教会
キリスト教が聖地で主流をなす宗教となったのは紀元4世紀のことであり、立派な教会も建設された。しかしそれ以前は、ローマはキリスト教を認めておらず不信の目を向けていたため、キリスト教徒が礼拝を行うときには、ドムス・エクレシアと呼ばれる私的な「家庭での集会」に集まるしかなかった。

略年譜

326-35年	1114-70年	1981年
コンスタンティヌス大帝と聖ヘレナが初代のバシリカ聖堂を建造する。	十字軍が建物をロマネスク様式で拡張し、鐘楼をくわえる。	エルサレムの旧市街がユネスコの世界遺産に登録される。

イスラエル 175

▲ 聖墳墓教会の屋根とドームのモザイク

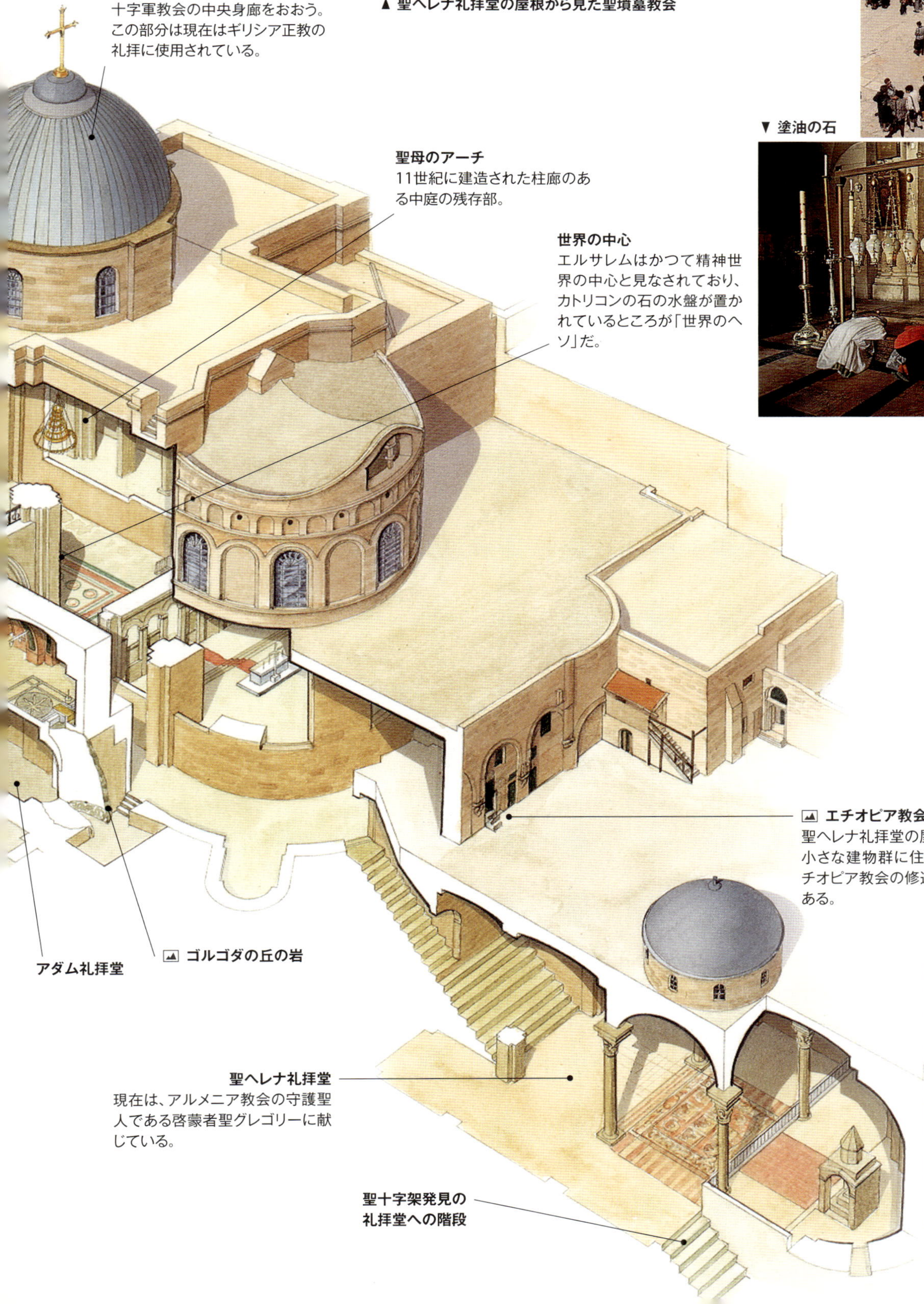

🖼 カトリコンのドーム
1927年の地震後に再建され、キリスト像が飾られた。このドームは十字軍教会の中央身廊をおおう。この部分は現在はギリシア正教の礼拝に使用されている。

▲ 聖ヘレナ礼拝堂の屋根から見た聖墳墓教会

聖母のアーチ
11世紀に建造された柱廊のある中庭の残存部。

世界の中心
エルサレムはかつて精神世界の中心と見なされており、カトリコンの石の水盤が置かれているところが「世界のヘソ」だ。

◀ 中庭
正面入り口の中庭の両側に礼拝堂がある。鐘楼の向いにある使用されていない階段は、以前は十字軍のエルサレム入城を記念するローマ・カトリックの小聖堂に通じていた。

▼ エチオピア教会修道院

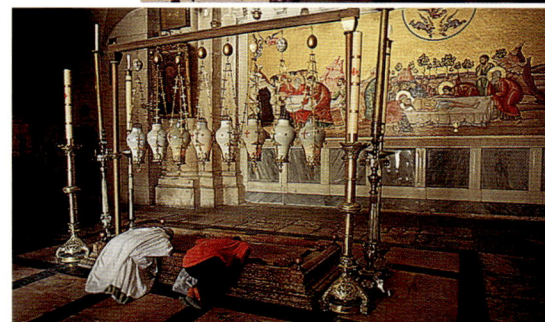

▼ 塗油の石

キリストの墓 ▶
キリスト教徒にとって、ここはなにより神聖な場。1810年に建てられた聖堂のなかで大理石の石板が囲っているのが、キリストの遺体が横たわっていたとされる岩だ。

🖼 エチオピア教会修道院
聖ヘレナ礼拝堂の屋根の上の小さな建物群に住むのは、エチオピア教会の修道士たちである。

▲ ゴルゴダの丘の岩
磔刑の場としてあがめられる岩肌は、ギリシア正教の祭壇を囲うガラス越しに見ることができる。

アダム礼拝堂

🖼 ゴルゴダの丘の岩

聖ヘレナ礼拝堂
現在は、アルメニア教会の守護聖人である啓蒙者聖グレゴリーに献じている。

聖十字架発見の礼拝堂への階段

聖火の奇跡
正教会の聖大土曜日に教会のランプはすべて消され、信者は暗闇に立つ。暗闇はキリスト磔刑のシンボルだ。そしてキリストの墓に1本のロウソクが灯されると、それから次々と、教会堂と中庭全体を明かりが満たすまで、ロウソクに火が点けられる。これはキリスト復活の象徴なのである。言い伝えでは、天から火が降ってくるとされている。

正教会の復活祭における聖火の奇跡の儀式

エルサレム、岩のドームの圧倒するようなファサード

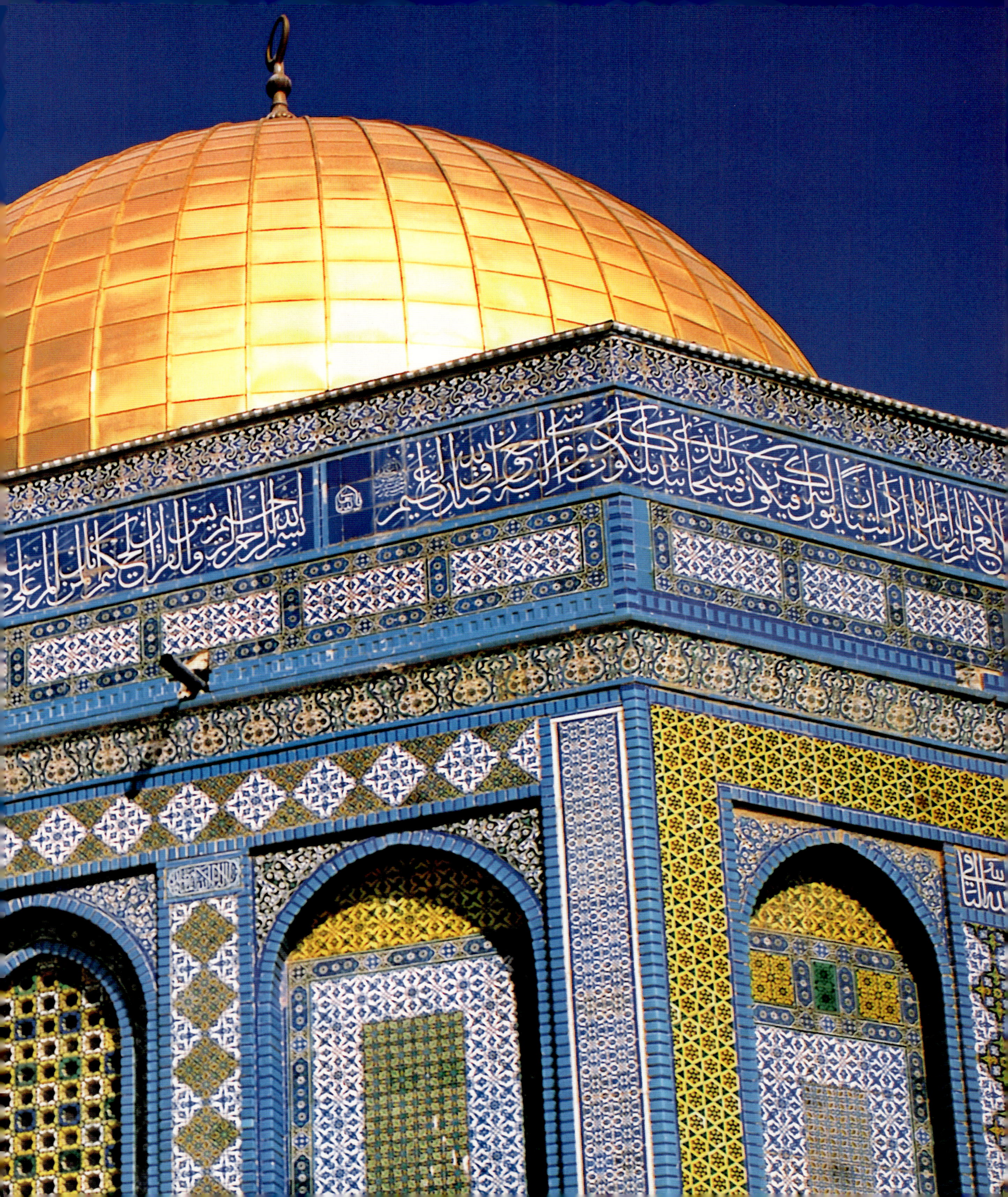

岩のドーム ［エルサレム］

178　アジア

最初期のイスラム建築のひとつであり、最高傑作に数えられる岩のドームは、紀元688-91年にウマイヤ朝のカリフ、アブド・アル・マリクが建造した神殿である。イスラム教の卓越性を喧伝し、聖都にイスラム教の中心を生むために造られたものだ。エルサレムを見おろす荘厳なドームは、街のシンボルとなっている。数学的に調和のとれた構造には、古典主義とビザンティン様式の建築要素が見られる（古典主義、p.137、ビザンティン様式、p.148参照）。

南入り口上のタイル

▲ 上部にコーランの節が記されている、岩のドームの八角形のアーケード

◀ ムスリム居住区を背景にした岩のドーム

▼ 岩のドームにのぼる8ヶ所の階段の上に建つアーケード

◀ 三日月の頂華とドーム
ドームは本来は銅製だったが、ヨルダンの故フセイン王の資金援助により、現在は薄い金箔でおおわれている。

◀ 魂の井戸
この階段をくだると岩の下にある「魂の井戸」と呼ばれる洞窟へ行く。最後に審判の日が訪れたときに、すべての魂がここに集まるとされる。

◀ 岩

▼ 内歩廊
内と外のアーケードの間のスペースが岩を取り巻く歩廊となっている。岩のドームの二重の歩廊に、メッカのカアバ神殿のまわりをめぐる巡礼者たちの姿が重なる。

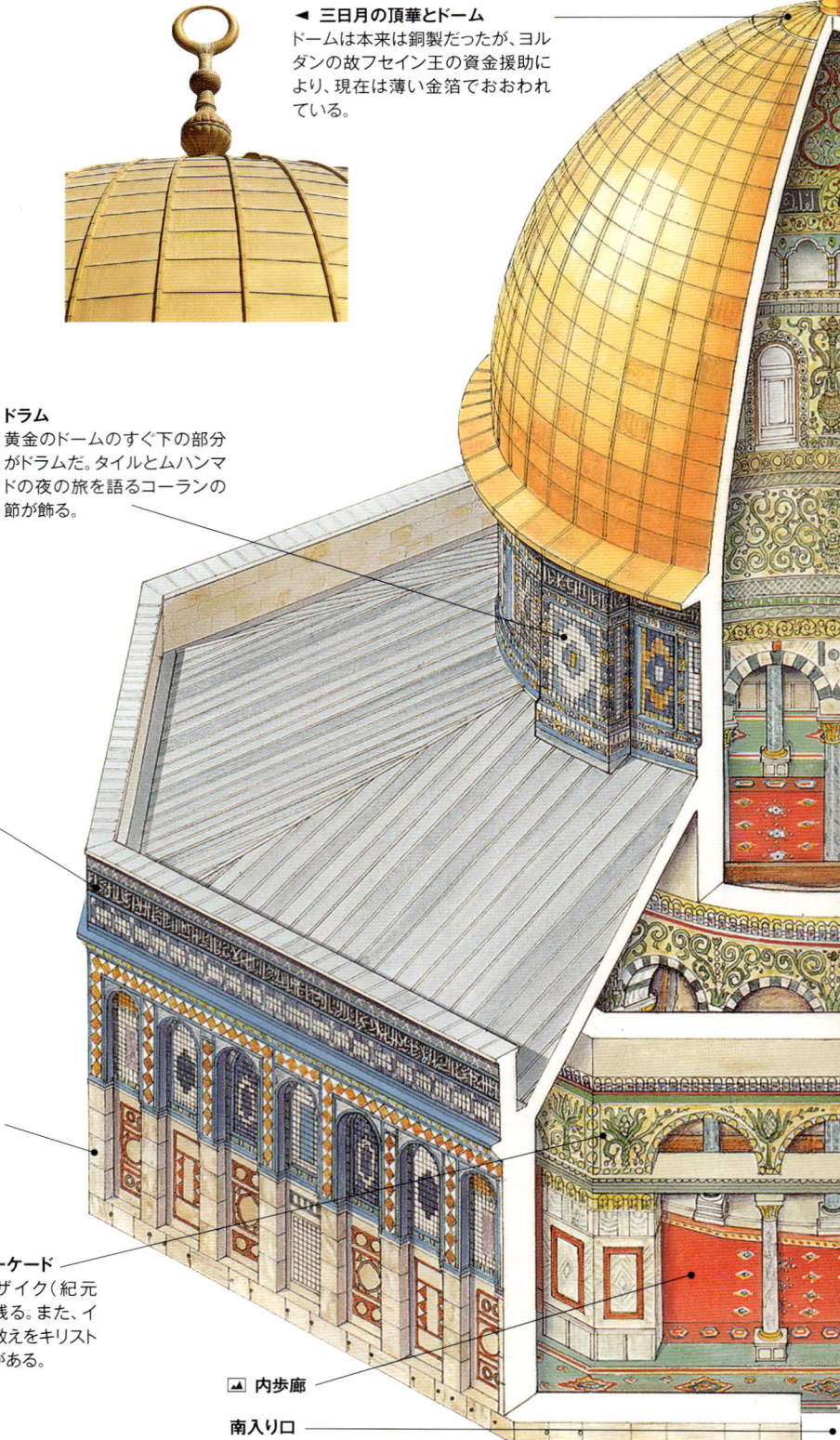

ドラム
黄金のドームのすぐ下の部分がドラムだ。タイルとムハンマドの夜の旅を語るコーランの節が飾る。

コーランの節（詩句）

大理石板（詩句）

八角形のアーケード
建造当初のモザイク（紀元692年）装飾が残る。また、イスラム教の真の教えをキリスト教徒に説く文字がある。

内歩廊

南入り口

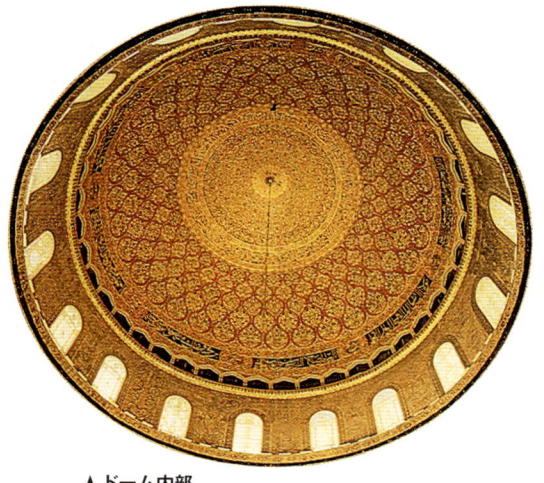

イスラエル 179

略年譜

691年
岩のドームの建造が完了する。

1500年代
スレイマン1世が命じ、外壁にすばらしいタイル細工が施される。

1981年
岩のドームがユネスコの世界遺産に登録される。

聖なる場所

岩のドームは、イスラム教のモニュメントとして最古でもっとも美しいもののひとつであり、イスラム教ではメッカ、メディナに次ぐ3番目に神聖な場だ。そしてここはユダヤ教にとっても重要な地である。ソロモン王の神殿とヘロデ大王が建てた神殿という、ユダヤ教のふたつの神殿が置かれていた場だからだ。

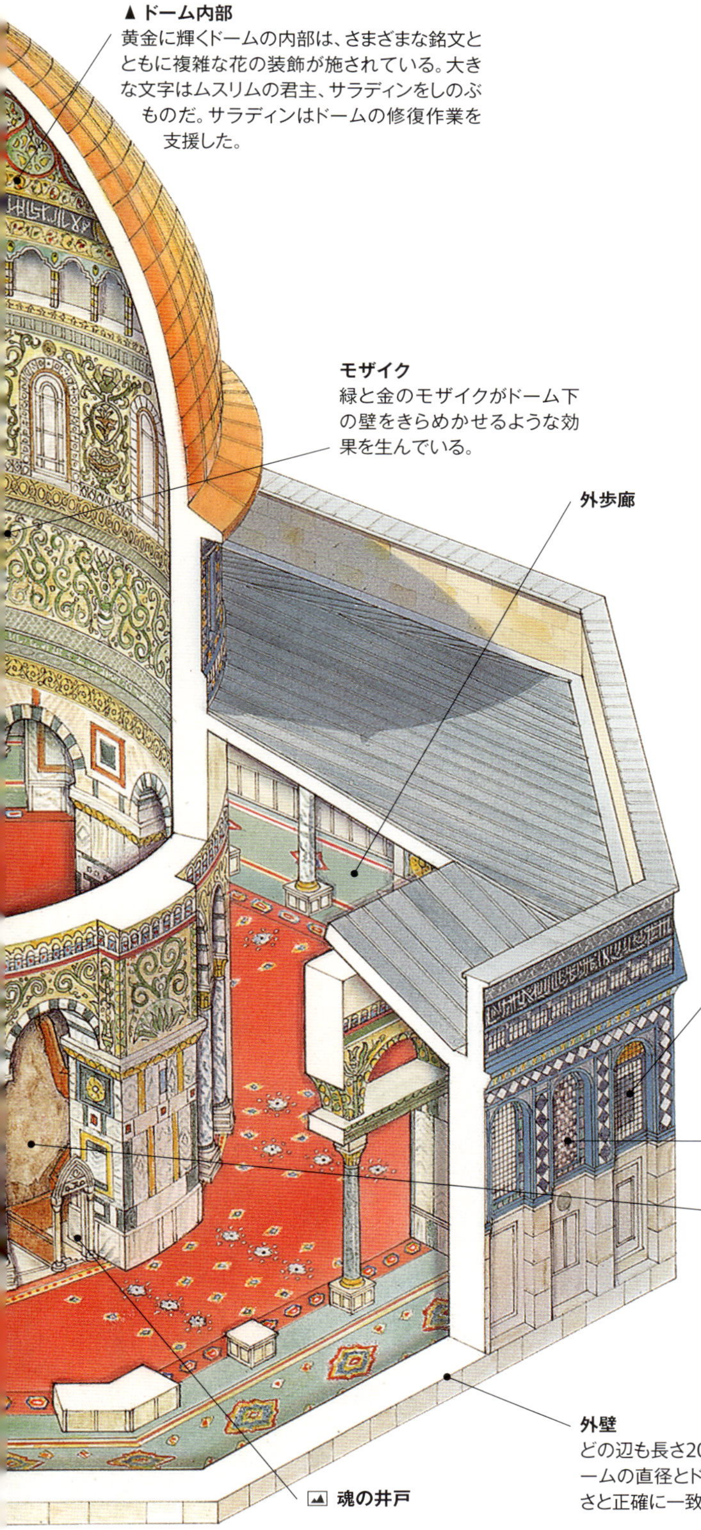

▲ ドーム内部
黄金に輝くドームの内部は、さまざまな銘文とともに複雑な花の装飾が施されている。大きな文字はムスリムの君主、サラディンをしのぶものだ。サラディンはドームの修復作業を支援した。

モザイク
緑と金のモザイクがドーム下の壁をきらめかせるような効果を生んでいる。

外歩廊

▲ タイル細工
建造当初のモザイクは破損し、1545年にスレイマン1世がペルシャ・タイルに取り替えた。現在外壁を飾る色とりどりのタイルは、そのペルシャ・タイルを忠実に再現したものだ。

ステンドグラスの窓

岩
岩の由来にはさまざまな説がある。アブラハムが息子イサクを神に捧げるよう求められた場所。ムハンマドが夜の旅に発った場所。また、ヘロデ大王の神殿の至聖所という説もある。

外壁
どの辺も長さ20.4メートル。これはドームの直径とドラムの底部からの高さと正確に一致する。

魂の井戸

● ムハンマドの夜の旅
イスラム教の聖典であるコーランはアッラーの言葉を正確に伝えるものであり、ムスリムは、アラビア語でなければ正確に理解することは不可能だと考える。他言語による翻訳は意訳にすぎないのだ。コーランは114章に分かれ多くのテーマがあるが、その中心にあるのが預言者ムハンマドの「夜の旅」だ。ムハンマドがメッカからエルサレムへと運ばれ、そこから「ミーラージュ」(奇跡)が起きて天を通って神の玉座まで昇り、朝にはメッカにもどったというものだ。岩のドームの**ドラム**(正円)の外装には、幾何学模様のタイルとコーランの節でこの話がつづられている。

● 神殿の丘
神殿の丘は、エルサレム旧市街の南東部に位置する。イスラム教にとって聖域の中心であり、岩のドームをはじめ重要な建物が多数集まっている。ここはソロモンの神殿があったという場所でもある。のちに第2神殿が置かれ、ヘロデ大王がそれを拡張したが、ローマ軍が破壊した。廃墟のまま50年あまり放置されたのち、691年に岩のドームが建造されて、イスラム教の神殿となったのである。

● 鎖のドームと黄金門
岩のドームの真東、神殿の丘のほぼ中央には、小型の鎖のドームが建つ。このドーム建造の理由については諸説がある。ユダヤ教では宇宙の中心である、至聖所(ヘロデの神殿のなかでももっとも神聖で立ち入れない場所)があった場所に建てられているともいわれている。鎖のドームは、17本の円柱がドームを支えるという簡素な造りだ。内部に施された13世紀のタイル細工はよく知られており、岩のドームのタイルにもまさるほどすばらしい。鎖のドームという名は、かつて屋根から鎖が吊るされており、それにつかまって嘘を言うと雷に撃たれて死ぬ、という言い伝えにちなんでいる。さらに東には黄金門がある。ヘロデ大王が造った城門のひとつで、ユダヤ教では、メシアはこの門を通ってエルサレムに入城するとされる。

マサダ

死海の海岸の上440メートルにそびえ、周囲から孤立した山頂の要塞は、世界最古のシナゴーグの場所だとされている。マサダは紀元前1世紀か2世紀には要塞化されており、ヘロデ大王が拡張、補強を行って、ふたつの豪奢な宮殿群をくわえた。ヘロデ大王の死後、要塞はローマ人の手にわたったが、紀元66年の第1次ユダヤ戦争で熱心党のユダヤ人が奪回した。ローマ軍がエルサレムで反乱をつぶした後も、マサダはユダヤ人の最後の砦として残り、2年あまりにわたってローマ軍の攻撃を果敢に防いだものの、紀元73年に陥落した。

▲ 蛇の道
要塞までロープウェイに乗らない場合は、山の東側の急な曲がりくねった道を歩いてのぼる。

◉要塞内部

マサダの崖の上の台地に、幅4メートル、長さ1400メートルにおよぶふたつの**城壁**がある。ヘロデ大王はそのなかに宮殿や兵舎、倉庫を建てた。北側の、王の私的な住居である壮大な**懸崖宮殿**は、3段の岩のテラスに岩肌をくりぬいて造られ、急な階段でつながる。部屋の床にはモザイクで豪奢な装飾を施し、壁と天井は石や大理石に似せて塗り、優雅な円柱がバルコニーと中庭を囲んでいる。王宮は、ほかにもこれより大規模な**西の宮殿**があり、ここは執務室でもあり、ヘロデ大王の玉座の間や王の家族の住居も置かれていた。

◉熱心党

ヘロデ大王が死去した紀元前4年頃になると、マサダの住人はローマに対する反乱に関わるようになっていた。暴動を率いるのは熱心党の創立者、ガリラヤのユダである。熱心党とは、異教徒であるローマ人に強く反発する、好戦的なユダヤ人グループだった。ローマ軍は反乱をつぶし、マサダを占領した。しかし66年に第1次ユダヤ戦争が始まると、熱心党は山頂を奪回した。熱心党は王宮周辺に住み、要塞を本拠地にローマ軍に急襲をかけた。**ローマ軍のマサダ包囲時**には、ここには1000人の住人がいた。

◉ヘロデ大王

ヘロデは紀元前73年に、ユダヤ人の父親アンティパトロスとアラブ人の母親キプロスの間に生まれた。父親と同じく、ヘロデはユダヤ教を信仰した。アンティパトロスがユダヤ王ヒルカノス（在位紀元前76-30年）の右腕だったおかげで、ヘロデが16歳のときの初の任官先はガリラヤ知事だった。狡猾で無慈悲なヘロデは、政治家の階段をのぼっていく。王の娘と結婚し、ローマ人の権力者に気に入られ、紀元前37年にはユダヤの王にのぼりつめた。ヘロデは大規模な建設計画に着手し、新しい港湾都市カエサレアや、マサダをはじめとする要塞を造り、エルサレムの神殿の大がかりな再建工事などを行った。しかし、正統派ユダヤ教徒はヘロデをユダヤ人として不純とみなし、その暴君的統治や重すぎる税に強く反発したのである。

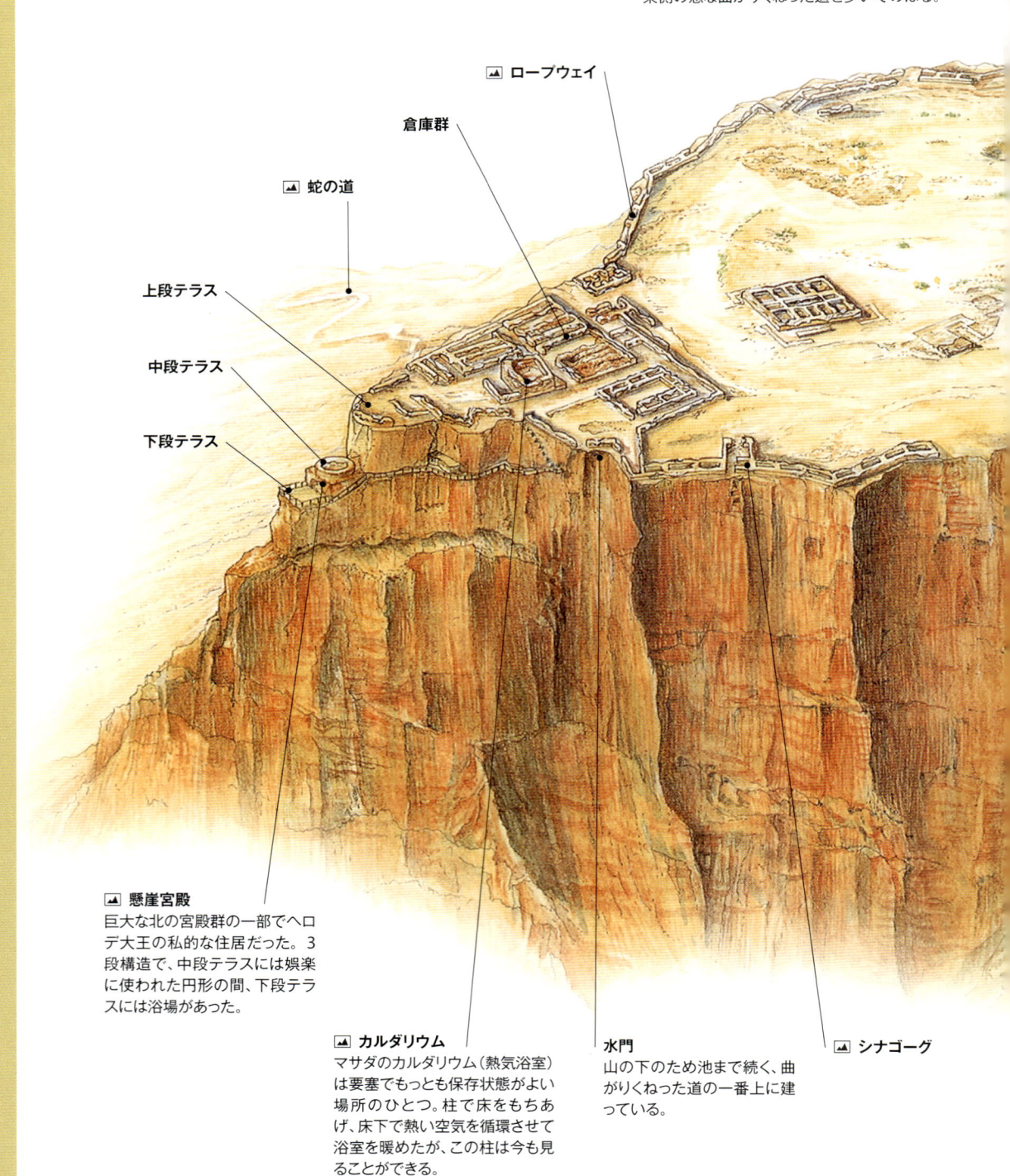

- ロープウェイ
- 倉庫群
- 蛇の道
- 上段テラス
- 中段テラス
- 下段テラス

懸崖宮殿
巨大な北の宮殿群の一部でヘロデ大王の私的な住居だった。3段構造で、中段テラスには娯楽に使われた円形の間、下段テラスには浴場があった。

カルダリウム
マサダのカルダリウム（熱気浴室）は要塞でもっとも保存状態がよい場所のひとつ。柱で床をもちあげ、床下で熱い空気を循環させて浴室を暖めたが、この柱は今も見ることができる。

水門
山の下のため池まで続く、曲がりくねった道の一番上に建っている。

シナゴーグ

イスラエル

生き残り
ローマ軍によるマサダ包囲とユダヤ人住人の集団自決の話は、生き残ったふたりの女性の口から語られた。ふたりは子どもたちと洞窟に身を隠し、殺戮と、住人の最後の男が命を絶つ前に放った火からも逃れたのである。

▲ **ロープウェイ**
岩山の上にある城砦には毎年膨大な数の巡礼者が訪れる。巡礼の旅の身体的負担を軽減するため、ロープウェイが設置された。

◀ **貯水槽**
ヘロデ大王は、山の麓にダムと水路を建造して雨季の雨水を貯め、要塞の北東側に置いた貯水槽を満たした。そしてそこからロバで山頂にいくつもある貯水槽に運んだ。写真は貯水槽のひとつで山頂の南にある。

▼ **カルダリウム**

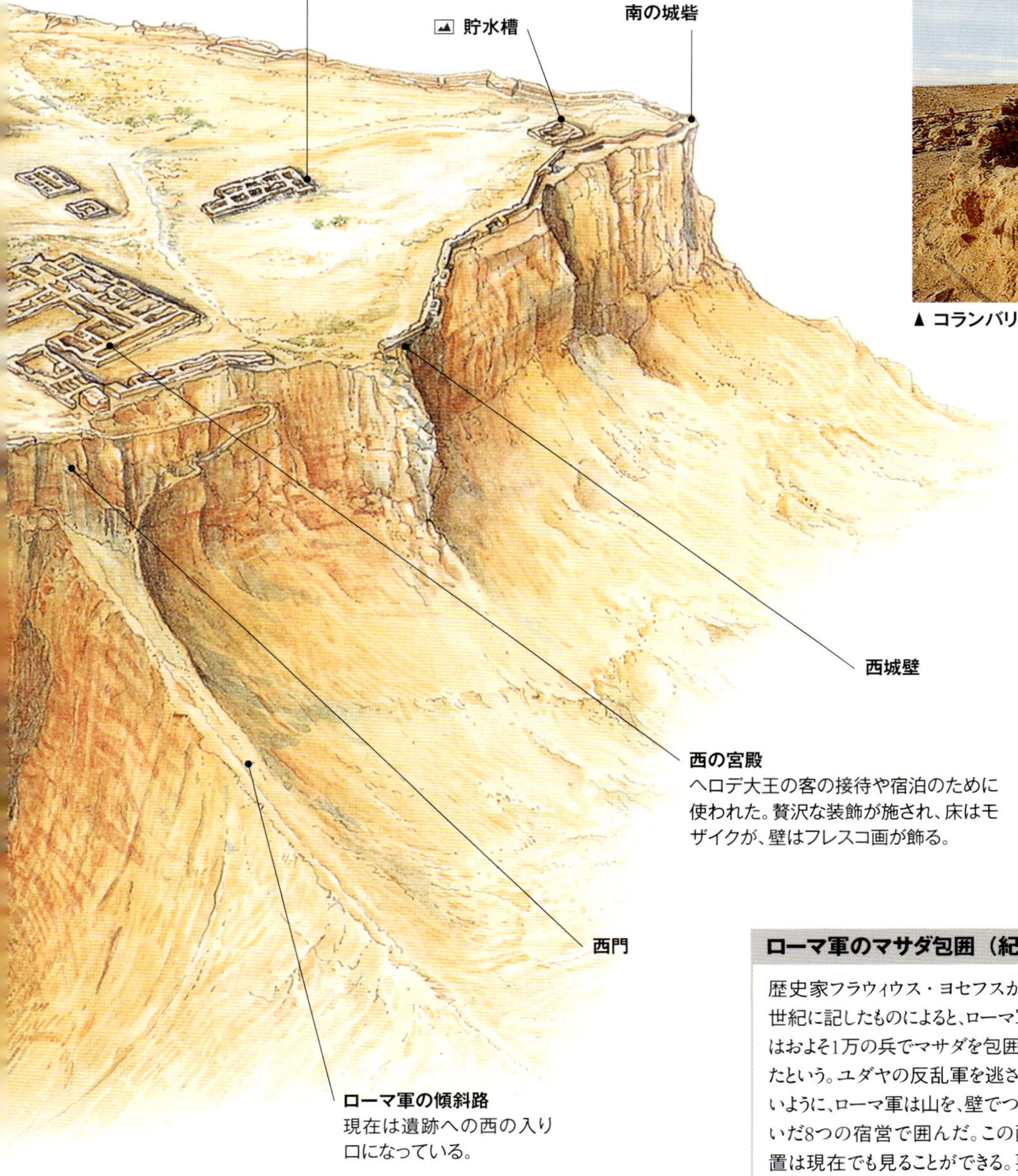

🖼 **コランバリウム**
埋葬用の壺を収める壁龕がある小さな建物。この壺は、ヘロデ大王の非ユダヤ人廷臣の遺灰を納めたものだと考えられている。

（図中ラベル）
- コランバリウム
- 貯水槽
- 南の城砦
- 西城壁
- 西の宮殿
- 西門
- ローマ軍の傾斜路

▲ **コランバリウム**

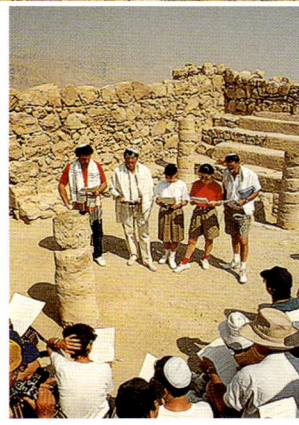

▲ **シナゴーグ**
ヘロデ大王が建造したと思われる世界最古のシナゴーグ。石の座席は熱心党がくわえたものだ。

懸崖宮殿 ▲

西の宮殿
ヘロデ大王の客の接待や宿泊のために使われた。贅沢な装飾が施され、床はモザイクが、壁はフレスコ画が飾る。

西門

ローマ軍の傾斜路
現在は遺跡への西の入り口になっている。

略年譜

紀元前37-31年	1963年	2001年
ヘロデ大王が壮大な要塞の建設計画に着手する。	マサダの要塞の発掘が始まる。	マサダがユネスコの世界遺産に登録。

ローマ軍のマサダ包囲（紀元70-73年）

歴史家フラウィウス・ヨセフスが1世紀に記したものによると、ローマ軍はおよそ1万の兵でマサダを包囲したという。ユダヤの反乱軍を逃さないように、ローマ軍は山を、壁でつないだ8つの宿営で囲んだ。この配置は現在でも見ることができる。要塞を攻めるために、ローマ軍は山腹をのぼる巨大な傾斜路を造った。この道が完成すると、ローマ軍は城壁の前に塔を建て、塔の小屋に身を隠して破城槌を使い始めた。防御側のユダヤ人は急きょ城壁の内側に防御壁を造ったものの、ほとんど障壁の役割を果たさずに破られ、マサダは陥落した。要塞内のユダヤ人は、捕虜や奴隷になったり処刑されたりするよりも、集団自決の道を選んだ。ヨセフスは、男たちが、それぞれ自分の家族の命を絶ったようすを語っている。

山頂の要塞から眺めるローマ軍の宿営地跡

ペトラ

ペトラは、岩地の奥にあって渓谷の絶壁に護られ、すばらしい保存状態にある。さらには考古学上重要で、見る者を圧倒するような遺跡だ。先史時代からここには人が定住していたが、ナバテア人が来るまでは、ペトラは水が穿った窪地にすぎなかった。紀元前3世紀から紀元1世紀にかけて、ナバテア人は広大な交易帝国の中心に壮大な都市を建設した。しかし紀元106年に、ペトラはローマ帝国に併合された。この都市には、キリスト教が4世紀に到来し、7世紀にはムスリム、12世紀には十字軍がやってきた。その後ペトラは、19世紀初頭まで忘れ去られていたのである。

▲ 劇場のアーチ状トンネル

ペトラの建造物

ナバテア人は思い切った建築手法を使い、あらゆるところに特徴のある外観を生み出している。初期定住者は複数のいらか段を用いているし、ナバテア風古典主義の建造物にはもっとのちの時代の様式も見られる。ファサードの年代判別は非常に難しい。「初期の」様式だと思われるものの多くが、実際には古典主義やその後の時代に建造されているとみられるからだ。

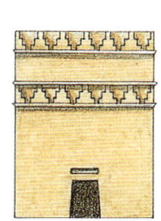

- アッシリアの建築を参考にしたと思われる初期のデザイン
- ペトラでよく目にする中間的な様式。複数のいらか段を分岐したいらか段と組み合わせ、古典主義のコーニスと柱、ヘレニズム様式の玄関をもつ。
- 高く見せる分岐したいらか段
- ナバテア風古典主義のデザイン。ここにあるバブ・エル=シクの複雑な造りのトリクリニウムは、おそらく古典主義とナバテアの様式を実験的に融合させたものだ。
- ナバテア人が好んだ何層にも積み重ねた外観

略年譜

紀元前3世紀	1100年代	1812年	1985年
ナバテア人がペトラに定住し、首都を置く。	十字軍が去ったのち、ペトラは凋落する。	J・L・ブルックハルトがヨーロッパ人として初めてペトラに入る。	ペトラがユネスコの世界遺産に登録される。

壁面につけられた足場
ここを足場に岩を彫ったのだろう。

宝物庫のトロス（周柱円形堂）

騎馬像
ポルティコ脇には、ゼウス神の息子、カストルとポリュデウケスの像がある。

アウター・シク
このイラストで紹介する彫刻群は、アウター・シク左手の主要な建造物の一部だ。アウター・シクは宝物庫から劇場へと通じる。もちろん実際にはこの通路は曲がりくねり、左右にはこのほかにも多数の墳墓や考古学的に貴重な建築群があふれている。

ナバテアの男性神のシンボルであるワシ

「屋根裏」の埋葬室
死者を動物や墓荒らしから護るための措置だ。

宝物庫内部
外の広場に面して堂々とした玄関口があり、12平方メートルの内室に通じる。その奥には清めの水盤が置かれた至聖所があるため、宝物庫は実際には葬祭殿だったと思われる。

分岐したいらか段
ナバテア人が古典主義のコーニスにくわえて工夫したデザイン。

▲ アウター・シクの建造物

犠牲祭壇への階段通路

▲ ファサードの通りへ

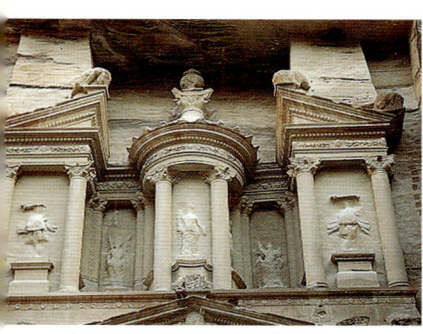

ヨルダン 183

◀ アウター・シクの建造物
宝物庫や劇場周辺の墓など、全体的にデザインは中間的な様式だ。独立して建つ墓のひとつは、古典主義の特徴にくわえ、いらか段を狭間胸壁として使った独特な様式をもつ。

▲ 宝物庫のトロス(周柱円形堂)
中央に見えるのはペトラの豊穣の女神エル＝ウッザ。トロスと壺にある銃弾の跡は、長年にわたりベドウィンが隠された宝物を奪おうとしてつけたものだ。

▼ 宝物庫内部、庭に面した扉

ファサードの通り ▶
4段に彫りきっちりと並んだ墓には、ペトラ最古のファサードも備わる。大半の墓には複数のいらか段がついている。

◀ ローマの宮殿を模した3層の宮殿の墓

ローマ円形劇場

墓のファサード
劇場の背後の壁を造るときにファサードは取り払われて、墓の内部のみ残る。

劇場のアーチ状トンネル
舞台の両側にトンネルがあり、劇場に通じている。内部は彩色した漆喰や大理石でおおわれている。

舞台の壁
アウター・シクからは、この壁に隠れて観客席は見えない。

ペトラの探査
十字軍が12世紀にここを発って以降、ペトラは500年あまりにわたりほぼ忘れ去られていた。失われた都市の物語に動かされたスイス人探検家、ヨハン・ルートヴィヒ・ブルックハルトが、ガイドを説き伏せてペトラへと案内させたのは、1812年のことだった。

●シク
ペトラへは、シクと呼ばれる深く狭い渓谷を抜けて行く。その手前にはバブ・エル＝シクという広い渓谷がある。シクの入り口には記念碑のようなアーチの名残があり、ここから次々と、ナバテア人の生活を垣間見せてくれる遺跡が姿を現す。岩を刻んで造った水路や落書きがあり、岩に彫った壁龕には、輪郭がぼやけた古代の神々の姿が見える。敷石やどこへもたどり着かない石段もある。シクはくだるにつれ、これ以上行くのは無理だというほど深く、狭くなっていく(一番狭い部分は幅1メートルほどしかない)。そして暗い最深部に来たかと思うと、目の前が開けて宝物庫が姿を現す。ペトラで一番の見どころであるここから、道はアウター・シクへと続いていく。

●王家の墓
ペトラの中心の平地から延びるアウター・シクはエル＝クブタ山の麓に続き、その岩地を掘って造ったのが、コリントの墓、宮殿の墓、アーンの墓だ。これをまとめて王家の墓という。その規模の大きさから裕福な人々や重要人物の墓であることがうかがえ、おそらくペトラの王や王妃のものだったのだろう。墓やその付近の建造物は、砂岩の岩肌全体に鮮やかな細い縞模様が波うつように見え、夕方のおだやかな光によく映える。なかでも美しさがきわだつのが、シルクの墓と、アーンの墓の天井だ。

●ナバテア人
ナバテア人は紀元前6世紀にアラビア半島北東部から西部へと移住し、最終的にペトラに定住した。商人であり起業家でもあったナバテア人は、東アジア、アラビア半島と地中海とを結ぶスパイスと香の交易ルートにおいて、ペトラがまたとない位置にあることを見抜いていた。紀元前1世紀には、ペトラは、北はダマスカス、南は紅海まで広がる豊かで強力な王国の中心となっており、ナバテア人はここに2万から3万もの人が住める都市を建設していた。繁栄のカギは水の管理能力にあった。シクの岩壁沿いには溝やテラコッタの水道管が見られ、ペトラに複雑な給水システムがあったことがうかがえる。紀元106年以降、ペトラはローマ帝国のもとで栄えたが、交易ルートの変化によって衰退していった。

レギスタン広場 ［サマルカンド］

サマルカンドのレギスタン広場を3つの建物が囲むさまは、世界でもまれにみる壮観さだ。テュルク系の征服者、ティムールの孫であるウルグ・ベクが、この町の砂地の市場広場の周囲に、モスクと商人用の宿、ウルグ・ベク・メドレセ（イスラム神学校）の建築群を置いたのは15世紀のことだ。ウルグ・ベクのメドレセ以外の建物はのちに取り壊され、17世紀になって、シェル・ドルとティラ・カリのふたつのメドレセがそこに建てられた。

●レギスタンの建築物

3つのメドレセがそろうまでには、230年以上もの年月があった。最初に建った**ウルグ・ベク**は1417年からの建造。この真向いにある**シェル・ドル**（「ライオンを抱くもの」の意）はウルグ・ベクをモデルにし、2世紀後に建てられた。このメドレセは伝統にはそわず、ファサードに生きた動物と人の顔が描かれている（コーランは偶像を禁じるという解釈が一般的だ）。モスクとメドレセを組み合わせた**ティラ・カリ**（「金箔で飾った」の意）がくわわったのは17世紀半ばだ。天井はドーム型に見えるが実際には平らな造りで、中央に向かって模様を小さくすることで目の錯覚を生んでいる。後でくわわったふたつのメドレセは、それより前の時代のティムール様式に影響を受けている。

●科学と学びの中心

ウルグ・ベクのメドレセは、**中庭**の周囲に100人を超す学生と教師を収容する52の部屋を収め、大学ともいえる施設だった。伝統的なメドレセはすべてをイスラム教の学問にあてていたが、それとは異なり、ウルグ・ベク・メドレセの学生は数学や科学の教育も受けていた。これは、君主であるウルグ・ベクの情熱が反映されてのことだ。ウルグ・ベクは「天文学者の君主」として知られ、サマルカンドに世界でも最古の部類に入る観測所を設置している。丘の上に2階建ての建物を置き、天を向いた巨大な天文観測用施設としたのだ。今そこには円形の土台だけが残っている。

●黄金のサマルカンド

かつてトランソクシアナ（おおまかに現代のウズベキスタン、カザフスタンとトルクメニスタンの一部）と呼ばれた中央アジアの地域は、近年まで孤立しほぼ忘れられた状態にあった。しかし中世には燦然と輝くイスラム世界の中心地であり、各都市は堂々とした宮殿やモスクを誇っていた。とりわけ壮大だったのがサマルカンドだ。アレクサンダー大王の時代にはすでにその名を知られていたサマルカンドは、ティムール帝国を率いたティムール（1336-1405年）によって伝説的な都市となる。野蛮で専制的なティムールは、戦闘によって1700万もの人々に死をもたらした。しかしその結果国は富み、また捕らえた職人たちをサマルカンドに送り、ティムールは当時の世界に広く影響をおよぼす、政治、宗教、文化、商業の中心となる都市を建設したのである。

ティラ・カリ・メドレセの目を見張るような内観

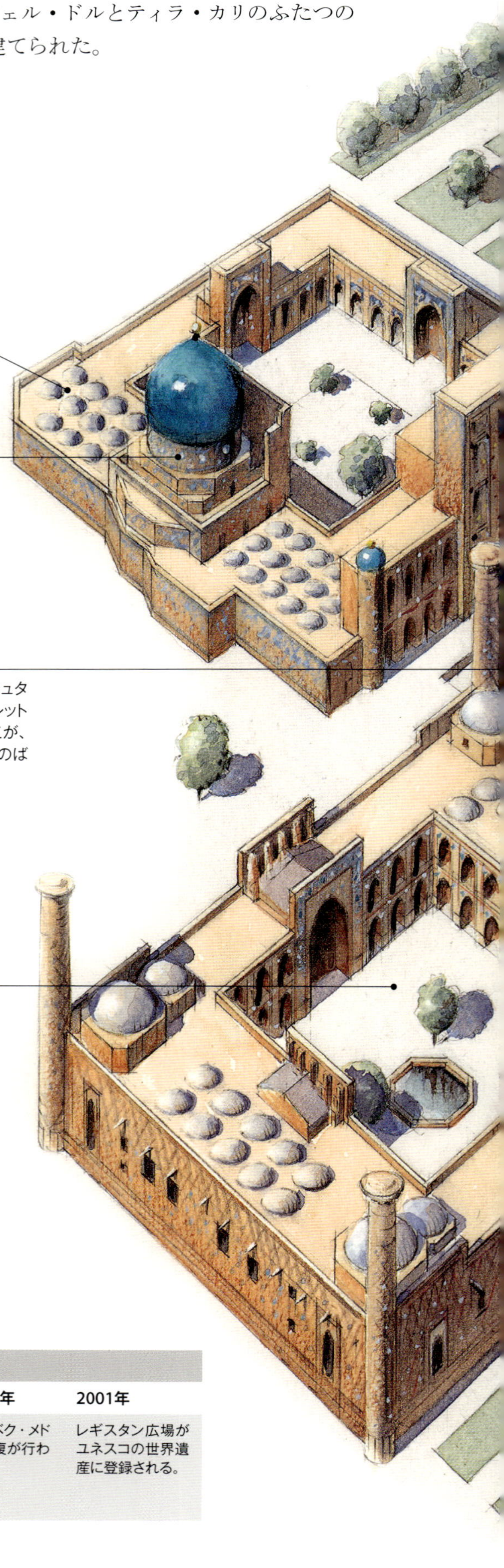

礼拝の間

ティラ・カリ・メドレセ
ドームの間の下にある、メッカに向いたミフラーブ（説教壇）は、豪奢な金箔でおおわれている。

ウルグ・ベク・メドレセ
ファサードは中央にアーチ型のピシュターク（ポーチ）があり、両脇にはミナレットが建つ。複雑な星模様のタイル細工が、ウルグ・ベクの天文学への情熱をしのばせる。

中庭
学生と教授たちが入る拱廊の小部屋が2層に並ぶ。

数学

ウルグ・ベクはメドレセの建設にあたって、数学の顧問としてギャースッディーン・ジャムシード・アル・カーシーを雇った。この人物が書いた数学と天文学に関する論文は、今も残る。

略年譜

1417-20年頃	1619年	1647年	1932-52年	2001年
ウルグ・ベクにより、ウルグ・ベク・メドレセが建造される。	シェル・ドル・メドレセが完成する。	ティラ・カリ・メドレセが完成する。	ウルグ・ベク・メドレセの修復が行われる。	レギスタン広場がユネスコの世界遺産に登録される。

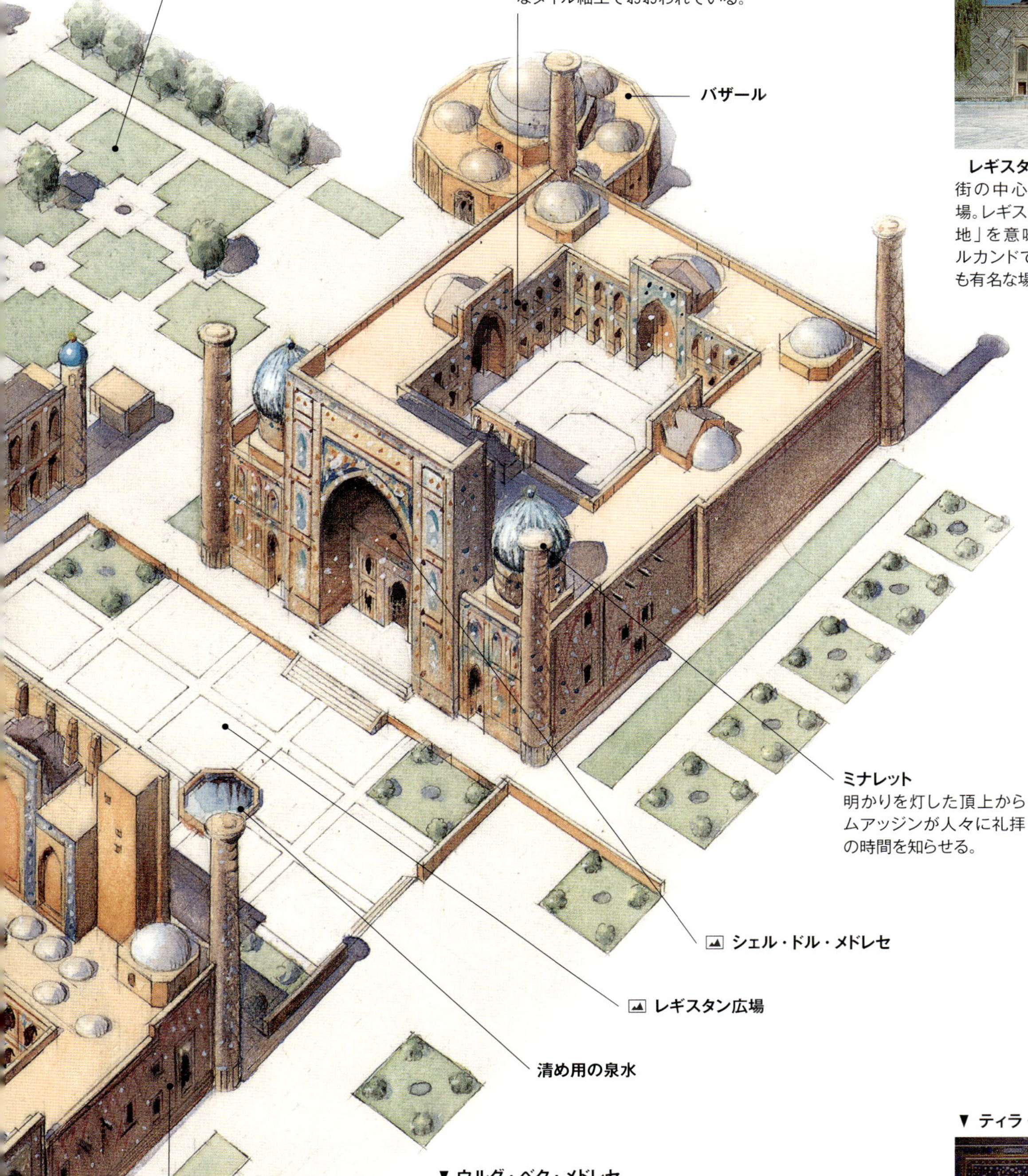

ウズベキスタン 185

鑑賞用庭園
以前この付近にあった平屋の建物を取り壊して造営した。

アーチ型の玄関口
シェル・ドル・メドレセのすばらしい中庭には、巨大なイーワーン（アーチ型の玄関口）があり、見事なタイル細工でおおわれている。

バザール

ミナレット
明かりを灯した頂上からムアッジンが人々に礼拝の時間を知らせる。

シェル・ドル・メドレセ

レギスタン広場

清め用の泉水

▼ ウルグ・ベク・メドレセ

ウルグ・ベク・メドレセのタイル細工
金箔とラピスラズリの多彩装飾を施し、ツタのつると花を描いた光沢のある美しいタイル細工。ティムール様式の装飾の典型だ。

レギスタン広場 ▲
街の中心にある広場。レギスタンは「砂地」を意味し、サマルカンドではもっとも有名な場所だ。

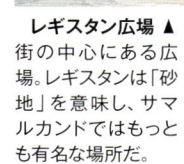

シェル・ドル・メドレセ ▲
ビシュタークの目を見張るようなタイル細工は、ガゼルを狙う2頭のライオンを描いている。ライオンの背後にはどちらにも人の顔を描いた太陽がある。

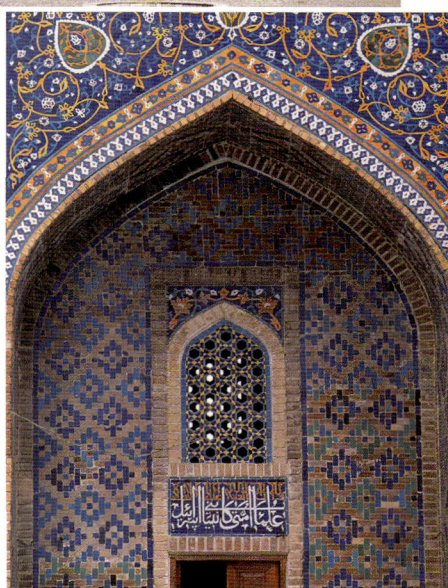

▲ ウルグ・ベク・メドレセのタイル細工

▼ ティラ・カリ・メドレセ

▼ アーチ型の玄関口

ポタラ宮 [ラサ]

ラサの最高地点に置かれたポタラ宮は、チベットでもっとも偉大な記念碑的建造物であり、13層構造の宮には1000を超す部屋がある。チベット僧の頂点に立ち、チベットの指導者でもあったダライ・ラマが住むポタラ宮は、宗教と世俗の中心だった。ダライ・ラマ14世が1959年にインドに亡命して以降、ポタラ宮は博物館とされ、チベットの豊かで敬虔な仏教文化を伝える施設となっている。641年にソンツェンガンポ王がこの地に建造した最初の宮を取り込む形で、今日の巨大な建物が誕生した。ポタラ宮は、1645年にダライ・ラマ5世が建てた白宮と、1693年に完成した紅宮の、ふたつの区域からなる。

◀ **四天王の壁画**
東入り口には仏教の守護尊である四天王の見事な壁画がある。

◀ **黄金の屋根**
巨大な建築物の上に漂っているように見える黄金の屋根(実は銅製)が歴代ダライ・ラマに献じた霊塔殿をおおう。

◀ **西大殿**
ポタラ宮内で最大の広間である西大殿は紅宮の第1層に位置しており、ダライ・ラマ6世の宝座が収められている。

◀ **ダライ・ラマ13世霊塔殿**
ダライ・ラマ13世の霊塔がある。薄暗い部屋に置かれた高さが13メートル近くもある霊塔は黄金や宝石でおおわれ、ダライ・ラマのミイラ化した遺骸が納められている。

◀ **立体曼荼羅**

ダライ・ラマ13世霊塔殿
ダライ・ラマ5世霊塔殿の屋頂
紅宮
西城塞(稜堡)
基壇
構造上必要なもので、この部分が急峻な丘の上の宮を支えている。

立体曼荼羅
ポタラ宮にある貴金属と宝石におおわれた複雑な造りの曼荼羅は、仏教の悟りの境地を表している。

略年譜

641年	800年代	1642年	1922年	1994年
吐蕃王国の建国者ソンツェンガンポ王により初代のポタラ宮が建造される。	吐蕃王国が分裂、崩壊し、ポタラ宮はほぼ破壊される。	ダライ・ラマ5世がチベットの宗教、政治の指導者となり、ポタラ宮を再建する。	ダライ・ラマ13世が白宮の多くを改築し、紅宮に2層をくわえる。	ポタラ宮がユネスコの世界遺産に登録。

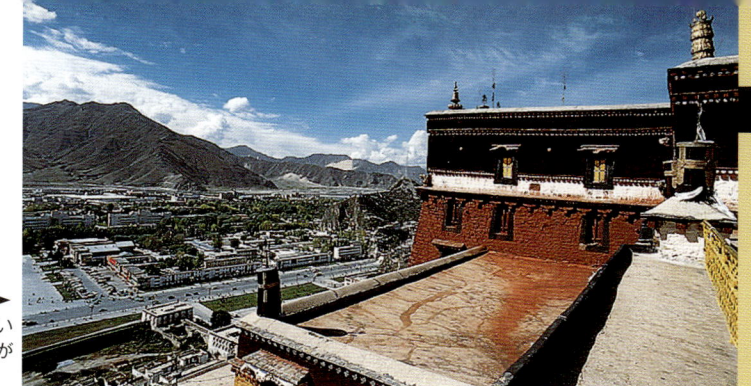

中国　187

屋根からの眺め
現在のラサの街はそれほどではないが、晴れた日には渓谷や山々の眺めがすばらしい。

白宮
白宮の主要部への入り口には3つに分かれた階段があり、中央の階段はダライ・ラマ専用のものだった。

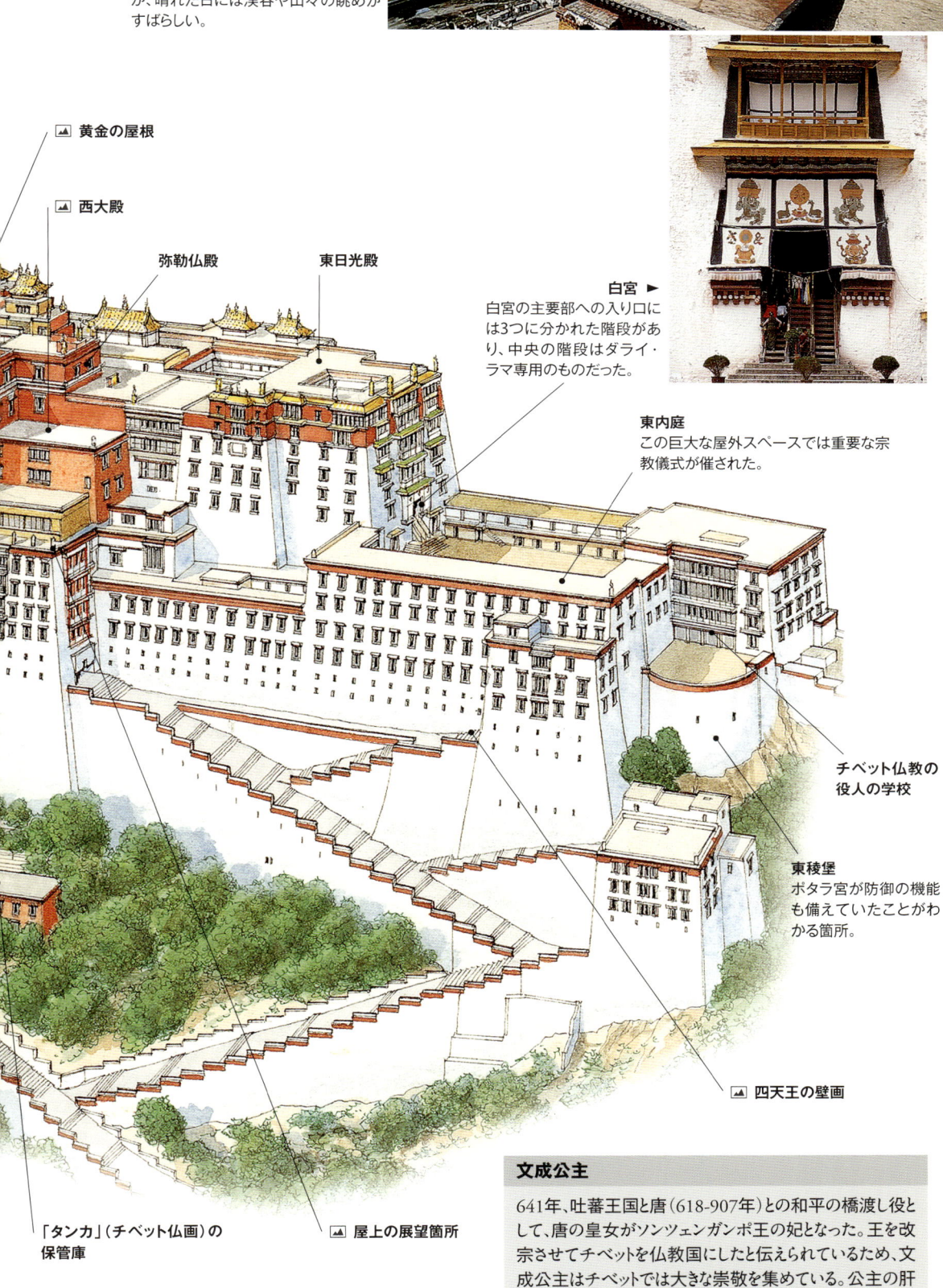

- 黄金の屋根
- 西大殿
- 弥勒仏殿
- 東日光殿
- 東内庭：この巨大な屋外スペースでは重要な宗教儀式が催された。
- チベット仏教の役人の学校
- 東稜堡：ポタラ宮が防御の機能も備えていたことがわかる箇所。
- 四天王の壁画
- 「タンカ」(チベット仏画)の保管庫
- 屋上の展望箇所

文成公主
641年、吐蕃王国と唐(618-907年)との和平の橋渡し役として、唐の皇女がソンツェンガンポ王の妃となった。王を改宗させてチベットを仏教国にしたと伝えられているため、文成公主はチベットでは大きな崇敬を集めている。公主の肝いりで、チベットには立派な寺院が多数建立された。

●白宮
7層造りの**白宮**はおもに世俗の場だった。上層の3層は中央の広い陸屋根の周囲に造られ、高僧と役人用の寝所と執務室があり、厨房や倉庫も置かれていた。最上層には、**東日光殿、西日光殿**と呼ばれるダライ・ラマの居室がふた部屋あった。その下の層には東大殿があり、700平方メートルのこの大広間では、政治に関わる重要な行事が行われた。宮の下階は倉庫に使われ、また建物を支える基壇の役割を果たしていた。入り口に続く通路には、ポタラ宮の造営と文成公主の輿入れを描く巨大な壁画が数点ある。

●紅宮
ポタラ宮の中心部にある**紅宮**は聖の区域だった。入り組んだ造りの紅宮には多数の堂があり、荘厳な霊塔には8人のダライ・ラマの遺骸が収められている。**ダライ・ラマ13世霊塔殿**の霊塔もすばらしいが、**ダライ・ラマ5世霊塔殿**にも12メートルもある白檀製の霊塔がある。4トン近い黄金と2万個もの真珠その他の宝石が使われているという。展示されている宝物のなかには、希少な手書きの仏教経典や多数の仏像もある。なかでも、最上層東側にある弥勒仏殿の弥勒菩薩立像は、ひときわ目を引く美しさだ。

●ソンツェンガンポ王
紀元617年に生まれ、戦士であったソンツェンガンポは、吐蕃王国を建国し、妻の文成公主のためにポタラ宮を造営した。その大半を火災で焼失してから長い年月が経ち、7世紀当時のポタラ宮で残っているのは、法王洞と仏殿のみとなっている。これはどちらも紅宮の北部分にある。法王洞はソンツェンガンポ王の瞑想の場だったといわれ、中には王、重臣、文成公主の像が祀られている。その上層にある仏殿では、重要な仏像数点と、ダライ・ラマ7世、8世、9世を祀り、あがめている。

万里の長城

万里の長城は、国が孤立し敵に攻め込まれやすかったという中国の歴史を象徴する建造物であり、砂漠や丘陵地、平原をうねりながら、4000キロメートルあまりにわたってのびている。しかし一見難攻不落の城壁も、結果的には防壁としてはあまり役目を果たさなかった。13世紀には凶暴なモンゴル軍の猛攻に破られ、17世紀には、明朝の衰退もあって満州族に攻め込まれた。今日万里の長城は、中国北部の起伏の多い土地では荒れるにまかせており、修復されているのはごく一部だ。

秦の初代皇帝、始皇帝

●長城の拡張

万里の長城といわれる稜堡が最初に建造されたのは、戦国時代（紀元前403-221年）のことだ。国がそれぞれ北方異民族の侵略を阻み、周辺国からの攻撃を防ぐために置いた。簡単な造りの、土を用いた城壁は独立しており、これがつながったのは、初めて中国を統一した秦（紀元前221-207年）の初代皇帝、**始皇帝**の時代である。長城の維持・拡張は、後続王朝の、国防に対する危機感の程度によって異なった。拡張主義の漢（紀元前206-紀元220年）の時代には長城は延び、国際主義の唐（紀元618-907年）は長城に注意を払わず、内向きの明（1368-1644年）の時代になると、大きく要塞化が進められた。

●砂地での建造

秦代の長城の壁は土を固めただけの簡単な造りだったが、のちの漢の時代には、技術の進歩によって、砂地ばかりが広がるゴビ砂漠にも建設が可能になった。板枠を並べてそこに柳の枝と小枝を組み、その枠に泥と小石、水を流し込んでしっかりと押し固める。乾燥後に枠を外すと固くてレンガのような巨大な泥のスラブができている。この作業を繰り返していったのである。これは、鉄筋でコンクリートを強化する現代の工法とよく似ている。

●蔡凱将軍

長城にまつわる伝説のなかに、明代の将軍の話がある。蔡凱将軍は、北京の北55キロメートルにある黄花城の長城建設を任された。将軍が時間と金をかけすぎているという報告が皇帝に届くと、将軍は気の毒なことに即刻処刑された。しかし、のちにモンゴルが一斉攻撃をしかけてきたときに、将軍が注いだ労力は実を結んだ。敵を寄せつけなかったのは、蔡凱将軍が造った黄花城だけだったのである。自らの間違いを悟った皇帝は将軍の遺体を掘り出し、黄花城のそばにねんごろに葬ったという。

中国の万里の長城（明代）

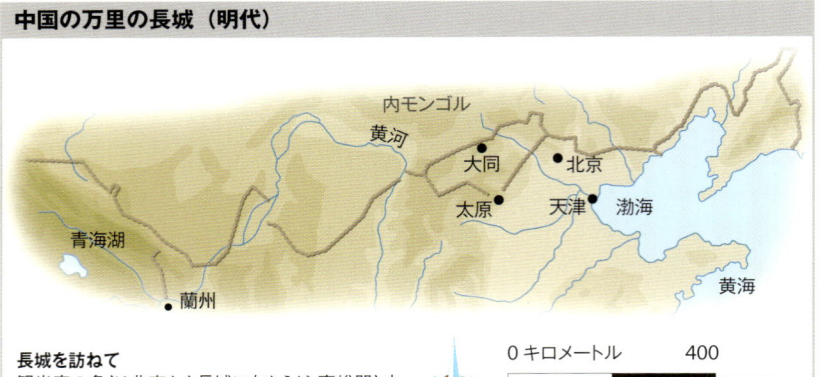

長城を訪ねて
観光客の多くは北京から長城に向かうが、嘉峪関と山海関の修復された要塞もすばらしい。

訪問地
1. 嘉峪関
2. 居庸関と八達嶺
3. 黄花城
4. 司馬台
5. 山海関

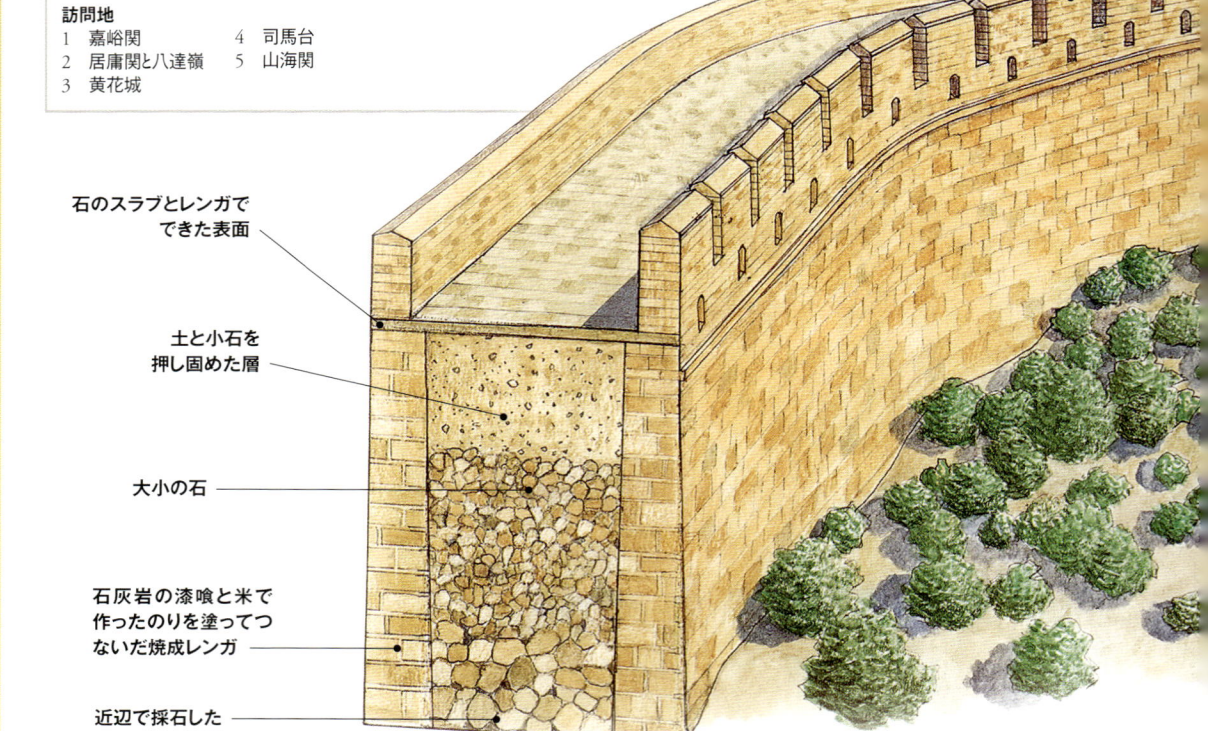

城壁
ここからなら、兵士が敵を攻撃するときも危険は少なかった。

- 石のスラブとレンガでできた表面
- 土と小石を押し固めた層
- 大小の石
- 石灰岩の漆喰と米で作ったのりを塗ってつないだ焼成レンガ
- 近辺で採石した巨岩

略年譜

紀元前5世紀	紀元前119年	589年	1215年	1644年	1987年
各国がそれぞれに土を固めて防御壁を造るようになる。	モンゴル軍をゴビ砂漠に追い返し、漢が長城を拡張する。	数百年の戦乱期を経て楊堅が隋を建国し、長城を再建する。	モンゴル軍が4年をかけて長城を攻略し、北京（中都）を占領する。	満州族が北東から長城を越え、清朝を樹立する。	万里の長城がユネスコの世界遺産に登録される。

中国 189

長城の復元図
このイラストは、長城の建造が最多だった明代に建てられたものの一部だ。1505年頃に北京の北約70キロメートルに建てられた八達嶺長城は、このイラストとよく似た造りであり、1950年代と1980年代に修復されている。

燉台
射手ふたり分のスペースがあり、四方を護れるようになっていた。

甬道
平均すると高さ8メートル、幅7メートルある。

砲
明代には、城壁を護り、敵の攻撃を寄せつけないために長城に砲を備えた。

▼ 望楼

烽火台
乾燥したオオカミの糞を燃やして狼煙をあげ、攻撃の危険を知らせた。

舗装された歩道

砲 ▶

長城が象徴するもの
中国語で「都市」を表す「cheng（城）」は、壁も意味する。中国人にとって長城とは現実の壁であり、国の境界であり、壁の内にある安全と文化、外の混乱と野蛮を意味するものだった。

▼ 長城の眺め
長城は自然の地形を利用して護りを固めている。もっとも高い地点を選び尾根にしがみつくように建造されており、その眺めはすばらしい。

望楼
明代に造られた。烽火台、砦、居住区、さらに食糧、火薬、武器の保管庫の役割があった。

崩壊する長城 ▶
北京から離れた地では、長城の大半は修復されておらず、崩壊が進んで城壁の中核部分しか残っていない箇所も多い。

舗装された歩道 ▶
狼煙や火、太鼓、鐘を用いて連絡がとれるのにくわえ、長城には、非常に険しい地形で兵を迅速に移動させる道の役割もあった。

北京近郊の丘陵地にうねりながらどこまでも
のびる万里の長城

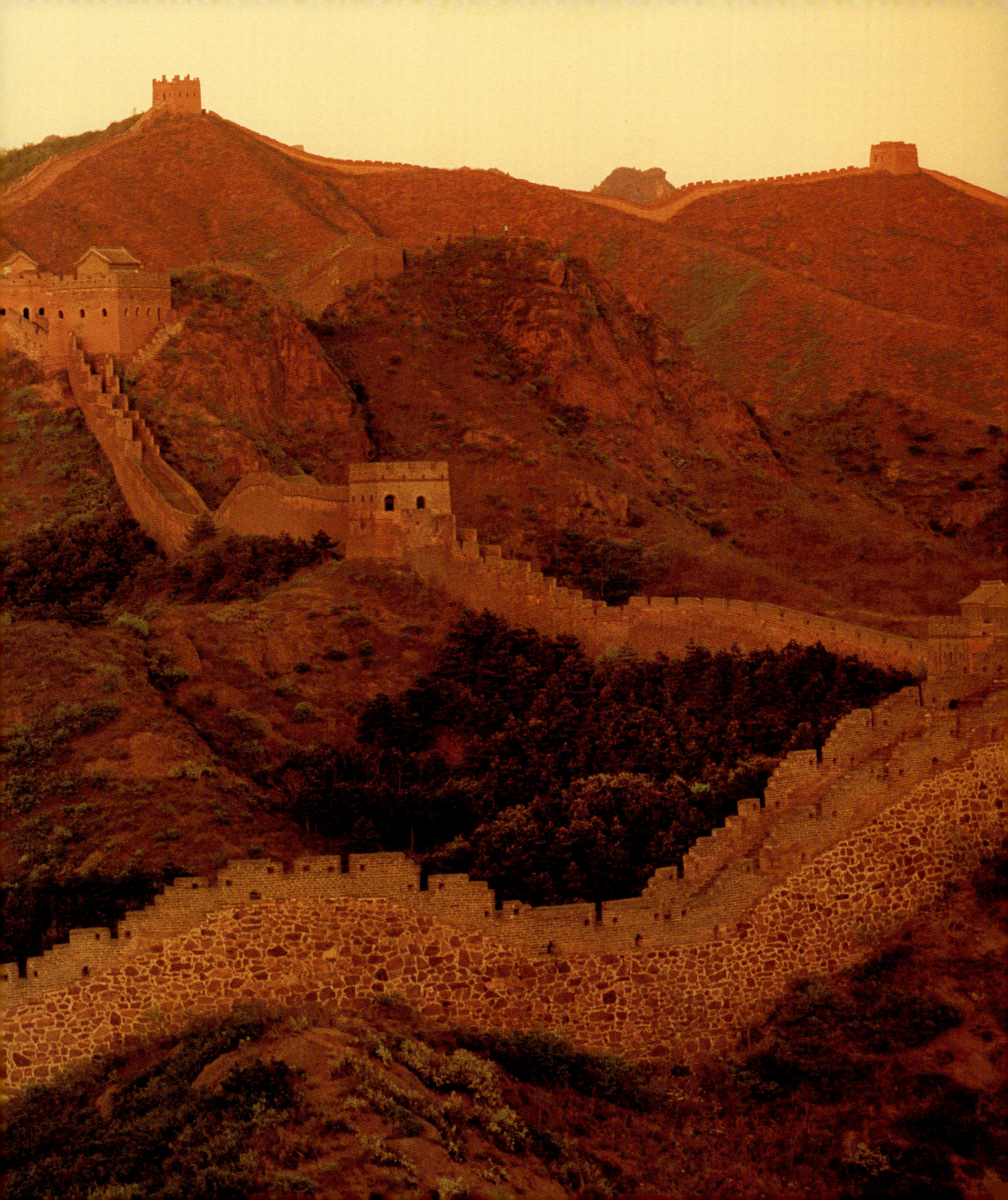

192　アジア

紫禁城 [北京]

北京の中心に鎮座する紫禁城は世界最大の宮殿建築群であり、15万平方メートルもの敷地に980の建物が並ぶ。1420年に完成して以降500年近く中国の宮廷が置かれ、明朝、清朝(1368-1911年)の24人の皇帝がここに座し、国政の場として機能した。中華帝国のシンボルである紫禁城は、宮廷とそこで仕事に携わる高官たちが占める場だったが、1949年に一般に公開された。

壁の光沢のあるレリーフ装飾

最後の皇帝

1908年、愛新覚羅溥儀は3歳で清朝皇帝に即位した。1912年2月12日にその短い治世は終わり、溥儀は退位して中華民国が誕生した。溥儀は1924年まで宮殿で幽閉の身となったのち、天津の日本租界へと逃れた。二度と紫禁城にもどることはなく、子もないまま、北京植物園で庭師として7年働き、だれに知られることもなく1967年に亡くなった。

若き皇帝、溥儀

●設計方針

中国の建築の中心に置かれているのは陰陽の調和だ。紫禁城は南北を軸に対称となるよう配置されており、広間の入り口は、冷気や邪気、蛮族の戦士といった、北方から到来する陰の悪影響を受けないように南を向いている。奇数は陽であり、皇帝の勇猛さを表すものであるため、3、5、7、そしてひと桁の奇数では最大の(そしてもっとも縁起のよい) 9が頻繁に用いられている。紫禁城には9999の部屋があるともいわれている。そして9かける9はとくに縁起がよいため、宮廷の扉には81の金の鋲がつけられているのだという。

●皇帝に仕える

紫禁城には皇帝の家族の住居と政治の中枢というふたつの役割があったため、宮廷内の男性で唯一内廷に入れる宦官は、独特の地位にいた。皇帝の家族のそばに仕えることを許されたごく一部の宦官には、宮廷の財源から莫大な財を吸い上げて、絶大なる権力を手に入れる者もいたのである。とはいえ、宦官の大多数は奴隷同然の身分だった。社会的身分では宦官より上にある皇帝の側室たちは、**内廷**そばの宮殿群に住んでいた。夜には皇帝がどの側室と床をともにするかを決め、その回数が側室の社会的地位を左右した。

●内廷

内廷は**外朝**の構造とほぼ同じだが、それよりも規模が小さい。ここにはおもな宮殿が3つある。乾清宮は本来は皇帝の寝所として使用されていたが、のちには宮廷の役人の接見の場となった。この宮殿の向こうには交泰殿がある。ここは皇妃の玉座の間であり、公式文書に押す皇帝の印(玉璽)が保管されていた。さらに奥に行くと坤寧宮があり、ここは明代の皇妃の居住区だった。内廷の後ろには御花園がある。皇帝の住居の両側には皇帝の家族やその従者の住居が並び、その数は、1700年代には9000にも達していたともいわれる。

外朝

「外」というが、この宮殿群のまさに中心にある。周囲の建物は、本来は外朝の各殿を補佐するものとして建造された。現在はそこで多様な興味深い展示が見られる。

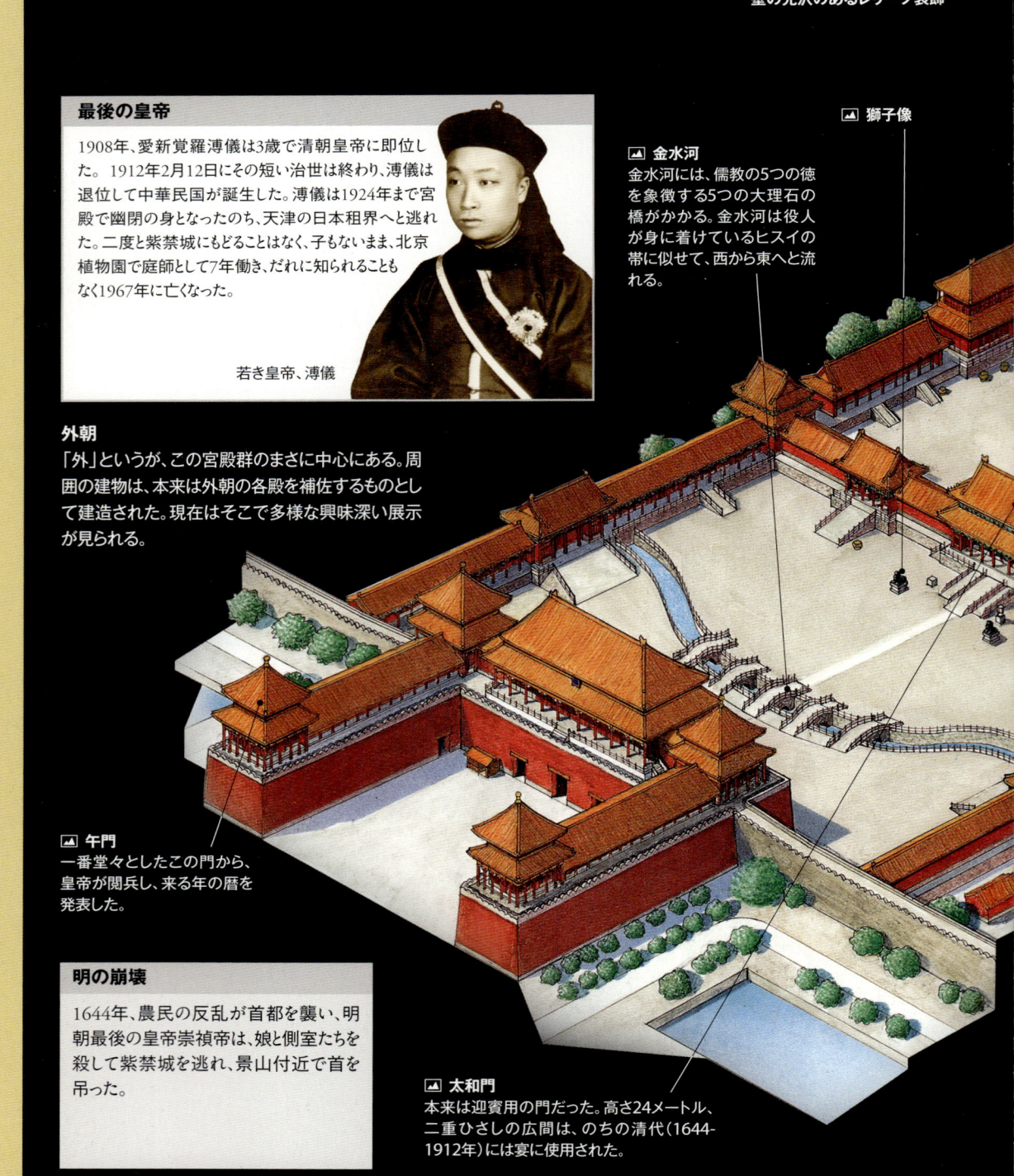

🖼 獅子像

🖼 金水河
金水河には、儒教の5つの徳を象徴する5つの大理石の橋がかかる。金水河は役人が身に着けているヒスイの帯に似せて、西から東へと流れる。

🖼 午門
一番堂々としたこの門から、皇帝が閲兵し、来る年の暦を発表した。

明の崩壊

1644年、農民の反乱が首都を襲い、明朝最後の皇帝崇禎帝は、娘と側室たちを殺して紫禁城を逃れ、景山付近で首を吊った。

🖼 太和門
本来は迎賓用の門だった。高さ24メートル、二重ひさしの広間は、のちの清代(1644-1912年)には宴に使用された。

略年譜

1406年	1664年	1925年	1987年
明の永楽帝が紫禁城の建造を命じる。	満州族(のちの清朝)が侵攻して火を放ち、宮殿の大半が焼失する。	紫禁城が故宮博物院になり、美術品などを一般公開する。	紫禁城がユネスコの世界遺産に登録される。

中国　193

縁起のよい数の鋲が打たれた紫禁城の扉 ▶

青銅製の釜
水で満たされた釜は、火災に備えるという実用的な目的があった。

科挙の試験が行われた保和殿

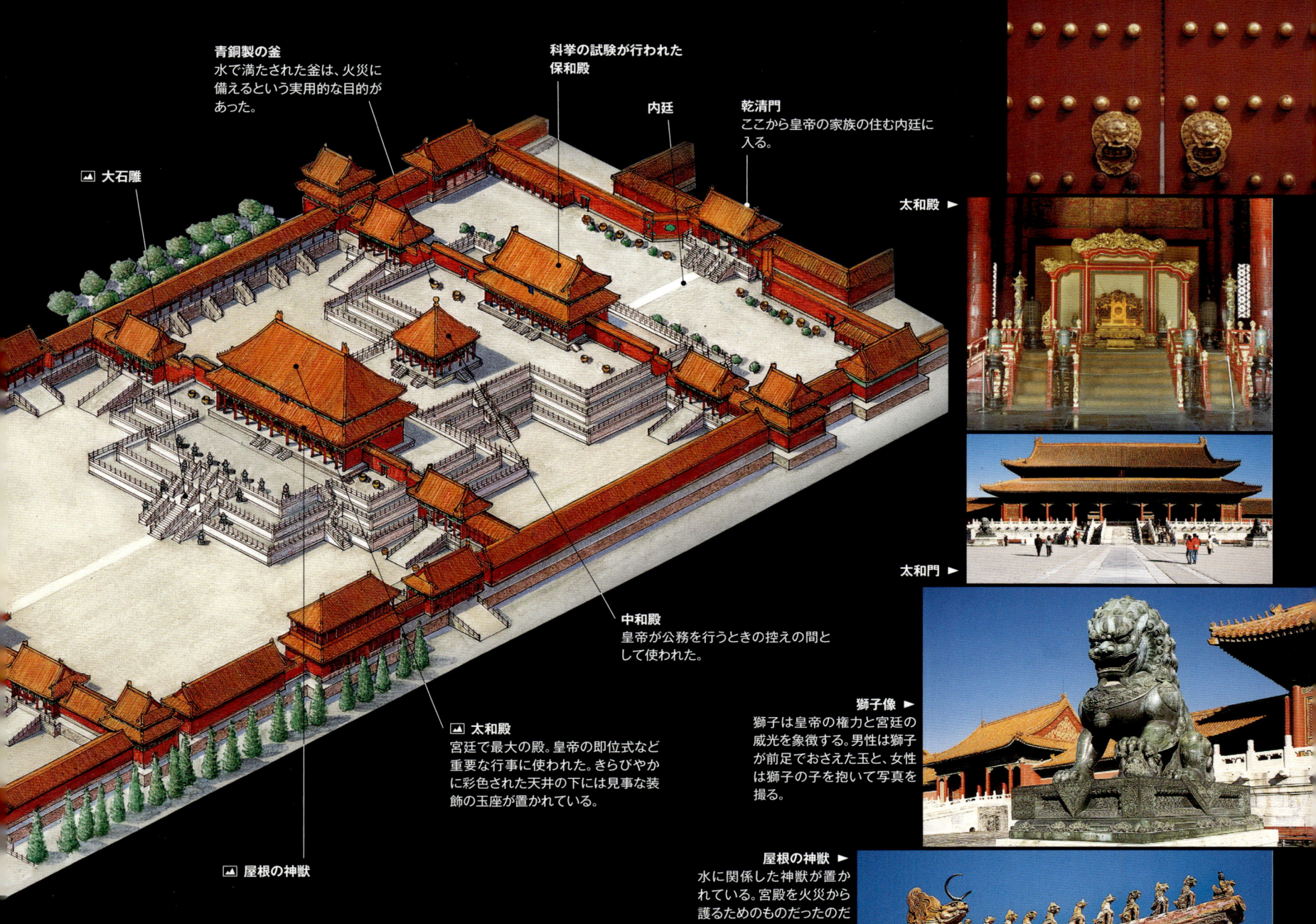

内廷

乾清門
ここから皇帝の家族の住む内廷に入る。

🖼 大石雕

太和殿 ▶

中和殿
皇帝が公務を行うときの控えの間として使われた。

太和門 ▶

🖼 太和殿
宮廷で最大の殿。皇帝の即位式など重要な行事に使われた。きらびやかに彩色された天井の下には見事な装飾の玉座が置かれている。

獅子像 ▶
獅子は皇帝の権力と宮廷の威光を象徴する。男性は獅子が前足でおさえた玉と、女性は獅子の子を抱いて写真を撮る。

🖼 屋根の神獣

屋根の神獣
水に関係した神獣が置かれている。宮殿を火災から護るためのものだったのだろう。

▼ 午門

▼ 大石雕
雲龍彫刻を施した中央通路は皇帝専用だった。

▼ 金水河

天壇 [北京]

明朝時代に建造された天壇は中国最大の寺院建築であり、均衡とシンボリズムを重視した中国建築の代表例だ。冬至の日、紫禁城での式典を終えた皇帝が、供物をささげ天に祈るのがこの場所だった。天子である皇帝は人民に代わって神に祈り、豊穣をもたらしたのである。明、清時代には一般の人々は立ち入れなかった天壇の周囲には、現在は大きな公園が広がり、早朝には太極拳をする人々が集まってくる。

圜丘壇への門

●天壇の配置

天壇にはおおいなる宇宙の存在が十分に反映され、大きな建造物は南北に建てられている。四角と丸の組み合わせは、古代中国の「天円地方」という言葉を表したものだ。丸や円錐形の屋根、祈念殿や皇穹宇の青い瓦は天を思わせる。圜丘壇は天を象徴し、四角の囲いが大地だ。また数字も重視され、奇数は非常に縁起がよいため、祈念堂は三重の屋根、圜丘壇の段は3列である。

●儀式とならわし

皇帝は、天災の後に天壇で儀式を行って天をなだめ、あるいは雨乞いや豊穣祈願を行った。3日間飲食を断った皇帝は、紫禁城から壮麗な行列を作って斎宮に入り、供物をささげる儀式の前夜をここで過ごした。翌日、夜明け前に皇帝は儀式用の衣服をまとう。それから祭祀用の音楽と舞踊をともない北から南へと進み、圜丘壇にあがって、殺したばかりの牡牛と絹の束を木牌の前で燃やした。木牌には皇帝の先祖のものもある。こうすることで、先祖も儀式に「参加」したのである。

●最後の儀式

宋朝(紀元前1100-771年)以来皇帝が執り行ってきた冬至の儀式は、天壇においては、中華民国初代大統領袁世凱将軍(1859-1916年)が行ったのが最後となった。袁世凱は中国軍の近代化に尽力した。だが力をつけた軍の長となれば、国を支えることの見返りに、影響力のある地位も簡単に手に入れることができた。大統領に就任した袁世凱は、さらに、皇帝に即位して中国に王朝を再興することをもくろんだ。1914年に天壇で儀式を執り行ったのも、皇帝への野望の表明だった。しかし、ふさわしい衣装をまといはしても、武装した車で天壇に到着したために、袁世凱の儀式には歴代皇帝が漂わせた威厳がともなわなかったのである。

天壇の祭壇施設群

主要な建物はすべて丹陛橋(地面より高い儀式用の通路)でつながっており、公園の中心をなしている。3つの門にある通路はそれぞれ皇帝(東)、神(中央)、役人(西)のものだ。有名な円形の回音壁は、壁の片側からもう一方の側へとささやきを伝えることができるといわれている。

皇穹宇に入る3つの門

神の位牌がある皇穹宇

圜丘壇の中心にある天心石

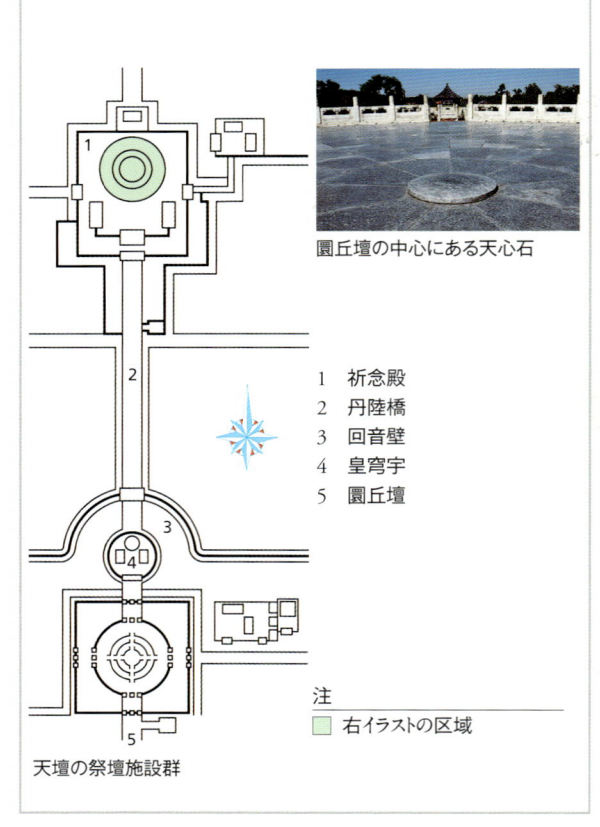

1 祈念殿
2 丹陛橋
3 回音壁
4 皇穹宇
5 圜丘壇

注
右イラストの区域

天壇の祭壇施設群

祈念殿

祈念殿は天壇でももっとも有名な建築物であり、ここが「天壇」だと思われていることも多い。実際には天壇は、殿や宮の集合体を指す。

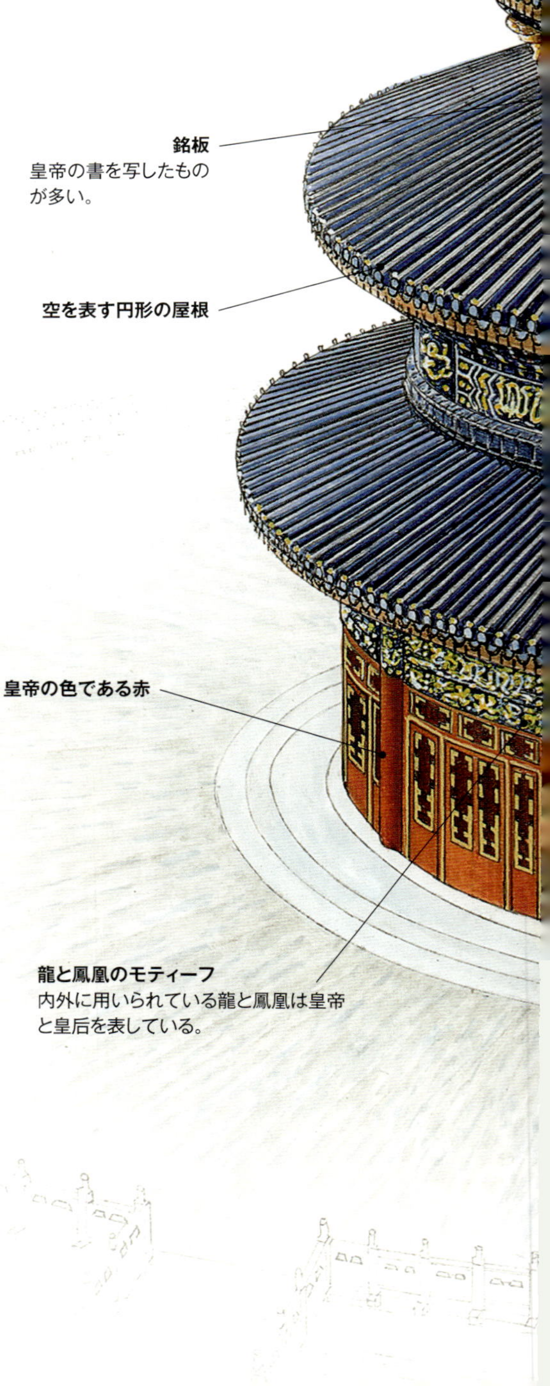

銘板
皇帝の書を写したものが多い。

空を表す円形の屋根

皇帝の色である赤

龍と鳳凰のモティーフ
内外に用いられている龍と鳳凰は皇帝と皇后を表している。

中国　195

金の宝頂
殿の宝頂は38メートルの高さにあり、雷に撃たれやすい。

藻井
豪奢な装飾の円形の藻井には、中央部に金箔張りの美しい龍と鳳凰のレリーフがある。

▲ **龍井柱**
殿の屋根は、28本の装飾が美しい柱が支えている。中心には、四季を表す4本の円柱があり、龍井柱として知られる。外側の12本は12ヶ月、その内側の12本は、1日を2時間ずつにわけた中国の12の時刻を表す。

▲ **藻井**

天を表す青

龍井柱

皇帝の玉座

釘を1本も打たずに建てられている祈念殿 ▶

▲ **大理石の基壇**
3層の大理石は直径90メートル、高さ6メートルの円形。上層の欄干には、この建物が皇帝のものであることを示す龍が彫刻されている。

供物の象徴

中央の「龍と鳳凰の石」

永楽帝
明朝の永楽帝は、1403年から1424年まで皇帝の座にあった。首都を南京から北京に移し、さらには紫禁城、天壇、明朝の皇帝陵墓群の建造にも着手した。

略年譜

1420年	1530年	1889年	1918年	1998年
祈念殿が建造される。当初は「天地壇」と呼ばれていた。	嘉靖帝が圜丘壇を建造する。	祈念殿が雷に撃たれて焼失する。	天壇が一般に公開される。	天壇がユネスコの世界遺産に登録。

東照宮 [日光]

日光は神仏習合の中心として名高く、徳川家康(1542-1616年)が自らの廟を置く場所に選んだ地だ。1617年に建造された東照宮は、のちに家康の孫の家光が拡張し、今日のような壮大な建築群になった。将軍にふさわしい廟にすべく、1万5000人の職人が2年の歳月をかけ、22の建物に彫刻や金箔張りを施したり、絵を描いたり、漆を塗ったりと腕をふるった。東照宮は神社ではあるが、仏教の要素も多くもつ。神社に通じる杉並木は、17世紀に、大名が高価な献上物にかえて植えたものだ。

本殿

拝殿

唐門
東照宮で最小の門。

「眠り猫」

例大祭
東照宮では5月と10月に春と秋の例大祭が行われる。渡御祭では1200人を超す人々が江戸時代の装束に身を固め、神輿を引いて練り歩く。

鐘楼

家康の墓と御宝塔へ

三神庫
渡御祭の装束が収められている。

仁王門
恐ろしい仁王像2体が門を護る。1体は口を開けて梵語の最初の文字(阿)を、もう1体は口を閉じて最後の文字(吽)を発している。

鼓楼

本地堂
この堂には「鳴龍」として知られる巨大な天井画がある。龍の頭の下に立って手を打つと、こだまが返ってくる。

陽明門

輪蔵
この経蔵の回転式書架には、7000巻もの仏教の写経が収められている。

御水舎

神厩舎

五重塔
1650年に大名が寄進したもの。火災で焼失したため1818年に再建された。各層は下から地、水、火、風、天を表している。

略年譜

1603-1867年	1616年	1617年	1636年	1999年
徳川幕府によって長期にわたり安定した時代が続く。	初代将軍、徳川家康が没する。のちに神格化される。	東照宮の本社が建造される。	霊廟と社殿群が完成する。	神社と寺院がユネスコの世界遺産に登録される。

日本

▲ 神厩舎
三猿の彫刻がこの木造の厩舎を飾る。ニュージーランド政府から贈呈された馬が毎日数時間ここにつながれる。

▲ 御水舎
清め用の花崗岩の水盤（1618年作）をおおう中国風の屋根の装飾がすばらしい。

五重塔 ▶

陽明門の見事な彫刻 ▶

▲ 陽明門
花鳥の装飾が豪奢なこの門の12本の柱のうち1本は、彫刻が上下逆になっている。これは、神の嫉妬をかわないように、わざわざ不完全にしたものだ。随身像が壁龕を埋める。

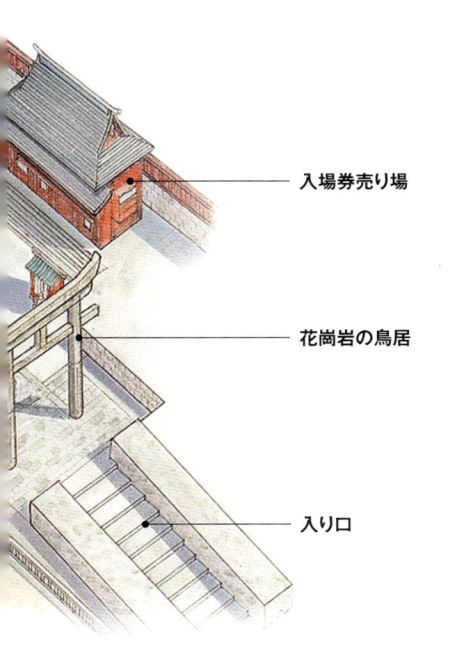

▲ 「眠り猫」
東回廊入り口の上には、小さな猫が眠るかわいらしい彫刻がある。左甚五郎の作（左には左利きの意味があるともいわれる）。

入場券売り場
花崗岩の鳥居
入り口

徳川家康
家康は切れ者の戦略家で政治の名手でもあり、260年にわたり将軍が統治した徳川幕府の創設者である。弱小大名の家に生まれた家康は、権力の獲得に生涯を費やし、ついに1603年、60歳で将軍になった。湿地が広がる村だった江戸に首都を置き、それとともに江戸文化が花開いた。死後は自分を神であり権現（仏の生まれ変わり）として祀るよう命じた。

徳川家康の墓

●神道
神道は日本最古の宗教であり、その核には、「神」が森羅万象をつかさどるという概念がある。神道においては日の神である天照大神が最高神とされ、古代より天皇の治世は、最高位にある神を祖にもつことで正統性を得てきた。神道では、物や食物を供え、祈祷することが祭祀の中心にある。神道は1868年から1946年まで国教となったが、現在では純粋な神道信者は日本人にはほとんどいない。しかし日本人の生活には、仏教の習慣とともに神道のしきたりも深くとけこんでいる。

●東照宮の特色
この神社の豪奢さは、神道本来の、務めや質素さを重んじる意識とは相いれないものだ。この違いは、6世紀の仏教伝来以降、神道が遂げた変化の表れだといえる。東照宮の建物の多くには仏教建築の要素が見られる。東照宮の5層の寺院（五重塔）と仁王が護る門（仁王門）は、仏教と神道が共存している例のひとつにすぎない。東照宮は建物の内外を問わず、建築群を飾る彫刻で有名だ。なかでもぬきんでているのが「日暮らし門」（陽明門）であり、この名は1日見ていても飽きないことからきている。

●三猿
8世紀に中国の仏教僧が伝えた三猿の格言は、天台宗の3つの教えを表すものだ。3匹の猿はそれぞれ、「見ざる」は「悪事を見ない」、「聞かざる」は「悪事を聞かない」、「言わざる」は「悪事を言わない」ことを意味する。日本では、猿は古来馬の健康を守るものだと考えられており、東照宮では、昔から神に奉納されてきた神馬の守護尊だ［神厩舎］。目、耳、口を隠す三猿の有名なしぐさは、青面金剛の教えをうまく表現している。悪事を見聞きせず、口にしなければ、悪事を免れるのである。

アジア

東大寺 ［奈良］

東大寺のすばらしい建物を訪ねる理由はさまざまだろうが、一番の魅力はその巨大さにある。何世紀もの間には火災に見舞われ、改築も経て、現在の東大寺は建造当初の大きさの3分の2でしかない。しかし、それでも木造建築としては世界最大である。大がかりな工事と莫大な費用を要したこの寺院の建立は、8世紀半ばに聖武天皇が命じたものだ。天皇は奈良に遷都し、仏教の中心地と都としての地位を固めようとした。なかには16メートルもの高さの日本最大の青銅製大仏が鎮座し、見る者を圧倒する。

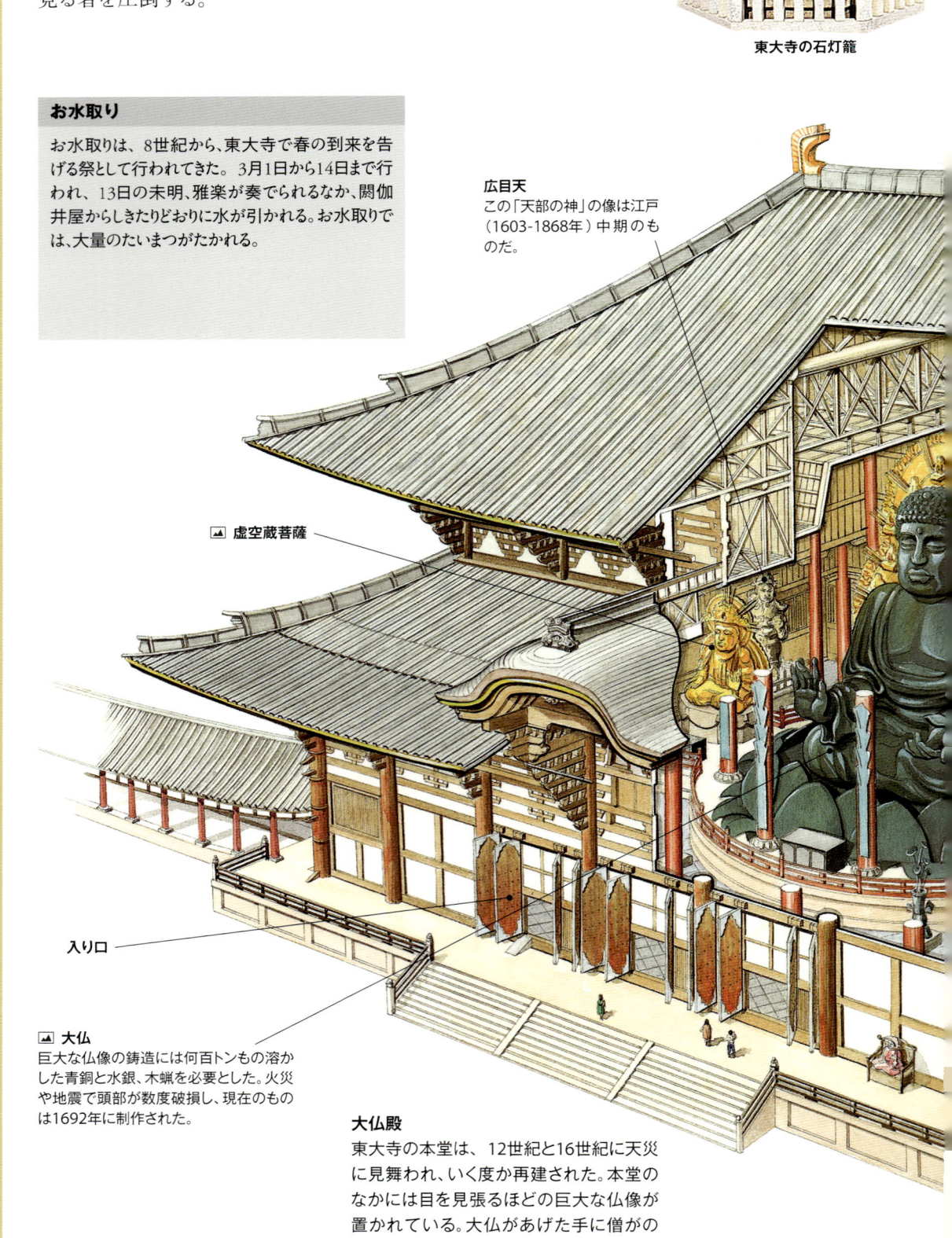

東大寺の石灯籠

●聖武天皇

8世紀の聖武天皇の時代（在位724-49年）、奈良に置かれた朝廷は仏教を奨励した。聖武天皇は各地に寺を建て、その広いネットワークを利用して朝廷の統治を強化しようとした。だが聖武天皇といえば、743年の東大寺建立と**大仏**造顕の詔がよく知られている。大仏の造立は完成に7年もかかる大工事であり、日本の青銅生産量数年分の大半をつぎ込み、国はほぼ破産状態に陥った。752年の開眼供養では自ら大仏の目を描きいれ、仏教への帰依をうたった。

●東大寺の建立

日本には広大な森林資源があり、木材は冬の天候に耐久性があることから、とくに寺院建築においては何世紀にもわたり建材として好まれた。だが木造であることは、大規模な火災があれば非常に燃えやすいということでもある。東大寺の**大仏殿**は柱と楣で支える伝統的な構造であり、長方形の基壇の周囲には柱が巡らせてある。この厳密な幾何学的形状は、世俗と仏の世界に境界を置くためのものだ。巨大な傾斜屋根を62本の柱が支え、また**化粧屋根裏**の独特な構造は、日本を襲う大小さまざまな地震に対して効果を発揮する。

●日本における仏教

仏教はインドに始まり、中国と韓国を経由して6世紀に日本に伝来した。伝来当初、仏教を奨励したのが聖徳太子（573-621年）だ。仏教には神道の信仰のシステムを一部取り入れたにもかかわらず、日本古来の宗教である神道とは初めは不安定な関係にあった。1868年に神道が日本の国教とされると仏教は公的な後ろ盾をなくしたが、第二次世界大戦後には隆盛を取りもどした。仏教の信仰と倫理観は現代日本の生活に浸透しており、禅宗が質素さや精神のコントロールに重きをおくことはよく知られている。日本の仏教寺院には、内部が飾り気のない本堂と墓地、神を祀る小さな祠があり、また仏陀の遺骨を納める仏舎利塔が置かれていることも多い。

お水取り

お水取りは、8世紀から、東大寺で春の到来を告げる祭として行われてきた。3月1日から14日まで行われ、13日の未明、雅楽が奏でられるなか、閼伽井屋からしきたりどおりに水が引かれる。お水取りでは、大量のたいまつがたかれる。

広目天
この「天部の神」の像は江戸（1603-1868年）中期のものだ。

虚空蔵菩薩

入り口

大仏
巨大な仏像の鋳造には何百トンもの溶かした青銅と水銀、木蝋を必要とした。火災や地震で頭部が数度破損し、現在のものは1692年に制作された。

大仏殿
東大寺の本堂は、12世紀と16世紀に天災に見舞われ、いく度か再建された。本堂のなかには目を見張るほどの巨大な仏像が置かれている。大仏があげた手に僧がのり、大仏のほこりを払っている姿を見かけることもある。

日本 199

▲ 高さ19メートルの東大寺南大門

▲ 聖地
かつて古代日本の都がおかれた奈良の地に東大寺がある。曲線を描く屋根が周囲の木々に垣間見える。

◀ 化粧屋根裏
大仏殿は1688-1709年に再建されたが、この巨大な天井部の梁と腕木を組み合わせた珍しい構造は、中国南部の技術者によるものだとされる。

曲線を描く屋根 ▶

聖武天皇が建立した多数の寺のひとつ、興福寺 ▶

屋根の装飾

🅰 化粧屋根裏

🅰 曲線を描く屋根
金の「鴟尾」をもち曲線を描く印象的な屋根のラインは18世紀のものだ。

大仏殿内観

穴のある柱
大仏殿には小さな穴の開いた巨大な木柱が建っている。邪気祓いのためだが、参拝者はこの柱をくぐるとご利益があるといわれている。

▼ 虚空蔵菩薩
知恵と記憶にご利益のある虚空蔵菩薩は1709年に完成した。

多聞天
この「天部の神」の像は、堂内後方にある広目天と同時代のものだ。

如意輪観音菩薩
「望みをかなえてくれる」この菩薩も大仏右手の虚空蔵菩薩同様、「悟りを開いた者」だ。1709年の作。

屋根つきの通路

▲ 大仏

略年譜

752年	1180年、1567年	1998年
火災と地震を経て東大寺がようやく完成する。	大仏の頭部が激しい火災で溶ける。	奈良の東大寺建築群がユネスコの世界遺産に登録される。

日本最大の青銅製大仏が座す奈良の東大寺

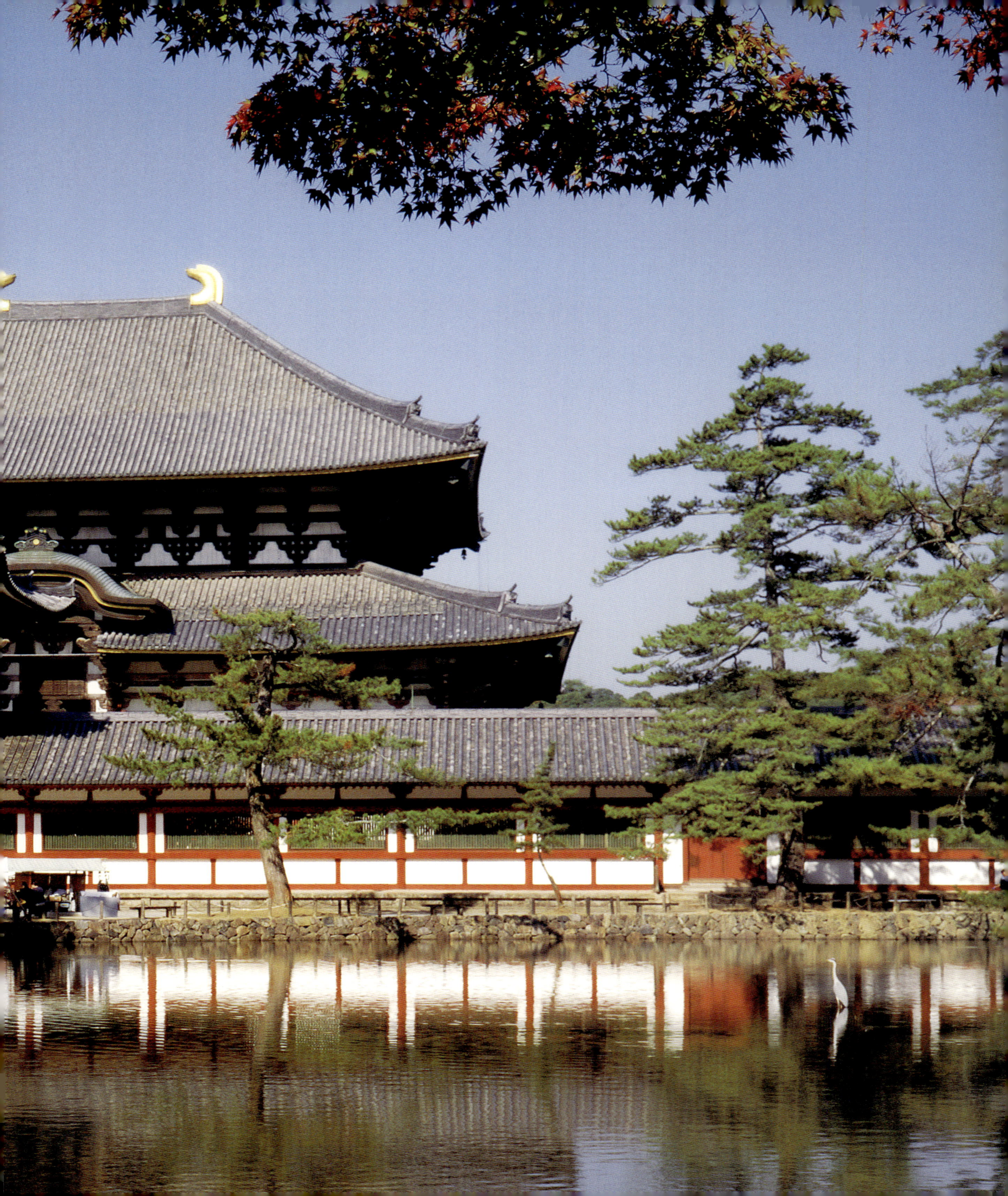

202　アジア

黄金寺院 [アムリトサル]

スィク教の精神的支柱である黄金寺院は、1589年から1601年にかけて建立された、イスラムとヒンドゥーの建築様式が混じりあった見事な建物だ。当時の宗教融合のしきたりにのっとって、礎石はムスリムの聖人ミアン・ミールが置いた。この寺院は1761年に、アフガン人侵略者アフマド・シャー・アブダリにほぼ破壊されたが、数年後に再建された。パンジャブ地方のマハラジャ、ランジート・シングがその統治期にドームを黄金でおおい、内部に豪奢な装飾を施した。

ピエトラ・ドゥーラ（大理石象眼）の一部

●聖なる廟

スィク教でもっとも神聖な廟とされる黄金寺院は、実際には街のなかにある小さな街であり、18の要塞化した門が護る入り組んだ通路を行く。正面入り口は北の門、ダルシャニ・ダルワーザーを抜けるが、この門には中央スィク博物館が置かれ、絵画や写本、武器などのコレクションが収められている。ここから階段をおりると、アムリトサルの名の由来である**アムリタ・サロヴァル**（甘露の池）を囲む**パリクラマ**（大理石の通路）があり、黄金のドームをいただく本堂**ハリ・マンディール**（神の寺院）まで行く。パリクラマにはいくつか神聖な建物が並び、癒やしのパワーがあるといわれる**木の廟ドゥク・バンジャニ・ベリ**や、68の巡礼廟のご利益があるという**アトサト・ティラト**などがある。パリクラマは**アカール・タクト**まで続く。建築群には、無料の食堂、**グル・カ・ランガル**もある。この食堂は、スィク教のグル達が生み出そうとした、カースト制のない平等主義社会を象徴するものだ。

●マハラジャ、ランジート・シング

北インドで傑出した統治者に数えられるマハラジャ、ランジート・シング（在位1790-1839年）は、ライバルの首長たちを説得してまとめ、パンジャブ地方初のスィク王国を創建した。シングには軍事の才があり、強力な軍隊によってイギリス軍とアフガン人の侵略者を寄せ付けず、パンジャブは貿易と産業の中心地として栄えた。敬虔なスィク教徒のランジート・シングは賢明な統治者でもあった。一方の目が不自由だったが、「ひとつの目ですべての宗教を見るようにという神のお計らいなのだ」と好んで口にしていた。

●スィク教

ターバンと顔をおおうヒゲが特徴のスィク教徒はすぐに見分けがつく。スィク教は、15世紀にグル・ナーナクが創設した改革派の信仰であり、偶像崇拝をせず、「グルマト」（グルの教義）ともいわれる。スィク教の寺院は、グルドワーラー、つまり「グルへの扉」として知られる。10人のグルの初代であるナーナクは、もっとも敬虔な弟子を後継者に選んだ。そして10番目で最後のグルであるグル・ゴービンド・シング（1666-1708年）は、スィク教徒のコミュニティを軍事組織のカールサーに再編し、ムガール帝国の宗教迫害と戦った。カールサーの5つのシンボルである、ケシュ（長髪）、カッチャー（下着）、キルパン（短刀）、カンガー（クシ）、カーラー（腕輪）を定め、スィク教徒に特徴ある外見をもたらしたのがゴービンド・シングだ。スィク教徒は、この5つを身に着けることが義務づけられている。

黄金寺院の建築群

1　寺院事務所
2　クローク・ルーム
3　ダルシャニ・ダルワーザーと時計塔
4　ハリ・マンディール（神の寺院）
5　アトサト・ティラト（68の廟）
6　グル・カ・ランガル（食堂）
7　ババ・カラク・シングの居住区
8　集会の間
9　ババ・ディープ・シングの廟
10　ダルシャニ・デオリー（聖域への門）
11　アルジュン・デヴの木
12　アカール・タクト（スィクの宗教的権威の座）
13　ニシャン・サーヒブ（旗竿）
14　ゴービンド・シングの廟
15　ドゥク・バンジャニ・ベリ（木の廟）

注　イラストにある区域

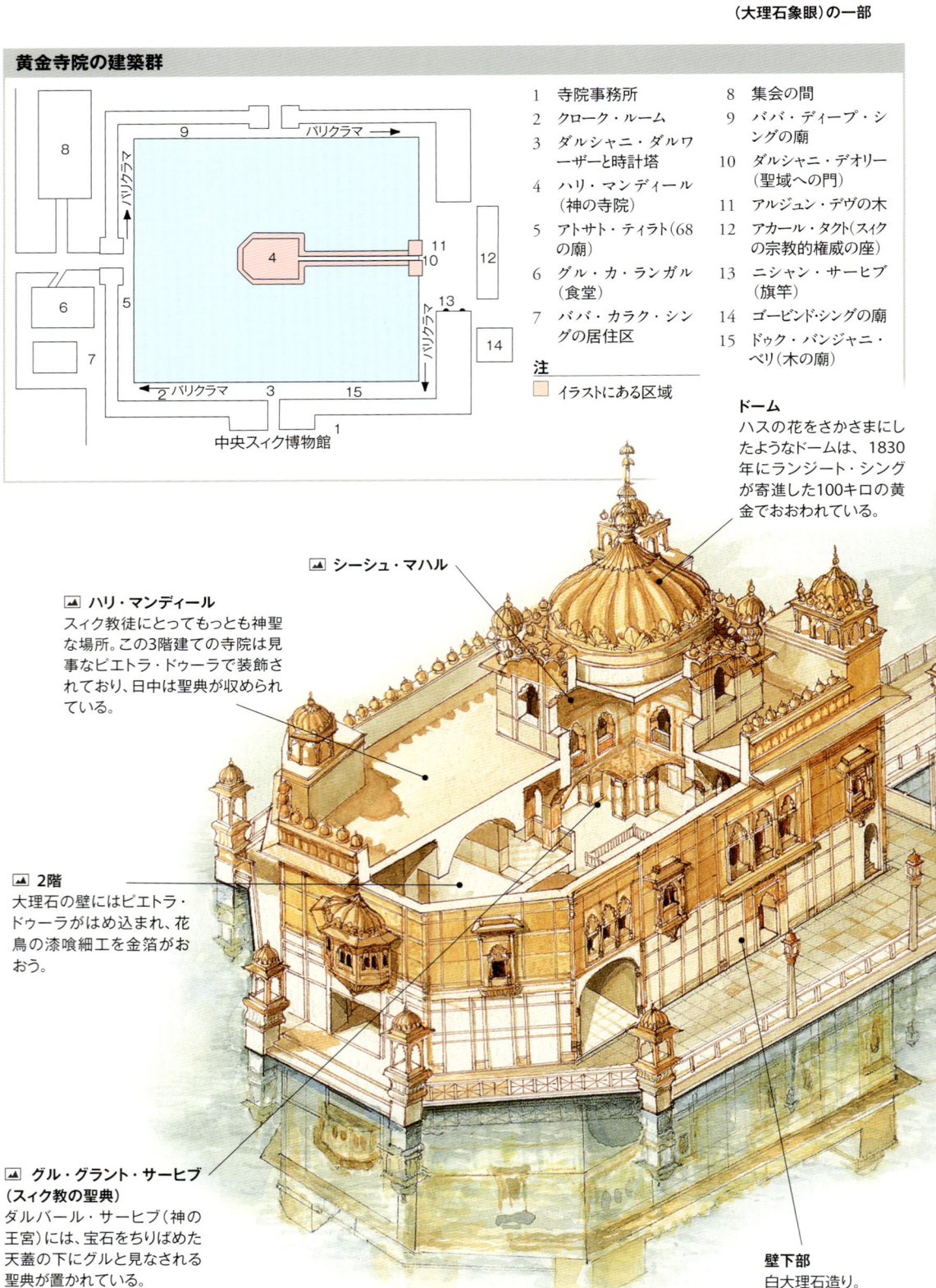

ドーム
ハスの花をさかさまにしたようなドームは、1830年にランジート・シングが寄進した100キロの黄金でおおわれている。

シーシュ・マハル

ハリ・マンディール
スィク教徒にとってもっとも神聖な場所。この3階建ての寺院は見事なピエトラ・ドゥーラで装飾されており、日中は聖典が収められている。

2階
大理石の壁にはピエトラ・ドゥーラがはめ込まれ、花鳥の漆喰細工を金箔がおおう。

グル・グラント・サーヒブ（スィク教の聖典）
ダルバール・サーヒブ（神の王宮）には、宝石をちりばめた天蓋の下にグルと見なされる聖典が置かれている。

壁下部
白大理石造り。

インド

グル・パラブ
グル・パラブの祭はグル・ナーナクの誕生日を祝うもので、10月末から11月初旬にかけての満月の夜(日付は年によって異なる)に行われる。この夜の黄金寺院はすばらしく、何千ものランプで輝く。

ハリ・マンディール ▶

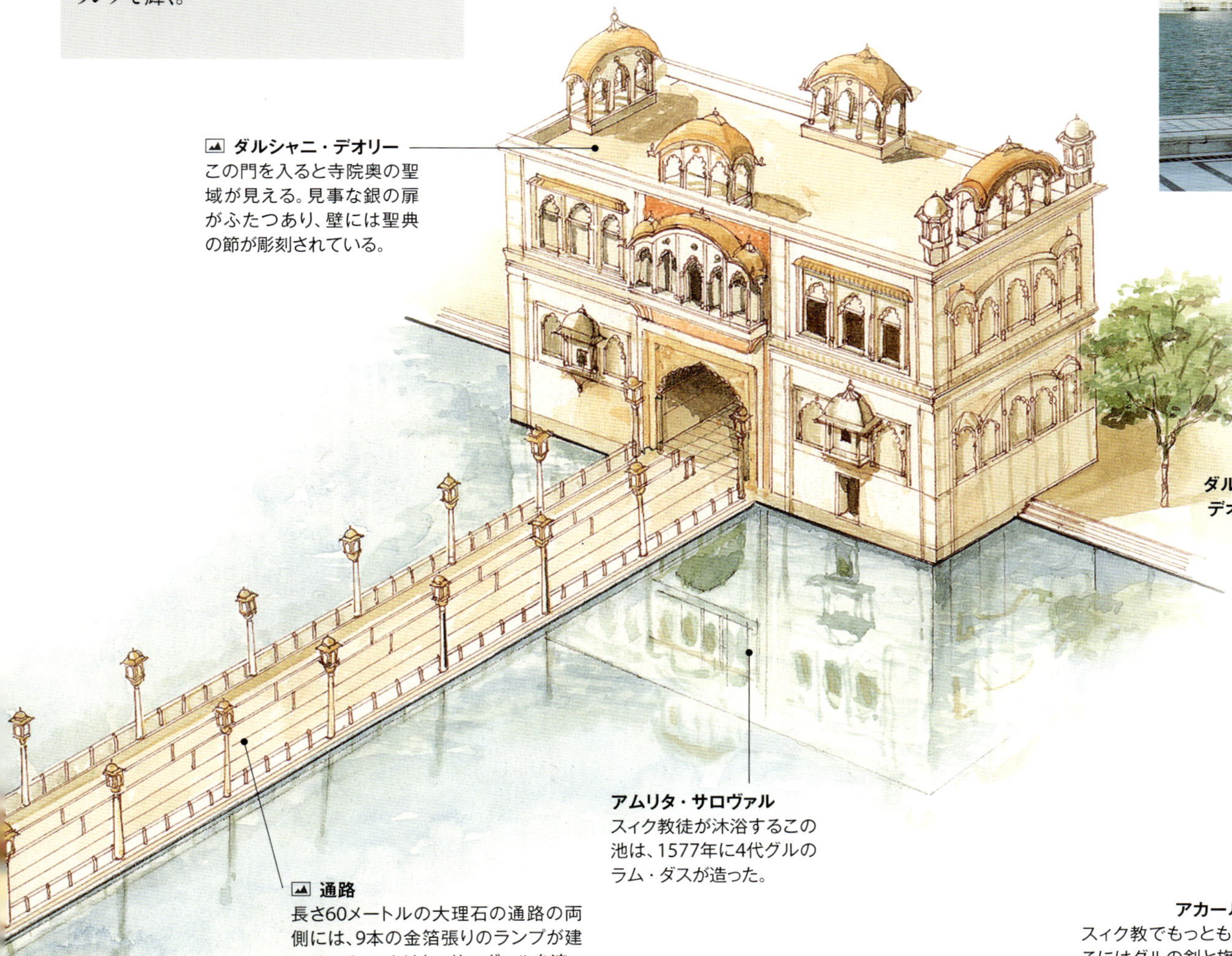

ダルシャニ・デオリー
この門を入ると寺院奥の聖域が見える。見事な銀の扉がふたつあり、壁には聖典の節が彫刻されている。

2階 ▶

ダルシャニ・デオリー ▶

アムリタ・サロヴァル
スィク教徒が沐浴するこの池は、1577年に4代グルのラム・ダスが造った。

通路
長さ60メートルの大理石の通路の両側には、9本の金箔張りのランプが建っている。アムリタ・サロヴァルを渡って寺院へと続く。

アカール・タクト ▶
スィク教でもっとも崇高な場。ここにはグルの剣と旗竿、夜間には聖典が収められている。

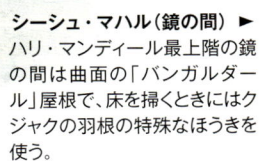

▼ グル・グラント・サーヒブ(スィク教の聖典)

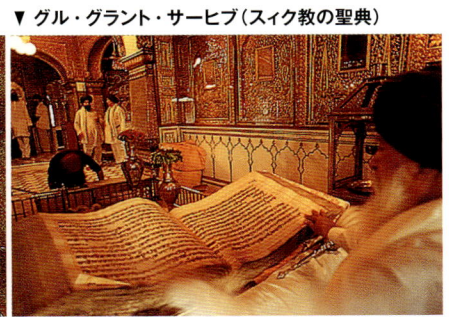

シーシュ・マハル(鏡の間) ▶
ハリ・マンディール最上階の鏡の間は曲面の「バンガルダール」屋根で、床を掃くときにはクジャクの羽根の特殊なほうきを使う。

略年譜

1589-1601年	1760年代	1776年	1830年	1984年	2003年
スィク教第4代グル、ラム・ダスの意向により黄金寺院が建造される。	ムスリムのアフガン人が黄金寺院を攻撃し、数度にわたって略奪のかぎりをつくす。	カールサー(スィク教徒の組織)が黄金寺院を再建する。	マハラジャ、ランジート・シングが寺院のドームを黄金で装飾を施す。	過激派を追い出すために軍が実行したブルー・スター作戦で寺院が破損する。	パンジャブ州政府が黄金寺院周辺区域の大規模美化計画の基金を設立する。

▲ 通路

204　アジア

タージ・マハル [アーグラ]

世界一有名な建築物と言われるタージ・マハルは、ムガール帝国皇帝シャー・ジャハーンが、1631年に亡くなった愛妃ムムターズ・マハルをしのんで建てたものだ。建物の完璧な配置と見事な細工は「幻想、夢、詩、不思議」と評されてきた。庭園を兼ねたこの霊廟はイスラムの天国の楽園のイメージを表現しており、およそ4100万ルピーと500キロの黄金を費やした。2万人近い職人が22年かけ、1653年に完成させた。

ドーム

▲ タージ・マハルの眺め
タージ・マハルの建築群は赤砂岩の壁で三方を囲まれている。建築群の端と端に壮大な建物があり、西がタージ・マハル・モスクだ（写真右）。

4基のミナレット
どのミナレットも高さ40メートルで、開放型の八角形のパビリオン（チャトリ）がのる。ミナレットは墓を囲み、建築物に完璧な対称性を生み出している。

ドーム
高さ44メートルの二重のドームはフィニアル（頂華）をいただく。

大理石の仕切り
大理石の一枚板から彫りだした優美で繊細な仕切りは、皇帝の家族の墓の周囲をおおって隠すためのものだ。

ピエトラ・ドゥーラ
花をデザインした複雑な彫刻で天上の楽園を描いた。貴石を使って象眼細工を施し、白一色の大理石の表面をまるで宝石箱のように見せている。

墓室
ムムターズ・マハルとシャー・ジャハーンの模棺が、台座の上にとなりあって置かれている。本物の棺は下の暗い地下納骨室に安置され、一般には公開されていない。

ヤムナー川

正面入り口

文字を刻んだ大理石
アーチの高い部分になるほどコーランの節の文字は大きくなり、文字が一方向に流れているようにも見える。

略年譜

1632年	1643年	1666年	1983年	2001年
ムムターズ・マハルの死後、タージ・マハルの建造が始まる。	タージ・マハルの完成には何千人という芸術家や職人が関わった。	シャー・ジャハーンが亡くなり、妃のとなりに葬られる。	タージ・マハルがユネスコの世界遺産に登録される。	タージ・マハル共同保全が発足して修復が始まる。

インド

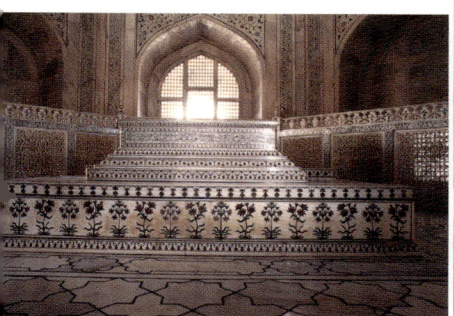

▲ 墓室

▲ ハス池
ハスの形の噴水から名をとった池は廟を映す。観光客は全員といっていいほど、ここにある大理石のベンチに座って写真を撮る。

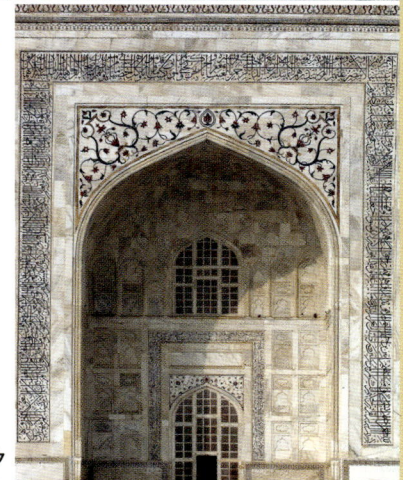

チャールバーグ
四分庭園はヤムナー川から引いた水で灌漑している。

タージ・マハルの平面図

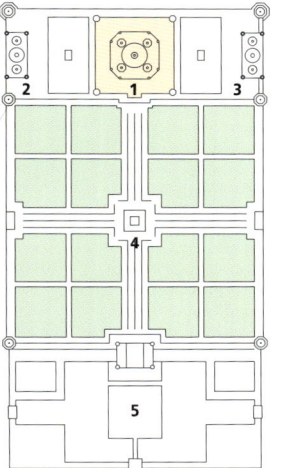

1. 墓室
2. マスジド（モスク）
3. メフマン・カーナー（迎賓施設）
4. チャールバーグ（四分庭園）
5. 入り口の門

注
□ イラストに示した区域
■ チャールバーグ

ピシュターク（玄関口） ▶

モスクの中央アーチ上の大理石の象眼 ▶

ドーム内観 ▶
ドームは実際には二重になっている。内側のドームは外側のドームの3分の1の高さしかなく、墓室のなかに見える部分は外に見えるドームとは別のものだ。

ピエトラ・ドゥーラ ▶

文字を刻んだ大理石 ▶

📷 ピシュターク（玄関口）
引っ込んだアーチが深さを生み、象眼のパネルは変化する光を映して墓に神秘的なオーラを醸し出す。

ムムターズ・マハル
アルジュマンド・バヌー（のちのムムターズ・マハル）は皇帝最愛の妃だった。ムムターズは皇帝の遠征にはすべて同行し、1631年に14番目の子を産んで亡くなった。ふたりは19年の結婚生活を送った。

● ムガール様式
ムガールの建築物は、大理石造りであれ赤砂岩造りであれ、帝国の高貴さ、絶大さを誇示するものだ。ムガール帝国の皇帝たちは、芸術、文学、建築の熱心なパトロンであり、その統治期に豊かで複合的な文化を確立し、イスラム教とヒンドゥー教の伝統芸術の美点を融合させた。とりわけ、**チャールバーグ**（四分庭園）中央に高く置いた土台にそびえる庭園霊廟は、ムガール建築最大の特徴となった。透かし彫りのあるジャリ（仕切り。目隠しや換気に頻繁に使用される）や洗練された象眼細工、尖頭三葉形アーチといった装飾は、巨大さがきわだつムガール様式建築物に、この世のものとは思えないような優雅さを添えた。このほかにも、ラージプート建築から採ったチャトリ（ドーム天井のある小塔）や、建物に左右対称にミナレットが建つといった特徴ももつ。

● 天国の楽園
ムガール様式の景観デザインの特徴である天国の楽園は、バーブル（1483-1530年）が取り入れたスタイルだ。ムガール帝国初代皇帝バーブルは、中央アジアの祖国、フェルガナの美しさに憧憬を抱いていたのである。イスラム建築の幾何学と隠喩的要素に基づいて造ったチャールバーグは、高くしつらえた通路と水路、それに一段低い植え込みによって四分割された囲い庭園だ。万物の生命の源である水を中心的要素とし、庭園を分割する水路は、皇帝の東屋が置かれた中心でぶつかる。そして皇帝は、大地の神を象徴するものとみなされていた。

● タージ・マハルの装飾
タージ・マハルは、天国の住まいのひとつを地上に模したものだと一般に解釈されている。その大理石の表面はすばらしいデザインで美しく飾られ、シャー・ジャハーンの統治期（1627-58年）に全盛期を迎えた、洗練された美意識の集大成だ。タージ・マハルの建物、庭園設計、絵画、宝石、文字、織物のすべてが、ムガール様式の豊かな芸術性を具現している。装飾用のジャリや大理石に彫った花咲く植物、**文字を刻んだ大理石**などが建物を飾り、また、フィレンツェ・モザイクのテクニックである、花をモティーフとした**ピエトラ・ドゥーラ**は、ジャハーンギール帝がもち込んだものだといわれている。

ファテープル・スィークリー

ファテープル・スィークリーは、アクバル帝が1571年から1585年にかけて、イスラム神秘主義者でチシュティー教団の聖人サリーム・チシュティーにささげて建造した街であり、14年間ムガール帝国の首都が置かれていた。ここは城壁に囲まれたムガールの都市の典型例でもある。区切られた街、威圧するような門とその建築物は、ヒンドゥーとイスラムの様式を融合したものであり（ムガール様式、p.205参照）、アクバルの世俗的な考え方と統治スタイルを反映している。1585年に街が捨てられたのは水不足のせいだともいわれており、多くの宝物は略奪された。現在の保存状態にあるのは、インド副王で偉大な保護活動家だったカーゾン卿の尽力のたまものだ。

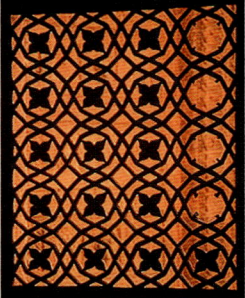

透かし彫りの「ジャリ」（仕切り）

●ジャマー・マスジドとサリーム・チシュティー

ファテープル・スィークリーにそびえたつのは、華麗な開放型のモスク、**ジャマー・マスジド**だ。その広大な中庭には、東と南にどっしりとした門が建つ。高さ54メートルの凱旋門ブランド・ダルワーザーは、アクバル帝が1573年のグジャラート征服を記念して建てたものだ。建築群のなかでもっとも神聖な場が、イスラム神秘主義者の**サリーム・チシュティーの霊廟**である。アクバルには子がなかったが、1568年に、この聖人の預言によって子を授かった。チシュティーの霊廟は大勢の人々をひきつけ、とくに子に恵まれない女性が奇跡を求めてやってくる。ここを訪れる人は、祈願し、霊廟の周囲の仕切りにヒモを結びつけて帰ると、願いがかなうとされている。

●アクバル大帝

イスラム国家のムガール帝国一偉大な皇帝であるアクバル（在位1556-1605年）は、異彩を放つ政治家であり、賢明な統治者でもあった。わずか14歳で即位したアクバルが最初に取り組んだのが、未熟な帝国をまとめ、拡大させる仕事だ。なかでも重視したのが、ヒンドゥー教徒のラージプート族と政策や婚姻で同盟を結ぶことだった。しかし、真の原動力となったのは、自らのポリシーである宗教的寛容性である。アクバルはつねに宗教を相対的に見ようとし、ファテープル・スィークリーに特別な「礼拝の場」を建造して、他宗教の指導者たちと会合を重ねた。

●カーゾン卿

植民地時代のインド副王のなかでも華々しい活躍をしたカーゾン卿（1859-1925年）は、「遅れた」インドの文明化には、イギリスの統治が必要だという信念をもっていた。カーゾン卿はインドの教育制度を一新したが、卿の名前が一番よく知られているのは、インドの歴史的建造物の保護活動においてだ。カーゾン卿が修復に尽力した建築は、シカンドラのアクバル廟の門、アーグラ城塞、ファテープル・スィークリー、アブー山のジャイナ教寺院、タージ・マハルなど、ヒンドゥー、イスラム、ムガール様式のものまで多数にのぼる。カーゾン卿は、イギリス軍最高司令官キッチナー卿との意見の相違から、1905年に帰国した。しかしカーゾン卿はインドを発つ前に、インドの歴史的建造物の保存に必要な法律を作り、保存のための組織を立ち上げていたのである。

ファテープル・スィークリーの平面図

ファテープル・スィークリーの宮廷地区には私的な場とアクバル帝の公的な執務の場があり、ハレム、宝物庫も備えていた。隣接するモスク地区にはジャマー・マスジドのモスク、サリーム・チシュティーの霊廟、ブランド・ダルワーザーの門があり、宮廷地区とは区別され、間に王室専用門のバドシャヒ・ダルワーザーが建っている。

注
- 右イラストに示した区域
- その他の建物
- 神聖な建築物（ジャマー・マスジド）

タンセン

音楽の天才で伝説的作曲家であるタンセンは、アクバル帝の音楽の師であり、宮廷の「9つの至宝」のひとりだった。タンセンは、インド音楽の旋律定型（ラーガ）から新しくすばらしい作品を多数生み出した。

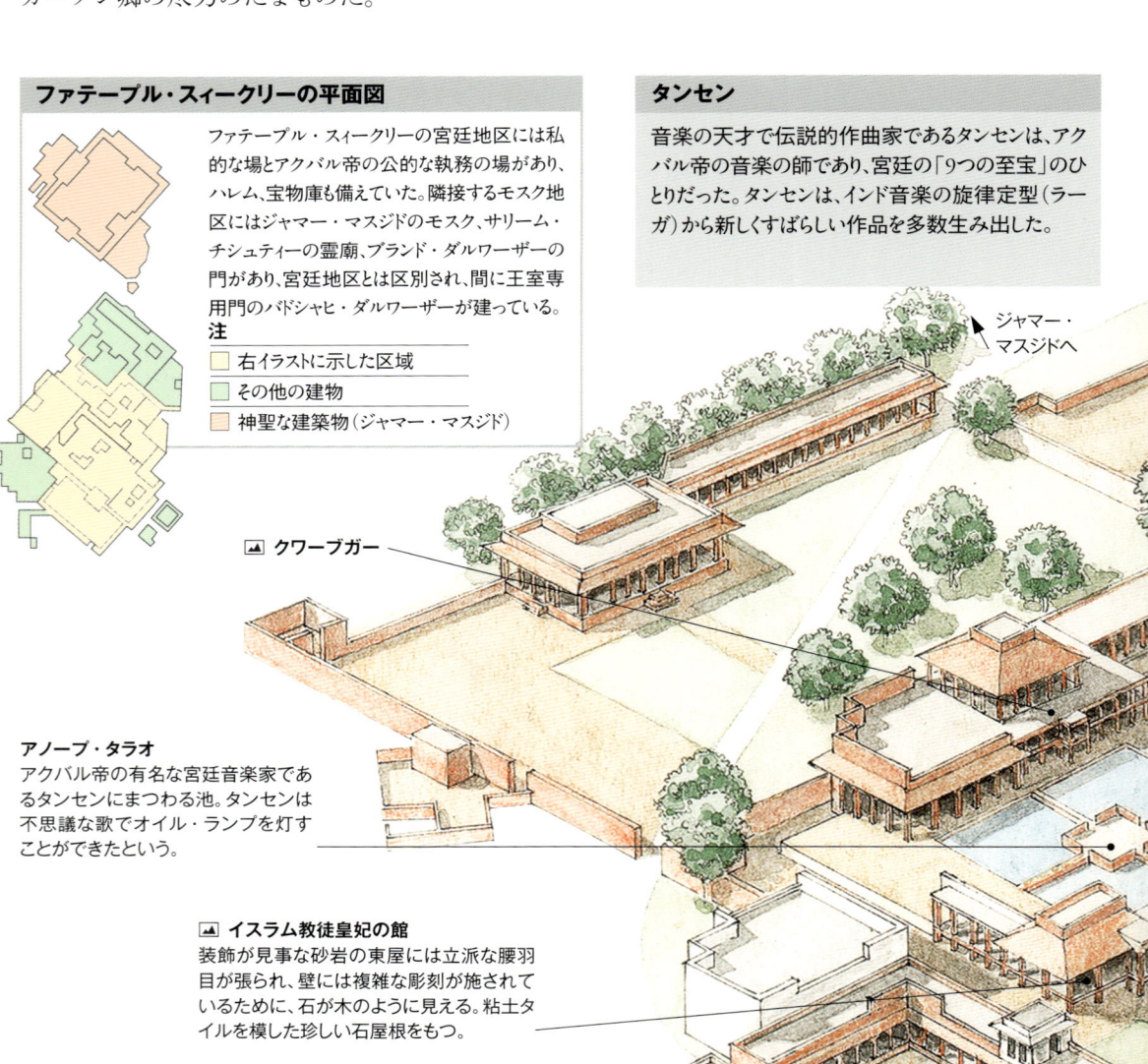

クワーブガー

アノープ・タラオ
アクバル帝の有名な宮廷音楽家であるタンセンにまつわる池。タンセンは不思議な歌でオイル・ランプを灯すことができたという。

イスラム教徒皇妃の館
装飾が見事な砂岩の東屋には立派な腰羽目が張られ、壁には複雑な彫刻が施されているために、石が木のように見える。粘土タイルを模した珍しい石屋根をもつ。

ディワニ・アーム
この巨大な中庭には凝った造りの東屋があり、当時は見事なタペストリーがかかり、民衆との謁見や式典に用いられていた。

ジャマー・マスジドへ

入り口

略年譜

1571年	1576年	1585年	1986年
アクバル帝がファテープル・スィークリーに新しい都の建設を始める。	アクバル帝が15層からなる凱旋門、ブランド・ダルワーザーを建造する。	アクバル帝がファテープル・スィークリーを捨て遷都する。	ファテープル・スィークリーがユネスコの世界遺産に登録される。

インド 207

▲ ディワニ・カースの柱
アクバル帝の宮廷の中心にある柱。グジャラートの建築物に着想を得たもので、彫刻を施したブラケットが支える。

▲ パンチ・マハル
パチシ・コートを見おろす砂岩造り開放型の5層閣は、アクバル帝の妃や侍女たちが納涼に使った。ここにあった装飾を施した仕切りは、街が捨てられた後に盗まれたのだろう。

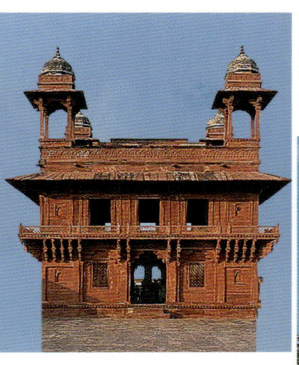

アンク・ミチャウリー ▶
宝物庫ともいわれるこの建物は、石の支柱に神話の守護獣が彫刻されている。この建物の名は「目隠し遊び」という意味。

◀ ディワニ・カース
この部屋は私的な謁見や会談の場に使われ、異なる建築様式や宗教のモティーフが混じる独特な造りだ。

ディワニ・アーム ▶

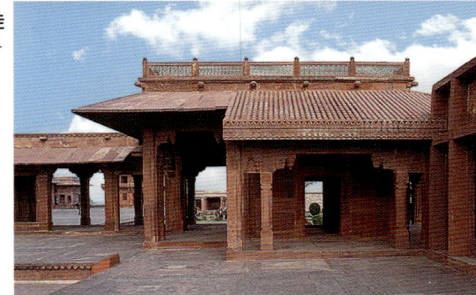

イスラム教徒皇妃の館 ▶

▲ クワーブガー
アクバル帝の寝所。ベッド付近には巧妙に換気孔がしつらえてあった。豪華な装飾が施された「夢の部屋」。

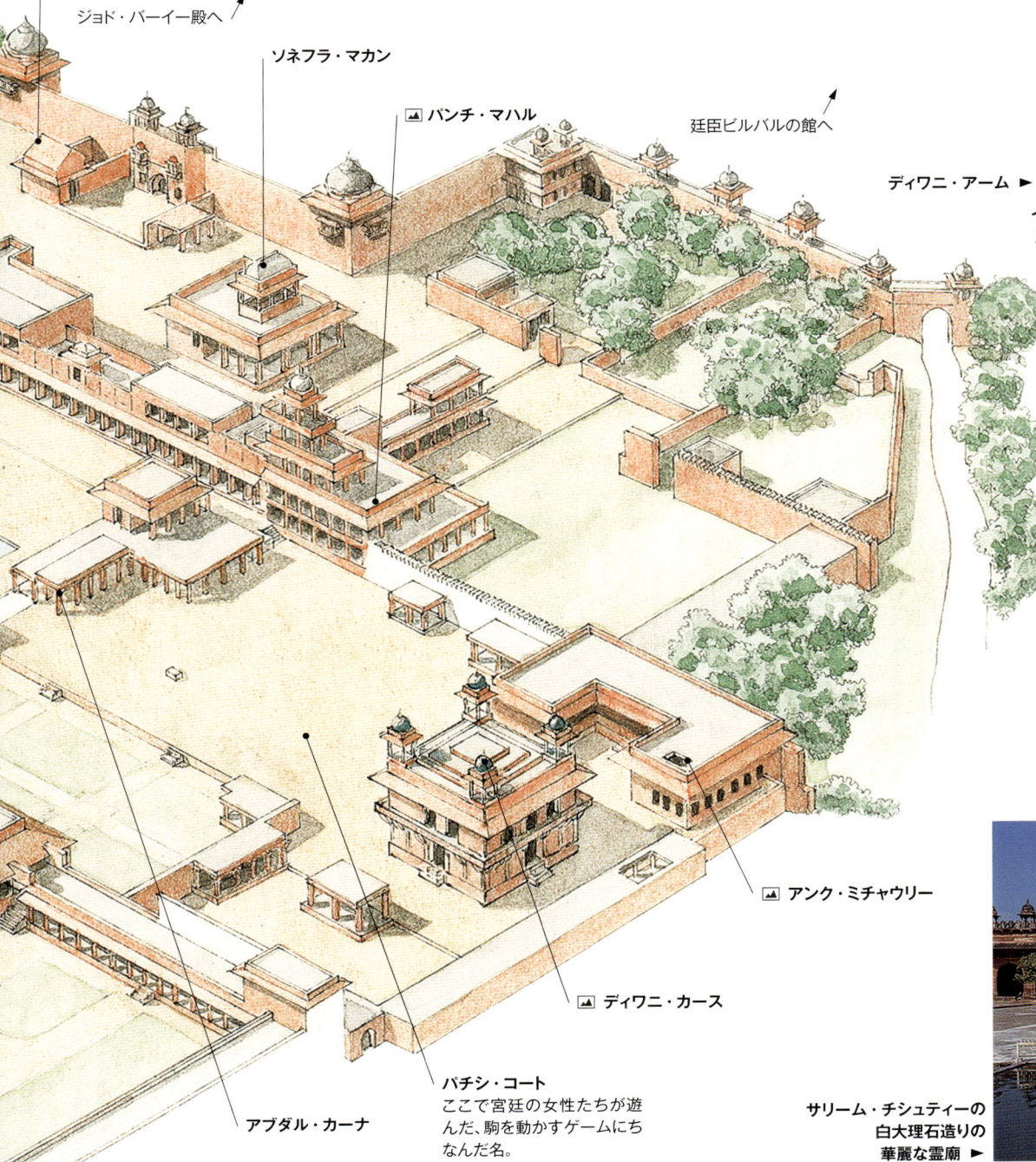

サリーム・チシュティーの白大理石造りの華麗な霊廟 ▶

- ハラム・サラの建物
- ジョド・バーイー殿へ
- ソネフラ・マカン
- パンチ・マハル
- 廷臣ビルバルの館へ
- アンク・ミチャウリー
- ディワニ・カース
- パチシ・コート　ここで宮廷の女性たちが遊んだ、駒を動かすゲームにちなんだ名。
- アブダル・カーナ

大ストゥーパ［サーンチー］

インドでもっとも保存状態がよく、最大の仏教遺跡である大ストゥーパは、サーンチーの丘に鎮座する。その半球形の外観は、仏僧の喜捨用の鉢を伏した形、あるいは仏教の教えに従う人々を護る傘なのだとされている。ストゥーパで一番すばらしい部分は4基ある石のトーラナ（塔門）であり、紀元前1世紀にくわわったものだ。見事な彫像には木や象牙の彫刻技法を用い、仏教のさまざまなテーマを題材にしている。

サーンチーのブッダ像

▲ 大ストゥーパと西の塔門
紀元前3世紀にアショーカ王が建てた小さなレンガ造りのストゥーパを大ストゥーパがおおい、その上に天の層を表す3層の石の傘蓋がのる。

西の塔門（トーラナ）
「ジャータカ物語」から、猿たちが兵士から逃れようと、橋を我先に渡るようすが描かれている。

傘蓋（チャットラ）
大ストゥーパには四角の平頭（ハルミカ）がのり、そのなかに傘竿（ヤシュティ）がついた3層の「傘蓋」（チャットラ）がある。

ヴェーディカー（欄楯）
通常は木製の欄楯を、石で見事に建造している。ニューデリーの国会議事堂を囲む石の欄楯はこれを参考にしたものだ。

繞道
通路には手すりがあり、花や鳥、動物、ストゥーパへの寄進者の名を刻んだ円形浮き彫りが施されている。

柱上帯

南の塔門

4基の塔門
塔門にはブッダの生涯や「ジャータカ物語」の寓話が描かれているが、ブッダは人の姿ではなく、菩提樹や足跡、円輪光といったシンボルでのみ表現されている。

ブッダ
瞑想するブッダの像。5世紀にくわわったもので、顔は各塔門を向いている。

略年譜

紀元前2世紀	1300年代	1818年	1912-9年	1989年
サーンチーの丘に大ストゥーパが建造される。	インドにおける仏教の衰退とともに、大ストゥーパが荒廃する。	大ストゥーパがベンガル騎兵隊のテイラー将軍によって「再発見」される。	インド考古調査局長官が遺跡を発掘、修復する。	大ストゥーパがユネスコの世界遺産に登録される。

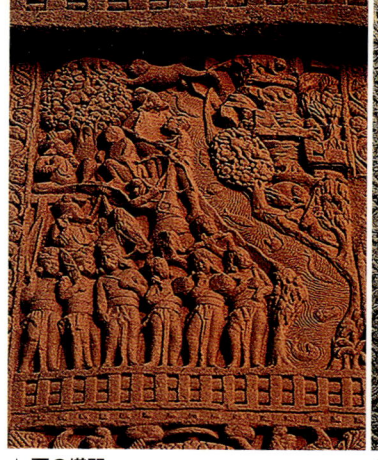

インド

▲ 西の塔門

▲ 東の塔門

シャーラバンジカー ▶

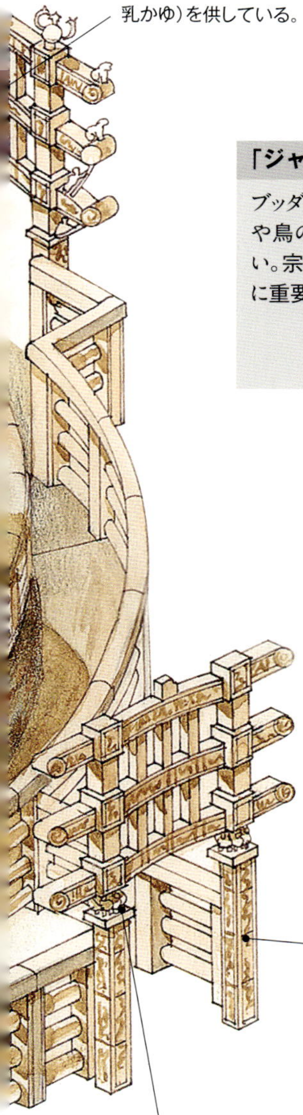

◉ **北の塔門**
悪魔のマーラがブッダを誘惑しようと女を送り込むが、村長の娘スジャータがブッダ（菩提樹で表現されている）にキール（牛乳かゆ）を供している。

南の塔門 ▶
信者が拝む法輪はブッダを表している。

「ジャータカ物語」
ブッダの前世を語る膨大な寓話集だ。動物や鳥の話でブッダの教えを伝えるものが多い。宗教、道徳、社会および文化的に、非常に重要な教えがこの寓話で語られている。

▼ 北の塔門

柱上帯の一部 ▶
複雑な装飾は、木工細工師や象牙細工師たちが雇われ石に彫刻した作品だ。

◉ **東の塔門**
ブッダが王子の生活を捨てる以前に住んだ、カピラヴァストゥの宮殿の従者が描かれている。

◉ **シャーラバンジカー**
東の塔門の一番下の柱上帯を支えるのは、官能的でなまめかしい樹の精霊だ。マンゴーの樹の下で優雅なポーズをとる。

繞道 ▶

◉ 仏教の起源と哲学
ブッダは紀元前566年に、カピラヴァストゥの王子ゴータマ・シッダールタとして生まれた。30歳で王子の身分と宮殿での生活を捨て、人間の存在と苦悩の意味とはなにかを探し求めた。6年間隠者たちと暮らし、厳しい苦行と断食を行うが、答えは見つからなかった。だが、ブッダガヤでついに悟りは訪れた。菩提樹の木の下で49日間瞑想を行うと、苦悩の原因は欲望であり、八正道に従うことで欲望は克服できると気づいたのだ。つまり、正見、正思、正語、正業、正命、正精進、正念、正定である。そしてブッダの教えの本質は、非暴力と平和にある。

◉ 仏教様式
ストゥーパは、インド最古の仏教様式の遺跡だ。これは巨大な石棺であり、そこにブッダやその他の偉大な師の遺灰が納められた。全体として堅牢な造りのストゥーパ自体には装飾はなく、祈りを促し、ブッダの教えを理解する道を示すものとして造られている。しかしインドの様式が東南アジア全域に広がるにつれ、ストゥーパに仏教の複雑なシンボリズムを取り入れるという新たな特徴も生まれた。ジャワ島のボロブドゥール寺院は、そのデザインも非常に優れた構成の彫刻も、この様式の建造物における最高傑作だろう。

◉ アショーカ王
インド最高の統治者にあげられるアショーカ（在位紀元前269-232年）は、インド初の帝国創設者、マウリヤ朝のチャンドラグプタ王の孫である。紀元前260年、アショーカ王はカリンガ国（現オリッサ）の流血の征服によって悲惨な殺戮を行い、深い悔恨を抱くことになった。アショーカはディグビジャヤ（武力による征服）を捨てダルマビジャヤ（仏教による統治）へと向かい、仏教のよき庇護者となって、サーンチーの初代のレンガ造りストゥーパをはじめ、多くのストゥーパを建造した。慈悲深い統治者となったアショーカは、広大な帝国全域の岩壁や石柱に法勅を刻み、正義と非暴力（アヒンサー）という倫理規定を記した。アショーカ王は、役人に対しては公明正大で、正しく、憫み深くあるように、国民には、他人の宗教を敬い、施しをすることと、不殺生を求めたのである。

王宮とワット・プラケーオ ［バンコク］

この壮麗な建築群は、18世紀後半に新しい都を建設するさい、聖なるエメラルド仏安置の場と王の住居として建造された。1.9キロメートルの壁に囲まれた建物は、かつては街のなかの自給自足の街として機能していた。タイ王室は現在はデュシット地区にあるが、王宮のなかにあるワット・プラケーオは現在もタイのもっとも神聖な寺院であり、すばらしい仏教建築を見ることができる（仏教様式、p.209参照）。

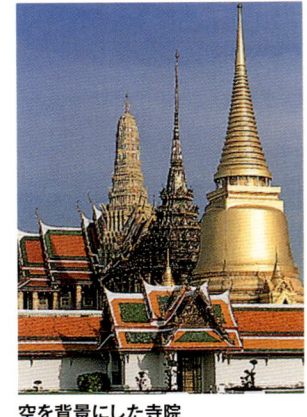

空を背景にした寺院
サナムルアング広場からの眺め。ワット・プラケーオの装飾が見事な尖塔が空に映える。

●エメラルド仏

1434年に、チェンライのワット・プラケーオ寺院は、雷に撃たれてまっぷたつになった。すると簡素な漆喰の像が現れ、なかにはヒスイの像が収まっていた。これがエメラルド仏だ。チェンマイにいた王は、象の一軍を派遣して仏像を自分のもとに運ばせようとした。しかし仏像をのせた象はチェンマイへの道を頑として進まず、仏像はランパンに祀られた。数度安置の場が移ったのち、仏像は1552年にラオスにもち去られ、1778年にようやくラーマ1世がタイにもどした。1785年に現在祀られている場所に移されるまでは、ワット・アルンに置かれていた。

●「ラーマキエン」

「ラーマキエン」とは、善が悪に勝つという寓話だ。アヨーディヤ国の王子ラーマは、妻シーターと弟ラクシュマナとともに14年におよぶ追放された。ロンカー国の魔王トサカンは、シーターを森からかどわかす。しかし猿の神ハヌマーンがシーターの救出とトサカンの討伐を助け、ラーマはアヨーディヤに凱旋する。この叙事詩は、15世紀にタイがアンコール王朝を滅ぼした後に生まれたものだと思われる。チャクリー朝の王たちはみな自分の名に「ラーマ」を入れ、また14世紀建国のアユタヤ王国は、架空の国アヨーディヤにちなんだ名だ。この物語は、タイの絵画や古典劇、人形劇にも大きく影響してきた。

●ワット・プラケーオ探訪

ラーマ1世は新しい都を置いたとき、それ以前のスコタイとアユタヤ朝をしのぐ寺院の建立を思い立った。その結果生まれたのが荘厳なワット・プラケーオだ。**本堂**では、ごく小さなエメラルド色の仏像が、金箔張りの祭壇の上高くにあるガラスのケースに収められている。その向いの**上部テラス**には、いくつかの建造物がある。なかでも印象に残るのが**プラ・シー・ラタナ・チェディー**で、モンクット王（ラーマ4世）が、1855年にブッダの神聖な遺骨を納めるために建てたものだ。となりにある**プラ・モンドップ**は、当初は経蔵として使用された。その外壁の四隅には、ジャワ島のブッダ像がある。その北にあるのが**カンボジアのアンコール・ワットのレプリカ**だ。北テラスの**ホー・プラ・ナーク**は、王室のなかでも地位の低い人々の納骨堂だ。また**ウィハーン・ヨート**には、アユタヤ時代のナークが護るブッダ像がある。

王宮とワット・プラケーオ

1 入り口
2 ワット・プラケーオの建築群
3 デュシット朝の玉座の間
4 アーポンピモーク館
5 チャクリー朝の玉座の間
6 内廷
7 プラ・マハー・モンティエンの建築群
8 シワライの庭園
9 ラーマ4世の堂
10 ボロムピマーン宮殿
11 謁見の間

注
■ ワット・プラケーオの建築群
■ 建物
■ 芝生

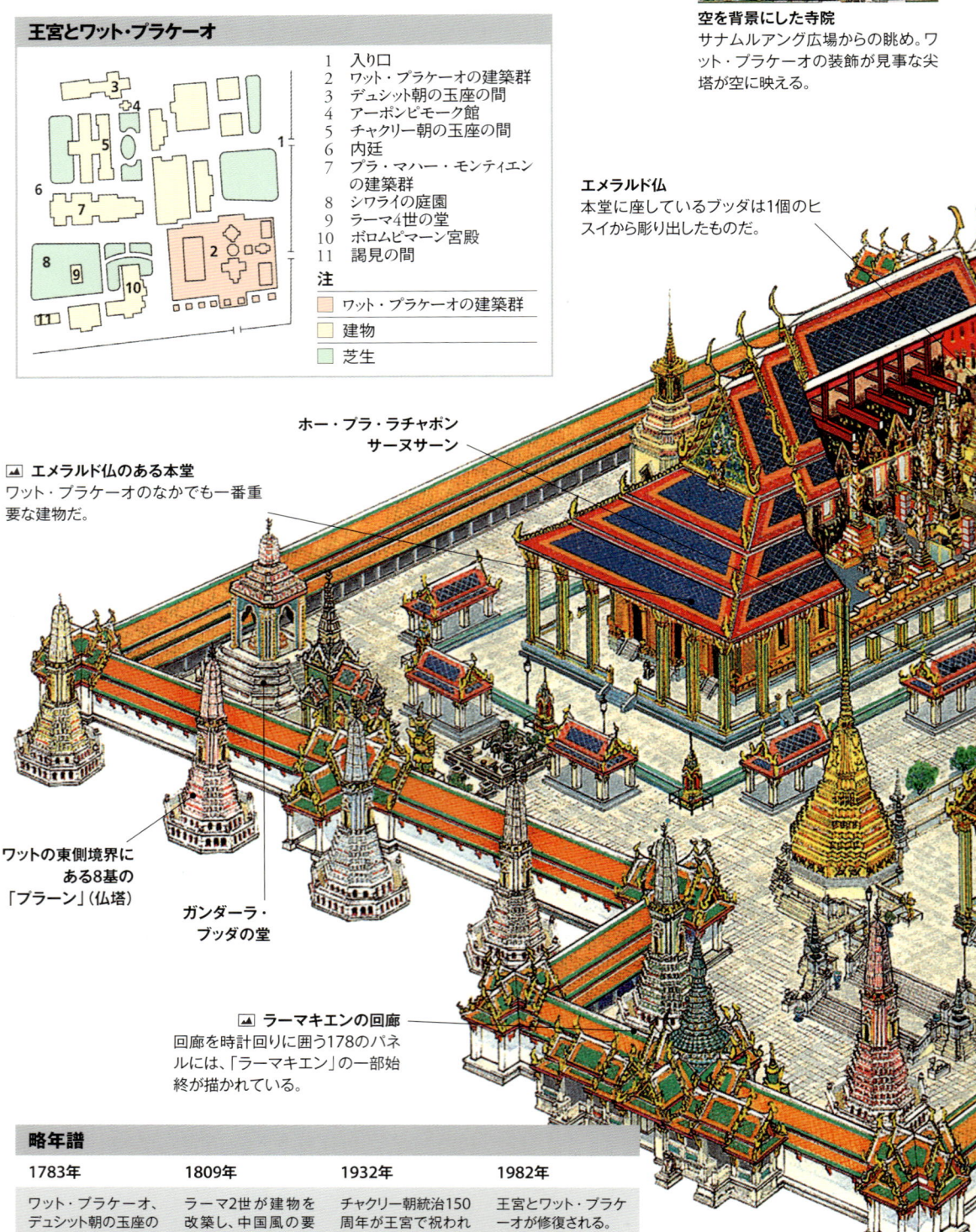

エメラルド仏
本堂に座っているブッダは1個のヒスイから彫り出したものだ。

ホー・プラ・ラチャポンサーヌサーン

エメラルド仏のある本堂
ワット・プラケーオのなかでも一番重要な建物だ。

ワットの東側境界にある8基の「プラーン」（仏塔）

ガンダーラ・ブッダの堂

ラーマキエンの回廊
回廊を時計回りに囲う178のパネルには、「ラーマキエン」の一部始終が描かれている。

略年譜

1783年	1809年	1932年	1982年
ワット・プラケーオ、デュシット朝の玉座の間、プラ・マハー・モンティエンの建造工事が始まる。	ラーマ2世が建物を改築し、中国風の要素を取り入れる。	チャクリー朝統治150周年が王宮で祝われる。	王宮とワット・プラケーオが修復される。

タイ 211

▼ 金箔張りの像の装飾
本堂の外側を112体の「ガルーダ」(半人半鳥の神話の獣)が囲う。「ナーガ」(ヘビ)をつかまえたガルーダの像は、ワット・プラケーオの目がくらむような細かな装飾に多数登場する。

▲ ラーマキエンの回廊のパネルの一部

エメラルド仏のある本堂に供えた品々 ▶

🖼 プラ・モンドップ(経蔵)

🖼 プラ・シー・ラタナ・チェディー
ブッダの胸骨が納められている。

▲ プラ・モンドップの一部

プラ・シー・ラタナ・チェディー外側の「ラーマキエン」の彫像 ▶

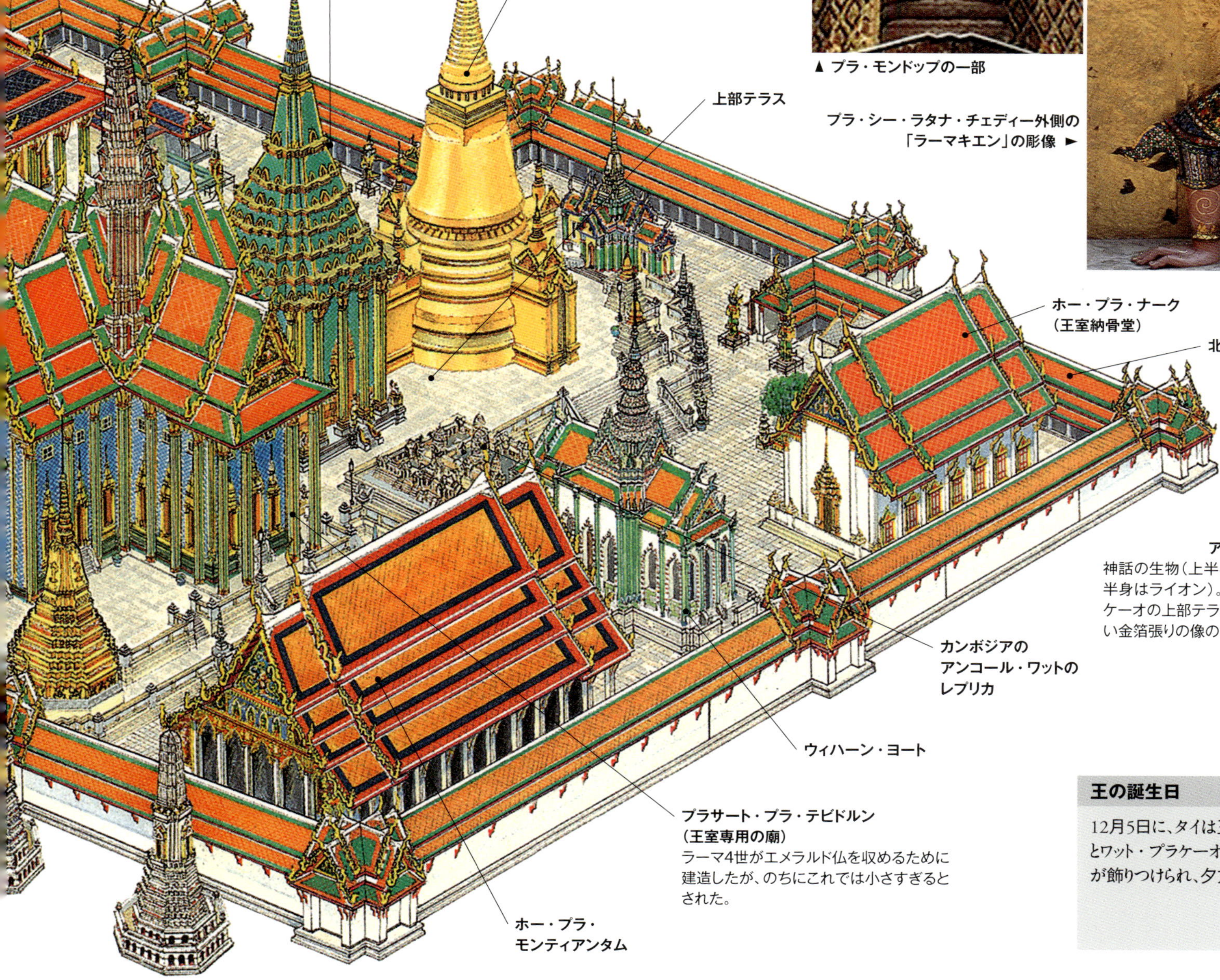

上部テラス

ホー・プラ・ナーク(王室納骨堂)

北テラス

カンボジアのアンコール・ワットのレプリカ

ウィハーン・ヨート

プラサート・プラ・テピドルン(王室専用の廟)
ラーマ4世がエメラルド仏を収めるために建造したが、のちにこれでは小さすぎるとされた。

ホー・プラ・モンティアンタム

アプソンシ ▶
神話の生物(上半身は女性、下半身はライオン)。ワット・プラケーオの上部テラスにある美しい金箔張りの像のひとつ。

王の誕生日

12月5日に、タイは王の誕生日を祝う。王宮とワット・プラケーオはもちろん、タイ中の建物が飾りつけられ、夕方には花火が上がる。

ワット・アルン [バンコク]

インドの暁神アルナから名をとった寺院、ワット・アルンは、バンコクでももっとも有名なランドマークのひとつだ。首都アユタヤが略奪されたのち、タークシン王が1767年にここにたどり着いたのだという。王はこの地に建っていた寺院を拡張して王室の堂にし、タイで大きな崇敬を集めるブッダ像であるエメラルド仏を収めた。ラーマ1世とラーマ2世が手をくわえて寺院は現在の大きさになり、中央のプラーン（仏塔）の高さは79メートル、基壇の外周は234メートルにも達する。19世紀後半には、ラーマ4世が陶器の破片で装飾をくわえた。この寺院の様式はおもにクメール建築から派生したものである。

中央大仏塔を飾る陶器で作った花

●チャクリー朝
1782年、チャオ・プラヤ・チャクリー（のちのラーマ1世王）はクルンテープ（バンコク）にチャクリー朝を創設した。ラーマ1世、2世、3世の統治期は安定の時代であり、ラーマ2世は文学者、3世は堅実で伝統を重んじる王だった。モンクット（ラーマ4世）はシャム（タイ）の近代化をはかり、国を開いて外国との貿易を行い、外国の影響も受け入れた。そしてその息子のチュラロンコーン、ラーマ5世（在位1868-1910年）は、チャクリー朝最高の王と言われる。ラーマ5世は財政改革を導入し、奴隷制度を廃止して、近代化をさらに進めたのである。国民は理想の王としてあがめ、逝去にさいしては大々的な国葬が行われた。現在も、ラーマ5世をしのぶチュラロンコーン・デイ（王の命日の10月23日）が設けられている。

●クメール建築
タイの石造りの寺院建築「プラサート」は、9世紀から13世紀にかけて、東南アジアの大半を統治したクメール人が建てたものだ。プラサートは王と宇宙を象徴する建物である。大半は「ナーガ」（生命力の番人と言われる頭が7つのヘビ）のついた階段や橋を備え、これが**中央塔堂**に続く。ここは石のレリーフで装飾され、プラーン（仏塔）をいただく。仏塔は、ヒンドゥー教と仏教の宇宙観における神々の所在地メルー山を表すもので、入り口上の楣やペディメントには、ヒンドゥー教と仏教の神々が描かれている。

●アルナ、インドラ、ヴァーユ
インドでヴェーダ時代（紀元前1500年）初期から信仰されていたヒンドゥーの神、アルナ、インドラ、ヴァーユは、それぞれ自然と天候を具現している。赤い肌をした暁の神アルナは太陽神スーリヤの御者であり、馬車に乗る太陽神の前に立ち、その身で太陽神の怒りからこの世を護っている。空と天の神インドラは馬が引く金色の二輪戦車に乗り、「ヴァジュラ」（稲妻）を武器にもつ。インドラは雨を降らせ、天気を支配しており、4本の牙をもつ白象アイラーヴァタに乗る姿で描かれることが多い。ヴァーユ（タイではプラ・パイ）は風の神で神々の使いでもある。白い肌のヴァーユは天の北西域を治め、レイヨウに乗っている。

◀ 川から眺めるワット・アルン
チャオプラヤー川から見るワット・アルンは人気がある。10バーツ硬貨とタイ国政府観光庁（TAT）のロゴにも使われている。

▶ 陶器装飾

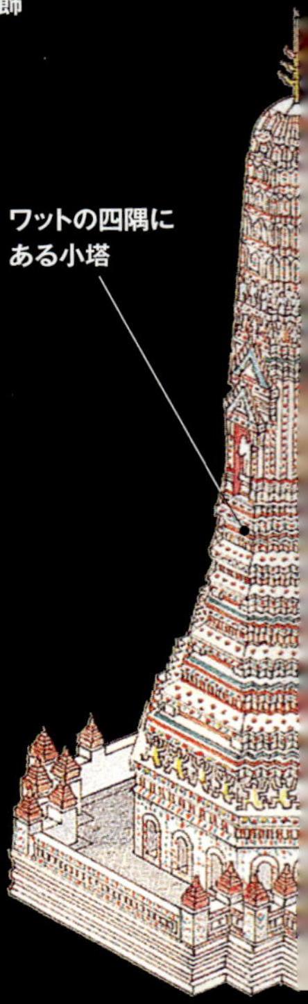

ワットの四隅にある小塔

▶ 布薩堂
寺院の建築群にあるのは、仏教寺院と同様の建物だ。この布薩堂のブッダ像にはラーマ2世の遺灰が納められている。

▶ 中央大仏塔の階段
急傾斜の階段は、すべての高みに到達することの困難さを表している。

▶ 極彩色の層
中央大仏塔の外壁には陶器の破片で飾った悪魔が列をなす。

▶ 4つの小塔の装飾

▶ ブッダに供える金箔

◀ 中国風の護衛
テラス最上段に行くには8ヶ所に階段があり、それぞれをかつては中国の貿易船のバラストに使われていた像が護っている。

タイ

御座船の水上パレード
5年か10年に一度、タイの王はワット・アルンの僧たちに袈裟と物品を贈る。これを運ぶために、チャオプラヤー川には豪華絢爛な御座船が浮かぶ。

ワット・アルンの中央塔堂
中央塔堂は、ヒンドゥー教・仏教の宇宙観を象徴する。ワット・アルンにある中央大仏塔は神話のメルー山であり、装飾を施した各層は人間界のなかの各世界を表す。中央の仏塔を囲む4つの小塔の配置は曼荼羅からきたものだ。

仏塔の頂上にあるのはインドラの武器ヴァジュラ(稲妻)

中央大仏塔の各層がもつ意味

デヴァブーム
周囲の4つの小塔の上にそびえる最上層はメルー山の山頂であり、六欲天を意味している。

タヴァティムサ
中央部はすべての望みが成就する場で、四方をヒンドゥー教の神インドラが護っている。

トライブーム
土台部は仏教世界の三界(欲界、色界、無色界)における31の領域を表す。

略年譜

1700年代	1800年代初頭	1971年
タークシン王がワット・アルンを改築してエメラルド仏を収める。	ラーマ2世が寺院を修復し、中央大仏塔を高くする。	雷で尖塔の一部が破損したため、ワット・アルンに小規模な修復を行う。

小さな壁龕 ▶
中央大仏塔の2層部分に小さな壁龕があり、そのなかには神話に出てくる上半身が鳥、下半身が女性のキンナリ像がある。

テラス最上段

8ヶ所ある入り口のひとつ

4つの小塔の装飾
各小塔の壁龕には風の神プラ・パイの像がある。

モンドップ
各小塔の前には四角い基壇にのった「モンドップ」(祭壇)がある。モンドップにはそれぞれブッダ像が収められている。

陶器の装飾
仏塔の基壇周囲には「ヤクシャ」(悪魔)が列をなし、建物を支えている。土地の人々が寄進した多彩な陶器の破片で装飾が施されている。

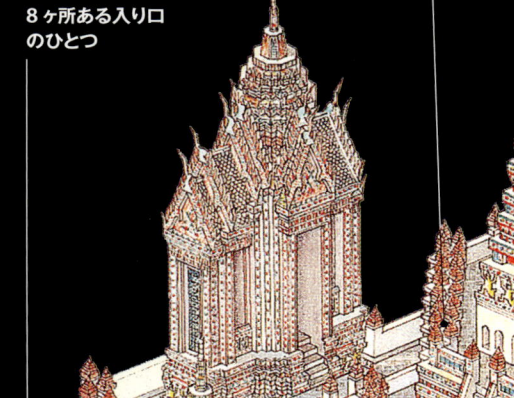

中央大仏塔の階段

広大なアンコール・ワット寺の遺跡

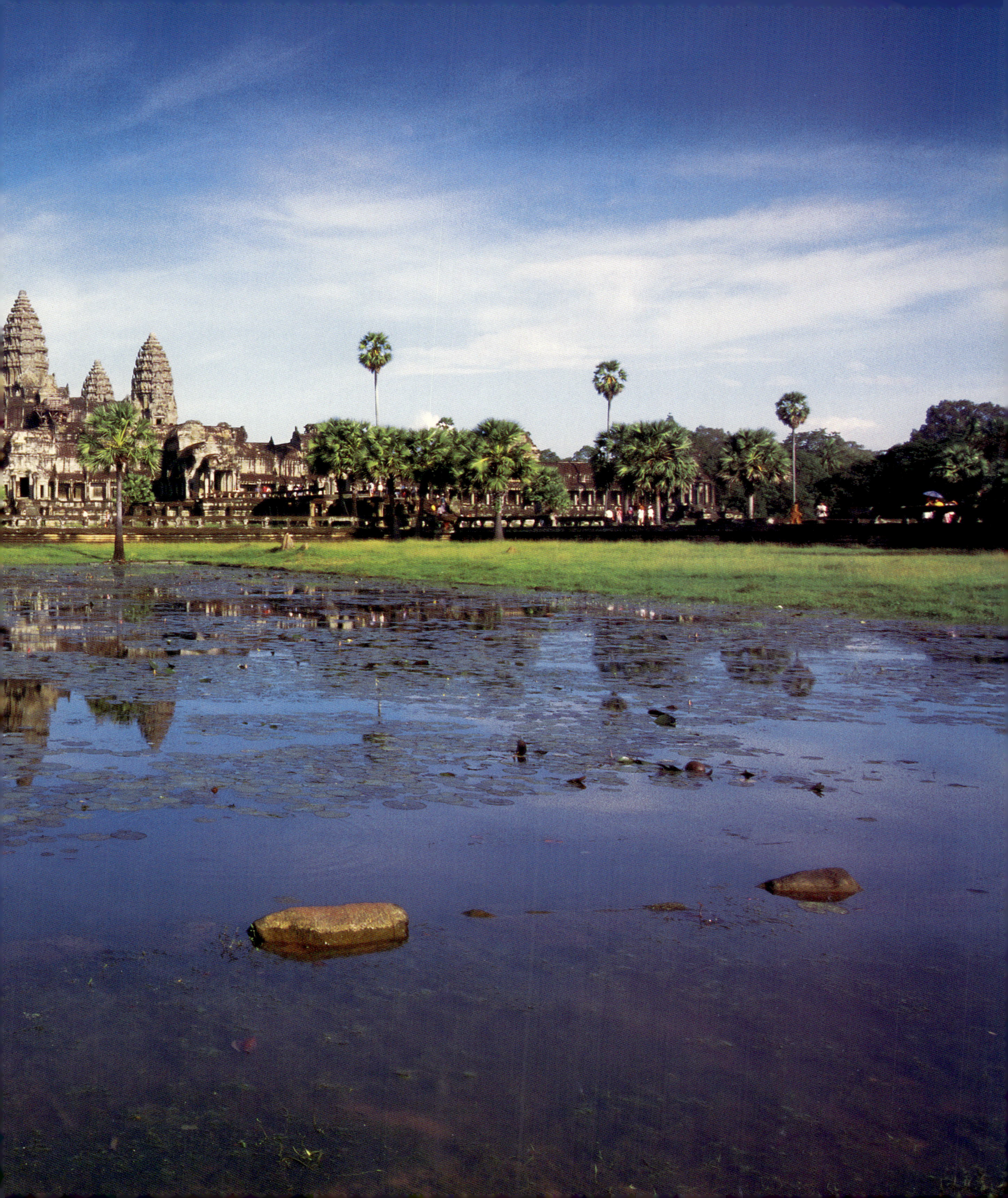

アンコール・ワット

世界最大の宗教建築のひとつであるアンコール・ワットは12世紀建造の寺院であり、見事なバス・レリーフ（浅浮き彫り）が延々と建物をおおう。ここは、9世紀から15世紀にかけてクメール帝国が建造した、宗教および執政のための膨大な建築群の一部だ。クメール帝国は、当時東南アジアの大半を治めていた。寺院はヒンドゥー教の宇宙を現世で再現するものだ。ハスの蕾に似た5つの塔はピラミッド型構造であり、神話の神々が住むメルー山を表している。外壁は世界の果てを、堀は大海原を表す。ヴィシュヌ神にささげたこの寺院は神君主スーリャバルマン2世（在位1113-50年）が、葬儀のために建てたものだとされる。寺院は、死のシンボルである西の日没の方角を向いて建っている。

中央祠堂

▲ 瞑想する仏僧
アンコールは本来はヒンドゥー教の寺院だが、のちに仏教徒が使用するようになった。今日では、仏僧たちが寺院そばの房に住んでいる。

▼ 西回廊のバス・レリーフ「クルクシェトラの戦い」

🖼 中央祠堂
アンコール・ワットの中心に65メートルもの高さにそびえたつ中央祠堂には4つの入り口があり、それぞれが東西南北を向いている。本来はヒンドゥー教のヴィシュヌ神にささげたものだが、現在は4体の仏像が収められている。

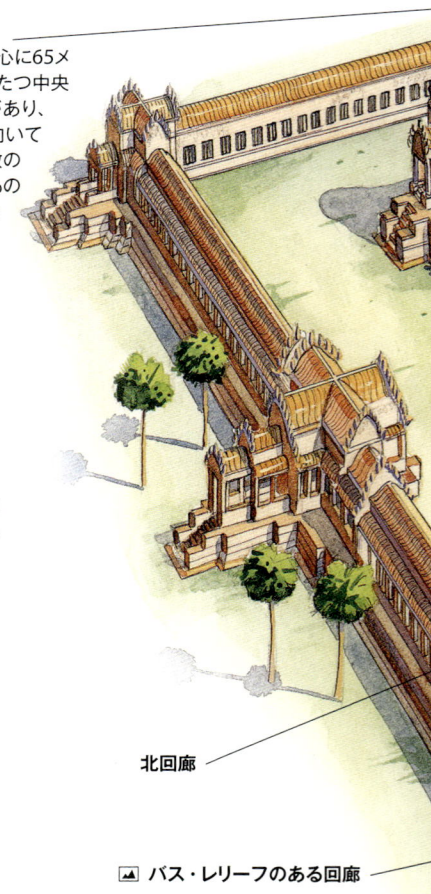

東回廊

◀ バス・レリーフのある回廊
回廊の外側は60本の柱からなり、内壁には神話や史実を題材にした美しいバス・レリーフが施されている。

北回廊

🖼 バス・レリーフのある回廊

◀ 参道
アンコール・ワットの壮大なファサードは、西入り口の参道から見ることができる。7つの頭をもつヘビ、ナーガの姿をした欄干が参道両側にあり、寺院まで続く。

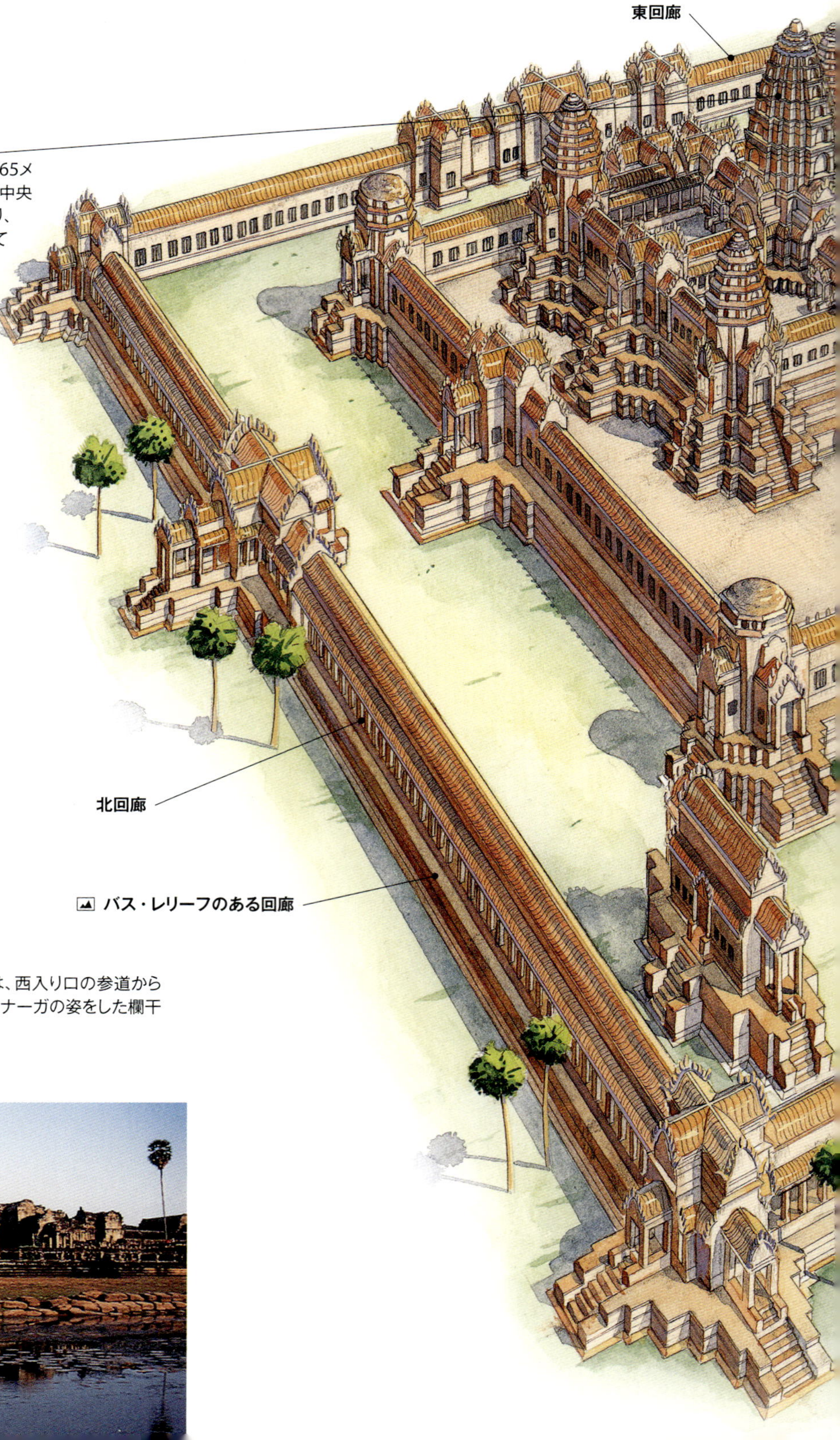

アンコール・ワットの眺め ▶
優雅で気品のある寺院と、それが周囲の堀に映るアンコール・ワットの光景は畏怖感さえ抱かせる。

カンボジア 217

略年譜

1113-50年
クメール帝国の統治期にアンコール・ワットが造営される。

1432年
シャム(タイ)がアンコール・ワットを奪い、この地は放棄される。

1860年
アンコール・ワットがフランス人博物学者アンリ・ムオによって「再発見」される。

1898年
フランス極東学院が遺跡の調査に着手。

1992年
アンコール・ワットがユネスコの世界遺産に登録される。

1993年
国際的な保存プロジェクトによってアンコール・ワット寺院の修復・保存活動が始まる。

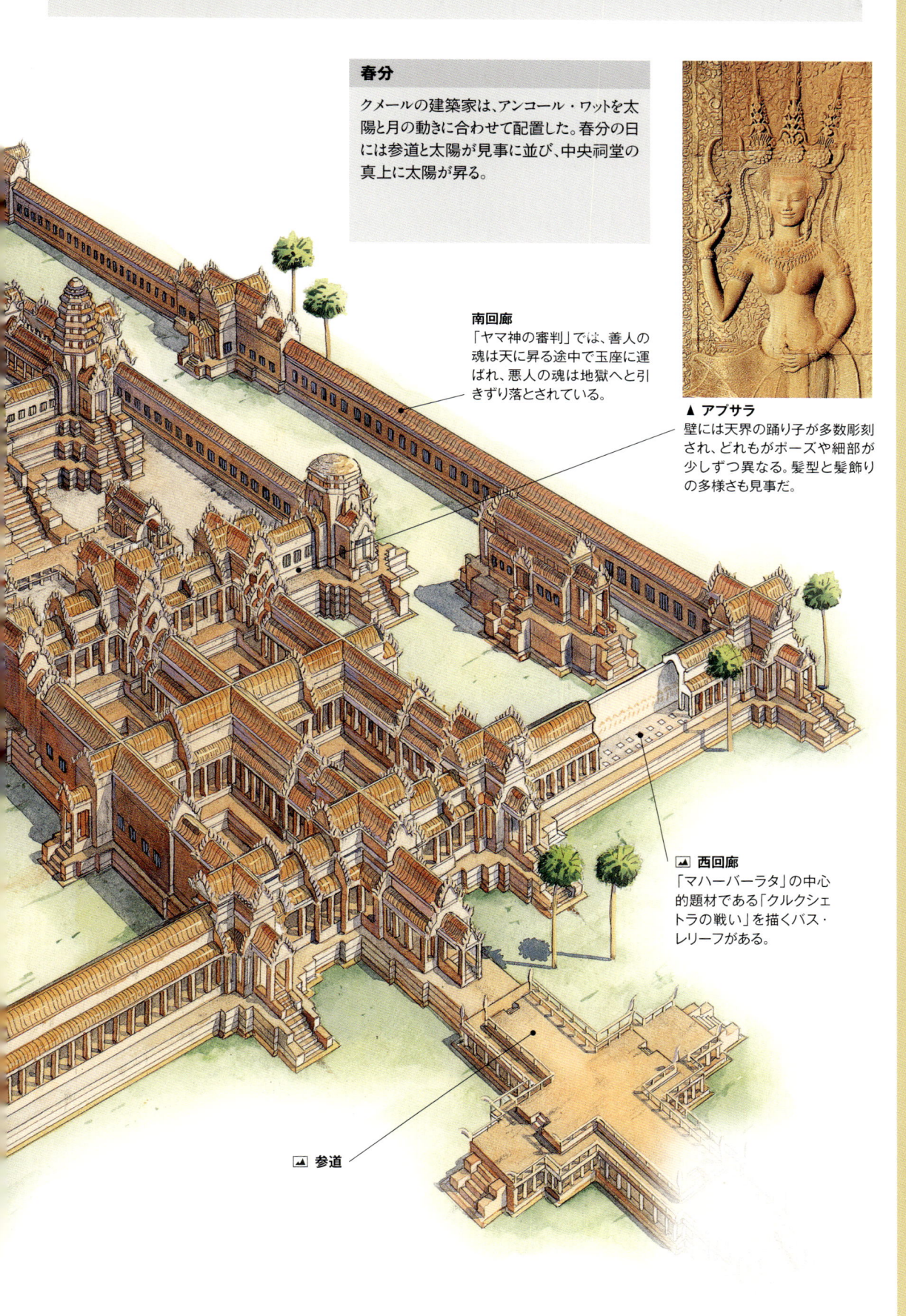

春分
クメールの建築家は、アンコール・ワットを太陽と月の動きに合わせて配置した。春分の日には参道と太陽が見事に並び、中央祠堂の真上に太陽が昇る。

南回廊
「ヤマ神の審判」では、善人の魂は天に昇る途中で玉座に運ばれ、悪人の魂は地獄へと引きずり落とされている。

▲ アプサラ
壁には天界の踊り子が多数彫刻され、どれもがポーズや細部が少しずつ異なる。髪型と髪飾りの多様さも見事だ。

西回廊
「マハーバーラタ」の中心的題材である「クルクシェトラの戦い」を描くバス・レリーフがある。

参道

●バス・レリーフの回廊
1200平方メートルにもおよぶ複雑な彫刻がアンコール・ワットをおおっている。そこにはクメール神話やアンコール時代の戦争、ヒンドゥー神話の大叙事詩「ラーマーヤナ」と「マハーバーラタ」の物語が描かれている。8つの区域に分かれており、もっともすばらしいとされるのが、西回廊の「クルクシェトラの戦い」や、東回廊の「乳海攪拌」、南回廊の「ヤマ神の審判」といった浮き彫りだ。またアンコール・ワットには1850体もの**アプサラ**(天界の踊り子)の彫刻もある。官能的な女神たちは、身体を飾る宝石と凝ったつくりの髪飾りを除けば身にまとうものはなく、「クメールの微笑」と呼ばれる謎めいた笑みを浮かべた彫刻は、アンコールの至宝である。

●アンコール王朝の衰退
ジャヤバルマン7世(1181-1220年)が、アンコール王朝で名を残した最後の王となった。ジャヤバルマンはアンコール・ワットのそばにアンコール・トムの街を造営し、そこにバイヨン寺院をはじめさまざまな建築物を建てた。この野心的な寺院建築計画がおそらくは国庫を枯渇させ、さらには隣国シャム(現在のタイ)やチャンパ王国(ヴェトナム)との戦争もこれに追い打ちをかけた。ジャヤバルマン7世の次代の王についてはほとんど知られていないが、1432年にシャムがアンコールを吸収し、最後の王であるポニャー・ヤットは、現在のカンボジアの首都である南のプノンペンに追われた。アンコール・ワットは聖地であり続けたものの、クメール帝国はその後衰退し、寺院の大半は放棄されて次第にジャングルに埋もれていった。

●アンコール・ワットの再発見
アンコール・ワットの廃墟については多数の外国人が詳述してはいたものの、イギリス王立地理学協会の支援を受けたフランス人、アンリ・ムオが1860年にようやく「再発見」した。博物学者で植物学者でもあるムオは廃墟で3週間を過ごし、寺院を描き、調査した。ムオは調査の詳細と抒情的コメントを日記に残し、1861年にマラリヤが原因で亡くなった後にそれが出版された。ムオの著書は多くの人々を突き動かし、スコットランドの写真家ジョン・トムソンは、1866年にアンコール・ワット初のモノクロ写真を撮影している。

ボロブドゥール寺院 [ジャワ島]

世界最大の仏教ストゥーパ(仏教様式、p.209参照)であるボロブドゥール寺院は、160万個もの火山性の安山岩からなり、9層構造である。6層の基壇に5層の方形壇を置き、その上に3層の円形壇がのり、頂上にはストゥーパをいただく。この寺院がもつ力強いイメージをさらに増すのが、5層にわたってブッダの生涯を描く風格ある彫刻であり、これはブッダの教えを説くものだ。この彫刻はそれまでの仏教レリーフにはない、きわめて広範なテーマが組み合わされている。そしてそれぞれの彫刻の前で祈りながら回り、のぼっていくことで、地上から仏の世界までを体験できるように造られている。10世紀に放棄され、その後火山の噴火によって火山灰に埋まり、寺院がふたたび人の目に触れたのは1815年のことだった。

▲ 寺院頂上部

●バス・レリーフ(浅浮き彫り)

ボロブドゥールの下層5段の周囲には、5キロメートルにわたる1460もの見事なバス・レリーフが施されている。建物を右手にして時計回りに歩くと、最下層の基壇のレリーフには、日常生活や地上での喜び、地獄の罰と因果応報(カーマ)がとりあげられている。この古代ジャワ社会の日常生活を生き生きと描いた部分は、のちに、寺院の重みを支えるための石でおおわれた。次の層からはブッダとその生涯が描かれ、このレリーフのブッダは、宝石と髪飾りをまとい、穏やかな表情をした気品のある姿だ。この部分には、「ジャータカ物語」や「ラリタヴィスタラ」、ブッダの前世や悟りを求める姿などを見ることができる。

●シャイレーンドラ朝

紀元730年から930年にかけて、シャイレーンドラ朝はインドネシアのジャワ島の大半を統治した。その名はサンスクリット語で「山の王家」を意味し、その地域の海洋貿易ルートを経由して、インドのグプタ文化に大きく影響を受けていた。この時代、ジャワ島はアジアを主導する文化のひとつであり、貿易と米を売ることで富を得、シャイレーンドラ朝は東南アジアで当時最大級の寺院や建造物を造った。ボロブドゥール寺院は、シャイレーンドラ朝の建造物のなかでも最高傑作といわれており、完成まで75年を要した。

●ボロブドゥールの意味

当初はヒンドゥー教の寺院として建造されたボロブドゥールは、ヒンドゥー教の神々が御座す神話のメルー山を再現している。この寺院自体が「曼荼羅」であり、瞑想を促し、天と地とが会う場なのである。現世を表す最下層から最上層まで行くことは、つまり、解脱の境地に到達することを意味する。たとえば基壇の**カマダトゥのバス・レリーフ**は煩悩に満ちた俗界であり、次の5層の**ルパダトゥのバス・レリーフ**は悟りへといたる過程を表す。さらに上層には72基の小さなストゥーパがあり、それぞれに**瞑想するブッダ**の座像が収められ、そこは無の境地を表している。そして頂上にある空のストゥーパは「解脱」を意味し、精神の究極の状態である「悟り」を象徴している。

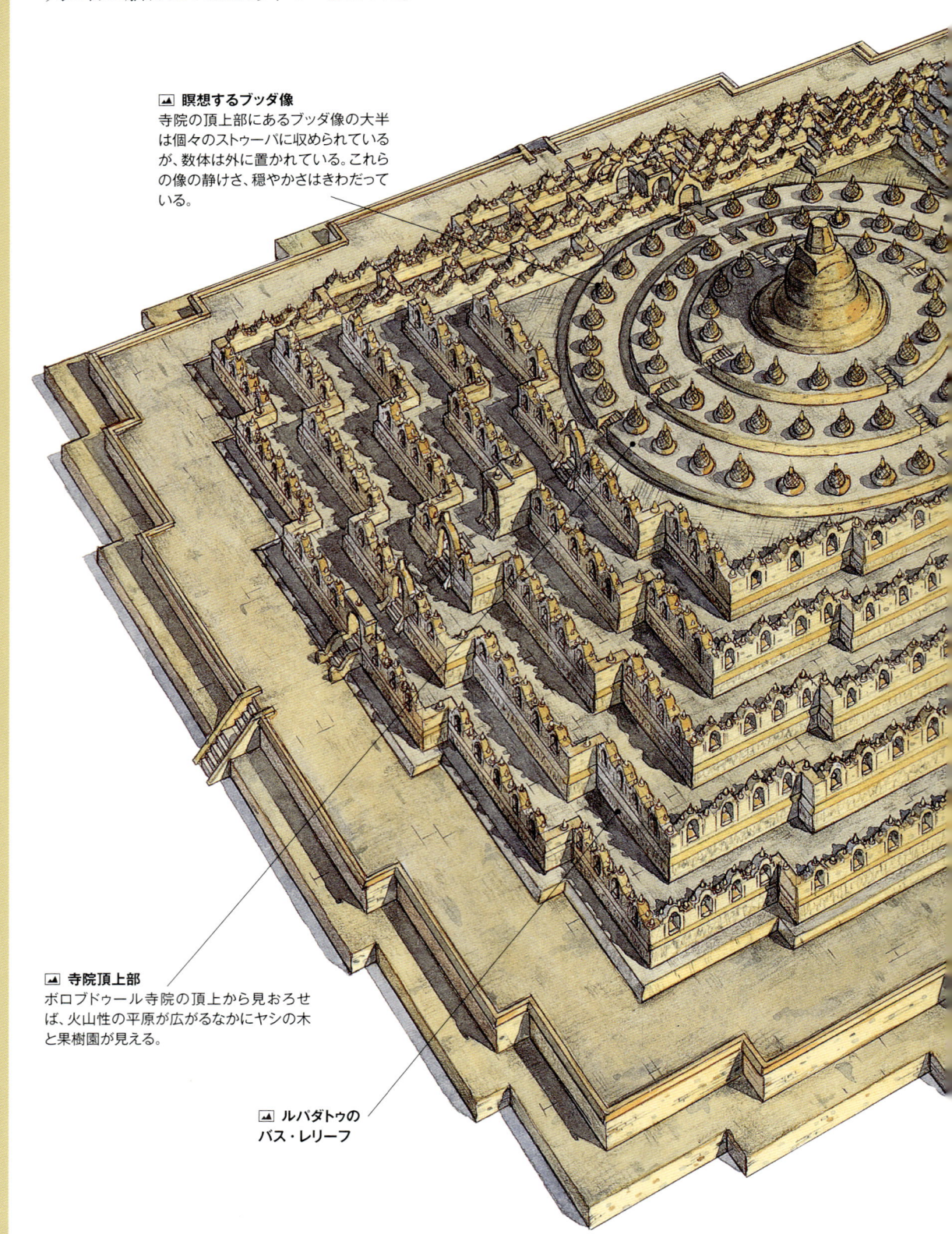

瞑想するブッダ像
寺院の頂上部にあるブッダ像の大半は個々のストゥーパに収められているが、数体は外に置かれている。これらの像の静けさ、穏やかさはきわだっている。

寺院頂上部
ボロブドゥール寺院の頂上から見おろせば、火山性の平原が広がるなかにヤシの木と果樹園が見える。

ルパダトゥのバス・レリーフ

インドネシア 219

◀ カマダトゥの音楽を奏でるバス・レリーフ

▼ ブッダ座像
寺院のアーチつき壁龕に置かれたブッダの座像は、山の洞窟にこもる姿を表しているようだ。

▲ 彫刻が施された門

▲ 瞑想するブッダ像のひとつ

▲ ルパダトゥのバス・レリーフ
ゴータマ・シッダールタ（ブッダ）の生活を描く浮き彫り。

ボロブドゥール寺院の眺め ▶
この寺院の名は、サンスクリット語で仏教大僧院を意味する「ヴィハーラ・ブッダ・ウール」から来たものだろう。仏教の宇宙観を地上に表した建造物だ。

修復
1973年に、2100万米ドルをかけたボロブドゥール修復計画が始まった。壇は解体され、並べて洗浄し、コンクリートの基礎の上に再建された。この仏教遺跡は、現在はイスラム国家の史跡公園となっている。

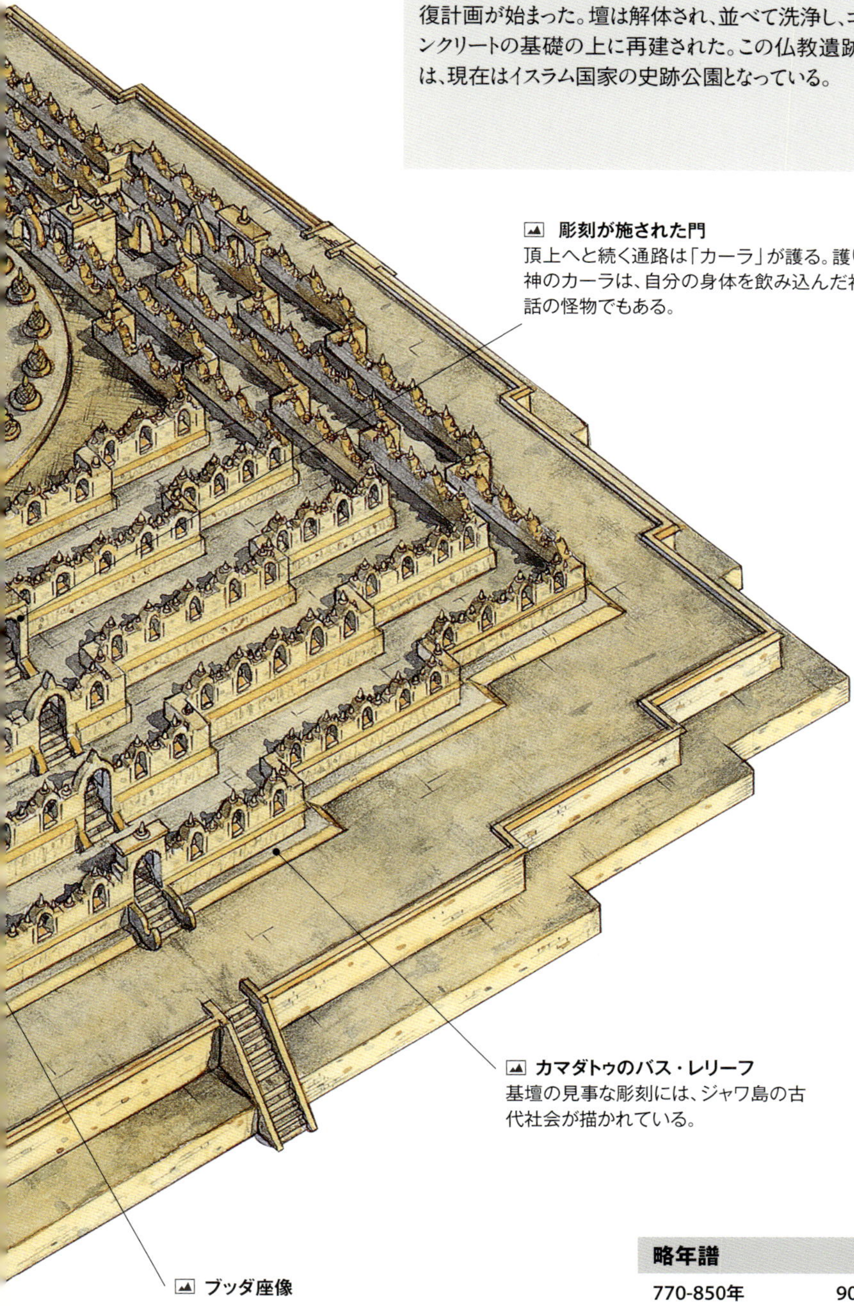

🖼 彫刻が施された門
頂上へと続く通路は「カーラ」が護る。護り神のカーラは、自分の身体を飲み込んだ神話の怪物でもある。

ボロブドゥールの構造
ボロブドゥールを平面図で見ると正方形をしており、高さは34.5メートルある。徐々に小さくなっていく6層の方形壇を置き、7段目からは3層の円形壇がのって、頂上にはストゥーパをいただく。当初はピラミッドにする計画だったようだが、重量がありすぎて、上部の崩壊を防ぐために、周囲に石の控え壁を建造して支える必要があった。

🖼 カマダトゥのバス・レリーフ
基壇の見事な彫刻には、ジャワ島の古代社会が描かれている。

🖼 ブッダ座像

▲ ボロブドゥールで謁見する、宝石をまとった優雅な王と王妃

略年譜

770-850年	900年頃	928年頃	1815年	1907-11年	1991年
シャイレーンドラ朝がボロブドゥール寺院を建造する。	東ジャワが勢力を増し、寺院が放棄される。	大規模な火山活動によって寺院が灰に埋まる。	ボロブドゥールがイギリスの植民地行政官、サー・スタンフォード・ラッフルズによって再発見される。	オランダが寺院に初めての修復を施す。	ボロブドゥールがユネスコの世界遺産に登録される。

220　アジア

ウルン・ダヌ・バトゥール寺院 [バリ島]

9つの寺院が集まるウルン・ダヌ・バトゥール寺院は、バリ島で一番人気がある場所のひとつであり、宗教上非常に重要な建築群だ。この寺院は火山湖のバトゥール湖(ダヌ)と深いつながりがあるが、いつの建造かは不明だ。バリ島における水利の守護寺院であり、島の灌漑システムの大半をつかさどる。遠くから眺めると、バトゥールの広大なカルデラ湖岸に寺院がたたずむ。

▼ 精霊に毎日ささげる花の供物「チャナン」

奥庭
もっとも神聖な場。外庭から奥庭へと3つの門が続く。

◀ 寺院ののぼり旗

◀ 金色に塗った扉
主寺院の門の巨大な木造扉は、重要な宗教行事の際に僧が使用するためのものだ。

▼ 側門

▲ 奥庭

●伝統的信仰
バリ島の人々の生活には、アニミズムや祖先崇拝、超自然的感覚が浸透している。「セカラ・ニスカラ」(見えるもの・見えないもの)という言葉には、物的世界が精神世界と影響しあうという考えが表れている。簡単にいえば「神」と「悪魔」が存在し、石や木など自然にある物にも霊が宿る。そのために廟を建て、花やその他を供物にしてあがめるのだ。祖先を神格化する儀式もいくつもあり、祖先は寺院に祀られる。そして「バロン」をはじめとする守護霊に神聖なパフォーマンスをささげ、村に宇宙のバランスが回復するよう祈願するのである。

●ガムラン楽団
バリ島と、隣接するロンボク島では、ガムラン楽団が伝統音楽を演奏する。これはドラム(クンダン)が先導する、青銅の鉄琴(鍵盤は調律してある)と打楽器が中心のアンサンブルだ。楽団の中心にある、さまざまなサイズの青銅の銅鑼をマレットでたたいてリズムを正確に刻み、音を合わせた楽器がメロディーを奏でる。また、竹笛(スリン)のような吹奏楽器や弦楽器もいくつかある。大半の村には宗教行事のためのガムランの楽器がひとそろいあり、なかには宗教儀式のときにだけ演奏する神聖なものもある。寺院には**バレ・ゴーン**という、楽器の保管所が置かれている。

●バリ島の寺院建築
バリ島のプラ(公共の寺院)とは、ヒンドゥー教の神々が招かれて、霊廟に置かれた「プラティマ」(像)に一時的に降りてくる、神聖であり特別な場だ。寺院の配置は一貫していて、建物は山と海を結んだ線上にある。**外庭**と**中庭**には副祭壇や東屋があり、クルクル塔(監視塔)も置かれていて、ここには神々が降臨するときに打つ太鼓が収められている。ジェロアン[奥庭]には寺院が祀る神の祭壇があり、祀られているのは湖や海、山々の神であることも多い。寺院でもっとも神聖な場にあるパドマサナ(蓮座の塔)の一番上にはなにも置かれていない座があり、これは最高神を表している。「メルー」の塔は、神話にあるヒンドゥー教の山、メルー山を象徴するものだ。

インドネシア 221

略年譜

1917年
火山が噴火するが、ウルン・ダヌ・バトゥール寺院は奇跡的にまったく損傷を受けずに済む。

1926年
火山の噴火で寺院がほぼ灰に埋まる。

1927年
寺院が現在の場所に移築される。

寺院の祭祀

バリ島では「オダラン」(寺院の祭祀)になると神々に供物や祈り、娯楽をささげ、たいていは3日間祭が続く。

寺院ののぼり旗
寺院ののぼり旗や彫刻には、神々や神獣が豊かな色彩で描かれることが多い。

ガルーダ ▶
ヒンドゥー神話に登場する鳥で、庭の壁の石のレリーフに描かれているものだ。

金色に塗った扉

側門
この高く細い門はレンガ細工と「パラス石」の装飾を組み合わせており、ここから別の寺院とつながる。

外庭

入リ口

バレ・ゴーン
この堂には寺院の「ガムラン」用の楽器が保管してある。魔力が宿っていたという巨大な銅鑼もある。

中庭

◀ 中庭
写真の竹とワラでできた四角形の大きな建造物は祭用のもので、儀式の時に踊る舞台になる。

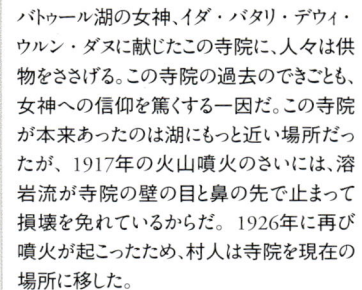

湖の女神への供物

バトゥール湖の女神、イダ・バタリ・デウィ・ウルン・ダヌに献じたこの寺院に、人々は供物をささげる。この寺院の過去のできごとも、女神への信仰を篤くする一因だ。この寺院が本来あったのは湖にもっと近い場所だったが、1917年の火山噴火のさいには、溶岩流が寺院の壁の目と鼻の先で止まって損壊を免れているからだ。1926年に再び噴火が起こったため、村人は寺院を現在の場所に移した。

果物や花の供物

独特のアーチ屋根をもつ
シドニー・オペラハウス

オーストラレーシア

AUSTRALASIA

224　オーストラレーシア

シドニー・オペラハウス

シドニー・オペラハウスは世界でも類を見ない建造物だ。完成するずっと以前から「オペラハウス」として親しまれてきたこの建物は、実際には劇場やスタジオ、音楽用ホールが、その有名な屋根「シェル」の下に連なる複合施設だ。シドニー・オペラハウスは誕生までに長く複雑な道をたどった。建築上の問題の多くはそれまでに直面したことのないもので、冒険的な建築には14年もの年月を要したのだ。資金集めの寄付の呼びかけに90万オーストラリアドルが集まり、最終的な費用である1億200万オーストラリアドルとの差額は、オペラハウス・クジの利益で埋めた。今日、オペラハウスはシドニーで一番の観光の目玉であり、さらに世界でも演奏会の開催数が最多の施設のひとつに数えられ、芸術の中心ともなっている。

宣伝ポスター

◉設計と建設

1957年、デンマーク人建築家ヨーン・ウッツォンは、シドニーに建造する新しいオペラハウス設計の国際コンペで優勝した。ウッツォンが思い描いたのは、陸地、空、海と、あらゆる角度から眺められる生き生きとした姿だ。しかしそれは夢物語に近く、ウッツォンの当初の案には解決できない建築および工学上の問題が含まれていた。そしてオペラハウスは1959年に着工されたものの、複雑な設計の実行には無理があり、大幅な修正が必要であることが判明した。建設計画には論争がつきまとい、ウッツォンは1966年に辞任して、オーストラリア人の設計チームが内装を完成させたのである。しかしウッツォンはのちに、将来この建物にくわえる変更のガイドライン開発のコンサルタントに、再度任命された。

◉役割と重要性

シドニー・オペラハウスは、すぐに世界に広く知られるようになった。運営するシドニー・オペラハウス・トラストは、オーストラリアの重要な文化的ランドマークと、芸術公演の中心地としての高い地位を維持する仕事を担っている。オペラハウスはまた世界で名高い「奇跡の建築」のひとつである。多数の賞を受賞し、1999年の「20世紀の十大建築」にも選ばれた。オペラハウスを訪れる人は年におよそ440万人にものぼり、その75パーセントが、壮大な建物を眺めるためにやって来るのである。

◉劇場とホール

飛行機にも織物にも見える、帆のような壮観な屋根が10個も連なる下には、1000を超すさまざまなスペースがあり、多数のイベントが行われている。**コンサート・ホール**には、オーストラリア産のオウシュウシラカバとブラッシュボックス（堅い材質の木材）が使われている。ドラマ・シアターの舞台は15メートル四方で、どの観客席からもよく見える。温度調節を行うのは、天井の冷却されたアルミ製パネルだ。**プレイハウス**のホワイエにはオーストラリア人芸術家の見事な作品がかかり、シドニー・ノーランの「リトル・シャーク」（1973年）やサルヴァトーレ・ゾフリーのフレスコ画（1992-3年）を見ることができる。**オペラ・シアター**は2番目に大きなホールで、豪華なオペラやダンスの公演が行われる。オペラ・シアターの舞台開口は幅12メートル、奥行は21メートルもある。

舞台裏

シドニー・オペラハウスで演じるアーティストは、5つのリハーサル・スタジオ、60の衣裳部屋、それにバーとラウンジとレストランを完備したスイートとグリーンルームを使用することができる。背景を変える装置を動かすのはよく整備されたホイールだが、これは毎晩演目が変わることも多いオペラ・シアターには不可欠な装備である。

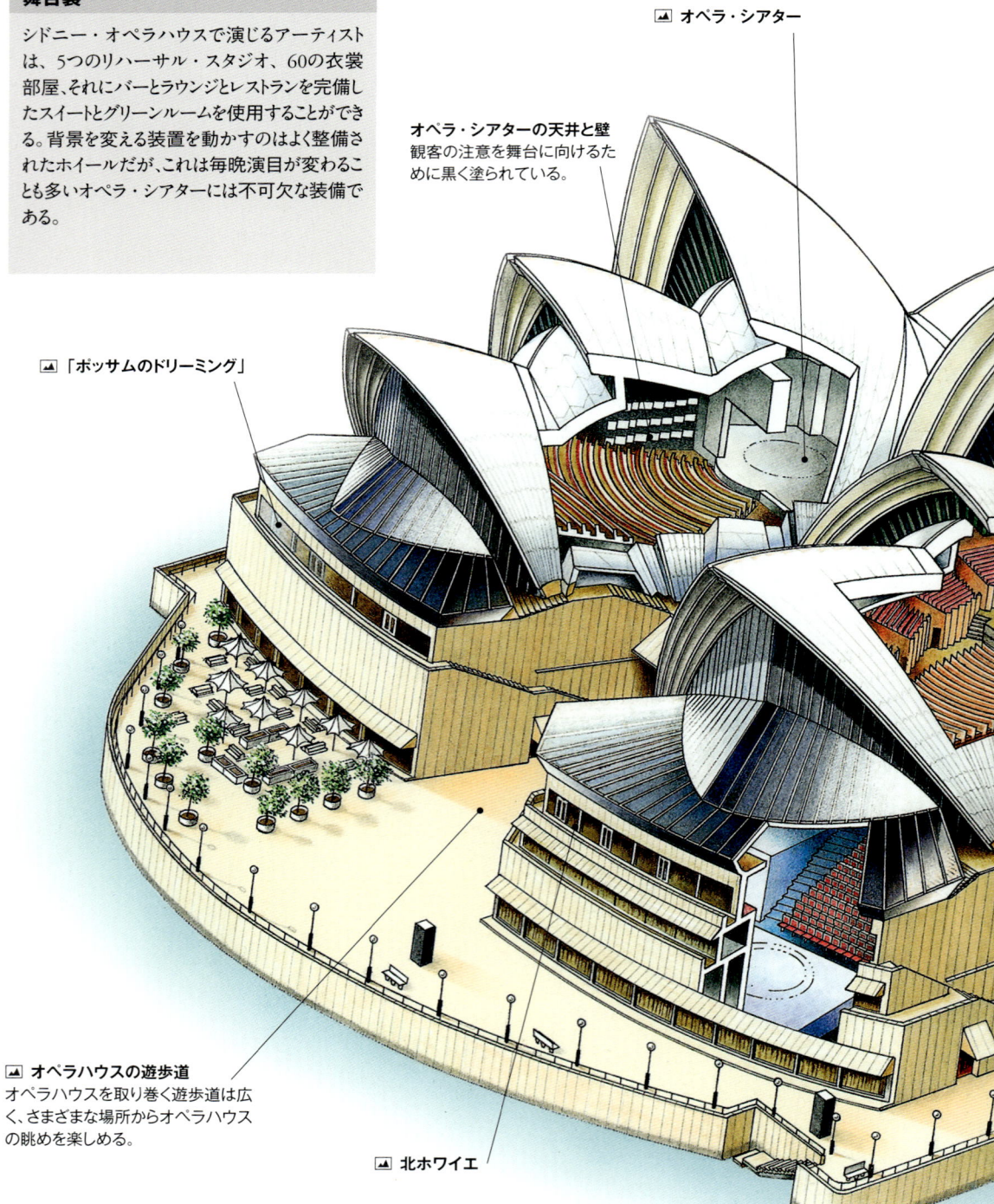

▣ オペラ・シアター

オペラ・シアターの天井と壁
観客の注意を舞台に向けるために黒く塗られている。

▣ 「ポッサムのドリーミング」

▣ オペラハウスの遊歩道
オペラハウスを取り巻く遊歩道は広く、さまざまな場所からオペラハウスの眺めを楽しめる。

▣ 北ホワイエ

オーストラリア 225

▲ オペラ・シアター
おもにオペラとバレエの公演に使われる。1547席の劇場は、ヴェルディの「アイーダ」などグランドオペラを演じるのにも十分な規模だ。

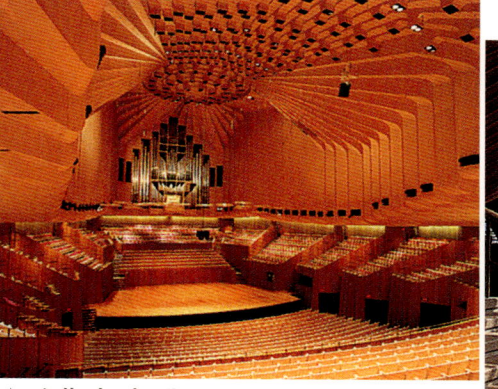

▲ コンサート・ホール
オペラハウス最大のホールで2679席。多様な公演に使われ、交響楽、コーラス、ジャズや民謡、ポップ・ミュージックのコンサートのほか、さまざまなショーが行われる。

▲ 北ホワイエ
レセプション・ホールと、オペラ・シアターとコンサート・ホールがある巨大な北ホワイエからは、シドニー湾の絶景が楽しめる。

▼ 「ポッサムのドリーミング」（1988年）の一部
オペラ・シアターのホワイエの壁画は、中央オーストラリア砂漠地方出身のアボリジニのアーティスト、ミハエル・ジャガマーラ・ネルソンの作品。

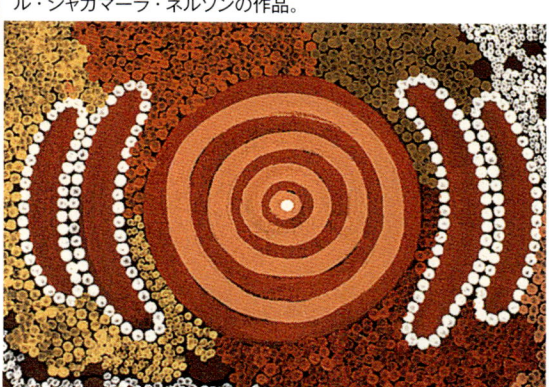

屋根 ▶

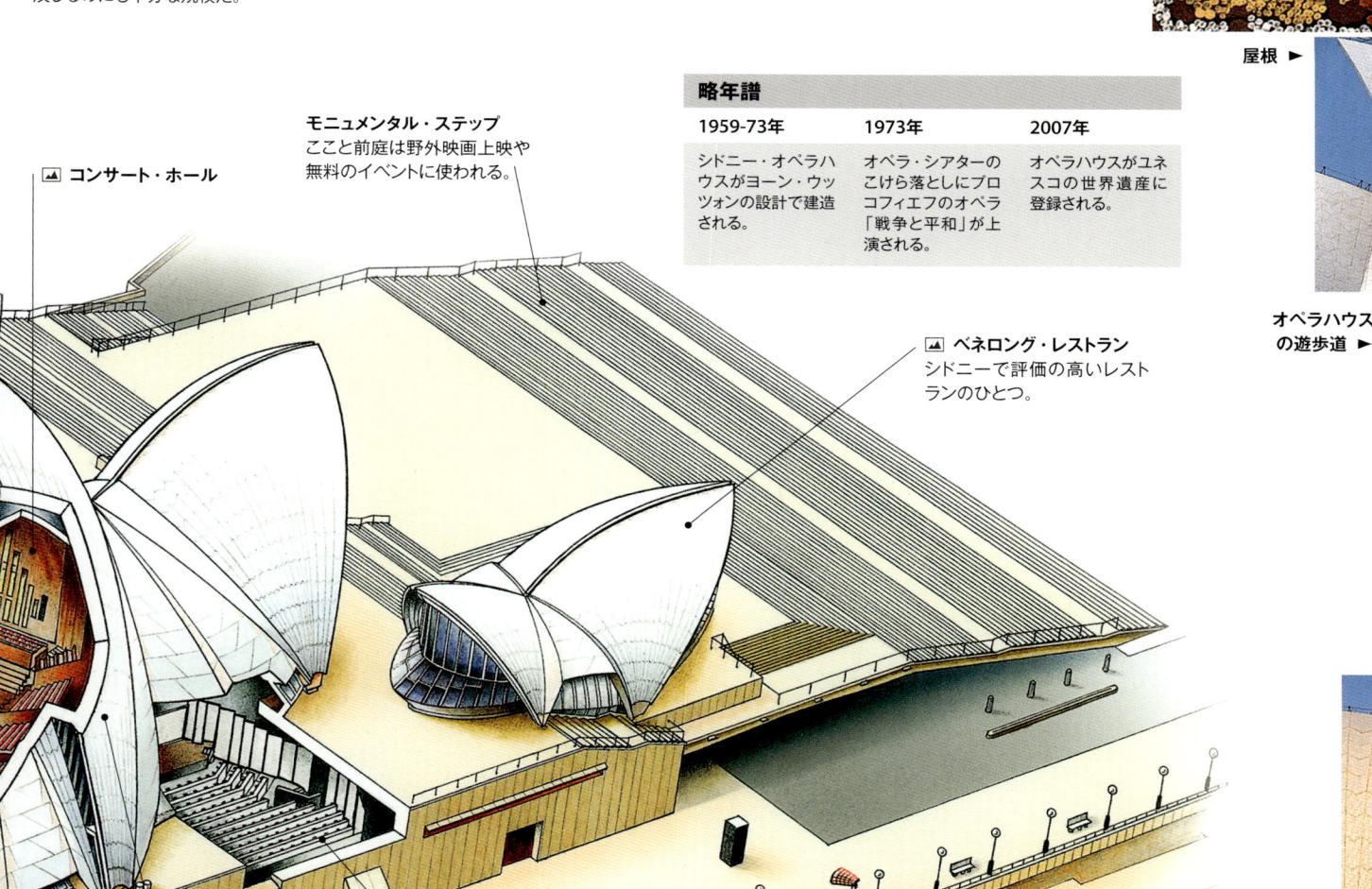

オペラハウスの遊歩道 ▶

ベネロング・レストラン ▶

略年譜

1959-73年	1973年	2007年
シドニー・オペラハウスがヨーン・ウッツォンの設計で建造される。	オペラ・シアターのこけら落としにプロコフィエフのオペラ「戦争と平和」が上演される。	オペラハウスがユネスコの世界遺産に登録される。

🖼 コンサート・ホール

モニュメンタル・ステップ
ここと前庭は野外映画上映や無料のイベントに使われる。

🖼 ベネロング・レストラン
シドニーで評価の高いレストランのひとつ。

プレイハウス
約400人を収容するこの会場は少人数による作品の公演に最適だが、演者の多い劇を演じることも可能だ。

🖼 屋根
真偽は定かではないが、ヨーン・ウッツォンのアーチ屋根のデザインは、オレンジの皮をむいているときに浮かんだというおもしろい話もある。最高部は海抜67メートル。

▲ ウッツォンのタペストリー（2004年）の一部
ヨーン・ウッツォンがデザインしたゴブラン織り風のタペストリー。改築されたレセプション・ホールの天井から床までを占める。18世紀のドイツ人作曲家・音楽家、カール・フィリップ・エマヌエル・バッハの作品に着想を得たもの。

オーストラレーシア

ダニーデン鉄道駅

ニュージーランドが誇る歴史的建築物であるダニーデン鉄道駅は、南半球の鉄道建築における代表例のひとつでもある。
世界の標準からすれば大きくはないものの、この駅の美しい姿は荘厳な雰囲気を醸し出している。ニュージーランド人鉄道建築家ジョージ・トループが、フランドル風ルネサンス様式（ルネサンス様式、p.131参照）で設計した。トループは、設計した駅の外観の特徴をもじって「ジンジャーブレッド・ジョージ」とあだ名された。

天使と植物が飾るフリーズ

●ダニーデン鉄道の始まり
1860年代初めにダニーデンで金脈が見つかると、採掘者たちがこの地方になだれ込んだ。金の採掘で潤ったダニーデンは、しばらくはニュージーランドの商業の中心地となり、増加する人口の輸送に鉄道が建設された。そして1872年9月10日、新造の汽車「ジョセフィーヌ」号がダニーデンからチャーマーズ港まで走り、鉄道の旅の幕が開いた。1875年には、初代の駅の混雑緩和のために新たにダニーデンの駅が造られ、さらに1879年にも建て替えが行われた。それでも乗客の数が増え続けたために、現在のダニーデン鉄道駅が建造されたのである。

●駅建設における挑戦
ダニーデン鉄道駅が土木工学に残した功績には多大なものがある。この駅は昔の港の基礎の上に建てられているため、浸水防止用に、埋立地に鉄骨を深く埋め込む必要があった。またジョージ・トループは多数の鉄道職員を動員し、石工の技術を教え込んで駅の建設を手伝わせた。さらにクレーンをはじめとする機械は、建設工事期間中、ニュージーランド鉄道から貸与を受けて費用を抑えた。ニュージーランドで駅建設に電動コンクリート・ミキサーが使われたのは、ここが初めてだともいわれている。建設費12万500ポンドのこの駅は、それ以前の、1800年代末に建ったダニーデンの3番目の駅の7倍もの大きさだった。

●ダニーデン駅の設計
ジョージ・トループ（1863-1941年）は、建築士の見習いとなって1884年にスコットランドからニュージーランドに移住して来た。すぐにダニーデンのニュージーランド鉄道に職を得て、ここで橋や駅の設計を担当する。まもなく建築部門の主任となり、この新しいポストについてから、ダニーデン鉄道駅を設計した。この壮観な駅の装飾は、金に糸目をつけずに行われた。**屋根は赤いマルセイユ産タイルで飾り、「ジンジャーブレッド」様式を用いた外装の石細工は、豪奢な造りだ。内部のモザイク床には、装飾用タイルで一面に蒸気機関車や車輪、信号や貨車などが描かれている。**

床の修復
1956年には、建設当初の床が激しく沈下していた。問題解消のため、コンクリートの新しい床を置き、その上にモザイクの正確な複製を敷いた。

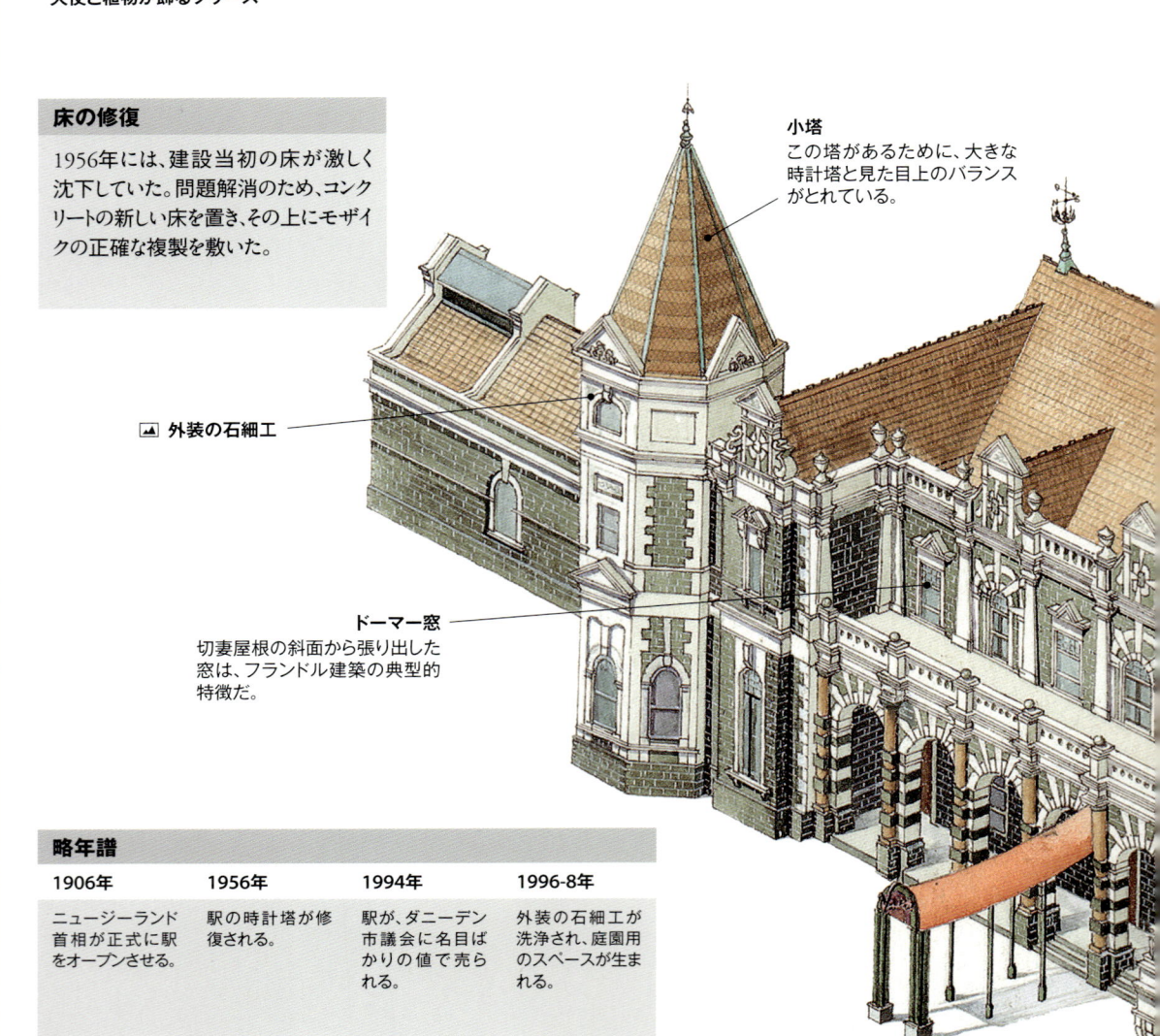

小塔
この塔があるために、大きな時計塔と見た目上のバランスがとれている。

外装の石細工

ドーマー窓
切妻屋根の斜面から張り出した窓は、フランドル建築の典型的特徴だ。

略年譜
1906年	1956年	1994年	1996-8年
ニュージーランド首相が正式に駅をオープンさせる。	駅の時計塔が修復される。	駅が、ダニーデン市議会に名目ばかりの値で売られる。	外装の石細工が洗浄され、庭園用のスペースが生まれる。

▼ **ダニーデン鉄道駅の正面**

▼ **外装の石細工**
ベージュのオアマル産石灰岩で細部装飾を施したことによって、壁に使われたセントラル・オタゴ産ブルーストーンの濃い色や、美しく磨かれたアバディーン産花崗岩の柱との明確なコントラストが生じている。

ニュージーランド　227

▲ ステンドグラスの窓
中2階のバルコニーにあるふたつの堂々としたステンドグラスの窓には、ライトを点け向かってくる2台の蒸気機関車が描かれている。窓はチケット・ホールを間にして向かい合っている。

▲ 階段

▲ モザイク床

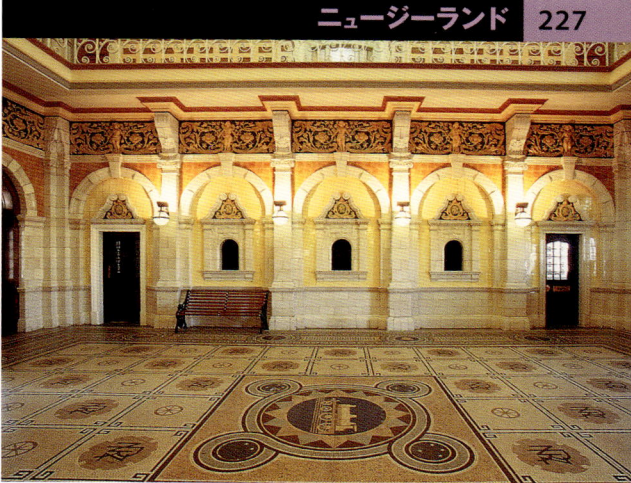

▲ チケット窓口
白いタイル張りで、頂飾りには昔のニュージーランド鉄道のロゴを施し、きらびやかな装飾だ。

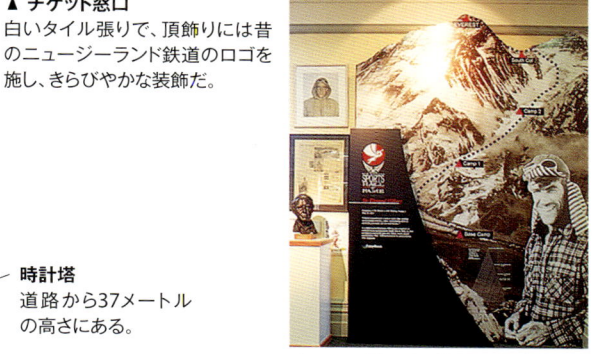

▲ ニュージーランド・スポーツの殿堂
ニュージーランドの著名人の功績を列挙する創意に富んだ展示がある。

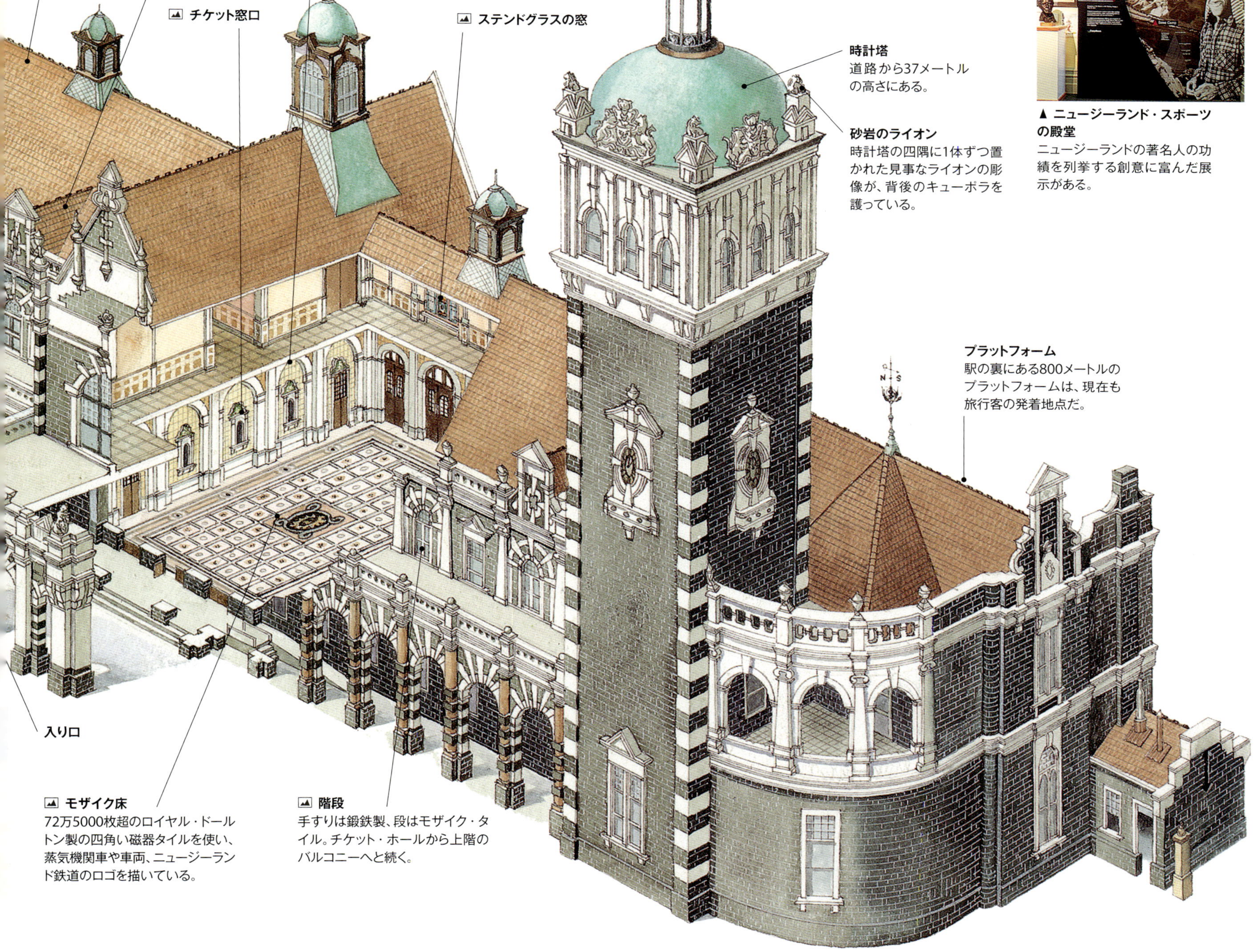

屋根
フランスから輸入したマルセイユ産粘土タイルがおおっている。

ニュージーランド・スポーツの殿堂

チケット窓口

フリーズ
鍛鉄の手すりつきバルコニーの下にあるチケット・ホールをフリーズが囲い、このフリーズをイギリスのロイヤル・ドールトンの磁器工場から取り寄せた天使と植物模様が飾る。

ステンドグラスの窓

時計塔
道路から37メートルの高さにある。

砂岩のライオン
時計塔の四隅に1体ずつ置かれた見事なライオンの彫像が、背後のキューポラを護っている。

プラットフォーム
駅の裏にある800メートルのプラットフォームは、現在も旅行客の発着地点だ。

入り口

モザイク床
72万5000枚超のロイヤル・ドールトン製の四角い磁器タイルを使い、蒸気機関車や車両、ニュージーランド鉄道のロゴを描いている。

階段
手すりは鍛鉄製、段はモザイク・タイル。チケット・ホールから上階のバルコニーへと続く。

これまでに建造された橋で径間が3番目に大きい
サンフランシスコのゴールデンゲート・ブリッジ

南北アメリカ
THE AMERICAS

サンタンヌ・ド・ボープレ大聖堂

聖母マリアの母、聖アンナの廟は北アメリカ最古の巡礼の場である。1620年に、難破を生き残った水夫の一団が廟を建て、聖アンナに献じた。そして1658年には礼拝堂が建設され、それ以降、教会はいく度か建て替えられてきた。5番目に建てられた現在の教会は1920年代のもので、聖アンナの祭日(7月26日)に年に一度の巡礼を行う人々をはじめ、毎年150万もの人々が訪れている。バシリカ聖堂の入り口内に置かれた数々の松葉づえは、ここに詣でれば不思議と悪いところが治るという言い伝えを証明する品だ。なかに入ると、聖アンナの生涯を描いた金色のモザイクがドーム式天井を飾る。交差廊にも金色の聖アンナの巨大な像が置かれ、聖母マリアを抱き、あやしている。

●聖アンナ美術館
聖堂の美術館には、ケベックの初期定住者が聖アンナに抱いた信仰心がうかがえる美術品が展示され、蝋人形や絵画、さらに聖アンナの生涯や北アメリカの宗教について学べる工芸品を見ることができる。なかでも、18世紀の**水夫たちの絵**は見逃せない展示物のひとつだ。嵐にあったフランス人水夫たちが聖アンナの加護を祈る場面を描いたもので、彼らは難を逃れると、聖ローレンス川の堤防に、聖アンナをたたえる霊廟を建てたのである。

●バシリカ聖堂内部と周辺
下階にはふたつの礼拝堂がある。青く塗られた**無原罪の聖母礼拝堂**と秘蹟の礼拝堂だ。さらに、ミケランジェロの**ピエタ**像の複製や、アルコール中毒者と麻薬中毒者の守護聖人、尊者アルフレッド・パンパロン神父(1867-96年)の墓がある。主堂は上階にあり、ここに「奇跡の治癒」を証明する松葉づえ、添え木、義肢などが何百も置かれている。ここで初めて奇跡が起こったのは1658年のことだ。初代の教会が建設されるとき、ルイ・ギモンという人物が、不自由な足で苦労しながら石を運び手伝った。すると、作業する人々の目の前で足が治ったと伝えられている。また、巡礼者たちは聖堂わきの木立におおわれた山腹に集まり、ヴィア・ドロローサをたどってサンタ・スカラ(聖なる階段)をのぼる。これはイエスがポンテオ・ピラトに会うためにのぼった階段を模したものだ。

●聖アンナの生涯
聖書は聖母マリアの母については触れていないが、初期キリスト教徒は、イエスの家族、とくに母親と祖母についてもっと知りたいと願った。3世紀の「ヤコブの黙示録」と呼ばれるギリシアの写本では、イエスの祖父母を、ヨアキムとアンナ(もとはハンナ)だとしている。この記述によると、ベツレヘムのアンナと羊飼いのナザレのヨアキムは、結婚して20年間、子に恵まれなかったという。ふたりはそれぞれ神に哀願し、子ができない理由を問い、子ができたならば神にささげると誓い、祈った。すると天使がヨアキムとアンナのもとに現れ、ふたりは子を授かったことを知る。この夫婦の子が、のちにキリストの母となるマリアである。

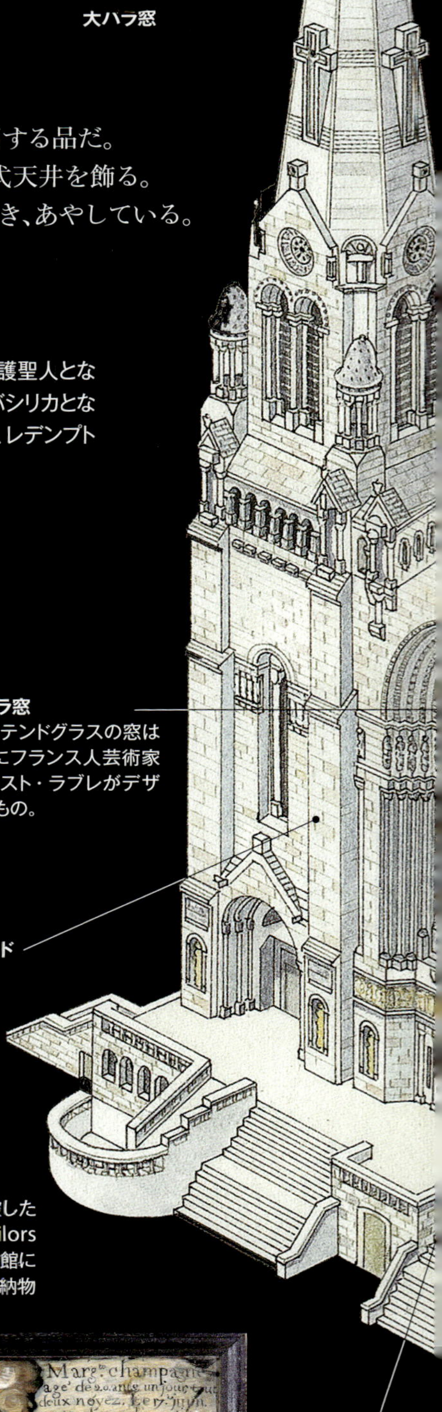

バシリカ
1876年に聖アンナはケベックの守護聖人となり、1887年に、当時あった教会がバシリカとなることが認められた。1878年以降、レデンプトール会が教会の管理を担っている。

教会平面図
1 バシリカ聖堂
2 修道院
3 教会ショップ
4 美術館
5 祝祷所

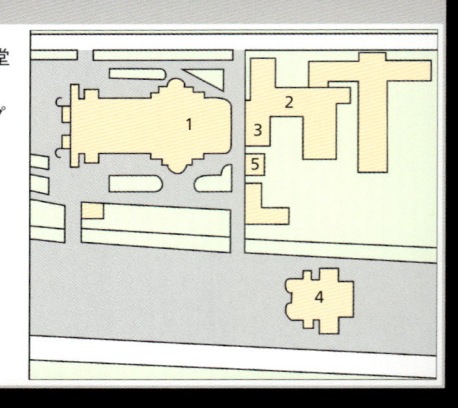

ファサード
現在のバシリカ聖堂は、カナダ人建築家ナポレオン・ブーラッサが建設した。ゴシックとロマネスク様式の混合スタイルを基本に設計している。

大バラ窓
美しいステンドグラスの窓は1950年にフランス人芸術家オーギュスト・ラブレがデザインしたもの。

ファサード

水夫たちの絵
木の板に油彩で描いた「レヴィスの難破した3人の水夫(Three Shipwrecked Sailors from Levis)」(1754年)。聖アンナ美術館に展示されている、水夫の聖アンナへの奉納物のコレクションのひとつだ。

大バラ窓

バシリカ聖堂上階への入り口

カナダ　231

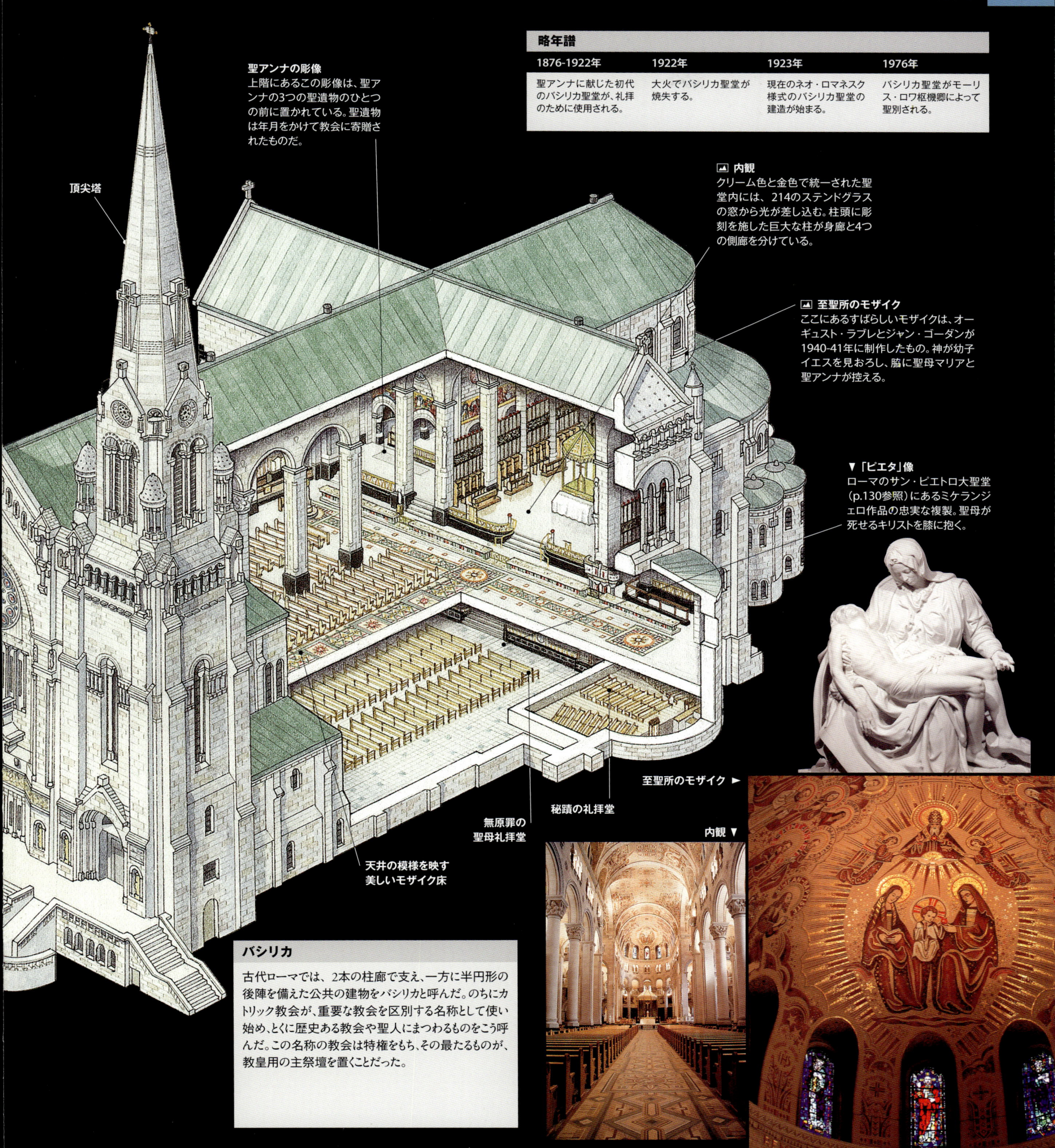

聖アンナの彫像
上階にあるこの彫像は、聖アンナの3つの聖遺物のひとつの前に置かれている。聖遺物は年月をかけて教会に寄贈されたものだ。

頂尖塔

略年譜

1876-1922年	1922年	1923年	1976年
聖アンナに献じた初代のバシリカ聖堂が、礼拝のために使用される。	大火でバシリカ聖堂が焼失する。	現在のネオ・ロマネスク様式のバシリカ聖堂の建造が始まる。	バシリカ聖堂がモーリス・ロワ枢機卿によって聖別される。

内観
クリーム色と金色で統一された聖堂内には、214のステンドグラスの窓から光が差し込む。柱頭に彫刻を施した巨大な柱が身廊と4つの側廊を分けている。

至聖所のモザイク
ここにあるすばらしいモザイクは、オーギュスト・ラブレとジャン・ゴーダンが1940-41年に制作したもの。神が幼子イエスを見おろし、脇に聖母マリアと聖アンナが控える。

▼「ピエタ」像
ローマのサン・ピエトロ大聖堂（p.130参照）にあるミケランジェロ作品の忠実な複製。聖母が死せるキリストを膝に抱く。

至聖所のモザイク ▶

秘蹟の礼拝堂

無原罪の聖母礼拝堂

天井の模様を映す美しいモザイク床

内観 ▼

バシリカ
古代ローマでは、2本の柱廊で支え、一方に半円形の後陣を備えた公共の建物をバシリカと呼んだ。のちにカトリック教会が、重要な教会を区別する名称として使い始め、とくに歴史ある教会や聖人にまつわるものをこう呼んだ。この名称の教会は特権をもち、その最たるものが、教皇用の主祭壇を置くことだった。

南北アメリカ

CNタワー [トロント]

高さ553メートルの驚異の技術の結晶は、現代世界の七不思議のひとつに数えられてきた。鉄道関連の複合企業体であるカナダ国有鉄道(CN)が地元放送局と協議のうえ、トロントのテレコミュニケーションの増加に対応し、さらにトロントの威信を見せるべく、新しい電波塔を建設することにしたのは1970年代のことだ。オープン時には訪れた人々がその威容に目を見張り、まもなくタワーはカナダの観光の目玉のひとつとなった。タワーの回転レストランは料理とワインはもちろん、そこからの眺めのすばらしさも評判だ。

●展望デッキ

展望階からはトロントを一望できる。展望階は数階におよび、上層階にはカフェやフォト・ショップがある。その下におりると地上113階の風を感じることができるし、**グラス・フロア**ごしに真下をのぞくも、**回転展望レストラン**で食事も楽しめる。展望階の33階上にある**スカイ・ポッド**は世界の超高層ビルの大半よりも高いが、それでもCNタワーの最上部ではない。トロントを360度見渡せ、オンタリオ湖はもちろん、晴れた日には、ここの展望デッキからナイアガラの滝までも視界に収めることができる。

●興味深いデータ

タワーの建設は1973年に始まり、完成までほぼ40ヶ月、約6300万ドルの費用を要した。また2600万ドルをかけた、6968平方メートルの娯楽施設の拡張と改修は、1998年に完了した。タワーの6基のエレベーターは時速24キロメートルで上昇し、346メートルの展望階にわずか58秒で到達する。さらに、101メートル上のスカイ・ポッドまで運んでくれるエレベーターもある。柔構造のタワーでは、時速195キロメートルの風が吹いても、スカイ・ポッドの揺れは中心から48センチ動く程度だ。このタワーを訪れる人は毎年約200万人にのぼる。

●世界一高い建物

世界の高層建築物の高さの順位を評価する場合には、国際組織である「高層建築と都市居住に関する国際委員会」(CTBUH)が高層ビルの定義と測定法を設定しており、最低でも高さの50パーセントにあたるフロアが使用されている必要がある。さらに、建築物自体の高さのみを対象にし、放送用アンテナやマストは除外する。CNタワーはこの定義には合致しないため、自立式建築物に分類される。1975年から2007年までは、この分類のなかではCNタワーが世界一だったものの、高さ828メートルのドバイのブルジュ・ハリファが完成するとその座を奪われ、ブルジュ・ハリファは現在CTBUHの世界の高層建築リストの1位にある。さらに、中国のTV塔兼観光タワーである広州タワーが、610メートル、東京スカイツリーは634メートルの高さを誇る。

夜のCNタワー ▶

▼ オンタリオ湖から見たCNタワー
トロント湾岸に並ぶ建物との比較で、タワーの高さがきわだつ。

▲ センター・アイランドの庭園から見たCNタワー

◀ 回転展望レストラン

▲ スカイ・ポッド

◀ グラス・フロア
地面は342メートル下にある。この24平方メートルにおよぶ厚い強化ガラスは硬く、商業施設の床の標準耐荷の5倍の強度がある。

カナダ | 233

▲ 屋外展望台
外気にさらされるこの屋外テラスは、安全対策に鋼鉄製の格子が張られている。この高さでは、地面よりも10度ほど気温が低い。

基礎
タワーのシャフトを支える基礎を17メートル埋設しており、5万6000トン超の土と泥板岩を掘る必要があった。

◀ 展望階からのトロントの眺め
街の346メートル上空。この階から眺めると、トロントとオンタリオ湖や周辺エリアのパノラマが広がる。160キロメートル程度先まで見通せる。

スカイ・ポッド
世界一高い展望台のひとつ。447メートルの高さのスカイ・ポッドからは、どの方角を見ても魅力的な光景が広がる。専用エレベーターでのぼる。

世界一高い支線式建築物
600メートルを超すテレビやラジオの放送マストは多数あり、それらはすべて合衆国にある。ワイヤで支えるこうした構造物は、世界の高層建築物リストには含まれない。もっとも高いテレビマストは629メートルで、ノースダコタ州ファーゴ付近にある。高さ647メートルのポーランドのワルシャワ・ラジオマストは、支線式のマストとしては世界一高かったが、1991年に倒壊した。

回転展望レストラン
350メートルの高さにあるCNタワーのレストラン「360」は72分で1周し、世界一高い場所にあるワイン・セラーには、500種以上のワインをそろえている。

展望階

グラス・フロア

▲ トロント島
運河と水路で分かれたこの小さな島々は、CNタワーの下層展望階からも眺められる。湾岸地区からの日帰り旅行スポットとして人気だ。

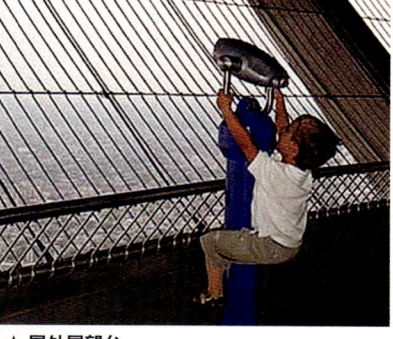

屋外展望台

内階段
世界最長の金属製階段で1776段ある。1年に2回一般に公開され、基金集めのためのこの階段をのぼるイベントには、2万人近くが参加する。

外部エレベーター
タワー外部についた前面ガラスの高速エレベーターが、上層階まで人を運ぶ。展望階到着まで1分弱だ。

略年譜

1973年	1976年	1977年	1995年
トロントの通信問題に取り組むため、CNタワーの建造が始まる。	CNタワーが一般公開され、このイベントを記念してタイム・カプセルを封印する。	チャリティのため、年に1度階段をのぼるイベントが初めて開催される。	アメリカ土木学会がCNタワーを現代世界の七不思議のひとつに認定する。

旧州議事堂 ［ボストン］

南北アメリカ

金融街の高層ビルにはさまれて小さく見えるこの歴史的建造物は、18世紀ニューイングランドの質素で独特な建築様式の典型例だ。ここには1713年から1776年までイギリスの植民地政府が置かれたため、東ファサードの両端には、イギリス王室の象徴であるライオンとユニコーン像のレプリカがある。独立後、マサチューセッツ州議会がこの建物を所有し、青果店、商品取引所、フリーメーソンの宿泊所、市庁舎はじめ、さまざまな目的で使用された。ワインセラーは現在はダウンタウンの地下鉄駅となっており、ボストニアン・ソサエティの記録もここに収められている。

東ファサードの時計

◀ 金融街の高層ビル群に埋もれる旧州議事堂

◀ 東ファサード

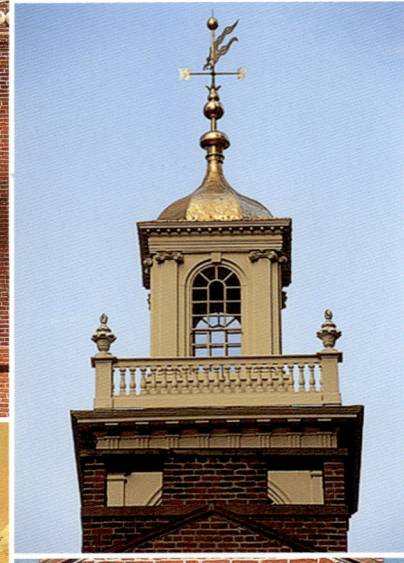

フリーダム・トレイル（自由の道）
ボストンでもっとも重要な16の史跡は、「フリーダム・トレイル」の沿道にある。ボストン・コモンを起点とするこの4キロメートルのウォーキング・コースには、舗道に赤いマークがついている。

黄金のワシの像
西ファサード上にはアメリカのシンボルであるワシがのる。

◀ 頂尖塔

西ファサード
クレストの外を囲むように、マサチューセッツ湾最初の植民地にまつわるラテン語の記述がある。中央のレリーフはこの地方の先住民を描いたものだ。

◀ ユニコーン
本来あったイギリス王室のシンボルであるライオンとユニコーン像は、1776年にボストンに独立宣言のニュースがとどいたときに引きずりおろされた。

◀ 西ファサード

▲ 中央階段
18世紀の職人の見事な作品。中央のらせん階段の両側には細工を施した木製の手すりがつく。同様の階段はアメリカ合衆国にわずかしか現存しない。

会議室 ▶

◀ ケイン・ホール
ロバート・ケインにちなんだ名のホール。ケインが1658年に300ポンドを市に寄付したことにより、1657-8年に元の庁舎の建造が可能になった。この部屋には、アメリカ独立革命のできごとをとりあげた展示がある。

略年譜

1667年	1713年	1780-98年	1798年	1830-40年	1840-80年	1881年	1976年
ボストンの初代の木造庁舎が建てられるが、1711年に焼失する。	旧州議事堂が建造され、植民地政府が置かれる。	建物がマサチューセッツ州議事堂となる。	建物が民間の小売業者を入れるために改築される。	改築後、ボストンの市庁舎となる。	商業用に使われ、建物が荒廃する。	市が旧州議事堂を完全に修復する。	イギリスのエリザベス2世がボストン市民に向けてバルコニーから演説する。

アメリカ合衆国　235

頂尖塔

塔
コロニアル様式の典型例。彩色と彫刻が施された18世紀の塔は、ボストンの空を背景にくっきりと浮かび上がる。

ボストン虐殺事件の現場
東ファサードのバルコニー下の小石で丸く囲ったところが、ボストン虐殺事件の現場だ。アメリカ独立革命へとつながる動きのなかでも、この事件は1773年のボストン茶会事件（課税に反発したボストンの愛国者たちが、3隻のイギリス東インド会社の船に乗り込み、紅茶の荷をボストン湾に投げ捨てた）に次いで、ボストンの人々を刺激するできごとであった。1770年3月5日、植民地の人々が押し寄せ、イギリスの衛兵に侮辱の言葉を吐き、石や雪球を投げつけた。兵士は発砲し、このとき5人の市民が亡くなったのだ。旧州議事堂のなかには、ボストン虐殺事件に関する多数の記事が展示されている。

小石で丸く囲ったボストン虐殺事件の現場

東ファサード
ファサードには数回手がくわえられている。1820年代の時計は1956年に取り外され、かつてここにかかっていた日時計の複製と取り替えられた。時計は現在元にもどされている。

会議室
かつてはイギリス総督の会議室、1780年以降はマサチューセッツの初代州知事（ジョン・ハンコック）の会議室となったこの部屋では、多くの重要なできごとがあった。ボストンの愛国者たちによる演説も多数行われ、人々に感銘を与えた。

入り口

中央階段

バルコニー
ここで1776年に独立宣言が読み上げられた。建物が市庁舎だった1830年代にバルコニーは拡張された。

イギリス王室のシンボル、ライオンとユニコーン

（地図：旧州議事堂、ボストン／カナダ／アメリカ合衆国／ワシントンDC／ロサンゼルス／メキシコ／メキシコ湾／大西洋）

●初期の歴史
当時焼失した初代の市庁舎に替えて、1713年に建造された旧州議事堂は、現存するボストン最古の公共建築物だ。イギリスの植民地政府が置かれている間は、アメリカ独立革命（1775-81年）へとつながるボストンの政治活動の中心でもあった。ボストン市民は2階のギャラリーから、（英語圏においては初めて）選挙で選んだ州議会がそのときどきの問題を討論するのを傍聴することができた。そして西端には州と植民地の裁判所があった。愛国者ジョン・ハンコックは、あらゆる紙製品や証書類に課税する印紙税法（1765年）に声高に反対し、さらに独立宣言に最初に署名した人物であるが、州議事堂の地階に倉庫スペースをもつ裕福な商人でもあった。

●ボストニアン・ソサエティ
ボストニアン・ソサエティは、旧州議事堂の維持と、堂内の博物館と通りの向かいにある図書館の運営を行っている。博物館の常設および特別展や、その他の展示物やショーは、移住からアメリカ独立革命、またそれ以降のボストンの歴史を伝えるものだ。常設展示には「植民地から連邦へ」があり、アメリカ独立革命にいたるまでのできごとにおいて、ボストンと州議会議事堂が果たした役割を解説している。また会議室の「ボストニアン・ソサエティ・コレクションの宝物」では、独立革命の立役者たちや、民兵の装備に関する品が展示されている。さらに、1770年のボストン虐殺事件を音と光で見せるショーもある。

●植民地時代のボストンの生活
1630年にピューリタンが定住して生まれたボストンは、北アメリカの主導的植民地のひとつとなった。活気のある海港都市ボストンの生活は向上し人々は裕福になったが、道路はまっすぐのびてはおらず、人や家畜でゴミゴミしていた。また、ゴミ処理、消防活動、多数の貧困層への配慮など、問題も多かった。だがニューイングランド外のアメリカの主要都市とは異なり、ボストンには政治の一形態である「町民議会」があった。これは当時にしては珍しい民主主義であり、アメリカ独立革命に先立ち、ボストンが植民地における抵抗運動の中心となった一因でもある。

ソロモン・R・グッゲンハイム美術館
[ニューヨーク]

モダン・アートとコンテンポラリー・アート最高峰のコレクションを収めるソロモン・R・グッゲンハイム美術館は、建物自体が美術館の最高傑作だといえる。建築家フランク・ロイド・ライトの設計による、貝殻のような、曲線が美しいファサードは、ニューヨークのランドマークだ。この建物は自然に着想を得ており、自然の有機的形態がもつ流動性を表現しようとしている。内部では、らせんの傾斜路がドームからカーブを描きながら内へと降りていき、19、20世紀の主要なアーティストの作品が傾斜路沿いに並ぶ。このロ大ロタンダの工夫に富んだレイアウトによって、訪れた人々は異なる階にある作品を一度に見ることができる。

5番街のファサード

フランク・ロイド・ライト

ライト（1867-1959年）は、20世紀のアメリカ建築に革新をもたらした偉大な人物とみなされている。70年あまりにおよび、建築家として邸宅やオフィス、教会、学校、美術館など、1141の作品を手がけた。ライトの作品を代表するのは、合衆国の住居設計の基本となった平原様式の家や、コンクリート、ガラスブロック、チューブを用いたオフィスビルだ。ライトはグッゲンハイムの依頼を1943年に受け、1959年の死後に美術館は完成した。グッゲンハイム美術館は、ライトがニューヨークで手がけた唯一の作品である。

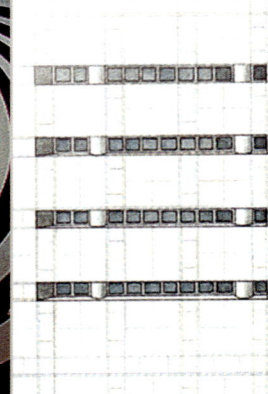

グッゲンハイム美術館の大ロタンダ内観

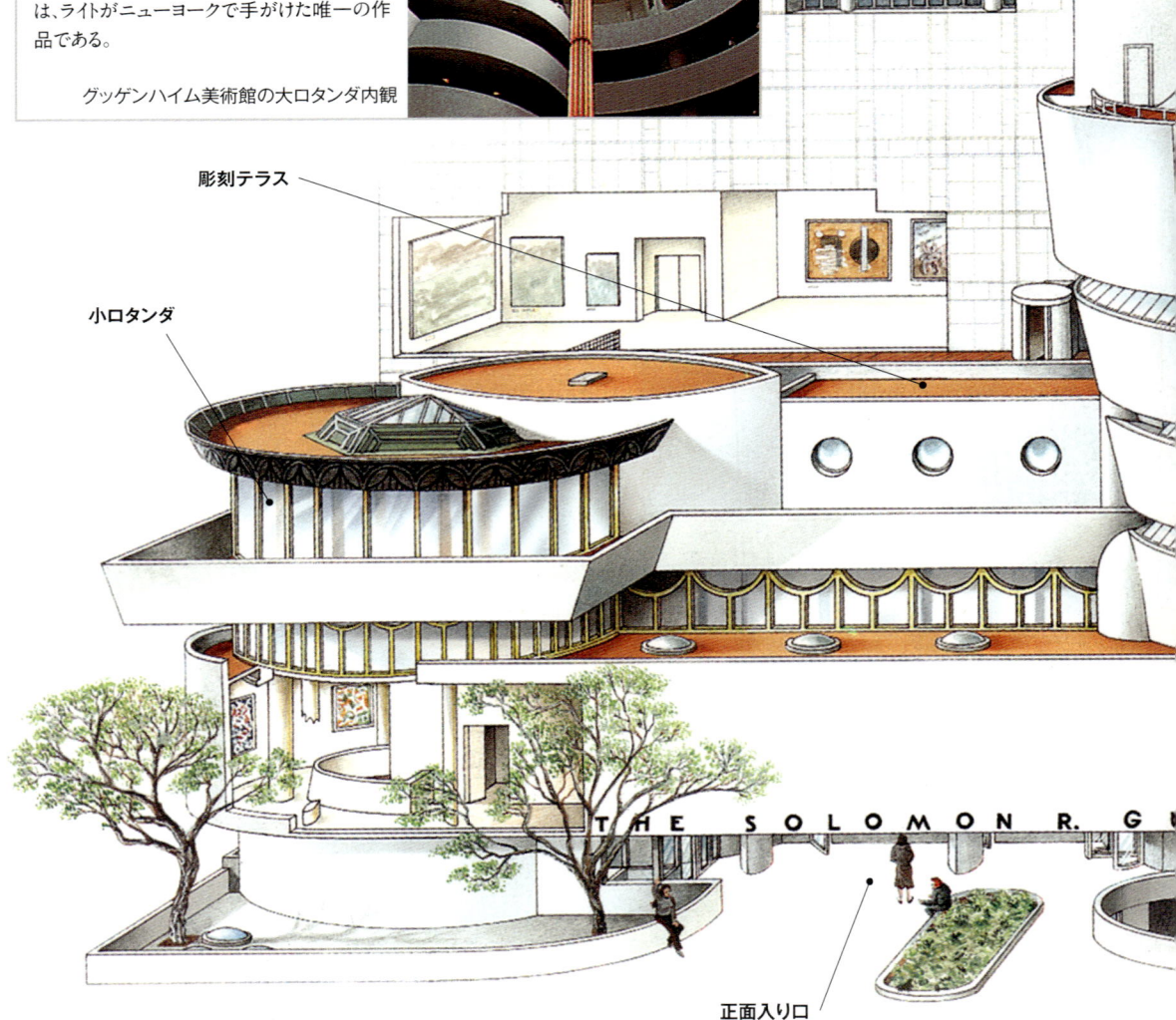

- 彫刻テラス
- 小ロタンダ
- 正面入り口

南北アメリカ

●グッゲンハイムとライト

グッゲンハイムは一族の鉱山と金属事業で財をなし、ニューヨークで事業を運営していた。現代美術を収集していたグッゲンハイムは、1942年にフランク・ロイド・ライトにそれを収蔵する美術館の設計を要請した。ライトは当初ニューヨークを建設地にすることに同意しなかった。建物も人も多すぎて建設上のメリットがないと考えたのだ。しかしどうにか受け入れると、悪条件に挑戦する建築物をデザインした。マンハッタンの格子状の街割りを無視して、ライトは、曲線的で空間が連続するという、新しい美術館の形をこの街にもち込んだのである。

●その他の美術館

ソロモン・R・グッゲンハイム財団はほかにも3つの美術館を運営している。アメリカ人建築家フランク・O・ゲーリーが設計したスペインのビルバオの美術館には、モダン・アートの常設コレクションが収められている（p.106参照）。ソロモンの姪のペギー・グッゲンハイムはヴェネツィアにある巨大な別荘と、1910年以降のシュールレアリズムや抽象画、彫刻の傑作のコレクションを財団に寄付した。1951年に開館したこの美術館は、ヴェネツィアの大運河沿いにある。ドイツ・グッゲンハイム・ベルリンはドイツ銀行との共同運営で、年に4度の展示会を開催し、アートや音楽のパフォーマンスなども行っている。

●コレクション

グッゲンハイムは当初はごく普通に巨匠の名作を収集していたが、アーティストであるヒラ・リベイと出会ってから、ドローネー、レジェ、カンディンスキといった現代美術のアーティストたちのすばらしい作品群を収集し始めた。1937年にソロモン・R・グッゲンハイム財団を設立し、一時的な美術館として「非対称絵画美術館」を開設。1959年まではここがグッゲンハイム美術館として知られていた。新しい美術館の計画は1943年に始まったが、コレクションがピカソやセザンヌ、クレー、マンゴールドといったそうそうたるアーティストの作品を含むまでに大きくなったのは、1949年にグッゲンハイムが死去した後のことだ。1978年から1991年にかけて、印象派、ポスト印象派、初期のモダン・アートをそろえたタンハウザー・コレクションが、収集家であるジャスティン・タンハウザーとその未亡人によって寄付され、**タワー・ギャラリー**に展示されている。グッゲンハイム美術館の展示は定期的に入れ替えられている。

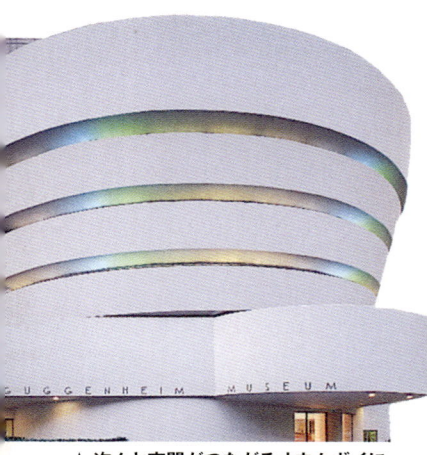

アメリカ合衆国 237

▲ 次々と空間がつながるオウムガイに似たらせんのデザイン

◀「窓から見たパリ」
マルク・シャガールの1913年の傑作。カンヴァスに色鮮やかに描かれている。いつもとはまったく違って見える、魅惑的で神秘的な街が浮かび上がる。

◀「黒い線」(1913年)
ヴァシリー・カンディンスキーの「非具象的」な初期作品のひとつ。

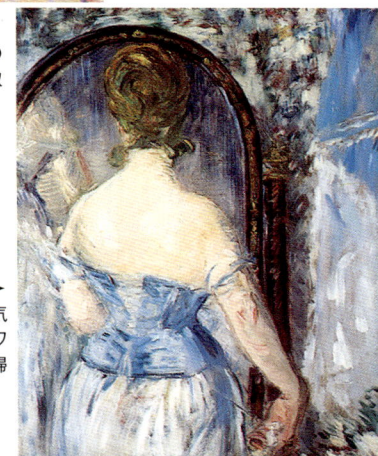

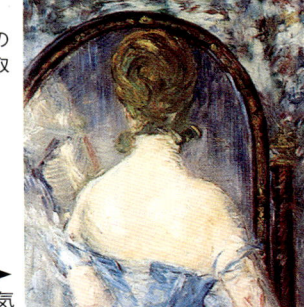

◀「花瓶を持つ女」
フェルナン・レジェは、1927年作のこの作品にキュービズムの要素を取り入れた。

「鏡の前」(1876年)▶
19世紀のフランス社会の雰囲気をとらえようとした作品。エドゥアール・マネはしばしば高級娼婦を描いた。

タワー・ギャラリー

大ロタンダ

美術館ガイド
大ロタンダには特別展示を、小ロタンダには美術館が所蔵する印象派、ポスト印象派のすばらしい作品を展示している。タワー・ギャラリーには常設コレクションの作品とコンテンポラリー・アート作品が置かれている。5階の彫刻テラスからはセントラル・パークが見渡せる。

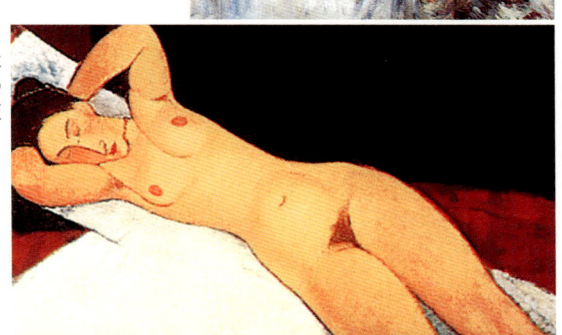

「裸婦」(1917年)▶
眠る姿はアメデオ・モディリアニがよく描いたモティーフ。モディリアニの作品の簡素化した顔は、アフリカの仮面を連想させる。

美術館内の曲線を描く傾斜路
従来なら各階のあるべきところに置かれているこの傾斜路は、大ロタンダの最上部まで続く。

▲「黄色い髪の女」(1931年)
ピカソの愛人マリー=テレーズ・ワルテルを優しく、官能的な姿に描く。

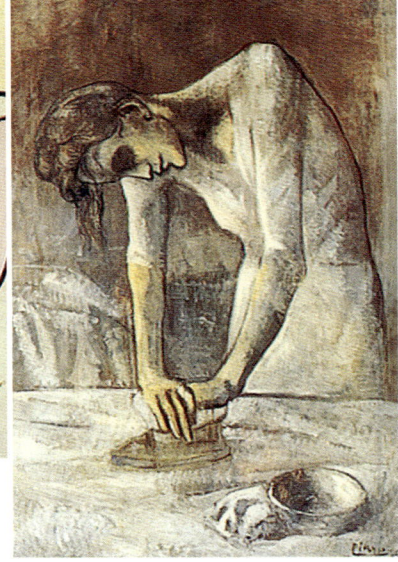

▲「アイロンをかける女」(1904年)
パブロ・ピカソ青の時代の作品。ピカソがイメージした重労働と疲労の本質を表現した。

略年譜

1942年	1949年	1959年	1992年
建築家フランク・ロイド・ライトに美術館の設計が依頼される。	グッゲンハイムが死去して建築計画が遅れ、1956年にようやく建設が始まる。	ソロモン・R・グッゲンハイム美術館が5番街に開館。	美術館の修復と拡張工事が行われて新しい館ができ、再開される。

エンパイアステート・ビル
[ニューヨーク]

世界でもっとも有名なビルに数えられるエンパイアステート・ビルは、完成時には世界一の高さを誇った。ウォール街大暴落から間もない1930年3月に着工し、1931年の開館時には空室だらけだったこのビルは、「エンプティ(空っぽの)ステート・ビル」とあだ名された。どうにか破産を免れたのは、展望台が人気を集めたからだ。しかしこのビルは、まもなく世界からニューヨークのシンボルと認められるようになったのである。

●高層ビルの高さを競う

1889年のエッフェル塔建設によって、20世紀初頭に高層ビルの建設レースが始まった。1929年には、高さ283メートルのマンハッタン銀行ビルがニューヨーク一の高層ビルとなるが、自動車製造業者のウォルター・クライスラーは、その高さを超える計画を温めていた。しかしライバルであるゼネラル・モーターズのジョン・J・ラスコブもそのレースに参入し、ピエール・S・デュポンとともに、エンパイアステート・ビルの建設計画に高額の出資を行った。クライスラーはビルの高さを明かさなかったため、ラスコブは計画に柔軟性をもたせた。当初は85階建ての予定だったが、クライスラーの計画がわからず、結局102階まで増やし、さらに**タワー**をつけてライバルを62メートル上回ったのである。

●エンパイアステート・ビルの設計者

マンハッタンの名だたる高層ビルの設計をいくつも担当したのが、シュリーヴ・ラム・ハーマン建築事務所だ。エンパイアステート・ビルが着工する頃には、この建築事務所はすでに7つのビルの設計を手がけていた。そのうち70階建てのウォール街40番地ビル(現トランプ・ビル)は、わずか11ヶ月の工期で完成した。エンパイアステート・ビルも、優秀な技師と建築業者のチームが3000人の作業員とともに、予算内で、記録的に短い工期で落成にこぎつけたのである。

●高層ビルの建設

現代的な高層ビルの建設は、いくつか革新的な建築技術がなければ不可能だった。エレベーター、一般の信用を得たのは、エリシャ・オーティスが1854年に安全ブレーキのデモンストレーションを行ってからのことだ。次に必要とされたのが、構造用鋼で作る骨組みの開発であり、これは1885年の世界初の高層ビルで使われている。この構造のビルでは、壁は周囲をおおいさえすればよく、高い壁をもつ大きな重量のビルを、以前よりもずっと高く建てることが可能になった。しかしマンハッタン中心部での建設には、さらに問題もあった。膨大な量の建設資材を通りに置いておくことはできなかったのだ。この問題を解消するために複雑で組織的な作業を工夫し、アルミ材は組み立て式にして、また建設現場には、3日分の構造用鋼材しか置かないようにしたのである。

◀ **5番街の入り口ロビー**
大理石造りのロビーには、ニューヨーク州の地図の上に重ねたエンパイアステート・ビルのレリーフがある。

▲ **エンパイアステート・ビルの模型と並ぶ元ニューヨーク州知事アル・スミス**

▲ **空中の建設作業員**
5番街上に高く吊りさげられて鋼材を扱う作業員は、多くの勇敢な労働者のひとりだ。その仕事ぶりは、ビルの建築中に撮った多数の写真がよく記録している。

▲ **ファサード**
正面玄関にはクロスハッチ加工ガラスの中央窓があり、ロビーに自然光を取り入れている。

略年譜

1930年3月	1931年	1977年	2002年
建設工事が始まる。10月には88階までが完成し、最上部まで14階を残す。	エンパイアステート・ビルがオープンし、世界一高い建築物となる。	第1回エンパイアステート・ビル・ランアップが開催される。	ドナルド・トランプがエンパイアステート・ビルを不動産業グループに売却する。

アール・デコのデザイン

エンパイアステート・ビルはニューヨーク最後のアール・デコの傑作だとされている。この様式は1920年代から1940年代に盛んに用いられた。鮮明で図形のようなラインと幾何学的な形を取り入れていることが特徴で、頂上部に用いられたセットバックは、アステカのピラミッド型神殿を思わせる。

アメリカ合衆国 | 239

▲ 展望台からの眺め
86階にはマンハッタンを鳥瞰する屋外展望デッキがある。晴れた日には、125キロメートル先まで360度の眺めが楽しめる。102階の展望台は1994年に閉鎖された。

◀ 雷の一撃
雷の導体となるため、このビルは1年に100回も雷に撃たれている。荒れ模様の天候のときは展望デッキは閉鎖される。

◀ 国際的イコン
今では高さも大きさも世界一ではないが、エンパイアステート・ビルの堂々とした優雅な姿は開館当時から変わらない。

スターの役割
エンパイアステート・ビルは多くの映画に登場した。なかでも、1933年の古典的映画『キングコング』のフィナーレが一番有名な登場場面だ。巨大な猿が尖塔にのぼって仁王立ちし、軍の航空機と戦うのである。実際1945年には、霧のなか、マンハッタンを低く飛びすぎた爆撃機が78階のすぐ上に衝突するという事件が起きた。若いエレベーターガールの脱出劇は、運に恵まれていたとしかいいようがない。乗っていたエレベーターが79階に突っ込んで止まったのだ。緊急ブレーキが彼女の命を救ったのである。

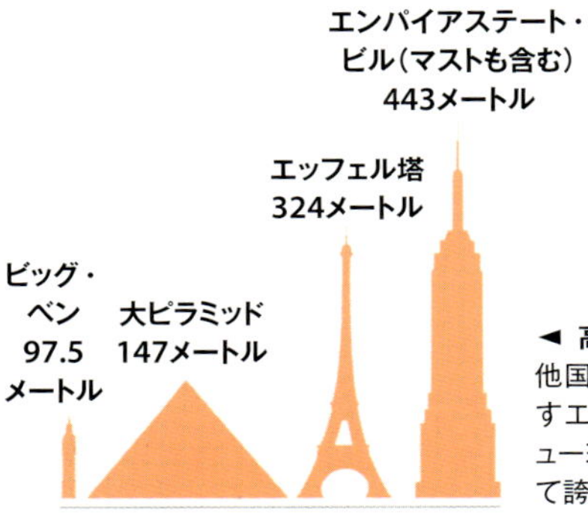

建設
簡単かつ速やかに建設できることを念頭にビルの設計が行われ、可能なものはすべて事前に組み立て、さらに1週間に4階分の建設が行えるように、次々と資材を現場に運んだ。

骨組み
6万トンの鋼材が使われ、23週で組み立てられた。

アルミパネル
6500個ある窓の周囲には石の代わりにアルミパネルが使用された。縁の粗さを鋼鉄製トリムが隠す。

エンパイアステート・ビル(マストも含む)
443メートル

エッフェル塔
324メートル

ビッグ・ベン
97.5メートル

大ピラミッド
147メートル

◀ 高さくらべ
他国を象徴する建造物を見おろすエンパイアステート・ビル。ニューヨーカーが街のシンボルとして誇りにするのもうなずける。

ビル全体に使用された1000万個のレンガ

◀ アール・デコのメダル
ロビー全体に埋め込まれているメダルには、時代を象徴するものが描かれている。

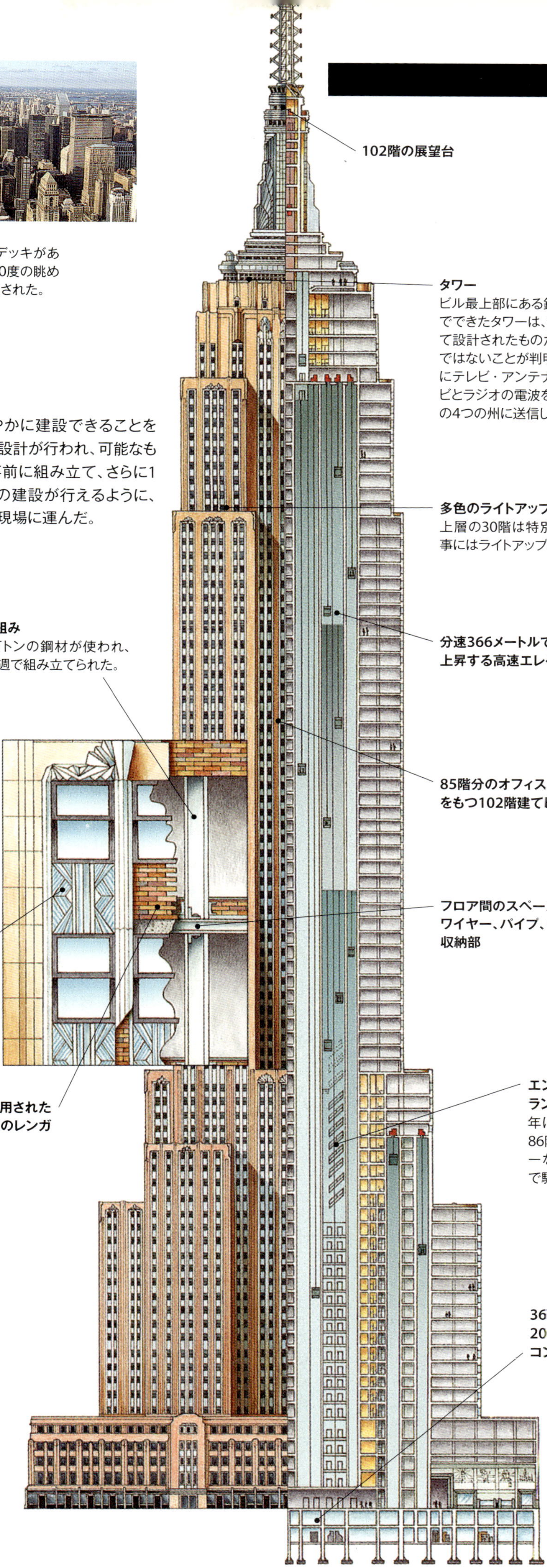

102階の展望台

タワー
ビル最上部にある鋼材とガラス、アルミでできたタワーは、飛行船の係留塔として設計されたものだが、まもなく実際的ではないことが判明した。タワーはのちにテレビ・アンテナになり、現在はテレビとラジオの電波をニューヨーク市と他の4つの州に送信している。

多色のライトアップ
上層の30階は特別な日や季節の行事にはライトアップされる。

分速366メートルで上昇する高速エレベーター

85階分のオフィス・スペースをもつ102階建てビル

フロア間のスペースを使ったワイヤー、パイプ、ケーブルの収納部

エンパイアステート・ビル・ランアップ
年に一度の行事。ロビーから86階まで、体力のあるランナーなら1576段をわずか10分で駆けあがる。

36万5000トンのビルを支える200本を超す鉄鋼とコンクリートのパイル

世界的に有名なニューヨークのエンパイア ステート・ビル

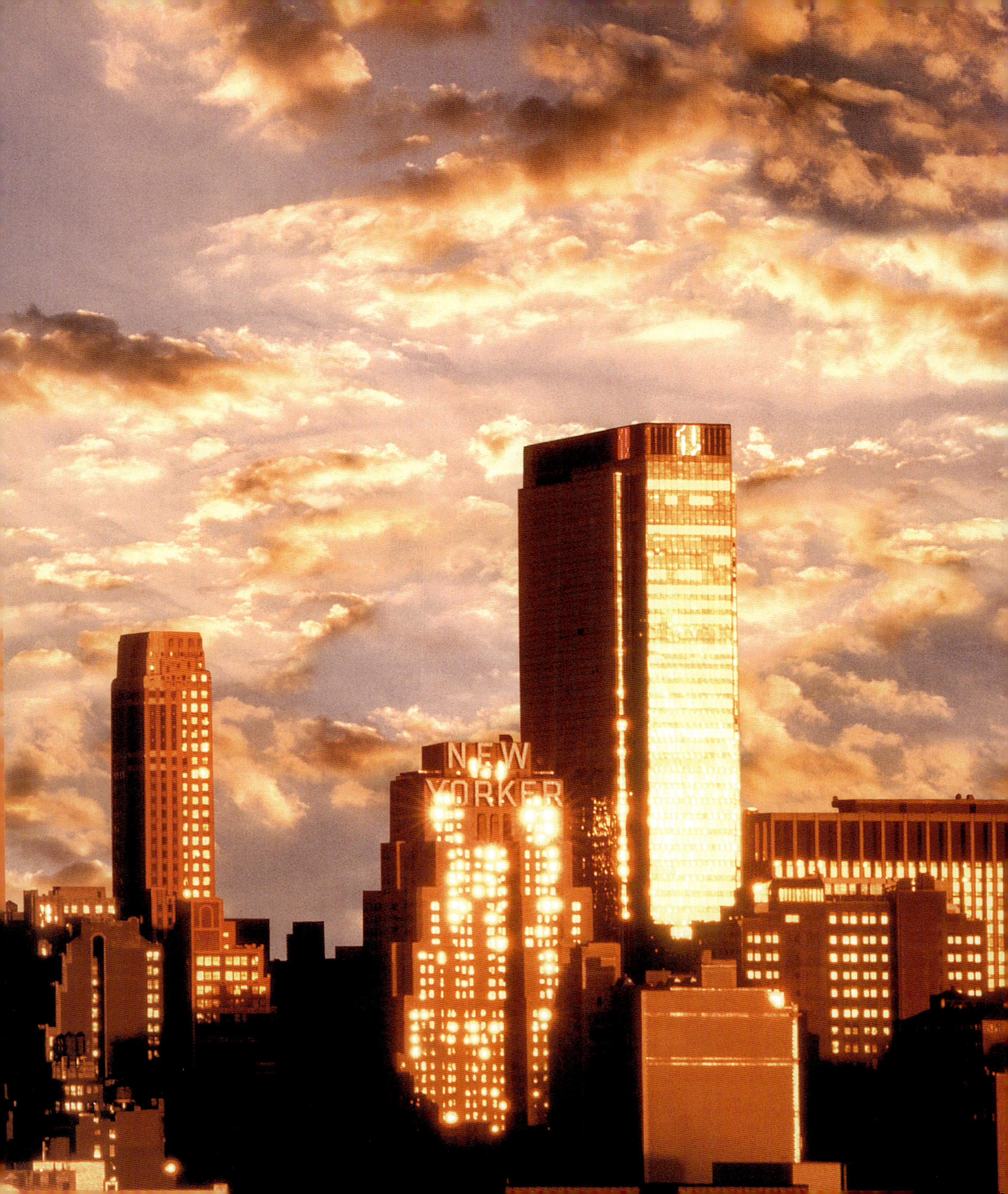
NEW
YORKER

242　南北アメリカ

自由の女神 ［ニューヨーク］

自由の女神像は、合衆国独立100年を祝い、フランス国民から合衆国国民への友情の証として贈られた。フランス人政治家エドゥアール=ルネ・ルフェーブル・ド・ラブライエの所産である女神像は、合衆国大統領グロヴァー・クリーヴランドが1886年10月28日に除幕して以来、自由と民主主義の力強いシンボルである。その精神は、台座に彫刻されたつぎのソネットにも込められている。「あなたの国の疲れた民、貧しい民、身を寄せ合い真の自由を願う民をわが手に渡しなさい」。長年の傷みから像は修復が必要となり、1986年の100周年記念に合わせて大規模な化粧直しが行われた。

▲ 自由の女神像国定記念物
女神像はニューヨーク港入り口にある5ヘクタールの島に建つ。120年以上にわたりこの像は、海を渡ってきた何百万という移民を歓迎してきた。

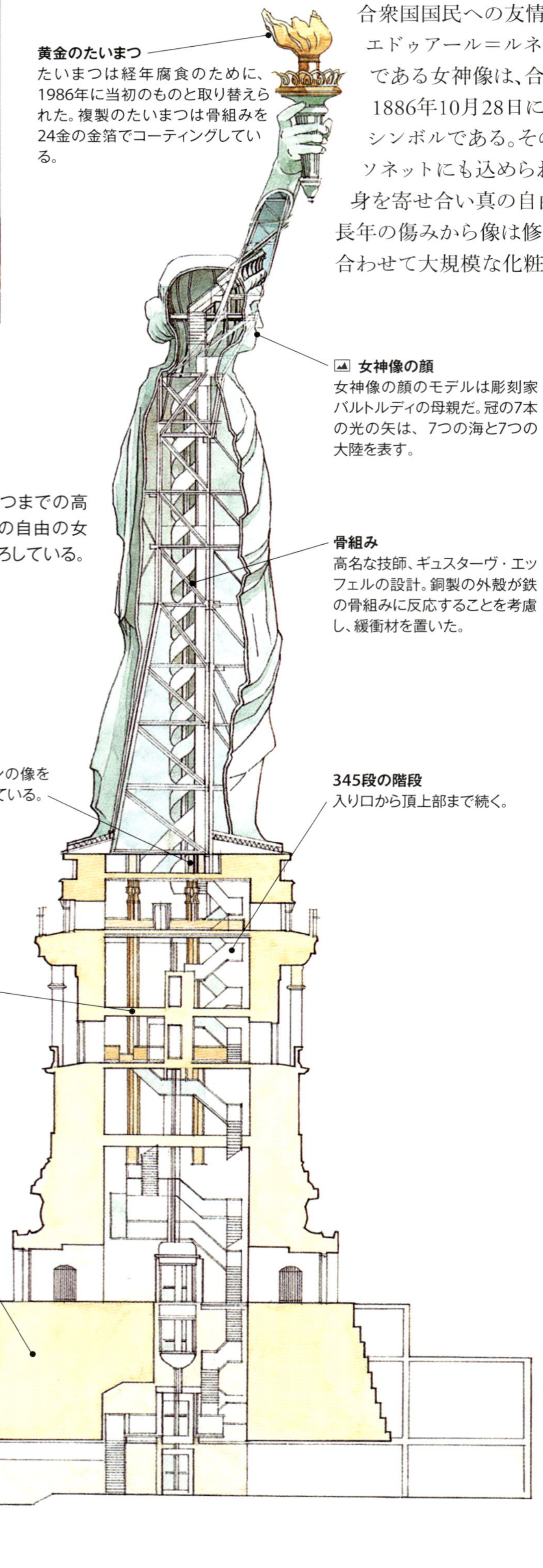

黄金のたいまつ
たいまつは経年腐食のために、1986年に当初のものと取り替えられた。複製のたいまつは骨組みを24金の金箔でコーティングしている。

女神像の顔
女神像の顔のモデルは彫刻家バルトルディの母親だ。冠の7本の光の矢は、7つの海と7つの大陸を表す。

女神像
地面からたいまつまでの高さが93メートルの自由の女神像が港を見おろしている。

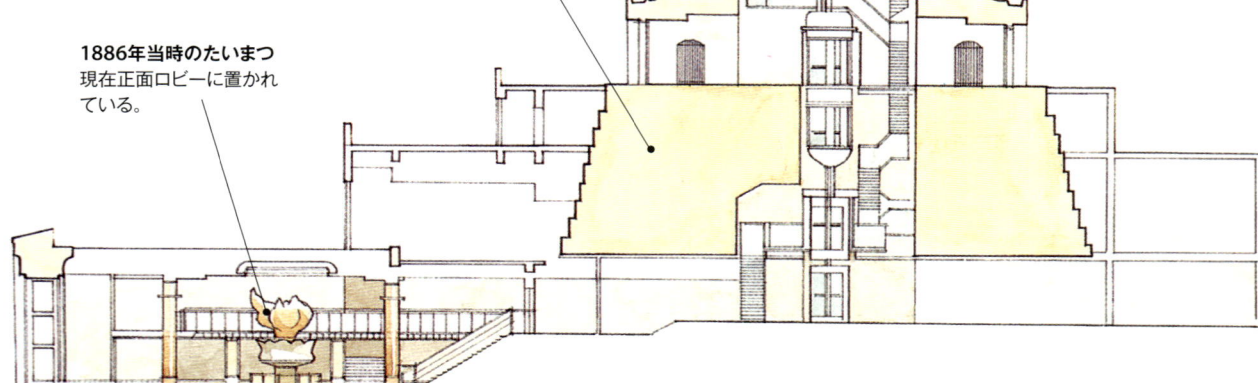

骨組み
高名な技師、ギュスターヴ・エッフェルの設計。銅製の外殻が鉄の骨組みに反応することを考慮し、緩衝材を置いた。

中心の支柱
この支柱が225トンの像を台座につなぎ留めている。

345段の階段
入り口から頂上部まで続く。

展望デッキと博物館

▲ 自由の女神博物館
女神像のポスターも博物館の展示物だ。

台座
軍の要塞の壁を利用して像の土台が置かれている。建造当時、それまでで最大量のコンクリートが使用された。

1886年当時のたいまつ
現在正面ロビーに置かれている。

建設の天才

パリのエッフェル塔を生んだフランス人技師ギュスターヴ・エッフェルは、中が空洞の巨大な像が風やさまざまな天候に耐えるよう、建設段階での問題解決を任された。エッフェルは、像内部に1350本のリブと垂直材を用い、斜材を入れたブレース架構にする策をとった。この策と鉄柱を使った点は、当時は革新的な手法だった。

フレデリク=オーギュスト・バルトルディ

「世界を照らす自由」。自由の女神としてよく知られているこの像は、設計者であるフランス人彫刻家フレデリク=オーギュスト・バルトルディが、自由の記念碑として制作したものだ。自国フランスには自由が欠けていると感じていたバルトルディは、「いつの日かわが国でもそれを再び目にできることを願って、海の向こうの共和国と自由に栄光あれ」と述べている。1871年にはアメリカに渡り、ユリシーズ・S・グラント大統領をはじめとする人々を説得して、像の台座の資金援助をとりつけ、女神像建造に21年を費やした。

フレデリク=オーギュスト・バルトルディ
（1834-1904年）

アメリカ合衆国　243

女神像の顔 ▼

▲ リバティ島に渡るフェリー
ニューヨークの港からフェリーでリバティ島へと渡る。この島は元はベドロー島といわれていた。

◀ 修復の祝典
1986年7月4日、1億ドルをかけた化粧直しが終わり女神像が再び姿を現した。合衆国史上最大規模、200万ドル分の花火が打ち上げられた。

▼ フランス、1882年頃の女神像の建設工房

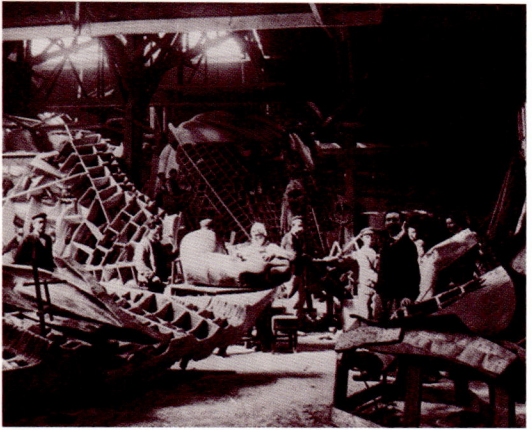

▲ つま先からたいまつまで
型でとった300枚の銅板を鋲留めして自由の女神像が完成した。

▲ 手の制作
最初に石膏、次に合板で手を制作してから銅板を張った。

▲ 模型
さまざまな縮尺の模型を作ることで、バルトルディはかつてない大きさの金属製の像を建造することができたのである。

略年譜

1865年	1876年	1886年	1986年
バルトルディが自由にささげる像をアメリカに建造するアイデアを抱く。	バルトルディに自由の女神像の設計・制作が任される。	自由の女神像が献呈され、バルトルディ自身が顔の序幕を行う。	自由の女神像が大規模な修復を経て再び公開される。

●女神の建造

パリの工房で、彫刻家フレデリク=オーギュスト・バルトルディは4体の縮尺模型を作るところから作業を始めた。最大のもので実寸の4分の1のサイズだ。これを300個の漆喰のパーツに分け、さらに拡大して実物大のパーツを作った。そしてこれから合板で型を取り、銅のシートをこの型に打ちつけて2.5ミリの薄さになるまで延ばす。計350枚の銅板は、幅50ミリの鉄の帯板で骨組みにつながれ、この鉄材がバネのように作用することで、像の表面は、強風や極端な気温にも耐えることができたのである。像は200個以上に分けて梱包された状態でニューヨークに到着し、およそ30万個の銅のリベットで接合された。

●資金集め

像の建造費用はフランス国民が負担したものの、建築計画初期に、台座の資金は合衆国がもつという取り決めになっていた。しかし資金集めは遅々として進まなかった。そこで登場したのがメディア王のジョセフ・ピューリッツァだった。自社のザ・ワールド紙の社説がもつ強い影響力を利用して、富裕層が資金援助をしぶり、中流階級は富裕層任せにしている状況を批判したのだ。ピューリッツァは、女神像は合衆国全体への贈り物であると指摘し、ニューヨークのプロジェクトにすぎないからという理由で資金集めに協力しない人々をやり玉にあげた。まもなく合衆国全土がこの計画に関心をよせるようになり、資金が集まったのである。

●博物館

自由の女神博物館は像の台座部分にある。ロビーにある「たいまつの展示」には、**1886年当時のたいまつ**が展示されている。台座の2階部分にある「自由の女神像の展示」では、自由の女神の来歴と、女神にこめられた理念に関するテストが用意されている。工芸品、写真、ビデオと音声による歴史説明など、女神の歴史に焦点をあてた7つの展示がある。さらに、自由の女神像のシンボリズムをあつかうエリアもあり、「追放者たちの母」、「大衆文化における像」といったアイデアを掘り下げている。自由の女神の顔と左足の実物大の**模型**もある。女神像の台座には、エマ・ラザラスの有名なソネット「新大国」が書かれた銅板が、1900年代初頭にとりつけられた。

244　南北アメリカ

ホワイトハウス ［ワシントンDC］

200年以上にわたり合衆国大統領官邸が置かれているホワイトハウスは、合衆国一有名な建物のひとつであり、1790年にジョージ・ワシントンが選定した場所に建つ。アイルランド生まれの建築家ジェームズ・ホーバンが初代の建物をパラディオ式（新古典主義、p.57参照）で設計し、それがほぼ完成する頃、ジョン・アダムズ大統領夫妻が最初の住人となった。
ホワイトハウスは1814年と1929年の2度の火災を耐え、ハリー・S・トルーマン大統領が1945年から1953年までの任期中に、内部を完全に撤去して改修を行った。
1901年にセオドア・ルーズベルト大統領が、現在の呼び名である「ホワイトハウス」と公式に命名した。

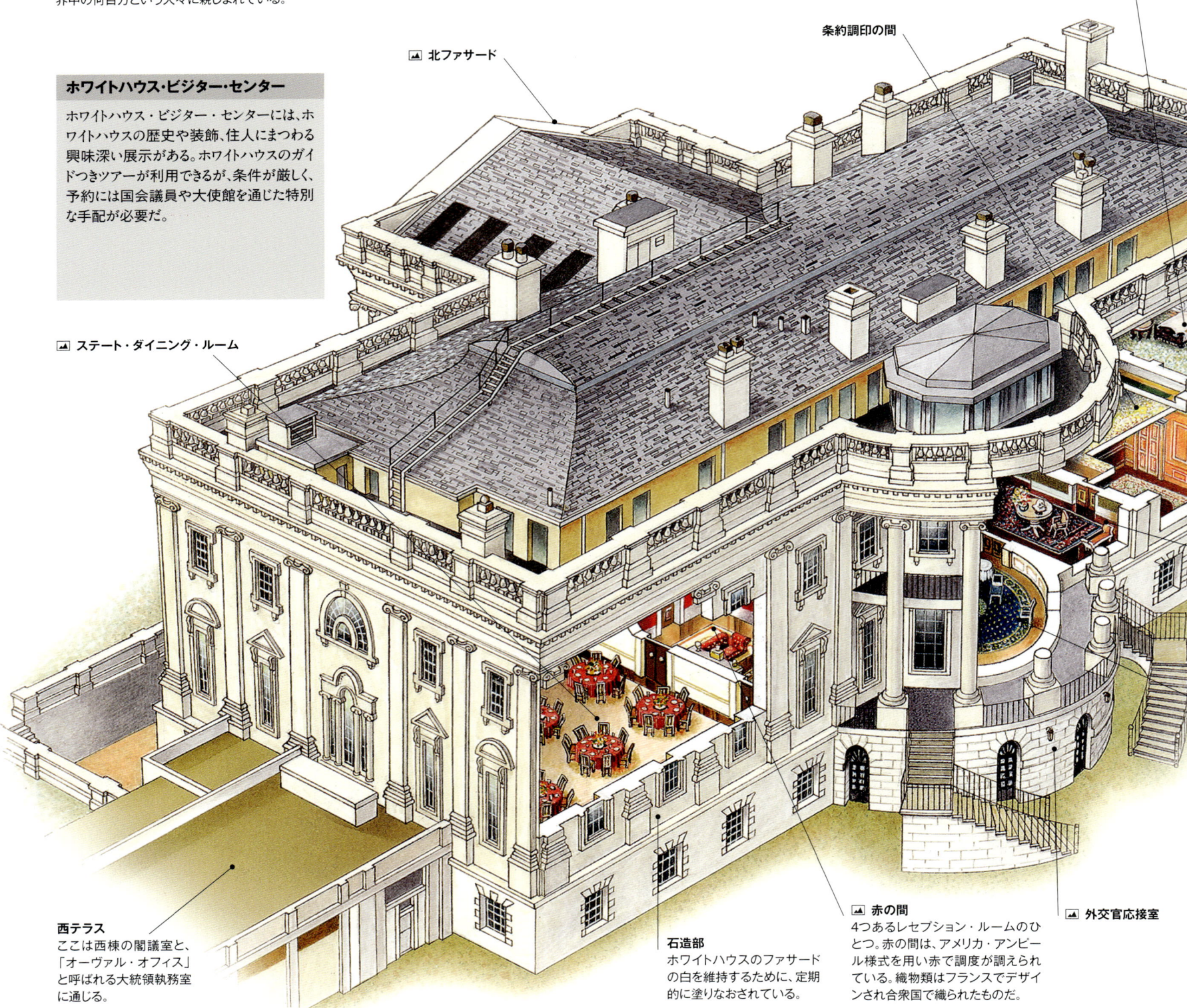

▲ 北ファサード
ホワイトハウスのパラディオ式のファサードは、世界中の何百万という人々に親しまれている。

ホワイトハウス・ビジター・センター

ホワイトハウス・ビジター・センターには、ホワイトハウスの歴史や装飾、住人にまつわる興味深い展示がある。ホワイトハウスのガイドつきツアーが利用できるが、条件が厳しく、予約には国会議員や大使館を通じた特別な手配が必要だ。

- ステート・ダイニング・ルーム
- 北ファサード
- リンカーンの寝室
- 条約調印の間
- 赤の間
  4つあるレセプション・ルームのひとつ。赤の間は、アメリカ・アンピール様式を用い赤で調度が調えられている。織物類はフランスでデザインされ合衆国で織られたものだ。
- 石造部
  ホワイトハウスのファサードの白を維持するために、定期的に塗りなおされている。
- 外交官応接室
- 西テラス
  ここは西棟の閣議室と、「オーヴァル・オフィス」と呼ばれる大統領執務室に通じる。

アメリカ合衆国 | 245

◉1812年の米英戦争

イギリスとの間に貿易と海上の自由に関する緊張が生じ、ジェームズ・マディソン大統領の任期中(1809-17年)にこれが高まって、1812年6月18日に合衆国はイギリスに宣戦布告した。しかし1814年8月にはイギリスの部隊がワシントンDCに入り、首都の役人たちは独立宣言と憲法をもって避難した。8月24日、イギリス軍はワシントン郊外のブラーデンスバーグでアメリカ軍を破り、連邦議会議事堂とホワイトハウス、戦争省、財務省に火を放ったが、夜間の激しい雨で街は壊滅を免れた。1815年2月17日にガン条約が調印され、戦争は終結した。

◉西棟

1902年、ホワイトハウスの西棟が、マッキム・ミード&ホワイト建築事務所によって、6万5196ドルかけて建設された。**西テラス**に続くこの棟には、政府関係者が大統領と打ち合わせをする閣議室や、大統領が訪米した各国元首と面会するオーヴァル・オフィス(大統領執務室)が置かれている。オーヴァル・オフィスには、大統領の多くがなんらかの手をくわえている。クリントン大統領は、1880年にイギリスのヴィクトリア女王からラザフォード・B・ヘイズ大統領に贈られたテーブルを執務用の机にした。

◉ホワイトハウス内装

ホワイトハウスの部屋はそのときどきの様式で装飾され、貴重な骨董家具や陶磁器、銀器などであふれている。壁にかかる絵画には、過去の大統領やファースト・レディの肖像画をはじめ、アメリカでもきわめて貴重な作品も含まれている。1865年から閣議室として10人の大統領が執務に使った**条約調印の間**は、1961年に修復され、グラント大統領が購入したヴィクトリア時代の品も置かれている。ステート・フロアの中心にある**青の間**は、1817年にモンロー大統領がアメリカ・アンピール様式(1810-30年)で装飾を施した。のちの1962年に、レセプション・ルームのひとつである**赤の間**の装飾を手直しするために、ファースト・レディのジャッキー・ケネディが同じ様式を用いている。赤の間は、歴代のファースト・レディが、ゲストを迎えるのに好んで使ってきた部屋だ。

▲ **リンカーンの寝室**
リンカーン大統領はこの部屋を閣議室として使用した。寝室にしたのはトルーマン大統領であり、リンカーン時代の調度類をこの部屋に置いた。

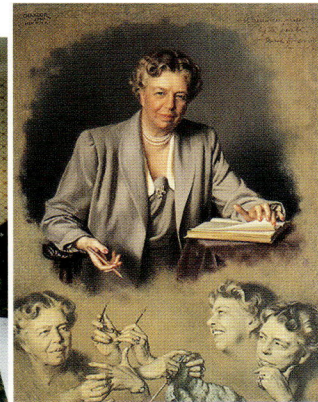

◀ **ヴァーメイル・ルーム**
この黄色の部屋には7人のファースト・レディの肖像画がある。ダグラス・チャンダーが描いたエレノア・ルーズベルトの肖像画(1949年)もそのひとつだ。

▼ **赤の間**

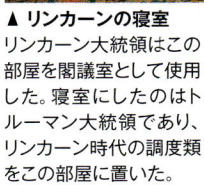

▲ **外交官応接室**
大使を迎える間。優雅な調度類は連邦様式(1790-1820年)のものだ。

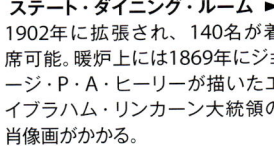

東棟に通じる東テラス

東の間
ダンスやコンサートなど大規模な集まりに使われる。

ステート・ダイニング・ルーム ▶
1902年に拡張され、140名が着席可能。暖炉上には1869年にジョージ・P・A・ヒーリーが描いたエイブラハム・リンカーン大統領の肖像画がかかる。

ヴァーメイル・ルーム

緑の間
ここもレセプション・ルームのひとつ。トーマス・ジェファーソンがダイニング・ルームに変える以前は、ゲスト・ルームとして使用されていた。現在は小規模なレセプションと、ステート・ディナーのゲストに食前のカクテルを出すときに使われる。

青の間

ホワイトハウスの建築家

場所を選定すると、ジョージ・ワシントンは設計のコンペを行い、合衆国大統領官邸の建設を手がける建築家を決めた。1792年に選ばれたのは、アイルランド生まれの建築家ジェームズ・ホーバンである。ホワイトハウスはホーバンの設計に従って建造され、ホーバンはまた、1814年にホワイトハウスがイギリス軍の攻撃を受けた後の再建も手がけた。1902年には、セオドア・ルーズヴェルト大統領が、ニューヨークの建築事務所、マッキム・ミード&ホワイトに建物の構造調査を依頼し、必要に応じて改修を行った。ホワイトハウスは、トルーマンとケネディ大統領の任期中にも改修工事が行われた。

ホワイトハウス建設の建築家、ジェームズ・ホーバン

略年譜

1792年	1800年	1814年	1902年	1942年
合衆国大統領官邸(1901年にホワイトハウスと改名)が着工される。	ジョン・アダムズ大統領夫妻がホワイトハウス初の住人となる。	米英戦争でイギリス軍がホワイトハウスに放火したため焼け焦げる。	西棟が建設され、閣議室やオフィスが置かれる。オーヴァル・オフィスもここにある。	フランクリン・D・ルーズヴェルト大統領の指示で東棟が増築される。これでホワイトハウスの工事は完了する。

南北アメリカ

連邦議会議事堂 [ワシントンDC]

民主主義のシンボルとして知られる連邦議会議事堂は、200年にわたってアメリカの立法機能の中心にある。見事な新古典主義(新古典主義、p.57参照)の建物の内部には、フレスコ画、壁画、彫像など、古代ギリシア、ローマのデザインをモデルにした作品が置かれている。ジョージ・ワシントンが1793年に礎石を置き、1800年には未完成ながら、連邦議会議事堂としての使用が始まった。建築家ベンジャミン・ラトローブのもと建築が再開されたものの、1812年に始まった米英戦争ではイギリス軍が建物に放火し、1815年に修復工事が始まった。ブルミディの壁画や自由の像など、多くの装飾は後になってくわえられたものだ。

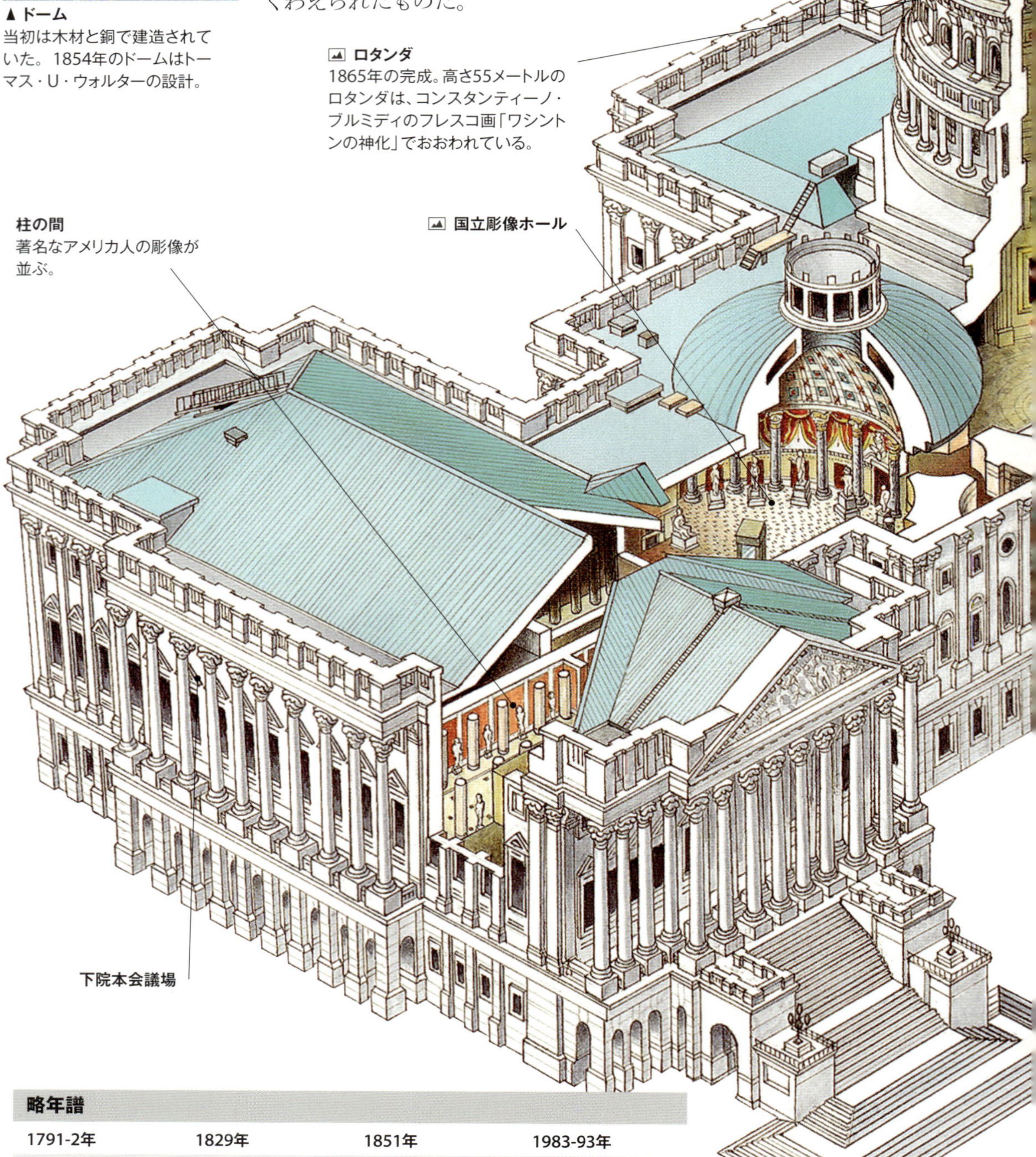

▲ ドーム
当初は木材と銅で建造されていた。1854年のドームはトーマス・U・ウォルターの設計。

●ドーム
1850年代になると、建設当初のドームが増築後の議事堂には小さくなり、さらに水漏れし火災も起きていた。このため、1854年に10万ドルをかけて、建築家トーマス・U・ウォルターが鋳鉄で新しいドームを建造した。ウォルターの二重ドームのデザインは、パリのパンテオンを彷彿させる。彫刻家トーマス・クラウフォードが、ドームに置く6メートルの高さの青銅像を制作し、アメリカ南北戦争中(1861-5年)の1863年に、高さ87.5メートルのドームの頂上に自由の像が立った。この古典主義の女性像をのせた地球に、アメリカの国璽のモットーである「多数の統一」が刻まれている。

●ロタンダのフリーズ
トーマス・U・ウォルターの1859年の設計図では、ロタンダの壁面にバス・レリーフを施す計画だったが、これは変更され、1877年に高さ2.5メートル、長さ91メートルのフレスコ画の制作が始まった。19枚のパネルを使った**アメリカ史を描いたフリーズ**は西の扉の上から始まり、ロタンダを時計回りに見ていく。最初のパネルには唯一寓話的人物が描かれ、アメリカ合衆国とその歴史を女性で表現している。残りのパネルではアメリカ史における主要なできごとをとりあげ、コロンブスのアメリカ大陸上陸やニューイングランドの植民地化、独立宣言、カリフォルニアの金脈発見、そして1903年のライト兄弟の初飛行などが描かれている。

●彫像
1864年に議会は、合衆国の各州に、**国立彫像ホール**に著名な州民の像2体を提供するよう呼びかけた。しばらくすると彫像が増えすぎてしまい、その多くは現在では柱の間や議事堂の多くの廊下に見ることができる。ロタンダには、ワシントン、ジャクソン、ガーフィールド、アイゼンハワーの歴代大統領の像が置かれている。彫像ホールには、ロバート・E・リー将軍、ジェファーソン・デイヴィス大統領、ハワイを統一したカメハメハ1世王、商用蒸気船を開発して成功させたロバート・フルトン、大恐慌時代の扇動家ヒューイ・P・ロング、テキサス共和国大統領サム・ヒューストン、チェロキー文字の開発者であるセコイヤの像が見える。

□ ロタンダ
1865年の完成。高さ55メートルのロタンダは、コンスタンティーノ・ブルミディのフレスコ画「ワシントンの神化」でおおわれている。

柱の間
著名なアメリカ人の彫像が並ぶ。

□ 国立彫像ホール

下院本会議場

略年譜

1791-2年	1829年	1851年	1983-93年
アメリカ合衆国の新しい首都が選定され、ワシントンDCの都市計画が行われる。	3人の名だたる建築家たちにより、現在の議事堂のもとになる建物が完成する。	トーマス・U・ウォルターが設計した新しい棟の礎石が置かれる。	西正面と西テラスが修復される。

アメリカ合衆国 247

ドーム

ロタンダのフリーズ

上院本会議場
1859年以降上院が置かれる。

ブルミディの廊下
イタリア系アメリカ人芸術家、コンスタンティーノ・ブルミディ（1805-80年）が制作したフレスコ画、青銅像、絵画が並んでいる。

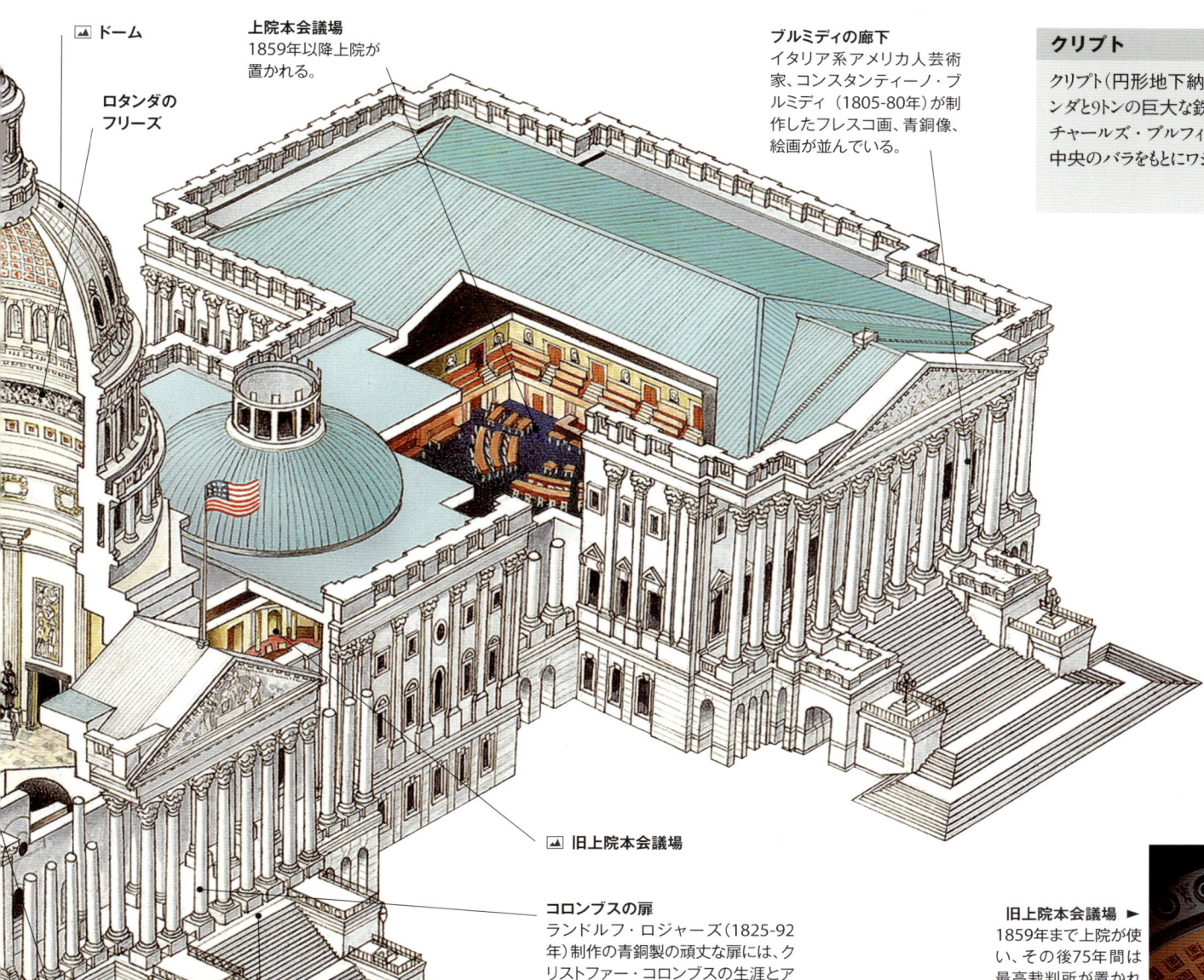

クリプト
クリプト（円形地下納骨堂）の40本のドリア式円柱が、ロタンダと9トンの巨大な鉄製ドームを支える。1827年に建築家チャールズ・ブルフィンチ（1763-1844年）が完成させた。中央のバラをもとにワシントンDCの街が4分割されている。

▼ **連邦議会議事堂の眺め**
連邦議会議事堂はワシントンDCの中心にあり、建物の中央を基準に街は4つの区域に分割されている。

旧上院本会議場

コロンブスの扉
ランドルフ・ロジャーズ（1825-92年）制作の青銅製の頑丈な扉には、クリストファー・コロンブスの生涯とアメリカ大陸の発見が描かれている。新大陸発見は、議事堂に置かれた芸術作品全体に見られるテーマだ。

旧上院本会議場 ▶
1859年まで上院が使い、その後75年間は最高裁判所が置かれた。現在はおもに博物館のスペースとなっている。

クリプト

▼ **東正面**
ペディメントに彫刻された古典主義の女性像は心に響くものがある。合衆国を表しており、両脇にいるのは正義と希望である。

▼ **国立彫像ホール**
奥行29メートル、高さ18メートルの広間は古代ギリシアの劇場を真似たものだ。ドームにはすばらしい絵画が描かれている。

▼ **ロタンダ**

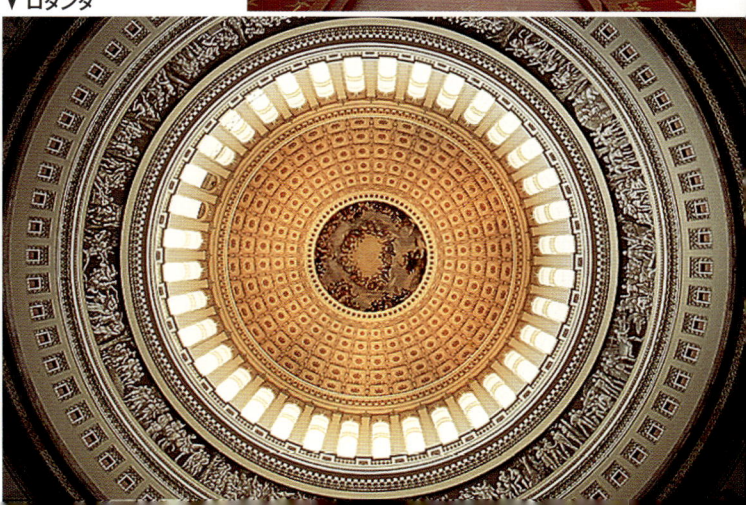

ゴールデンゲート・ブリッジ
[サンフランシスコ]

この世界的に有名なランドマークに浮かぶのは賛美の言葉ばかりだ。世界で3番目に長いシングル・スパン構造の橋であり、建造時には世界一長く高い吊り橋だった。サンフランシスコ湾の一部が19世紀半ばに「ゴールデンゲート」と呼ばれたのにちなんで命名されたこの橋は、1937年に開通した。この壮大な橋から望む湾の眺めは息をのむほどすばらしい。6車線の車道と歩道、自転車道をもつ。

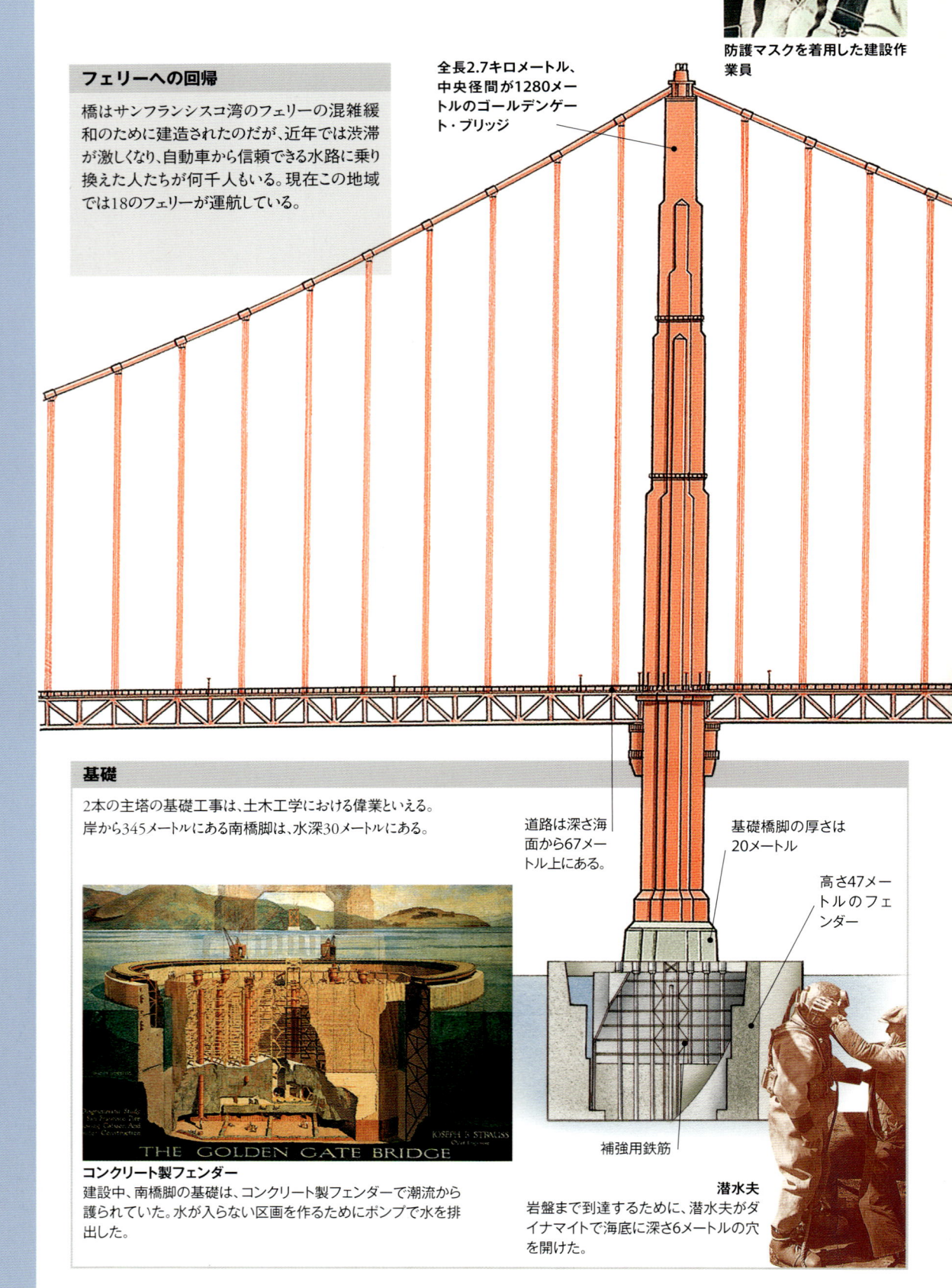

防護マスクを着用した建設作業員

◉橋の建造

ゴールデンゲート・ブリッジは、19世紀半ばに登場した吊り橋の代表例だ。おもにアンカレッジ（橋台）、主塔（支柱）、ケーブル、道路で構成され、膨大な量のコンクリートを両端に流し込んでアンカレッジを造り、ケーブルを固定している。主塔の鋼鉄はペンシルヴァニアで造り、パナマ運河経由で船で運ばれた。設計技師のジョセフ・B・ストラウスは、ブルックリン橋を手がけたジョン・A・ローブリング＆サンズ社にケーブル製作を依頼した。当時はこれほど重いケーブルを吊り上げる起重機がなかったため、建設現場でデリックを行ったり来たりさせながら6ヶ月かけてケーブルを束ねた。橋の塗装を担当した建築家アーヴィング・モローは、一般的なグレーを退け、橋の背景とより調和すると考えた「インターナショナル・オレンジ」という朱赤を選んだ。

◉橋上のパーティー

ゴールデンゲート・ブリッジは予定通りの期日に予算内で完成し、1937年5月27日に歩行者用道路が開通した。サンフランシスコならではの霧が深く風のある日に、1万8000を超す人々が盛大なオープニング式典に参加し、全長2737メートル（アプローチ部分を含む）を歩いた。翌日には、フランクリン・D・ルーズベルト大統領がホワイトハウスの電鍵を押して車道が開通し、サンフランシスコとマリン郡のサイレンや教会の鐘が一斉に鳴らされた。祝賀行事は1週間にわたって続いた。

◉設計者の小競り合い

ゴールデンゲートに橋をかけるというアイデア自体は、1872年に鉄道王のチャールズ・クロッカーが提案していたものの、1921年に設計技師ジョセフ・B・ストラウスが建設計画を進めて、ようやく実現可能なものとみなされるようになった。9年におよぶお役所的な論争を経て、ストラウスが主任技師に指名されたが、今日目にしている橋の設計と建造の実質的な功労者は、主任技師助手のクリフォード・ペインと建築家のアーヴィング・F・モローだった。さまざまな話から判断するとストラウスは気難しい人物だったらしく、主任技師第一助手のチャールズ・エリスを、注目を集めすぎたという理由で解雇している。ストラウスは、エリスの名を公式書類に一切載せない措置までとった。

フェリーへの回帰

橋はサンフランシスコ湾のフェリーの混雑緩和のために建造されたのだが、近年では渋滞が激しくなり、自動車から信頼できる水路に乗り換えた人たちが何千人もいる。現在この地域では18のフェリーが運航している。

全長2.7キロメートル、中央径間が1280メートルのゴールデンゲート・ブリッジ

基礎

2本の主塔の基礎工事は、土木工学における偉業といえる。岸から345メートルにある南橋脚は、水深30メートルにある。

道路は深さ海面から67メートル上にある。

基礎橋脚の厚さは20メートル

高さ47メートルのフェンダー

補強用鉄筋

コンクリート製フェンダー
建設中、南橋脚の基礎は、コンクリート製フェンダーで潮流から護られていた。水が入らない区画を作るためにポンプで水を排出した。

潜水夫
岩盤まで到達するために、潜水夫がダイナマイトで海底に深さ6メートルの穴を開けた。

アメリカ合衆国　249

▼ 南端のフォート・ポイントからの眺め

▲ 道路部分の建設
鋼鉄が支えるコンクリートの道路は、ケーブルにかかる重量が均一に分散されるように、主塔から左右両方向に向けて建設が始まった。

橋の照明 ▲
運転手の目にまぶしくないようナトリウム灯が使用された。

主塔 ▶
中空のふたごの鉄塔が橋のサスペンション・ケーブルを支え、水面から227メートルの高さまでもち上げている。主塔の重量はそれぞれ4万4000トン。

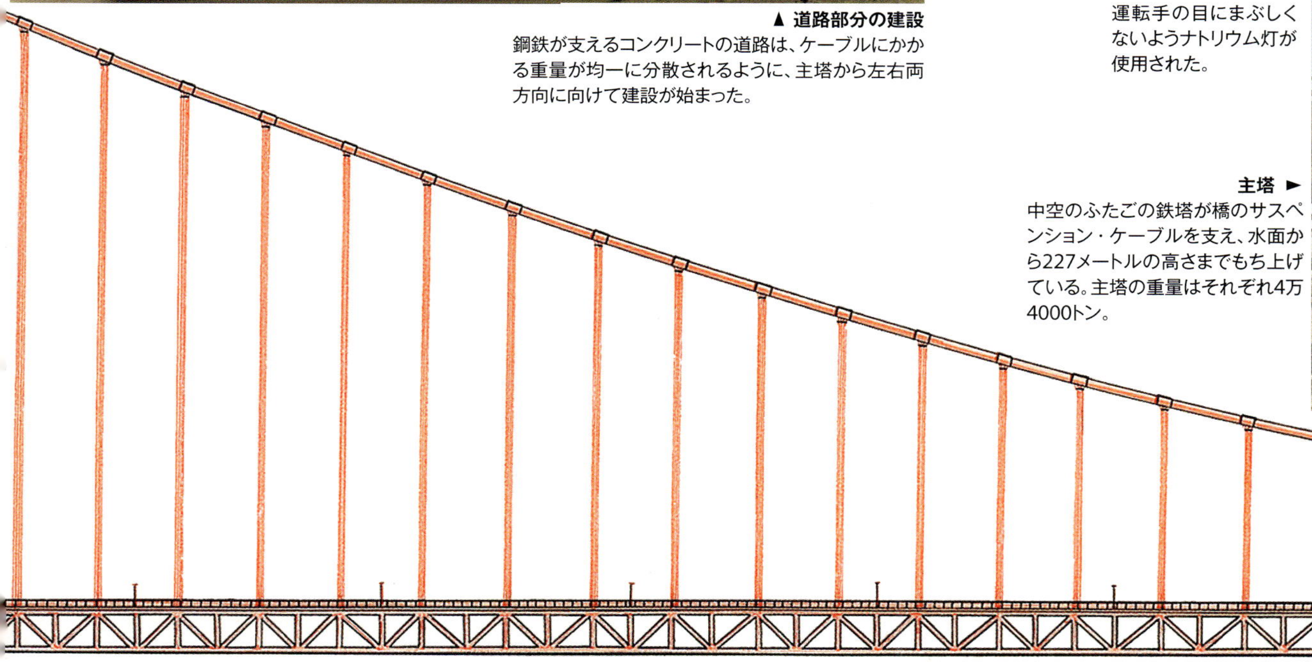

橋にまつわる数字

- 毎日およそ11万8000台の自動車が橋を渡る。つまり、年に換算すると4000万台以上がここを利用する。
- 建設時のオレンジ色のペンキはときどき手入れしながら27年もったが、1965年にペンキをはがし、より耐久性のある塗料に変えた。現在は、38人の塗装工で細かな塗り替えが行われている。
- 2本の2332メートルの巨大ケーブルの太さは1メートルを超え、12万8744キロメートルもの鋼鉄製ワイヤーを使用している。これは赤道上を3周できる長さだ。
- 橋の建造時に橋脚とアンカレッジに流し込んだコンクリートは、1.5メートル幅の舗道をニューヨークからサンフランシスコまで、距離にして4000キロメートル以上も敷ける量にのぼった。
- 橋は時速160キロメートルの強風にも耐える。
- 橋脚はそれぞれ、時速97キロメートルを超す潮流に耐えなければならず、なおかつ上部の巨大で重い主塔を支えている。

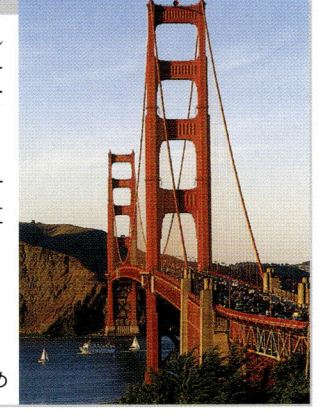

北のマリン郡方向の眺め

計画を練る人物 ▶
シカゴの設計士の巨匠ジョセフ・B・ストラウスが公式には橋の設計者である。レオン・モイセイフ、チャールズ・エリス、クリフォード・ペインが助手を、アーヴィング・F・モローは顧問建築家を務めた。

略年譜

1872年頃	1923年	1933年	1937年	1985年
サンフランシスコ湾の入り口に橋をかける計画について検討が始まる。	カリフォルニア州議会が橋建設の予備調査実施の予算を承認する。	ゴールデンゲート・ブリッジの建設が1月に始まる。	予定期日に予算内で橋が開通し、盛大に祝われる。	10億台目の自動車が橋を渡る。

チャコ文化国立歴史公園

チャコ・キャニオンにあるチャコ文化国立歴史公園は、アメリカ南西部で強く印象に残る文化遺跡のひとつであり、この地にあった高度な古代プエブロ（アナサジともいう）文化を再現している。6つの「グレート・ハウス」（何百もの部屋があるプエブロ集落）とそれよりは小規模な多数の遺跡があるこの渓谷は、かつては古代プエブロの政治、宗教、文化の中心だった。プエブロ族の規模からするとチャコの人口は少なく、この地では大規模なコミュニティを支えることができなかったのだと考えられている。考古学者は、ここはおもに儀式の集まりに使用された場所であり、1年を通して住んでいたのは3000人たらずだったとしている。住民はおもに穀物栽培や交易で生活を維持していた。

チャコ博物館所蔵の矢じり

プエブロ・ボニート

プエブロ・ボニートは「グレート・ハウス」のひとつ。紀元850年から300年以上にわたって段階を経て建てられた。この再現図を見ればわかるように、D字型4層構造で650以上もの部屋がある。

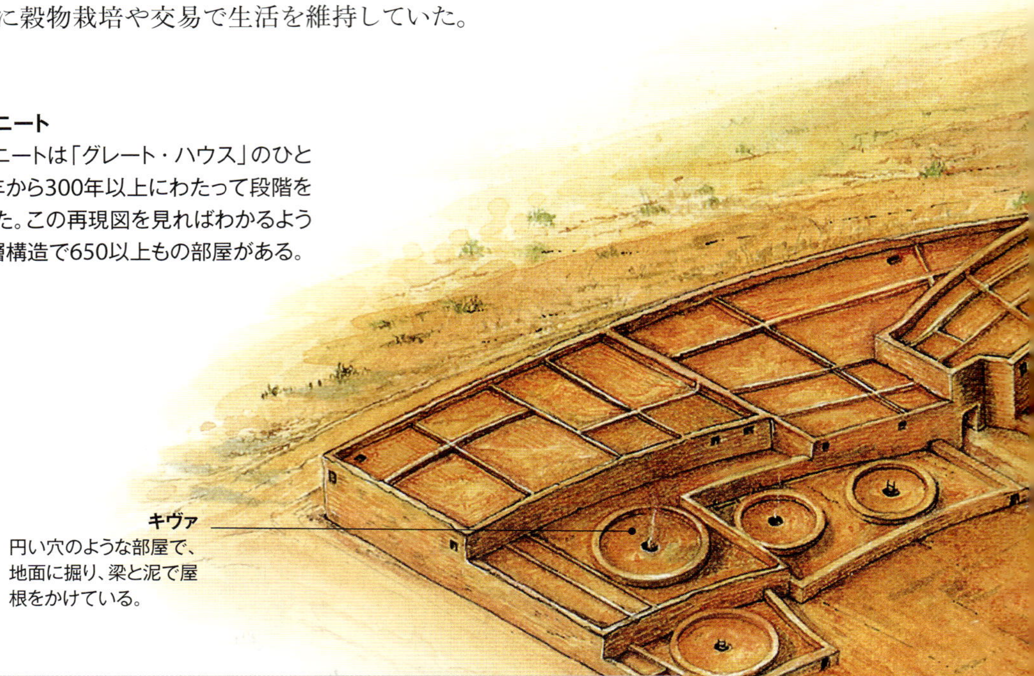

キヴァ
円い穴のような部屋で、地面に掘り、梁と泥で屋根をかけている。

チャコ・ガイド

チャコ・キャニオン周辺には、古代プエブロ族の人々が残したきわめて美しい遺跡が多数ある。ここに解説した遺跡のほかにも、5番目に大きなグレート・ハウスをもち、複雑な岩石線画があるウナ・ヴィーダ、ウィジジ、プエブロ・デル・アロヨ、2層のプエブロ集落をもつキン・クレトソがある。

注
- 車道
- 未舗装道路
- ハイキング・ルート
- キャンプ場（RV）
- ピクニック場
- ビジター・インフォメーション

250　南北アメリカ

●キヴァ

通常、プエブロ族の集落には多数のキヴァ（ピット・ハウス）が並び、さらに一軒の巨大なキヴァがあった。初期の小型のキヴァは住居だったと思われるが、学者の多くは、巨大なキヴァはたんにコミュニティが集まる場ではなく、女性や子どもは立ち入り禁止の儀式の場だったとしている。チャコ・キャニオンに初めてキヴァが登場したのは紀元700年頃で、多くは円形で一部はD字型をしていた。キヴァは天井部の穴から入り、床にも「シパブ」という穴がある。これはおそらく、人が誕生のときに母なる大地とつながる穴を象徴するものだ。中央付近には火を焚く場所があり、キヴァの側面に通気孔を開けて住みよくしてある。

●そのほかのアナサジの遺跡

アステカ遺跡国定記念物は、プエブロ族が12世紀に建てたものだ。この重要な考古学遺跡はチャコ・キャニオンの111キロメートル北にある。ここには巨大なキヴァが再建されており、また450もの部屋を連結させた石と泥造りのプエブロ集落もある。さらに北にはメサ・ヴェルデがある。スペイン語で「緑の台地」という意味のこの地には、550人から1300人ほどのプエブロ族が住んでいた。チャコ・キャニオンから北西に358キロメートルのナバホ国定記念物も、13世紀後半にプエブロ族が住んでいた場所だ。ここにはすばらしいキート・シールをはじめ、崖に造られた保存状態のよい住宅が3つ残っている。

●アナサジ

紀元400年頃、チャコ・キャニオンの人々は共通の文化をもつグループでまとまった生活を始め、「アナサジ」として明確に区別されていた。アナサジとはナバホの名で、「敵の祖先」といった意味だ。何世紀にもわたって村の規模は変わらなかったが、11世紀に人口が急増したために、崖に住居を掘り、また400ほどの集落を結ぶ道路網の建設が行われた。ダムと灌漑システムができて農業が栄え、増加する人口を養うために実りのよいトウモロコシが植えられた。しかし1130年頃には、おそらくは干ばつのために住人は減り始めた。村人は移住し、13世紀にはこの渓谷は放棄された。

略年譜

700-900年	850-1250年	1896-1900年	1920年	1987年
住居と儀式用のキヴァがチャコ・キャニオンに建設される。	チャコ・キャニオンがアナサジの宗教、交易、政治の中心となる。	考古学者のジョージ・H・ペッパー率いるチームが、プエブロ・ボニートを発掘する。	エドガー・L・ヒューイットが付近のチェトロ・ケトルを発掘する。	チャコ文化国立歴史公園がユネスコの世界遺産に登録される。

アメリカ合衆国 251

▲ 石の玄関

▲ プエブロ・アルト
数本のチャコ道の交差路にあるメサの頂上に位置するのがプエブロ・アルトだ。1860年代に、W・H・ジャクソンが、崖の壁に掘った古い階段状の道を発見した。

▲ ファハダ・ビュートの初期の天文台
穀物の植えつけや儀式の時期を知るために、プエブロ族には時の計測が不可欠だった。ファハダ・ビュートに刻まれたらせんの岩石線画は、岩に差す影で季節の変化を知るためのものだ。

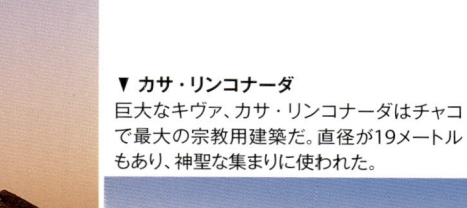

▼ カサ・リンコナーダ
巨大なキヴァ、カサ・リンコナーダはチャコで最大の宗教用建築だ。直径が19メートルもあり、神聖な集まりに使われた。

チェトロ・ケトル ▶
プエブロ・ボニートから小道を少し行くと、プエブロ・ボニートとほぼ同じ規模のグレート・ハウス、チェトロ・ケトルがあり部屋数は500を超す。のちの時代に建造された部分のレンガ積み技術は、プエブロ遺跡のほかのどこよりも洗練されている。

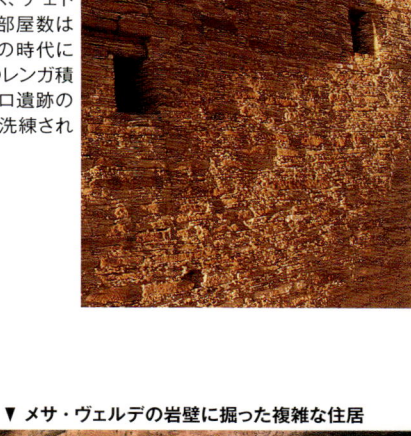

4層構造のグレート・ハウス

▼ メサ・ヴェルデの岩壁に掘った複雑な住居

グレート・ハウスの部屋
プエブロ・ボニートの何百もの部屋は使われた形跡がほとんどなく、倉庫か、儀式に出席する客の部屋にしていたのだと考えられている。

石の玄関
チャコの熟練の建設者は、石の道具だけでこの精巧な石の玄関を造った。

チャコの土器
考古学者は、チャコ・キャニオンの住人は400年から750年にかけて、かごに代えて土器を調理に使用したとしている。ここではその時代の土器の破片が発見されており、土器には幾何学模様が描かれ、鉱物や炭素系顔料が使われている。

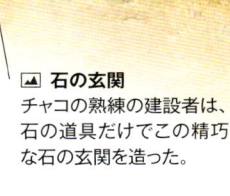

252　南北アメリカ

チチェン・イッツァ

ユカタン半島においてきわめて保存状態のよいマヤ遺跡であるチチェン・イッツァには、考古学者も当惑の連続だ。遺跡のうち南の古い区域に最初に定住した時期は不明だが、北の区域は11世紀のマヤの再興期に建設された。トルテカ帝国の古代の首都であるトゥーラとの類似点や、追放されたトルテカの神王ケツァルコアトル（ククルカン）がチチェン・イッツァに住み着いたという神話から、再興期はトルテカの侵略によるものだったことがうかがえる。一方その逆で、トゥーラがマヤに影響を受けたのだという説もある。商業、宗教、軍事の中心にあったチチェン・イッツァの全盛期は13世紀頃まで続き、3万5000を超す人々がここに住んだ。

▲ 球戯場
長さ168メートルの、メソアメリカでは最大の球戯場。ボールを通すための彫刻したリングが2個、現在も当時のまま残っている。

戦士の神殿の浮き彫り像

▼ セノーテ（聖なる泉）

▼ エル・カスティーヨ

▲ 戦士の神殿
小型のピラミッドの上に置かれた神殿には、雨の神チャークと羽毛をもつヘビ、ククルカンの像が飾られている。「チャックモール」像とS字型のヘビの円柱2本が入り口を護る。

◀ 尼僧院
小さな部屋を見たスペイン人が、女子修道院の小部屋を思い浮かべたのでこの名がついた。3段造りのこの巨大な構造物は宮殿だったと思われる。東別館のファサードは、とくに石の透かし彫りと彫刻が美しい。

▼ 天文台
らせん階段がありエル・カラコル（カタツムリ）とも呼ばれる天文観測所。壁には、マヤ暦の主要な日における特定の天体の位置を示すさまざまな刻みが入れてある。

▲ エル・カスティーヨのククルカン神を表すヘビの頭部

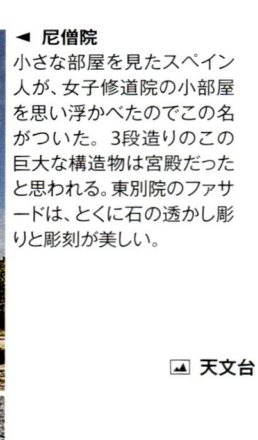

貢ぎ物
金やヒスイ細工も含め、何千もの品々が、雨の神への供物としてセノーテに投じられた。生贄としてささげた人間が生きていた場合は、その人物は予言の力をもっていると考えられた。

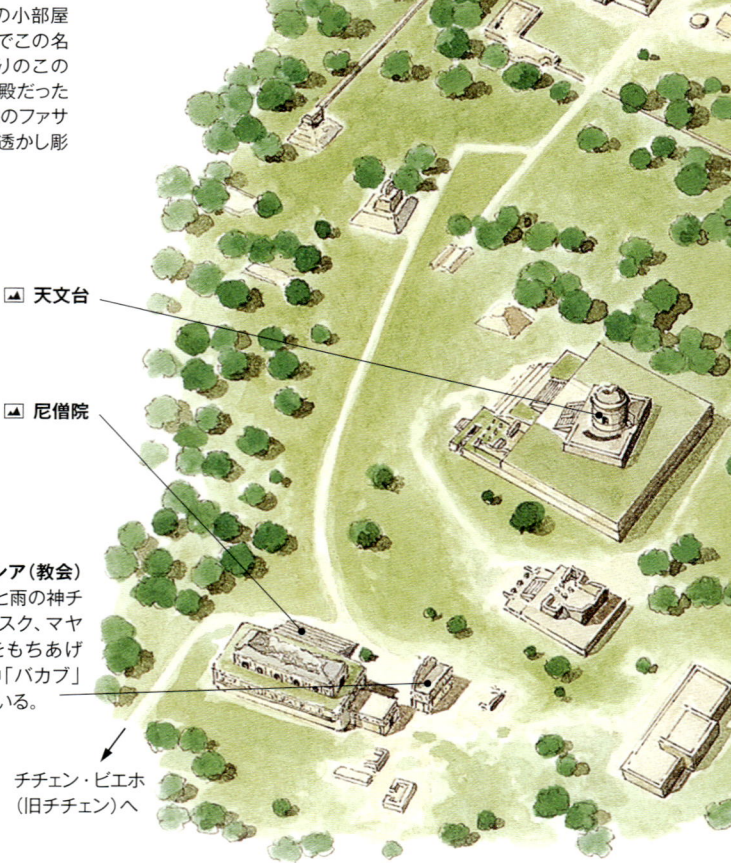

球戯場
正面入り口
高僧の墓
天文台
尼僧院

ラ・イグレシア（教会）
透かし彫りと雨の神チャークのマスク、マヤ神話で空をもちあげている四神「バカブ」が飾られている。

チチェン・ビエホ（旧チチェン）へ

メキシコ

地図上の注記

ツォンパントリ
「頭蓋骨の壁」。周囲ににやりと笑う頭蓋骨を彫った低い基壇。考古学者は、チチェン・イッツァ後期に、ここに生贄にした人間の頭を置く習慣があったとしている。

セノーテ
「サクベ」（マヤ道）はこの巨大な天然の泉に通じる。雨の神チャークをあがめるためのものだとされており、人間の生贄をここにささげていたという当時の証拠も残っている。

ジャガーとワシの基壇

エル・カスティーヨ
現在も入れる古い構造物の上に建つ。高さ24メートルのピラミッドは、マヤではケツァルコアトル神を表すククルカンにささげたものだ。幾何学的設計に基づいた堂々としたピラミッドが、遺跡全体を睥睨している。

戦士の神殿

千本柱の間
巨大な広場の二面に沿って、彫刻を施した石柱が並ぶ柱廊。市場に使われていたともいわれる。

入り口

略年譜

750年頃	900年頃	1904-10年	1988年
セノーテ（聖なる泉）が雨の神への供物の儀式に使われる。	チチェン・イッツァがマヤ文明の中心となる。	合衆国の考古学者エドワード・ハバート・トンプソンがセノーテを浚渫する。	チチェン・イッツァがユネスコの世界遺産に登録される。

● マヤの神々
マヤでは多数の神や女神が崇拝された。星や太陽、月といった天体に関わる神もいれば、地上の生物、日常生活、死をつかさどるものもいた。神はあがめると同時に恐れられ、できるかぎり神の機嫌をそこねないように気を配り、人間の生贄をささげることも多かった。なかでも重要な位置にあった神が、羽毛をもつヘビ、ククルカンだ。また、農耕社会は雨に恵まれる必要があったため、雨と稲妻の神チャークをあがめ、ジャガーともつながりのある太陽神キニチ・アハウも崇拝された。

● エル・カスティーヨのピラミッド
800年頃に建造された**エル・カスティーヨ**のピラミッドは、天文学に基づいた正確な設計がなされていて驚かされる。4つの階段は東西南北を向き、マヤ暦に関するさまざまなレリーフがある。年に2回、春分と秋分の日には光と影のショーが出現し、北の階段をヘビがはっておりのように見える。内部ピラミッドの頂上にある神殿には、石の皿を腹にのせて横臥したチャックモールの彫像があり、貢ぎ物の生贄をこの上に置いたのだと考えられている。さらに、ジャガーをかたどりヒスイを埋めた、鮮紅色の美しい玉座がある。神殿の入り口はヘビの姿の円柱で護られている。

● マヤ文化
メソアメリカのほかの民族とは異なり、マヤ族は巨大な中央集権国家は作らず、独立した都市国家に住んだ。かつては平和な民族と考えられていたが、現在では、好戦的なところもあり、ほかの古代文明でも明らかになっている人間の生贄を行っていたことが知られている。マヤ族はさまざまな方面に秀で、天文学の知識を有し、文字や計数、時の経過の記録を行う洗練されたシステムを作り上げていた[天文台]。月の満ち欠けや春分と秋分、夏至と冬至、太陽と月の食も予測していた。さらに明けの明星と宵の明星が同じ星（金星）だということも知っており、「年」の算出も正確な数字とはごくわずかな誤差しかなかった。遠距離を観測するレンズや、角度を計算する道具や時計も使わずにこれを成しとげている点は、驚嘆に値することである。

マヤ遺跡、チチェン・イッツァを見おろす
エル・カスティーヨ

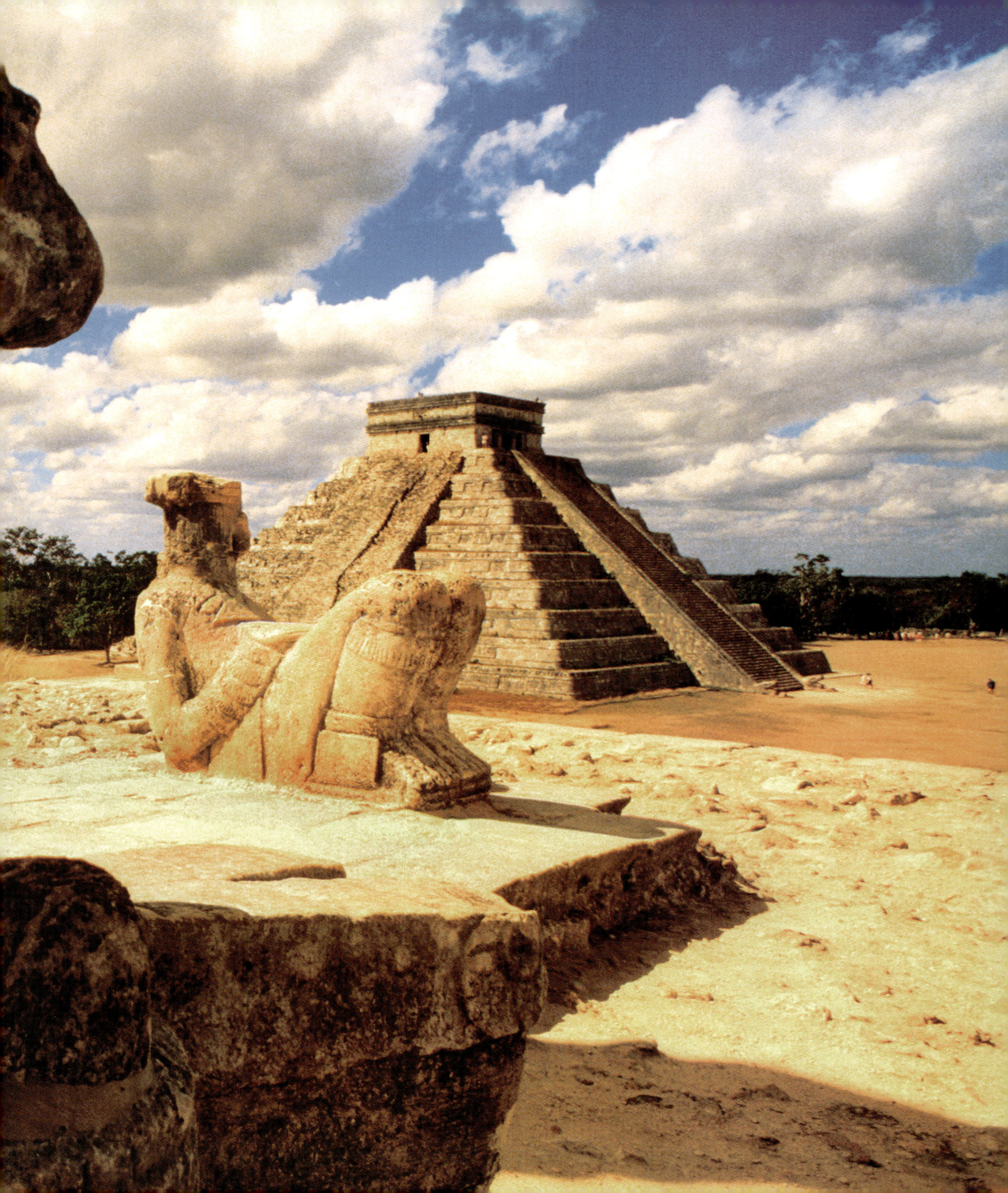

南北アメリカ

メトロポリタン大聖堂　[メキシコ・シティ]

ラテン・アメリカ最大の教会であるメキシコ・シティの大聖堂は、世界最大規模のカトリック司教管区の中心でもある。
67メートルの高さの塔は世界最大級の公共広場を見おろし、大聖堂の建設は1573年から1813年まであしかけ3世紀にわたっている。
建設工事が長期におよんだために建築様式も多様であり、
ルネサンス様式(ルネサンス様式、p.131参照)、
バロック様式(バロック様式、p.80参照)、
新古典主義(新古典主義、p.57参照)が用いられている。
5つの主祭壇と16の付属礼拝堂をもち、そこには多数の貴重な絵画や彫刻、教会用調度が見られる。

▲ 内陣に展示されている讃美歌の本

●教会内部
外部同様、教会内部の装飾も、植民地時代の主要な3つの様式が混在している。バロック様式の祭壇と付属礼拝堂はとくに装飾が豊富で、なかでも**諸王の祭壇**の見事な彫刻は見る者をひきつける。**サン・ホセ礼拝堂**で崇敬を集めているのは、16世紀の作と思われるカカオのキリスト像だ。このキリスト像の名は、教会建設時に地元民が行ったカカオ豆(植民地以前の時代には通貨として流通していた)の寄付に由来している。メキシコ独立の闘士である皇帝アグスティン・デ・イトゥルビデ(1783-1824年)の遺体を収めた墓は、サン・フェリペ礼拝堂に置かれている。

●コンキスタドールとキリスト教
1500年代にアメリカ大陸に到達したスペイン人は、現地の豊かな先住民と遭遇した。征服欲をもつコンキスタドールは、金、銀、銅や土地に貪欲だったのにくわえ伝道者との自負もあり、メソアメリカ文化を創りあげた人々を異教からキリスト教へと改宗させようとした。フランシスコ会とドミニコ会修道士は先住民に説教し、改宗させ、洗礼を行った。新世界はヨーロッパ人に征服されてしまったが、しかし土着の文化は、拡大するキリスト教社会のなかに取り込まれる形で生き残ったのである。

●メキシコ・シティの沈下
1521年に、スペイン人コンキスタドールのエルナン・コルテスは軍を率いてアステカ帝国の首都テノチティトランに入った。当時、この街はテスココ湖の島にあった。占領後、スペイン人は街を破壊しつくし、もとあった建物の石造り部分を自らの建造物に再利用し、テスココ湖をしだいに埋め立てていった。メトロポリタン大聖堂もアステカ時代の大きな神殿の跡に建てられ、壁にはアステカの神殿の石が使われている。メキシコ・シティの多くの建築物と同じく、大聖堂の建物は沈下しつつある。それは建設当初から続いており、傾斜は見てもわかるほどだ。多くは地下で実施されている修復作業が、倒壊を防いでいるのである。

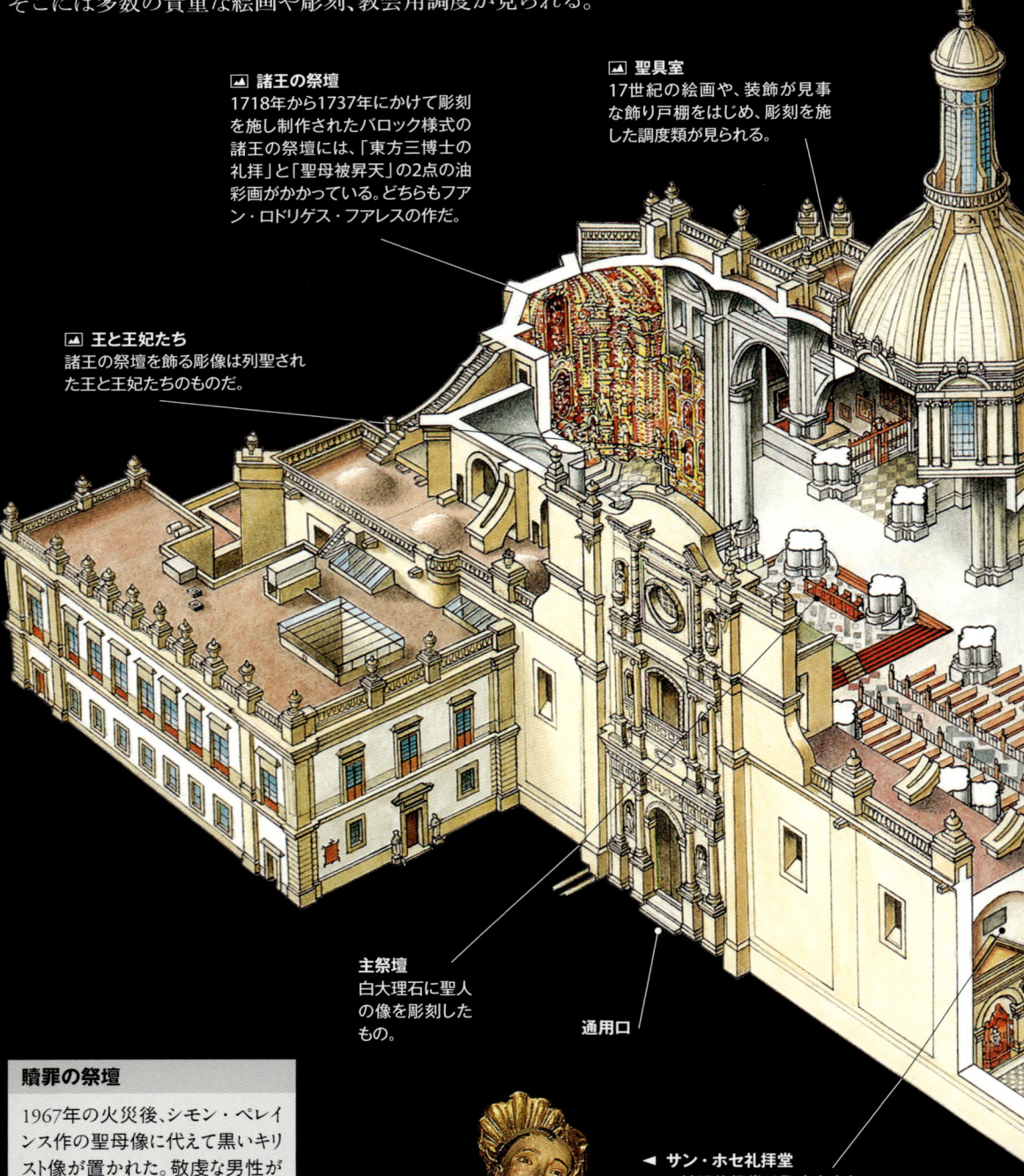

諸王の祭壇
1718年から1737年にかけて彫刻を施し制作されたバロック様式の諸王の祭壇には、「東方三博士の礼拝」と「聖母被昇天」の2点の油彩画がかかっている。どちらもフアン・ロドリゲス・フアレスの作だ。

聖具室
17世紀の絵画や、装飾が見事な飾り戸棚をはじめ、彫刻を施した調度類が見られる。

王と王妃たち
諸王の祭壇を飾る彫像は列聖された王と王妃たちのものだ。

主祭壇
白大理石に聖人の像を彫刻したもの。

通用口

贖罪の祭壇
1967年の火災後、シモン・ペレインス作の聖母像に代えて黒いキリスト像が置かれた。敬虔な男性が死の床からこの像に口づけをしたら、像が毒を吸い取ったのだという。

◀ サン・ホセ礼拝堂
16の付属礼拝堂は聖人たちと聖母顕現に献じ、豊富な彫像や油彩画で装飾されている。この礼拝堂もそのひとつだ。

メキシコ

▲ サグラリオ礼拝堂

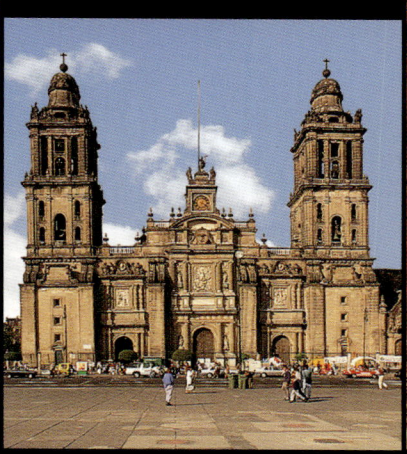

▲ 王と王妃たち

◀ 聖具室の飾り戸棚

▼ 内陣
マカオから輸入した金合金の内陣手すりと彫刻が見事な会衆席、2台の荘厳なオルガンを備え、大聖堂でも見どころのひとつだ。

🖼 大聖堂内観

🖼 内陣

時計塔
信仰、希望、慈愛の像が飾られている。

大聖堂内観 ▶

諸王の祭壇 ▶

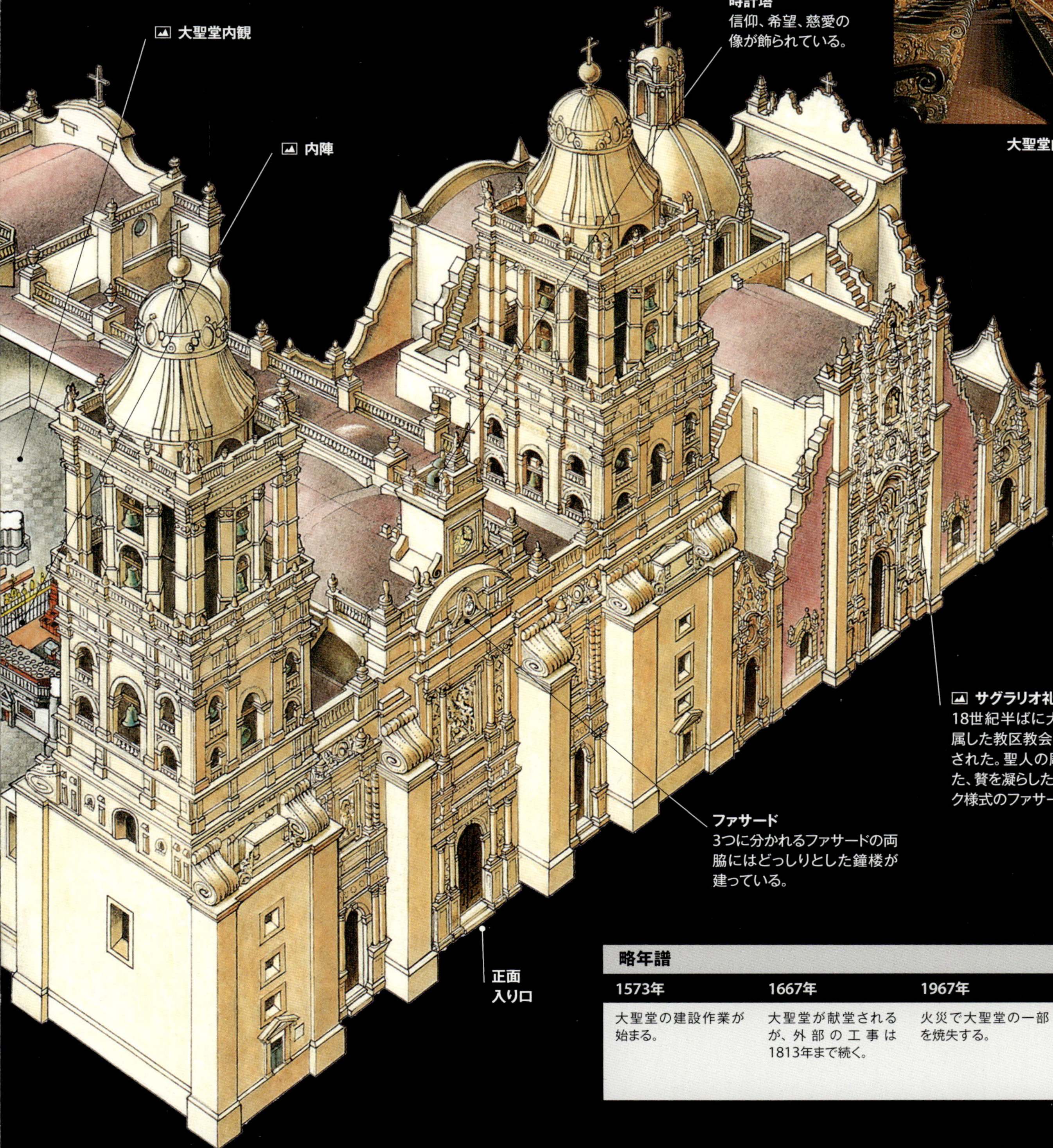

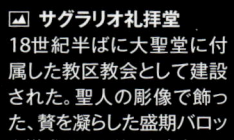

🖼 サグラリオ礼拝堂
18世紀半ばに大聖堂に付属した教区教会として建設された。聖人の彫像で飾った、贅を凝らした盛期バロック様式のファサードをもつ。

ファサード
3つに分かれるファサードの両脇にはどっしりとした鐘楼が建っている。

正面
入り口

略年譜

1573年	1667年	1967年	1985年	1987年
大聖堂の建設作業が始まる。	大聖堂が献堂されるが、外部の工事は1813年まで続く。	火災で大聖堂の一部を焼失する。	大地震で大聖堂が損傷を受ける。	メキシコ・シティがユネスコの世界遺産に登録される。

マチュピチュ

「インカの失われた都市」は、世界でもきわめて見ごたえのある考古学遺跡のひとつだ。ふたつの峰の間の鞍部に位置し、深いジャングルに囲まれた高地にあって雲におおわれていることも多いため、下界からはほぼ見えない。わずか13平方キロメートルのこぢんまりとした遺跡は、1460年にインカを統治したパチャクテク・インカ・ユパンキが建設した町だ。よく「都市」と表現されるが、インカ貴族たちの静養所だったといったほうが近い。1000人程度がこの一帯に住み、完全に自給自足の生活をしていた。周囲には段々畑を作り、水は天然の泉から引いていた。当時でさえ、この閉鎖的なインカ社会の外部の人々が、マチュピチュの存在に気づくことはめったになかったのである。

▲ **マチュピチュのリャマ**
リャマは荷駄になり、毛糸や皮革、肉もとれた。

▲ **インティハウアタナ**

保存された石積み ▶

▼ **太陽の神殿**

インカ・トレイル

伝説のインカの道は急峻な渓谷をいく度ものぼりおりし、3658メートルを超す3つの山の道を越える。そこには雪をいただく山々や、森のように密集した雲、繊細な花々など、息をのむような光景が広がる。インカ人が造った小石を敷いた道やトンネルは今も残り、太陽の門（インティプンク）を通ってマチュピチュの忘れられない光景を目にするまでは、歩けば4、5日を要する。

段々畑と土壌侵食を防ぐ灌漑用水路 ▶

インカの道の先に広がるマチュピチュのすばらしい景観

▲ **聖なる広場**
聖なる広場には、大きな窓をもつ「3つの窓の神殿」が隣接している。その並びにある主神殿には、非常にしっかりとした造りの壁が残っている。

---

258 南北アメリカ

●インカ建築
マチュピチュを建設した人々は、驚くほど高度な建築技術をもっていた。建物に使われたブロックには50トンを超すものもあるが、綿密に設計され非常に正確に組まれているので、漆喰を塗ってもいないのに、ナイフのごく薄い刃を差し込むほどのすき間もない。遺跡はおおまかにふたつの区域に分けられ、耕作用の**段々畑**が広がる農地と、さまざまな大きさの建造物や水路、段がある**居住区**とがある。この遺跡の配置には、建設者の創造性がよく表れている。また、巨大な壁や細かい段と急傾斜は、多くは自然の造形だったのだろう。

●ハイラム・ビンガム
1911年に発見されたこのインカの重要な遺跡は、20世紀最大の考古学的発見に数えられる。アメリカ人探検家ハイラム・ビンガムが、インカ帝国の残党が最後にたどりついた伝説の地、ビルカバンバを探していて出くわしたのがマチュピチュだ。ビンガムのチームがこの遺跡をおおいつくしていた植物を取り払うだけで、数年かかった。そしてその下からは家々や神殿、水路や何千もの階段と段々畑が現れたのである。この発見が世界を驚かせたのは、スペイン人コンキスタドールがこの遺跡に気づきもせず、略奪してもおらず、またトレジャー・ハンターの餌食にもなっていない点だった。

●インカ文明
インカ帝国は13世紀にクスコに首都を置き、それから征服の時代が始まり、16世紀初期にはチリからコロンビアにいたる1200万もの人々を治めていた。よく組織された帝国には、高度な経済と3万2200キロメートルにもおよぶ道路網があった。強力な軍事力で治め、厳格な階級社会ではあったが、征服した社会から学ぶこともした。この文明では自然界を崇拝し、太陽は生命の源であり、インカ皇帝は太陽神の子とされていた。山頂は精霊の住む場であり、ここに人間の生贄をささげた。また天体の動きを観測することで、穀物の植えつけと収穫の時期、それに宗教儀式を行うべき時を知ったのである。

略年譜

1200年頃	1460年	1500年代半ば	1911年	1983年
インカがペルーのクスコに首都を置き、勢力を拡大させていく。	海抜2430メートルの高地にマチュピチュが建設される。	マチュピチュが放棄される。継承争いの内戦が原因だと思われる。	アメリカ人探検家ハイラム・ビンガムがマチュピチュの遺跡を発見する。	マチュピチュがユネスコの世界遺産に登録される。

ペルー 259

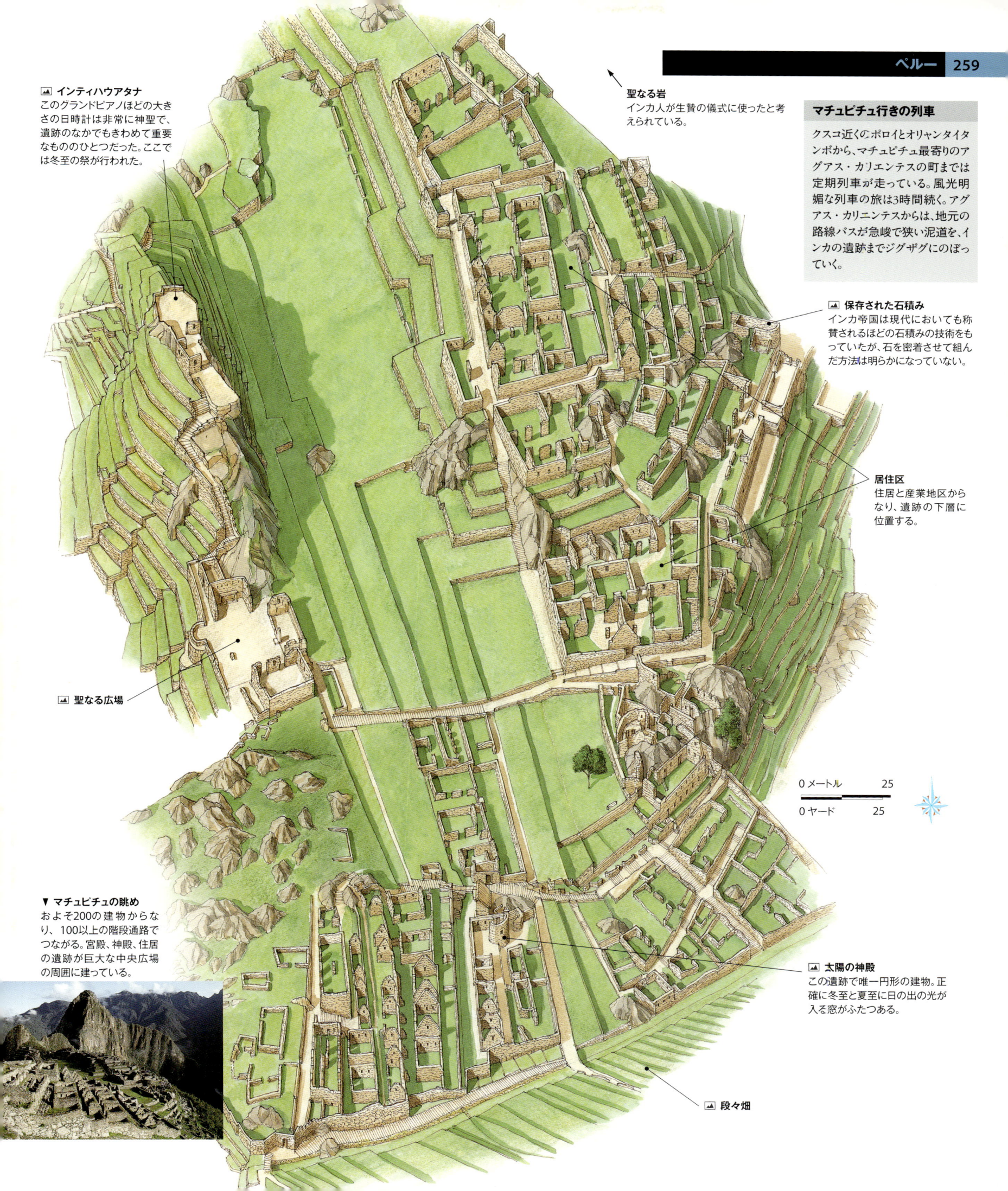

インティハウアタナ
このグランドピアノほどの大きさの日時計は非常に神聖で、遺跡のなかでもきわめて重要なもののひとつだった。ここでは冬至の祭が行われた。

聖なる岩
インカ人が生贄の儀式に使ったと考えられている。

マチュピチュ行きの列車
クスコ近くのポロイとオリャンタイタンボから、マチュピチュ最寄りのアグアス・カリエンテスの町までは定期列車が走っている。風光明媚な列車の旅は3時間続く。アグアス・カリニンテスからは、地元の路線バスが急峻で狭い泥道を、インカの遺跡までジグザグにのぼっていく。

保存された石積み
インカ帝国は現代においても称賛されるほどの石積みの技術をもっていたが、石を密着させて組んだ方法は明らかになっていない。

居住区
住居と産業地区からなり、遺跡の下層に位置する。

聖なる広場

マチュピチュの眺め
およそ200の建物からなり、100以上の階段通路でつながる。宮殿、神殿、住居の遺跡が巨大な中央広場の周囲に建っている。

太陽の神殿
この遺跡で唯一円形の建物。正確に冬至と夏至に日の出の光が入る窓がふたつある。

段々畑

0 メートル 25
0 ヤード 25

ブラジリア

ゼロから開発された20世紀都市ブラジリアは、不可能にも思われた夢の実現だ。ジュセリーノ・クビチェッキ・デ・オリヴェイラが大統領に選出された(1956-60年)一因に、新都建設への高い意欲があった。クビチェッキは、リオデジャネイロから内陸に1200キロメートルのなにもない国中央部に、任期中に遷都することを公約したのだ。何万人もの労働者が小石だらけの荒れ地から計画都市を生み出し、遷都は奇跡的に達成された。大聖堂をはじめとする主要な公共建築物は、非常に印象的な設計だ。クビチェッキの野心は成就し、ブラジリア建設によって内陸部は開発され、現代建築においてもブラジルの経済力にとっても、記念碑的事業が完成したのである。

ブラジリア大聖堂
シンプルな形だが人目を引く大聖堂は、ブラジリアの独自性の象徴だ。地面より下、入り口よりも低く置かれた円形フロアによって、内部に幻影のような空間が生まれている。

洗礼堂
この卵型の変わった建物はホスチア(聖餐式用パン)を表しているといわれている。大聖堂とはトンネルで結ばれている。

← 大聖堂入り口へ

● 街のレイアウト
ブラジリアの独特なデザインは**パイロット・プラン**と呼ばれている。都市計画者ルシオ・コスタは、大地の特徴に沿った形を用いただけだと述べている。コスタは中央集中型の幾何学的プランによって理想都市を造り、それによって理想社会を生み出したいと考えていた。ブラジリアの設計にはふたつの軸がある。**モニュメント通りの軸**と**居住区の軸**だ。片側6車線の広い通りが走る首都は壮観のひとことにつき、**最高裁判所、国会議事堂**、大統領府(プラナルト宮殿)は三権のバランスを象徴する。居住区は「スーパーブロック」からなり、6階建てのアパートメントがまとまり団地を形成している。

● コンペ
1956年にブラジリアの都市計画のコンペが実施され、ルシオ・コスタとオスカー・ニーマイヤーが選ばれた。コスタはブラジリアの全体計画を担い、ニーマイヤーは主要な建物を設計した。ふたりとも、箱型の機能的な建物を生んだ現代建築家、ル・コルビュジエを師としていた。コスタは、公共交通機関を作らなかったことと、50万人規模の都市設計にとどめた点を批判されている。この都市には現在200万人が住み、多くはスラムで生活しているのである。とはいえ一般には、ニーマイヤーがインパクトのある公共建築物を配して、「調和と臨機応変さ」を備えた都市を生み出すという目的を達成した点は評価されている。

● オスカー・ニーマイヤー
オスカー・ニーマイヤーの作品の数々は、現代ブラジルの勃興と重なる。1907年生まれのニーマイヤーは1934年にリオデジャネイロ国立芸術大学を卒業し、ルシオ・コスタ、ル・コルビュジエと共同で、リオの教育保険省の新ビルを設計した。ニーマイヤーは、建物に鉄筋コンクリートを取り入れることでより大胆なデザインを行うようになった。ニーマイヤーの名を一躍有名にしたのが、国会議事堂の凸凹のドームや、簡素だが心を動かされる**大聖堂**、壮大な正義の宮殿といったブラジリアの主要な公共建築物だろう。現代建築の先駆者であるニーマイヤーは、多数の受賞歴を誇る。

ドン・ボスコの夢
1883年に、イタリア人聖職者ドン・ボスコは、将来ブラジルの新首都が置かれる地の夢を見た。毎年8月の最終日曜日に、ブラジリアではこれを記念しパレードで祝う。

説教壇 ▶
1本の熱帯産シーダー材から彫り出した巨大な磔刑像がある。

略年譜

1956年	1957年	1958年	1960年	1987年
クビチェッキがブラジル大統領に就任。ブラジリアの都市計画のコンペが行われる。	ルシオ・コスタのパイロット・プランに従いブラジリアの建設が始まる。	大聖堂の礎石が置かれ、1970年に献堂される。	4月21日、ブラジリアが市として機能を始め、ブラジルの首都となる。	ブラジリアがユネスコの世界遺産に登録される。

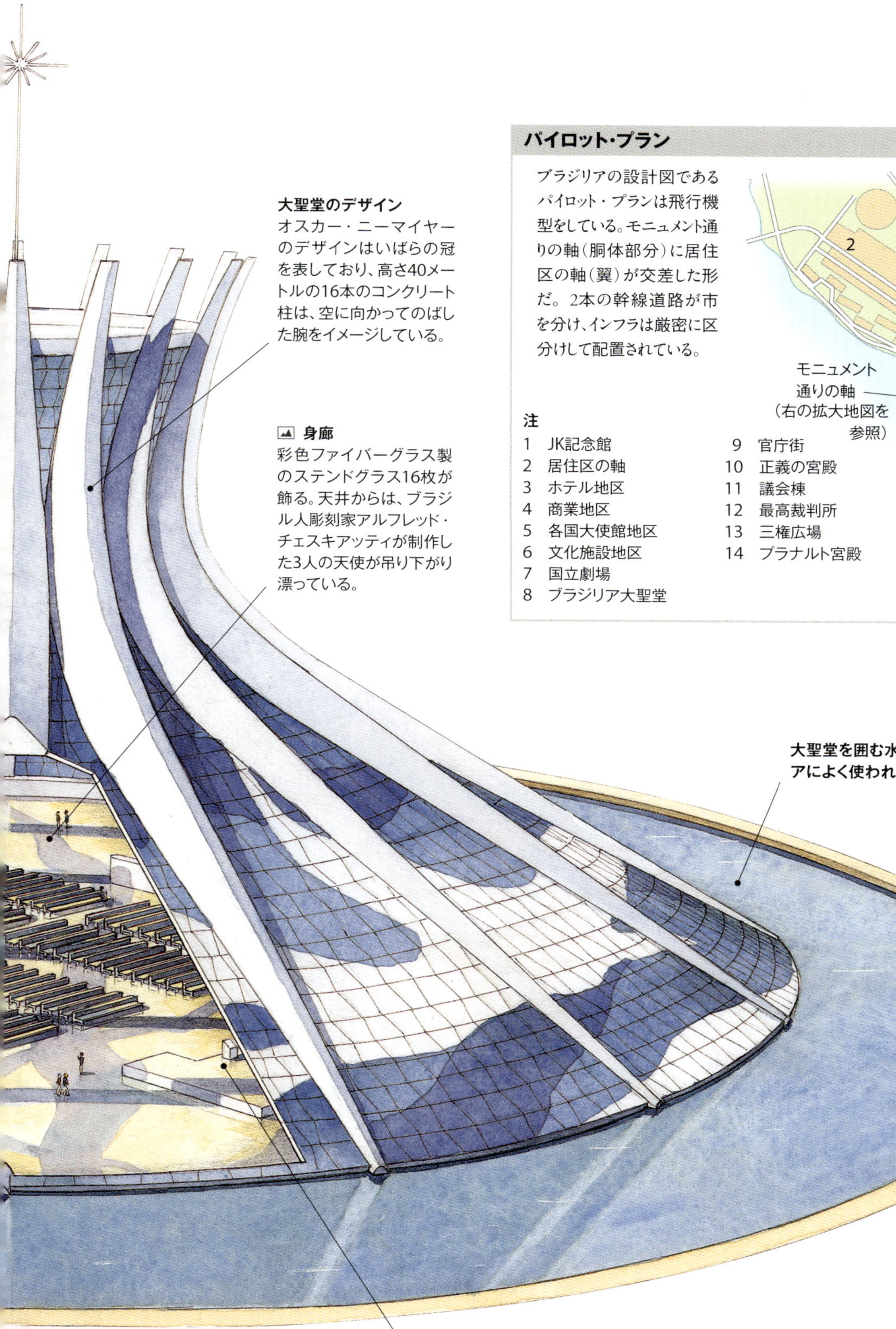

ブラジル 261

パイロット・プラン

ブラジリアの設計図であるパイロット・プランは飛行機型をしている。モニュメント通りの軸（胴体部分）に居住区の軸（翼）が交差した形だ。2本の幹線道路が市を分け、インフラは厳密に区分けして配置されている。

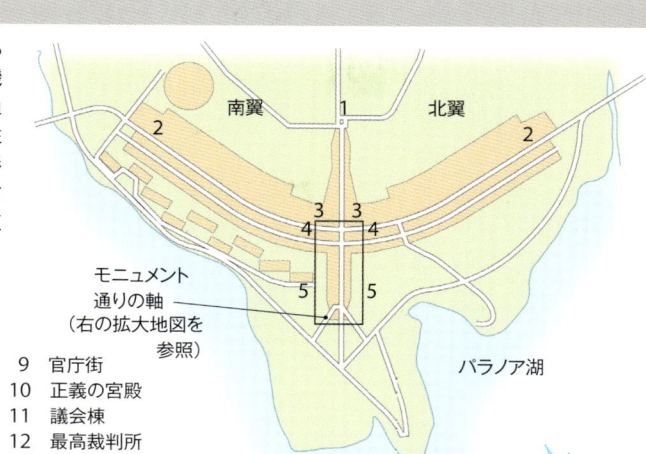

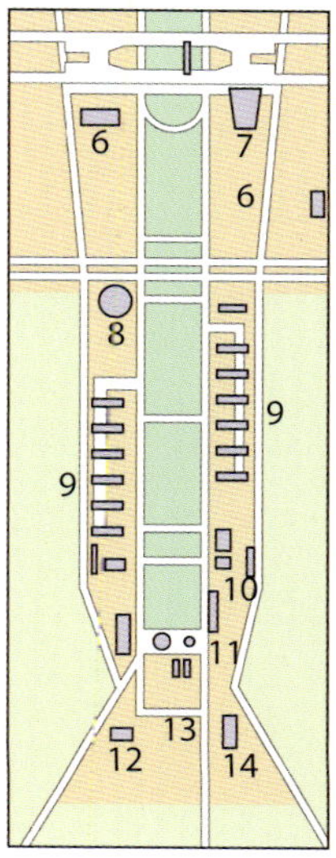

注
1 JK記念館
2 居住区の軸
3 ホテル地区
4 商業地区
5 各国大使館地区
6 文化施設地区
7 国立劇場
8 ブラジリア大聖堂
9 官庁街
10 正義の宮殿
11 議会棟
12 最高裁判所
13 三権広場
14 プラナルト宮殿

モニュメント通りの軸（右の拡大地図を参照）

パラノア湖

南翼　北翼

大聖堂のデザイン
オスカー・ニーマイヤーのデザインはいばらの冠を表しており、高さ40メートルの16本のコンクリート柱は、空に向かってのばした腕をイメージしている。

身廊
彩色ファイバーグラス製のステンドグラス16枚が飾る。天井からは、ブラジル人彫刻家アルフレッド・チェスキアッティが制作した3人の天使が吊り下がり漂っている。

大聖堂を囲む水（水はブラジリアによく使われているテーマ）

説教壇

▼ JK記念館
1981年建造のこのモニュメントは、元ブラジル大統領ジュセリーノ・クビチェッキをたたえたもので、墓もここに収められている。

▼ 国会議事堂
皿のようなドームとツイン・タワーが並ぶ、印象的で宇宙時代を象徴するような外観だ。ブラジリアのシンボルでもある。

▼ 最高裁判所
低くあまり目立たないこの建物には繊細な白いアーチがある。付近にはジュセリーノ・クビチェッキの石の頭像がある。

▼ 大聖堂の外に立つアルフレッド・チェスキアッティ作の彫像「4人の福音書記者」

身廊 ▶

モニュメント通りの軸 ▲
官庁街に沿って整然と建ち並ぶ四角いビルの列を陽光が照らす。ビルには政府の各省庁が入っている。遠くに見えるのは議会棟。

索引

■あ
アーグラ　204-5
アール・デコ　239
アイルランド　16-21
アウグスティヌス、聖　43
アウステルリッツの戦い（1805年）　56
アクバル大帝　206, 207
アクロポリス　136-7
アショーカ王　209
アステカ　257
アダムズ、ジョン　244, 245
アダルベルト、聖　92
アッシジ　126-7
アッティラ、ヨーゼフ　95
アテネ　136-7
アナサジ　250, 251
アブ・シンベル　7, 162-3
アブド・アル・マリク、カリフ　178
アペルドールン　46-7
アマドゥール、聖　66, 67
アミアン大聖堂　48-9
アムリトサル　202-3
アメリカ合衆国　234-51
アヤソフィア（イスタンブール）　148-9
アルノルフォ・ディ・カンビオ　124, 125, 131
アルハンブラ宮殿（グラナダ）　9, 114-15
アルベルト大公　44
アレクサンドル2世、皇帝　96, 97
アンコール・ワット　216-17
アンドロクロス　151
アントワープ　9, 44-5
アンナ、聖　230, 231
アンリ2世、フランス王　62, 63

■い
イギリス　22-43
イギリス宗教改革　43
イザベラ、王女　44
イシュトヴァーン1世、聖、ハンガリー王　94
イスタンブール　144-9
イスラエル　174-81
イスラム　154
　──岩のドーム（エルサレム）　178-9
　──グラン・モスク（カイルアン）　156-7
　──ジェンネのモスク（マリ共和国）　166-7
　──ハッサン2世モスク（カサブランカ）　154-5
イタリア　116-33
イムレ、シュテインドル　94
岩のドーム（エルサレム）　178-9
イワン雷帝　98, 99
インカ帝国　258-9
インド　202-9
インドネシア　218-21

■う
ヴァーサ博物館（ストックホルム）　14-15
ヴァイキング　13
ウィーン　82-5
ヴィオレ＝ル＝デュク　48, 49, 55
ヴィクトリア、女王　34, 244
ヴィラレ、フルク・ド　143
ウィリアム、征服王　34, 35
ウィルヘルミナ、オランダ女王　47
ウィレム3世（ウィリアム3世）、イングランド王　36, 46, 47
ヴェザー・ルネサンス様式の建築　68
ヴェスヴィオ火山　132, 133
ウエストミンスター寺院（ロンドン）　30-1
ウェスパシアヌス、皇帝　128, 129
ヴェネツィア　116-21
ヴェルサイユ宮殿　58-9
ヴォーバン　168
ウォルター、トーマス・U　246
ウォレス、ウィリアム　22, 23
ウクバ・イブン・ナーフィ　156, 157
ウズベキスタン　184-5
ウッツォン、ヨーン　224, 225
ヴュルツブルク司教館　72-3
ウルジー、トマス、枢機卿　36, 37
ウルン・ダヌ・バトゥール寺院（バリ島）　220-1
運命の石　24, 31

■え
永楽帝、中国　196
エウフラシウス、司教　135
エウフラシウス聖堂（ポレッチ）　134-5
エカテリーナ2世、ロシア女帝　87, 96
エジプト　160-5
エシュヴェーケ、バロン・フォン　102
エドインバラ城　24-5
エドワード1世、イングランド王　22, 23, 173
エドワード4世、イングランド王　34, 35
エドワード、黒太子　43
エフェソス　150-1
エリザヴェータ、女帝　96, 97
エリザベス1世、イングランド女王　18, 30, 34
エリザベス2世、イギリス女王　22, 30, 31
エリス、チャールズ　249
エル・カスティーヨのピラミッド（チチェン・イッツァ）　252, 253
エルギン・マーブルズ　137
エルサレム　174-9
エレーラ、フアン・デ　112, 113
袁世凱、将軍　194
エンパイアステート・ビル（ニューヨーク）　238-9

■お
王宮　210-11
黄金寺院（アムリトサル）　202-3
オーストラリア　224-5
オーストリア　82-5
オーラヴ、聖、ノルウェー王　13
オベール、聖　50, 51
オラニエ（オレンジ）＝ナッサウ家　46
オランダ　46-7
オランダ東インド会社　168, 169

■か
カーゾン、卿　206, 207
カール（シャルルマーニュ）大帝　68
カール5世、皇帝　112, 113
凱旋門（パリ）　9, 56-7
カイルアン　156-7
ガウディ、アントニ　110, 111
カサブランカ　154-5
カステッリ、マッテオ　86
カトリーヌ・ド・メディシス　62, 63
カナダ　230-3
カピストラノの聖ヨハネ　82
ガムラン楽団　220
カララ大理石　122
ガルス、聖　80
カレル（カール）4世　92, 93
カレル橋　92-3
カンタベリー大聖堂　42-3
カンボジア　216-17

■き
キヴァ（ピット・ハウス）　250
ギザ　7, 9, 160-1
騎士団長の宮殿（ロードス島）　142-3
奇跡の広場（ピサ）　122-3
ギベルティ、ロレンツォ　124, 125
キャッスル、ロック・オブ　20-1
キャッスル・オブ・グッドホープ（ケープタウン）　168-9
旧州議事堂（ボストン）　234-5
旧新シナゴーグ（プラハ）　88-9
ギリシア　136-43
（ギリシア）正教　140-1
キリスト　174-5

■く
グスタフ2世アドルフ、スウェーデン王　14, 15
グッゲンハイム、ソロモン　236, 237
グッゲンハイム美術館（ニューヨーク）　9, 236-7
グッゲンハイム美術館（ビルバオ）　9, 106-7, 236
クビチェッキ・デ・オリヴェイラ、ジュセリーノ　260, 261
クフ、ファラオ　160, 161
クメール建築　212
　──アンコール・ワット　216-17
　──ワット・アルン（バンコク）　212-13
クライスラー、ウォルター　238
クラウフォード、トーマス　246
クラック・デ・シュバリエ　172-3
グラナダ　9, 114-15
グラン・モスク（カイルアン）　156-7
クランマー、トマス　カンタベリー大司教　43
クリストゥロス、聖　140, 141
クロアチア　134-5

■け
ケープタウン　168-9
ゲーリー、フランク・O　106, 236
ケツァルコアトル　252, 253
「ケルズの書」　18
ケルン大聖堂　8, 70-1

■こ
コイ・コンボロ、ジェンネの王　167
ゴービンド・シング、グル　202
コーマック・マッカーシー、マンスター王　20, 21
コーラン　179
ゴールデンゲート・ブリッジ（サンフランシスコ）　8, 248-9
ゴシック様式　54
　──アミアン大聖堂　48-9
　──ウエストミンスター寺院（ロンドン）　30-1
　──カレル橋（プラハ）　92-3
　──カンタベリー大聖堂　42-3
　──旧新シナゴーグ（プラハ）　88-9
　──クラック・デ・シュバリエ　172-3
　──ケルン大聖堂　70-1
　──国会議事堂（ブダペスト）　94-5
　──サグラダ・ファミリア教会（バルセロナ）　110-11
　──シャルトル大聖堂　60-1
　──シュテファン大聖堂（ウィーン）　82-3
　──聖フランチェスコ聖堂、アッシジ　126-7
　──ドゥカーレ宮殿（ヴェネツィア）　120-1
　──ノートルダム寺院（パリ）　54-5
　──ハイデルベルク城　74-5
　──ブレーメン市庁舎　68-9
　──ペーナ城（シントラ）　102-3
　──ボルグン・スターヴ教会　12-13
　──モン・サン＝ミシェル　50-1
　──ヨーク・ミンスター　28-9
コスタ、ルシオ　260, 261
コス島　143
国会議事堂（ブダペスト）　9, 94-5
古典主義　137
　──アクロポリス（アテネ）　136-7
　──岩のドーム（エルサレム）　178-9
　──エフェソス　150-1
　──コロッセオ（ローマ）　128-9
　──ペトラ　182-3
　──ポンペイ　132-3　→新古典主義も見よ
　──メトロポリタン大聖堂（メキシコ・シティ）　256-7
　──レプティス・マグナ　158-9
コルモン、トマ　48
コロッセオ（ローマ）　128-9
コンキスタドール　256, 257
コンスタンティヌス・モノマクス　174
コンスタンティヌス帝　130, 131, 149, 174, 175

■さ
サーンチー　208-9
ザクセン＝コーブルク＝ゴータ公国、フェルディナン　102, 103
サグラダ・ファミリア教会（バルセロナ）　110-11
サマルカンド　184-5
サン・ピエトロ大聖堂（ローマ）　9, 130-1
サン・マルコ大聖堂（ヴェネツィア）　116-17
ザンクト・ガレン修道院　80-1
サンクト・ペテルブルク　8, 96-7
サンスのウィリアム（ギョーム＝ド＝サンス）　42
サンタンヌ・ド・ボープレ大聖堂　230-1
サンティアゴ・デ・コンポステーラ大聖堂　104-5
サンフランシスコ　8, 248-9

■し
CNタワー　232-3
ジェームズ4世、スコットランド王　22, 23
シェーンブルン宮殿（ウィーン）　84-5
ジェンネのモスク（マリ共和国）　166-7
紫禁城　192-3, 194
シドニー・オペラハウス　9, 224-5
シナゴーグ　89
シャー・ジャハーン、皇帝　204, 205
シャイレーンドラ朝　218
ジャバルマン7世、アンコール王　216
シャルグラン、ジャン　56, 57
シャルトル大聖堂　60-1
ジャワ島　218-19
十字軍　172-3
自由の女神（ニューヨーク）　9, 242-3

シュテファン大聖堂（ウィーン）　82-3
シュノンソー城　62-3
シュリーブ・ラム・ハーマン建築事務所　238
聖武天皇　198
ジョット　124, 125, 126, 127, 131
シリア　172-3
新古典主義　57
　──凱旋門（パリ）　56-7
　──ホワイトハウス（ワシントンDC）　244-5
　──メトロポリタン大聖堂（メキシコ・シティ）　256-7
　──連邦議会議事堂　246-7
清朝　188
神殿の丘（エルサレム）　179
神道　196
シントラ　102-3

■す
スィク教　202, 203
ズィグムント3世ヴァーザ、ポーランド王　86
スイス　80-1
スウェーデン　14-15
スーリャバルマン2世　216
スコットランド　22-5
スターリング城　22-3
ストーンヘンジ　38-9
ストックホルム　14-15
ストラウス、ジョセフ・B　248, 249
スピラクス、ジョセップ・マリア　110
スフィンクス（ギザ）　160, 161
スペイン　104-15

■せ
聖フランチェスコ聖堂（アッシジ）　126-7
聖墳墓教会（エルサレム）　174-5
聖ヨハネ修道院（パトモス島）　140-1
聖ワシリー聖堂（モスクワ）　7, 98-9
セウェルス、セプティミウス、皇帝　158, 159
セク・アマドゥ、ジェンネ王　166, 167
セリム2世、スルタン　149
セント・ポール大聖堂（ロンドン）　32-3
1812年の米英戦争　245

■そ
ソロモン・グッゲンハイム美術館（ニューヨーク）　236-7
ソンツェンガンポ　187

■た
タークシン、王　212, 213
タージ・マハル（アーグラ）　6, 8, 9, 204-5
タイ　210-15
大ストゥーパ（サーンチー）　208-9
大聖堂と洗礼堂（フィレンツェ）　124-5
第二次世界大戦　88
大ピラミッド（ギザ）　7, 9, 160-1
ダグラス、伯　22
ダニーデン鉄道駅　226-7
ダブリン　18-19
ため息の橋（ヴェネツィア）　120
タラ（アイルランド）　16
ダライ・ラマ　186-7
タンクレッド、アンティオキア公国摂政　172
タンセン　206, 207

■ち
チェコ共和国　88-93
チェスキャッティ、アルフレッド　261
チェリーニ、ベンヴェヌート　112, 113
チチェン・イッツァ　252-3
チベット　186-7
チャクリー朝　212
チャコ文化国立歴史公園　250-1
中国　188-95
チュニジア　156-7
チョーサー、ジェフリー　43

■つ
蔡凱将軍　188

■て
ディアーヌ・ド・ポワティエ　62, 63
ティエポロ、ジョヴァンニ・バッティスタ　72, 73
ティバルディ、ペレグリーノ　112, 113
ティムール　184
天国の楽園　205
天壇（北京）　194-5

■と
ドイツ　68-79
ドゥカーレ宮殿（ヴェネツィア）　120-1
冬宮（サンクト・ペテルブルク）　8, 96-7

東照宮　196-7
東大寺（奈良）　7, 198-9
徳川家康　196, 197
トプカプ宮殿（イスタンブール）　144-5
トリニティ・カレッジ（ダブリン）　18-19
ドルイド　38, 39
トループ、ジョージ　226, 227
トルーマン、ハリー・S　244, 245
トルコ　144-51
トレヴァーノ、ジョヴァンニ　86
トレド、フアン・バウティスタ・デ　113
トロント　232-3

■ な
ナーナク、グル　202
ナスル朝　114, 115
ナバテア人　182, 183
ナポレオン1世、皇帝　56-7, 98, 117, 120
奈良　198-9

■ に
ニーマイヤー、オスカー　260, 261
ニコライ2世、皇帝　97
日本　196-201
ニューグレンジ　16-17
ニュージーランド　226-7
ニューヨーク　9, 236-43

■ ね
熱心党　180
ネフェルタリ　154, 162, 163

■ の
ノイシュヴァンシュタイン城　9, 76-7
ノイマン、バルタザール　72, 73
ノートルダム寺院（パリ）　54-5
ノルウェー　12-13

■ は
バーブル、皇帝　205
ハイデルベルク城　74-5
バカッシ、ニコラウス　84, 85
パチャクテク・インカ・ユパンキ　258
ハッサン2世、モロッコ王　154
ハッサン2世モスク（カサブランカ）　54-5
パトモス島　140-1
パトリック、聖　20, 21
バノックバーンの戦い（1314年）　23
ハプスブルク家（帝国）　82, 84
パリ　9, 54-9
バリ島　220-1
バルセロナ　110-11
パルテノン（アテネ）　136, 137
バルテルディ、フレデリク=オーギュスト　242, 243
バロック様式　80
　——ヴェルサイユ宮殿　58-9
　——ヴュルツブルク司教館　72-3
　——王宮（ワルシャワ）　86-7
　——ザンクト・ガレン修道院　80-1
　——サンティアゴ・デ・コンポステーラ大聖堂　104-5
　——シェーンブルン宮殿（ウィーン）　84-5
　——セント・ポール大聖堂（ロンドン）　32-3
　——冬宮（サンクト・ペテルブルク）　96-7
　——メトロポリタン大聖堂　256
　——ルーベンスの家（アントワープ）　44-5
ハンガリー　94-5
バンコク　210-13
ハンコック、ジョン　235
ハンプトンコート宮殿　36-7
万里の長城　9, 188-9

■ ひ
ビーカー文化の人々　38
秘儀荘（ポンペイ）　132
ピサ　122-3
ピサーノ、ジョヴァンニ　122, 123
ピサの斜塔　122-3
ビザンティン様式
　——アヤソフィア（イスタンブール）　148-9
　——岩のドーム（エルサレム）　178-9
　——エウフラシウス聖堂（ポレッチ）　134-5
　——サン・マルコ大聖堂（ヴェネツィア）　116-17
ピュージン、A・W　94
ピョートル1世、皇帝（大帝）　96
ピラミッド　160-1
ピルグラム、アントン　82, 83
ビルバオ　106-7, 236
ビンガム、ハイラム　258

ヒンドゥー教、神々　213, 221
　——シンボリズム　219

■ ふ
ファー、ウィリアム　168
ファテープル・スィークリー　206-7
フィッシャー・フォン・エアラッハ　84
フィルマン、聖　49
フィレンツェ　7, 124-5
ブーランク、フランシス　67
プエブロ（族）の文化　250-1
フェリペ2世、スペイン王　112, 113
フェルテン、ユーリ　96, 97
溥儀、中国皇帝　192, 193
ブダペスト　94-5
仏教様式　209
　——大ストゥーパ（サーンチー）　208-9
　——東照宮（日光）　196-7
　——東大寺（奈良）　198-9
　——ビザンティン様式　148
　——ボロブドゥール寺院（ジャワ島）　218-19
　——ワット・プラケーオ（バンコク）　210-11
ブッダ　198, 208, 209, 218-19
ブラウン、マティアス　92, 93
ブラジリア　9, 260-1
ブラジル　260-1
プラハ　88-93
フランス　48-67
フランソワ1世、フランス王　63
フランソワ2世、フランス王　55, 63
フランチェスコ、聖　126, 127
フランツ・ヨーゼフ1世　85
ブリュロフ、アレクサンドル　97
ブルックハルト、ヨハン・ルートヴィヒ　182, 183
ブルネレスキ、フィリポ　124, 125
ブルフィンチ、チャールズ　247
ブレーメン市庁舎　68-9
プロコフ（親子）　92, 93
文成公主　186, 187

■ へ
ペイン、クリフォード　248
ベーア、ヨハン・ミヒャエル　80
北京　192-5
ベケット、サミュエル　19
ベケット、トマス　42, 43
ヘットロー宮殿（アペルドールン）　46-7
ペトロ、聖　130, 131
ペトラ　182-3
ペリクレス　136, 137
ベリー　258-9
ベルギー　44-5
ベルニーニ、ジャン・ロレンツォ　130, 131
ヘレナ、聖　174, 175
ヘロデ大王　180, 181
ベントハイム、リューダー・フォン　69
ヘンリー2世、イングランド王　43, 66
ヘンリー4世、イングランド王　30, 34, 35
ヘンリー7世、イングランド王　30
ヘンリー8世、イングランド王　31, 34, 35, 36, 37, 42, 43

■ ほ
ホーバン、ジェームズ　244, 245
ポーランド　86-7
ボストニアン・ソサエティ　234, 235
ボストン　234-5
ボストン虐殺事件（1770年）　235
ポタラ宮（ラサ）　186-7
ボニャトフスキ、スタニスワフ・アウグスト、ポーランド王　87
ボルグン・スターヴ教会　12-13
ポルトガル　102-3
ポレッチ　134-5
ボロブドゥール寺院（ジャワ島）　218-19
ホワイトハウス（ワシントンDC）　244-5
ポンペイ　132-3

■ ま
マウルス、聖　134
マサダ　180-1
マチュピチュ　8, 258-9
マッキム・ミード&ホワイト建築事務所　244, 245
マテオ、巨匠　104, 105
「マハーバーラタ」　217
マヤ　252-3
マリア、聖母　150

マリア・テレジア、女帝　84, 85
マリア2世、ポルトガル女王　102, 103
マリー=アントワネット、王妃　59, 84
マリ共和国　166-7
マルコ、聖（サン・マルコ）　116, 117
マルティーニ、シモーネ　126, 127
マロ、ダニエル　46, 47
マンサール、ジュール・アルドゥアン　58, 59

■ み
ミケランジェロ　122, 124, 130, 131, 230, 231
南アフリカ共和国　168-9
ミハーイ、カーロイ　94
明　188, 189, 194-5

■ む
ムーア様式の建築　114
　——アルハンブラ宮殿（グラナダ）　114-15
ムオ、アンリ　217
ムガール帝国　205
　——タージ・マハル（アーグラ）　204-5
　——ファテープル・スィークリー　206-7
ムスリムの信仰と習慣　154 イスラムの項も参照
ムハンマド、預言者　144, 154, 179
ムムターズ・マハル　204, 205
ムラト3世、スルタン　144, 145, 149

■ め
メアリー・スチュアート　25, 54, 62
メアリー2世、イングランド女王　36, 46, 47
メキシコ　252-7
メキシコ・シティ　256-7
メトロポリタン大聖堂（メキシコ・シティ）　256-7
メフメト2世、スルタン　144, 145

■ も
モザイク、ビザンティン様式（の）　134
モスクワ　161-5
モデルニスモ　110
　——サグラダ・ファミリア教会（バルセロナ）　110-11
モロー、アーヴィング　248
モロッコ　154-5
モン=サン=ミシェル　50-1

■ や
ヤーコブレフ、ポスニク　98
ヤコブ、聖　104, 105
ヤン・ネポムツキー、聖　92, 93
ヤンク、クリスチャン　76, 77

■ ゆ
ユゴー、ヴィクトル　54
ユスティニアヌス1世　159
ユネスコの世界遺産　7-8

■ よ
ヨーク・ミンスター　28-9
ヨハネ、神学者、聖　140
ヨハネ、福音書記者、聖　150
ヨルダン　182-3

■ ら
ラーマ、タイ王　210, 211, 212, 213
「ラーマーヤナ」　217
「ラーマキエン」　210
ライト、フランク・ロイド　236, 237
ラヴィ、ジャン　54, 55
ラコーツィ・フェレンツ2世　94
ラサ　186-7
ラスコブ、ジョン・ジェイコブ　238
ラストレリ、バルトロメオ　96
ラトローブ、ベンジャミン　246
ラヨシュ、コッシュート　94
ランジート・シング、グル　202

■ り
リーベック、ヤン・ファン　168, 169
リュザルシュ、ロベール・ド　48
リュシマコス　150
リンカーン、エイブラハム　244, 245

■ る
ル・ヴォー、ルイ　58, 59
ル・ノートル、アンドレ　58
ル・ブラン、シャルル　58, 59
ルイ=フィリップ、フランス王　58, 59
ルイ14世、フランス王　58-9
ルイ15世、フランス王　58
ルイ16世、フランス王　58, 59
ルーズベルト、セオドア　244, 245
ルートヴィヒ2世、バイエルン王　9, 76, 77

ルーベンス、ペーテル・パウル　44-5, 97
ルーベンスの家（アントワープ）　9, 44-5
ルドルフ、建設公　82
ルネサンス様式　131
　——国会議事堂（ブダペスト）　94-5
　——サン・ピエトロ大聖堂（ローマ）　130-1
　——シュノンソー城　62-3
　——スターリング城　22-3
　——大聖堂と洗礼堂（フィレンツェ）　124-5
　——ダニーデン鉄道駅　226-7
　——ハイデルベルク城　74-5
　——ブレーメン市庁舎　68-9
　——ルーベンスの家（アントワープ）　44-5
　——ペーナ宮殿（シントラ）　102-3
ループレヒト3世、プファルツ選帝侯　74, 75

■ れ
レーブ、ラビ　88, 89
レギスタン（サマルカンド）　184-5
レプティス・マグナ　158-9
レン、サー・クリストファー　32-3, 36, 37
連邦議会議事堂（ワシントンDC）　246-7

■ ろ
ロードス騎士団（聖ヨハネ（ホスピタル）騎士団）　142, 143, 172, 173
ロードス島　142-3
ローマ　128-31
　——ポンペイ　132-3
　——エフェソス　150-1
　——マサダ　180-1
　——レプティス・マグナ　158-9
　——コロッセオ（ローマ）　128-9
ローラント像　68
ロカマドゥール　66-7
ロココ様式　72
　——ヴュルツブルク司教館　72-3
　——ザンクト・ガレン修道院　80-1
　——シェーンブルン宮殿（ウィーン）　84-5
　——ノイシュヴァンシュタイン城　76-7
ロシア　96-101
ロック・オブ・キャシェル　20-1
ロンドン、ジャコモ　86
ロバート・ザ・ブルース　22, 23
ロマネスク様式　122
　——栄光の門（サンティアゴ・デ・コンポステーラ大聖堂）　105
　——シュテファン大聖堂（ウィーン）　82-3
　——奇跡の広場（ピサ）　122-3
　——コーマック礼拝堂、ロック・オブ・キャシェル　20-1
　——シャルトル大聖堂　60-1
　——モン=サン=ミシェル　50-1
　——ロカマドゥール　66-7
ロマン主義　74, 102
ロレンソ、聖　112
ロンドン　42-7
ロンドン塔　34-5

■ わ
ワーグナー、リヒャルト　77
ワシリー、聖　98
ワシントン、ジョージ　244, 245, 246
ワシントンDC　244-7
ワット・アルン（バンコク）　212-13
ワット・プラケーオ（バンコク）　210-11
ワルシャワ　86-7

謝辞

本書の出版にあたり、ここに名前をあげる皆様に支援、協力をいただいたことを心より感謝します。

寄稿
Jane Egginton, Frances Linzee Gordon, Denise Heywood, Andrew Humphries, Roger Williams.

編集・デザイン協力
Louise Buckley, Tracy Smith, Stuti Tiwari Bhatia and Neha Dhingra.

Illustrators Richard Almazan, Studios Arcana, Modi Artistici, Robert Ashby, William Band, Gilles Beauchemin, Dipankar Bhattacarga, Anuar Bin Abdul Rahim, Richard Bonson, François Brosse, Michal Burkiewicz, Cabezas/Acanto Arquitectura y Urbanismo S.L., Jo Cameron, Danny Cherian, Yeapkok Chien, ChrisOrr.com, Stephen Conlin, Garry Cross, Bruno de Robillard, Brian Delf, Donati Giudici Associati srl, Richard Draper, Dean Entwhistle, Steven Felmore, Marta Fincato, Eugene Fleury, Chris Forsey, Martin Gagnon, Vincent Gagnon, Nick Gibbard, Isidoro González-Adalid, Kevin Goold, Paul Guest, Stephen Gyapay, Toni Hargreaves, Trevor Hill, Chang Huai-Yan, Roger Hutchins, Kamalahasan R, Kevin Jones Assocs., John Lawrence, Wai Leong Koon, Yoke Ling Lee, Nick Lipscombe, Ian Lusted, Andrew MacDonald, Maltings Partnership, Lena Maminajszwili, Kumar Mantoo Stuart, Pawel Marczak, Lee Ming Poo, Pawel Mistewicz, John Mullaney, Jill Mumford, Gillie Newman, Luc Normandin, Arun P, Lee Peters, Otakar Pok, Robbie Polley, David Pulvermacher, Avinash Ramscurrun, Kevin Robinson, Peter Ross, Simon Roulstone, Suman Saha, Fook San Choong, Ajay Sethi, Derrick Slone, Jaroslav Staněk, Thomas Sui, Ashok Sukumaran, Peggy Tan, Pat Thorne, Gautam Trivedi, Frank Urban, Mark Warner, Paul Weston, Andrzej Wielgosz, Ann Winterbotham, Martin Woodward, Bohdan Wróblewski, Hong Yew Tan, Kah Yune Denis Chai, Magdalena Zmadzinska, Piotr Zubrzycki.

索引作成 Hilary Bird, Jane Henley.

特別協力 Maire ní Bhain at Trinity College, Dublin; Chartres Cathedral, Procurate di San Marco (Basilica San Marco); Campo dei Miracoli, Pisa; Hayley Smith and Romaine Werblow from DK Picture Library; Mrs Marjorie Weeke at St Peter's Basilica; Le Soprintendenze Archeologiche di Agrigento di Pompei; Topkapı Palace, Istanbul; M Oulhaj (Mosque of Hassan II); The Castle of Good Hope.

写真提供 Shaen Adey, Max Alexander, Fredrik & Laurence Arvidsson, Gábor Barka, Philip Blenkinsop, Maciej Bronarski, Demetrio Carrasco, Tina Chambers, Kate Clow, Joe Cornish, Andy Crawford, Ian Cumming, Tim Daly, Geoff Dann, Robert O'Dea, Barbara Deer, Vladimír Dobrovodský, Jiři Doležal, Alistair Duncan, Mike Dunning, Christopher and Sally Gable, Philippe Giraud, Heidi Grassley, Paul Harris, Adam Hajder, John Heseltine, Nigel Hicks, Ed Ironside, Stuart Isett, Dorota & Mariusz Jarymowicz, Alan Keohane, Dinesh Khanna, Dave King, Paul Kenward, Vladimir Kozlik, Andrew McKinney, Jiři Kopřiva, Neil Lukas, Paweł Marczac, Eric Meacher, Katarzyna and Wojciech Mędrzak, Michael Moran, Roger Moss, Hanna and Maciej Musiał, Tomasz Myśluk, Stephen Oliver, Vincent Oliver, Gary Ombler, Lloyd Park, John Parker, Amit Pasricha, Aditya Patankar, Artur Pawłowski, František Přeučil, Ram Rahman, Bharath Ramamrutham, Rob Reichenfeld, Magnes Rew, Alistair Richardson, Terry Richardson, Alex Robinson, Lucio Rossi, Rough Guides/Tim Draper, Rough Guides/Michelle Grant, Rough Guides/Nelson Hancock, Rough Guides/Suzanne Porter, Rough Guides/Dylan Reisenberger, Rough Guides/Mark Thomas, Jean-Michel Ruiz, Kim Sayer, Jürgen Scheunemann, Colin Sinclair, Toby Sinclair, Frits Solvang, Tony Souter, Jon Spaull, James Stevenson, Eric Svensson, Cécile Tréal, Lübbe Verlag, Cylla Von Tiedemann, BPS Walia, Mathew Ward, Richard Watson, Stephen Whitehorn, Dominic Whiting, Linda Whitwam, Jeppe Wikström, Alan Williams, Peter Wilson, Paweł Wójcik, Stephen Wooster, Francesca Yorke.

写真撮影許可 Dorling Kindersley would like to thank all the churches, temples, mosques, castles, museums, and other sights too numerous to list individually for their assistance and kind permission to photograph their establishments.

図版クレジット
a-上; b-下; c-中央; f-さらに; l-左; r-右; t-最上部

DK社は、次の皆様のご協力に感謝します。National Archaeological Museum, Naples: 132ca; © Patrimonio Nacional 112-3; Private Collection 169crb; Etablissement public du musée et du domaine nationale de Versailles 58tl, 58ca, 58c, 58cb, 58crb, 59bl.

絵画および彫刻作品の掲載許可をいただいた、次の著作権所有者の皆様に感謝します。*Paris through the Window (*1913), Marc Chagall © ADAGP, Paris, 2011 237tl; *Black Lines* (1913) Vasily Kandinsky © ADAGP, Paris, 2011 237tr; *Woman Holding a Vase* (1927), Fernand Léger © ADAGP, Paris, 2011 237tc; *Woman Ironing* (1904) Pablo Picasso © Succession Picasso/DACS 2011 237crb; *Woman with Yellow Hair* (1931) Pablo Picasso © Succession Picasso/DACS 2011 237cb; *Snake* (1996) Richard Serra © ARS, NY and DACS London 2011 107tl.

写真掲載許可をいただいた、次の個人、企業、フォトライブラリーの皆様に感謝します。

A1 PIX: Mati 185bl.
ACCADEMIA ITALIANA: Sue Bond 132tr.
ARCHIVO ICONOGRAFICO S.A. (AISA) : 144tr.
AKG: 89tl, 89tc, 173tc, 175crb.
ALAMY IMAGES: Walter Bibikow 118–9; Robert Harding World Imagery 185cra; Dallas and John Heaton 176–7; David Jones 164–5; Steve Murray 254–5.
ANCIENT ART & ARCHITECTURE COLLECTION: 161ca.
ARCAID: Paul Rafferty 107crb.
ARCHIVIO DELL'ARTE: Luciano Pedicini 132c.
FABRIZIO ARDITO: 183tc.
THE ART ARCHIVE: 163br; Devizes Musem/Eileen Tweedy 39cra.
ART DIRECTORS: Eric Smith 185br.
AXIOM: Heidi Grassley 163bc; James Morris 163crb.
TAHSIN AYDOGMUS: 148tc.
JAUME BALAYNA: 111cra.
OSVALDO BöHM:116bc.
BORD FÁILTE/IRISH TOURIST BOARD: Brian Lynch 16tc, 17cra.
GERARD BOULLAY: 55tc; 55tr.
BRAZIL STOCK PHOTOS: Fabio Pili 261fbl.
BRIDGEMAN ART LIBRARY, LONDON/NEW YORK: Private Collection 43tc; Royal Holloway & Bedford New College, *The Princes Edward and Richard in the Tower* by Sir John Everett Millais 34br; Basilica San Francesco, Assisi 127tc; Smith Art Gallery & Museum, Stirling 22tl; Stapleton Collection 160tl, 163cr.
DEMETRIO CARRASCO: 97cra, 97cr.
CHINAPIX: Zhang Chaoyin 186bl, 186bc.
PHOTOS EDITIONS COMBIER, MACON: 48fcr.
CORBIS: Archivo Iconografico, S.A. 211tl; Yann Arthus-Bertrand 261br; Bettmann Archive 238cl, 238c, 243cl; Dave Bartruff 69cra, 151clb; Marilyn Bridges 39bl; Chromo Sohm Inc./Joseph Sohm 189cra; Elio Ciol 4bc, 173crb; Dean Conger 193br; Eye Ubiquitous/Thelma Sanders 166clb; Owen Franken 64–5; Todd Gipstein 243tc; Lowell Georgia 192tr; Farrell Grehan 90–1; John and Dallas Heaton 8t, 8bc; John Heseltine 52–3, Angelo Hornak 29tc, 43cb; Wolfgang Kaehler 166tl, 185crb; Kelly-Mooney Photography 195tr; Charles Lenars 188tr; Craig Lovell 186tl; David Samuel Robbins 186clb; Sakamoto Photo Research Lab 199tr; Kevin Schafer 39bc; James Sparshatt 1; Paul A Souders 5br; Sandro Vannini 166cla; Vanni Archive 140ca; Nik Wheeler 166cl; Adam Woolfitt 146–7;
CRESCENT PRESS AGENCY: David Henley 211crb.
GERALD CUBITT: 211tr.
CULVER PICTURES INC: 239tl, 242cl, 242br, 243clb.
DAS FOTOARCHIV: Henning Christoph 166tr.
DEUTSCHE APOTHEKENMUSEUM: 75tc.
DIATOTALE: Château de Chenonceau 63c.
ASHOK DILWALI: 206tr.
DOMBAUVERWALTUNG DES METROPOLITANKAPITELS KÖLN: Brigit Lambert 70cla, 70clb, 70c, 70cra, 70cr, 70cb, 71tl, 71tc.
D.N. DUBE: 207tl, 207tc.
EKDOTIKE ATHENON S.A: 140cb, 143cla.
MARY EVANS PICTURE LIBRARY: 38tr, 42cr, 56bl, 102c, 129bc.
EYE UBIQUITOUS: Julia Waterlow 261crb.
FORTIDSMINNEFORENINGEN: Kjersheim/Lindstad, NIKU 13cra.
MICHAEL FREEMAN: 247bc, 247crb.
CHRISTINA GAMBARO: 175cra.
GEHRY PARTNERS LLP: 106tr.
EVA GERUM: 72ca, 72c, 72cr, 72crb, 72fcrb, 73bc.
GETTY IMAGES: Altrendo Images 138–9; Robert Harding World Imagery/Gavin Heller 214–5; Hulton-Deutsch 19crb, 192ca; Image Bank/Anthony Edwards 40–1/Mitchell Funk 240–1/Peter Hendrie 210tr, Frans Lemmens 170–1/A Setterwhite 243ca; National Geographic/Raymond K Gehman 190–1; Photodisc/Life File/David Kampfner 100–1; Photographer's Choice/John Warden 189crb; Stone/Jerry Alexander 258cra, /Stephen Studd 152–3; Taxi/Gary Randall 228–9, /Chris Rawlings 222–3.
EVA GLEASON: 256–7t, 256bc, 257tr, 257cra, 257crb.
LA GOÉLETTE: *The Three Graces* Charles-André Van Loo photo J J Derennes 62tr.
GOLDEN GATE BRIDGE, HIGHWAY & TRANSPORT ATION DISTRICT (GGBHTD): 248tr, 248bc, 248br, 249tl, 249cra, 249crb.
GUGGENHEIM BILBAO MUSEO: 107tl, 107tc, 107tr, 107cra.
SONIA HALLIDAY: Laura Lushington 60bc.
ROBERT HARDING PICTURE LIBRARY: 66ca, 130tl, R Francis 54c; R Frerck 258clb; Sylvain Grandadam 261cr; Michael Jenner 145bc; Christopher Rennie 200–1; Eitan Simmnor 173cra; James Strachan 185bc; Explorer/P Tetrel 59tr.
DENISE HEYWOOD: 216tl, 216tr, 216cla, 216cl, 216clb, 216bc, 217ca, 218tr, 219tl, 219tr, 219ca, 219cr, 219cra, 219crb.
JULIET HIGHET: 219tc.
HISTORIC ROYAL PALACES (Crown Copyright): 35clb, 36tc, 36ca, 36fcra, 36cb, 36crb, 36bc, 36br, 37tr.
HISTORIC SCOTLAND (Crown Copyright): 23tc, 24ca, 25cra, 25crb.
ANGELO HORNAK LIBRARY: 28tl, 29cr.
IMAGES OF AFRICA: Shaen Adey 168cb; Hein von Horsten 168ca; Lanz von Horsten 169bl.
IMAGINECHINA: 193cra, 195tc.
IMPACT PHOTOS: Y Goldstein 184ca.
INDEX: 114tr.
INSIGHT GUIDES: APA/Jim Holmes 97tc.
HANAN ISACHAR: 150ca, 174tc, 175ca, 181tl.
PAUL JACKSON: 182tr.
JARROLD COLOUR PUBLICATIONS: 19tl.
MICHAEL JENNER PHOTOGRAPHY: 150br, 173tl.
KEA PUBLISHING SERVICES LTD: Francesco Venturi 97ftl, 97tl, 97tr.
IZZET KERIBAR: 150cra.
KOSTOS KONTOS: 140tr.
KUNSTHISTORISCHES MUSEUM, VIENNA: *Italienische Berglandschaft mit Hirt und Herde* (GG 7465) (*Italian Landscape with Shepherd and Herd*), Joseph Rosa 84tl.
BERND LASDIN: 69crb, 69bc, 69br.
HÅKON LI: 12ca, 12cb, 12cr.
JÜRGEN LIEPE: 160tr.
LÜBBE VERLAG: 84tr.
MAGNUM: Topkapı Palace Museum/Ara Guler 145tc.
NATIONAL PARK SERVICE (CHACO CULTURE NATIONAL HISTORICAL PARK): Dave Six 250tr.
NATIONAL PARK SERVICE (STATUE OF LIBERTY NATIONAL MONUMENT): 243c, 243cb.
JÜRGEN NOGAI: 69tc, 69cr.
RICHARD NOWITZ: 175tr, 175cr, 175br, 179tl, 181cb, 181br, 183ca.
© THE OFFICE OF PUBLIC WORKS, IRELAND: 17tc, 17tr, 17ca.
ORLETA AGENCY: Jerzy Bronarski 86tl, 86cla, 86cl, 86clb, 87ca.
PALACIO DA PENA: 103bc.
PALEIS HET LOO: 47ca, 47cra, 47cb, 47crb, 47br.
PANOS PICTURES: Christien Jaspars 167tc.
PHOTOS 12: Panorama Stock 189br.
PHOTOBANK: Peter Baker 150bc, 151cr.
ANDREA PISTOLESI: 247br.
POWERSTOCK: Superstock 78–9.
PRAGUE CITY ARCHIVES (ARCHIV HLAVNIKO MESTA PRAHA): 93tr.
FABIO RATTI: 179c.
GEORGE RIHA: 83tr.
ROCAMADOUR: 66tl.
THE ROYAL COLLECTION © 2004, Her Majesty Queen Elizabeth II: 34tl, 34tr, 34cla, 36fbr.
ROYAL GEOGRAPHICAL SOCIETY PICTURE LIBRARY: Chris Caldicott 166ca, 258cr; Eric Lawrie 4br, 259bl; Sassoom 258crb.
SHALINI SARAN: 209ftl, 209tl, 209tc, 209ca, 209c, 209bc.
ST PAUL'S CATHEDRAL: Peter Smith 32tl, 32cl, 32bl.
SCALA GROUP SPA: 122bc, 123bc, 124cb, 126clb, 126bc, 127bc, 128clb, 130tr.
SCHLÖSSERVERWALTUNG: 77cla, 77ca, 77cl, 77c.
SCHLOSS SCHÖNBRUNN: 84cla, 84clb, 84bl, 84bc, 85tc, 85cb.
SHRINE OF SAINTE-ANNE-DE BEAUPRÉ: 230tr, 230br, 231crb, 231bc, 231br.
SKYSCAN: 39br.
SOLOMON R GUGGENHEIM MUSEUM: photo by D Heald 237tl, 237tc, 237tr, 237cra, 237cr, 237cb, 237crb.
SOUTH AMERICAN PICTURES: Tony Morrison 261bl.
STATE RUSSIAN MUSEUM: 96tr.
SUPERSTOCK LTD: 212ca.
COURTESY OF SYDNEY OPERA HOUSE TRUST: 225tl, 225tc, 225cra, 225br, 225ftr.
SUZIE THOMAS PUBLICITY: 225tr.
TRAVEL INK: Allan Hatley 212crb; Pauline Thorton 212fbr.
TRIZECHAHN TOWER LIMITED PARTNERSHIP: 232cra, 232cb, 233tl.
TRINITY COLLEGE, Dublin: 18bc.
TURNER ENTERTAINMENT CO: 239c
UNIVERSITY MUSEUM OF CULTURAL HERITAGE – UNIVERSITY OF OSLO, NORWAY: 13tl.
VASAMUSEET: Hans Hammarskiöld 14tl, 14ca, 14cl, 14c, 14clb, 14bl, 14bc, 15tc.
MIREILLE VAUTIER: 258cla, 258ca, 261bc.
ROGER VIOLLET: 57tc.
VISIONS OF THE LAND: Garo Nalbandian 178cl, 178bl, 178cra, 183tl, 183cra; Basilio Rodella 175tl, 178cla, 178clb, 181tc, 181ca, 181cra, 181crb.
B.P.S. WALIA: 203cb.
Reproduced by kind permission of the DEAN AND CHAPTER, WESTMINSTER: 31br.
WHITE HOUSE HISTORICAL ASSOCIATION: 245tl, 245tc, 245cla, 245ca, 245c, 245cb.
PETER WILSON: 136ca.
WOODMANSTERNE: Jeremy Marks 32clb.
WORLD PICTURES: 185tr.
Reproduced by kind permission of the DEAN AND CHAPTER OF YORK: 29ftl; Alan Curtis 29tr; Jim Korshaw 29tl; Newbury Smith Photography 28c.
ZEFA: age fotostock 108–9; Masterfile/Gail Mooney 10–11.
FRONT JACKET: 4CORNERS IMAGES: HP Huber; BACK JACKET: ALAMY IMAGES: John Warburton-Lee Photography/Christian Kober tl; GETTY IMAGES: Photodisc/Glen Allison tc, Photographer's Choice/Peter Gridley tr.

All other images © Dorling Kindersley.
詳細は以下のURLまで : www.dkimages.com

ボルグン・スターヴ教会
シェトランド
諸島
ベルゲン
ノルウェー
オスロ
オークニー
諸島
スタヴァンゲル
リンシェーピング
ルイス島
ノース・ウイスト島
サウス・ウイスト島
スカイ島
イェーテボリ
オールボー
北海
スターリング城
グラスゴー
エディンバラ
エディンバラ城
アイレー島
デンマーク
コペンハーゲン
マルメー
イギリス
（北アイルランド）
ベルファスト
イギリス
ヨーク・ミンスター
ヨーク
アイルランド
共和国
ニューグレンジ
ダブリン
トリニティ・カレッジ
マンチェスター
ハンブルク
オランダ
ブレーメン
ブレーメン市庁舎
ロック・オブ・キャシェル
バーミンガム
ケンブリッジ
アムステルダム
ベルリン
ヘットロー宮殿
ハーグ
ウエストミンスター寺院
セント・ポール大聖堂
ロンドン塔
コーク
ロンドン
ドイツ
ハンプトンコート宮殿
カンタベリー
デュッセルドルフ
ストーンヘンジ
カンタベリー
大聖堂
ルーベンスの家
アントワープ
ケルン
ドレスデン
ブリュッセル
ケルン大聖堂
ベルギー
イギリス海峡
アミアン
ヴュルツブルク
司教館
プラハ
ルクセンブルク
アミアン大聖堂
ヴュルツブルク
プルゼニ
ハイデルベルク
ハイデルベルク城
ノートルダム寺院
凱旋門
ヴェルサイユ宮殿
パリ
モン＝サン＝ミシェル
シュトゥットガルト
シャルトル大聖堂
大西洋
ミュンヘン
オルレアン
ノイシュヴァン
シュタイン城
ザルツブルク
ザンクト・ガレン修道院
インスブルック
ナント
シュノンソー城
ベルン
スイス
オーストリア
フランス
ジュネーヴ
リュアブリャナ
スロヴェニア
サン・マルコ大聖堂
ドゥカーレ宮殿
ヴェネツィア
ビスケー湾
リヨン
ミラノ
ポレッチ
トリノ
ボルドー
ロカマドゥール
奇跡の広場
大聖堂と洗礼堂
モナコ
ピサ
フィレンツェ
ラ・コルニャ
トゥールーズ
グッゲンハイム美術館
ビルバオ
マルセイユ
サンティアゴ・デ・
コンポステーラ大聖堂
アンドラ
リグリア海
アッシジ
聖フランチェスコ
聖堂
コルシカ島
ザラゴサ
コロッセオ
ローマ
バルセロナ
サン・ピエトロ
大聖堂
イタリア
ポルト
サグラダ・ファミリア教会
エル・エスコリアル
マドリード
ナポリ
サルディーニャ島
ポルトガル
メノルカ島
トレド
ティレニア海
パルマ
ヴァレンシア
マリョルカ島
カリアリ
スペイン
ペーナ宮殿
リスボン
イビサ島
地中海
ムルシア
パレルモ
シチリア島
セビーリャ
グラナダ
アルハンブラ宮殿
マラガ
アルジェ
アンナーバ
チュニス
カディス湾
マルタ
ヴァレッタ
タンジール
オラン
アルジェリア
チュニジア
モロッコ